ANDERS REISEN

Herausgegeben von Ludwig Moos

Im Reisen steckt die Sehnsucht nach der besseren Welt. Wir suchen nach unverdorbener Natur, geselligen Lebensformen, gewachsener Kultur. Nichts davon ist falsch, falsch ist nur, wie wir suchen. Entweder reisen wir touristisch, konsumieren das Angebot einer Industrie, die das Ursprüngliche längst zu einer Ware verfälscht hat. Oder wir gehen auf den alternativen Trip, jagen voller Sozialromantik dem Unberührten, Unverbrauchten nach – und bilden doch nur die Vorhut des organisierten Tourismus. **Anders reisen** beschreibt andere Wege. Oft nur einen Schritt abseits der üblichen Routen, erschließen sie den anderen Alltag. Anders reisen heißt, sich einzulassen auf das tägliche Leben anderswo, zu lernen, welche historischen Wurzeln und gegenwärtigen Bedingungen es hat. Die soziale Isolation und politische Enthaltsamkeit des Touristen aufzuheben, die fremde Wirklichkeit unverstellt und mit Lust zu erleben, hat verändernde Kraft über die Reise hinaus.

UNGARN

Ein Reisebuch in den Alltag von HUBERTUS KNABE

ROWOHLT

ro
ro
ro

Originalausgabe
Aktualisierte Auflage
21.–24. Tausend
Februar 1992
Umschlaggestaltung
Alexander Urban
(Foto: János Kalmár/
Transglobe Agency)
Layout und Grafik
Thomas Kleine
Veröffentlicht im
Rowohlt Taschenbuch
Verlag GmbH,
Reinbek bei Hamburg,
Mai 1988
Copyright © 1988 by
Rowohlt Taschenbuch
Verlag GmbH,
Reinbek bei Hamburg
Satz Times
(Linotronic 500)
Gesamtherstellung
Clausen & Bosse,
Leck
Printed in Germany
2480-ISBN 3 499 17584 9

INHALT

Wahrscheinlich gibt es keine andere Region auf unserem Kontinent, die nach dem Zweiten Weltkrieg so plötzlich und so tiefgehend in Vergessenheit geriet ist wie diese: Mitteleuropa. Erst neuerdings mehren sich jene, die, ermüdet von der glänzenden Warenwelt des Kapitalismus und abgestoßen vom westlichen Jet-Set-Tourismus, erneut auf die Suche gehen nach der einzigartigen, schläfrigen Welt zwischen Bratislava und Lwow. Der Osten ist wieder interessant geworden, seitdem der sowjetische Kasernenhofsozialismus zusammengebrochen ist und Europa wieder zusammenzuwachsen beginnt.

Das natürliche Zentrum Mitteleuropas bildet Ungarn und seine mit Wien eng verwandte Hauptstadt Budapest, die zu den schönsten Metropolen Europas zählt. Die im Vergleich zu anderen östlichen Ländern liberale Politik und nicht zuletzt die für westliche Besucher enorm niedrigen Preise haben dem Donaustaat schon vor Jahren einen wachsenden Touristenstrom zugeführt. Doch die meisten der rund eine Million Westdeutschen, die jährlich nach Ungarn reisen, bekommen von der versunkenen Welt der Habsburg-Monarchie ebensowenig zu Gesicht wie von der widersprüchlichen, spannungsreichen Gegenwart des Landes. Sie bewegen sich wie Fremdkörper zwischen den Einheimischen, auf gesichertem, von der Touristikbranche abgestecktem Terrain. Zurückgekehrt, bringen sie bestenfalls ein paar schöne Erinnerungen an Thermalbäder, Kaffeehäuser und Pußta-Vorführungen mit nach Hause und merken nicht einmal, daß sie von Ungarn eigentlich gar nichts gesehen haben.

Dabei zählt Ungarn – wie alle ex-sozialistischen Länder – zu den gegenwärtig besonders spannenden Schauplätzen Europas. Seit dem Sturz der alten Budapester Führung streift Ungarn die verkrusteten Hüllen einer Diktatur ab, die das Land im Namen des Sozialismus mehr als vier Jahrzehnte lang beherrscht hielt. Nirgendwo sonst in Osteuropa geht die Metamorphose des sowjetischen Systems so schnell vonstatten wie hier, Demokratie und Marktwirtschaft, noch wirr und unfertig, brechen sich auf oftmals verblüffende Weise Bahn. Jeder Ungarn-Reisende ist Zeuge, wie etwas Neues geboren wird, dessen endgültige Gestalt heute noch nicht auszumachen ist.

Ungarn ist das kleinste Land des ehemaligen Sowjetblocks. Seine geringe Ausdehnung entpuppt sich für den Reisenden bald als Vorteil, denn er kann, wenn er möchte, das Land jeden Tag einmal bequem durchqueren. Anstrengend ist dagegen immer noch das Alltagsleben, denn Marktwirtschaft und Demokratie haben die aus dem Sozialismus überlieferte Lethargie vielfach noch nicht beseitigen können. Um so anregender ist die intellektuelle Atmosphäre, denn der Umbau des wirtschaftlichen und politischen Systems geht auch mit einer umfassenden geistigen Erneuerung einher. Organisationen aller politischen Schattierungen treten an die Oberfläche und freuen sich der neuen Freiheiten. Wer von der besonderen Stimmung einer Gesellschaft im Übergang etwas mitbekommen will, scheue sich nicht, zu ihnen zu gehen, die wichtigsten Adressen sind im Serviceteil aufgeführt.

VORAB

Soviel Bewegung in einem Land ist nur für einen von gewissem Nachteil: für den Autor eines politischen Reiseführers. Nicht nur, daß reihenweise Straßen umbenannt wurden (und werden), um Marx, Lenin oder die Oktoberrevolution aus dem Bild der Städte zu tilgen, wodurch sämtliche Stadtpläne und Adreßverzeichnisse mit einemmal unbrauchbar sind. Das Land hat vielmehr in jeder Hinsicht ein völlig neues, dabei noch unfertiges Gesicht gewonnen – mit neuartigen Problemen und einer gänzlich anderen politischen Statik als in der sozialistischen Ära. Gleichwohl blickt aus den neuen Formen überall auch das Alte wieder hindurch. Der Sozialismus mit seinem Paternalismus, seiner Bürokratie und seinen antiquierten Spielregeln hat das Denken und Handeln der Menschen geprägt und bestimmt deshalb vielfach weiterhin ihre Haltungen, ihren Alltag, ihre Lebensweise. Ohne Kenntnis dieser Vergangenheit ist Ungarn nicht zu verstehen.

Das Material für dieses Buch habe ich vor allem während zweier Jahre zusammengetragen, die ich in Budapest im Rahmen eines Forschungsaufenthaltes und als sporadischer taz-Korrespondent gelebt habe. Ich habe Menschen verschiedenster Berufe und Auffassungen getroffen und sie über ihr Leben und dieses Land befragt. Ich bin in die hintersten Winkel gereist und habe die seltsamsten Geschichten gesammelt, von denen selbst ein ungarischer Durchschnittsbürger vielfach nie gehört hat. Dadurch, daß ich die Landessprache erlernt und – trotz vielfältiger Privilegien – auch den Alltag kennengelernt habe, habe ich Ungarn ganz anders erlebt als bei gelegentlichen Besuchen. Haftengeblieben ist in mir vor allem die enorme Differenz zwischen der Wahrnehmung als Tourist und als Bewohner. Während die einen verbittert sind über den bürokratischen Alltag und die Härten des politischen, wirtschaftlichen und sozialen Lebens, lehnen sich die anderen sorglos an den Tischen der Cafés zurück und erfreuen sich an den restaurierten Fassaden. Falls mein Urteil bisweilen zu hart geraten sein sollte, dann vor allem deshalb, um den einen deutlich zu machen, was in den Köpfen der anderen vor sich geht. Ein ungeschminktes Ungarn-Bild wirkt auf nachdenkliche Touristen anziehender als der in Hochglanzbroschüren gepriesene Plattensee.

«Anders reisen: Ungarn» hätte nicht entstehen können ohne die Hilfe meiner Budapester Freunde und die Unterstützung durch zahlreiche Mitarbeiter ungarischer Institutionen. Namentlich danke ich dem Országos Idegenforgalmi Hivatal (Nationales Fremdenverkehrsamt) und dem Informationsbüro für ausländische Journalisten «PressInform» für ihre Hilfe sowie György Dalos für die kritische Durchsicht des Manuskriptes. Alle anderen, die mir beigestanden haben, will ich gar nicht erst versuchen aufzuzählen, bis auf zwei gewichtige Ausnahmen: Annette und Felix, die mit mir nach Budapest gegangen sind und die meisten meiner Erlebnisse dort mit mir geteilt haben.

Berlin, im Dezember 1991   *Hubertus Knabe*

UNGARN ZWISCHEN

Aufbruch nach Europa

E igentlich gibt es gar keinen Grund, nach Ungarn zu fahren: Das Land ist abgeschnitten von den Meeresküsten Europas, der höchste Berg mißt wenig mehr als tausend Meter, vergeblich bliebe die Suche nach einsamen, klaren Seen, über die man in einem romantischen Holzkahn hinweggleiten könnte. Ob Kirchen oder Stadtmauern, ob Burgen oder Schlösser – fast keines der mittelalterlichen Bauwerke hat die verheerenden Folgen der 150 Jahre dauernden türkischen Besetzung und der anschließenden Eroberung durch die Österreicher überlebt. Und außerhalb der Hauptstadt Budapest, die selber erst seit gut hundert Jahren zu den bedeutenderen Orten Europas zählt, herrscht größtenteils beklemmende Provinzialität.

Trotzdem: Alle mögen Ungarn. Die ausländischen Touristen kommen in Scharen – über 37 Millionen im Jahre 1990, fast viermal mehr als das Land Einwohner hat. Während sonst die Wirtschaft darniederliegt, überschritt der Tourismus mit jährlichen Deviseneinnahmen von knapp einer halben Milliarde Dollar schon im Sozialismus die Planvorgaben um ein Vielfaches.

Familie Sommerfeldt aus Hattingen spannt jedes Jahr im Sommer ihren Wohnwagen ein und steuert Richtung Plattensee: Die Menschen sind so freundlich, sagen sie, das Essen schmeckt so gut, und alles ist so herrlich billig. Gleich nebenan im Massenquartier am smaragdgrünen Seewasser zeltete jahrelang Familie Schuster aus Zwickau in Sachsen/DDR: Alle sind so fröhlich und zuvorkommend hier, lautete ihr Fazit, es gibt Dinge zu kaufen, von denen wir nur träumen können, nur leider ist für uns alles furchtbar teuer.

Schon lang vor der Vereinigung verbrüderten sich in Ungarn die Deutschen aus Ost und West beim Doppelkopf.

Sergej Sergejwitsch aus dem fernen Kasachstan ist im staatlichen Reisebus gekommen. Brav steht er nun vor der Budapester Matthiaskirche und staunt über das bunte Treiben im kleinsten ehemaligen sozialistischen Bruderland. Sein kaffeebrauner Anzug, sein breit auslaufender, bunter Schlips, sein beigefarbenes Oberhemd wollen ebensowenig in diese Welt passen wie die kittelartigen Kleider der mitreisenden Frauen, deren großflächige Muster und spitze Abnäher aus einem Quelle-Katalog der sechziger Jahre kopiert sein müssen. Vor ihm bannt ein Japaner Urlaubserinnerungen auf Video mit einer Kamera im Taschenbuchformat, die selbst im sowjetischen Fernsehen bislang noch niemand zu Gesicht bekommen hat.

Auf dem überfüllten Bahnsteig des Budapester Westbahnhofes lagert Zille, unrasiert und schmutzig, und wartet auf den verspäteten Schnellzug aus Bukarest, der ihn irgendwann in dieser Nacht zurück in den Ostberliner Stadtteil Schöneweide bringen soll. Zwei Wochen lang ist er mit einem abgeschabten Rucksack und wenig Geld durch Ungarn getrampt, hat die Gastfreundschaft der einfachen Menschen und das Fehlen aufdringlicher Polizeikontrollen in diesem Land genossen. Die Aussteigergeneration des deutschen Arbeiter-und-Bauern-Staates kam auch früher schon gern nach Ungarn.

Brücke zwischen Ost und West

Ungarn – das bedeutet Treffpunkt, Transitland, Brücke zwischen Ost und West. Das Land ist traditionell

Öffnung zum Westen

ein Ort tausendfacher Begegnungen in der sonst meist nach Lagern und Kulturen getrennten Welt. Polen und Tschechen, Österreicher und Italiener, Holländer und Amerikaner, alle kommen sie nach Ungarn und haben – zum Beispiel beim gemeinsamen Bad im Thermalwasser – schon vor dem Ende des Sozialismus die Sprachlosigkeit der Blöcke praktisch überwunden. Nur die gestrengen Reiseleiter aus der Sowjetunion haben dies nicht gern gesehen, während die westdeutschen Besucher meist von sich aus die «eingeschworene Bus-Gemeinschaft» nicht verlassen mochten.

Die meisten, die das Land besuchen, bringen tief verwurzelte Bilder mit von dem, was sie für typisch ungarisch halten: die endlose, flach gezogene Pußta, über die Pferdehirten ihre Herden treiben, vorbei an hölzernen Ziehbrunnen und strohgedeckten Bauernkaten; der virtuos und selbstverständlich ohne Noten fidelnde Zigeunerprimas, der sich das fettige, strähnige Haar nach hinten streicht und seiner Violine mit nie erlöschendem Feuer wehmütige Volksweisen und Walzer aus der Kaiserzeit entlockt; die deftige ungarische Küche, die breit geschnittene Speckstreifen über der Glut rösten läßt und dazu feuerscharfe Paprika, selbstgebrannten Aprikosenschnaps und gepfefferte Salami reicht; der sympathische Schlendrian und die schmierige Höflichkeit der untergegangenen kaiserlich-österreichischen und königlich-ungarischen (k.u.k.) Donaumonarchie, die in Kaffeehäusern und Amtsstuben die Zeit anhalten und die Sehnsucht nach der Vergangen-

11

heit erfüllen. Das ist das Ungarn, wie es sich in den Köpfen der Besucher festgesetzt hat, ein seltsames Sammelsurium von Klischees und überholten Vorstellungen, das von der Tourismusbranche immer neu beschworen und vermarktet wird. Mit Erfolg, muß man sagen, denn kein anderes Land im ehemaligen Sowjetblock hat es vermocht, sich ein vergleichbar anziehendes Image zu schaffen wie Ungarn.

Pußta, Paprika und Salami

Verständlicherweise beschleicht die meisten, die hier leben, jedoch ein ungutes Gefühl, überall mit Pußta, Paprika und Salami identifiziert zu werden, gekrönt mit einer Portion musikalischer Genies wie Bartók oder Liszt. Mit ihrem Leben hat all dies nur äußerst wenig zu tun. Das verzerrte Ungarnbild der Westeuropäer hat seinen Ursprung im 18. Jahrhundert, als Ungarn – von den Türken verwüstet und entvölkert – zur Kornkammer des österreichischen Kaisers gemacht wurde. Damals, im Europa der großen abendländischen Kulturnationen, galt das Land als eine Art Anschauungsobjekt tiefer Rückständigkeit, mit einer Sprache, die ebenso exotisch wie auf den bäuerlichen Gesichtskreis beschränkt war. Ungarn, das bedeutete eine kolonialisierte Wildnis, die außer Korn, Paprika und Melonen nichts zu bieten hatte. «Der Bauerskerl von gemeinem Schlag», kann man in einer Reisebeschreibung aus dem Jahre 1796 lesen, «ist meist mittelmäßiger Größe und von starkem Knochenbau, fette findet man selten. Sowohl sein Haar als auch seine Kleidung schmiert er mit Speck ein, damit sich kein Unge-

ziefer bei ihm aufhalten kann. Speck gehört zu seinem Frühstück und ist zugleich sein Pflaster auf die Wunden. Er lebt nicht viel besser als ein Vieh; von Vernunft hat er keinen Begriff, er frißt, säuft und flucht auf alles was nicht Schnurrbart und Palasch an sich hat. Er ist im höchsten Grade faul, und arbeitet bloß, wenn ihn Hunger, Durst oder der Stock seines Edelmannes dazu zwingt.»

Reiseeindrücke damals, romantisierende Klischees heute – ungeeignet sind alle beide, über die wirklichen Lebensverhältnisse Auskunft zu geben. Die Pußta ist längst landwirtschaftlich «kultiviert» und zur gigantischen Anbaufläche von Mais und Weizen umfunktioniert worden; die Zigeuner leben in heruntergekommenen Behausungen an der Peripherie der Dörfer und Siedlungen, sie sind für das Land vor allem als zahlenmäßig größte soziale Problemgruppe von Bedeutung; die meisten Restaurants reichen fettige Einheitskost, vor der die Ärzte ebenso warnen wie vor den kalorienreichen privaten Eßgewohnheiten der Ungarn; das Schneckentempo, mit dem in Gaststätten, Büros und Supermärkten gearbeitet wird, hat wenig mit Wiener Gemütlichkeit zu tun, aber viel mit organisierter Verantwortungslosigkeit im Sozialismus, die noch immer den Alltag zwischen unwirschen Verkäuferinnen und kleinlichen Bürovorstehern bestimmt. Das ist das Ungarn, das ferngehalten wird aus den künstlichen Inseln der Budapester Komforthotels, aus den glänzenden Faltblättern der ungarischen Fremdenverkehrsbüros. Aber was liegt zwischen dem Klischee und seinem unfreundlichen Schattenbild?

Vielsprachig auf der Sprachinsel

Budapest, Pasaréti-Platz: Dort, wo die blauen Busse der Budapester Verkehrsbetriebe ihre Schleife ziehen und die Leute des besseren zweiten Bezirkes ihre Einkaufstaschen über den Asphalt tragen, hat die Stadtverwaltung kastenförmige Häuschen aus gewelltem Aluminium aufgestellt, in denen Zeitschriften oder Fahrscheine verkauft werden. Das Design entspricht der merkwürdigen Ästhetik, die sich zwischen Sofia und Leningrad breit gemacht hat – unansehnliches Straßenmobiliar zur besseren Versorgung der Bevölkerung. In Ungarn gehören die Häuschen im Stile der DDR-Zollbuden zum Straßenbild wie anderswo Papierkörbe, Ampeln oder Laternen. Die Kopfleiste des einen verrät, was hier verkauft wird: «könyv» – Bücher, ungewöhnlich an einem solchen Ort vielleicht für Hamburg oder München, nicht aber für Budapest oder Debrecen. Im Fenster liegen Wörterbücher aus, dicke und dünne, ungarisch-deutsch, ungarisch-englisch, sogar ungarisch-schwedisch – sie werden an bevorzugter Stelle ausgelegt, weil sie zur meistverkauften Ware zählen.

Das ist die erste Lektion in Sachen Ungarn: Es ist ein kleines Land und dazu sprachlich isoliert wie kaum ein zweites in Europa, weil das, was die Menschen hier sprechen, weder romanischen, noch indo-germanischen, noch slawischen Ursprungs ist. Ungarisch, so meinen die Forscher, ist vor über tausend Jahren vom fernabliegenden Ural nach Europa gebracht worden. Polizei heißt hier «rendörség», Universität bedeutet «egyetem» und Fotoapparat wird mit dem komplizierten ungarischen Wort «fényképezögép» ausgedrückt, was, wörtlich übersetzt, so viel wie lichtbildmachende Maschine heißt. Kaum ein Besucher würde hinter einer Glasscheibe mit der Aufschrift «gyógyszertár» eine gewöhnliche Apotheke vermuten, und daß sich am Grenzübergang hinter der Buchstabenfolge «Magyar Köztársaság» der Name des Landes verbirgt, wissen außer den Eingeweihten nur die Ungarn selber.

Die Wörterbücher sind die Brücke zur Welt und die wichtigste Waffe Ungarns gegen kulturelle, politische und wirtschaftliche Abgeschnittenheit. Denn nicht nur die vergleichsweise winzige Sprachwelt früherer Jahrhunderte gründet auf den finnougrischen Wurzeln, sondern auch ein Großteil aller neuzeitlichen Bezeichnungen wurde von begeisterten Nationalisten gewaltsam ins Ungarische übertragen. Weil es an Worten fehlte, schuf man aus den vorhandenen Begriffen komplizierte Wortungetüme für die neuen Erscheinungen. Die Wissenschaften wurden für Jahrzehnte unverständlich gemacht.

Erst in den letzten Jahrzehnten drangen in die ungarische Sprache auch international gebräuchliche Worte ein, und besonders die Intellektuellen hantieren zum Leidwesen manches Ungaristen immer häufiger damit. Erst unlängst ist ein Versuch ungarischer Sprachschöpfer gescheitert, eine neue Erscheinung mit einem eigenwilligen Kunstwort zu belegen: Als Pampelmusen zum erstenmal auf dem ungarischen Markt auftauchten, wollte man sie «citrancs» nennen, was so viel wie Zitrosine bedeutet, doch keiner benutzte den neuen Begriff – auch die Ungarn sagen einfach Grapefruit.

Aber das ist eher die Ausnahme als die Regel. In kaum einem anderen Land Europas stößt man auf ein solches Inselbewußtsein, auf die ehrliche Empfindung einer abgrundtiefen Grenze zwischen der eigenen und den vielen anderen Nationen. Wenn ein Ungar im Ausland ist, heißt es nicht, er ist in Frankreich oder England, sondern einfach «kínt», das bedeutet «draußen». Er freut sich überschwenglich, wenn ein Fremder ein paar Sätze ungarisch sagt, und fragt ungläubig nach dem Sinn, wenn ein Ausländer ernsthaft seine Sprache lernen will. «Ungarisch zu lernen», sagt der eine, «das ist einfach Luxus»; «Ungarisch», meint der andere, «das ist keine Sprache, sondern eine Katastrophe.»

Den Gebildeten, die aus eigener Anstrengung den Anschluß an die Welt suchen, geht es wie Schiffbrüchigen auf einer Insel, die gebannt auf das Meer schauen und alle Zeichen der Zivilisation begierig aufnehmen. In ihren Bücherregalen ist die gesamte Weltliteratur versammelt, wenn keine Übersetzung vorliegt, dann eben in der Originalsprache. Ihr Wissen ist uferlos, ihre Kinder werden frühzeitig zum Sprachenlernen angehalten. Private Sprachschulen, die im Zuge der Wirtschaftsreformen wie Pilze aus dem Boden geschossen sind, haben Hochkonjunktur und pflastern Budapest mit ihren Werbezetteln. «Ausländer», so lautet eine verblüffende Erfahrung, ist kein Schimpfwort in Ungarn, sondern wird wie eine Auszeichnung ausgesprochen und öffnet einem manche Türen, die sonst verschlossen blieben.

Zu den Selbstverständlichkeiten der gehobeneren Kreise gehört es, einen ausländischen Besucher in einer international geläufigen Sprache oder in seiner Landessprache zu empfangen, so fließend und wortreich, wie das schon immer in diesem Milieu üblich war. Um ihren Platz in Europa zu behaupten, baute die alte ungarische Herrenschicht ihre Fähigkeit, sich mit Deutschen und Engländern, Franzosen und Italienern in deren Muttersprachen zu verständigen, bis zur Perfektion aus. Und noch heute wundert sich keiner, wenn in der «Roten Gräfin» oder einem anderen ungarischen Film aus der Adelswelt unvermittelt deutsch oder französisch gesprochen wird. Deutsch war im letzten Jahrhundert eine Weile sogar Amtssprache des Landes, und Budapest wurde vorwiegend von Deutschsprachigen bewohnt. Bis in die dreißiger Jahre wurde die Zweisprachigkeit auf Reklametafeln, Speisekarten oder Postkarten gepflegt. Erst nach dem Zweiten Weltkrieg, in den dunklen Jahren des Stalinismus, ist deutsch zum Erkennungszeichen faschistischer Gesinnung gemacht worden und die Mehrsprachigkeit in breiter Form zurückgegangen. Wien oder London waren zu dieser Zeit weiter entfernt als China.

Die Hauptstadt und der Rest

Die Geographie eines Landes ist sein Gesicht: Ungarn ist das kleinste Land im ehemaligen Ostblock, eingeklemmt zwischen Österreich und der Sowjetunion, zwischen Rumänien, Jugoslawien und der Tschechoslowakei, geformt wie eine an den Enden hochgebogene Badewanne. Die Region trägt den Namen Karpatenbecken, jahrhundertelang Durchzugs- und Siedlungsgebiet der verschiedensten Völker, das im Osten, Süden und Norden von mächtigen Gebirgszügen geschützt wird. Der größte Teil des ungarischen Territoriums besteht aus dem Tiefland, dem Alföld, einem riesigen ehemaligen

Überschwemmungsgebiet der Flüsse Theiß (Tisza) und Donau (Duna), das durch Rodungen und die Flußregulierung im letzten Jahrhundert fast völlig versteppte: die Pußta. Heute wird fast das gesamte Gebiet durch umfangreiche Anlagen bewässert und landwirtschaftlich genutzt, nur an einigen Stellen wird die alte Landschaft für die Touristen und für die Zugvögel aus Afrika konserviert.

Über dem Tiefland erhebt sich eine schmale, am höchsten Punkt 1015 Meter aufragende Mittelgebirgszeile, die vom äußersten Nordosten schräg herunter nach Südwesten verläuft und an deren unterem Ende die Wellen des Plattensees (Balaton) plätschern. Im nördlichen Bergland liegt das «andere» Ungarn, kühl, schattig und waldreich – eine Landschaft, die man gerade in Ungarn am wenigsten erwartet.

Regionen und Bezirke haben in Ungarn ihr jeweils eigenes Gepräge. Da ist zunächst das kulturelle Gefälle von West nach Ost, denn je weiter man nach Osten vordringt, desto stärker wandelt sich das Bild der Städte und Dörfer, färben sich Häuser und Gärten zur öden, staubigen Provinz. Die reichen Patrizierhäuser der westlichen Ortschaften verschwinden ebenso wie die weißgekalkten Barockkirchen, machen schlichten ockerfarbenen Häuschen Platz, die meist aus Lehmziegeln gebaut und manchmal noch mit einem Strohdach gedeckt sind. Die Kirchen haben zuweilen noch hölzerne Glockentürme, und selbst die Gutshäuser weisen nur wenige architektonische Privilegien auf, die eher Mitleid als Neid erwecken. Im äußersten Zipfel Ungarns, im Länderdreieck zu Rumänien und zur Ukraine, liegt das Armenhaus der Nation, vernachlässigt zwischen den Weltkriegen, Siedlungsgebiet vieler Zigeunerfamilien und vielfach heute noch nicht mit dem Nötigsten ausgestattet. Jeden Montag in der Morgendämmerung pendeln von hier aus die Arbeitssuchenden in die westlichen Gebiete und nach Budapest, um erst am Freitag in der Dunkelheit zurückzukehren.

Im Süden der Tiefebene und in den Bezirken rund um Pécs (Fünfkirchen) hat sich die Lage gegenüber der Zwischenkriegszeit etwas gebessert. Hier hatten Forscher in den zwanziger und dreißiger Jahren Verheerendes über die Lebensumstände der Bevölkerung herausgefunden und festgestellt, daß die Zahl der Bewohner rapide zurückging, weil die meisten der Zwergbauern und Landarbeiter nur ein einziges Kind zur Welt brachten. Noch in den sechziger und siebziger Jahren sind hier ganze Dörfer verwaist, weil Mittel zum Bau einer Straße oder einer Wasserleitung nicht zur Verfügung gestellt wurden.

Über all dieser schläfrigen Eintönigkeit erhebt sich Budapest, überdimensionierte Hauptstadt, Häusermeer an der Donau und unangefochtenes Zentrum des Landes, zu dem Pest und Buda, die ehemals selbständigen Ortschaften zu beiden Seiten des Stromes, zusammengeschmolzen sind. Die Größenordnung der Stadt stammt noch aus einer Zeit, in der das ungarische Territorium von der Adria bis zur Ukraine, von Bratislawa bis tief hinein ins heutige Rumänien reichte, mit mehr als doppelt so viel Menschen wie heute. Budapest ist die Metropole einer ehemaligen Mittelmacht, die am Ende des Ersten Weltkrieges auf einen Kleinstaat reduziert worden ist – ein Wasserkopf, in dem zwei von zehn Millionen Ungarn leben und drei Millionen arbeiten.

Es gibt keine Nebenzentren, die die Vormacht der Hauptstadt einschränken könnten. Miskolc, Debrecen und Szeged, die nach der Einwohnerstatistik an zweiter, dritter und vierter Stelle stehen, haben der Zusammenballung von Wirtschaft, Politik und Kultur in der Kapitale nichts entgegenzusetzen. Strahlenförmig gehen Straßen und Schienenwege von hier aus ins Landesinnere, wie eine Krake breitet Budapest seine Arme über das Land und verschlingt alles, was an Brauchbarem irgendwo hervorgebracht wird. Die Stadt regiert das Land, als würde man Paris zur Hauptstadt der Bretagne machen, doch sie ist auch Garant dafür, daß Ungarn nicht in die Provinzialität eines Agrarlandes abgleitet. Neben Budapest, so sagt man hier, gibt es in Ungarn nur noch «vidék», zu deutsch Provinz.

Und das ist Budapest: westlichste Stadt in Osteuropa, schon im Sozialismus Einkaufsparadies mit flimmernden Leuchtreklamen, Kaufhäusern, Boutiquen und endlosen Höfen, in denen zwielichtige Händler regieren. In Budapest flaniert man auf eleganten Geschäftsstraßen, klimatisierte Grandhotels erfüllen alle Wünsche alleinreisender Geschäftsleute, draußen in den Trabantensiedlungen und den heruntergekommenen Vorstädten drängen sich die weniger Privilegierten auf schäbigem Gelände. Jeden Abend wird in Budapest auf mehreren der etwa dreißig Bühnen Theater gespielt, in ungezählten Kinos flimmern Hunderte von Filmen von der Leinwand; hier debütieren musikalische Wunderkinder und gastieren die bekanntesten Dirigenten der Welt. In Instituten und Zeitschriften, in Klubs und Privatwohnungen werden verwickelte Diskussionen geführt, es herrscht eine angespannte intellektuelle Produktivität. In Budapest lehrten die großen Köpfe des Landes wie Georg Lukács oder Béla Bartók, in Budapest wurden die Revolutionen gemacht, Budapest ist das eine der beiden einander fast feindlich abgewandten Gesichter dieses Landes.

Das andere ist die Trostlosigkeit eines ländlichen Lebens, das bis in die dreißiger Jahre auf halbfeudale Weise regiert und verwaltet wurde: eintönig, zurückgeblieben, totenstill; staubige kulturelle Provinz, die, wenn die Dunkelheit einbricht, nur vom trüben Licht der Dorfkneipe erhellt wird. Pferdekarren transportieren das auf Böschungen und Wiesen gesenste Gras, rostige Drahtesel oder ein ausrangierter Linienbus bringen die Landarbeiter mit ihren vom Alkohol geröteten Gesichtern im Morgengrauen zur örtlichen Genossenschaft, die den Zusammenbruch des Sozialismus unbeschadet überstanden hat. Viele Dörfer sind immer noch nicht an das Netz der Kanalisation angeschlossen, das Trinkwasser kommt nicht selten aus einem altertümlichen Brunnen im Hof. Während in Budapest Geschäft und Politik an der Moral der Menschen zehren, haben sich die guten und schlechten Traditionen des alten Ungarn auf dem Lande am ehesten erhalten.

Verirren sich die Bauern in die Hauptstadt, zum Beispiel um ein paar gerupfte Hühner oder selbstgezogenes Gemüse auf dem Wochenmarkt zu verkaufen, wirken sie wie kostümiert: die Frauen in ihren abstehenden Leinenröcken, mit schwarzen Tüchern auf dem Kopf und großen rissigen Händen, die Männer in schweren Stiefeln, eine

Fremd in der Hauptstadt

Basken- oder Fellmütze ins Gesicht gezogen. Vorsichtig sind ihre Bewegungen, eingeschüchtert klammern sie sich im Gewimmel der hastenden Menschen an Weggefährten oder Einkaufstaschen, und immer transportieren sie irgendwelche unförmigen Gegenstände in U-Bahnen oder Autobussen. Man spürt förmlich ihre Abneigung gegen das großstädtische Leben, ihre Scheu vor den Wirrnissen der Metropole, die für sie einen Beigeschmack von Gefahr und Dekadenz hat. Und diese Abneigung wird in Budapest erwidert durch das weitverbreitete Gefühl,

17

daß das Leben auf dem Lande einer Verbannung gleichkomme. Orte wie Paris oder London liegen den Hauptstädtern ungleich näher als Nyíregyháza oder Hajdúszoboszló. Diese Zerrissenheit des Landes hat in Ungarn Tradition. Sie trennt die Nation nicht nur im geographischen Sinne oder in der Mentalität der Einwohner, sondern reproduziert sich in einer für Außenstehende merkwürdig anmutenden Spaltung des Geisteslebens in «Urbanisten» und «Populisten». Der Populismus ist eine in den dreißiger Jahren entstandene Bewegung in der Literatur, der Politik und der Wissenschaft, die auf die erbärmlichen Lebensumstände der verarmten Landbevölkerung aufmerksam machte und sich gegen den Großgrundbesitz richtete. Er sah die Wurzeln der ungarischen Nation im Stand der Bauern und forderte die Rückkehr zu den positiven Traditionen des ländlichen Lebens. Die Urbanisten, häufig jüdische Budapester Intellektuelle, waren dagegen kosmopolitisch orientiert, weltoffen und sprachgewandt, sie wollten Ungarn einbinden in das westeuropäische Geistesleben und kritisierten die Populisten als antisemitisch und nationalistisch. Die beiden Denkrichtungen bestimmen bis heute auf allen Ebenen das ungarische Geistesleben – und bilden im Parlament sogar die Scheidelinie zwischen Regierung und Opposition. Es ist die Zweigesichtigkeit des Landes, die sich in ihren Debatten um die politisch-kulturellen Orientierungen widerspiegelt.

Reise mit der Zeitmaschine

Jeden Morgen, wenn man in Debrecen durch das herrschaftliche Portal des ehrwürdigen, klassizistischen Gebäudes der Lajos-Kossuth-Universität schreitet, erwartet er einen schon: der Fahrstuhlführer mit dem faltigen Gesicht und der Lederhaut, dem grauen, struppigen Schnurrbart und der dunklen Hornbrille, eine abgewetzte Schlägerkappe auf dem Haupt und einen blauen Kittel über der armseligen Alltagskleidung. Die schmiedeeiserne Tür des Liftes, eine altertümliche Konstruktion aus Holz und Eisen aus den Anfängen dieses Jahrhunderts, hält er weit geöffnet, brummt «Jó napot kivánok» (Guten Tag) und setzt das Gefährt mit einem Knopfdruck ruckend in Bewegung. Mittags trifft man ihn auf einem wakkeligen Stuhl sitzend, den Kopf über eine schmale Ablage im Fahrstuhl gebeugt, auf der er seine Mahlzeit ausgebreitet hat – einen Zipfel geräucherte Wurst, ein paar Scheiben Weißbrot und die Stücke einer entkernten, gelbgrünen Paprika. Aus einem schwarzen Transistorgerät, dessen Plastikgehäuse von einem Gummiband zusammengehalten wird, quakt der Sprecher von Radio Petőfi gerade den Wetterbericht, was den Alten hin und wieder zu einer so oder so gerichteten Bemerkung veranlaßt. Nur wenn man versehentlich oder aus Ungeduld selber den Plastikknopf drückt, der darüber entscheidet, in welche Etage sich der Lift in Bewegung setzen soll, zieht man sich unwiderruflich seinen Zorn zu – denn das macht den Alten überflüssig.

Vielleicht ist es unerlaubtes Romantisieren, vielleicht eine kurzsichtige Vorliebe aus einem Leben heraus, in dem der Wohlstand selbstverständlich geworden ist, aber kaum etwas vermag in Ungarn mehr anzurühren als dieses antiquierte, von einem magischen Stillstand befallene Interieur der ungarischen Gesellschaft. Ungarn ist ein armes Land und dazu noch ein schlecht verwaltetes, das es wie überall in Osteuropa nur an wenigen herausgehobenen Punkten geschafft hat, das alte Gesicht des Landes mit der sterilen Beschichtung des Fortschritts zu überziehen. Abseits von den Prestigeobjekten, für die man westliche Architekten und Baufirmen verpflichtet hat, abseits auch von der schäbigen sozialistischen Gebrauchsarchitektur, scheinen das Land und mit ihm seine Bewohner irgendwann in den vierziger Jahren in einen tiefen Schlaf gefallen zu sein, in dem sie verwitternd und glanzlos, aber widerstandsfähig gegenüber dem Neuen verharren. Ein gigantisches Museum zur Geschichte und Lebensweise dieses Jahrhunderts ist so entstanden, unfreiwillig zwar und zum Untergang verurteilt, aber mit originalgetreuen Requisiten, mit abgenutzten Kulissen, die in Wirklichkeit keine sind, und mit einer Unzahl von Statisten, die der nivellierenden Kraft des Wohlstandes noch nicht zum Opfer gefallen sind.

Am Moszkva tér, wo die Busse in die ländlichen Außenbezirke des Nordens von Budapest starten, wartet ein madjarischer Bauer – ausstaffiert mit hoher dunkler Fellmütze, einer grauschwarzen Jacke, die von einem speckigen Pelzkragen umkränzt wird, und mit ausgebeulten Hosen aus grobem Drillich, die in dunklen, festen Lederschuhen enden. In der Josephsstadt, dem baufällig-dunklen Budapester Stadtteil der kleinen Leute, öffnet sich irgendwo eines der hölzernen Eingangstore, eine Hundeschnauze schiebt sich heraus, zieht einen Alten hinter sich her, einmal um den Block, vorbei an dem schattigen Platz an der Ecke, wo beide auf die Nachbarin mit dem schnüffelnden

Mops stoßen. Im ersten Dorf nördlich von Budapest holpert ein seltsamer Transport über das Pflaster: ein Pferdefuhrwerk, das beladen ist mit gefüllten Sodawasser-Flaschen, die der Kutscher von Haus zu Haus fährt und für ein paar Forint gegen leere eintauscht. Hinterm Tresen des düsteren, verqualmten Expressos an der Straße nach Wien steht eine abgetakelte Brünette, müde und verbraucht vom Ausschank an die Bauern mit ihren derben Gesichtern, die gerötet sind vom billigen Fusel in den dickwandigen Gläsern. Ausgerechnet der Sozialismus, der das Alte revolutionieren wollte, konservierte seine zerbrochenen Reste: Er hat die Klassenmerkmale von Proleten und Bauern am Leben erhalten und die archaische Gestalt der frühen Industriegesellschaft und deren Verkehrsformen konserviert. Er hat den hierarchischen, verklemmten Wissenschaftsbetrieb ebenso vor dem Aussterben bewahrt wie die verstaubten Funktionsgesetze der staatlichen Bürokratie. Jede Reise in sein früheres Herrschaftsgebiet gerät zur Reise mit der Zeitmaschine.

Aus den Gesichtern der Menschen, aus ihrem Verhalten, aus dem fremdartigen Interieur ihres Alltags starrt eine andere Zeit als die, mit der westliche Besucher rechnen – jedenfalls dort, wo das Land noch nicht in den Sog der Modernität geraten ist. Sogar die bislang herrschende Klasse, die breite Schicht kleiner und mittlerer Funktionäre, hat sich ein historisches Kostüm zugelegt, das sie auf Parteiversammlungen oder Opernabenden zur Schau trug, verbissen darum bemüht, sich den Sitten des untergegangenen Bürgertums anzupassen: Anzüge in Giftgrün, Anthrazit und Schuhcremebraun, dazu grell gemusterte

Krawatten, eben das Outfit der sechziger Jahre, in der die meisten von ihnen den kleinen Zipfel der Macht erobern konnten, den sie auch heute noch am liebsten festhalten würden.

Wo die Touristen nicht hingehen, hat in den Straßen von Budapest noch niemand die Einschußlöcher des letzten Krieges oder des Volksaufstandes von 1956 übergipst, keiner hat die schmiedeeisernen Tore und Balkone, die zum Teil wegen Baufälligkeit gesperrt werden mußten, durch glattes Aluminium ersetzt. Der ergraute Putz platzt von den Wänden wie der Schorf einer schweren Krankheit, die niemand behandelt. Manche Häuser sind bis auf die Ziegelsteine bloßgelegt. Wer sollte auch die zerbrochenen Dachrinnen reparieren, aus denen es bei jedem Regen heruntertropft, wer die altertümlichen Hinweisschilder der Läden und Werkstätten durch Leuchtreklamen ersetzen, wer die abenteuerlich geflickten Straßen erneuern? Der Fortschritt ist viel zu kraftlos, um Ungarn den enormen Rückstand aufholen zu lassen, auch wenn er seit der Einführung der Marktwirtschaft das Gesicht des Landes mit Macht verändert hat.

Noch aber chauffieren ungarische Trabant-Besitzer die automobile Ästhetik (und die Umweltansprüche) der fünfziger Jahre durch Budapest, noch befinden sich selbst die herrschaftlichen Villen auf dem Rosenhügel in einem Zustand wundersamer Verwahrlosung. Noch haben Ladengeschäftsführer keinen Begriff von den Marketing-Möglichkeiten durch Schaufenstergestaltung, noch treiben sie einem Huhn einen eisernen Haken durch den Kopf und hängen es mit langgestrecktem Hals und klammen Krallen hinter das Glas zur Straße, legen staubige Waf-

feln, die aussehen, als seien sie vor dreißig Jahren gebacken worden, hinter gelbschimmernden Lichtschutz, drücken Frauenköpfen aus Styropor bombastische Fellmützen aufs Haupt, die Jahr für Jahr und Sommer wie Winter als modische Neuheit gepriesen werden. Noch gibt es den skurrilen, unfreiwilligen Humor, wenn im Schaufenster Feuerlöscher und Gasmasken hinter der Aufschrift «Wir wünschen Ihnen fröhliche Weihnachtsfeiertage» angeboten werden.

Ein Heer von Bürokraten

Der seltsame Stillstand, die retardierende Kraft der Vergangenheit scheinen besonders stark zu sein im Gestrüpp der Behörden und Ministerien, im undurchschaubaren Geflecht der Institutionen, in Amtsstuben und Sekretariaten, deren Le-

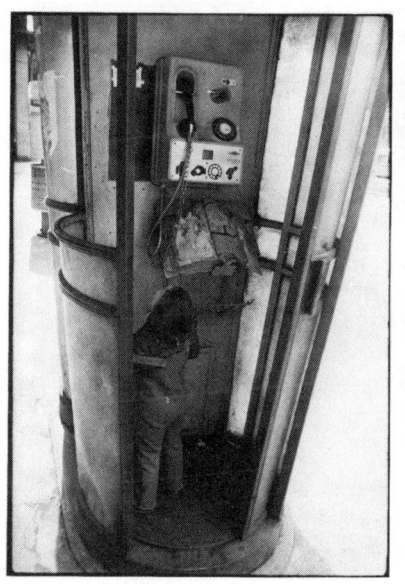

Kraftloser Fortschritt

bensprinzip es geradezu ist, Entscheidungen im Zeitlupentempo zu treffen und für Außenstehende möglichst undurchschaubar zu machen. Endlos und altertümlich wie der Paternoster, der die Stockwerke der Ministerien im trägen Rundlauf miteinander verbindet, laufen die Akten und Vorgänge durch die Hierarchien der Bürokratie, denen gegenüber jeder Antragsteller so hilflos ist wie Franz Kafkas Josef K. Bei der Ausländerpolizei in Budapests Andrássy út kann man auf ein und dieselbe Frage in jedem Zimmer eine andere Antwort erhalten, die Haut der kleinen Sekretäre und Beamten hat längst die fahle Farbe der Möbel und Papiere angenommen. Lethargisch regieren sie zwischen schäbigen Schreibtischen und altertümlichen Schreibmaschinen, zwischen schmutzigen Kaffeekannen und unförmigen Telefonapparaten,

die über rätselhafte Knöpfe und Funktionen verfügen – und doch haben sie keine wirklichen Entscheidungen zu treffen. Der Sozialismus hat es vermocht, preußischem Bürokratismus, der der jungen Sowjetunion einmal als Vorbild diente, neues Leben einzuhauchen. Allerdings ist er dabei verschmolzen mit der historisch gewachsenen Schlampigkeit in Osteuropa, und diese Mischung ist es, die auf Ämtern, Postschaltern und Bahnhöfen bis zum heutigen Tag ihre wundersame Herrschaft ausübt.

Wer hat sich eine solche Art einzukaufen ausgedacht: Anstellen, Kaufwunsch nennen, Zettel in Empfang nehmen, zur Kasse gehen, wieder anstehen, bezahlen, zurückgehen zur ersten Verkäuferin und die Ware in Empfang nehmen? Wer hat verfügt, daß Ausländer mit einer Aufenthaltsgenehmigung Ungarn

Anmut von gestern

nur mit einer speziellen Erlaubnis verlassen können, die beantragt, bezahlt und einer untergeordneten Beamtin abgetrotzt werden muß? Wer ist dafür verantwortlich, daß westliche Besucher, die privat in Ungarn übernachten, jahrelang einer polizeilichen Anmeldung bedurften, für die ein spezielles Formular nötig war, das es aber, wie sich auf der Polizeiwache herausstellte, nur auf dem gerade geschlossenen Postamt gab? Und wer bezahlt die Armee von Pförtnern und Conciergen, die in jedem irgendwie offiziösen Haus in einem Glasverschlag sitzen und Zeitung lesen, wer die Polizeibeamten, die am Eingang der Wache jedem Besucher eine Blechmarke in die Hand drücken, die am Ende unbenutzt wieder eingesammelt wird?

Arbeitslosigkeit war kein Fremdwort im Sozialismus, sie trug nur ein anderes Gesicht. Ein Großteil der Beschäftigten wurde nur wegen des egalitären Lohnsystems und aus Furcht vor politischen Spannungen auf ihren Arbeitsplätzen belassen, und bis heute wagt die Regierung nicht, die ökonomisch überfälligen Massenentlassungen unproduktiver Arbeiter vorzunehmen.

Jedes der berühmten Budapester Thermalbäder ist beispielsweise fast ein Großbetrieb: Am Eingang sitzt eine betagte Dame und verkauft Eintrittskarten, weißbekittelte Aufseher und Aufseherinnen gehen in der Vorhalle unerfindlichen Beschäftigungen nach. Bevor man weiter in das Gebäude vordringen kann, kontrolliert jemand das Vorhandensein gültiger Eintrittskarten, ein weiterer macht sie am Eingang zu den Umkleideräumen durch einen Riß ungültig. Hinter dem Vorhang gibt es jemanden, der die Aufgabe hat, die Schränke für die Unterbringung

Despoten der Dienstleistung

jener Kleidungsstücke auf- und zuzuschließen, die man nicht bereits der Garderobiere oder jener Kollegin anvertraut hat, die für die Deponierung von Wertgegenständen verantwortlich ist. Ein weiterer Arbeitsplatz besteht darin, turnusmäßig den nassen Fußboden zu wischen, weitere Angestellte sind als Masseure, Fußpfleger, Verwalter des Solariums oder als Bademeister beschäftigt, die über das ordentliche Verhalten in den Schwimm- oder Thermalbecken wachen. Schließlich haben auch das obligatorische «büfé», an dem Kaffee oder «szendvics» verkauft werden, und der im selben Gebäude untergebrachte Friseur einen nicht gerade kleinen Personalbedarf, der durch ein scheinbar unerschöpfliches Reservoir an Arbeitskräften gedeckt wird.

All dies macht das Land an der Donau nicht etwa unsympathisch,
nur seltsam anachronistisch in einer Welt der Modernität und des ungebremsten Fortschritts. Es ist, als hätte sich eigentlich Unvereinbares auf kleinstem Raum miteinander verschmolzen und beharre nun auf seinem Existenzrecht: Die neobarocke Pracht der hauptstädtischen Gebäude und die archaischen Formen des Landlebens, der Hauch von kommunistischer Gleichheit und die Patriarchalik der untergegangenen Monarchie, die Herzlosigkeit der sozialistischen Bürokratie und der fiebrige Aktivismus der neuen Kleinkapitalisten, der rastlose Intellektualismus der Gebildeten und die entwaffnende Einfachheit der unteren Stände. Wie man das und vieles mehr in Ungarn entdecken kann, davon handelt dieses Buch.

POLITIK,
KULTUR,
ALLTAG

EIN BLICK ZURÜCK

Kühl ist es hier und muffig-feucht – in den Gängen und Gewölben, die das Budapester Burgviertel wie ein unterirdisches Labyrinth durchziehen. Als sowjetische Truppen in den Januarwochen des Jahres 1945 die ungarische Hauptstadt belagerten, diente das Kellersystem den eingeschlossenen deutschen Soldaten als Unterschlupf und Verteidigungsstellung. Heute hat es einen friedlicheren Zweck: Ein paar Budapester Privatleute haben einen Teil dieser Unterwelt gepachtet und in der Úri utca 8 den Eingang zu einem Panoptikum errichtet, das an das Londoner Wachsfigurenkabinett erinnern soll. Gipsfiguren, von Tropfwasser entstellt, versinnbildlichen die wichtigsten Stationen der ungarischen Geschichte.

Da sind Mongolen zu sehen, wie sie in grauer Vorzeit das Land überrennen und in ungarischen Sümpfen eines grauenvollen Todes sterben; da thront der Gründer des Königreiches Ungarn, der heilige István (Stephan), auf einem prächtigen Herrscherstuhl, umgeben von seinen Untertanen; da wird das tragische Ende des Thronanwärters László Hunyadi gezeigt, der von seinen Gegnern hingerichtet wurde, jedoch drei Schwertschläge überlebte. Größe und Leid des ungarischen Volkes erwachen in dieser seltsam verklärenden Geschichtsbeschau zu neuem Leben, die den Wünschen der Menschen aber offensichtlich näher kommt als die nüchterne Ausstellung des benachbarten Museums der Geschichte der Ungarischen Arbeiterbewegung.

Die Geschichte ist in Ungarn überall präsent. Sie ist im Bewußtsein eines kleinen Volkes verankert, dessen Unabhängigkeit immer von den stärkeren Mächten bedroht war, die sich im Karpatenbecken seit dem Mittelalter die Klinke in die Hand geben. Das historische Wissen liegt förmlich auf der Straße, verewigt in unzähligen Straßennamen, Plätzen und Denkmälern, die die Erinnerung an die Vorfahren wachhalten. Dabei kommt es den Ungarn nicht

auf Details an, sondern auf die durch Legenden und Idealisierungen angereicherten Hauptereignisse, in denen sich heutige Befindlichkeiten und Stimmungen wiederfinden lassen. Zum Beispiel das Gefühl, daß die Ungarn zu wenige seien, um eine eigenständige Rolle in Mitteleuropa zu spielen, aber zu viele und zu stolz, um in den anderen Nationen aufzugehen. Dazu gehört auch ein seltsam schizophrenes Empfinden, den Nachbarvölkern zugleich über- und unterlegen zu sein, sowie ein widersprüchliches Gefühl von Distanz und Nähe gegenüber dem westlichen Europa. Dazu zählte schließlich bis vor kurzem der unterdrückte Schmerz über die verlorene Unabhängigkeit, der ebenso in revolutionäres Aufbegehren umschlagen konnte wie in pragmatische Anpassung. Für alle diese Empfindungen liefert die Geschichte die Bilder und Exempel.

Plünderndes Reitervolk

Über die Herkunft der Madjaren, wie sich die Ungarn in ihrer eigenen Sprache nennen, gibt es keine ausreichenden schriftlichen oder archäologischen Quellen. Aus ihrer Sprache hat man jedoch geschlossen, daß die Vorfahren der Ungarn aus einer Waldzone zwischen Uralgebirge und Wolgabogen stammen und von dort aus über den südrussischen Steppengürtel und die Karpaten in das Gebiet des heutigen Ungarns vorgedrungen sind. Das war die «Landnahme» von 896. Das vorgefundene Gebiet war kaum besiedelt, nachdem es zuvor von Skythen, Kelten, Römern, Hunnen, Goten, Langobarden und Awaren unterschiedlich lange bewohnt worden war. Einem mythischen Bericht zufolge bestand das eindringende,

plündernde Reitervolk aus sieben Stämmen, die Árpád, das Oberhaupt des Stammes Medjer (daraus leitet sich magyar = Ungar ab), zum Erbfürsten ernannten.

Anders als andere Reitervölker aus dem Osten verschwanden die Ungarn jedoch nicht wieder aus Europa, sondern wurden, nachdem die Schlacht auf dem Lechfeld bei Augsburg ihren Raubzügen 955 ein Ende gesetzt hatte, seßhaft. Die Erbfürsten Géza und István suchten ihr Volk in das westliche Abendland zu integrieren und zwangen es unter bürgerkriegsähnlichen Umständen zur Übernahme des christlichen Glaubens wie der feudalen Herrschaft. Katholische Missionare und Ritter wurden ins Land geholt, eine staatliche Organisation gegründet, die auf jenen Ländereien ruhte, die den zahlreichen inneren Gegnern der neuen Lebensweise abgesprochen wurden. Kirche, Staat und entstehender Adel nahmen den Bauern das Land und damit ihre Freiheit. Im Jahre 1000 ließ sich István schließlich vom Papst zum König salben und teilte die Besitzungen der Krone in sogenannte Komitate (megye) ein, die bis heute die Verwaltungseinheit der Bezirke bilden. Nach seinem Tode sprach ihn die Kirche heilig, weil unter seiner Herrschaft Ungarn zum «Schild der Christenheit» gegenüber dem heidnischen Osten wurde.

Ungarn entwickelte sich rasch zu einem mächtigen Königreich, zu dem bald auch Siebenbürgen, Slowenien, Kroatien und Dalmatien gehörten und das von Esztergom (Gran), dann von Buda (Ofen) aus regiert wurde. Doch die aufsteigende Gruppe übermächtiger Landbesitzer schwächte die Macht des Staates, und nach einem Angriff Österreichs im Westen fehlte die Kraft, um sich gegen die herannahenden Mongolen ausreichend zu wappnen. Wie ein tödliches Gewitter überrannten sie im Jahre 1241 das Land, um ebenso plötzlich wieder zu verschwinden. Sie hinterließen ein entvölkertes und verwüstetes Königreich, das nur mit der Unterstützung des dadurch noch mächtiger werdenden Adels wieder aufgebaut werden konnte.

Als es keinen direkten männlichen Nachfahren des von Arpád abstammenden Königshauses mehr gab, wählten die Adligen im Jahre 1308 Karl Robert von Anjou zum König von Ungarn, und erneut begann eine – von Rückschlägen unterbrochene – Zeit des Aufstiegs. Die Großgrundbesitzer verloren ihre Macht beziehungsweise wurden dem Staat verpflichtet, und weite Gebiete Mittelosteuropas gerieten zeitweilig unter ungarischen Einfluß. Unter den Königen Lajos I., Sigismund und Matthias Corvinus erlebte Ungarn eine bis dahin und auch danach nie wieder erreichte Blüte.

Von den Türken besetzt

Im Südosten Europas ballte sich jedoch erneut eine Gefahr zusammen: die nach Westen drängenden Türken, die János Hunyadi bei Belgrad 1456 noch schlagen konnte. Aber dann begannen dunkle Zeiten für Ungarn. Nach dem Tod von König Mátyás, unter dessen Herrschaft Ungarn zu einem Zentrum der Renaissance wurde, ging der Großadel immer rücksichtsloser gegen die Bauern vor, so daß ein ursprünglich für einen Kreuzzug gegen die Türken vorgesehenes Bauernheer unter György Dózsa sich grausam an den Großgrundbesitzern rächte. Nicht

weniger brutal wurde der Aufstand niedergeschlagen, und das nichtadlige Landvolk verlor vollends alle Schutzrechte, die es bis dahin zumindest formal noch gehabt hatte. Literatur und Geistesleben blühten zwar auf, doch Magnaten und Kleinadel verwickelten sich in heftige Interessenkämpfe, und der Staat verfiel. Als die Türken 1526 mit 100 000 Mann unter dem Sultan Suleiman II. erneut angriffen, zog ihnen ein schlecht ausgebildetes, dilettantisch geführtes Heer von 25 000 Mann entgegen und erlitt bei Mohács in Südungarn eine furchtbare Niederlage. 15 000 Tote blieben auf dem Schlachtfeld, darunter der junge König Ludwig II. Die Nation erlitt einen Schock.

Im Streit um den Nachfolger des Königs spaltete sich Ungarn und wählte zwei Gegenkönige: den Habsburger Ferdinand I., der von Westen her gegen die türkische Großmacht Schutz bieten sollte und von den Großgrundbesitzern unterstützt wurde, und János Zápolya, Woiewod von Siebenbürgen, der sich zur Rettung der ungarischen Unabhängigkeit mit den Türken verbündet hatte und von der Partei des Kleinadels unterstützt wurde. Die beiden Könige lieferten einander Schlachten, in denen sich auch der grundsätzliche Widerstreit spiegelte, ob Ungarn sich nach Ost oder nach West orientieren sollte. Als der siebenbürgische Fürst starb, eroberte der türkische Sultan 1541 den mittleren Teil Ungarns und mit ihm die Hauptstadt Buda. 145 Jahre lang blieb die Budaer Festung in türkischem Besitz, Ungarn zerfiel in drei Teile – einen österreichischen, einen türkischen und einen siebenbürgischen. Alle Versuche, das unabhängige Königreich Ungarn wiederherzustellen, wurden im Schnittpunkt der gegensätzlichen Interessen der beiden Großmächte niedergeschlagen.

Madjaren in der Minderheit

Zur Verbitterung des Großadels, der auf die Macht der Habsburger baute, wandte sich Österreich erst anderthalb Jahrhunderte später, nachdem die Türken 1683 beinahe auch Wien erobert hatten, mit militärischen Verbänden gen Osten und befreite Ungarn von der osmanischen Herrschaft. Als die Türken endgültig aus dem Land gedrängt waren, blieb ein ausgeplündertes Ungarn zurück, das einen Großteil seiner Bevölkerung durch Verschleppung, Ermordung, Hunger und Seuchen verloren hatte. Von nun an waren die Madjaren nur noch eine Minderheit im eigenen Land, die vor allem die Mitte Ungarns und den äußersten Südosten Siebenbürgens bewohnte, während eine große Zahl von Siedlern aus Deutschland sowie aus den Nachbarvölkern auf Geheiß des Wiener Hofes das entblößte Land neu bevölkerte. Die Grundlage für den späteren Konflikt mit den Nationalitäten wurde damals gelegt.

Die Befreiung durch die Österreicher, das mußten auch die Magnaten bemerken, war gar keine Befreiung. Der Wiener Hof betrachtete Ungarn als Kriegsbeute, nachdem eine Verschwörung des ungarischen Adels aufgedeckt wurde, sogar als Feindesland. Wie vordem die Türken hausten nun kaiserliche Truppen in Ungarn, das bis zum Ersten Weltkrieg Teil der österreichischen Monarchie blieb. Die Lage des Landes verschlechterte sich weiter, nachdem ein gewaltsamer Befreiungsver-

such, zu dem sich ein großer Teil des ungarischen Adels und der Bauern unter dem Fürsten Ferenc Rákóczi zusammengeschlossen hatte, 1711 gescheitert war.

Die Zeit zu beurteilen, in der Ungarn zum österreichischen Kaiserreich gehörte, ist selbst für Historiker keine einfache Angelegenheit. Zu viel schwingt in jedem Urteil mit, was über die nüchternen Fakten hinausgeht. So war die Erinnerung an die Unterdrückung der ungarischen Nation durch Österreich lange Zeit ein Kernstück ungarischen Nationalbewußtseins, der Kampf gegen die Habsburger wurde fast sakral überhöht, wie das tempelartige Grab des Freiheitskämpfers Lajos Kossuth auf dem Budapester Kerepesi-Friedhof heute noch zeigt. Erst in neuerer Zeit erscheint mehr und mehr Positives über die Habsburg-Monarchie, während umgekehrt die Revolutionäre von damals durchaus kritisch betrachtet werden. Dahinter verbirgt sich vielleicht ein bißchen Nostalgie gegenüber den Zeiten der Donaumonarchie, zudem gilt gerade das Verhältnis zu den Österreichern, die man in Ungarn liebevoll-ironisch «sogor» (Schwager) nennt, als so gut wie nie zuvor und als ein Paradestück gutnachbarlicher Ost-West-Beziehungen. Vielleicht liegt es aber auch im Interesse der ungarischen Regierung, das revolutionäre Pathos etwas zu dämpfen, das sich in den fünfziger Jahren schon einmal statt gegen die Besetzer von damals gegen die von 1945, also gegen die Anwesenheit sowjetischer Truppen im Lande, gewandt hat. Schließlich bewertet mancher Ungar auch unter kulturellen Gesichtspunkten die frühere Zugehörigkeit zum westlichen Habsburgerreich positiver als die spätere Abhängigkeit von der öst-

1541 – Die Türken erobern Buda

lichen Sowjetunion. Wie dem auch sei – die Politik der Kommunistischen Partei in Ungarn, die das Land schrittweise liberalisieren und zu größerer Unabhängigkeit führen will, findet ihre Vorbilder sehr viel eher unter den versöhnlichen Kräften der ungarischen Geschichte als unter den Revolutionären.

Kornkammer Österreich

Unbestritten ist jedoch, daß Ungarn in den ersten hundert Jahren der österreichischen Besetzung einen erbärmlichen Anblick bot: Die größten Städte hatten nicht einmal 30 000 Einwohner, Fabriken oder größere Manufakturen gab es kaum, ein überlebter Ständestaat verhinderte die Entfaltung eines Bürgertums. Wenn es überhaupt eine nennenswerte kulturelle, literarische Aktivität der Madjaren gab, dann in Wien. Die Weigerung des ungarischen Adels, von seinem überkommenen Vorrecht der Steuerfreiheit Abschied zu nehmen, führte dazu, daß auch Reformbestrebungen des Wiener Hofes scheiterten und statt dessen eine Wirtschaftspolitik angewandt wurde, die sich darin erschöpfte, möglichst viel aus dem Land herauszupressen. Ungarn wurde zur Kornkammer des Kaisers – unterentwickelte, finsterste Provinz.

Dagegen suchten ungarische Aufklärer, zunächst von Wien aus, soziale, kulturelle und wirtschaftliche Reformen und eine «Wiedergeburt der ungarischen Nation» zu erreichen. Am Ende des 18. Jahrhunderts verbündeten sie sich mit dem madjarischen Adel, der ihren geistigen, literarischen und sprachlichen Bestrebungen in kurzer Zeit zum Erfolg verhalf, allerdings um den Preis eines Verzichtes auf die sozialen

Forderungen. Madjarisch, das es bis dahin als Hochsprache faktisch nicht gab, wurde erstmals Pflichtfach an den Schulen und löste 1844 Latein als Staatssprache ab.

Die ungeheure Rückständigkeit aber blieb. Die neuerwachten nationalen Kräfte spalteten sich wieder einmal in einen Teil, der Veränderungen nur in Absprache mit Wien für realistisch hielt, und einen anderen, der den verarmten Kleinadel gegen Österreich und die Vorrechte des ungarischen Hochadels mobilisieren wollte. Graf István Széchenyi war der Repräsentant der ersteren Bestrebungen, der Journalist Lajos Kossuth der Führer der zweiten Richtung. Széchenyi stellte die finanziellen Mittel zur Verfügung, damit die Vorläuferin der Ungarischen Akademie der Wissenschaft gegründet werden konnte, und ließ die erste feste Donaubrücke zwischen Buda und Pest errichten, die heute seinen Namen trägt. Er setzte die Schiffbarmachung der unteren Donau durch und beteiligte sich an der Gründung der Donau-Dampfschiffahrtsgesellschaft. Er rief Ungarns ersten politischen Klub ins Leben und forderte in Büchern und Zeitungsartikeln grundlegende wirtschaftliche und soziale Reformen.

«Frei sein oder Knechte»

Zu weitreichenden Veränderungen kam es erst, als die alten europäischen Mächte von sozialen Aufständen erschüttert wurden. 1848 wurde in Paris der König gestürzt, am 13. März brach in Wien die Revolution aus. Politisierende Literaten und Studenten, die sich täglich im Pester Kaffeehaus Pilvax versammelten, verfaßten auf Initiative des erst fünfundzwanzigjährigen, aber

Pußta-Romantik aus dem Jahre 1855

bereits landesweit bekannten Dichters Sándor Petőfi eine Proklamation, die sie am 15. März an mehreren Punkten der Stadt verlasen. Petőfi trug dabei jedesmal sein geniales, energiegeladenes «Nationallied» vor:

«Auf, die Heimat ruft, Magyaren!
Jetzt heißt's, sich zusammenscharen!
Wollt ihr frei sein oder Knechte?
Hier die Frage – wählt das Rechte...»

In der Druckerei «Landerer und Heckenast» verlangte die Menge schließlich, daß ihre Forderungen und das Petőfi-Gedicht ohne Vorlage beim Zensor gedruckt würden, dann zogen sie zur Residenz des Statthalters in Buda, der alle ihre Forderungen erfüllte. Angesichts dieser Ereignisse schmolz auch im Reichstag von Preßburg (heute: Bratislava, CSSR) jeder ernsthafte Widerstand gegen das Programm der fortschrittlichen Kräfte: Abschaffung der Steuerfreiheit des Adels, Befreiung der Hörigen, Ausdehnung des Wahlrechts auf Nicht-Adlige, Bildung eines ungarischen, dem Reichstag verantwortlichen Kabinetts und die Wiedervereinigung mit dem seit der Türkenzeit separat verwalteten Siebenbürgen. Am 11. April 1848 unterschrieb auch der österreichische Kaiser die Hauptforderung der revolutionären Kräfte – die Genehmigung eines selbständigen «verantwortlichen ungarischen Ministeriums».

Der Wiener Hof erholte sich jedoch rasch von seinem ersten Schreck und versuchte, die Zugeständnisse rückgängig zu machen.

Als ersten Schritt ermutigte er die in Ungarn lebenden Nationalitäten – acht Millionen gegenüber fünf Millionen Madjaren –, Ungarn ihre Gefolgschaft aufzukündigen und sich unmittelbar dem österreichischen Kaiser zu unterstellen. Im Oktober 1848 wurde Ungarn unter Kriegsrecht gestellt, österreichische Truppen überschritten die Landesgrenzen. Die verzweifelte Lage Ungarns inmitten eines Europas der Restauration beschrieb Petőfi in einem weiteren Gedicht so:

«Von den Karpaten bis zur untern Donau
ein wilder Sturm, entsetzlich böses Schrein
Das Haar zerzaust, die wunde Stirne blutig:
So steht der Ungar in der Not allein.
Auch wenn ich nicht als Ungar wär geboren,
ich schlöß mich diesem Volk jetzt an fürwahr,
weil es so einsam ist und so verlassen,
wie auf dem Erdenrund noch keines war.»

Die äußeren Angriffe führten die Revolution in eine zweite Phase: Ein Vaterländisches Verteidigungskomitee unter dem Vorsitz von Lajos Kossuth übernahm die Regierungsgeschäfte, der nach Debrecen geflohene Reichstag verkündete die Unabhängigkeit Ungarns und die Entthronisierung der Habsburger. Jetzt wurde auch das einfache Volk aufgefordert, für die Freiheit zu kämpfen; angesichts seiner jahrhundertelangen Unterdrückung durch die «Herrschaften» fand es sich aber nur teilweise dazu bereit. Der Wiener Hof geriet durch die neuen Energien und durch beträchtliche militärische Erfolge der ungarischen Freiheits-armee in ernsthafte Bedrängnis und wandte sich um Hilfe an den Zaren Nikolaus I. Nur durch das Eingreifen der russischen Truppen konnte der Aufstand im August 1849 auf grausame Weise niedergeworfen werden. Sándor Petőfi fiel in der Nähe von Segesvár in einer der letzten Schlachten.

Deutschsprachige Doppelmonarchie

Unerbittlich war auch diesmal die Strafe der österreichischen Siegermacht: Die Führer des Aufstandes einschließlich des Ministerpräsidenten, Graf Batthyány, wurden, wenn sie sich nicht – wie Kossuth – durch Emigration in Sicherheit bringen konnten, hingerichtet, dreizehn exekutierte Generale gingen als die «Arader Blutzeugen» in die Geschichte Ungarns ein. Deutsch wurde die Staatssprache des Landes. 1867, als Österreich seine Schwäche im verlorenen Krieg gegen das mächtiger werdende Preußen zu spüren bekam, war der «Ausgleich» zwischen beiden Seiten möglich, der von Ferenc Deák, einem ehemaligen Gegenspieler Kossuths, vorbereitet und ausgehandelt wurde. Seit diesem Zeitpunkt führte die Monarchie den Namen «Kaiserliches und Königliches Österreich-Ungarn» – der k.u.k.-Dualismus entstand.

Die Zeit der Doppelmonarchie war, zumindest in wirtschaftlicher Hinsicht, eine Blütezeit für Ungarn. Erstmals entstanden große, prosperierende Industriebetriebe. In der Hauptstadt Budapest, zu der 1872 die Städte Buda, Óbuda und Pest zusammengeschlossen wurden, setzte eine ungeheure Bautätigkeit ein, deren oft übertriebene architektonische Pracht bis heute das Bild der

Dualistischer Adel – Filmszene aus «Ungarische Rhapsodie»

Stadt prägt. Das Büro Eiffel erhielt den Auftrag, den neuen Westbahnhof (Nyugati pályaudvar) zu entwerfen, großangelegte Prachtstraßen, die den Pariser und Wiener Vorbildern folgten, gaben dem damals noch verwinkelten Pest ein neues Gesicht. Die Firma Siemens baute in Budapest die erste Untergrundbahn auf dem Kontinent, die 1896, im Jahr der tausendsten Wiederkehr der «Landnahme», wie zahlreiche andere Neubauten feierlich übergeben wurde. Mit 750000 Einwohnern war Budapest zur Jahrhundertwende die siebtgrößte Stadt Europas.

Die Blüte der Hauptstadt täuschte aber darüber hinweg, daß die grundlegenden Probleme des Landes nach wie vor ungelöst waren: Der Großgrundbesitz hatte seine alte Macht behalten und hielt die Masse der Bauern in tiefem Elend. Fast andert-

halb Millionen ungarische Staatsbürger, meist verelendete Landarbeiter, verließen deshalb zwischen 1899 und 1913 das Land, um anderswo ein besseres Leben zu suchen. Auch die Nationalitäten, die im Königreich Ungarn die Mehrheit der Bevölkerung stellten und sich 1848/49 schon einmal von Ungarn abgewandt hatten, wurden in vollkommener Rechtlosigkeit gehalten. Das Wahlsystem war undemokratisch, durch vielerlei Auflagen beschränkt und nicht geheim, so daß der größte Teil der Bevölkerung im Reichstag keinerlei Interessenvertretung besaß.

Hinzu kam die später folgenschwere Tatsache, daß die neuen Möglichkeiten des wirtschaftlichen Aufstieges in erster Linie von den jüdischen Zuwanderern genutzt wurden, die aus beengten Verhältnissen in Galizien und Mähren kamen und in Ungarn ein ungeahntes Betätigungsfeld fanden. Weil die neuerdings aufs Geldverdienen angewiesenen Grundbesitzer sich weigerten, Aufgaben in Handel und Industrie zu übernehmen, wurden die Juden zum Ersatzbürgertum im Königreich und dankten dafür häufig mit einer schwärmerischen Liebe zum Madjarentum. Mehr als zwanzig Prozent der Budapester Bevölkerung waren zur Jahrhundertwende jüdischer Abstammung, was zu einem wachsenden Mißtrauen den Juden, ja der ganzen Hauptstadt gegenüber führte. 1884 zog die Antisemitische Partei erstmals mit siebzehn Abgeordneten ins Parlament ein.

1914 – Kriegstaumel in ganz Europa. Als der österreichisch-ungarische Thronfolger Franz Ferdinand von serbischen Nationalisten auf offener Straße erschossen wurde, entfesselte die österreichisch-ungarische Doppelmonarchie leichtfertig einen Krieg, der sich zum Weltkrieg ausweitete. Die schmale politische Führungsschicht Ungarns trieb im Schulterschluß mit Wien das Land in eine Katastrophe, die der traumatischen Niederlage gegen die Türken in der Schlacht von Mohács (1526) in nichts nachstand. Am Ende des Krieges war nicht nur die Wirtschaft ruiniert, die Armee auseinandergelaufen, die Doppelmonarchie zerfallen und die Bevölkerung am Rande einer Hungersnot, sondern Ungarn verlor 1920 im Friedensvertrag von Trianon zwei Drittel seines Territoriums und seiner Bevölkerung. Drei Millionen Ungarn lebten nun ihrerseits als nationale Minderheit in Rumänien und den neugegründeten sogenannten Nachfolgestaaten Tschechoslowakei und Jugoslawien.

Das Trauma von Trianon

Die Opposition – Sozialdemokraten, bürgerliche Radikale und die Friedenspartei des linksliberalen Grafen Mihály Károlyi – hatte sich noch während des Krieges um eine Verständigung mit den Westmächten und den mit ihnen verbündeten Nationalitäten bemüht. Sie galten im eigenen Land deshalb als «Vaterlandsverräter». Doch als in der Nacht vom 30. zum 31. Oktober 1918 in Budapest die «Astern-Revolution» ausbrach und den «roten Grafen» endlich ins Amt des Ministerpräsidenten brachte, war über die europäische Nachkriegsordnung längst entschieden worden. Die Donaumonarchie wurde aufgelöst, die Nationalitäten erklärten ihre Selbständigkeit, ihre Truppen besetzten alle ungarischen Gebiete, auf die sie Anspruch erhoben.

Graf Károlyi begann seine Regierungszeit mit demonstrativen Gesten: Er sprach mit den Führern der Nationalitäten und machte ihnen weitgehende Angebote; er schenkte seine riesigen Ländereien den Bauern und bereitete eine Bodenreform vor; er berief zum erstenmal in der Geschichte Ungarns einen Minister für Nationalitätenfragen – doch es gab keine Nationalitäten mehr, für die der Minister zuständig sein konnte. Als Károlyi einsah, daß er zu spät kam und die radikalisierten, hungernden Arbeiter sich gegen ihn stellten, dankte er ab. Am 21. März 1919 legte er die Macht «in die Hände des Proletariats und der Völker Ungarns». Die Sozialdemokraten und die gerade gegründete Kommunistische Partei vereinigten sich und riefen, nach dem Vorbild Sowjetrußlands, die «Räterepublik» aus.

133 Tage lebte die ungarische Kommune, an ihrer Spitze stand der Kommunist Béla Kún; prominente Intellektuelle wie der Komponist Béla Bartók erklärten ihre Sympathie, Georg Lukács wurde stellvertretender Volkskommissar für Volksbildung. Die Räterepublik stellte eine Rote Armee auf und zog erfolgreich in den Kampf gegen die «ausländischen Konterrevolutionäre», wie man die Truppen der ehemaligen Kriegsgegner und der Nationalitäten nun nannte, die die Sowjetmacht in Budapest stürzen wollten. Doch die Versuche, Ungarn zu sowjetisieren, schlugen bald gegen die Räteherrschaft aus. Enteignungen, Kollektivierungen und Terror trieben sie in die Isolation. Statt den Bauern Land zu geben und sie so für sich zu gewinnen, übernahm der Staat die großen Güter – oftmals unter demselben Verwalter wie vorher. Die Bauern wandten sich gegen die Revolution und lieferten Budapest keine Lebensmittel mehr. Die kommunistische Führung kapitulierte vor dem inneren und äußeren Druck und flüchtete am 1. August 1919 nach Österreich. Von dort aus gingen die meisten ins Exil in die Sowjetunion, wo sie zwanzig Jahre später in den stalinistischen Säuberungen fast ausnahmslos ermordet wurden.

Die Macht in Ungarn übernahmen nun die Kräfte der «christlichnationalen» Restauration unter dem ehemaligen Flottenadmiral Miklós Horthy, der in Szeged eine Gegenregierung gebildet hatte. An der Spitze seiner «Nationalen Armee» marschierte er am 16. November auf einem weißen Pferd in Budapest ein und begann einen Rachefeldzug gegen die gesamte Linke. Ungarn bezeichnete sich wieder als Königreich

– allerdings ohne König, weil man den abgesetzten österreichischen Kaiser auf Geheiß der Entente nicht erneut inthronisieren durfte. Das Horthy-Regime war autoritär, es stützte sich auf die alten privilegierten Schichten und den neuen antiliberalen Mittelstand. Ungarn verabschiedete das erste Gesetz in Europa, das sich gegen die Juden richtete, und schürte das Verlangen nach einer Revision der als zutiefst ungerecht empfundenen Gebietsverluste. Wegen der großen Armut auf dem Lande erhielt Ungarn in diesen Jahren den Beinamen «Land der drei Millionen Bettler».

In Budapest allerdings begann eine neue Blütezeit: Die Industrie expandierte, die soziale Lage der Arbeiter verbesserte sich, das Bürgertum pflegte einen glänzenden Lebensstil. Die Hauptstadt erhielt in Europa bald den Ruf einer besonders mondänen Metropole. Dazu trug auch die brodelnde geistige Atmosphäre bei, die sich unter dem neobarocken Regierungssystem breit machte und ein reiches, von Gegensätzen geprägtes Kulturleben hervorbrachte. In der Literatur und in den Kaffeehäusern, in den Zeitungen und Verlagen, in den Oppositionsparteien und im Parlament meldeten sich die Kritiker der Regierung unüberhörbar zu Wort. Nur die Kommunisten blieben verboten, und die Sozialdemokraten mußten versprechen, auf dem Lande keine Agitation zu betreiben.

Hitlers Hand

Der Irredentismus, das heißt die Forderung nach neuen Grenzen, führte die ungarische Regierung in den dreißiger Jahren zum zweiten Male an die Seite der Großmacht

Deutschland. Aus Hitlers Hand, flankiert von eigenen Militäraktionen, empfing Ungarn zwischen 1938 und 1941 einen Gebietszuwachs von hundert Prozent. Zunächst betrug der Preis für das deutsche Entgegenkommen nicht viel mehr als die Zusicherung, der deutschen Minderheit in Ungarn und ihrer nationalsozialistischen Organisation, dem Volksbund, volle Autonomie zu gewähren; zugleich suchte die ungarische Regierung eine gewisse Rückendeckung bei den Westmächten. Doch nach dem Anschluß Österreichs von 1938, mit dem Deutschland zum unmittelbaren Nachbarn wurde, gerieten die ungarische Innen- und Außenpolitik immer mehr in den Sog der Nationalsozialisten. Das ungarische Parlament verabschiedete mehrere verschärfte Judengesetze, die jüdischen Männer im wehrpflichtigen Alter wurden statt zum Militär in Arbeitskompanien eingezogen, in denen KZ-ähnliche Zustände herrschten. Vier Wochen nach Hitlers Angriff auf die Sowjetunion schloß sich auch Ungarn dem Krieg an, der dem Land, statt der erhofften Gewinne, enorme wirtschaftliche und militärische Lasten brachte.

Nach der verlorenen Schlacht von Stalingrad im Jahre 1943 bemühte sich Ungarn in Geheimverhandlungen erstmals um einen Absprung aus dem deutschen Bündnis. Als Hitler davon erfuhr, ließ er am 19. März 1944 kurzerhand das Land besetzen und einen Regierungschef seines Vertrauens einsetzen. Horthy blieb zwar in seinem Amt als «Reichsverweser», aber die deutschen Stellen gaben nun den Ton an in Budapest: die Botschaft in der Úri utca, das Oberkommando der SS-Truppen, die deutsche Gestapo und das Ju-

dendezernat von Eichmann, das sich im Hotel Majestic am heutigen Szabadság-Berg einrichtete. Mit Unterstützung ungarischer Behörden verhafteten sie die Führer der Opposition und begannen zielstrebig mit der Deportation der Juden – beginnend auf dem Lande. Überwacht wurde dies von Adolf Eichmann, ausgeführt von ungarischer Gendarmerie unter der Leitung des Innenministers László Endre. 460000 Menschen jüdischer Abstammung und 25000 bis 30000 Zigeuner wurden nach Auschwitz oder in deutsche Konzentrationslager deportiert.

Ein wachsender Protest vom päpstlichen Nuntius, den Amerikanern, den neutralen Staaten sowie einiger konservativer und kirchlicher Führer bewog Horthy dazu, im Juli 1944 ein Ende der Deportationen durchzusetzen. Mit demselben Ziel verhandelten jüdische Vertreter mit der SS, der sie großzügige Gegenleistungen für die Rettung der Juden anboten. In Budapest lebten zu diesem Zeitpunkt noch rund 200000 Juden, die meisten von ihnen im Getto. Im Oktober 1944 versuchte Horthy ein zweites Mal, Ungarn im letzten Augenblick aus dem Krieg zu führen, und verkündete nach geheimen Unterredungen in Moskau das Ende aller ungarischen Kriegshandlungen. Der Plan war jedoch dilettantisch vorbereitet: SS-Truppen besetzten seinen Amtssitz, die Budaer Burg, und zwangen ihn, den Führer der faschistischen Pfeilkreuzler-Partei, Ferenc Szálasi, zum Ministerpräsidenten und Staatschef zu ernennen. In Budapest begann ein wildes Morden, dem neben politischen Gegnern vor allem die im Getto konzentrierten Juden schutzlos ausgesetzt waren. Der schwedische Diplomat Raoul Wallenberg rettete in dieser Zeit mit

Budaer Burgviertel im Februar 1945

Schutzpässen und gewagten Aktionen rund 10 000 Budapester Juden das Leben – und verschwand nach Kriegsende spurlos in sowjetischen Lagern und Gefängnissen.

Während in Budapest die blutige Diktatur der Pfeilkreuzler herrschte, hatten sowjetische Truppen schon die südungarische Stadt Szeged eingenommen und in Debrecen eine antifaschistische Provisorische Regierung ins Leben gerufen. Rasch stießen sie nach Budapest vor und eroberten die Stadt nach sechswöchigen, schweren Kämpfen am 13. Februar 1945. Am 4. April 1945 verließen die letzten deutschen Truppen ungarisches Staatsgebiet, das in einem neuerlichen Friedensvertrag wieder auf die Grenzen von 1920 beschränkt wurde.

Als Befreiung wurde der Sieg der Roten Armee vor allem von den rund 100 000 im Getto von Budapest überlebenden Juden empfunden sowie von den wenigen Anhängern und Organisatoren des Widerstandes gegen Horthy und die Pfeilkreuzler. Die Furcht der Bevölkerung vor der sowjetischen Besatzungsmacht saß tief, und sie wuchs, nachdem es zu Vergewaltigungen, Ausschreitungen und – über die 320 000 ungarischen Kriegsgefangenen hinaus – zur Verschleppung von zahlreichen Zivilpersonen in die Sowjetunion gekommen war. Im Schatten der Roten Armee begannen die Führer der ehemaligen Oppositionsparteien mit der Wiederbelebung des politischen und gesellschaftlichen Lebens. Sie steuerten ein bürgerlich-parlamentarisches Mehrparteiensystem an, das das Land vom überlebten Konservativismus befreien und sich zu einer friedlichen, freundschaftlichen Politik der Sowjetunion gegenüber verpflichten sollte. Auch die kleine Gruppe kommunistischer Funktionäre, die aus Moskau nach Ungarn gebracht wurde, schien aus den Fehlern der Räterepublik gelernt zu haben und wendete sich entschieden dagegen, Ungarn den sowjetischen Verhältnissen anzugleichen. Allerdings verfügte sie in der Bevölkerung nur über minimalen Einfluß – nicht zuletzt wegen ihrer überwiegend jüdischen Abstammung.

Kommunistische Salami-Taktik

Die Phase des demokratischen Zwischenspiels begann mit der jahrzehntelang vergeblich geforderten Bodenreform, die auf Druck der KP im März 1945, noch während der Kriegshandlungen, im Eilverfahren beschlossen wurde. Regiert wurde Ungarn von einer Koalition, in der die Kommunisten nur wenige, aber wichtige Ministerien beanspruchten. Der Einfluß der KP wuchs allerdings mit Unterstützung der Besatzungsmacht rasch. Bis 1949 gelang es ihr, alle anderen politischen Kräfte auszuschalten, indem sie sich der entscheidenden Machtpositionen bemächtigte und die nichtkommunistischen Politiker durch Pressekampagnen, Strafverfahren und Zwangsmaßnahmen der Besatzungsmacht gefügig machte oder zur Emigration zwang. Die vielen Stufen auf dem Weg zum Ein-Parteien-Staat belegte der Chef der Kommunistischen Partei, Mátyás Rákosi, mit dem blumigen Begriff «Salami-Taktik».

Zum Hauptgegner wurde zunächst die «Partei der kleinen Landwirte» erklärt, die bei den ersten Wahlen zur Nationalversammlung im November 1945 eine überwältigende Mehrheit der Stimmen erhalten hatte. Ihr Generalsekretär, Béla Kovács, wurde in die Sowjetunion verschleppt und kehrte erst neun Jahre später als gebrochener Mann nach Ungarn zurück. Ministerpräsident Ferenc Nagy wagte sich aus Furcht vor Verhaftung von einer Auslandsreise nicht zurück und erklärte seinen Rücktritt. Bei den gefälschten und manipulierten Neuwahlen im August 1947 erreichte die demoralisierte Partei dann nur noch fünfzehn Prozent der Stimmen. In den folgenden Monaten wurden auch die anderen Oppositionsparteien zerrieben und die Sozialdemokraten zur Vereinigung mit der KP gezwungen. Ungarn regierte nun die kommunistische Quadriga Mátyás Rákosi, Ernő Gerő, Mihály Farkas und József Révai. Um den KP-Chef Rákosi, der in den Zeitungen nur noch als «bester Schüler Stalins und weiser Vater des ungarischen Volkes» firmierte, setzte ein beispielloser Personenkult ein.

Auch die Gesellschaft wurde umgestülpt: Bürger und Kleinbürger wurden enteignet oder auf dem Land interniert, die Kirchen entmachtet und brutal verfolgt, Arbeiter und Gewerkschafter eingeschüchtert und in dem berüchtigten Lager Recsk unter unmenschlichen Bedingungen zur Zwangsarbeit herangezogen, die Bauern, die gerade erst Land bekommen hatten, zum Eintritt in die Genossenschaft gezwungen oder als «Kulaken» in Internierungslager gesperrt. Die Geheimpolizei ÁVO verbreitete überall Schrecken, auf ein unbedachtes Wort in der Öffentlichkeit oder vor den eigenen Kindern stand Gefängnis.

Die Atmosphäre wurde zunehmend gespenstisch: 1949 wurde der Kardinal von Ungarn, József Mindszenty, zu lebenslanger Haft verurteilt und ein halbes Dutzend Generale erhängt; selbst prominente Kommunisten wie der ehemalige Innenminister und Spanienkämpfer László Rajk stürzten von ganz oben nach ganz unten: Folter, Schauprozeß, Hinrichtung. Auch János Kádár, von 1956 bis 1988 Parteichef, wurde verhaftet und zu lebenslänglichem Gefängnis verurteilt.

Vom Tauwetter zum Aufstand

Als Stalin, der all dies von Moskau aus mit einem Heer von jeder ungarischen Stelle beigegebenen «Beratern» gelenkt hatte, im März 1953 starb, lockerte sich der Druck in Ungarn. Das sowjetische Politbüro veranlaßte den kommunistischen Diktator Mátyás Rákosi, den Posten des Ministerpräsidenten an Imre Nagy abzugeben und wie in Moskau einen «Neuen Kurs» der Entstalinisierung einzuschlagen. Zwei Jahre herrschte in Ungarn Tauwetter, und für viele öffneten sich die Gefängnistore, bis Rákosi erneut einen Mann seines Vertrauens, den späteren Regimekritiker András Hegedüs, in das Amt des Ministerpräsidenten bringen konnte. Doch weil die Sowjetunion den offenen Terror nicht mehr wollte, konnten Schriftsteller und Journalisten, Parteimitglieder und entlassene Gefangene nicht mehr mit den alten Methoden zum Schweigen gebracht werden. Als Rákosi im Sommer 1956 seine Gegner über Nacht verhaften lassen wollte, verfügte die sowjetische Schwesterpartei endgültig seine Absetzung.

Immer schneller drehte sich nun die Spirale aus halbherzigen Zugeständnissen, wachsender Verunsicherung der Macht und Reformforderungen des Volkes, bis sie schließlich im Oktober 1956 in den Volksaufstand mündete. Anfang Oktober wurde László Rajk, der sieben Jahre zuvor hingerichtete und inzwischen rehabilitierte Altkommunist, von einer riesigen Menschenmenge auf dem Pester Zentralfriedhof beigesetzt. Am 23. Oktober riefen Studenten zu einer Sympathiekundgebung für die Reformbewegung in Polen auf. Ihre Forderungen: neue, freie und geheime Wahlen, Bestrafung der Schuldigen an den stalinistischen Verbrechen, Verhandlungen mit der Sowjetunion über den Abzug ihrer Truppen und gleichberechtigte freundschaftliche Beziehungen. Mehr als 100 000 Menschen drängten sich auf den Straßen, einige Entschlossene stürzten am Heldenplatz das riesige Stalin-Denkmal. Andere zogen zum Gebäude des staatlichen Rundfunks und verlangten, daß ihre Forderungen im Radio verlesen würden. Als die Sicherheitskräfte das Feuer auf die Einlaß fordernde Menge eröffneten, begann das Blutvergießen und mit ihm der einzige bewaffnete Aufstand in Osteuropa.

Soldaten und Polizisten verweigerten nämlich den Gehorsam, Arbeiter aus den Rüstungsbetrieben brachten Waffen zur Verteidigung. Die von der ungarischen Führung zu Hilfe geholten sowjetischen Panzer, deren bloßes Auftauchen drei Jahre zuvor in der DDR jeden Widerstand zusammenbrechen ließ, hatten in Budapest den gegenteiligen Effekt und wurden in den Straßenschluchten von den Aufständischen erfolgreich bekämpft. Noch in der Nacht zum 24. Oktober wurde die Forderung der Massen erfüllt, Imre Nagy, den abgesetzten Regierungschef der Tauwetterperiode, wieder zum Ministerpräsidenten zu ernennen. János Kádár, selber erst einige Monate zuvor aus dem Gefängnis freigekommen, übernahm den Posten des Parteichefs. Die sowjetischen Truppen zogen sich aus Budapest zurück.

Ebenso schnell, wie das alte politische System zusammengebrochen war, formierte sich das neue: Die allmächtige, 850000 Mitglieder umfassende Partei der Ungarischen Werktätigen löste sich innerhalb von Stunden auf. Ihre Nachfolgerin, von einer Handvoll Reformkommunisten gegründet, verzichtete auf den alten Alleinherrschaftsanspruch der Kommunisten und erklärte, nur noch eine Partei unter anderen sein zu wollen. Die anderen Parteien der Nachkriegszeit erwachten zu neuem Leben, unbekannte kamen hinzu, und in der Presse herrschte eine nie gesehene Pluralität. Die Kontrolle in den Betrieben übten nun Arbeiterräte aus, Entscheidungen wurden von den überall gegründeten Revolutionsausschüssen gefällt. Auf den Staatsgütern hatten erstmals gewähl-

te Direktoren das Sagen, die meisten der unter Zwang zustande gekommenen Landwirtschaftlichen Produktionsgenossenschaften, die schon seit 1953 zerfielen, hatten sich aufgelöst.

Auch János Kádár war voller Begeisterung für die Revolution. In einer Rundfunkansprache erklärte er am 1. November: «Ungarische Arbeiter! Bauern! Intellektuelle! Der ruhmreiche Aufstand des Volkes schaffte dem Volk und dem Land die Rákosi-Herrschaft vom Halse, errang jene Freiheit des Volkes und jene Unabhängigkeit des Landes, ohne die es keinen Sozialismus gibt und auch nicht geben kann. Unser Volk bewies mit seinem Blut, daß es die Forderung der Regierung nach einem völligen Abzug der sowjetischen Streitkräfte unerschütterlich unterstützt.»

Doch dann kam alles ganz anders. Aus dem sowjetischen Grenzgebiet wurde Ministerpräsident Imre Nagy der Einmarsch neuer, unverbrauchter Truppen aus der Sowjetunion gemeldet. János Kádár selbst war nach einem Gespräch in der sowjetischen Botschaft aus Budapest verschwunden und meldete sich einige Tage später über einen unbekannten Sender als Chef einer neuen «Revolutionären Arbeiter- und Bauernregierung» wieder. Bestärkt von den kommunistischen Parteien Chinas, Jugoslawiens und der übrigen Warschauer-Pakt-Staaten hatte das Politbüro in Moskau die gewaltsame Niederschlagung der ungarischen Revolution verfügt. Ungarn erklärte den Austritt aus dem Warschauer Pakt und richtete einen Hilferuf an die UNO – ohne Erfolg.

Am 4. November 1956 marschierten sowjetische Truppen in die ungarische Hauptstadt ein und warfen den Aufstand nieder. Imre Nagy und

Nach dem Volksaufstand von 1956

seine Vertrauten hatten Schutz in der jugoslawischen Botschaft gesucht, wurden jedoch verhaftet, als sie einer Zusage freien Geleits folgten und die Botschaft verließen. János Kádár, hoffnungslos isoliert und mit dem Stigma des Verräters behaftet, verhandelte als von der Sowjetunion eingesetzter Regierungschef zunächst mit seinen Kontrahenten, doch nachdem sich der neue Machtapparat stabilisiert hatte, setzte im Dezember 1956 eine Welle brutaler Rache an den Unterstützern des Aufstandes ein: Tausende wurden verhaftet, verurteilt und hingerichtet. Unter den Ermordeten befanden sich nicht nur Ministerpräsident Nagy und seine engsten Vertrauten, die im Juni 1958 (!) exekutiert wurden, sondern auch zahlreiche Jugendliche, die im Gefängnis auf ihren 18. Geburtstag – und die Hinrichtung – warten mußten. Ihre Leichen wurden im hintersten Winkel

des Neuen Gemeindefriedhofs am Rande der Hauptstadt verscharrt – ohne Kreuz, ohne Stein, ohne Namen. 200 000 Ungarn flohen in dieser Zeit aus ihrem Land, die übrigen verharrten wie gelähmt im Schrecken der Niederlage.

Die neue Kádár-Regierung liquidierte auch die Errungenschaften der Revolution: Pressefreiheit, Mehrparteiensystem, Arbeiterräte, Revolutionskomitees. Pläne, die Wirtschaft zu reformieren, verschwanden wieder in den Schubladen, zwei Jahre nach dem Aufstand wurden die Bauern im Rahmen der Kollektivierung erneut zum Eintritt in die Genossenschaften gezwungen. Erst Anfang der sechziger Jahre lockerte sich der eiserne Griff, und ein Großteil der 56er, die bis dahin noch im Gefängnis saßen, wurde auf freien Fuß gesetzt. Kádár leitete eine Art Versöhnungspolitik ein – der ungarische «Gulaschkommunismus» entstand.

POLITIK DES ÜBERGANGS

Der steinige Weg zur Demokratie

Für das neue Ungarn ist der Vorgang nicht ohne Symbolik: Ein knappes Jahrhundert lang gab es in dem Donaustaat zwar ein pompöses Parlamentsgebäude und die dazugehörigen Abgeordneten – aber keine Büros, in denen diese hätten arbeiten können; sie hatten ohnehin kaum etwas zu sagen. Erst nach den ersten freien Wahlen im Frühjahr 1990 ist dieser unrühmlichen Tradition ein Ende gesetzt worden. Die frischgewählten Parlamentarier zogen in einen Bürokomplex unweit der Nationalversammlung, der mit technischem Gerät und Telefonleitungen so üppig ausgestattet war wie kein anderes Gebäude in Budapest. Es war – ausgerechnet – das «Weiße Haus», bis dahin Amtssitz der kommunistischen Partei.

Da, wo jahrzehntelang alle Fäden des alten Systems zusammenliefen und ZK-Sekretäre ihr absolutistisches Regiment führten, bauen nun also die neuen Parteien an der jungen Demokratie. Doch entgegen ersten Hoffnungen hat das Land auf diese Weise keineswegs über Nacht den Anschluß an das westliche Europa gefunden. Hinter den neuen Formen lugt vielmehr überall das alte Ungarn wieder hervor – die Gleichgültigkeit der Bevölkerung gegenüber jedweder Politik im fernen Budapest schlägt ebenso durch wie der patriarchalische Gestus der Mächtigen, der elitäre Dünkel der Intellektuellen oder jener unschöne Chauvinismus, mit dem mancher Ungar den Mangel an nationalem Selbstbewußtsein zu kompensieren sucht. Wie überall im östlichen Europa ist die tiefe politische Krise mit dem Untergang des Kommunismus nicht beendet worden, sondern tritt erst jetzt in ihrem ganzen Ausmaß vor Augen.

Daß sich die Entmachtung der KP

im Gegensatz zu früheren Umbrüchen diesmal nicht im Stil des Sturms auf die Bastille oder das Winterpalais vollzog, macht den Neuanfang nicht unbedingt leichter. Eine Aufarbeitung der sozialistischen Vergangenheit findet nicht statt, keiner der Verantwortlichen für den stalinistischen Terror oder für die dosierten Repressalien in der Kádár-Ära wurde bislang zur Rechenschaft gezogen. Viele der ehemaligen Funktionäre haben sich vielmehr rechtzeitig abgesichert, in dem sie sich Aktienpakete, Villen und florierende Boutiquen überschreiben ließen oder gutbezahlte Posten in der Wirtschaft übernahmen. Und in den Ministerien ist allenfalls die oberste Spitze ausgewechselt worden. Die meisten Menschen versuchen mit dem Verhalten zu überleben, das sie im alten System gelernt haben – mit der stillen Unterwerfung gegenüber den Mächtigen.

Was in Ungarn den Systemwechsel herbeigeführt hat, war, wie der Schriftsteller Sándor Csoóri einmal sagte, eine «müde Revolution» – ohne Blutvergießen, ohne Streiks und ohne Sturm auf die Geheimarchive des Innenministeriums. Nicht Massenaufmärsche erzwangen den politischen Wandel, sondern die Mächtigen selbst stellten, durch den Gorbatschow-Kurs in der Sowjetunion ermutigt, die Weichen in Richtung Demokratie – so frühzeitig und so geordnet wie in keinem anderen Land des Warschauer Paktes.

Der Kampf für das Ende des Parteistaates war vor allem ein Machtkampf innerhalb der kommunistischen Partei – Reformpolitiker wie der Generalsekretär der Volksfront Imre Pozsgay setzten sich dabei in einem zähen Kräfteringen schließlich gegen den Widerstand der Konservativen und der Zentristen durch. Pozsgay hatte schon Anfang der achtziger Jahre erkannt, daß das Land mit den alten Kommandomethoden immer tiefer in die wirtschaftliche und politische Depression geraten mußte, und zog – anders als die KP-Politiker in den Bruderstaaten – frühzeitig die Konsequenzen. Er wollte die von der Roten Armee an die Macht gebrachte Partei in eine freiwillig akzeptierte Kraft umwandeln und so den Rücken freibekommen für die schmerzhafte Sanierung der Wirtschaft, die ohne einen Abbau des Lebensstandards nicht zu bewerkstelligen war. Diese Abkehr vom orthodoxen Sozialismus revolutionierte nicht nur den Donaustaat selbst, sondern trug auch entscheidend dazu bei, daß schließlich überall im Ostblock die kommunistischen Regime hinweggefegt wurden.

Es entbehrt nicht einer gewissen Tragik, daß sich die kommunistischen Reformer, die sich inzwischen Sozialisten nennen und in die «Sozialistische Internationale» aufgenommen werden wollen, mit ihrer Politik am Ende selbst entmachtet haben. Pozsgay sitzt – nicht ohne Bitterkeit – als Führer einer Acht-Prozent-Partei im ungarischen Parlament und ist immer wieder Zielscheibe heftiger Angriffe, weil sich die gewendeten Kommunisten trotz allem ihrer Verantwortung für das Vergangene nicht entziehen können. «Ich habe damals», erwiderte er einmal aufgebracht dem Fraktionsführer der Freien Demokraten, als dieser ihn wegen seiner Mitgliedschaft in der letzten kommunistischen Regierung zur Rechenschaft ziehen wollte, «ich habe damals Blut und Wasser schwitzend dafür gekämpft, daß Sie hier sitzen können, um mich anzugreifen.»

Parteistaat nach sowjetischem Vorbild

Tatsächlich herrschte in Ungarn – trotz Wirtschaftsreformen und flexiblerer Innenpolitik – bis zum Frühjahr 1988 kein anderes System als in Moskau oder Sofia: Die Ungarische Sozialistische Arbeiterpartei (ungarisch: MSZMP), die sich per Verfassung zur «leitenden Kraft der Gesellschaft» ernannt hatte, unterschied sich von den anderen alleinregierenden Parteien Osteuropas weder im Programm noch im Aufbau. Alle anderen politischen Kräfte hatte sie schon Ende der vierziger Jahre und dann noch einmal nach der Niederwerfung des Volksaufstandes von 1956 mit Stumpf und Stil ausgerottet. Ob im Betrieb, in der Verwaltung oder in der LPG, überall hatte der Parteisekretär mitzureden, vor allem bei Personalfragen. Und innerhalb der Partei galten die Prinzipien des demokratischen Zentralismus – im Klartext: absolutes Machtmonopol von Politbüro und ZK-Apparat gegenüber den rund 850000 Mitgliedern.

Getreu dem sowjetischen Vorbild stützte sich die Herrschaft der kommunistischen Partei auf ein System gleichgeschalteter Organisationen, die ihr als «Transmissionsriemen» dienten und deren Monopolstellung niemand in Frage stellen durfte. Für die Jugend war der Kommunistische Jugendverband (KISZ) mit seinen 900000 Mitgliedern zuständig, der zugleich als «Kaderschmiede» der Partei fungierte. Ihr Chef saß automatisch im Politbüro. Die Arbeiter wurden vom Gewerkschaftsverband SZOT verwaltet, dem 99 Prozent der Beschäftigten angehörten, vor allem wegen der über ihn vergebenen sozialen Vergünstigungen. Die Frauen organisierte der Landesrat der Frauen, die übrigen Interessen durfte die Patriotische Volksfront (ungarisch: HNF) vertreten, die von sich behauptete, rund 100000 Menschen zu repräsentieren, und die auch die Abgeordneten aufstellte. Das Parlament schließlich verdiente seinen Namen nicht, weil es nur viermal im Jahr zusammenkam, um den Beschlüssen des Politbüros zu applaudieren – wenn nicht, wie zumeist, der Präsidialrat diese schon vorher zum Gesetz erhoben hatte.

Anders als in Polen oder in der DDR fielen in Ungarn auch die Kirchen als Hort der Unabhängigkeit und Kritik aus. Schätzungen zufolge leben hier sechs Millionen Katholiken, zwei Millionen Reformierte und eine halbe Million Anhänger anderer Glaubensrichtungen; regelmäßig den Gottesdienst besuchen aber nur neun Prozent der Bevölkerung. Nach dem Krieg wütete in Ungarn ein regelrechter Kirchenkampf, der den Kirchen und besonders dem erzkonservativen und mit Wirtschaft und Politik verwobenen Katholizismus rasch das Rückgrat brach. Der kirchliche Grundbesitz wurde enteignet – die katholische Kirche war zuvor der größte Grundbesitzer im Lande –, die mehr als 5000 Schulen gingen in die Hände des Staates, alle religiösen Vereinigungen und die meisten Orden wurden verboten. Später wanderten dann auch Priester und Bischöfe bis hin zum katholischen Oberhirten, Kardinal Mindszenty, ins Gefängnis.

Unter diesem Druck setzte sich seit Anfang der fünfziger Jahre im Episkopat eine neue, anpassungsbereite Politik durch, die die staatstragende Tradition des ungarischen Katholizismus unter sozialistischen Vorzeichen fortführte. Die Amtskirche, deren Führer nur mit Zustimmung des staatlichen Kirchenamtes ernannt werden konnten, wurde, wie man in Budapest sagte, zum «Kindergarten des Politbüros». Nachdem der Vatikan zunächst weiterhin den 1956 in die amerikanische Botschaft geflüchteten Kardinal Mindszenty unterstützte, vollzog auch er im Rahmen seiner neuen Ostpolitik einen Schwenk und enthob Mindszenty 1974 seines Amtes. Verbittert starb dieser im österreichischen Exil – erst 1991 wurden seine Gebeine feierlich in der Basilika zu Esztergom beigesetzt.

Der Konflikt zwischen Staat und Kirche verschob sich deshalb in Ungarn zu einem Konflikt mit jenem Teil der kirchlichen Basis, der gegen die neue Allianz von Thron und Altar auftrat – vorrangig die rund 5000 katholischen Basisgemeinden, die sich nach dem Krieg gebildet hatten, um dem Druck des Staates auf die Kirchen zu entgehen. Jahrzehntelang galten sie in Ungarn als «staatsfeindliche Gruppen» und wurden bis in die siebziger Jahre vor Gericht gestellt. Dann übertrug der Staat der Kirchenleitung die Aufsicht. Als aus den Reihen der Basisgruppen einige junge Männer unter Berufung auf ihren Glauben den Wehrdienst verweigerten, fühlten sich die Oberhirten bemüßigt, deren pazifistische Lehren ausdrücklich zu verurteilen. Besonders verbissen kämpften sie dabei gegen die Bewegung um den charismatischen Piaristenpater György Bulányi und seine Lehren von einer brüderlichen, privilegienlosen Kirche.

Ein anderer Stil

Wenn die ausländischen Besucher dennoch auch früher schon den Eindruck gewannen, daß die Luft in Budapest freier «schmeckte» als in Moskau oder Ostberlin, dann lag das daran, daß in der ungarischen Politik frühzeitig ein anderer Stil gepflegt wurde als anderswo im sowjetischen Machtbereich. Die Macht trug eine gewisse Zweideutigkeit zur Schau und hatte neben dem brutalen oder autoritären Gesicht auch noch ein lässiges, das sie besonders dann aufsetzte, wenn westliche Besucher zu Gast waren. Pragmatische Erwägungen wurden oft höher veranschlagt als ideologische Dogmen, der typische Funktionär gab sich gerne einen weltoffenen, beinahe zynischen Anstrich und gefiel sich am besten, wenn er über die eigene Führung deftige Witze riß. Die manchmal geradezu operettenhaften Züge des ungarischen Sozialismus waren nicht zuletzt durch die Überschaubarkeit des politischen Raums verursacht – in Budapest kennt jeder jeden, und selbst vertrauliche Politbürobeschlüsse ließen sich nur schwerlich geheimhalten.

Diese ungarische Variante des Sozialismus, die dem Land den Ruf einbrachte, die «lustigste Baracke im Lager» zu sein, ist untrennbar mit dem Namen von János Kádár verbunden. Nach der Niederschlagung des Oktoberaufstandes 1956 trat er auf sowjetisches Geheiß an die Spitze des Landes und stieg in mehr als dreißigjähriger Herrschaft vom meistgehaßten Mann Ungarns zum wahrscheinlich populärsten Parteiführer Osteuropas auf. Die Lehre, die Kádár aus dem mißlungenen Volksaufstand zog, war eine seltsame Balance zwischen kommunistischer Machtpolitik und politischem Pragmatismus: Der Apparat, also Partei, Armee, Polizei und Staat, sollten nie wieder so hilflos zerfallen wie damals; auch am sowjetischen

«Weiter auf dem Weg Lenins» – Langzeit-Parteichef János Kádár

Modell des Sozialismus sollten in den Grundzügen keine Abstriche gemacht werden. Das bedeutete Kollektivierung des Bodens, Zerschlagung aller unabhängigen politischen Kräfte, Ende des Pluralismus. Auf der anderen Seite sollte sich jedoch auch der wahllose Terror des Stalinismus, der das Land in Schrecken versetzt und zuletzt die alten Kommunisten selber aufgefressen hatte, nie mehr wiederholen. Die Bürger sollten sich, wenn sie ihren Pflichten nachkämen, sicher und unbeobachtet fühlen; Ungarn sollte weniger mit polizeilichen als mit politischen Mitteln regiert werden, das heißt, die Bedürfnisse der Bürger sollten frühzeitig erkannt, aufgegriffen und nach Möglichkeit befriedigt werden.

Getreu diesem Konzept, das erst allmählich Gestalt annahm, wurde der gefürchtete Staatssicherheitsdienst «ÁVO» (Államvédelmi

ostály) aufgelöst und dem Innenministerium einverleibt. Ins Gefängnis kamen «nur» noch jene, die als Gegner des Systems identifiziert wurden, und seit Mitte der siebziger Jahre fühlte sich die Führung so sicher, daß sie auch darauf verzichtete. Die kleinen Repressionen und Abhängigkeiten – Gespräche am Arbeitsplatz und Disziplinarverfahren, Bußgelder und Hausdurchsuchungen, Entlassungen und Verweigerung von Westreisen – erwiesen sich als ausreichend, um die Ruhe im Lande zu bewahren.

Gleichzeitig wurde das Leben angenehmer in Ungarn – der «Gulaschkommunismus» hielt Einzug. Die Geschäfte füllten sich, denn die Führung hatte eingesehen, daß nicht die Zahl der Stahlwerke, sondern die Versorgung mit Butter, Brot und anderen Waren des täglichen Bedarfs für ihr Überleben entscheidend war. Jede Schicht bekam einige ihrer ureigensten Wünsche erfüllt: Die Intellektuellen erhielten (relative) Diskussions- und Gedankenfreiheit, die Arbeiter soziale Leistungen und moderne Neubauwohnungen, die Bauern ein gutes Einkommen und ein Stück Land, das sie nach Feierabend privat bewirtschaften konnten. Die Führung erkannte, daß Schuster und Schneider, Marktverkäufer und Taxifahrer nicht nur besser, sondern für den Staat auch billiger arbeiteten, wenn sie auf eigene Rechnung wirtschafteten.

«Die ungarische Regierung», so beschrieb der Schriftsteller György Konrád einmal das Wesen des Kádárismus, «will zwei Gefahren vermeiden: den Zorn Moskaus und den Zorn der ungarischen Gesellschaft.» In der reformfeindlichen Breschnjew-Ära führte dies zu einem merkwürdigen Taktieren zwischen eigentlich unvereinbaren Polen: Ungarn folgte in allen bedeutenden Fragen brav der sowjetischen Linie – vom Einmarsch 1968 in Prag bis zum Boykott der Olympischen Spiele. Andererseits gab Kádár Anfang der sechziger Jahre gegenüber der Bevölkerung die versöhnliche Parole aus: «Wer nicht gegen uns ist, ist für uns.» Dieser politische Spagat machte Ungarn zum mißtrauisch beäugten Außenseiter im Block, und Breschnjew persönlich sorgte dafür, daß die Reformen Anfang der siebziger Jahre für fünf Jahre auf Eis gelegt wurden. «Hauptsache lächeln», rief er damals dem leichenblassen Kádár am Westbahnhof zu, als er 1975 nach getaner Arbeit zurück in das Mutterland des Sozialismus, die Sowjetunion, fuhr.

Ende des Gulaschkommunismus

Das Modell des «kommunistischen Wunderlandes», wie westliche Journalisten Ungarn vorschnell tauften, geriet jedoch in die Krise, als zwei seiner Grundbedingungen nicht mehr stimmten: Seit Mitte der achtziger Jahre kam aus Moskau immer weniger politischer Druck, dafür überschlugen sich die Appelle für «Glasnost» und «Perestroika». Zugleich mußte die Bevölkerung immer größere Einbußen im Lebensstandard hinnehmen, weil die Zeiten endgültig dahin waren, in denen man die Strukturschwäche der ungarischen Wirtschaft mit billigen westlichen Krediten verschleiern konnte. In dieser Situation schmolz das Vertrauen in die Führung rapide zusammen – auch in der Parteimitgliedschaft. Der Eindruck verstärkte sich, daß es nicht Moskau, sondern der eigene Parteiapparat war, der die notwendigen wirtschaftlichen und politischen Reformen blockierte. Kádár erschien vielen nun als der müde, versteinerte Konservative, der Experimente fürchtete und einer Erneuerung entgegenstand.

Die Versuche der Führung, die Krise zu entschärfen, blieben halbherzig. Im Juni 1987 machte Kádár den dynamischen Parteichef von Budapest, Károly Grósz, zum Ministerpräsidenten des Landes, der mit einem Sparprogramm die Wirtschaft wieder ins Gleichgewicht bringen sollte. Im Politbüro kam es zu einigen Umbesetzungen. Doch die eigentlich längst überfällige Bestimmung eines Nachfolgers für den 76 Jahre alten János Kádár blieb aus, weil das brüchige Gleichgewicht zwischen Reformern, Konservativen und Zentristen nicht gefährdet werden sollte und kein Kandiat in Sicht

Parodie des Stalinismus – «Der Zeuge» von Péter Bacsó

war, auf den sich alle hätten einigen können. Im Frühjahr 1988 spitzte sich die Krise zu, nachdem deutlich wurde, daß die wirtschaftlichen Beschlüsse des Parteitages von 1985 nicht zu erfüllen waren und die Forderungen nach mehr politischem Pluralismus immer lauter wurden. Die Parteiführung beschloß, im Mai – noch vor der KPdSU – eine Parteikonferenz einzuberufen, um mit einer Kurskorrektur die Unzufriedenheit aufzufangen.

Wie sehr sich die Führungsgruppe um János Kádár über die Stimmung an der Basis täuschte, zeigte sich bereits in den Wochen vor der Konferenz. Überall stieß die Beschluß-vorlage für die Parteikonferenz auf Kritik, die Volksfront ging sogar soweit, eines der heiligsten Tabus des demokratischen Zentralismus zu brechen und ihren Widerspruch öffentlich zu machen. Allein in Budapest stürzte eine Flut von 50000 Stellungnahmen auf die Partei nieder, die meisten davon kritisierten den Entwurf als ungenügend. Als Ende Mai 1988 dann die 1100 Gäste und Delegierten im Budapester Kongreßzentrum zusammenkamen und János Kádár eine Rede hielt, in der von Erneuerung keine Rede war, schlug die Woge der Unzufriedenheit endgültig über der alten Führungsgarde zusammen.

51

An die Spitze der Kritiker stellte sich Ministerpräsident Grósz, der seinen Rücktritt androhte, wenn es nicht zu einem Führungswechsel käme. Die Parteikonferenz kürte ihn daraufhin zum neuen Generalsekretär und wählte ein zu einem Drittel erneuertes Zentralkomitee. Kádár wurde vorübergehend auf den Ehrenposten eines Parteipräsidenten abgeschoben und verlor seinen Sitz im Politbüro. Als dann im Juni 1989 Imre Nagy, der unter Kádár hingerichtete Ministerprsädient von 1956, nachträglich ein feierliches Begräbnis erhielt, an dem sich auch hohe Parteifunktionäre beteiligten, erkrankte Kádár und starb wenige Tage später – ohne eines der Geheimnisse seiner 32jährigen Amtszeit gelüftet zu haben, deren Offenlegung viele von ihm noch erhofft hatten.

Politischer Erdrutsch

Die Ablösung der Kádár-Führung machte den Weg frei für erdrutschartige politische Veränderungen in Ungarn. Ähnlich wie im Herbst 1989 in der DDR mußte die alleinregierende KP Schritt für Schritt ihre Machtbastionen räumen – nur, daß dieser Prozeß knapp zwei Jahre währte, während er in der DDR wie im Zeitraffer ablief. Parteichef Grósz, als Kompromißkandidat von Konservativen und Reformern zur Macht gekommen, geriet unter wachsenden politischen Druck, der sich sowohl innerhalb als auch außerhalb der Partei formierte und der überall die Dämme brechen ließ. Unfähig, den Umbau des politischen Systems entschlossen anzugehen, lief er der Entwicklung bestenfalls mühsam hinterher – ein ungarischer Egon Krenz, der heute einer kleinen Partei von Altkommunisten vorsteht, die trotzig an Tradition (und Namen) der entmachteten MSZMP festhält.

Eingeleitet wurde der Zerfall der Einparteienherrschaft mit einer großen Portion «Perestroika» für die eigenen Genossen: Erstmals war es den Mitgliedern einer kommunistischen Partei sowjetischer Prägung wieder erlaubt, unterschiedliche Standpunkte öffentlich zu vertreten und den Vorlagen von Politbüro oder ZK-Sekretariat alternative Anträge entgegenzustellen. Im Mai 1989 verzichtete das ZK dann auf ein weiteres zentrales Prinzip kommunistischer Herrschaft: die Besetzung aller wichtigen Posten im Lande durch die Partei, deren Kandidaten bis dahin von den eigentlich zuständigen Institutionen automatisch bestätigt werden mußten.

Die sogenannte «Plattform-Freiheit» machte rasch deutlich, wie tief und unüberbrückbar die Gräben zwischen Reformern und Konservativen waren. Mit einem Mal bewahrheitete sich jenes Bonmot aus der Kádár-Ära, das westlichen Besuchern gerne mit einem Augenzwinkern erzählt wurde: «Auch Ungarn hat sein Mehrparteiensystem, nur, alle haben hier dasselbe Parteibuch.» An die Spitze der Reformbestrebungen stellten sich Politiker wie Imre Pozsgay, Rezső Nyers, Gyula Horn oder Mátyás Szűrös, die immer offener gegen Parteichef Grósz opponierten und schließlich die Spaltung der Partei herbeiführten. Die Konservativen verließen 1989 die Organisation, während die Reformer sich zum Zeichen der Erneuerung einen neuen Namen gaben: Ungarische Sozialistische Partei (MSZP).

Im Kádárismus war Pozsgay, Jahrgang 1933, jahrelang das Enfant

Zwischen Sozialismus und Kapitalismus

terrible unter den Parteifunktionä-
ren gewesen, ein bißchen vergleichbar mit dem heutigen Präsidenten
Rußlands, Boris Jelzin. Wegen Konflikten mit dem Politbüro mußte er
Anfang der achtziger Jahre seinen
Stuhl als Kulturminister räumen.
Statt dessen durfte er nur noch die
unbedeutende Patriotische Volksfront führen, ohne im Parteiapparat
eine Führungsposition innezuhaben.
Gleichwohl nutzte er seine Stellung,
um unermüdlich für Reformen und
Demokratisierung zu werben, und
scheute sich auch nicht, mit führenden Oppositionellen des Landes zu-
sammenzutreffen. Nach der Kádár-
Ablösung gehörte er als Staatsminister und Politbüromitglied dem
obersten Führungszirkel an, doch
anders als für Jelzin ging sein Traum,
erster demokratisch gewählter
Staatspräsident zu werden, nicht in
Erfüllung.

Im Gegensatz zu Pozsgay war der
zehn Jahre ältere Rezső Nyers nach
dem Krieg zunächst Mitglied der Sozialdemokratischen Partei, bis diese
mit der kommunistischen Partei
zwangsvereinigt wurde. Als Politbüromitglied zeichnete er 1968 verantwortlich für die Wirtschaftsreformen, bis ihn vier Jahre später die
Konservativen stürzten. Danach arbeitete er als Dozent an der Budapester Karl-Marx-Universität für Wirt-
schaftswissenschaften, bis er 1988
erneut ins Politbüro und in die Regierung berufen wurde und den Vorsitz der Partei übernahm.

Bekannter als er, besonders in
Deutschland, ist Gyula Horn, Karls-
preisträger und letzter kommunistischer Außenminister Ungarns, der
1989 Tausende von ostdeutschen
Flüchtlingen nach Westen ausreisen
ließ. Schon zu Beginn dieses wahr-
haft historischen Jahres hatten die

Reformkommunisten erklärt, die technischen Sperranlagen an der Grenze zu Österreich im Sommer abbauen zu wollen – der «Eiserne Vorhang» sei nicht mehr zeitgemäß; regelmäßig waren dort seit dem Mauerbau Fluchtwillige aus der DDR abgefangen und an den Staatssicherheitsdienst übergeben worden. Ungarn setzte sich mit diesem Schritt über einen Vertrag zwischen den sozialistischen Bruderstaaten hinweg, doch niemand, am wenigsten die Reformer selber, ahnte die Kettenreaktion, die dadurch ausgelöst werden sollte: Mit einem Mal setzte eine Massenflucht von DDR-Bürgern ein, die im August und September 1989 über Ungarn nach Österreich zu gelangen suchten. Horn, den eine persönliche Freundschaft mit Hans-Dietrich Genscher verbindet, wurde nach Ost-Berlin zitiert, doch widerstand er dem Druck, den die DDR-Führung auf ihn ausübte. Durch diese «Abstimmung mit den Füßen», allabendlich im Fernsehen vorgeführt, geriet die gesamte politische Statik der SED-Herrschaft ins Wanken, bis sie schließlich vollends zusammenbrach und in der Folge auch die übrigen sozialistischen Staaten wie Dominosteine umfielen.

Radikales Reformprogramm

Die ungarischen Reformkommunisten können jedoch nicht nur in dieser Frage für sich in Anspruch nehmen, daß sie, als in Prag, Bukarest und Ost-Berlin die alten Parteiführer noch sicher im Sattel saßen und in Ungarn die «Konterrevolution» aufziehen sahen, die heiligen Tabus sozialistischer Herrschaft entschlossen über Bord geworfen zu haben: Sie beseitigten die letzten Hinder-

nisse bei der noch unter Kádár gewährten Reisefreiheit und führten einen zivilen Wehrersatzdienst für Wehrdienstverweigerer ein; sie gestatteten im Juni 1989 die feierliche Beisetzung Imre Nagys und seiner Gefährten, deren sterbliche Überreste seit ihrer Hinrichtung irgendwo unter einer verwilderten Wiese am Rande des Neuen Gemeindefriedhofs lagerten; vor allem aber setzen sie sich mit der Opposition im eigenen Land an einen Tisch – der freilich nicht rund war wie in Warschau oder Ost-Berlin, sondern dreieckig, weil die bis dahin unterdrückten demokratischen Gruppierungen mit der kommunistischen Partei und den von ihr geschaffenen Massenorganisationen nicht von gleich zu gleich verhandeln wollten.

Die Reformer widersetzten sich auch nicht mehr den lebendigen nationalen Gefühlen der Bevölkerung, die diese jahrzehntelang schamvoll verstecken mußte – zum Beispiel am 15. März, dem Tag, an dem 1848 die bürgerliche Revolution und der nationale Freiheitskampf in Ungarn begannen. Unter Kádár standen an diesem Tag überall Polizisten bereit, um jede Ansammlung von Menschen auseinanderzutreiben, «Rädelsführer» wurden willkürlich festgenommen. Wer eine Kokarde in den ungarischen Nationalfarben am Revers trug, machte sich verdächtig. Der Tag war ein gewöhnlicher Arbeitstag, nur in den Schulen malte man in den achtziger Jahren ungarische Fähnchen und rezitierte das berühmte «Nationallied» von Sándor Petőfi. Staatlich gefeiert wurde statt dessen am Tag der Großen Sozialistischen Oktoberrevolution (7. November), am Tag der Befreiung durch die Rote Armee (4. April) und am Tag der Verfassung (20. Au-

Aufgedeckte Besitzverhältnisse – Nobelgasse Váci utca

gust), der allerdings schon vor dem Krieg als Sankt-Stephans-Tag begangen wurde.

Erste 1989 wurde der 15. März offiziell zum ungarischen Staatsfeiertag erklärt. Statt Polizeieinsätzen gab es nun eine Feierstunde im Parlament, an der die gesamte Staats- und Parteiführung teilnahm; der Parteichef persönlich trug die Nationalfarben im Knopfloch. Die Opposition wurde – wenngleich vergeblich – geradezu bedrängt, gemeinsam mit der kommunistischen Partei zu einer

Demonstration aufzurufen. Auf diese Weise verlor der Tag seine frühere subversive Sprengkraft.

Einen ähnlichen Schwenk vollzogen die Reformkommunisten auch in der Politik gegenüber Rumänien. Trotz der rüden Assimilierungspolitik der Bukarester Führung gegenüber den zwei Millionen Ungarn, die als Minderheit in Siebenbürger leben, hatte János Kádár einen offenen Eklat mit dem Diktator Nicolae Ceauşescu immer vermieden. Die neue Führung gab diese Zurückhaltung auf und mobilisierte im Winter 1988/89 die Weltmeinung gegen das rumänische Programm zur Zerstörung Tausender von Dörfern. Als in der Folgezeit eine Massenflucht von Rumänien nach Ungarn einsetzte, bat die Budapester Regierung das UNO-Flüchtlingskommissariat um Hilfe – damals ein einmaliger Vorgang zwischen zwei sozialistischen Staaten.

Zugleich trat in dieser Zeit «Glasnost» einen ungeheuren Siegeszug in Ungarn an: Über die ehemals geheimen Politbürositzungen wurden nunmehr Kommuniqués veröffentlicht, die des Zentralkomitees waren sogar presseöffentlich; jahrzehntelang gehütete Staatsgeheimnisse – zum Beispiel die Höhe der Militärausgaben oder das Gehalt des Parteichefs – wurden erstmals gelüftet. Die offiziellen Medien übertrafen sich geradezu gegenseitig beim Einreißen alter Tabus und deckten immer neue Fälle von Korruption und Vetternwirtschaft der kommunistischen Nomenklatura auf. Konkurrenz bekamen sie dabei von einer wachsenden Zahl privater Medien – und von den Zeitungen und Zeitschriften der Opposition, die erstmals legal erscheinen konnten.

Zum Modernisierungsprogramm der Reformpolitiker gehörte darüber hinaus ein sogenanntes «Demokratie-Paket» mit Gesetzen zur Herstellung sämtlicher demokratischer Freiheiten in Ungarn. Ein neues Vereinsrecht erlaubte es den Bürgern, Zusammenschlüsse jedweder Art zu gründen, andere Gesetze garantierten die Versammlungsfreiheit, das Streikrecht, die freie Religionsausübung sowie die Möglichkeit zur Parteienbildung. Im Februar 1989 beschloß das Zentralkomitee der kommunistischen Partei überraschend auch die Einführung des Mehrparteiensystems. Zugleich öffnete sich Ungarn außenpolitisch nach Westen und befreite sich von den Resten der Selbstisolierung hinter dem Eisernen Vorhang. Der Donaustaat nahm mit Südkorea, Israel und Südafrika diplomatische Beziehungen auf und schloß ein Kooperationsabkommen mit der EG, das den Abbau aller Handelshemmnisse bis 1995 zusichert.

Ein Hauch parlamentarischer Demokratie zog in dieser Zeit auch in die noch nach dem undemokratischen Wahlverfahren von 1985 gewählte Nationalversammlung ein. Der überwiegende Teil der Abgeordneten gehörte zwar der KP an, doch ein Teil von ihnen rebellierte nun gegen die jahrzehntelang eintrainierte Statistenrolle. Erstmals widersetzte sich das Hohe Haus in wichtigen Fragen den Vorgaben der Führung, zum Beispiel als es im Dezember 1989 die bis dahin immer großzügig bewilligten Zuschüsse für die Partei und die Massenorganisationen rigoros zusammenstrich. Besonders aufmüpfig verhielt sich der Szegeder Abgeordnete Zoltán Király, der 1988 aus der Partei ausgeschlossen worden war – und nun zum populärsten Parlamentarier des Landes wurde; mit dem besten Wahlergebnis aller ungarischen Politiker zog er als unabhängiger Kandidat bei den freien Wahlen im Frühjahr 1990 erneut ins Parlament ein.

Der Beschluß des Parlamentes, den Funktionärsapparaten den Geldhahn zuzusperren, beschleunigte den raschen Niedergang der offiziösen Massenorganisationen, die ihr politisches Monopol im Zuge der Demokratisierung verloren hatten. Dem Kommunistischen Jugendverband rannten seine Mitglieder in Scharen davon, obwohl er sich vorsorglich einen neuen Namen zulegte – «Ungarischer Demokratischer Jugendverband» (DEMISZ). Der einstmals so mächtige und von der Partei gelenkte Einheitsverband der Jugend geriet zudem in finanzielle Schwierigkeiten und mußte bald eine Etage in seinem Prunkpalast an der Donau an eine Bank vermieten. Heute spielt er im politischen Leben ebenso keine Rolle mehr wie die Patriotische Volksfront, der Landesrat der Ungarischen Frauen oder der Landesfriedensrat. Selbst der Gewerkschaftsrat (umgenannt in MSZOSZ) kämpft um seine Stellung, seitdem immer mehr Mitglieder austreten und ihm freie Gewerkschaften, die in der demokratischen Liga unabhängiger Gewerkschaften (LIGA) zusammengeschlossen sind, Konkurrenz machen.

Gleichwohl wollten die Reformkommunisten die Weichen für den Übergang so stellen, daß sie auch in einem demokratischen Ungarn eine dominierende Stellung einnehmen würden. Nach der im August 1988 vom Parlament akzeptierten Konzeption für eine neue Verfassung, sollte Ungarn ein «freier, demokratischer und sozialistischer Staat» werden – was immer das bedeuten mochte. Eine «führende Rolle» der Partei sollte es laut Verfassung zwar nicht mehr geben, doch wollten die Reformer um Imre Pozsgay möglichst rasch freie Wahlen abhalten, so lange die neu entstandenen Parteien der Opposition noch schwach und unorganisiert waren. Noch vor den Parlamentswahlen sollte darüber hinaus ein mit weitreichenden Kompetenzen ausgestatteter Staatspräsident direkt vom Volk gewählt werden – Pozsgay wußte, daß er dabei die größten Chancen hatte. Daß dieser Plan vereitelt wurde, ist vor allem dem «Verband Freier Demokraten» (SZDSZ) zu verdanken, der aus den Reihen der Budapester intellektuellen Opposition hervorging. Im November 1989 initiierte dieser gegen den Willen der anderen großen Oppositionspartei, dem «Ungarischen Demokratischen Forum» (MDF) eine Volksabstimmung und setzte dabei durch, daß zunächst ein frei gewähltes Parlament zusammentreten müßte – und erst danach die Wahl eines Staatspräsidenten erfolgen könne. Der SZDSZ war es auch, der sämtliche nicht-kommunistischen Gruppierungen an einen runden Tisch der Opposition zusammenholte, um eine gemeinsame Verhandlungsstrategie gegenüber den alleinregierenden Kommunisten zu entwickeln. Insbesondere mit dem MDF, das 1987 von national orientierten Kräften um die Schriftsteller István Csurka und Sándor Csoóri gegründet wurde und an die Tradition der Populisten in der Vorkriegszeit anknüpft, suchte der SZDSZ eine Verständigung, da dieses die mitgliederstärkste Organisation unter den Unabhängigen war. An den Verhandlungen beteiligten sich darüber hinaus der noch unter Kádár gegründete oppositionelle «Verband Junger Demokraten» (FIDESZ) sowie eine Reihe «historischer» Parteien wie die Sozialdemokratische Partei und die Partei der Kleinen Landwirte, die alte Parteiveteranen nach vierzig Jahren Verbot im November 1988 wieder gegründet hatten.

Neben den neuen Parteien enstanden in einer Art demokratischem Gründungsfieber auch zahlreiche Klubs, Gruppen und Vereine, deren Spektrum vom «Verband Ungarischer (politischer) Häftlinge» bis zum neugebildeten Ungarischen Pfadfinderverband reichte – die meisten von ihnen verfügten dabei anfangs freilich nicht einmal über ein Büro. Die Machtmittel der Opposition beschränkten sich stattdessen auf Appelle, Unterschriftensammlungen und Demonstrationen – doch die kommunistische Staatsmacht war bereits so geschwächt, daß sie in vielen Punkten Zugeständnisse machen mußte. Daß die Kritiker der Partei immer zahlreicher und vor allem furchtloser wurden, zeigten nicht zuletzt die großen Kundgebungen am Budapester Heldenplatz gegen Rumäniens Diktator Ceauçescu, gegen das Staustufensystem an der Donau oder zum Gedenken an Imre Nagy.

Den Wortführern der oppositionellen Parteien gelang es unter diesen Umständen, die Politik des Übergangs zunehmend nach ihren eigenen Vorstellungen zu formen. In zähen Verhandlungen mit den Vertretern der Staatsmacht, die im Juni 1989 begannen, einigte man sich auf eine Reihe von Gesetzesinitiativen und Verfassungsänderungen, die den Weg zu Marktwirtschaft und Demokratie freimachen sollten. Um

den Umbruch auch nach außen sichtbar zu machen, rief der Präsident des kommunistisch dominierten Parlamentes, Mátyas Szűrös, am 23. Oktober 1989 – 33 Jahre nach dem Ausbruch des Volksaufstandes – vom Balkon des Parlamentsgebäudes feierlich die neue Ungarische Republik aus. An die Stelle des kommunistischen Staatswappens, das den Ungarn immer ein Dorn im Auge war, trat wieder das traditionelle Wappen Ungarns – nach heftigem Streit sogar mit Stephanskrone, obwohl der seit 1918 verwaiste Königsthron abgeschafft blieb.

Im Frühjahr 1990 kam es dann zu den ersten freien Wahlen seit 1945, die in einer Kombination von Mehrheits- und Verhältniswahl in zwei Wahlgängen stattfanden. Von den insgesamt 65 eingetragenen Parteien brachten es zwölf zu Landeslisten, sechs schafften den Sprung ins Parlament. Stärkste Partei wurde mit 25 Prozent der Stimmen das «Ungarische Demokratische Forum» (MDF), gefolgt vom «Verband Freier Demokraten» (SZDSZ) mit 21 Prozent. Eine herbe Wahlniederlage mußte mit 11 Prozent die «Ungarische Sozialistische Partei» (MSZP) hinnehmen, also die bis dahin alleinregierende Ex-KP; die abgespaltenen Alt-Kommunisten der Ungarischen Sozialistischen Arbeiterpartei (MSZMP) scheiterten sogar knapp an der Vier-Prozent-Hürde. Daß ein Teil der Sitze direkt und unabhängig von der prozentualen Stärke der Parteien vergeben wurde, begünstigte in erster Linie die landesweit am besten organisierte Oppositionspartei MDF, die im Parlament über insgesamt 164 von 386 Stimmen verfügt. Die übrigen Sitze verteilen sich wie folgt – SZDSZ 94 Abgeordnete, Unabhängige Kleinlandwirtepartei (FKgP) 44, MSZP 33, Verband Junger Demokraten (FIDESZ) 22 und Christdemokratische Volkspartei (KDNP) 21 Abgeordnete sowie acht unabhängige Parlamentarier.

Die beiden stärksten Fraktionen MDF und SZDSZ einigten sich nach den Wahlen auf eine Zusammenarbeit bei der Wahl des Staatspräsidenten, wollten aber nach den teilweise heftigen Attacken während des Wahlkampfes nicht mehr miteinander koalieren. Gemeinsam wählten sie den oppositionellen Schriftsteller und SZDSZ-Politiker Árpád Göncz zum Präsidenten der Republik Ungarn, der den MDF-Vorsitzenden József Antall anschließend mit der Regierungsbildung beauftragte. Dieser bildete eine Koalition mit der Christdemokratischen Volkspartei und der Unabhängigen Kleinlandwirtepartei und wurde im Mai 1990 zum Ministerpräsidenten gewählt. Formal hatte Ungarn damit den schwierigen Weg in die Demokratie beendet, tatsächlich – so weiß man heute – begann er nunmehr erst.

Schon bald wurde nämlich deutlich, wie wenig das Land auf die neue Regierungsform vorbereitet ist. Besorgnis muß vor allem erregen, daß sich die Mehrheit der Bevölkerung am demokratischen Politikprozeß gänzlich desinteressiert zeigt – kaum vierzig Prozent der Wahlberechtigten machten überhaupt von ihrem neuen Recht Gebrauch, bei lokalen Nachwahlen sank die Wahlbeteiligung sogar auf unter zehn Prozent. Vielfach haben die Menschen den Eindruck, daß die Wende zur parlamentarischen Demokratie zwar polemische Wortgefechte gebracht hat, aber keine Lösung für die drückenden wirtschaftlichen und sozialen Probleme des Landes. Daran sind

nicht zuletzt die Abgeordneten selber schuld, die, unerfahren und unerbittlich gegenüber den politischen Konkurrenten, während der Plenarsitzungen am Montag und Dienstag oftmals stundenlang über vergleichsweise nebensächliche Fragen debattieren – zum Beispiel, ob das Amt des Kronwächters wieder eingeführt werden soll oder ob die Soldaten ihren Eid auf die heilige Krone leisten sollen. Auch innerhalb der neuen Parteien häufen sich die Zerwürfnisse und nehmen – längst nicht mehr nur bei den Sozialdemokraten – zuweilen selbstzerfleischende Züge an. Spaltungen und Parteigründungen sind vorprogrammiert, ohne daß diese tatsächlichen Stimmungen in der Gesellschaft Ausdruck geben würden.

Der Mangel an politischer Professionalität steht dabei in diametralem Gegensatz zu den Aufgaben, die auf den neuen Politikern lastet. Ähnlich wie in der ehemaligen DDR (nur ohne westliche Unterstützung) muß eine ganze Gesellschaft neu geordnet werden – von der Verfassung bis zur Krankenversicherung. Sollen die Bauern das Land zurückerhalten und damit auch florierende Agrargenossenschaften zerschlagen werden? Sollen die unrentablen Staatsbetriebe verkauft, liquidiert oder weiter alimentiert werden? Sind die ökonomisch notwendigen Massenentlassungen auch politisch und sozial zu verantworten? Sollen die alten Funktionäre aus ihren privilegierten Positionen vertrieben oder die Abgeordneten auf eine frühere Spitzeltätigkeit überprüft werden? Die politische Katerstimmung, die nach dem ersehnten Ende des Sowjetsystems inzwischen überall im ehemaligen Ostblock grassiert, hat auch Ungarn voll erfaßt.

DIE MARKT- WIRTSCHAFT UND IHRE FOLGEN

Man ist geneigt, es für eine gelungene Parodie auf die ungarischen Wirtschaftsreformen zu halten: Ein Fabrikarbeiter kehrt sich ab vom grauen sozialistischen Betriebsalltag und macht sich selbständig. Mit einer Bohrmaschine klappert er die Wohnungen eines Neubauviertels ab und bietet sich an, wo es nötig ist, Löcher in die Wand zu bohren. «Wir haben eine Wirtschaftsreform», sagt er zu seiner Frau, «wer es zu etwas bringen will, gründet ein eigenes Unternehmen.»

Der «Wandbohrer» ist die Titelfigur eines jener neuzeitlichen ungarischen Filme, die sich mit bissigem Witz der bizarren Wirklichkeit im Sozialismus zuwandten und die Cinematografie des Donaustaates berühmt gemacht haben. Er ist der komische Vertreter einer neuen sozialen Klasse, die das Gesicht des Landes nachhaltig verändert hat, seitdem die Wolfsgesetze des Kapitalismus in die ungelenke sozialistische Wirtschaft einzogen. Die Jagd auf lukrative Marktlücken und winkende Gewinne, die skrupellosen Methoden eines plötzlich ausgebrochenen Konkurrenzkampfes, die totale Selbstausbeutung und die Ausbeutung anderer – sie sind die Begleiterscheinungen weitreichender Wirtschaftsreformen, die schon in der Ära des Sozialismus in Angriff genommen wurden und diesem sein eigenartiges Antlitz verliehen.

Dabei hinkte die Wirklichkeit keineswegs der Phantasie des Regisseurs György Szomjas nach, denn nur wenige hundert Meter vom Budapester Kongreßzentrum entfernt, wo der Streifen 1986 erstmals einem internationalen Publikum vorgeführt wurde, konnte man tatsächlich auf eine Reklametafel mit der Aufschrift stoßen: «Wandbohrungen – schnell und zuverlässig. Telefon...»

Die ungarischen Wirtschaftsreformen kamen nicht über Nacht. Bereits Anfang der fünfziger Jahre bemühte sich der damalige Ministerpräsident Imre Nagy, die schwerwiegendsten Mißstände, die aus der Übernahme des stalinistischen Mo-

dells der zentralen Planwirtschaft entstanden waren, zu beseitigen. Er schaffte die verhaßten und häufig unerfüllbaren Zwangsabgaben der Bauern ab und stoppte das überzogene Industrialisierungsprogramm zugunsten der Konsumgüterproduktion. Schon damals machten Wirtschaftswissenschaftler den Vorschlag, die Unternehmen sollten nach Marktgesetzen arbeiten statt nach den starren Planvorgaben, die zu Bergen unverkäuflicher Waren auf der einen, zu grundlegenden Mangelerscheinungen auf der anderen Seite geführt hatten und dem Staat riesige Lasten in Form von Defiziten und Subventionen aufbürdeten. Nach der unerwartet schnellen Konsolidierung der Kádár-Regierung verschwanden die Reformpläne jedoch wieder in der Schublade, und die ungarische Führung begann 1958, den Boden erneut zu kollektivieren.

Erster Anlauf

Erst Mitte der sechziger Jahre setzte im Zuge einer allgemeinen Liberalisierung, begleitet von ähnlichen Bestrebungen in der Sowjetunion und der Tschechoslowakei, eine ernsthafte Reform ein. Wirtschaftswissenschaftler entwickelten Modelle, wie die sozialistische Befehlswirtschaft zurückgedrängt und die Produktion statt dessen über indirekte Regulatoren – Preise, Löhne, Steuern – gelenkt werden könnte.

Jedes Unternehmen sollte selbständig unter Marktbedingungen wirtschaften und nicht mehr vorgeschrieben bekommen, was es zu welchem Preis für wen zu liefern habe. Voraussetzung dafür war unter anderem ein neues Preissystem, das auf den tatsächlichen Wertverhältnissen beruhte und zusammen mit

dem «Neuen Ökonomischen Mechanismus» am 1. Januar 1968 in Kraft trat. Von den Gewinnen blieb nun rund die Hälfte in der Hand der Unternehmen, die Preise richteten sich nach den Herstellungskosten.

So jedenfalls sah es die Theorie vor, doch in der Praxis lebte die alte Planbürokratie fort. Um Entlassungen einen Riegel vorzuschieben, wurde ein eigenartiges Lohnsystem verbindlich, das den Unternehmen die Zahlung eines bestimmten Durchschnittslohnes vorschrieb. Für jeden Höherbezahlten mußten entsprechend viele Schlechterbezahlte eingestellt werden, damit der Durchschnitt eingehalten wurde. Um der Inflation gegenzusteuern, blieb die Hälfte der Preise unter staatlicher Kontrolle, Milch- und Milchprodukte, Medikamente, der private Energieverbrauch, staatliche Wohnungen oder das Gesundheitswesen sowie Bücher, Theater und Zeitschriften wurden bis in die jüngste Zeit erheblich subventioniert. Über die Auswahl der Führungskräfte entschied weiterhin die Zentrale, und ein großer Teil der «freien» Gewinne wurde nach wie vor nach zentralen Anweisungen investiert. Lediglich die Landwirtschaftlichen Produktionsgenossenschaften (TSz) bekamen neben der wirtschaftlichen Selbständigkeit auch das Recht, ihre Leiter selbst zu wählen.

Gleichwohl führten die Reformen zu beachtlichen Ergebnissen: Das Bruttosozialprodukt stieg jedes Jahr um sechs Prozent, das Realeinkommen um 5,6 Prozent, die Inflation pendelte sich auf zwei bis drei Prozent ein. Durch Gewinnbeteiligung wuchs die Arbeitsproduktivität der Bauern, Ungarns Landwirtschaft entwickelte sich zu einer der erfolgreichsten in ganz Europa. Der Lebensstandard verbesserte sich für alle Schichten.

Die gewaltsame Niederwerfung der tschechoslowakischen Reformpolitik im August 1968, an der sich auch ungarische Truppen beteiligten, nahm den Budapester Wirtschaftsreformen jedoch den Schwung, kaum daß sie richtig begonnen hatten. Das Wort «Reform» selbst geriet überall im östlichen Lager mit einemmal in Mißkredit, Kádár wurde von innen und außen unter Druck gesetzt. Unter dem Schlagwort der «Arbeiteropposition», die den bürgerlichen Tendenzen in Wirtschaft und Kultur zu Leibe rücken wolle, versuchten orthodoxe Kräfte 1972, die Macht an sich zu reißen. Kádár kam ihnen zuvor, indem er die Reformen stoppte und ihre Verfechter, allen voran den «Vater der Wirtschaftsreformen», Rezső Nyers, aus der politischen Führung verbannte. In der reformfeindlichen Stimmung begann eine Serie von Prozessen wegen «unanständigen Profites» – zum Beispiel, weil ein findiger Privatmann Kirschkerne einer Konservenfabrik gekauft und diese später als Sprößlinge an eine Baumschule verkauft hatte. Das Wirtschaftswachstum kam bald zum Stehen, der Lebensstandard stagnierte, die ungarische Ökonomie verlor entscheidende Jahre für den notwendigen Strukturwandel.

Das Aus für die Reformen fiel zusammen mit der Explosion der Rohstoffpreise. Statt die Wirtschaft an die erschwerten Bedingungen anzupassen, verlegte sich die Führung aufs Schuldenmachen: Allein von 1974 bis 1978 stieg die West-Verschuldung von 1,5 auf 6,5 Milliarden Dollar, der größte Teil des Geldes floß in den Verbrauch.

Ende der siebziger Jahre war die Wirtschaftskrise dann da – weltweit und in Ungarn. Angesichts eines wachsenden Mißtrauens arabischer, sowjetischer und westeuropäischer Banken suchte die Führung Zuflucht bei erneuten Reformen. Der Plan, der in Osteuropa Jahr um Jahr wie ein Gesetz verabschiedet wird, sollte nicht mehr jedem einzelnen Betrieb vorschreiben, was er herstellt, sondern nur noch eine Ergänzung sein. Eine zweite Preisreform band die Inlandspreise an die des Auslandes, damit das, was auf dem Weltmarkt wertvoll war, auch in Ungarn so behandelt würde. Die Führung teilte die riesigen, unrentablen Stahl- und Industriekombinate, die in den fünfziger Jahren nach sowjetischem Muster gebildet worden waren, in kleine Einheiten auf und löste die Unternehmensmonopole auf.

Gewerbe in privater Hand

Die Wirtschaftskrise beflügelte die Reformer, während die dogmatischen Ideologen in ökonomischen Fragen mehr und mehr verstummten, weil sie keine zeitgemäßen Konzepte hatten. Der bedeutendste Reformschritt war 1979 die Legalisierung der «zweiten Ökonomie», das heißt, das Heer von Taxifahrern, Fernsehreparateuren oder Handwerkern, die zuvor als Schwarzarbeiter die Mängel der Planwirtschaft ausgeglichen hatten, konnte sich offiziell selbständig machen – und mußte Steuern zahlen. Neben den Resten des alten privaten Unternehmertums konnten nun findige Ungarn eine «Arbeitsgemeinschaft» (GMK) mit bis zu dreißig Angestellten und maximal dreißig Mitgliedern gründen oder in ihrem Betrieb einer halbprivaten Arbeitsgemeinschaft beitreten, die nach Feierabend und mit den unternehmenseigenen Geräten Werkzeuge und Ersatzteile produzierte oder Reparaturen erledigte – auf eigene Rechnung, versteht sich. Staatliche Klein- und Genossenschaftsunternehmen wurden überdies zu Tausenden zur Pacht angeboten und meistbietend an Privatleute versteigert – Obergrenze hundert Beschäftigte.

In der Metrostation am Batthány-Platz eröffnete daraufhin Budapests berühmteste öffentliche Bedürfnisanstalt. Der 35 Jahre alte János Kis hatte sie ersteigert und mit Grünpflanzen, Fototapete und vor allem mit einer reibungslosen Papierversorgung auf Vordermann gebracht. Bei einem Eintrittspreis von zwei Forint rentierte sich das Geschäft.

Auch anderswo schossen die privaten Unternehmen, die sich für rund 10 000 Forint (damals etwa 370 DM) registrieren lassen konnten, wie Spargelköpfe aus dem Boden. Über 150 000 Kleingewerbler erfaßte 1988 die ungarische Statistik, zehn Prozent des Einzelhandelsumsatzes erbrachten Privatgeschäfte. Nach Schätzungen erwirtschafteten die Privaten sogar zwanzig Prozent des Bruttosozialproduktes, in der Landwirtschaft und im Wohnungsbau erbrachten sie wahrscheinlich dreißig beziehungsweise vierzig Prozent der Produktion.

Nach den Reformen mußte in Budapest niemand mehr auf ein Taxi warten. Hunderte von Boutiquen und Schnickschnack-Läden, oftmals kaum größer als ein Schaufenster, versuchten ihr Glück in den schattigen Höfen der Hauptstadt. Ob Bodybuilding oder Sonnenstudio, ob Computershop oder privates Planungsbüro, ob Heiratsvermittlung oder Geschenkedienst – überall wurden Marktlücken genutzt. Sogar

in die Alltagssprache zog der neue Unternehmergeist ein: «GMKzik» hieß das Zauberwort fürs private Wirtschaften, zu deutsch so etwas wie «GmbHsieren».

Hohe Gewinnspannen und größere individuelle Freiheit waren jedoch nur die eine Motivation der neuen Kleinkapitalisten. Mehr und mehr Menschen drängten in die zweite Ökonomie, um ihr bescheidenes Einkommen aufzubessern, mit dem allein sie in den achtziger Jahren ihr Lebensniveau nicht mehr halten konnten. Denn mit dem Einzug der Marktwirtschaft war das Konsumangebot in Ungarn nicht nur größer, sondern auch teurer geworden – anfangs weil in einer «Ökonomie des Mangels» die Nachfrage das Angebot immer übersteigt, später, als immer mehr hochwertige Waren und Dienstleistungen auf den ungarischen Markt strömten, weil die Produktivität der Beschäftigten nicht mit der Durchsetzung der Marktpreise Schritt hielt, die Löhne also der Inflation nicht mehr folgen konnten. Auch der Staat trug zum Preisantrieb bei, indem er die Subventionen für zahlreiche Verbrauchsgüter schrittweise reduzierte.

Der Statistik zufolge kletterte die Inflation in Ungarn 1991 auf 36 Prozent, während die Reallöhne sanken. Tatsächlich haben sich die Lebenshaltungskosten in den achtziger Jahren noch sehr viel stärker verteuert, als es die Zahlen ausweisen, denn ein großer Teil der privaten Dienstleistungen und Waren sowie Bestechungssummen und «Trinkgelder» für Wohnungsübernahmen, Krankenhausbehandlungen, Arztbesuche oder Autoreparaturen sind in der Statistik nicht erfaßt. Ein Personenkraftwagen der Marke Lada kostete beispielsweise 1987 mehr als

Mit Schwung in die Marktlücke

zehntausend Mark und war dennoch erst nach fünfjähriger Wartezeit zu bekommen – gebraucht und von privat war er also noch teurer. Westreisen und Direktimporte sind durch die wiederholte Abwertung des Forints nur noch mit schwindelerregenden Beträgen zu finanzieren. Und durch die Halbierung des staatlichen Wohnungsbauprogramms mußten drei Viertel aller Wohnungen privat oder genossenschaftlich errichtet und bezahlt werden – zu entsprechenden Preisen.

Rund tausend Mark kostet auf dem privaten Markt der Quadratmeter Wohnraum in Budapest, in besten Lagen können es sogar 2000 Mark werden. Die Mieten liegen folgerichtig im Vergleich zum Einkommen in astronomischer Höhe: Zwei bis drei Zimmer kosten in Budapest je nach Lage und Komfort zwischen vierhundert und sechshundert Mark

im Monat. Nur die Staatswohnungen halten (noch) die alten subventionierten Preise, wodurch sie zur heißbegehrten Ware geworden sind, die auf dem grauen Markt gegen entsprechende Ablösungssummen hin- und hergeschoben wird. Oder man verpflichtet sich, eine alte, kränkelnde Dame bis zum Tod zu pflegen, in der Hoffnung, dafür später deren Wohnung zu bekommen. Die Wohnungsnot, die geschiedene Ehepartner, zerstrittene Familiengenerationen oder einander völlig Fremde in eine gemeinsame Wohnung zwingt, ist so akut, daß sie seit Jahren Dauerbrenner in Theatern, Kabaretts und Zeitungen ist. Trotzdem rechnet niemand damit, daß die mehr als 500 000 Wohnungssuchenden über kurz oder lang fündig werden könnten.

Vier Jobs zur selben Zeit

Konnte eine vierköpfige Familie Anfang der siebziger Jahre von einem staatlichen Durchschnittseinkommen einigermaßen leben, brauchte sie zwei Jahrzehnte später mindestens viermal soviel Geld, um ihren Lebensstandard zu halten. Das Lohnsystem aus der Zeit der zentralistischen Planwirtschaft, als die staatlichen Sozialleistungen vom Einkommen automatisch abgezogen wurden, zahlte Lehrern, Ärzten und Fabrikarbeitern gleichermaßen Hungerlöhne von umgerechnet rund 200 Mark – genau 7.015 Forint betrug 1988 im staatlichen Sektor der durchschnittliche Nettomonatsverdienst. Dadurch ist jedermann auf einen zweiten, dritten und vierten Job in der Schattenwirtschaft angewiesen, so daß Ungarn inzwischen die höchste Pro-Kopf-Arbeitszeit in ganz Europa hat. Vier Fünftel aller Haushalte erhöhen ihr Budget durch eine Arbeit in der «zweiten Wirtschaft».

László Kovács ist beispielsweise als Lektor bei einem großen Verlag beschäftigt. Dort ist er sozialversichert und erhält jeden Monat rund 7000 Forint. Nebenbei übersetzt er deutsche Bücher ins Ungarische und unterrichtet an einer Dolmetscherschule. Am Wochenende führt er Touristen durch Budapest, abends übersetzt er für ein Unternehmen die Geschäftskorrespondenz. Auf diese Weise bringt er es auf rund 30 000 Forint oder 700 Mark Monatsverdienst. «Ein Ungar», kommentiert er sarkastisch das Lohnsystem, «verdient durchschnittlich 7000 Forint. Davon bezahlt er 4000 Forint für die Wohnung, in Budapest vielleicht sogar das Doppelte, 5000 Forint fürs Einkaufen, 1000 für Kino,

Theater, Restaurant, 2000 für sein Auto und zwischen 5000 und 20 000 für seinen Sommerurlaub. Wie er das fertigbringt, das ist das ungarische Wirtschaftswunder.»

Die Hälfte des Gesamteinkommens der Bevölkerung stammt deshalb mittlerweile aus der privaten Wirtschaft, in der siebzig Prozent der Industriearbeiter und neunzig Prozent der Bauern in der Regel nebenbei beschäftigt sind. In der ersten Ökonomie schont man seine Kräfte, um in der zweiten seinen Mann stehen zu können. Und der verhältnismäßig große Abstand zwischen staatlichen und privaten Löhnen verstärkt den Trend zur Aufspaltung der Arbeitsmoral, so daß vielerorts entsprechend nachlässig gearbeitet wird. «Wer arbeitet», bringt ein modernes ungarisches Sprichwort die Situation auf den Begriff, «hat keine Zeit zum Geldverdienen.»

Wer keine besondere Qualifikation besitzt und nicht durch privaten Handel, Dienstleistungen oder Besitztümer sein Einkommen aufbessern kann, ist dementsprechend schlecht dran. Neunzehn Prozent der Bevölkerung hatten bereits 1982 nach Berechnungen des Amtes für Statistik weniger als das gesellschaftliche Minimum von damals rund hundert Mark im Monat. Tatsächlich dürfte die Schicht der Armen noch erheblich größer sein. Vor allem ein großer Teil der über zwei Millionen Rentner, denen 5000 Forint Mindestrente (1990) garantiert werden, lebt am Rande oder unterhalb der Armutsgrenze – die Summe entspricht dem Wert von 20 Kilo Schweinefleisch. Hinzu kommen schlechtbezahlte Arbeiter, die keinen Beruf erlernt haben, verarmte Bauern auf schlecht wirtschaftenden Genossenschaften oder privaten

«Wer arbeitet, hat keine Zeit zum Geldverdienen»

Zwerghöfen, kinderreiche Familien, Behinderte, Arbeitsunfähige, Zigeuner und neuerdings auch Arbeitslose, die alle der sozialen Härte nicht gewachsen sind. Über vierzig Prozent aller ungarischen Kinder, so eine Statistik, leben effektiv in Armut.

Aussichtslose Armut

Die allgemeine Teuerung hat das Lebensniveau der sozial Schwachen katastrophal verschlechtert. «Das Einkommen dieser Schicht», schrieb der Gesellschaftswissenschaftler Elemer Hankiss, «ist nach unseren Berechnungen heute vollkommen unzureichend. Jede neue Preiserhöhung gefährdet ihre Existenz.» Und der Schriftsteller István Csurka sagte schon im Juni 1985 auf einem Treffen kritischer Intellektueller in Monor: «Von Millionen ist hier die Rede. Von einer Masse, die nicht einmal mehr das Bedürfnis nach Kultur hat; nicht etwa deshalb, weil sie keine Zeit, keine Freizeit dafür hat, sondern ganz einfach deshalb, weil sie auf ein Niveau der Trostlosigkeit gesunken ist, auf dem die einfachste kulturelle Tätigkeit bereits in unerreichbarer Höhe liegt. Diese Menschen können kaum lesen und schreiben. Diese Menschen verstehen kaum die Sprache, die von den höheren Schichten gesprochen wird. Wenn es nicht gelingt, die Reproduktion dieser Schicht aufzuhalten, dann wird in der ungarischen Gesellschaft eine schmähliche Spaltung stattfinden: Die oberen Schichten der Gesellschaft werden sich gezwungen sehen, mit brutalen und antidemokratischen Maßnahmen sich vor dieser ‹Gastarbeiter›-Schicht zu schützen und von ihr abzuschotten.»

Die Schattenseite der Wirtschaftsreform –

Zu den Ärmsten der Armen gehört zum Beispiel die Familie K. Sie hat sieben Kinder, der Vater verdient als Verladearbeiter monatlich 6500 Forint – Trinkgeld oder Überstunden gibt es nicht. Vor fünf Jahren bekam die Familie eine Zweizimmerwohnung in Budapest zugewiesen, nachdem sie zuvor bei Verwandten gewohnt hatte. Früher arbeitete der Vater bei einem privaten Maurer, doch seitdem dieser vor zwei Jahren Pleite ging, ist die Familie weit unter das Existenzminimum gefallen. Der vierzehn Jahre alte Sohn schaffte die Schule nicht und schloß sich einer Straßenbande an, die Familie mußte wiederholt Schadensersatz zahlen, damit der Sohn nicht vor Gericht gestellt würde. Später wurde er in ein Heim eingewiesen, aus dem er bei der ersten Gelegenheit türmte. Um ihre wachsenden Schulden zu bezahlen, verkaufte Familie K. die Schrankwand und kündigte ihren Antrag auf eine größere Wohnung, für den sie im voraus 5000 Forint bezahlen mußte. Ein geplanter Wohnungstausch mit einer noch kleineren Wohnung scheiterte am Veto der Stadtverwaltung. Als Familie K. die Stromrechnung nicht mehr bezahlen konnte, drohte man damit, ihr den Strom abzudrehen. Dann wollten die Behörden sie in eine Obdachlosenunterkunft umsiedeln.

Familie K. ist keineswegs ein Sonderfall. Einer alleinstehenden Mutter mit sieben Kindern wurde der Strom abgedreht, weil sie die Rechnungen für Gas und Licht nicht mehr bezahlen konnte. Die Vormundschaftsabteilung des Rates lehnte eine Bitte um Unterstützung ab, weil ihr finanzieller Rahmen ausgeschöpft sei. Als Frau S. darauf hinwies, sie habe nicht einmal mehr

zwei Millionen Arme

Strom zu Hause, wurden alle sieben Kinder der Fürsorge übergeben. Eine andere Familie lebte von Sozialhilfe, weil sie in Budapest keine Arbeit fand. Die Frau versuchte sich mit Gelegenheits-Prostitution und wurde daraufhin eingesperrt, die Kinder kamen in ein Heim. Inzwischen sind die Bettler auch in die Touristenreservate an der Váci utca eingedrungen, wo sie von Polizisten verscheucht werden, und die Prostituierten für die weniger Betuchten warten am Rákóczi tér immer offener auf ihre Freier.

Fälle wie den der Familie K. veröffentlichte die früher im Untergrund erscheinende Zeitschrift «Beszélő» (Der Sprecher), die von oppositionellen Intellektuellen herausgegeben wird. In einer Serie «Unter dem Existenzminimum» brachte sie die ganze düstere Welt der Armut zum Vorschein, die das traurige Gegenstück zu jenem Gulaschkommunismus in Ungarn bildet, von dem sich so viele West-Besucher blenden ließen. Kritische Armutsforscher um den Soziologen István Kemény hatten schon in den siebziger Jahren in einem Forschungsprojekt Erschreckendes zutage gefördert und verloren daraufhin ihre Beschäftigung. Kemény ging nach Paris, einige seiner Mitarbeiter versuchten, die Forschungen auf eigene Faust fortzusetzen und mit dem «Fonds für die Unterstützung der Armen» (SZETA) vor allem praktisch zu helfen.

Die staatliche Sozialpolitik, die der Schriftsteller György Konrád in seinem Roman «Der Besucher» porträtiert hat, betrachtet Armut in erster Linie als individuelles Versagen und als Herd von Kriminalität und Asozialität. Krankengeld, Kindergeld oder Wohnungsbau-Darlehen sind an ein geregeltes Arbeitsverhältnis gebunden, doch für die meisten der Armen ist das Fehlen einer solchen Dauerbeschäftigung typisch: Sie graben die Gärten der Reichen um, schleppen Ziegelsteine beim Bau von Villen, gehen auf den Markt, um die Einkäufe der Hausfrauen nach Hause zu tragen, und in der Erntezeit verschwinden sie aus den Fabriken, weil die Saisonarbeit auf den Staatsgütern kurzfristig lukrativer ist.

Der tiefere Grund für das soziale Elend in Ungarn liegt dabei nicht in den Wirtschaftsreformen selber. Im Gegenteil: Weil der Strukturwandel so lange hinausgeschoben wurde, kann nun kaum noch etwas an die Gesellschaft verteilt werden. Um so größer sind jedoch in der gegenwärtigen Übergangssituation die sozialen Spannungen. Die Schere der Einkommen hat sich weit geöffnet, weil eine neue Klasse entstanden ist, die rasch unverhältnismäßig große Profite einstreichen kann. Obwohl die Reichen nur weniger als ein Prozent der Bevölkerung ausmachen, fällt ihr protziger Lebensstil mit Mercedes und Villa den schlechter Verdienenden grell ins Auge. Boutiquenbesitzer, Bauunternehmer oder gefragte Ärzte, die mit hohen Summen geschmiert werden, erregen den Zorn des gemeinen Mannes. «Der Sozialismus», meinte einmal ein Journalist in der Spätzeit des Kadarismus, «ist mit den Versprechungen angetreten: Achtstundentag, kostenlose Gesundheitsversorgung, Vollbeschäftigung. Tatsächlich arbeiten wir Ungarn bis zu sechzehn Stunden am Tag, müssen 20 000 Forint für eine Blinddarmoperation auf den Tisch legen, und in den Zeitungen schreibt man über unvermeidliche Massenentlassungen. Kein Wunder, daß den politischen Phrasen keiner mehr Glauben schenkt.»

Wachsende Spannungen

Verschlimmert wird die Armut durch den mangelnden Willen, sie wirksam zu bekämpfen. Es gab bislang keine wirkliche Wohlfahrtspolitik, so wie es sie schon früher in dem Land an Donau und Theiß nie gegeben hatte. Was in der Vergangenheit Grafen und Fabrikbesitzer gedacht haben mögen, formulierten später sozialistische Wirtschaftswissenschaftler wie László Antal in dürren Worten: «Korrekturen der Verbraucherpreise, die zum Sinken der Reallöhne geführt haben, und die Erfahrungen der letzten ein bis zwei Jahre zeigen im allgemeinen, daß die Belastbarkeit der Gesellschaft beträchtlich ist.» Die Notwendigkeit, eine neue Sozialpolitik und ein reformiertes Lohnsystem zu entwickeln, stellte sich so erst gar nicht. Wachsende soziale Spannungen, ob sie sich in Alkoholismus, Diebstählen oder Jugendkriminalität äußern, sind in Ungarn traditionell Sache der Polizei – erst nach der Wende schossen caritative Organisationen wie Pilze aus dem Boden und sahen sich die Behörden zum Handeln gezwungen, zum Beispiel durch die Einrichtung von Obdachlosenunterkünften und Freiküchen.

Die sozialistischen Reformen haben die ineffizienten Wirtschaftsstrukturen auch keineswegs beseitigt. Die maroden Teile der Staatswirtschaft, die nach offiziellen Angaben Ende der achtziger Jahre knapp 95 Prozent des Nationaleinkommens erwirtschafteten, fraßen einen Großteil der ohnehin durch den hohen Rentneranteil belasteten finanziellen Ressourcen wieder auf. Betriebe, die im Westen nie konkurrenzfähig wären, produzieren Eisen und Stahl für den osteuropäischen Markt, und mindestens 200 000 Menschen arbeiten in Unternehmen, die seit Jahren nur Verluste machen. Das Minus wird aus dem Staatssäckel ausgeglichen. 1991 belasteten die radikal zusammengestrichenen Subventionen den Staatshaushalt zwar nur noch mit 4,6 Prozent, doch nun rissen Unterstützungs- und Entschädigungsleistungen für Kirchen, Parteien oder von den Kommunisten Enteignete ein Loch von umgerechnet 2,3 Milliarden Mark in die Haushaltskasse. Mit über 21 Milliarden Dollar ist der Staat darüber hinaus im Westen verschuldet, pro Kopf der Bevölkerung ist Ungarn damit das meistverschuldete Land des Ostens. Inzwischen muß der Donaustaat Jahr für Jahr 3,5 Milliarden Dollar an Tilgung und Zinsen aufbringen, das sind 60 Prozent aller Hartwährungseinkommen, wobei seine Gläubiger vorwiegend Privatbanken sind, die sich politischen Argumenten für einen Schuldenerlaß oder wenigstens eine Umschuldung kaum zugänglich zeigen. Lediglich die Handelsbilanz kann sich sehen lassen: 500 Millionen Dollar betrug im ersten Quartal 1990 der Überschuß, was einen beispiellosen Rekord in der ungarischen Wirtschaftsgeschichte darstellt und in erster Linie den florierenden Exporten und dem Fremdenverkehr zu verdanken ist.

Einmal stand das Land sogar unmittelbar vor dem Bankrott. Im Sommer 1982, so ließen Finanzverantwortliche später durchblicken, war Ungarn nicht mehr in der Lage, seinen Verbindlichkeiten nachzukommen, was angesichts der geringen Devisenreserven von rund einer Milliarde Dollar nicht verwunderlich ist. Wegen der polnischen Unruhen hatte Osteuropa seine Kreditwürdigkeit vorübergehend eingebüßt, und die Sowjetunion setzte die Preise für Erdöllieferungen hoch. Eilends reiste man zu Geheimverhandlungen in den Westen, um mit neuen Krediten die alten bezahlen zu können.

Die Finanzknappheit hat dazu geführt, daß wichtige Investitionen immer weiter in die Zukunft hinausgeschoben werden. Eine kurzatmige, ungesunde Wirtschaftsweise strebt zu fieberhafter Aktivität, wo schnelle Profite erwartet werden, während langfristige Überlegungen in den Hintergrund geraten. Ein Investitionsprogramm zur Abfallbeseitigung kam erst dann zustande, als hochgiftige Stoffe im Trinkwasser gefunden wurden, die ungarische Infrastruktur fällt weiter und weiter zurück. Während die Zeitungen über die Notwendigkeit moderner Kommunikationsverfahren schreiben, verfügt die Hauptstadt über das schlechteste Telefonnetz Europas. Die zerklüfteten Straßendecken ramponieren Busse und Privatfahrzeuge, und die Eisenbahn feiert jeden Kilometer Strecke, der neu elektrifiziert wird. Weil das U-Bahn-Netz von Budapest trotz großartiger Pläne immer noch nur aus drei Linien besteht, versinkt die Stadt inzwischen hoffnungslos im Verkehr.

Austausch mit dem Westen

Seit einigen Jahren ist Ungarn Mitglied der Weltbank und des Internationalen Währungsfonds (IWF), um dem chronischen Mangel an Investitionsmitteln abzuhelfen. Der IWF zahlt für eine neue Donau-Brücke ebenso wie für zwei Sondermüll-Verbrennungsanlagen, er ermöglicht es

Ungarn aber auch, für Großprojekte in Entwicklungsländern seinen Abnehmern Kredite einzuräumen. Zugleich wurde der Forint begrenzt konvertibel, und die Nationalbank verkündet wöchentlich seinen Kurs, der eher unter- als überbewertet ist. Auf diese Weise sollen die devisenbringenden Touristen angelockt und Exporte in den Westen attraktiver gemacht werden. Zwangsumtausch und komplizierte Kompensationsgeschäfte, bei denen Ware gegen Ware getauscht werden mußte, gehören der Vergangenheit an. «Wer Forint hat», versuchte der stellvertretende Chef der Ungarischen Nationalbank westlichen Unternehmern die neue Geldpolitik nahezubringen, «hat auch Devisen.»

Tatsächlich ist Ungarn auf den Austausch mit dem Ausland in ganz besonderer Weise angewiesen. Außer Uran, Bauxit und Kohle muß es sämtliche Rohstoffe einführen, und auch moderne High technology ist mit Paprika und Salami allein kaum zu bezahlen. Mit einer Übertragung der Außenhandelsrechte auf einzelne Unternehmen und mit der Gründung gemischter Ost-West-Gesellschaften (joint ventures), in denen die westlichen Partner inzwischen die Mehrheit der Anteile besitzen können, versuchte Ungarn deshalb noch im Sozialismus den internationalen Handel anzukurbeln. Vor allem die deutschen Multis waren es, die frühzeitig die Chance einer gemeinsamen Industrieproduktion nutzten: Bosch-Siemens läßt in Ungarn Lizenz-Kühlschränke herstellen, AEG Waschautomaten, Triumph-Adler Schreibmaschinen, und von den Chemie-Giganten Bayer, Hoechst und BASF hat jeder gleich mehrere ungarische Partner. Auch westliche Markenartikel bei

Damenunterwäsche kommen zu fast einem Drittel aus ungarischen Fabriken. Im Konsumbereich läuft der Transfer seit ein paar Jahren auch in umgekehrter Richtung: Ob Adidas, Quelle oder Ikea – sie alle werden mit Kooperationsverträgen in den Donaustaat gelockt. Und Ungarn war im ganzen Warschauer Pakt das erste Land, in dem MacDonald's seine pappigen Hamburger vertreiben durfte.

Wichtigster Außenhandelspartner nach der Sowjetunion ist die Bundesrepublik Deutschland, mit der Ungarn 1988 neun Prozent seines Handels abwickelt. Dann erst kam die DDR, dicht gefolgt von Österreich und der Tschechoslowakei. An der Spitze der Einfuhren stehen Erdöl und Erdölprodukte, die neben Autobussen und Agrarprodukten auch die Liste der Exporte anführen. Ungarns Dilemma dabei ist, daß es in ferne Gebiete billiger exportieren kann als in die Bundesrepublik oder Frankreich, weil die Europäische Gemeinschaft für Fremdeinfuhren hohe Zölle erhebt. Um einer weiteren Abschottung Westeuropas durch den EG-Binnenmarkt zuvorzukommen, hat Ungarn 1988 mit Brüssel deshalb einen Kooperationsvertrag geschlossen, der den Abbau aller Handelsbarrieren bis 1995 vorsieht.

Stillegungen, Entlassungen, Arbeitssuche

Einen Alleingang hat Ungarn schon vor Jahren auch anderswo unternommen: Seit dem 1. September 1986 können Arbeitsuchende Anspruch auf Erwerbslosenunterstützung anmelden – damals ein absolutes Novum im Sozialismus, der die

Konsumpartner des Westens

Vollbeschäftigung auf seine Fahnen geschrieben hatte. Ein Gesetzespaket sah die Liquidierung von zahlungsunfähigen Unternehmen vor, deren Defizite Banken und Behörden nicht mehr tragen wollten. 350 000 Menschen waren 1991 arbeitslos, das sind sieben Prozent aller Beschäftigten. Für 1992 rechnet man mit 500 000 Arbeitslosen, was einer Quote von zehn Prozent entspricht – bei einem wirtschaftlichen Nullwachstum und nach wie vor nur langsam vorangehender Privatisierung.

Mehr als 250 Firmen waren 1985 nicht aus den roten Zahlen herausgekommen und bekamen vom Staat über 150 Milliarden Forint Unterstützung. Die Verluste hatten sich binnen eines Jahres fast verdoppelt, so daß die politische Führung ihren Widerstand gegen die Schließung zahlungsunfähiger Unternehmen teilweise aufgab. Wirtschaftsfachleute hatten sich schon seit längerem für eine gewisse Arbeitslosigkeit ausgesprochen, um die Arbeiter zu größerem Einsatz und die Unternehmen zu Umstrukturierungen zu motivieren. Doch János Kádár, der selber Anfang der dreißiger Jahre auf den Fluren des Budapester Arbeitsamtes zum Kommunisten geworden war, wollte lieber den Arbeitern weiterhin Gehalt zahlen, auch wenn sie nichts oder wenig dafür taten, als die verfassungsmäßige Arbeitsplatzgarantie antasten.

«Die Frage lautete», so erklärte der stellvertretende Direktor des staatlichen Arbeitsamtes den Kurswechsel, «ob wir weiter die Verluste und damit eine mißverstandene Beschäftigungssicherheit tragen wollen oder ob wir, den wirtschaftlichen Zwängen folgend, das erstere bekämpfen und so auch das zweite verändern.» Sogar János Kádár forderte 1987 auf der 1.-Mai-Kundgebung, daß «Gewinne, die von rentabel arbeitenden Betrieben erwirtschaftet werden, nicht weiterhin an schlecht arbeitende Betriebe transferiert» werden sollten. Die «strikte Anwendung der Gesetze bezüglich der Schließung und Umstrukturierung unrentabler Betriebe» verlangte auch der Leiter des Nationalen Planungsamtes – selbst wenn es «in manchen Fällen zu Spannungen kommen kann».

Die ungarischen Zeitungen berichteten danach regelmäßig über Dinge, die die meisten Ungarn vorher nur aus dem Westen kannten: Betriebsstillegungen, Bankrott, Entlassungen. «Diese Fabrik ist zu verkaufen!» titelte das Parteiorgan «Népszabadság» (Volksfreiheit) über das traurige Schicksal der seit Jahren verlustträchtigen Aron-Gábor-Maschinenfabrik, «Einsturzgefahr» überschrieb das Blatt «Heti

Világgazdaság» (Weltwirtschaftswoche) seinen Bericht über den Konkurs des Staatlichen Bauunternehmens im Komitat Veszprém, das in zehn Jahren Defizite von 300 Millionen Forint gemacht hatte. Die Arbeiter beider Betriebe mußten anderswo untergebracht werden, was bei mehreren tausend Beschäftigten auch im Sozialismus nicht einfach war.

Um soziale Härten zu vermeiden, sahen die Pleite-Gesetze die Zahlung einer «Umsetzungsunterstützung» vor, so der damalige offizielle Name des Arbeitslosengeldes, das im Westen allerdings kaum die Zustimmung der Gewerkschaften gefunden haben dürfte. Drei Monate vor Schließung des Betriebes müssen die Beschäftigten den Vorschriften zufolge davon in Kenntnis gesetzt werden; finden sie keine neue Stelle, kann die Kündigungsfrist um ein halbes Jahr verlängert werden. Sind sie dann immer noch ohne Arbeit, kann die Gewerkschaft eine Unterstützung beantragen, die im ersten Vierteljahr 75 Prozent, im zweiten Vierteljahr 60 Prozent des durchschnittlichen Nettoverdienstes beträgt. Danach gibt es keinen Anspruch mehr auf finanzielle Hilfe, weil jeder Arbeiter nach den Vorstellungen der ungarischen Wirtschaftslenker innerhalb von fünfzehn Monaten vermittelt werden kann.

Zuständig für die Stellenvermittlung sind örtliche Büros, die angemessenen Ersatz beschaffen sollen. «Angemessen» wird dabei so definiert, daß die neue Stellung der Ausbildung und dem Gesundheitszustand des Betroffenen entsprechen soll, daß der Verdienst nicht weniger als neunzig Prozent des vorangegangenen beträgt und daß der Weg zur

Arbeit mit öffentlichen Verkehrsmitteln nicht mehr als zwei Stunden pro Tag in Anspruch nimmt. «Der Werktätige», heißt es darüber hinaus in dem Gesetz, «ist im Interesse der Findung eines Arbeitsplatzes dazu verpflichtet, während der verlängerten Kündigungsfrist sowie während der Laufzeit der Umsetzungsunterstützung mit dem örtlichen Organ für Arbeitskräftevermittlung zusammenzuarbeiten.» Bekommt er eine Stelle, erlischt jede Unterstützung, eine Möglichkeit, sie abzulehnen, gibt es nicht.

Der strenge Ton der Bestimmungen, deren Zweck in den Zeitungen verharmlosend als «Arbeitskräfte-Umgruppierung» bezeichnet wurde, hatte damals in der Bevölkerung Beunruhigung ausgelöst. Für viele Beschäftigte ist der staatliche Arbeitsplatz die einzige soziale Sicherheit im unbarmherzigen Kampf ums Dasein. Hier ist man renten- und krankenversichert, hier bekommt man Kindergeld, hier ruht man sich aus, um die Kraft für den zweiten und dritten Job nach Feierabend zu sammeln. «Haben wir in Budapest bald Arbeitslosigkeit?» wollte einer schon vor Jahren am 1. Mai beim Forum der Parteizeitung «Népszabadság» wissen, und die Tageszeitung «Magyar Hírlap» fragte besorgt: «Was wird aus denen, die vom Kindergeld leben, die in Arbeiterwohnheimen wohnen, die kurz vor der Pensionierung stehen, wenn ihr Unternehmen nun stillgelegt wird?»

Rund 10 000 Menschen erhielten in Ungarn Ende 1989 Arbeitslosenunterstützung, wobei viele Arbeitsuchende gar nicht erst in den Genuß solcher Leistungen kamen, weil die strengen Bestimmungen auf sie keine Anwendung fanden. Zwar standen ihnen immer noch 46 000

freie Stellen gegenüber, doch meistens eben nicht in den industriellen Problemgebieten wie Komárom, Miskolc und einige Komitate der Tiefebene, wo die Hälfte aller Arbeitslosen wohnt. Noch findet ein Großteil von ihnen innerhalb weniger Wochen eine neue Arbeit, doch seitdem wirklich ernst gemacht wird mit der Privatisierung oder Schließung unrentabler Betriebe, hat sich dies rasch geändert. Weil inzwischen auch Jugendliche nicht so einfach einen Job finden, bekommen allerdings inzwischen auch diejenigen Unterstützung, die zuvor keine feste Beschäftigung hatten.

Für die rauhe Wirklichkeit der ungarischen Wirtschaftskrise hatte der offizielle Gewerkschaftsverband SZOT, dem insgesamt neunzehn Branchengewerkschaften angehören, in der Vergangenheit wenig Aufmerksamkeit übrig. Der lammfromme Verband, dessen Chef bis 1988 automatisch im Politbüro saß, hatte sich eingerichtet mit den bescheidenden, aber bequemen Privilegien, die der Sozialismus den Arbeitern bot. Immer wieder trat er deshalb als Bremser von Reformen auf. Als durch diese Form des Wirtschaftens der zu verteilende Kuchen jedoch immer kleiner wurde, blieb dem staatstragenden Verband nichts anderes übrig, als nun seinerseits von seinen Mitgliedern höhere Arbeitsleistungen zu fordern und sich hinter die wirtschaftlichen Einschnitte zu stellen, die die Regierung verordnete. Am Entwurf der neuen Arbeitslosen-Richtlinien arbeiten die Gewerkschaften gleich selber mit. «Die wahre Interessenvertretung der Werktätigen», erklärte ihr Sekretär die neue Politik, «erfordert, daß man die entwickelten Unternehmen fördert und nicht um jeden Preis die schwachen am Leben erhält.»

Der Unmut über die offiziellen Gewerkschaften nahm deshalb in den letzten Jahren unter den Mitgliedern beständig zu. Anfang 1988 tauchten in Arbeiterzügen zum erstenmal Flugblätter auf, die zum Austritt aus dem Verband aufforderten. Einige Wochen später gründeten kritische Wissenschaftler die erste unabhängige Gewerkschaft in Ungarn, die Demokratische Gewerkschaft der Wissenschaftler (TDDSZ). Dann machten sich auch die Pädagogen selbständig, und eine «Demokratische Liga unabhängiger Gewerkschaften» wurde ins Leben gerufen. Ein fast vergessenes Kampfmittel der Arbeiterbewegung wurde im Zuge des Demokratisierungsprozesses ebenfalls wieder entdeckt – der Streik. Im Sommer 1988 traten erstmals die Bergleute des Mecsek-Gebirges in den Ausstand, dann auch Busfahrer, Lehrer, Schauspieler und Ärzte. Im Januar 1989 beteiligten sich zahlreiche Beschäftigte an einem zehnminütigen Warnstreik, um gegen Preiserhöhungen zu protestieren. Und einige Monate später herrschte kurzzeitig eine Art Ausnahmezustand in Budapest, als die Taxifahrer sämtliche Brücken blockierten, um die Regierung dazu zu zwingen, eine massive Anhebung der Benzinpreise zurückzunehmen.

So erklärt sich, weshalb inzwischen auch die offiziellen Gewerkschaften versuchen, an Profil zu gewinnen. Im Juni 1988 mußte die alte Verbandsführung abdanken, die neue protestierte kurz darauf öffentlich bei der Regierung gegen die wachsende Inflation – ein absolutes Novum in der Verbandsgeschichte. Gewerkschaftschef Sándor Nagy erklärte in diesem Zusammenhang, Loyalität bedeute nicht, «daß die Gewerkschaften zu sämtlichen Vorstellungen nur zustimmend nicken». Auch beim neuen Streikgesetz kritisierte die Gewerkschaft erfolgreich die Regierungsvorlage, die sie als «Auswahl aus konservativen Streikgesetzen Europas» bezeichnete. Aufgrund des Dogmas von der «Herrschaft der Arbeiterklasse» habe es Ungarn versäumt, Mechanismen eines echten Interessenausgleichs zwischen den Sozialpartnern zu entwickeln.

Sozialistischer Thatcherismus

Bislang setzte die ungarische Wirtschaftspolitik lieber auf neokonservative Lösungen à la Margaret Thatcher – nur ohne das soziale Netz und die kampferprobten Gewerkschaften Großbritanniens. Kleinunternehmer sollen gefördert werden, um den Staat von den Soziallasten zu befreien. «Die staatliche Verantwortung für die Vollbeschäftigung», schrieb schon das kommunistische Parteiorgan ‹Népszabadság›, «haben wir in den vergangenen Jahrzehnten so interpretiert, daß wir denjenigen, die sich um eine Beschäftigung bemühten, einen Arbeitsplatz sicherten. Eine gesellschaftlich nützliche, eine zahlungsfähige Nachfrage befriedigende Arbeit ist aber auch so vorstellbar, wie dies das Beispiel des Privatsektors zeigt, daß jemand mit seinen eigenen Mitteln arbeitet. Wer von den Schultern des Staates die Sorgen um die Schaffung eines Arbeitsplatzes abnimmt, verdient Unterstützung: Mit Bankkrediten, mit selektiven Steuervergünstigungen kann der Start einer Unternehmung fundiert werden.»

Inzwischen bekommt jeder Ar-

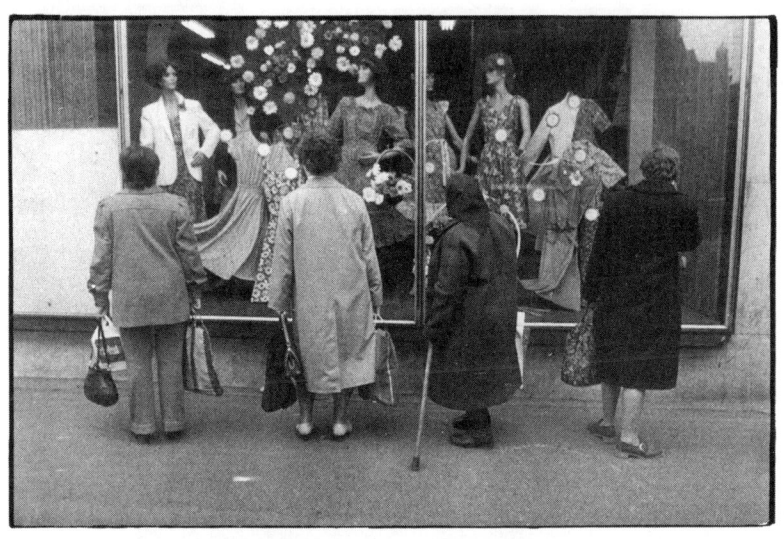

Steigende Preise, sinkende Einkommen

beitslose in Ungarn einen zinslosen Kredit in Höhe von 300 000 Forint (10 000 DM) angeboten, damit er sich als Taxi-Fahrer oder Ladenbesitzer selbständig machen kann. Der gleichen Philosophie entsprang auch das «Stabilisierungs- und Entfaltungsprogramm», das Károly Grósz 1987 als frischgebackener Ministerpräsident verkündete. Ein neues Steuersystem, in Osteuropa lange Zeit ohne Beispiel, sollte die Subventionen für Produzenten- und Verbraucherpreise verringern, dem Staat höhere Budgeteinnahmen sichern und die Bevölkerung zu größeren Leistungen anspornen. Durch die Einführung der Einkommensteuer, die das sozialistische System der Nettolöhne beseitigte, werden nunmehr auch Gehälter und Nebenverdienste aus der «zweiten Wirtschaft» besteuert – selbst dann, wenn sie nicht höher liegen als der Preis für einen besseren Farbfernse-

her. Das Interesse an Gewinnen in der Privatwirtschaft leidet unter dem hohen Steuersatz, während die landwirtschaftlichen Erzeuger übermäßig privilegiert werden und ihre Einkommen erst ab 500 000 Forint versteuern müssen. «Es ist uns gelungen», witzelte das Volk über diese rigide Steuerpolitik, «das schwedische Steuersystem mit den äthiopischen Löhnen zu verbinden». Darüber hinaus führte Ungarn die Mehrwertsteuer ein, die sich 1988 als allgemeiner Preisaufschlag von fünfzehn Prozent bemerkbar machte.

Die Sanierung der ungarischen Wirtschaft hat inzwischen der «Internationale Währungsfond» (IWF) in die Hand genommen. Das Haushaltsdefizit darf nach seinen Vorschriften nicht mehr als zehn Milliarden Forint (ca. 250 Millionen Mark) betragen – bis heute nur ein ferner Traum. Auch das Lei-

Schlechte Aussichten für die Gesellschaft

stungsbilanzdefizit soll nicht höher als 550 Millionen Dollar (1990) sein, die Zeiten großzügiger Importe aus dem Westen sind also vorbei. Ähnlich wie in der ehemaligen DDR versucht die Regierung darüber hinaus, innerhalb von drei Jahren den Anteil des Staates am Produktionseigentum von jetzt 90 auf 30 Prozent zu reduzieren – statt der Treuhand gibt es in Ungarn dafür ein Ministerium für Privatisierung –, doch politisch und auch wirtschaftlich ist dies eine riskante Angelegenheit: Wenn die bankrotten Staatsbetriebe auf einen Schlag saniert oder sogar geschlossen werden, werden Zigtausende arbeitslos, geraten ganze Regionen und Branchen in die Existenzkrise. Außerdem, so fürchten Vertreter der national orientierten Regierungspartei MDF, könnte die Privatisierung zu einem «Ausverkauf» des Landes führen, weil es nur im

Ausland das erforderliche private Kapital gibt, um die Staatsbetriebe zu kaufen und zu sanieren.

Unterdessen verschlechtern sich die sozialen Negativ-Trends in besorgniserregendem Ausmaß. Die Bevölkerungszahl ist in den vergangenen fünf Jahren permanent gesunken, so daß national gesinnte Schriftsteller bereits vom allmählichen Aussterben des madjarischen Volkes sprechen. Zugenommen haben dagegen der Alkoholismus und die Zahl der Selbstmorde, die Scheidungsrate steht ganz oben in der europäischen Statistik. Zwei Drittel der Bevölkerung nehmen irgendwelche Beruhigungsmittel, alle halbe Stunde kommt es zu einem Verkehrsunfall mit Personenschaden, mindestens 30 000 Menschen sind drogenabhängig. Ähnlich negativ hat sich in den letzten Jahren auch die Zahl der Herz- und Krebserkrankungen entwickelt – und die Statistik weist überall nach oben.

Das gilt auch für den seltsamen ungarischen Rekord bei der Selbstmordquote. Während früher ähnlich viele Suizide in Ungarn registriert wurden wie in Österreich oder Deutschland, ist deren Anzahl seit 1956 kontinuierlich bis auf das Doppelte von Finnland angestiegen, das an zweiter Stelle liegt. Die Mehrheit der Selbstmöder sind Männer im besten Alter. Auch der Konsum von Bier und Schnaps steigt ständig an, die Zahl der Lebertoten hat sich seit den fünfziger Jahren verfünffacht. 300 000 Menschen werden als schwere Alkoholiker eingestuft, die meisten von ihnen im Alter zwischen dreißig und fünfzig.

Die zaghaften Ansätze, größere soziale Harmonie in Ungarn herbeizuführen, nehmen sich dagegen wie ein Tropfen auf einen heißen Stein

aus. Wiederholt hat die Regierung versprochen, mit einer erneuerten Sozialpolitik den Jugendlichen, den Alten, den kinderreichen Familien und den sozial Benachteiligten unter die Arme zu greifen. Der monatliche Mindestlohn wurde mehrfach angehoben, ebenso die Renten. 240 000 Menschen erhielten 1988 aus der Staatskasse Beihilfen und Lohn für die Kinderpflege, darüber hinaus zahlte der Staat 37 Milliarden Forint an Familienzulagen aus. Dörfer werden von der Hungária-Versicherung mit Geld belohnt, wenn sie ein Jahr lang auf das Rauchen verzichten, gegen den Rauschgift-Konsum kämpft ein landesweites Anti-Drogen-Programm. Und getreu dem sowjetischen Vorbild nahm die Führung schon vor einigen Jahren den Kampf gegen den Alkoholismus auf: Vor neun Uhr morgens bekommt in Ungarn niemand mehr Alkohol verkauft, und auf dem Arbeitsplatz herrscht, was eigentlich selbstverständlich sein müßte, ein generelles Trinkverbot.

Ob diese Anstrengungen von Erfolg gekrönt sein werden, ist jedoch zweifelhaft. Die Befürchtungen der meisten Ungarn gehen eher dahin, daß sich die Lage noch verschlimmern wird. Seit Jahren predige die Regierung, daß das Licht am Ende des Tunnels in Sicht sei, um dann regelmäßig zugeben zu müssen, daß die wirtschaftliche Rezession doch tiefer sei als erwartet. Langezeit verhinderten auch starke Interessen eine Beseitigung jener Strukturen, die letztendlich verantwortliche für die Krise sind. Hinter den Kulissen der Volksmacht hatte sich nämlich eine elitäre Schicht formiert, die beinahe unkontrolliert über das sogenannte gesellschaftliche Eigentum verfügen konnte. «Die ungarische

Regierung», beschrieb Wirtschaftswissenschaftler László Lengyel das Problem, «benimmt sich wie einst König Johann ohne Land: Sie verteilt unter Baronen, weil sie Baronen ihre Macht zu verdanken hat.»

Die «roten und grünen Barone», das sind die mächtigen Direktoren der großen Industrie- und Agrarbetriebe. Ihr Einfluß reichte bis ins Politbüro, wo 1988 erstmals eine Generaldirektorin, Ilona Tatai von den Taurus-Werken, Sitz und Stimme bekam. Zusammen mit den Ministerien und den Komitatsverwaltungen bildeten rund fünfzig solcher Großbetriebe eine Art Trutzburg, von der aus jahrzehntelang die Verteilung der staatlichen Subventionen und der Auslandskredite gesteuert wurde. Diese Lobby war aufgrund ihrer Monopolsituation und der Verfilzungen mit dem Staatsapparat so stark, daß entgegen den gesetzlichen Bestimmungen jahrelang kein einziger der unrentablen Großbetriebe zum Konkurs freigegeben wurde. Immer wieder erhoben die marktwirtschaftlich orientierten Reformer deshalb eine Forderung, die eigentlich aus dem Bestand der radikalen Linken stammt – «Zerschlagt die Monopole!»

Ein Ruhekissen für die ungarischen Großbetriebe stellte aber auch das östliche Gegenstück zur EG, der Rat für Gegenseitige Wirtschaftshilfe (RGW) dar. Nach Art des steinzeitlichen Tauschhandels «Schaf gegen Axt» wurden dort in zwischenstaatlichen Vereinbarungen Handelskontingente vereinbart, die den Betrieben jedes Interesse an der Konkurrenzfähigkeit ihrer Produkte austrieben. Ziel des RGW-Handels war es nämlich nicht, möglichst viel zu exportieren, sondern dem Bruderland möglichst hohe Warenlieferungen abzuschwatzen, die dann irgendwann einmal mit – oftmals minderwertigen – Gegenlieferungen bezahlt wurden. Ungarn verfügte mit dem Osthandel zwar über steigende und relativ rentable Absatzmöglichkeiten, doch gerade dadurch wurden die auf dem Weltmarkt unrentablen Produktionsstrukturen konserviert. Immer häufiger blieben die ungarischen Waren auch unbezahlt, für deren Herstellung auf der anderen Seite verstärkt West-Importe einsetzt werden mußten.

Nachdem die Bemühungen, den RGW-Handel auf Ware-Geld-Beziehungen umzustellen, jahrelang am Widerstand der konservativen Parteiführungen gescheitert, zog Ungarn zunächst allein die Konsequenzen: Mehr Westhandel, weniger RGW-Handel hieß die Devise, und marktwirtschaftliche Beziehungen wenigstens im Handel mit der Sowjetunion. Durch die Auflösung des RGW nach den Revolutionen in Prag, Bukarest und Ost-Berlin ist jedoch schneller als erwartet aus dem osteuropäischen «Verkäufer-Markt» ein «Käufer-Markt» geworden – bislang noch auf Rubel-Basis. Trotzdem soll die Wirtschaft durch eine Minderung ihres Interesses an den Rubel-Exporten Schritt für Schritt auf den Handel in frei konvertierbaren Währungen umgelenkt werden, weil hier die echten Wettbewerbsmärkte liegen, an denen sich Ungarn langfristig orientieren muß. Vorgesehen ist auch der Übergang zur Konvertibilität des Forint, der bisher weder im Westen noch im Osten als Zahlungsmittel benutzt werden kann. Erst mit einer frei konvertierbaren Währung ließe sich die Wirtschaftlichkeit eines Handelsgeschäfts verläßlich feststellen und die realen Herstellungskosten im Preis der Ware ausdrücken.

Währungskonvertibilität ist auch eine Voraussetzung, um mehr ausländisches Kapital nach Ungarn zu ziehen. Der chronische Mangel an Investitionsmitteln ist einer der Hauptverantwortlichen für den wirtschaftlichen Zerfall, der durch Kredite nur noch verstärkt wird, da immer größere Mittel in den Zinsen- und Tilgungsdienst fließen müssen. Die ungarische Regierung hat darum schon vor der Wende beschlossen, nicht nur die Warenproduktion marktwirtschaftlich zu organisieren, sondern auch einen Kapitalmarkt zu schaffen. Das eröffnet zugleich die Möglichkeit, daß Ersparnisse und Gewinne aus der Privatwirtschaft nicht mehr im Sparstrumpf landen oder einfach ausgegeben werden, sondern investiert werden, also der Produktion zugute kommen.

1988 trat deshalb ein Gesetz in Kraft, daß die Gründung von Anlagegesellschaften, GmbHs und Aktiengesellschaften erlaubt und den Verkauf von unrentablen Großunternehmen an ausländische Interessenten ermöglicht. Statt der unsicheren «Arbeitsgemeinschaften» konnten im ungarischen Sozialismus nunmehr auch private Unternehmen gegründet werden, sofern sie über zehn Millionen Forint Grundkapital verfügten und nicht mehr als 500 Angestellte beschäftigten. Auch staatliche Banken, Versicherungen und Betriebe konnten in Aktiengesellschaften umgewandelt werden, und jeder Privatmann durfte bei ihnen Aktionär werden – allerdings ohne Stimmrecht. Nach ersten Experimenten mit Obligationen und Schatzbriefen wurde im Januar 1989 schließlich auch die vierzig Jahre zuvor geschlossene Budapester Börse wiedereröffnet – wenngleich in bescheideneren Dimensionen als die alte, in deren prunkvollem Palais am Szabadság tér seit dreißig Jahren das staatliche Fernsehen residiert.

Ungarns Streben nach mehr Marktwirtschaft ist manch politisch engagiertem Zeitgenossen aus dem Westen inzwischen unheimlich geworden. Bis in die Wortwahl gleichen die neuen wirtschaftlichen Maximen aus Budapest jenen des Grafen Lambsdorff. Die Ausgangspunkte sind jedoch grundverschieden. Im Gegensatz zur Bundesrepublik sind Konkurrenz und Gewinnstreben in Ungarn die einzigen Hebel, um die verkrusteten, leblosen Wirtschaftsstrukturen aufzubrechen und zu aktivieren. Diese aber sind verantwortlich für eine Krise, deren Schäden größer geschätzt werden als diejenigen des letzten Weltkrieges. Die Verteilung des durch die Enteignung des Kapitals gewonnenen Mehrwertes, bilanzierte der kommunistische Wirtschaftsreformer Rezső Nyers einmal die Erfahrungen mit vierzig Jahren Sozialismus, hat aus der Armut keineswegs Wohlstand gemacht. Und er schlußfolgerte: «Es ist schon besser, wenn das Kapital ausbeutet und dabei Mehrwert und Profit abwirft, als wenn es nicht ausbeutet und die Unternehmen defizitär werden.»

Ob die marktwirtschaftlichen Methoden den ersehnten Wohlstand herbeiführen können, müssen die Politiker allerdings erst noch unter Beweis stellen. Gelingt es ihnen nicht, die Verarmung breiter Bevölkerungsschichten zu stoppen, sind die zarten Ansätze von Freiheit und Demokratie jedenfalls akut gefährdet – allzu leicht könnten dann auch in Ungarn Nationalismus, Intoleranz und die Sehnsucht nach Autoritäten triumphieren.

KULTURBETRIEB IM DONAUSTAAT

Die Geschichte klingt wie eine sozialkritische Reportage aus den Jagdgründen des Kapitalismus: Csilla Andrea Molnár ist sechzehn Jahre alt, als sie von ihrer Freundin überredet wird, «nur so zum Spaß» am landesweiten Schönheitswettbewerb teilzunehmen. Geschäftsleute und ein Playboy-Fotograf küren das zarte blonde Mädchen zur

Schönheitskönigin, schleppen es zu internationalen Wettbewerben und nehmen es für einen lächerlichen Betrag als «lebende Werbung» für eine schmuddelige Warenhauskette unter Vertrag. Verzweifelt über skrupellose Ausbeutung, entwürdigende Prozeduren und offene Drohungen, nimmt sich die Gymnasiastin neun Monate später das Leben.

Doch Csilla Andrea Molnár geriet nicht in die Mühlen westlich-kapitalistischer Fleischbeschauen. Die Täter waren sozialistische Manager, die im Oktober 1985 die ersten ungarischen Miß-Wahlen seit fünfzig Jahren veranstalteten und sich ein großes Geschäft versprachen. Ihre schmutzigen Methoden, die das Mädchen in den Freitod trieben, haben die Regisseure András Dér und László Hartai in ihrem Dokumentarfilm «Schönheiten» nachgezeichnet, der im Februar 1987 im Rahmen der jährlichen ungarischen Spielfilmtage in Budapest erstmals der Öffentlichkeit vorgestellt wurde. «Es geht nicht um Schönheit, sondern um Business», sagen die Staatskapitalisten vor der Kamera, «und wegen einer persönlichen Tragödie kann man die ganze Idee doch nicht einfach über Bord werfen.» Dem anwesenden Publikum stockte der Atem, es bedachte den kritischen Film mit minutenlangem Beifall.

Filme gegen die Schönfärberei

Im Film der Volksrepublik Ungarn hatte das sozialistische Ideal schon vor Jahren seinen Glanz verloren. Die sozialen und politischen Krisenerscheinungen der ungarischen Gesellschaft, das Leid der Menschen und besonders der unteren Schichten, Verlogenheit, Karrierismus und die Herrschaft eines allmächtigen Staats- und Parteiapparats beschäftigten die ungarischen Regisseure. Das andere immer wiederkehrende Sujet waren die dunklen Jahre des gewaltsamen, stalinistischen Umbaus – der Ausgangspunkt für die spätere Katharsis. Es scheint, als stünde Ungarn ernüchtert vor einem Scherbenhaufen, den der mit enormem Propagandaauf-

wand verkündete Marsch in die sorgenfreie sozialistische Zukunft hinterlassen hat.

Der kritische Gestus des ungarischen Films, der ihm seit mehr als zwei Jahrzehnten in Europa beachtliche Erfolge beschert hat, war keineswegs von Anfang an selbstverständlich. Vielmehr begann, nach einem kurzen demokratischen Zwischenspiel, 1948 mit der Verstaatlichung aller Filmstudios die rasche Verödung der Cinematographie. Sie hatte nun der schulmeisterlichen Kulturdoktrin des damaligen sowjetischen Kulturministers Schdanow zu folgen: Politische Tageslosungen, Aufrufe zur Kollektivierung und zur Produktionssteigerung, Agitation gegen innere und äußere Feinde waren mit optimistischen Bildern zu illustrieren. Der «sozialistische Realismus» degradierte den Film zum Propagandainstrument der Partei.

Erst in den sechziger Jahren weiteten sich die Spielräume. Die Regisseure machten sich vorsichtig daran, die historischen und gesellschaftlichen Traumata aufzuarbeiten: die Mitschuld am Krieg und dem autoritären Horthy-Regime, das Grauen der stalinistischen Rákosi-Diktatur, die Suche nach der nationalen Identität und nach der Rolle des Individuums im gesellschaftlichen Prozeß. Als einer der ersten setzte sich der Filmemacher Miklós Jancsó in seinem 1963 gedrehten Film «Cantata» kritisch mit den fünfziger Jahren auseinander, ein Jahr später folgte ein weiteres Dokument der Entstalinisierung, «Zwanzig Stunden» von Zoltán Fábri, der dieselbe Zeitspanne aus der Perspektive eines kleinen Dorfes erzählt. András Kovács griff 1966 mit «Kalte Tage» ein weiteres Tabu-Thema auf, die Ermordung von Juden und Ser-

«Der Zeuge» – tragikomisch verfremdeter Schauprozeß

ben während des Zweiten Weltkrieges durch ungarische Soldaten in dem jugoslawischen Ort Újvidék. Später drehte er mit «Schwierige Menschen» den ersten großen Reportagefilm über die brennenden sozialen und ökonomischen Probleme des Landes.

Das Grundmotiv «Vergangenheitsbewältigung» findet sich auch in den Filmen von István Szabó, der 1981 für seinen international erfolgreichen «Mephisto» den Oscar erhielt. Der Schauspieler Hendrik Höfgens, der sich in dem nach einem Roman von Klaus Mann gedrehten Film den Nazis unterwirft und in der Schlußszene zwischen Scheinwerferstrahlen orientierungslos über ein Fußballfeld jagt, stand aus ungarischer Perspektive auch für manches Künstlerschicksal im Sozialismus. Szabó bediente sich schon mit 26 Jahren in seinem ersten abendfüllen-

den Spielfilm «Das Alter der Träumereien» eines eigenwilligen lyrischen Erzählstils mit surrealistischen, traumhaften Erinnerungen an die Vergangenheit, den er später weiterentwickelte. Sein «Aufstieg» in die Reihe der großen Regisseure zeigte sich auch 1985 in seinem Film «Oberst Redl», den er, wie schon «Mephisto», mit internationalen Stars besetzte und der bereits ganz auf das außerungarische Publikum ausgerichtet war.

Das Trauma des Stalinismus

Ein anderer Filmemacher, der das Trauma des Stalinismus nüchterner, später tragikomisch verfremdet aufgriff, ist Péter Bacsó. In «Sommer auf dem Berge» beschrieb er 1967, wie ein paar junge Leute ein wunderschön gelegenes Gelände am Balaton kaufen wollen und dabei feststellen, daß es sich um ein ehemaliges Arbeitslager der fünfziger Jahre handelt. Die notdürftig verschorften Wunden der Geschichte reißen vollends wieder auf, als sie zufällig einen ehemaligen Lagerinsassen und einen der damaligen Wächter treffen, die sich nun sprachlos gegenüberstehen. Zwei Jahre später verfilmte Bacsó in «Der Zeuge» auf parodistische Weise die Geschichte eines der tödlichen Schauprozesse – ein Film, bei dem den Zuschauern das Lachen im Halse steckenbleibt und der in Ungarn lange Zeit nicht gezeigt werden durfte. In ähnlich komödiantischer Form schilderte er 1987 in dem Streifen «Bananenwalzer», wie ein Arzt seinen Job und seine Braut verliert, weil er einer verrückten Frau, die am Nationaltag nackt über die Straße läuft, seinen Mantel überwirft und deshalb von der Staatssicherheit als Provokateur verdächtigt wird.

Nahm Bacsó in «Der Zeuge» die gespenstische Atmosphäre des Stalinismus aufs Korn, als höchste Parteiführer unter Zwang absurde Geständnisse ablegten und Schriftsteller im Auftrag der Geheimpolizei die dazugehörigen Zeugenaussagen erdichteten, karikierte er im «Bananenwalzer» senile Funktionäre und aufsteigende Kleinkapitalisten des Kadarismus.

Die Verarbeitung der stalinistischen Vergangenheit, häufig mit Erinnerungen aus der Kindheit verwoben, ist auch das Thema der zweiten international bekannten ungarischen Filmemacherin: Márta Mészáros beschreibt in ihren Filmen «Tagebuch für meine Kinder» und «Tagebuch für meine Geliebten», der 1987 den Silbernen Bären erhielt, die Jahre ihrer Jugend in der Sowjetunion und Ungarn. Die traumatischen Ereignisse, daß der Vater eines Tages in einem Lager verschwindet, daß ihr Freund interniert wird und sie selber bei einer überzeugten Kommunistin, die nun eine hohe Offizierin der Staatssicherheit ist, aufwächst, erweisen sich als die Traumata der Nation. Den letzten Film der Trilogie, der die Ereignisse von 1956 und danach beschreibt, konnte die Regisseurin erst nach der Absetzung von János Kádár realisieren

Péter Gothár erinnerte 1981 in «Die Zeit bleibt stehen» an die Kindheit in einem straff geführten Gymnasium der frühen sechziger Jahre. 1986 reizte er die Mächtigen mit dem surrealistischen Film «Time», in dem der ehemalige Fahrer des stalinistischen Parteichefs Mátyás Rákosi auftritt und von den «alten Zeiten» träumt. Auszüge aus alten Wochenschauen zeigen den Diktator, wie er sich dümmlich beim hungernden und frierenden Volk anzubiedern sucht und schließlich – mittels einer Montage – im Eis der Donau versinkt. Dies alles kombinierte Gothár mit Wirklichkeitssplittern der Gegenwart und entwarf das Bild einer wirren, orientierungslosen Zeit, das die sozialistische Jury der Budapester Filmschau etwas hilflos, aber immerhin als «neue filmische Form der Darstellung des Lebensgefühls einer neuen Generation» würdigte.

Last but not least griff 1987 auch der Regisseur Gyula Maár das Thema Stalinismus auf mit der Geschichte des jungen Kommunisten János Flándera, der sich weigert, gegen einen unschuldig Angeklagten auszusagen, und dadurch die Liebe der gelähmten und seltsam verwirrten Tochter des Militärstaatsanwaltes auf sich zieht. Obwohl er schwer krank ist, wird er auf Anordnung des

Unschuldige Opfer – «Mühle in der Hölle»

erbosten Militärs zur Armee eingezogen und, als er sich weigert, die Uniform anzuziehen, in einem Keller brutal gefoltert. «Mühle in der Hölle» nennt Maár seinen Film nach dem gleichnamigen Roman von György Moldova – als ob er einer ganzen Zeit einen Namen geben wollte. Der Stalinismus hat so tiefe Wunden gerissen, daß er auch mehr als dreißig Jahre später ein Standardtopos der ungarischen Filmkunst geblieben ist.

Zerrüttete Familien, soziale Konflikte

Die Vergangenheit ist in einem so geschichtsbewußten Land wie Ungarn der Stoff, aus dem die besten Filme entstehen – als wollte man sie damit bewältigen. Das gilt nicht allein für die fünfziger Jahre, auch andere Zeitspannen in diesem für Ungarn an Tragik so reichen Jahrhundert wurden in ähnlicher Weise aufgearbeitet. Allerdings galt bis vor kurzem, daß Mut und Kritikfähigkeit der Regisseure sanken, je näher sie an die Gegenwart herankamen. Auf Andeutungen beschränkt sich etwa Károly Makks 1982 gedrehter Film «Aus anderer Sicht», der auch das Tabu-Thema einer lesbischen Beziehung aufgreift, wenn er über den Volksaufstand von 1956 und die späteren Zwangsmaßnahmen bei der Kollektivierung berichtet. Und in Péter Gardos Versuch «Keuchhusten» (1987), den Oktoberaufstand aus Kinderperspektive gleichsam politisch neutral zu schildern, erscheinen die bewaffneten Arbeitertrupps ausschließlich als finster und brutal. Der Verdacht drängt sich auf, daß die Zensurinstanzen beim Sujet «Stalinismus» unter Kádár nicht ohne Grund so großzügig verfuhren. In seinem Schatten ließ sich nämlich besonders gut zeigen, aus welchem Dunkel der Parteichef das Land «herausgeführt» hatte. Bei manchen Filmen geriet die Hinwendung zu den «heißen Themen» auch schlichtweg zur Attitüde, weil die Filmemacher sich damit auf bequeme Weise die Aufmerksamkeit des Publikums sichern wollten.

Mit der Liberalisierung fielen auch im Film die meisten der politischen Tabus. Dabei war die kritische Haltung des ungarischen Films in der ungeschminkten Darstellung der sozialen und wirtschaftlichen Probleme des Landes schon vor Jahren beispielgebend für Osteuropa. Zerrüttete Familienverhältnisse und entleerte Liebesbeziehungen, Selbstmord und Kriminalität sowie in zunehmendem Maße auch die besorgniserregenden Folgen der Wirtschaftsreformen waren immer wiederkehrende Themen. Dieser sozialkritische Wirklichkeitsbezug ist nicht zuletzt dem großen Gewicht des Dokumentarfilms in Ungarn zu verdanken. Aus dieser Tradition ist ein eigenes Genre von «Dokumentarspielfilmen» entstanden. Dazu gehört beispielsweise der auch im deutschen Fernsehen ausgestrahlte Film «Sonntagseltern» von János Rózsa, der die Zustände in einem Erziehungsheim schildert. Mit einem ähnlichen Film, «Adoption» (1975), gewann Márta Mészáros sogar den Goldenen Bären der Berliner Filmfestspiele. Ein neueres Beispiel ist «Der Traum vom Glück» von Pál Erdöss, der einen LPG-Arbeiter zeigt, der seine Gesundheit und seine Ehe ruiniert, als er versucht, mit einem ersteigerten Lastwagen sich einen kleinen Platz in der neu entstandenen kapitalistischen Urgesellschaft Ungarns zu sichern.

Zu den bekannteren Dokumentarfilmern zählen Sándor Sára und Judit Elek, die vielfältige, authentische Beobachtungen des Landlebens vorgelegt haben. Eine andere Regisseurin, Lívia Gyarmathy, hat in einem Streifen die Probleme von drogensüchtigen Kindern aufgegriffen. Obwohl mit der Kommerzialisierung des Kinos neuerdings ein Rückgang der Dokumentarfilme zu verzeichnen ist, haben manche dieser Streifen für ein bestimmtes Publikum immer noch einen hohen Symbolwert – in der Regel dann, wenn sie die Zensurbehörde früher nicht passieren konnten.

Verbotene Streifen

Zwei solcher lange Zeit verbotenen Streifen hat die Dokumentarfilmerin Judit Ember gedreht, die es sich zur Aufgabe gemacht hat, die weißen Flecken der Nachkriegsgeschichte aufzuspüren und für die Nachwelt aufzuzeichnen. In ihrem Film «Pócspetri» hat sie Bewohner jenes gleichnamigen ostungarischen Dorfes interviewt, das 1948 zum Anlaß einer monatelangen Propagandakampagne gegen die Kirche und für die sofortige Verstaatlichung der Schulen genommen wurde. In der Ortschaft hatten sich damals einige aufgebrachte Bauern vor dem Rathaus versammelt, um gegen die Schließung der örtlichen katholischen Schule zu protestieren, und ein Wachmann hatte sich dabei versehentlich selbst erschossen. Polizei umstellte daraufhin das Dorf und berief ein Standgericht ein, das zwei Bewohner zum Tode verurteilte. Die Kommunistische Partei, die auf einen solchen Vorfall nur gewartet hatte, nutzte das Ereignis, um die Verstaatlichung der

«Der Traum vom Glück» – Scheitern im Kleinkapitalismus

Schulen im Blitzverfahren durchzupauken.

Noch unglaublicher ist die Geschichte des Kriegsverbrechers Zoltán Bosnyák, der im Zweiten Weltkrieg ein Institut für Judenforschung leitete und Chefredakteur einer faschistischen Zeitung war. Durch Zufall kam heraus, daß derselbe Mann 1952, bereits zum Tode verurteilt, im sozialistischen Gefängnis eine umfangreiche Studie zur Vorbereitung eines neuerlichen antizionistischen Prozesses schrieb. Auftraggeber war der stalinistische Diktator Mátyás Rákosi, der, obwohl selber Jude, getreu dem sowjetischen Vorbild auch in Ungarn einen Prozeß gegen jüdische Verschwörer inszenieren wollte. Bosnyák hoffte, damit sein Leben retten zu können, und tatsächlich ist sein Grab bis heute nicht gefunden worden. Der Film «Laßt die Kutrucz sprechen» präsentiert eine ehemalige hohe Parteifunktionärin, die behauptet, die amtlich verzeichnete Hinrichtung habe gar nicht stattgefunden. Judit Embers Film löste unter Kádár bei den Verantwortlichen derartige Ängste aus, daß er aus dem Kopierwerk gestohlen wurde und nur eine schlechte Video-Kopie in Budapest kursiert.

Zu den eigenwilligsten ungarischen Filmen zählen die Werke von Gábor Bódy, der 1985, nachdem ihm ein größeres Filmprojekt nicht genehmigt worden war, Selbstmord beging. Sein Versuch, in Filmen wie «Narziß und Psyche» oder «Nachtlied des Hundes» Experimental- und Spielfilm zu kombinieren, machte ihn zu einem Vertreter des Neo-Avantgardismus, der es in sozialistischen Ländern überaus schwer hatte. Die Abwanderung des Publikums zu westlichen Filmen und die explosionsartig gestiegenen Produktionskosten haben die Tendenz zur Anpassung an marktästhetische Normen weiter gefördert. Weil aufwendige Filme nur noch in internationaler Koproduktion finanziert werden können, sehen Kritiker die eigenständige Kreativität des ungarischen Films gefährdet. Oder man sucht sich, wie 1986 erstmals ausprobiert, einen ungarischen Betrieb als Finanzier – doch die rechnen schon seit längerem genauso kommerziell wie im Westen: Es ging um die Erstellung einer ungarischen Version von Bud Spencer.

Ehre den Literaten

Nicht weniger aufregend als der Film ist die ungarische Literatur. Für ein Zehn-Millionen-Volk, das erst seit einem guten Jahrhundert über eine eigene Kultursprache verfügt, haben die Schriftsteller überdurchschnittlich viel Großes hervorgebracht – davon sind jedenfalls die meisten Ungarn fest überzeugt. In krassem Mißverhältnis dazu steht, wie ungarische Vertreter klagen, die geringe Zahl von Übersetzungen im westlichen Ausland – die Sprachbarriere weist der ungarischen Literatur in der Welt bestenfalls eine Nebenrolle zu. Für deutschsprachige Übersetzungen ist man deshalb meist auf Ausgaben des Budapester Corvina-Verlages und auf DDR-Veröffentlichungen angewiesen. Und sprachliche Juwelen, wie sie die an Vokalen und ungewöhnlichen Wortkonstruktionen reiche ungarische Sprache besonders in der Lyrik hervorgebracht hat, lassen sich häufig gar nicht übertragen.

Im Lande selber aber genoß die Literatur bis zur Einführung der Marktwirtschaft einen geradezu romantisch überhöhten Stellenwert, der sich im Leseverhalten der Bevöl-

kerung und in ungewöhnlicher Ehrerbietung gegenüber den Schriftstellern niederschlug. Dieser Respekt gegenüber der eigenen Literatur hängt nicht nur mit der Stellvertreterrolle der Literaten im Sozialismus zusammen, die notdürftig jene Lücke füllen mußten, die von den gleichgeschalteten Medien, Parteien und Bewegungen hinterlassen wurde. Hinzu kommt, daß die Ungarn, wie alle Newcomer-Völker, die plötzlich den kulturellen Anschluß an das westliche Europa suchten, sehr unter dem Mangel an Tradition und Identität gelitten haben. Die Schriftsteller füllten und füllen dieses Defizit oder artikulieren es zumindest, indem sie die existentiellen Fragen nach dem Selbstverständnis einer kleinen Nation, nach der historischen Rückständigkeit des Landes und nach seinem Verhältnis zum übrigen Europa aufwerfen. Sie betrachten sich selber als verantwortlich für das nationale Schicksal, von dem ihr eigenes Schreiben letztlich abhängt, und schlüpfen deshalb oft genug in die Rolle des nationalrevolutionären Verkünders an das Volk und für das Volk. «Die Ungarn atmen radikal», hat der Schriftsteller Endre Ady einmal diese Geisteshaltung auf den Begriff gebracht. Das hat in der Geschichte immer wieder zu explosiven Situationen geführt, in denen die Schriftsteller die Ungarn anfeuerten, für Freiheit, Unabhängigkeit und soziale Gleichheit zu kämpfen – und gehört wurden. An dieser Neigung der Literaten, sich ungebeten in die Politik einzumischen, hielten die meisten von ihnen auch im Sozialismus fest.

Das berühmteste Beispiel eines Schriftstellers, der mit glühendem Eifer zum Kampf für Freiheit und Unabhängigkeit aufrief, ist der

Schriftsteller als Nationalhelden – Attila József-Denkmal in Budapest

Dichter Sándor Petőfi, der bis heute als einer der größten Helden der ungarischen Nation gilt. So wie er im Umgang mit seinen Gegnern und Neidern kein Blatt vor den Mund nahm, scheute er auch nicht davor zurück, sein eigenes Leben für die Sache der Nation zu opfern – er starb mit sechsundzwanzig Jahren auf dem Schlachtfeld des Freiheitskampfes von 1848/49. Trotz seines kurzen Lebens hat er der ungarischen Literatur einen großen Schatz an Gedichten hinterlassen, die sich neben der patriotischen, demokratischen Gesinnung vor allem durch eine neue, volkstümlich-realistische Sprache auszeichnen. Diese feurige, verzaubernde Tonart, die auch seine Natur- und Liebesdichtung bestimmt, hat dem Dichter in Ungarn noch zu Lebzeiten eine ungeheure Popularität beschert, die bis heute unvermindert anhält. «Freiheit und Liebe», hat er sein Leben in einem Gedicht treffend überschrieben, «sind all mein Streben! Für meine Liebe könnt' ich das Leben, doch für die Freiheit die Liebe selbst geben.»

Zu den Freunden Petőfis zählten drei andere große Schriftsteller dieser Epoche, die alle mit ihm auf seiten der Revolution standen: der romantische Dichter und väterliche Freund Petőfis, Mihály Vörösmarty, der Romancier Mór Jókai, der wie Petőfi ein Führer der März-Jugend war und in die ungarische Prosa die Sprache des Volkes einführte, und der ähnlich volkstümlich dichtende Lyriker und Übersetzer János Arany, der Petőfi während der Freiheitskriege wiederholt bei sich aufnahm. Allerdings zerbrachen die Freundschaften zu Jókai und Vörösmarty 1848 über politischen Differenzen.

91

Dichterzeitschrift «Westen»

Auch bei der darauffolgenden Schriftstellergeneration handelte es sich überwiegend um politisierende Literaten. Endre Ady, die größte Dichterpersönlichkeit neben Petőfi, bereicherte die ungarische Literatur mit sprachlich wie inhaltlich ebenso revolutionärer Lyrik und thematisierte durch seine mehrmaligen Reisen nach Paris die große Rückständigkeit seiner Heimat. Um ihn gruppierte sich von 1908 an der Dichterkreis der Zeitschrift «Nyugat» (Westen), deren Name zugleich Programm war und die über Jahrzehnte hinweg das literarische Leben in Ungarn bestimmte. Später verurteilte Ady in leidenschaftlichen Gedichten den Ersten Weltkrieg und wurde zum Vorkämpfer der Revolution von 1918. Der Dichter, Prosaschriftsteller und Literaturwissenschaftler Mihály Babits verlor wegen seiner pazifistischen Gedichte im Ersten Weltkrieg seine Stellung als Gymnasiallehrer. Babits, der von 1929 bis 1939 als Redakteur der «Nyugat» eine beherrschende Rolle in der ungarischen Literaturszene spielte, entwickelte sich jedoch in der Zwischenkriegszeit zum Führer jener Gruppe von Lyrikern und Essayisten, die den Anschluß an die westliche Entwicklung literarisch-ästhetisch und fernab jeglicher Politik suchte.

Ein anderer Autor dieser Generation, Zsigmond Móricz, der wie viele Schriftsteller seiner Zeit vom Journalismus zur Literatur kam, übte vor allem in seinen in den dreißiger Jahren erschienenen Werken scharfe Kritik an den gesellschaftlichen Mißständen der Horthy-Zeit. Anerkennung erhielt er aufgrund seiner neuen, realistischen Darstellung des Dorflebens, seines kraftvollen Stils

und seiner ergreifenden Menschengestaltung. Der bedeutendste Bühnenautor der Zwischenkriegszeit war Ferenc Molnár, der sich jedoch dem vordringenden Faschismus durch die Emigration in die USA entzog. «In den letzten fünfundzwanzig Jahren», schrieb er über die besondere Lage der Literaten in einem Lande mit einer extrem kleinen Leserschaft, «mußte jeder Schriftsteller in Ungarn für die Zeitung schreiben, wollte er nicht am Hungertuch nagen. Jene Schriftsteller, die sich in den Redaktionen eingenistet hatten, machten die klügste, kunstvollste, einfallsreichste und geistreichste Presse Europas. Die andere Konsequenz war die kleine Novelle, das Genre der kurzen Feuilleton-Novelle, die in Ungarn nicht nur eine hochgeschätzte künstlerische Fingerübung war, sondern für einen Romancier, einen Bühnenautor und auch für einen Dichter der einzig mögliche Weg zum Erfolg.»

Die meisten Schriftsteller und Intellektuellen betrachteten es in der ersten Hälfte dieses Jahrhunderts als ihre Hauptaufgabe, die extreme politische, soziale und kulturelle Rückständigkeit Ungarns zu bekämpfen. Diese hatte ihre Wurzeln in der Ära der Doppelmonarchie, deren unzeitgemäße soziale und staatliche Strukturen auch nach dem Ersten Weltkrieg bestehenblieben. Allerdings schieden sich die Geister zunehmend an der Frage, auf welchem Wege die Erneuerung herbeigeführt werden sollte: Die einen forderten eine Öffnung gegenüber dem westlichen Europa und eine Orientierung der Schriftsteller an den großen Werken der Weltliteratur, die anderen fürchteten gerade den spätbürgerlichen Kulturimport, kritisierten die Traditionslosigkeit der höheren Geistes-

Lebendige Erinnerung – Endre Ady

kultur in Ungarn und verlangten vor allem eine Lösung der Agrarfrage, die die Masse der Landbevölkerung in unbeschreiblichem Elend und kulturellem Stumpfsinn hielt.

Populisten gegen Urbanisten

Ein großes Echo löste zunächst der expressionistische Erzähler und Pamphletist Dezső Szabó aus, der nach dem Ersten Weltkrieg in Ungarn die völkische Ideologie begründete und für die Schwierigkeiten des Landes in erster Linie die westliche Überfremdung der ungarischen Aristokratie und des Bürgertums verantwortlich machte. Anfang der dreißiger Jahre verschärfte sich der Konflikt zwischen den beiden literarischen Richtungen, als sich die «Volkstümler» (népiek) formierten, die in soziographischen und belletristischen Publikationen die katastro-

phale Lage der Bauernschaft in den Mittelpunkt ihres Wirkens stellten. Ihre Kritik an den westlichen Einflüssen, ihre Verehrung von Heimat, Landleben und Bauerntradition trugen ihnen bald bei den liberal und kosmopolitisch gesinnten Literaten der Hauptstadt den Vorwurf ein, Ungarn von Europa abkoppeln zu wollen und einer antisemitischen Blut-und-Boden-Ideologie Vorschub zu leisten. Der Konflikt existierte jedoch weitgehend unabhängig von den politischen Lagern, denn unter Populisten wie Urbanisten gab es sowohl «rechte» als auch «linke» Vertreter.

Manche der Populisten kamen selbst aus den niedersten Schichten der ungarischen Gesellschaft. Der Schriftsteller Péter Veres begann als Tagelöhner und Streckenarbeiter und bildete sich autodidaktisch zum Verfasser von Gedichten, Roma-

93

nen, Essays, aber auch soziographischer Berichte und politischer Zeitungsartikel. Nach dem Zweiten Weltkrieg beteiligte er sich am Aufbau der Bauernpartei, wurde dann Minister und führte 1956 als Vorsitzender des Schriftstellerverbandes die Demonstration am 23. Oktober an, die das Signal zum Volksaufstand gab.

Gyula Illyés wurde in einem Gesindehaus in Rácegrespuszta geboren, gehörte nach einem Studium in Paris dem Kreis um die Zeitschrift «Nyugat» an und bekannte sich ab Mitte der dreißiger Jahre zu den Populisten. Mit seinem sozialkritischen Buch «Pußtavolk» über die Armut der Landbevölkerung erregte er 1936 die ungarische öffentliche Meinung, nach dem Zweiten Weltkrieg engagierte er sich wie Veres in der dem Populismus nahestehenden Bauernpartei.

Die Gleichschaltung des kulturellen und politischen Lebens und die heftige Agitation gegen jede Form der nationalen Orientierung brachten Illyés, der wie Veres dem linken Flügel der Volkstümler zugerechnet wurde, nach 1945 in wachsenden Gegensatz zur stalinistischen KP. Diese erkannte ihm jedoch als einzigem Schriftsteller das Privileg zu, auf die Formeln des «sozialistischen Realismus» verzichten zu können, mit denen andere Autoren bis zur völligen Selbstaufgabe operierten. In dieser Zeit schrieb Illyés das grandiose Gedicht «Ein Satz über die Tyrannei», das jedoch erst in den Tagen des Oktoberaufstandes von 1956 erscheinen konnte. Damals beteiligte er sich auch an der Neugründung der Bauernpartei, die nun Petőfi-Partei hieß.

Illyés' Rolle im Kadarismus war zwiespältig: Nach der Niederschla-gung des Aufstandes hüllte er sich zunächst lange in Schweigen, doch in den sechziger Jahren, als Kádár die Versöhnung suchte, wurde er wieder zum Dichterfürsten und Klassiker der ungarischen Moderne erhoben. Um sich einmischen zu können, mußte er sich in Maßen kooperationsbereit zeigen, doch wenn es ihm wichtig erschien, riskierte er auch den Konflikt: Als ihm die Kulturfunktionäre Ende der siebziger Jahre nicht erlauben wollten, seine Artikel zur sprachlichen und kulturellen Unterdrückung der ungarischen Minderheit in Rumänien als Buch zu publizieren, verlegte er den Band im Untergrund.

Ein anderer bedeutender Schriftsteller aus den Reihen der Populisten war László Németh, der sich in seinen Romanen «Trauer», «Sünde» oder «Abscheu» durch ein großes psychologisches Gestaltungsvermögen und eine außergewöhnliche Intensität der Darstellung auszeichnete. Anders als Veres und Illyés galt Németh als Repräsentant der Mitte. Er kritisierte die oberflächliche «Europäisierung» Ungarns seit dem Beginn des 19. Jahrhunderts, die westliche Vorbilder kopierte, um schnelle literarische Erfolge zu erzielen, anstatt zunächst die gedanklichen Grundlagen für eine zeitgemäße eigene Kultur zu schaffen. Gegen diese völkisch anmutende Besinnung auf die nationalen Traditionen polemisierten nicht nur die Urbanisten um Babits, sondern auch die bürgerliche Linke, und entsprechend große Schwierigkeiten hatte Németh in den Jahren des Stalinismus.

Weniger markant als die Populisten präsentierten sich die anderen literarischen Strömungen im Ungarn der Zwischenkriegszeit: Zum «Nyugat»-Kreis, der die Ideale des bür-

Kaffeehaus als Literatenwerkstatt – das New York

gerlichen Humanismus verfocht, zählten neben Babits auch Dezső Kosztolányi, Frigyes Karinthy und Milán Füst. Von den jüngeren Schriftstellern gehörten im weiteren Sinn auch der Lyriker Sándor Weöres und der Erzähler Miklós Szentkuthy dazu, die sich durch experimentelles, artistisches Schreiben auszeichneten. Weöres, dessen «lyrische Juwelen» bis in die Kindergärten populär sind, fabrizierte vor allem kühne Spiele mit Lautung und Rhythmus der ungarischen Sprache unter Verwendung mythisch-archaischer Stoffe. Szentkuthy, ein enorm gebildeter philosophischer Geist, der unter anderem James Joyces Buch «Ulysses» ins Ungarische übersetzt hat, bedient sich als Erzähler einer hyperintellektualistischen

Sprache und schreibt seit vielen Jahren an einem mehrere tausend Seiten umfassenden Roman.

Der bedeutendste Vertreter der marxistischen Linken unter den Schriftstellern der Zwischenkriegszeit war der Lyriker Attila József. József, der in einer Proletarierfamilie aufgewachsen war, hatte seine Laufbahn im Umfeld der Avantgarde-Dichtung begonnen und war später der illegalen KP beigetreten. Sein Werk umfaßt sowohl ergreifende, zart lyrische Liebesgedichte und volksliedhafte Verse als auch philosophische Dichtungen und revolutionäre Kampfansagen, die sich durch neue, klassisch reine Ausdrucksformen und eine eigenwillige Methaphorik auszeichnen. Allerdings blieb sein Verhältnis zu den orthodoxen Kommunisten im Untergrund ebenso wie das des sozialistischen Erzählers Lajos Nagy immer problematisch, weil ihr Menschenbild nuancierter und pessimistischer war. József wurde schließlich aus der KPU ausgeschlossen und beging 1937, nervenkrank, Selbstmord.

Auch der Schriftsteller Tibor Déry trat 1918 der Kommunistischen Partei bei und wurde während der Räterepublik Mitglied des Schriftstellerdirektoriums. Vor dem weißen Terror flüchtete er nach Wien, kehrte jedoch 1935 endgültig nach Ungarn zurück. Ein Großteil seiner damaligen Werke konnte erst nach 1945 erscheinen.

Ende des Pluralismus

Das Ende des Zweiten Weltkrieges führte in der ungarischen Literatur keineswegs zu einem vollkommenen Neubeginn, wenngleich sich die Gewichte durch die Rückkehr emigrierter sozialistischer Autoren wie Béla Balázs, Gyula Háy oder Béla Illés verschoben. Auch war eine Reihe bedeutender jüdischer Autoren wie Miklós Radnóti, der zahlreiche erschütternde Gedichte hinterlassen hat, in Vernichtungslagern oder auf «Gewaltmärschen» ermordet worden. Die alten Strömungen existierten jedoch zunächst fort, obwohl die offizielle Kulturpolitik, Theater und Zeitschriften, nun unter anderen Vorzeichen standen. In dieser kurzen pluralistischen Phase war es vor allem der Philosoph und Literaturwissenschaftler György Lukács, der, aus Moskau zurückgekehrt, Noten verteilte und Populisten wie bürgerliche Linke vom orthodoxen marxistischen Standpunkt aus kritisierte. Die Debatten um Populismus oder Urbanismus, um politisches Engagement oder ästhetisch-unpolitische Literatur, um Realismus oder Avantgarde gingen jedoch weiter, bis im Jahre 1948 alle freien Diskussionen eingefroren wurden.

Die Jahre der stalinistischen Gleichschaltung bewirkten eine beispiellose Verödung des gesamten kulturellen Lebens: Acht Zeitschriften wurden innerhalb eines Jahres eingestellt, humanwissenschaftliche Universitätsfächer wie Psychologie oder Soziologie ersatzlos gestrichen, die Programme der Verlage, Theater und Kinos thematisch radikal eingeengt. Zahlreiche Autoren wurden aus dem Schriftstellerverband ausgeschlossen, andere wanderten ins Gefängnis. Der oberste Stratege dieses Feldzuges gegen den «bürgerlichen Müll», wie er es nannte, war József Révai, Politbüromitglied und enger Rákosi-Mitarbeiter, der eine seltsam gespaltene Persönlichkeit besaß: Historisch und literarisch hochgebildet, ließ er sich mit diplomatischem Kurier Werke von Kafka über die hermetisch geschlossenen Grenzen einführen, die er zum selben Zeitpunkt als fanatischer Revolutionär verbieten ließ.

Die totale Steuerung der Kultur nach den Parteinormen ging so weit, daß eine Hamlet-Aufführung aus dem Jahre 1952 nur nach ausgiebiger Erörterung mit Révai möglich war. Einer seiner Mitarbeiter stellte sogar die Forderung auf, die hauptsächliche Richtung und Thematik der Literatur müsse im Sozialismus vom Fünfjahresplan bestimmt werden. Nachdem die «Sumpfblüte» der bürgerlichen Literatur trockengelegt war, begann man mit demselben Eifer auch unter den Parteiautoren aufzuräumen. György Lukács fiel 1949 in Ungnade und übte ebenso wie Tibor Déry nach heftigen Angriffen von Révai öffentlich Selbstkritik. Hervorragende Aufgabe der verbliebenen Literaten war es nun, in den obligatorischen Antologien zu Ehren der Geburtstage von Stalin und Rákosi Lobeshymnen auf den Sozialismus und seine weisen Führer anzustimmen.

Gegen die Welt der Lügen

Erst nach Stalins Tod im März 1953 setzte eine Lockerung ein. Nun waren es in erster Linie die kommunistischen Schriftsteller, die aufbegehrten gegen die Welt der Lügen, der Bevormundung und des falschen Pathos, in die sie sich verstrickt hatten. Lange bevor der Aufstand auf die Straßen getragen wurde, bereitete er sich in den offiziellen Zeitschriften und Zirkeln der Literaten vor. Als einer der Entschiedensten machte sich der Bühnenautor Gyula Háy zum Wortführer des Tauwetters, betroffen von der schrecklichen Pervertierung der sozialistischen Ideale. In seinem berühmt gewordenen Artikel «Warum ich den Genossen Kucsera nicht mag» geißelte Háy den Typus des kommunistischen Bürokraten, der sich mit seinem Auto, seinem überdurchschnittlichen Gehalt, seiner Wohnung, seinem Sondererholungsheim, seinen Sonderläden vom Leben, vom Volk und von der Partei gelöst hat.

Andere Autoren, wie der Stalinpreisträger Tamás Aczél oder das KP-Mitglied Tibor Déry, forderten zusammen mit Redakteuren des Parteiorgans «Szabad Nép» die Ahndung der stalinistischen Verbrechen und die Freiheit, die Wahrheit zu sagen. Die Zeitung des Schriftstellerverbandes «Irodalmi Újság» (Literarische Zeitung) wurde zum begehrtesten Presseerzeugnis und war oft innerhalb einer halben Stunde ausverkauft. Jetzt lernten die einstigen Günstlinge der Partei auf einmal ihren Haß kennen, gewannen dafür aber die Liebe des Volkes. Unbekannte schickten ihnen Briefe und Geld oder brachten ihnen Lebensmittel vom Lande, an denen in Budapest großer Mangel herrschte.

Einige Wochen nach der Niederschlagung des Aufstandes richtete sich die Rache der Partei auch gegen die Schriftsteller. Déry, Háy und alle anderen am Aufstand Beteiligten wurden zu hohen Haftstrafen verurteilt. Mancher entging, dank internationaler Proteste, nur knapp dem Galgen. Der Kritiker Miklós Gimes wurde 1958 zusammen mit Imre Nagy hingerichtet, zur selben Zeit traf auch die Populisten, die sich weigerten, den Aufstand zu verurteilen, der Bannstrahl der Partei. Nur László Németh, der während der Oktoberereignisse eher Zurückhaltung wahrte, wurde 1957 demonstrativ mit dem Kossuth-Preis geehrt. Erst 1960 gelangten die inhaftierten Autoren mittels einer Amnestie wieder auf freien Fuß, und erstmals konnten nun auch die Werke von Schriftstellern wie Magda Szabó, die in den fünfziger Jahren zum Schweigen verurteilt war, in Ungarn erscheinen. Dann jedoch betrat eine völlig neue Autorengeneration die literarische Bühne, deren Werke in erster Linie den Scherbenhaufen widerspiegelten, die zwei Diktaturen und ein erfolgloser Aufstand hinterlassen hatten.

Das Thema von Schriftstellern wie Endre Fejes, István Csurka oder Iván Mándy war nun das triste, perspektivlose Leben von Kleinbürgern und Deklassierten, das sich auch im Sozialismus nicht gewandelt hatte. Ferenc Sánta zeigte in seinen zeitgeschichtlichen Romanen, wie sich kleine Leute in den blutigen Tagen von Faschismus und Stalinismus verhielten, und Tibor Cseres thematisierte den Massenmord durch ungarische Militärs 1942 im jugoslawischen Újvidék. Géza Ottlik errang weltweite Beachtung durch seinen autobiographischen Roman über die Erzeugung von Kadavergehorsam in einem militärischen Internat. In der Lyrik fanden in erster Linie László Nagy und Sándor Csoóri, die eine eigenwillige, naturhafte Metaphorik entwickelten, starken Widerhall.

Konflikt mit der Macht

Die zeitkritische Welle ebbte erst in den siebziger Jahren ab oder wurde nun von neuen, experimentellen Formen des Schreibens überlagert. Der erste ungarische Autor, der einen neuen, betont intellektuellen Ton in seiner Epik anschlug, war György Konrád. Sein Roman «Der Besucher» katapultierte den Soziologen 1969 an die Spitze der ungarischen Prosa und wurde später auch in Holland verfilmt. 1977 folgte der Roman «Der Stadtgründer», doch damals hatte die ungarische Kulturbürokratie Konrád bereits wegen seiner kritischen Ansichten aus dem offiziellen literarischen Leben und den Publikationsorganen systematisch ausgeschlossen. Seit seinem sozialwissenschaftlichen Essay von 1973 «Die Intelligenz auf dem Weg zur Klassenmacht» stand Konrád wiederholt unter polizeilicher Beobachtung und wurde schließlich 1974 eine Woche lang unter dem Verdacht der «Subversion» inhaftiert.

«Der Komplize», ein Schlüsselroman über die ungarische Nachkriegsgeschichte, der das Leben eines hohen KP-Funktionärs schildert, konnte 1980 wie alle weiteren Werke Konráds nur noch im Ausland beziehungsweise im Untergrund erscheinen. 1982 holte das Parteiorgan «Népszabadság» zu einem Rundumschlag gegen den Schriftsteller aus, den es als «Pamphletisten» bezeichnete und als einen «der Fleißigsten, wenn es darum geht, in der westlichen Presse Erklärungen abzugeben». Diese Anfeindungen konnten dem internationalen Erfolg des Herder-Preisträgers von 1984 jedoch nichts anhaben, dessen Bücher in deutscher Sprache eine höhere Auflage haben als die aller anderen ungarischen Gegenwartsautoren zusammengenommen. Erst nach der Ablösung Kádárs konnten die Bücher Konráds, der inzwischen zum Präsidenten des internationalen PEN gewählt wurde, endlich auch dort erscheinen, wo sie entstanden waren.

Die alte Neigung der ungarischen Schriftsteller, sich mit der jeweils herrschenden Macht anzulegen, oder besser: die Ausgrenzung von politisch unliebsamen Autoren im Sozialismus, trifft auch für vier weitere Autoren zu, deren Werke vorwiegend im Ausland oder im Samizdat (Selbstverlag) erschienen: Miklós Haraszti veröffentlichte 1975 den soziographischen Bericht «Stücklohn» über die hochgradige Entfremdung in einem Traktorenwerk – er ist inzwischen einer der profiliertesten Parlamentsabgeordneten des oppositionellen SZDSZ. György Dalos wurde mit Gedichten und autobiographischen Publikationen, vor allem aber durch sein Buch «1985» bekannt, das den Roman von George Orwell nach dem fiktiven Tod des «Großen Bruders» fortspinnt. István Eörsi, der wegen seiner Beteiligung am Volksaufstand vier Jahre im Gefängnis saß, publizierte Gedichte, Theaterstücke, Essays und Kurzgeschichten, bekam zeitweilig Berufsverbot als Regisseur und konnte lange Zeit nur in inoffiziellen ungarischen Zeitschriften veröffentlichen. György Petri schließlich, ein radikaler politischer Geist, verlegte in einem Untergrund-Verlag drei Bändchen mit bemerkenswerter Lyrik, die allmählich auch in der Bundesrepublik bekannt wird.

Aber auch staatlich dekorierte Autoren wie István Csurka, Sándor Csoóri und Miklós Mészöly verwikkelten sich seit Ende der siebziger Jahre wiederholt in Auseinandersetzungen mit der Kulturbürokratie, die bis zum Führungswechsel im Mai 1988 versuchte, die literarische Szene mit einem eigenartigen System von Verboten und Halbverboten, von Drohungen und Auszeichnungen, von Tabus und beweglichen Grenzziehungen zu regieren. Die Wand, an der sich die Schriftsteller früher die Köpfe eingestoßen hatten, wurde durch einen Vorhang ersetzt, dessen Standort obendrein beständig wechselte. Erst die Demokratisierung hat dieses Grundmuster der ungarischen Kulturpolitik beseitigt, weil sich die Politiker kaum noch um das kulturelle Leben kümmern – im guten wie im schlechten Sinne.

1977 unterschrieben Mészöly und Csoóri einen Appell der ungarischen Opposition für die tschechische Charta 77, neun Jahre später zeichneten sie einen Aufruf gegen das Donaukraftwerksprojekt von Gabčikovo, der in der Wiener Tageszeitung «Die Presse» erschien. Csoóri und Csurka nahmen als Wortführer der Populisten auch wiederholt an Treffen der demokratischen Opposition teil und initiierten maßgeblich die Gründung des «Ungarischen Demokratischen Forums» (MDF), das

heute den Ministerpräsidenten stellt. Csoóri wurde 1983 mit einem einjährigen Publikationsverbot bestraft, weil er für ein in New York erschienenes Buch über die millionenstarke ungarische Minderheit in der Slowakei ein Vorwort verfaßt hatte.

Die Auseinandersetzungen zwischen den Schriftstellern und den Kulturfunktionären eskalierten im November 1986 auf der alle fünf Jahre stattfindenden Tagung des Schriftstellerverbandes. Damals drohte der ZK-Sekretär für Agitation und Propaganda den Literaten in rüdem Ton, daß es weitere fünf Jahre wie die vergangenen nicht geben werde. Statt eingeschüchtert zurückzustecken, verteidigten die Angegriffenen jedoch in seltener Einmütigkeit die Freiheit der Literatur und die Pflicht der Schriftsteller, für die Interessen der Nation einzutreten. Anstatt die Schriftsteller zu knebeln, so wandten sie sich an die Riege der anwesenden Kulturfunktionäre, sollten die Politiker lieber auf ihre Warnungen hören und diese nicht erneut wie 1956 in den Wind schlagen. Die Verbandstagung endete mit einer Sensation: Die namhaftesten Kritiker wurden in den neuen Vorstand gewählt, während die parteitreuen Literaten fast ausnahmslos bei den Wahlen durchfielen. Erstmals in Osteuropa verließen daraufhin nicht die «Dissidenten» den Verband, sondern eine Gruppe mit der neuen Entwicklung unzufriedener Mitglieder.

Unter den weniger politisierenden Autoren ragen besonders Péter Esterházy, ein Nachfahre des gleichnamigen Grafengeschlechts, Péter Nádas, György Moldova und Dezső Tandori heraus. Esterházy schreibt vielschichtige, mehrfach interpretierbare Prosa, die zum Teil auch in deutscher Sprache vorliegt. Nádas wurde besonders durch einen Familienroman bekannt, der einen Rückblick gibt auf zwei Generationen einer jüdischen Bürgersfamilie in Budapest und ihre Verstrickung in den stalinistischen Terror. Moldova ist ein soziographischer Reporter aus dem Budapester Vorstadtmilieu, während Tandori sich neben zahlreichen Übersetzungen schöngeistiger Literatur durch eine sprachlich und grammatikalisch neuartige Lyrik hervorgetan hat.

Stagnation im Theater

Knapp die Hälfte der über fünfzig ungarischen Bühnen befindet sich in Budapest, für die Wiedererrichtung des 1964 abgerissenen Nationaltheaters wird seit Jahren im In- und Ausland Geld gesammelt. Nach dem Zweiten Weltkrieg knüpfte das Theaterleben zunächst an die westeuropäisch orientierte Vorkriegstradition an. Nur eine kleine Gruppe um den Dramatiker Gyula Háy versuchte sich mit einer eigenen Version des Sowjettheaters, die sie heftig gegen andere sozialistisch inspirierte Konzepte wie das von Brecht verteidigte. Spätestens mit der Verstaatlichung sämtlicher Theater im Jahre 1949 wurde die Bühne jedoch in erster Linie zum Vermittlungsorgan für Ideologie und Agitation. Selbst die Namen traditionsreicher Schauspielstätten mußten der neuen Ära weichen: Aus dem ehrwürdigen «Lustspielhaus» wurde das «Theater der Ungarischen Volksarmee».

Auch an den Theatern änderte sich die Atmosphäre erst nach Stalins Tod allmählich. Die ungarischen Ensembles beteiligten sich an der Entstalinisierung und traten nach der Niederschlagung des Oktober-

aufstandes für einige Tage in den Streik. In der Anfangsphase des Kadarismus entdeckten die Theater die bis dahin totgeschwiegene Dramaturgie von Bertolt Brecht, die in Opposition zur einzig geltenden sowjetischen Stanislawskij-Schule stand. 1959 wurde Dürrenmatt erstmals aufgeführt, 1960 Max Frisch und 1963 Tennessee Williams. In den sechziger Jahren konnte manche unter dem Verdikt des «sozialistischen Realismus» entstellte Vorlage endlich in neuer Form auf die Bühne gebracht werden. Doch von da an begann eine bis heute anhaltende Phase der Stagnation der ungarischen Theaterkunst, die durch die Kommerzialisierung noch verstärkt wurde: das Mittelmäßige galt nun als erfolgreich, das Ungefährliche als angemessen, während die Theaterstücke von jüngeren Autoren wie Géza Bereményi, György Spiró oder Péter Nádas den Theaterverantwortlichen vielfach zu heikel erschienen. Bissige Kritik an den gesellschaftlichen Verhältnissen war eher Aufgabe des Kabaretts, das sich im Sozialismus großer Beliebtheit erfreute.

Diese Entwicklung führte dazu, daß die – durch Subventionen gesicherten – Theater in der Provinz zunehmend in den Mittelpunkt des Interesses rückten. Hier konnten sich junge Regisseure mit neuen Interpretationen profilieren, hier war man eher zu Experimenten und Wagnissen bereit, während von den etablierten Theatern der Hauptstadt, die dem Zugriff der Kulturbürokratie gefährlich nahe stehen, kaum noch Anstöße ausgingen. Schlaglichtartig wurde diese Entwicklung deutlich, als eine ganze Gruppe vom Budapester József-Katona-Theater in das südungarische Städtchen Kaposvár zurückging, das

Subkultur von oben – die Rockoper «Stephan der König»

von da an zum Mekka der Theaterinteressierten wurde.

Auch Budapester Wiederbelebungsversuche in Sachen Theater konnten den Trend nicht umkehren. Einige Amateurtheater wie die Universitätsbühne (Egyetemi Színpad) konnten sich institutionalisieren, ebenso das erste private Theater seit 1949, das Hököm Színház. Mit einer Übernahme des New Yorker Musicals «Cats» durch das Madách-Theater sollte ein bißchen Broadway-Atmosphäre importiert, mit der Rockoper «Stephan, der König» am Rocktheater (Rockszínház) wollte man subkulturelle (und nationalistische) Bestrebungen befriedigen. Doch produktive Vielfalt gab es weiterhin nicht. Erst in letzter Zeit ist das Theaterleben wieder spannender geworden, seitdem den Regisseuren niemand mehr politische Vorschriften macht.

Frieden mit dem Pop-Rock, Kampf dem Punk

Ähnlich eng gezogen waren die Grenzen im Bereich der Rockmusik, die in sozialistischen Gesellschaften lange Zeit als «westlich dekadent» oder als «subversiv» gebrandmarkt wurde. Zu den Idolen der sechziger und siebziger Jahre zählten Rockgruppen wie «Beatrice» oder «Illés» (heute «Fonográf») und der Sänger János Bródy. Die Kulturbürokratie reagierte auf die als provokant empfundene Jugendmusik mit dem in Ungarn berühmten «Drei-T-Prinzip» des Kadarismus: Tiltás, Türés, Támogatás – Verbot, Duldung, Unterstützung. Nach einer Phase der Ablehnung in den sechziger und siebziger Jahren gab der Staat später seine Opposition gegenüber der Rockmusik auf; umgekehrt schlossen aber auch die meisten ihrer damaligen Protagonisten Frieden mit den staatlichen Kulturlenkern. Augenfällig wurde dies auf einer Konferenz im März 1981, auf der die einstigen Pop-Idole mit den Funktionären der Kulturbranche, unter ihnen der stellvertretende Kulturminister, über die neue Aufmüpfigkeit der Jugend der achtziger Jahre berieten. Ergebnis des Treffens war eine Art Verstaatlichung der konventionellen Rockmusik, deren Interpreten sich im Gegenzug von Hardrock und Punk-Musik distanzierten.

Besonders die Punk-Musik erlebte nämlich Anfang der achtziger Jahre einen beispiellosen Siegeszug. In den Neubauvierteln der Vorstädte entstanden zahlreiche Gruppen, die sich URH (Polizeifunk), Orgasmus, Kadaverfresser, Neobulette, Lächeln, Komitee, ETA oder CPG (Coitus Punk Group) nannten. Nach den Bauelementen der Hochhäuser bezeichnete man sie bald als «Panel-Punker». Die häufig den untersten sozialen Schichten entstammenden Jugendlichen provozierten nicht nur durch ihr Äußeres, sondern nahmen auch in ihren Texten keinerlei Rücksichten. Ihre Songs handeln von neuer Armut und Wohnungsnot, von Desillusionierung und Selbstmord, sie richten sich gegen die staatliche Ideologie und sozialistische Bürokraten, gegen Spießer und auch gegen Zigeuner. Es ist die Musik der Großstadtwölfe, die sich in den Unterführungen von Budapest und in den Stadtteilparks treffen und sich voller Widerwillen von Karrierismus, Unterdrückung und Verlogenheit abwenden.

«Unser König ist eine Marionette», textete etwa die Punkgruppe CPG über János Kádár, «er wird an Fäden gezogen, wir sind das Volk, wir können gut nicken.» Und die Gruppe Mosoly (Lächeln) sang: «Meine Uniform ist sauber, mein Gewissen ist befleckt, beim Konzert habe ich einen Jungen halbtot geschlagen. Dafür bekam ich einen Orden, den kann ich stolz tragen.» Über die ungarischen Punkmusiker schrieb der Verfasser einer Rock-Geschichte Ungarns, János Sebök: «Die große Mehrheit der Musiker konnte kaum mehr als zwei, drei Akkorde spielen. Wichtig war die Atmosphäre, der unmittelbare Kontakt zwischen Musikern und Publikum, der Ritus, die Ekstase. ‹Genug von der Musik unserer Väter!› schrien die Musiker unter dem Beifall ihres Publikums in die Mikrophone. ‹Das Prothesenklappern ist langweilig! Der Rock ist tot! Die professionellen Superstars leben nicht mehr für die Musik, sondern von der Musik! Runter von der Bühne mit den fetten, glatzköpfigen Idolen!› Die Losungen der Panel-Punker sind: ‹Mach kaputt, was dich kaputtmacht! Es gibt keine Zukunft, keine Hoffnung! Alles ist erlaubt!›»

Schon im Herbst 1982 war die Gruppe ETA wegen eines Polen-Liedes aufgelöst worden, danach wurden immer wieder Konzerte kurzfristig verboten, randalierende Fans zusammengeschlagen und ganze Punk-Ensembles wegen ihrer Texte vor Gericht gebracht. Ende September 1983 wurden zum erstenmal Punkmusiker zu Haftstrafen verurteilt. Und im Frühjahr 1984 erhielten die Mitglieder von CPG zwei Jahre Gefängnis, weil «die vorgetragenen Lieder sich grundsätzlich gegen die Polizei, gegen die Kommunisten, gegen die Führer (des Landes) und allgemein gegen die Verfassung wenden».

Neben den Punkern bekamen noch andere Gruppen die staatliche

«Unser König ist eine Marionette» – Underground in Budapest

Ablehnung zu spüren. Die Hardrock-Gruppe Bikini, deren Texte sich gegen den kleinbürgerlichsozialistischen Alltag richten, hatte beständig mit den Behörden um Auftrittsmöglichkeiten zu kämpfen, die ihr nur dann gewährt wurden, wenn sie vorher ihre Songs zensieren ließ. Auch die Art-Punker wie die «Rasenden Leichenbeschauer» (Vágtázó Halottkémek), die ihre Auftritte in satirische und schockierende Happenings verwandeln und einer nihilistischen Lebensphilosophie mit schamanenhaften Elementen Ausdruck geben, existierten bis vor kurzem auf der Grenzlinie zwischen Verbot und Duldung. Begrenzte Unterstützung erhielten dagegen die kooperationswilligen Rock-Veteranen, die Diskogruppen und Popgruppen wie Hobo Blues Band, Hungária oder Dolly Rolls, die angloamerikanische Idole aus der Vergangenheit nachahmen. Auch die populäre Rock-Band KFT hatte keine Auftrittsprobleme, während die Gruppe «Europa zu vermieten» (Europa kiadó) lange Zeit wegen ihrer kritischen Texte kaum noch zu sehen war.

Emanzipation der bildenden Kunst

Auch die Künstler und Bildhauer, deren Werke schon seit einigen Jahren kaum noch ihre sozialistische Herkunft verrieten, haben einen leidvollen Prozeß der Emanzipation von den kulturellen Normen der Partei hinter sich. 1948 gingen sämtliche Künstlerorganisationen in einem Einheitsverband auf, der seine Anweisungen von Politbüromitglied József Révai erhielt. «Alles, worauf wir bestehen», forderte er, «ist Schluß mit dem Impressionismus, Schluß mit dem Formalismus, Schluß mit inhaltsloser und formzerstörender, dekadenter, bürgerlicher Kunst. Große Kunst hängt niemals vor allem von Farbe, Komposition

103

Konjunktur für Bildhauer – Károlyi-Denkmal in Budapest

und formalen Elementen ab.» Und auf einer Versammlung des Künstlerverbandes hieß die Antwort auf die Frage, was der Künstler wiedergeben solle: «Er soll darstellen, was er *liebt*: Unsere Vorsitzenden auf eine Art, die ihre Nähe und die Echtheit ihrer Verbindung zu denen verdeutlicht, die sie führen; er soll starke, mitreißende, gesunde Menschen (Kinder, Jugendliche und Frauen) darstellen...»

Unter diesem Diktat war selbst für verfolgte sozialistische Künstler der Vorkriegszeit wie Lajos Kassák kein Platz mehr. Kassák wurde bis 1957 mit Ausstellungsverbot belegt, weil er nicht bereit war, Selbstkritik zu üben. Lediglich die Bildhauer «profitierten» vom «sozialistischen Realismus», denn bombastische Skulpturen mußten nun quasi am laufenden Band erstellt werden. Erst Ende der fünfziger Jahre waren einzelne Künstler wie Béla Kondor in der Lage, sich dem Primat der Ideologie zu widersetzen. Doch die Kunst litt weiterhin unter der hermetischen Abschirmung gen Westen und der Zensur des Lektorates für Bildende Kunst und Design, dem jedes Werk vor seiner Ausstellung vorgeführt werden mußte. 1966 fand in Ungarn das erste künstlerische Happening statt, Ende der sechziger Jahre konnten die Künstler zahlreiche illegale und halblegale Ausstellungen organisieren. Pop Art und Nouveau Réalisme zogen auch in Ungarn ein, die Museen in der Provinz erwarben zunehmend die – offiziell immer noch verpönten – Werke der zeitgenössischen ungarischen Avantgarde. Endre Tót fand schließlich mit seiner Mail Art-Konzeption ein probates Mittel, die für den Transport von Kunstwerken immer noch völlig geschlossenen Landesgrenzen zu überwinden: per Brief.

Trotz langwieriger Debatten über die «Berechtigung» der bürgerlichen Avantgarde in der sozialistischen Gesellschaft nahm die Zahl der Künstler zu, die sich mit der Concept Art und der Geometrischen Abstraktion beschäftigte. Deutlich liberaler wurde die Kulturpolitik jedoch erst Mitte der siebziger Jahre, als sie ihre dogmatische Haltung aufgab, den internationalen Austausch erleichterte und von dem früher verlangten Heroismus Abstand nahm. Allerdings zersplitterte sich nun die ungarische Avantgarde in zahlreiche Strömungen und Gruppen von den Neuen Expressiven über Concept Art, Hard Edge bis zum Hyperrealismus.

Eine bedeutende Erscheinung der ungarischen Kunstszene ist der Bildhauer Imre Varga, der nicht nur spektakuläre Skulpturen wie das Denkmal von Raoul Wallenberg in Budapest geschaffen hat, sondern auch Vorsitzender des Künstlerklubs Fészek ist und öffentliche Ämter in der Volksfront und im Parlament bekleidete. Ein Teil seiner Plastiken, die sich durch großes menschliches Ausdrucksvermögen auszeichnen, sind in seinem ständigen Arbeits- und

Ausstellungsplatz in der Budapester Laktanya utca zu sehen.

Wege zum Staatskünstler

Die vielleicht schärfste Kritik am sozialistischen Kulturbetrieb und seinen kleinen Freiheiten stammt aus der Feder des oppositionellen Schriftstellers Miklós Haraszti. In seinem Buch «Der Staatskünstler» reflektiert er seine Erfahrungen mit der totalen staatssozialistischen Kontrolle von Kunst und Literatur, die er als eine Art Pakt zwischen Künstler und Macht betrachtet: Mit der Verstaatlichung der Kultur hätten die Künstler die Autonomie der Kunst gegen die gesicherte Existenz des Staatskünstlers vertauscht und obendrein noch das Gefühl bewahren können, der Gesellschaft damit einen Dienst zu erweisen. Seit der Liberalisierung ist jedoch auch die Kreatur des Staatskünstlers vom Aussterben bedroht. Die Subventionen für den Kulturbetrieb fließen immer spärlicher, Kunst und Kultur sind mehr und mehr zur Wirtschaftlichkeit gezwungen. Kein Zensor verhindert mehr das Erscheinen eines geistreichen, kritischen Buches, sondern die Überlegung der Verlage, daß mit Sex, Stalin und nationalem Pathos mehr Käufer zu finden sind. «Ökonokratie» taufte der Kolumnist Iván Vitányi das neue System, in dem Kultur nur noch als nichtproduktive Sphäre wahrgenommen wird, deren überflüssige Ausgaben in möglichst engem Rahmen gehalten werden sollen. Während sich die Wirtschaftsapparate eng mit der neuen politischen Macht verflochten hätten, seien die zivile Gesellschaft und die Demokratie zu kraftlos in Ungarn, um die kulturellen Interessen wirksam zu vertreten.

DAS ANDERE UNGARN

DIE FRIEDENS-
BEWEGUNG

Die Passanten in der Budapester Nobelgasse Váci utca staunten nicht schlecht, als an einem heißen Sommertag im August die sozialistische Friedhofsruhe plötzlich unterbrochen wurde: Zwei etwa vierzig Jahre alte Männer holten aus einer großen Umhängetasche einen Stapel Flugblätter heraus, die sie an die Umstehenden verteilten. «Vergessen Sie nicht», war darauf in schlecht leserlicher Schreibmaschinenschrift zu lesen, «es gibt keinen Frieden ohne Freiheit.» Man schrieb das Jahr 1982, die Friedens- und Raketendiskussion befand sich auf ihrem Höhepunkt und hatte mit einiger Verspätung auch die Volksrepublik Ungarn erreicht.

Bei den Flugblattverteilern handelte es sich, wie die Polizei schnell feststellte, um den oppositionellen Schriftsteller Miklós Haraszti, der bereits 1966 von den Behörden wegen nichtoffizieller Aktionen gegen den Vietnam-Krieg belangt worden war, sowie um den Sohn des 1949 in einem stalinistischen Schauprozeß

hingerichteten ungarischen Außenministers László Rajk. Mit ihrem Flugblatt wandten sie sich an die Teilnehmer eines internationalen Friedensmarsches, denen die ungarische Regierung gerade einen offiziellen Empfang bereitete. «Sie wurden eingeladen», war in dem Flugblatt zu lesen, «um den friedliebenden Charakter der Politik der ungarischen Regierung zu bezeugen. Sie müssen hingegen wissen, daß viele Ungarn die Friedensbemühungen ihres Landes bemängeln, zugleich aber nicht das Recht haben, ihre Unzufriedenheit darüber auszudrükken. Unsere Regierung hat 1968 an der militärischen Okkupation der Tschechoslowakei teilgenommen, heute unterstützt sie die polnische Militärdiktatur. Etwa hundert junge Ungarn haben schwere Gefängnisstrafen erhalten, weil sie versuchten, ihre in der Verfassung garantierte Gewissensfreiheit in Anspruch zu nehmen und den Militärdienst zu verweigern. Die Presse darf die Armee keiner Kritik unterziehen. Un-

sere Nachbarn sind friedliche Staaten, und dennoch sind sowjetische Offensivraketen in diesem Land stationiert. Doch davon darf öffentlich nicht gesprochen werden. Wir bitten Sie: Werden Sie nicht zum Werkzeug eines Mißbrauchs im Namen des Friedens.»

Die unabhängige Friedenskundgebung war zu diesem Zeitpunkt keineswegs eine Einzelerscheinung in Ungarn. Unter dem Eindruck der westlichen Friedensdiskussion und der Aktionen unabhängiger Friedensgruppen in der DDR wollten auch in Ungarn Schüler, Studenten und kritische Intellektuelle eine autonome Friedensbewegung ins Leben rufen.

Gegen das Erbe von Jalta

Unter den kritischen Köpfen der ungarischen Hauptstadt war das Thema «Friedensbewegung» bereits seit längerem Gegenstand der Diskussion. Als einer der ersten forderte der Schriftsteller György Konrád, daß gerade die kleineren Staaten mit wirksamen Abrüstungsschritten vorangehen müßten. Auch Ungarn bräuchte eine unabhängige Friedensbewegung, die solchen Forderungen genügend Nachdruck verleihen könnte. Später skizzierte er in einer Reihe berühmt gewordener Aufsätze die Umrisse einer neuen Sicherheitspolitik, die die in Jalta beschlossene Spaltung des Kontinents überwinden und das alte Europa wieder vereinen sollte. «Jalta», schrieb Konrád, «ist das Symbol einer überholten Großmachtlogik aus dem neunzehnten Jahrhundert: Drei alte Männer entscheiden für Jahrzehnte über das Schicksal von mehreren hundert Millionen Menschen. (...) Die Ostberliner sind

Menschen des Ostens, die Westberliner sind Menschen des Westens. Aus ihrem Wohnort folgt also, daß sie sich einander feindlich gegenüberstehen. (...) Es liegt im gemeinsamen und wechselseitigen Interesse der vier Akteure, im Interesse Amerikas, Westeuropas, Osteuropas und der Sowjetunion, die explosionsgefährliche und mitten durch Europa gehende gemeinsame Grenze der beiden Supermächte zu beseitigen.»

Die Mehrheit der ungarischen Oppositionellen reagierte skeptisch bis ablehnend auf solche Vorschläge. Die weltweite Friedensdiskussion erschien vielen von ihnen nur als eine geschickte Strategie der Sowjetunion, ihre eigene Position im Rüstungspoker zu stärken. In Moskau regierte damals der unbewegliche Leonid Breschnjew, der eine unabhängige Friedensbewegung in Osteuropa mit Sicherheit nicht zulassen würde, so daß am Ende höchstens der Westen destabilisiert werden könnte. Unter den kritischen Intellektuellen Osteuropas herrschte damals tiefe Resignation, denn wenige Monate zuvor war mit der Verhängung des Kriegsrechtes in Polen ihre letzte Hoffnung auf eine friedliche Veränderung des Sozialismus von innen heraus zerstört worden.

Andere Kritiker, wie die Schriftsteller Miklós Haraszti, György Konrád und der ehemalige ungarische Ministerpräsident András Hegedüs, vertraten jedoch die Überzeugung, daß die Friedensdiskussion auch in Ungarn etwas in Bewegung bringen könne. Das vor allem von England aus propagierte Ziel einer «blockübergreifenden Friedensbewegung» und einer atomwaffenfreien Zone «von Polen bis Portugal» konnte ihrer Meinung nach den Ländern Mitteleuropas die Chance bieten, sich von der sowjetischen Umklammerung zu befreien und den Weg in die Unabhängigkeit einzuschlagen. Innenpolitisch sahen sie im Friedensthema eine Möglichkeit, nach jahrzehntelanger Friedhofsruhe wieder ein unabhängiges politisches Engagement zu entwickeln, das nicht einfach als «klassenfeindlich» beschimpft und verfolgt werden könnte.

Jugend für den Dialog

Unabhängig von diesen Debatten im Lager der Opposition hatte sich im Herbst 1981 an der Karl-Marx-Universität in Budapest eine unabhängige Friedensgruppe gebildet, die den Vorschlag machte, in der Stadt eine Demonstration gegen die Stationierung amerikanischer *und* sowjetischer Mittelstreckenraketen in Europa durchzuführen. Der offizielle «Ungarische Nationale Friedensrat», damals ein altbackener Verein von pensionierten Friedenskämpfern aus dem Propagandakrieg der fünfziger Jahre, stimmte zunächst zu. Doch als der kommunistische Jugendverband KISZ dagegen protestierte, nahm er alle seine Zusagen wieder zurück. Der KISZ organisierte in Windeseile eine eigene Friedenskundgebung in der Sporthalle von Budapest und bot den Studenten an, sich daran zu beteiligen. Sollten sie jedoch an ihren Plänen festhalten, drohte er mit rechtlichen Konsequenzen. Der Friedenskreis zerfiel.

Zur selben Zeit hatte sich an den Budapester Gymnasien eine andere Gruppe gebildet, die «Anti-Nuclear Campaign» (ANC), die vor allem unter Oberschülern zahlreiche Sympathisanten hatte. Auf Plakaten, Transparenten und Ansteckern forderten sie die Abschaffung aller Atomwaffen. Sie verteilten auf den Straßen Flugblätter zusammen mit Blumen, warben an den Verkehrsknotenpunkten neue Mitglieder und «besetzten» in der Innenstadt einen Park, den sie in «ANC-Park» umbenannten und zum Versammlungsort der Initiative erklärten. Als die Jugendlichen im Frühjahr 1982 einen Friedensmarsch durch Budapest organisieren wollten, mischte sich der kommunistische Jugendverband als Organisator ein, während die Behörden zugleich verboten, daß Studenten als Redner eingeladen wurden. Der KISZ bestellte Lautsprecherwagen, Transparente, Würstchenstände und Freibier zum verabredeten Treffpunkt und erstickte mit seinen zusammengetrommelten Leuten und Mitgliedern der paramilitärischen Jungen Garde jeden Anschein von Unabhängigkeit. Zwei Tage später feierte das Parteiorgan «Népszabadság» die Veranstaltung als großartige Kundgebung der Jugend für den Frieden.

Vertreter der ANC und anderer kleiner Friedensinitiativen schlossen sich im Juni 1982 auf einem Treffen zu den «Friedensgruppen für den Dialog», kurz Diálogus, zusammen, die bald darauf erste Konzepte über Ziele und Vorgehen der «neuen Friedensbewegung» in Ungarn vorlegten. Die meisten Mitglieder von Diálogus verstanden sich keineswegs als oppositionell. Sie forderten den Staat und den Friedensrat auf, das unabhängige Engagement zu unterstützen, und grenzten sich deutlich gegenüber den Dissidenten ab. «Die Versuche der Oppositionellen», hieß es in einem der Papiere, «prominente Plätze innerhalb der entstehenden Friedensbewegung zu gewinnen, könnten für die Bewegung selber von großer Gefahr sein.» Die neue Bewegung brauche ein «eigenständiges Profil, das von der offiziellen Linie ebenso unabhängig ist wie von derjenigen der Opposition».

Diálogus machte eigene Vorschläge für eine atomwaffenfreie Zone in Mitteleuropa und forderte den Abbau der Blockkonfrontation zwischen den Supermächten. Ungarn solle amtlicherseits seinen atomwaffenfreien Status für unabänderlich erklären – wegen der politischen «Unzuverlässigkeit» Ungarns hatte die Sowjetunion dort keine Nuklearwaffen stationiert – und mit der Schaffung von atomwaffenfreien Städten oder Bezirken beginnen. Später solle Ungarn aus dem Warschauer Pakt austreten, wenn auch ein Land des Westens, zum Beispiel Holland, die NATO verließe.

Die Diálogus-Gruppe baute auch zahlreiche Kontakte zur westlichen Friedensbewegung auf und faßte ihr Selbstverständnis später in einem bemerkenswerten Manifest zusammen. «Wir leben», heißt es darin, «in einer absurden und unmenschlichen Welt, auf zwei Seiten einer künstlichen Grenze. Eigentlich möchten wir Paris besuchen, aber die Atombomben unserer Seite werden diese Stadt möglicherweise in einem Krieg in Schutt und Asche legen, bis auf die letzte Ratte. Wir lauschen auf beiden Seiten dieser absurden Grenze derselben Musik, wir denken, lieben und hassen auf dieselbe Art, wir haben eine gemeinsame Kultur. Trotzdem stehen wir einander feindlich gegenüber in einem möglichen Krieg, der nicht von uns und nicht durch unsere Regierung begonnen wird. Wir werden dann automatisch zu Feinden werden, wir werden uns gegenseitig umbringen. Aus dieser Zwangslage müssen wir ausbrechen.»

Zunächst erschien die Kritik an der Teilung Europas in Ungarn recht erfolgreich zu sein. Die Dialog-Gruppen einigten sich darauf, in Zusammenarbeit mit dem Friedensrat ein Friedenszentrum in Budapest zu schaffen, in dem ein Klub, eine Bibliothek und die Zentrale der Friedensgruppen untergebracht werden sollten. Darüber hinaus war eine Zeitschrift geplant, die als Verständigungsforum der Gruppen dienen sollte. In anderen Städten, zum Beispiel in Szeged, gründeten sich ebenfalls Dialog-Gruppen, in Budapest trugen Hunderte die Plakette mit dem Peace-Zeichen und den zwei ineinandergreifenden Händen, die eine Blume halten. Im Mai 1983 bildete Diálogus einen unabhängigen Block von etwa fünfhundert Leuten in einer Demonstration des Friedensrates in Budapest und verlangte auf Spruchbändern: «Alle Nuklearraketen raus aus Europa!» Anschließend simulierte die Gruppe in einem Happening auf der Margareten-Insel das Massensterben bei einem Atomangriff, ohne daß die Polizei eingriff – im sozialistischen Lager damals ein einmaliger Vorgang.

Doch die Verhandlungen mit dem Friedensrat zogen sich immer weiter in die Länge. Die Zeitschrift von Diálogus mußte immer noch illegal auf primitiven Abzugsmaschinen hergestellt werden. Im Frühjahr 1983 zeichnete sich schließlich ab, daß die politische Führung dem ungewöhnlichen Treiben nicht länger zusehen wollte. Das Zentralkomitee der Kommunisten verpflichtete im März die Funktionäre, «in offenen Diskussionen all die Bestrebungen zu entlarven und zu isolieren, die unter dem Vorwand einer Friedensbewegung die Friedenspolitik unserer Partei und Regierung» in Frage stellen wollten. «Die ungarische Friedensbewegung gehört einheitlich unter die Führung des zentralen Friedensrates. Bewegungen außerhalb dieses Rahmens sind nicht legalisierbar.»

Den deutlichen Worten folgten bald deutliche Taten: Der Reisepaß eines Sprechers von Diálogus wurde beschlagnahmt, so daß er nicht an einer Friedenskonferenz in Berlin teilnehmen konnte. Vorgesetzte, Schuldirektoren und Universitätsleiter luden die Mitglieder zur «Aussprache» vor, manche wurden direkt von der Polizei verhört und mit «Konsequenzen» bedroht. Als die Dialog-Gruppen im Sommer ein internationales Friedenscamp organisieren wollten, sagten plötzlich alle angefragten Zeltplätze ab, und als man sich dann in Budapest versammelte, folgten die auffällig unauffälligen Beschatter den Friedensengagierten sogar bis ins Warmwasserbecken eines Freibades. Die Teilnehmer des Camps wurden vorübergehend festgenommen, die ausländischen Gäste wurden aus Ungarn abgeschoben – «Behördenirrtum» nannte das der Vizepräsident des Friedensrates später. Als einige Unentwegte diese deutlichen Gesten immer noch nicht verstehen wollten, folgten Hausdurchsuchungen, bei denen die Polizei alles beschlagnahmte, was nicht niet- und nagelfest war.

Die Friedensbewegung in Ungarn zerfiel daraufhin ebenso schnell, wie sie entstanden war. Ein Teil der Dialog-Leute griff das Angebot des inzwischen personell verjüngten Friedensrates auf, unter dessen Obhut den Friedensklub «460» zu gründen, und einer von ihnen gelangte später

sogar ins Präsidium der Volksfront. Ein anderer Teil ging zur Opposition, während die Mehrheit der Mitglieder sich resigniert aus der Politik zurückzog. Diálogus blieb gleichwohl eine Art Mythos in Budapest, weil es die erste unabhängige Bewegung war, die unter Jugendlichen und Studenten große Popularität genoß und immerhin ein knappes Jahr lang existierte.

Christliche Pazifisten

Anders als in der DDR hat die ungarische Friedensbewegung niemals eine Beziehung zu den Kirchen unterhalten, deren Führer bis zum Sturz der Kádár-Führung angepaßter auftraten als mancher Parteifunktionär. Gleichwohl gibt es auch unter Christen einen religiösen Pazifismus, der sich jedoch in Ungarn gegen Staat und Kirchenhierarchie gleichermaßen verteidigen mußte. Seit Ende der siebziger Jahre wuchs die Zahl junger Katholiken, die den Wehrdienst verweigerten und die Einführung eines zivilen Ersatzdienstes forderten, die meisten von ihnen waren Mitglieder fundamentalistischer Basisgemeinden um den Piaristenpater György Bulányi. In der Regel wurden sie zu Haftstrafen zwischen zwei und drei Jahren verurteilt, ungeachtet dessen, daß auch die sozialistische Verfassung den Schutz des Gewissens garantierte.

Der Streit um die Basisgemeinden und ihren christlich motivierten Pazifismus führte in der katholischen Kirche zu heftigen Auseinandersetzungen. Eine Protestwelle erschütterte 1981 die Kirche, als der damalige Primas von Ungarn, Kardinal Lékai, den Kaplan der Budapester Rosenkranz-Pfarrei aus der Hauptstadt verbannte, weil sein

Eintreten für Wehrdienstverweigerung dem staatlichen Kirchenamt
mißfiel. Zusätzlich böses Blut verur-
sachten verschiedene Äußerungen
des Primas, in denen er den christlichen Pazifismus heftig kritisierte.
Über die Bischöfe brach daraufhin
eine Flut von Protestbriefen aus allen Teilen des Landes herein. «Es
wird schwer sein, aus den Schwer-
tern Pflugscharen zu schmieden»,
schrieb beispielsweise eine Frau aus
Érd, «wenn sich denjenigen, die
daran arbeiten, die Disziplin der
Kirche entgegenstellt.» Und eine andere Frau formulierte: «Wegen unserer Engherzigkeit haben wir in der
Vergangenheit die Arbeiter verloren. Wenn wir aus dieser schweren
Erkenntnis klug werden wollen, sollten wir wenigstens jetzt unser kirch-
liches Leben erneuern, damit wir
nicht auch noch alle friedliebenden
Menschen verlieren.»

An der miserablen Lage der Ver-
weigerer hatte sich dadurch aber
nichts geändert. Lediglich einer kleinen Sekte, den Nazarenern, wurde
1977 die Ableistung eines alternativen Dienstes ohne Waffen zugestan-
den. Katholiken, Zeugen Jehovas
und andere Wehrdienstverweigerer
wandern weiterhin ins Gefängnis, so
daß in Ungarn beständig etwa 150
junge Leute aus diesem Grunde inhaftiert waren. Einer von ihnen war
der Postingenieur Béla Simonyi aus
Székesfehérvár, der sich weigerte,
nach dem Studium die noch ausste-
henden sechs Monate Wehrdienst
abzuleisten und der deshalb zu sechzehn Monaten Haft verurteilt wurde. «Ich möchte betonen», hatte er
zuvor vergebens an das Militärgericht appelliert, «daß ich gerne in jeder erdenklichen Weise meinem
Lande dienen würde, wenn ich damit nicht meinen vorher genannten

Zielen widerspreche – zum Beispiel
im Gesundheitsdienst oder durch andere soziale Tätigkeiten. Solch eine
dienende Tätigkeit würde ich gerne
– auch unter schweren Bedingungen
– als Ersatz für den Dienst mit der
Waffe übernehmen.»

Internationale Aufmerksamkeit
zog der Fall des Untergrundverlegers
Zsolt Keszthelyi auf sich, der zum erstenmal aus politischen Gründen den
Wehrdienst verweigerte. Der junge
Mann, der eine oppositionelle Studentenzeitung herausgab, war im
Frühjahr 1987 nach einer Hausdurchsuchung überraschend zum Militärdienst einberufen worden. In
einer Erklärung begründete er seine
Verweigerung damit, daß er nicht bereit sei, einer Regierung als Soldat zu
dienen, die nicht demokratisch gewählt worden wäre. Nach seiner Verhaftung setzte in Oppositionskreisen
eine Unterschriftensammlung ein,
und es bildete sich ein Solidaritäts-
komitee unter seinem Namen, das
die Einführung eines Wehrersatz-
dienstes, die Freilassung aller Wehrdienstverweigerer und langfristig die
Abschaffung der allgemeinen Wehr-
pflicht verlangte.

Durch den internationalen Wirbel, den der Fall verursachte, konnten die ungarischen Behörden mit
Zsolt Keszthelyi nicht ganz so ruppig
umgehen wie mit den anderen Wehr-
dienstverweigerern, die gewöhnlich
in zehnmütigen Schnellverfahren
und unter Beschimpfungen des Militärstaatsanwaltes abgeurteilt werden. Keszthelyi bekam dagegen in
zwei Instanzen jeweils eine mehr-
stündige Verhandlung, und das Straf-
maß wurde von drei auf zweieinhalb
Jahre gesenkt. Am nächsten Tag berichteten – erstmals in Ungarn – auch
die offiziellen Medien von dem Prozeß, wenngleich allein mit dem Ziel,

die Rechtmäßigkeit des Urteils glaubhaft zu machen. Für ungarische Verhältnisse, so meinten nachher Kenner der Szene, sei dies ein Höchstmaß an Liberalität gewesen.

Tatsächlich erinnerte der Ablauf des Verfahrens aber eher an einen jener ungarischen Filme, die mit der Zeit des Stalinismus ins Gericht gehen. Freunde und Sympathisanten Keszthelyis wurden gewaltsam aus dem Gebäude gedrängt. «Stehen Sie gerade, wenn ich mit Ihnen spreche», herrschte der Richter den Angeklagten an, und als der seine Beweggründe erläutern wollte, fuhr er ihm barsch über den Mund: «Kommen Sie zur Sache, nehmen Sie zur Anklage Stellung!»

Glücklicherweise gehören solche Strafverfahren inzwischen der Vergangenheit an. Die ungarische Regierung hat im Zuge der Reformen in der Frage der Wehrdienstverweigerung eine Wende um 180 Grad vollzogen und im Frühjahr 1989 alle aus diesem Grunde Inhaftierten auf freien Fuß gesetzt. Dem polnischen Vorbild folgend, können seit dem 1. Juli 1989 auch in Ungarn Kriegsdienstverweigerer einen zivilen Wehrersatzdienst leisten, der mit 36 Monaten allerdings doppelt so lang ist wie der reguläre Wehrdienst.

Auch in anderer Beziehung hat der Demokratisierungsprozeß die Situation verändert. Im März 1989 rief der Ungarische Friedensrat zur Gründung eines unabhängigen Friedensverbandes auf, an der sich alle friedensengagierten Gruppen und Einzelpersonen beteiligen sollten. «Auch der Landesfriedensrat», hieß es selbstkritisch im Programmentwurf, «kann sich einer tiefgreifenden Umgestaltung nicht verschließen. Sein derzeitiger Aufbau ist überholt, und auch an einem eigenständigen Profil mangelt es, da er sich früher zu sehr an der Regierungspolitik ausrichtete und zum Beispiel in Sachen Menschenrechte eine gemäßigte Haltung bekundete.»

Bedeutender ist aber noch, daß die ungarische Regierung die früher in die Illegalität gedrängten Vorstellungen der Friedensbewegung nach dem Führungswechsel im Mai 1988 mehr und mehr selber übernahm. 1989 beschloß sie, ihre Truppen und ihre Rüstung einseitig um neun Prozent zu reduzieren. Auch ein Abzug der sowjetischen Truppen wurde fest vereinbart, ein Teil von ihnen hat das Land bereits verlassen. Noch vor den ersten demokratischen Wahlen im Frühjahr 1990 dirigierten die reformkommunistischen Politiker Ungarn zielstrebig vom östlichen ins demokratische Lager, ohne jedoch – wie 1956 – den riskanten Schritt eines einseitigen Austritts aus dem Warschauer Pakt zu tun. Insbesondere die Öffnung der ungarisch-österreichischen Grenze im Sommer 1989 machte für alle Welt sichtbar, daß sich Ungarn nicht mehr an die jahrzehntelang gültigen Doktrinen des Ostblocks halten, sondern in die «demokratische Völkerfamilie» Europas zurückkehren wollte. Im Juni 1990 brachte Ungarn schließlich offiziell auf einer Gipfelkonferenz des Warschauer Pakts in Moskau den Vorschlag ein, diese auf Stalins Eroberungen beruhende Militärorganisation bis Ende 1991 aufzulösen.

Große Aufgaben, kleine Erfolge

DIE UMWELT BEWEGUNG

So etwas hatten Passanten und Autofahrer im ungarischen Sozialismus noch nie gesehen: Junge Leute in weißen Kitteln, versehen mit Gasmasken und Mundschutz, die gegen die unerträgliche Luftverschmutzung in der Hauptstadt protestierten. «Nein zum Sauren Regen!» und «Wir wollen Luft atmen, nicht Kohlenmonoxyd!» lauteten ihre Forderungen, die sie in Flugblättern mit handfestem Zahlenmaterial begründeten. Nicht Greenpeace hatte das Land mit einer seiner Aktionen heimgesucht, sondern offizielle Umweltklubs machten mit

Genehmigung der Behörden auf diese Weise im April 1987 in Budapest mobil.

«Ungewöhnliche Methoden, aber anderswo nicht selten», kommentierte das reformorientierte wöchentliche Wirtschaftsjournal «HVG» und nutzte den Anlaß für einen Generalangriff auf die Versäumnisse der staatlichen Umweltpolitik.

Die Luftverschmutzung hat in dem traditionell eher gering industrialisierten Land in den letzten Jahren beständig zugenommen. Vierzig Prozent der Bevölkerung leben nach offiziellen Angaben in Gebieten mit stark verschmutzter Luft, die Schäden aus der Luftverunreinigung werden auf etwa eine Milliarde Mark im Jahr geschätzt. Anderthalb Millionen Tonnen Schwefeldioxyd verlassen jährlich die Schornsteine, hinzu kommen, besonders in Budapest, die Abgase des wachsenden Straßenverkehrs. Zu den schlimmsten Luftverpestern zählen neben Bussen und LKWs die mehr als eine halbe Million Zweitakter aus der DDR, fast vierzig Prozent aller Kraftfahrzeuge. Bleifreies Benzin gibt es im ganzen Land nur an wenigen Tankstellen – für die Touristen.

Die Folge: Die Grenzwerte werden in Budapest in Spitzenzeiten um das Hundertfache überschritten, die Zahl der Nebeltage hat sich in drei Jahren mehr als verdoppelt. Die Atemwegserkrankungen haben sprunghaft zugenommen, ein Viertel der ungarischen Eichenbestände ist inzwischen geschädigt. Westliche Besucher sind regelmäßig geschockt von den katastrophalen Luftverhältnissen in der ungarischen Hauptstadt, in der es nur noch am Wochenende einigermaßen erträglich ist.

Mindestens ebenso alarmierend ist die Wasserverschmutzung, denn nur achtzehn Prozent der Abwässer (in Budapest sogar nur 0,3 Prozent) werden angemessen gereinigt. In der Landwirtschaft werden neunzig Prozent der Abwässer überhaupt nicht behandelt. Diese Nachlässigkeit hat böse Folgen: Bei bakteriologischen Untersuchungen des Grundwassers mußten fast vierzig Prozent der Proben beanstandet werden, im Plattensee und in der Donau kam es wiederholt zu Fischsterben. Rund 600 Siedlungen bekommen ihr Trinkwasser nur noch in Tankwagen, Kannen oder Tüten, weil das Brunnenwasser so nitratverseucht ist, daß Säuglinge starben und Kinder geistig und körperlich zurückblieben. Und auch die Wasserqualität der berühmten Budapester Thermalquellen, die aus mehreren hundert Meter Tiefe hervorsprudeln, hat sich in besorgniserregender Weise verschlechtert.

Umweltproblem Nummer drei ist die ungelöste Müllbeseitigung, die jahrelang den Betrieben und Gemeinden selbst überlassen wurde. Von den jährlich anfallenden sechzig Millionen Kubikmetern Müll werden nur vierzig Prozent ordentlich gelagert. Hochgiftige Abfälle «verschwinden» mangels Kontrolle und Lagerstätten in Fabriken und Landwirtschaftlichen Produktionsgenossenschaften. Zum Skandal kam es 1982, als unsachgemäß gelagerter Giftmüll der Arzneimittelfabrik Chinoin das Trinkwasser der Stadt Vác verseuchte. Immer wieder müssen Trinkwasserbrunnen in Ungarn geschlossen werden, weil Giftfässer oder gefährliche Abfälle kurzerhand irgendwo in der Erde vergraben wurden.

Konfliktträchtig ist schließlich auch die Energiepolitik, weil jahrelang in immer neue Großkraftwerke investiert wurde, statt den Verbrauch zu senken. Ein Drittel der ungarischen Elektroenergie kommt aus dem Atomkraftwerk in Paks, das trotz Tschernobyl zu einem riesigen Stromlieferanten mit einer Endleistung von 1760 Megawatt ausgebaut wurde. Die Kohlekraftwerke verfügen über keine Entschwefelungsanlagen, während der Bau eines gigantischen Staustufensystems an der ungarisch-tschechoslowakischen Grenze kostbare Auwälder und Trinkwasserreserven für sieben Millionen Menschen bedroht.

Der tiefere Grund für diese Negativbilanz ist vor allem die unzureichende Verankerung des Umweltschutzes in Politik und Wirtschaft der Volksrepublik. Erst 1976, sechs Jahre nach der DDR, hat man ein Umweltgesetz verabschiedet, zwei Jahre später dehnte man die Zuständigkeit des schwachen Landesamtes für Naturschutz auch auf den Umweltschutz aus. Weil die anderen Ministerien so wichtige Bereiche wie Gesundheit, Wasser, Landwirtschaft, Forsten oder Strahlenschutz nicht abgeben wollten, bekam das Amt nur das, was keiner haben wollte: Naturschutz, Müllbeseitigung, Luftverunreinigung.

Stumpfe Verordnungen

Auch die Betriebe mauern beim Umweltschutz. Als man die Großunternehmen ins Leben rief, sparte man den Umweltsektor bei der Berechnung der Investitionskosten einfach aus. Jetzt sollen die inzwischen selbständig gewordenen Betriebe die nötigen Nachrüstungen aus eigenen Finanzmitteln vornehmen – und dagegen wehren sie sich. Der Vorrang der «produktiven» vor den «unproduktiven» Investitionen, so kritisierte das

Wirtschaftsblatt «HVG» in seinem Bericht, führe dazu, daß Anlagen für den Umweltschutz nur dann gekauft werden, wenn sie für sich genommen schon gewinnbringend sind. Im Klartext: Umweltschutz muß sich lohnen für die Unternehmen.

Wirtschaftliche Schäden und Unmut in der Bevölkerung hatten die ungarische Führung erst in den achtziger Jahren zu einer Reihe von Gegenmaßnahmen veranlaßt. Im Parlament wurde ein Ausschuß für Stadtentwicklung und Umweltschutz eingerichtet, und der Ministerrat übertrug dem Umweltamt im August 1985 größere Lenkungs- und Kontrollrechte. Aus einem zentralen Fonds konnten nunmehr auch Umweltschutzinvestitionen der Unternehmen staatlich subventioniert werden. Im Dezember 1987 wurde schließlich zum ersten Mal ein Minister für Umweltschutz und Wasserwesen in die Regierung berufen.

Zu den Sofortmaßnahmen zählten ein Programm zur Senkung der Staubemissionen um 75 Prozent und eine neue Verordnung zur Luftverunreinigung, die die Betriebe ab 1990 bei 320 verschiedenen emittierten Stoffen zur Kasse bittet.

Um den Beschluß der Münchener Umweltkonferenz, die Schwefeldioxyd-Emissionen um dreißig Prozent zu senken, einhalten zu können, steht noch ein 15-Milliarden-Forint-Programm zum Einbau von Schwefelabscheidern in Großkraftwerken auf der Wunschliste der Umweltschützer. Doch niemand weiß, woher dieses Geld genommen werden soll. Umfangreiche Finanzmittel verschlingen nämlich schon jetzt die Maßnahmen zur Rettung des Plattensees, der wichtigsten touristischen Einnahmequelle, sowie der Bau von vier geordneten Lagerstät-

119

ten und zwei Verbrennungsanlagen für Sondermüll, die mit Krediten der Weltbank bezahlt werden müssen.

Die bisher eingeleiteten Maßnahmen, so sagen ungarische Fachleute, können die Negativentwicklung nicht umkehren. Die neue Luftverunreinigungs-Verordnung erweist sich als stumpf, weil die Betriebe den Schadstoffausstoß selber kontrollieren sollen und die Aufsicht bei den politisch schwachen Stadträten liegt. Die staatlich vorgesehenen Mittel reichen nicht einmal, um die Verschlechterung der gegenwärtigen Lage aufzuhalten. Obendrein beschloß das ungarische Verkehrsministerium im Sommer 1987, die Geschwindigkeitsbeschränkungen auf Autobahnen und Schnellstraßen zu lockern, während überall sonst in Europa über eine Verschärfung der Normen diskutiert wird.

Die Verschmutzung von Donau und Plattensee ist zwar teilweise zurückgegangen, aber die Nitratverseuchung des Grundwassers schreitet weiter fort. Und das Programm für die Verbesserung der Müllbeseitigung war nach Ansicht des Parteiorgans «Népszabadság» nicht einmal dazu geeignet, «die Qualität unserer Umwelt auch nur auf dem gegenwärtigen Niveau zu halten». Für die Kontrolle der geordneten Müllbeseitigung fehlen die technischen, organisatorischen und personellen Voraussetzungen, so daß der zuständige Leiter im Umweltamt in einem Interview feststellte: «Ich glaube, daß wir hier in keiner Weise besser dastehen als 1980, als wir anfingen, uns mit dem Begriff ‹Sondermüll› vertraut zu machen.»

Unter diesen Bedingungen nimmt es nicht wunder, daß das Umweltthema in den achtziger Jahren eine wachsende Zahl von Menschen in Rage gebracht hat. Im ganzen Land entstanden Umweltgruppen, die sich unter der Obhut offizieller Institutionen für einen besseren Umwelt- und Naturschutz einsetzten. Darüber hinaus setzten sich Bürger in verschiedenen Orten gegen Müllablagerungen, Verbrennungsanlagen oder die Gefährdung des Trinkwassers zur Wehr. Die bedeutendste Protestbewegung aber ist im Zusammenhang mit Plänen der ungarischen und tschechoslowakischen Regierung entstanden, den Donaulauf nördlich von Budapest durch ein gigantisches Staustufensystem vollkommen umzugestalten.

Staustufen-Harakiri

Das Projekt, das von ehrgeizigen Erbauern der sozialistischen Zukunft in den fünfziger Jahren ersonnen wurde, sah vor, durch eine Staumauer hinter Bratislava den ausgedehntesten Stausee Europas aus dem Boden zu stampfen. Von da aus sollte der größte Teil der bislang noch im Donaubett fließenden Wassermassen in einen betonverschalten Kanal geleitet werden, der erst bei der Ortschaft Gabčikovo wieder in den Strom mündet. Im Kanal mit bis zu achtzehn Meter hohen Seitenbefestigungen sollte das Wasser aufgestaut und während der Spitzenverbrauchszeiten abgelassen werden, um insgesamt 720 Megawatt Spitzenlastenergie zu produzieren. Der bescheidene Nebeneffekt: Um die so entstehende, vier Meter hohe Flutwelle bändigen zu können, müßte in Höhe des ungarischen Donauknies eine dritte Staumauer errichtet werden, deren Turbinen weitere 160 Megawatt Strom liefern würden. Die Kosten des insgesamt 200 Kilometer langen Bauwerks wurden

Alltag auf den Straßen

1987 auf rund drei Milliarden Mark veranschlagt, die sich die beiden Anrainerstaaten ebenso wie die Energieausbeute fifty-fifty teilen wollten.

Die enormen Kosten des Projektes führten dazu, daß es erst 1977 in Form eines zwischenstaatlichen Abkommens grünes Licht bekam. Den entscheidenden Anstoß zur Realisierung gab der damalige tschechoslowakische Parteichef Gustav Husák, der sich eine Reihe von Vorteilen für seine Heimat, die Slowakei, versprach: Durch den Kanal gewinnt die Tschechoslowakei nicht nur dreißig Kilometer Flußlauf vom früheren Erzfeind Ungarn hinzu, sondern Bratislava würde Budapest als bisherigen Endhafen für größere Frachtschiffe aus dem Schwarzen Meer ersetzen. Darüber hinaus flössen riesige Investitionsmittel in den traditionell unterentwickelten Süden des Landes, und nicht zuletzt würde ein Teil des Siedlungsgebietes der ungeliebten ungarischen Minderheit in der Tschechoslowakei auf diese Weise einfach in den Fluten ertrinken.

Die ungarische Regierung, der erst Jahre später aufging, daß der Vertrag über das Staustufensystem ihr mehr Nachteile als Vorteile einzubringen versprach, zögerte den Baubeginn immer wieder hinaus. Entscheidenden Anteil daran, daß das Projekt schließlich doch noch in Angriff genommen wurde, hatte der dritte Nachbar, Österreich, der Mitte der achtziger Jahre von eigenen Umweltschützern zum Baustopp in Hainburg gezwungen worden war: Die Wiener Kraftwerksbauer offerierten der ungarischen Regierung 1985 das Danaer-Geschenk, mit den eigenen brachliegenden Mitteln der wirtschaftlich ausgebluteten Volksrepublik beizuspringen und die Staumauer bei Nagymaros zu bauen. Ungarn willigte ein und verpflichtete sich im Gegenzug dazu, zwei Jahrzehnte lang jährlich 1,2 Milliarden Kilowattstunden Strom zu exportieren. Das ist mehr, als das mit österreichischer Hilfe gebaute Kraftwerk überhaupt zu produzieren vermag.

Die Kritik an den ökologischen Folgen des Projektes blieb mangels einer für Umweltschutz sensibilisierten Öffentlichkeit jahrelang auf ungarische Fachkreise beschränkt. Ein Ausschuß der Akademie der Wissenschaften verlangte 1983 die Einstellung der Planungen, das Amt für Umwelt- und Naturschutz forderte die Erstellung einer Umweltfolgen-Studie. Erst im Januar 1984 initiierten Fachwissenschaftler eine öffentliche Diskussion, zu der sie Befürworter wie Kritiker einluden. Da die Pro-Seite, das Landesamt für Wasserwesen, die Veranstaltung boykottierte, blieben die Gegner unter sich und gründeten noch am selben Abend das «Komitee für die Donau», das das Staustufensystem zu Fall bringen wollte.

Die Gründe für die Besorgnis waren vielfältig: Die Hauptgefahr sahen die Kritiker in der drohenden Verschmutzung von unterirdischen Trinkwasserreserven für rund sieben Millionen Menschen, weil in dem rundum isolierten Kanal die Schmutz- und Schadstoffe nicht mehr herausgefiltert werden können. Vom alten Donaulauf, der mit seinen zahlreichen Inseln und Nebenarmen, Feuchtwiesen und verlandeten Flächen, Uferabbrüchen und Waldausläufern wie ein natürliches Sieb wirkt, würde dagegen nicht viel mehr als ein stinkendes Rinnsal übrigbleiben. Auch dort, wo das Flußbett erhalten bliebe, würde seine Filterwirkung durch das Ansteigen des Grundwassers infolge der Aufstauung zerstört, während es hinter den Staumauern zu einer Absenkung des ohnehin knappen Trinkwassers komme. Durch das Aufstauen und plötzliche Ablassen des Wassers im Kraftwerk Gabčíkovo würden in dem Fluß gezeitenähnliche Zustände hervorgerufen werden, und die dadurch notwendig werdende Staumauer bei Nagymaros zerschneide eine der schönsten und historisch wertvollsten Landschaften Ungarns. Insgesamt werde das Staustufensystem mehr als das Zehnfache der in Hainburg bedrohten Auwälder zerstören und dazu der Landwirtschaft enorme Flächen entziehen.

Größte Bürgerinitiative Osteuropas

In einem Brief an die Nationalversammlung und an die Regierung der Volksrepublik Ungarn protestierten 1984 rund 10 000 Menschen mit ihrer Unterschrift gegen das Projekt – die erste große Bürgerinitiative Osteuropas, wo jedes unabhängige politische Engagement normalerweise gleich im Keim erstickt wurde. Während die Sammlung lief, organisierte das Donau-Komitee Vorträge und Diskussionsabende in den verschiedensten Orten. Sogar der Kommunistische Jugendverband der philosophischen Fakultät an der Budapester Universität nahm kritisch zu den Plänen Stellung. Das Komitee beschloß, seiner Arbeit durch die Gründung eines Vereines einen legalen Rahmen zu geben. Als jedoch die Verhandlungen darüber nach Monaten immer noch zu keinem Ergebnis geführt hatten, gaben die Umweltschützer den Plan wieder auf. Kurz darauf wurde der Chef des Umweltamtes, der ebenfalls eine Korrektur der Pläne gefordert hatte, pensioniert, und die Regierung verhängte eine Nachrichtensperre über das Thema. Ein Teil der Kritiker sprang daraufhin ab, die übrigen gründeten den «Donau-Kreis», zu dessen Zentralfigur der Journalist und Biologe János Vargha wurde. Sein Konzept: Wir kämpfen gegen das Staustufensystem, aber wir sind keine politische Opposition.

Der «Donau-Kreis» schwamm in dieser Zeit auf einer Welle der Sympathie. Hunderte hefteten sich seine Ansteckendadel mit dem durchtrennten blauen Band als Symbol für die Zerstörung der Donau an. Seine illegalen Heftchen mit aktuellen Informationen zum Stand des Protestes machten überall die Runde. Im November 1984 wurden die ersten 6000 Unterschriften eingereicht, andere verschwanden auf geheimnisvolle Weise bei einer «feuerpolizeilichen Kontrolle». Einige Monate später bestimmte das Thema auch viele der Nominierungsversammlungen zu den Parlamentswahlen, bei denen Gegner des Projektes nur durch Tricks der Parteifunktionäre an einer Kandidatur gehindert werden konnten. In einem Flugblatt wurden die Wähler aufgefordert, nur solchen Kandidaten ihre Stimme zu geben, die gegen die Staustufen eintreten.

Nachdem die Wahlen mit viel Nachhilfe doch noch zu den von der Partei gewünschten Ergebnissen geführt hatten, legte die Regierung im August 1985 eine Umweltfolgen-Studie vor und startete einen großangelegten Propagandafeldzug. Autoren der Studie waren ausgerechnet jene, die das Projekt entworfen hatten, die Vorbereitungen für den Bau erhielten folgerichtig grünes Licht. Radikale Gegner der Staustufen gründeten nun die Gruppe der «Blauen», die rund zehntausend illegal gedruckte Flugblätter unerkannt an den Mann brachte. Als Anerkennung seiner Verdienste erhielt im Oktober 1985 der «Donau-Kreis» in Schweden den alternativen Nobelpreis überreicht, doch die Behörden verhinderten, daß die 25 000 Dollar zur Gründung einer unabhängigen Umweltstiftung verwandt werden konnten.

Die Hoffnung der Ökologen, daß das Projekt schließlich doch noch an der Finanzschwäche Ungarns scheitern würde, geriet erstmals in Zweifel, als zum Jahresende 1985 bekannt wurde, daß Österreich mit einem Milliarden-Kredit «aushelfen» wolle. In Flugblättern, Petitionen und Aufrufen wandte man sich jetzt an die österreichische Öffentlichkeit, diesen Export von Umweltschäden in ein Land, dessen Bevölkerung sich nicht wehren könne, zu verhindern. Auch österreichische Umweltschützer sagten ihre Unterstützung zu und nahmen im Februar 1986 an einem «Umweltspaziergang» in Budapest teil, der von der Polizei brutal aufgelöst wurde. Obwohl sogar das Europäische Parlament in Straßburg eine Entschließung gegen das Staustufensystem verabschiedete, unterzeichneten Österreich und Ungarn im Mai 1986 schließlich das Kreditabkommen. Das Sekretariat des Ungarischen Präsidialrates teilte mit, die Durchführung einer Volksabstimmung sei in diesem Fall «unbegründet». Der Widerstand auf ungarischer Seite zerfiel seit diesem Zeitpunkt zusehends, der Sprecher des «Donau-Kreises», János Vargha, verlor seinen Arbeitsplatz.

Proteste unter Aufsicht

Trotzdem gewannen die Umweltschützer in Ungarn durch den Kampf gegen das Staustufensystem deutlich an Auftrieb. In Dorog protestierten 1985 zweitausend Bürger mit ihrer Unterschrift gegen eine Verbrennungsanlage für Sondermüll, deren Abgase in ein nahes Wohngebiet ziehen werden. Um die Bevölkerung zu beruhigen, bot die Regierung als eine Art Kompensationsgeschäft schließlich immerhin eine Reihe von anderen Umweltinvestitionen in der hoch belasteten Stadt an. Bürgerinitiativen bildeten sich auch gegen den Standort einer neuen Donau-Brücke in Budapest und gegen den Ausbau des Flughafens der Hauptstadt, dessen neue

Landebahn massive Lärmbelastungen mit sich bringt. Umweltschützer brachten auch einen lukrativen Müllimport aus Österreich zu Fall, der die Trinkwasserbestände der westungarischen Stadt Mosonmagyaróvár in Gefahr gebracht hat.

Solche Proteste konnten in der Kádár-Ära jedoch nur unter dem Dach einer offiziellen Institution vorgebracht werden. Regelrechte Umweltgruppen konnten nur im Rahmen des Jugendverbandes, der Volksfront oder als lokaler Verein legal arbeiten. Besonders hervorgetan hatte sich dabei der Naturschutzklub des Kommunistischen Jugendverbandes an der Budapester Loránd-Eötvös-Universität, in dem sich besonders engagierte Umweltschützer zusammenschlossen. Der Klub legte sich beispielsweise mit einem staatlichen Steinbruchunternehmen in der Nähe von Pécs an, das seit Jahren Kalkstein vom südlichsten ungarischen Höhenzug, dem Szársomlyó-Berg, abbaut und sich dabei unter Umgehung der Gesetze immer tiefer in das dortige Naturschutzgebiet gefressen hat. Außerdem rief der Klub eine Zeitschrift osteuropäischer Umweltgruppen mit dem programmatischen Titel «Greenway» ins Leben, an der auch kirchliche Umweltgruppen aus der DDR mitarbeiteten.

Einen landesweiten Zusammenschluß der Umweltschützer, selbst in offiziellem Gewand, verhinderte die Parteiführung jedoch jahrelang. Andererseits wollte man das Umweltthema auf keinen Fall der Opposition, also dem Kreis von Dissidenten überlassen, in deren illegalen Zeitungen immer häufiger von Umweltproblemen die Rede war. Medien und offizielle Organisationen wurden deshalb angewiesen, den Um-

Sandkastendemokratie im Umweltsektor

weltfragen mehr Aufmerksamkeit zu schenken. Und der kommunistische Jugendverband gründete 1984 einen «Jugendumweltrat», der einmal im Jahr im Wege eines Wettbewerbes Gelder an die Umweltkreise ausschüttete, die er auf diese Weise unter seine Fittiche nehmen wollte. Eine solche Dachfunktion wollte aber auch die Volksfront gerne übernehmen, deren Umweltschutzrat sich in verschiedenen Konflikten demonstrativ auf die Seite der Ökologen schlug. Nach langem Tauziehen

gründete die Volksfront deshalb im Februar 1988 einen «Landesverband Ungarischer Umweltschützer» – ohne die kritischen Umweltgruppen allerdings hinzuzuziehen.

Sozialistischer Bioladen

In Budapest in der Krisztína körút gab es 1986 sogar den ersten sozialistischen Bioladen, auf dessen Schaufenster in großen Buchstaben der Name des extra gegründeten Staatsunternehmens «Natura» prangte.

Unter Anleitung eines holländischen Fachmanns wollte Natura in Ungarn biologischen Anbau treiben und die Produkte auch in den Westen exportieren. «Seit drei Jahren machen wir Marktforschung», sagte der Direktor bei der Eröffnung, «und wir wissen, daß wir auf dem Weltmarkt gute Chancen haben. Wir wollen in Ungarn ein ganzes Netz solcher Läden aufbauen, insgesamt vielleicht fünfzehn bis achtzehn. Von Naturreis über Sojabutter bis zu kaltgepreßten Ölen werden wir beinahe alles produzieren.» Wer allerdings annahm, zwischen dem Sortiment auch ein Exemplar einer kritischen Umweltzeitschrift zu finden, sah sich enttäuscht. «Wir sind für gesunde Ernährung und eine andere Lebensweise», erklärte der Direktor auf Nachfragen, «aber ein grünes Programm ist bei uns nicht drin. Wir haben hier ein Einparteiensystem, und da entscheidet die Zentrale über Umweltschutz.»

Das neue Vereins- und Versammlungsrecht legalisierte im Januar 1989 auch alle Aktivitäten von unabhängigen Umweltschützern. Neue und alte Umweltgruppen traten auf den Plan, viele der kritischen Ökologen engagierten sich in den neugegründeten Parteien und Organisationen. Sogar eine grüne Partei um den Soziologen András Szekfű entstand, doch scheiterte diese bei den Wahlen im Frühjahr 1990 an der Vier-Prozent-Hürde. Angesichts der drückenden Wirtschaftsprobleme betrachten viele Ungarn Umweltschutz nämlich immer noch als eine Art westlichen Luxus und protestieren höchstens dann, wenn sie direkt betroffen sind.

So sind denn auch die punktuellen Erfolge der Umweltschützer in den vergangenen Jahren weniger auf ihre politische Stärke zurückzuführen gewesen, als auf die Schwäche der reformkommunistischen Regierung, die in der Periode des Übergangs beständig vor dem Druck der Bürger zurückweichen mußte. Als sich zum Beispiel zarte Proteste rührten gegen ein geplantes Lager für radioaktive Abfälle in Ófalu bei Pécs und gegen die alarmierende Abkühlung des heißen Sees von Hévíz aufgrund des nahen Bauxit-Bergbaus, gab die Regierung in beiden Fällen rasch nach. Im März 1989 demonstrierten Umweltschützer sogar für den Rücktritt von Umweltminister László Maróthy, der als ein politischer Zögling des abgesetzten János Kádár galt und nach den Wahlen durch den bürgerlichen Politiker Sándor Keresztes (MDF) ersetzt wurde. Das Ministerium wird aber immer noch von der Wasser-Lobby dominiert, die für das Donau-Staustufensystem verantwortlich war, während die Umwelt- und Naturschützer nur wenig zu sagen haben.

Dem veränderten innenpolitischen Klima seit 1988 war es zu verdanken, daß die Donau-Bewegung zu neuem Leben erwachte. Mehrfach mobilisierte sie Tausende von Menschen zu Protestdemonstrationen gegen das Staustufensystem. In den Medien und in Gesprächen mit hohen Politikern konnten sich die Kritiker erstmals Gehör verschaffen. Sogar im kommunistischen Parlament forderte im Oktober 1988 eine Reihe von Abgeordneten einen sofortigen Baustopp für das Kraftwerk Nagymaros – doch zunächst ohne Erfolg. Die Bürgerinitiativen sammelten daraufhin 130 000 Unterschriften für die Abhaltung einer Volksabstimmung, so daß der damalige reformkommunistische Ministerpräsident Németh im Mai 1989 überraschend die Einstellung der Bauarbeiten verfügte. Da das Projekt zu diesem Zeitpunkt auf ungarischer Seite bereits zu 25 Prozent und auf tschechoslowakischer Seite sogar zu über 60 Prozent fertiggestellt war, sieht sich die ungarische Regierung allerdings jetzt mit hohen Schadensersatzforderungen konfrontiert. Trotz der «samtenen Revolution» in Prag gibt es auch Ärger mit der ČSFR, denn mit dem Verzicht auf Nagymaros ist auch kein Spitzenlastbetrieb in Gabcikovo mehr möglich – Millionen wurden in den Sand gesetzt.

Tschernobyl ist überall

Die unabhängigen Umweltschützer waren übrigens auch die ersten, die nach der Reaktorkatastrophe von Tschernobyl das heikle Thema Atomenergie ansprachen. Darüber hatte sich nämlich bis dahin in Ungarn kein Mensch den Kopf zerbrochen. Und auch nach dem Strahlenunglück beschränkte sich die Bevölkerung darauf, ihrer Angst in Witzen Ausdruck zu geben. «Wie werden in der Sowjetunion neuerdings die Fahrräder beleuchtet?» hieß es 1986 auf den Straßen von Budapest, und die Antwort lautete: «Vorne ein Salatkopf, hinten ein Salatkopf.»

Die Regierung hatte in den Wochen, als die Strahlenwolke über Ungarn kreiste, die Bevölkerung bewußt im unklaren gehalten. Um so gründlicher wurden die westlichen Botschaften über die Strahlenwerte informiert, weil der damals verfügte Lieferstopp der EG für Lebensmittel dem Lande riesige wirtschaftliche Verluste zufügte. Am eigenen Atomkraftwerk in Paks, dessen Errichter zuvor in Fachzeitschriften

wegen erschreckender Schlampigkeit an den Pranger gestellt worden waren, baute man unterdessen jedoch fleißig weiter.

Die Forderung, auch in Ungarn Konsequenzen aus der Katastrophe von Tschernobyl zu ziehen, erhob damals zuerst die Oppositionszeitung «Demokrata». Wenn schon im Westen trotz der öffentlichen Kontrolle die Atomenergie als unsicher gelte, schrieb das Blatt, wie gefährlich müsse diese Technologie dann erst sein, wenn eben diese Kontrolle fehle. Wenig später meldeten sich die «Blauen» mit einer Erklärung zu Wort, in der sie einen Ausstieg Ungarns aus der Atomenergie forderten. Schließlich veröffentlichte auch die Oppositionszeitung «Beszélő» (Sprecher) ausführliche Informationen zur Kernenergie und fragte: «Wie vieler Atomkatastrophen bedarf es eigentlich noch, bis wir endlich aufwachen und von unserem Glauben an unsere eigene Allmacht geheilt werden?»

Nach mehrmonatigem Schweigen nahmen sich dann auch die offiziellen Umweltklubs des Themas an. Der Naturschutzklub der Budapester Universität brachte eine Sondernummer seiner Zeitschrift «Természetvédelem» (Naturschutz) heraus und lud Experten und Interessierte zu einer Diskussionsveranstaltung ein. Während die ungarische Atomlobby dort Optimismus verbreitete, artikulierten die meisten der Umweltschützer ihr Unbehagen am Atom. «Wir müssen uns eine ganz einfache Frage vorlegen», sagte einer der Anwesenden, «wollen wir leben oder nicht? Das müssen wir entscheiden und danach unser Leben organisieren!»

Es ist der Abend des 23. Oktober 1986, ein Datum von historischem Gewicht. Vor dreißig Jahren hatte in Budapest der Volksaufstand begonnen, die Polizei ist seit Wochen in Alarmbereitschaft, um jedes öffentliche Gedenken an die damaligen Ereignisse im Keim zu ersticken. In Budapest herrscht Totenstille in dieser Nacht, weil es den Menschen an Mut oder Einsicht fehlt, die Staatsmacht an ihrem wundesten Punkt zu provozieren. Nur einer macht eine Ausnahme an diesem Tag: Der Untergrundverleger Jenő Nagy hat trotz massiver polizeilicher Drohungen dazu eingeladen, in seiner Wohnung eine Art Gedenkveranstaltung zu den Ereignissen von 1956 abzuhalten. Fünfzig Menschen drängen sich nun auf engem Raum, die meisten von ihnen jüngere Leute, die den Aufstand selber nicht mehr erlebt haben.

Sándor Rácz, vor dreißig Jahren Vorsitzender des Arbeiterrates von Groß-Budapest, berichtet, wie er damals mit János Kádár über die Forderungen der Bevölkerung verhandelte. Er ist einer der wenigen Akteure von damals, der seinen Idealen treu blieb und sie an die kommende Generation weiterzugeben suchte. «Ich hatte ja keinerlei politische Erfahrungen», erläutert er die damalige Situation, «und wir hatten auch keine besondere Taktik. Wir konnten nur das sagen, was jeder auf der Straße dachte: Die Russen sollen nach Hause gehen.»

Nach dem Arbeiterführer spricht der Intellektuelle. Es ist Sándor Szilágyi, Redakteur der Untergrundzeitung «Beszélő» und Vertreter der mittleren Generation in der Opposition. In einer langen, ernsten Rede versucht er eine Lagebestimmung der Situation dreißig Jahre nach dem

DIE OPPOSITION

Aufstand. «Die Menschen haben Angst, wahnsinnige Angst», sagt er. «Sie fürchten sich vor der totalen Macht, vor den atomaren Waffen, vor der Geheimpolizei. Wir müssen ihnen zeigen, daß man die Angst überwinden kann.» Die Unabhängigkeit der gesellschaftlichen Kräfte müsse gestärkt werden, die Umweltbewegung, die Friedensbewegung, die Bewegung der Studenten, die am 15. März offen demonstrieren wollen. «Versuchen wir», lautet sein Credo an diesem Abend, «die Revolution von 1956 zu studieren, denn ihre Forderungen gelten auch heute noch: Pressefreiheit, nationale Unabhängigkeit, Demokratie.»

Eine Szene aus dem Leben der ungarischen Opposition, so wie sie es mehr als ein Jahrzehnt in der Illegalität geführt hat. Bis zur Ablösung der Kádár-Führung im Frühjahr 1988 wurde die kleine Schar Budapester Dissidenten von der Macht an den Rand gedrängt und war auch in der Bevölkerung weitgehend isoliert. Daß sie sich mittlerweile vollkommen unbehelligt organisieren können und mit dem «Verband Freier Demokraten» (SzDSz) die zweitstärkste Fraktion im Parlament bilden, macht nicht vergessen, daß die «demokratische Opposition», wie sich der kleine Kreis von Intellektuellen und Systemkritikern nannte, lange Zeit in Ungarn ganz alleine stand, als es darum ging zu sprechen, wenn andere schwiegen oder zum Schweigen gezwungen wurden. Sie allein nahm sich der verdrängten Themen des Landes an und verhielt sich respektlos gegenüber der unsichtbaren Grenze zwischen dem, was man in Ungarn sagen durfte und was man lieber für sich behielt. In Veranstaltungen, Memoranden und illegal gedruckten Publikationen

spiegelten sich ihre risikoreiche Suche nach Wahrheit und ihre Weigerung, die Lebenslügen der kommunistischen Führung durch Stillhalten zu decken.

Archipel Gulasch

Die Entstehung der ungarischen Opposition hat der Schriftsteller György Dalos in seinem in deutscher Sprache erschienenen Buch «Archipel Gulasch» genau nachgezeichnet. Ihre Vorläufer reichen bis in die sechziger Jahre zurück, als János Kádár die Intelligenz durch die Gewährung größerer Freiheiten zurückgewinnen wollte. In der damaligen Reformstimmung begannen viele Intellektuelle darüber nachzudenken, wie der Sozialismus reformiert werden müsse, um aus der Sackgasse der politischen Diktatur herauszufinden. Die Soziologische Forschungsgruppe an der Akademie der Wissenschaften, geleitet von dem ehemaligen Ministerpräsidenten András Hegedüs, erarbeitete entsprechende Konzepte, in denen es vor allem um eine Zurückdrängung der Bürokratie ging. Die Schüler des Philosophen Georg Lukács, der wegen seiner Mitgliedschaft im Kabinett von Imre Nagy für viele Intellektuelle den Geruch der Opposition trug, strebten eine Erneuerung des Marxismus an und orientierten sich unter dem Signum «Budapester Schule» teilweise an den Vorstellungen der Studentenbewegung von 1968.

Seit Mitte der sechziger Jahre kam es dadurch zu Reibungen mit dem Parteiapparat. Hegedüs wurde «Revisionismus» vorgeworfen, weil er beispielsweise behauptet hatte, daß die von Marx analysierte Entfremdung auch im Sozialismus nicht auf-

Repressive Toleranz – Filmszene aus «Bananenschalenwalzer»

gehoben sei und das Problem der Bürokratie dort sogar noch größer sei als in kapitalistischen Systemen; Hegedüs verlor daraufhin seinen Posten als Chefredakteur der Zeitschrift «Valóság» (Wirklichkeit). Der Konflikt spitzte sich zu, als die Sowjetunion 1968 den Reformsozialismus in der ČSSR mit Waffengewalt niederwarf und die marxistischen Denker um Hegedüs und Lukács öffentlich dagegen protestierten. Hegedüs wurde auch von seinem Posten als Direktor des Soziologischen Institutes abgelöst, die Lukács-Schüler gingen immer mehr auf Distanz zur Partei. «Zwischen 1962 und 1968, in der Zeit der Kompromisse, wiegten wir uns in der Illusion, daß der Geist des XX. Parteitages eine Demokratisierung bringen würde», beschrieb der Philosoph Mihály Vajda später den Desillusionierungsprozeß. «Erst mußten die tragischen Ereignisse des Jahres 1968 stattfinden, damit wir endlich begriffen: von oben sind keine Reformen zu erwarten.»

Zum endgültigen Bruch kam es 1973, als die Wirtschaftsreformen auch in Ungarn auf Druck der Moskau-Fraktion gestoppt und die marxistischen Erneuerer zum Abschuß freigegeben wurden. Die Parteimitglieder unter ihnen mußten ihre Parteibücher zurückgeben, sieben Wissenschaftler, unter ihnen Hegedüs und die Schüler des 1971 verstorbenen Lukács, verloren ihre Anstellungen. Der Schriftsteller Miklós Haraszti wurde festgenommen und bekam im Oktober 1973 den Prozeß gemacht, weil er von seiner sozialkritischen Reportage «Stücklohn» mehrere Durchschläge weitergegeben hatte. Ein Jahr später nahm man auch den Philosophen Ferenc Fehér wegen eines Manuskriptes fest, kurz darauf den Schriftsteller György

Konrád und den Soziologen Iván Szelényi wegen des gleichen Deliktes. Ein Teil der Lukács-Schüler emigrierte daraufhin in den Westen, die Dagebliebenen wurden mit Berufs-, Publikations- und Reiseverboten drangsaliert.

Die Repression hatte jedoch eine Wirkung, mit der die Parteifunktionäre nicht gerechnet hatten: Die Intellektuellen, jeder offiziellen Ausdrucksmöglichkeit beraubt, suchten nach neuen Formen, ihre Gedanken mitzuteilen. Die abgelehnten Manuskripte wurden im Freundeskreis vorgelesen oder in mehreren Exemplaren abgetippt, die dann von Hand zu Hand gingen. Die Polizei griff nicht mehr ein, nachdem die Versuche, gegen das unkontrollierte Schrifttum vorzugehen, im Fall von Haraszti und Konrád nicht zuletzt wegen internationaler Proteste ziemlich kläglich gescheitert waren. Während sich das innenpolitische Klima im Zuge der Entspannungspolitik allmählich wieder liberalisierte, verloren zugleich immer mehr Intellektuelle ihre Scheu, ihre Meinung auf diese Weise offen kundzutun.

Im Jahre 1976 erschien das erste dieser Manuskripte in einer Mappe, die die Aufschrift «Samisdat» (russisch für selbstverlegt) trug. Eine Arbeit von András Hegedüs sowie eine unter Pseudonym geschriebene Analyse der Lukács-Schüler János Kis (später erster Chef des SZDSz) und György Bence wurden in derselben Weise «veröffentlicht». Die jüngeren Intellektuellen wandten sich mehr und mehr von den theoretischen Spekulationen über den «wahren Sozialismus» ab und beschäftigten sich mit dem realen Problem Freiheit und Repression in Osteuropa. Statt einer Erneuerung des Marxismus strebten sie eine Verwirklichung bürgerlicher

Freiheiten als Voraussetzung für alle weiteren politischen Schritte an und sahen dabei Parallelen zu Bürgerrechtsgruppen in anderen Staaten des Warschauer Paktes. Unter den ersten Samisdat-Texten befanden sich nicht zufällig solche über die Verfolgung von unabhängigen Methodisten in Ungarn und über die Lage der ungarischen Minderheit in Rumänien. Im Januar 1977 wandten sich erstmals 34 Intellektuelle in einem offenen Brief an Pavel Kohout, um ihre Solidarität mit der Charta 77 in der Tschechoslowakei zu bekunden.

Die zunehmende Distanz zum Marxismus wurde offenkundig, als der Soziologe András Kovács 1977 eine Umfrage unter zwanzig Intellektuellen startete, die unter dem Titel «Marx im vierten Jahrzehnt» verbreitet wurde. Kis und Bence propagierten jetzt – ähnlich wie Adam Michnik und Jacek Kuron in Polen – eine Strategie «radikaler Reformen», die dem System schrittweise Zugeständnisse an die Bevölkerung und eine allmähliche Liberalisierung abzutrotzen suchte, ohne die Sowjetunion zum Eingreifen zu veranlassen. Der Samisdat sollte nach ihren Vorstellungen allmählich zu einer «zweiten Öffentlichkeit» anwachsen, um ungeachtet der Zensur richtige Gedanken zu Ende denken zu können und wieder eine Art von öffentlicher Meinung herzustellen. Ein anderer Oppositioneller, János Kenedi, der eine mehrere Kilogramm schwere Sammlung zensierter Texte unter dem Namen «Profil» herausgegeben und seinen Job verloren hatte, forderte die Kräfte um den Samisdat dagegen auf, ein klares politisches Programm zu entwickeln und sich nicht mit dem Genuß der neuen Gedankenfreiheit im kleinen Kreis zufriedenzugeben.

Gegenkultur oder politischer Kampf

Ein großer Teil der Intellektuellen fürchtete sich jedoch vor einem solchen Schritt – zumal klar war, daß die Bevölkerung ihnen nicht folgen würde. Die große Mehrheit der Ungarn war dem Kadarismus damals dankbar für die Ausweitung der Konsummöglichkeiten und das Nachlassen des ideologischen Drucks. Der Schriftsteller György Dalos schrieb: «Wir sind eine kulturelle Opposition, deren Funktion es nicht ist, einen politischen Kampf gegen die etablierte Ordnung anzufachen, sondern eine inoffizielle Kultur herauszubilden.» Und der Philosoph Mihály Vajda meinte: «Die Intelligenz (...) muß verdeutlichen, formulieren, was sie gesehen oder beobachtet hat. Aber wenn man versucht, alternative politische Tätigkeiten zu entwickeln, solange jene soziologisch eingrenzbaren Gruppen nichts von sich hören lassen (...), ist das eine typisch avantgardistische Vorstellung.»

Im September 1980 erschien im Untergrund das Manuskript eines Gedenkbandes zum Tode von István Bibó, einem der bedeutendsten nichtkommunistischen Denker im Nachkriegs-Ungarn und Minister im Kabinett von Imre Nagy. Mehr als siebzig Autoren hatten sich daran beteiligt, unter ihnen die führenden Vertreter des ungarischen Geisteslebens – ein herber Schlag für die Kulturbürokratie, die sich geweigert hatte, das Buch in einem staatlichen Verlag erscheinen zu lassen. Kurz zuvor hatten 250 Personen eine zweite Solidaritätserklärung für die Mitglieder der Charta 77 in der ČSSR unterzeichnet, die in Prag gerade zu hohen Haftstrafen verurteilt worden waren. Kernsatz der Erklärung: «Wenn Menschen aufgrund ihrer Überzeugung oder der Äußerung ihrer Meinung inhaftiert werden, so erfüllt uns das mit tiefer Beunruhigung, gleichgültig, wo es geschieht.»

Damals wurde erstmals deutlich, welche Anziehungskraft vom Lager der Oppositionellen auf die ungarische Intelligenz ausging. Auf die Unterzeichner der Charta-Erklärung wurde deshalb durch Vorladungen, Entlassungen und Publikationsverbote Druck ausgeübt. Vor weitergehenden Maßnahmen schreckte die ungarische Regierung jedoch zurück, weil sie um ihren liberalen Ruf und damit um ihre Sonderstellung im Westen fürchtete. Auch hatte inzwischen unter dem alternden Breschnjew der Druck aus der Sowjetunion nachgelassen. In dieser Situation, in der auch im offiziellen Bereich die kritischen Aktivitäten zunahmen, versuchten die Oppositionellen Zsille, Göndör und Földvári erneut, eine Politisierung der Opposition zu erreichen: Sie plädierten — vergeblich — für ein parteiähnliches politisches Programm und eine Beteiligung an den Wahlen. Auch anderswo geriet etwas in Bewegung: Eine Gruppe kritischer Soziologen, die sich in den siebziger Jahren mit der Erforschung der Armut in Ungarn beschäftigt hatten, gründete im November 1979 den «Fonds zur Unterstützung der Armen» (SZETA) – die erste unabhängige Organisation seit fast einem Vierteljahrhundert. Die SZETA sammelte innerhalb weniger Monate nahezu 100 000 Forint sowie Kleidungsstücke, die sie an die Ärmsten der Armen weiterleitete. Darüber hinaus veranstaltete sie Lesungen, Literaturabende und ein Konzert mit dem prominenten Pianisten Zoltán Kocsis, das jedoch im letzten Moment von den Behörden verhindert wurde. Im Dezember 1980 fand eine Kunst-Auktion zugunsten von SZETA statt, die von mehreren tausend Menschen besucht wurde und insgesamt fast zwei Millionen Forint einbrachte. Die Polizei reagierte mit Verwarnungen an alle Mitglieder der Organisation und nahm einen der Initiatoren vorübergehend fest. Gerade weil die SZETA ein humanitäres Anliegen verkörperte und nicht mit der politischen Untergrundliteratur identifiziert wurde, erreichte sie große Popularität.

Ernsthaft beunruhigt über die mögliche Entstehung einer breiteren Oppositionsbewegung war die ungarische Führung jedoch erstmals, als im Sommer 1980 in Polen die Arbeiter in den Streik traten und die freie Gewerkschaft Solidarnócs gründeten – mit tatkräftiger Unterstützung der oppositionellen Intelligenz. Im ungarischen Samisdat erschienen nun – nach polnischem Vorbild – regelrechte Zeitschriften, seit April 1981 erstmals auch in gedruckter Form. Die ungarischen Oppositionellen begannen, Kontakte zu Gleichgesinnten in Polen herzustellen, und auf den Straßen von Budapest sah man immer häufiger Plaketten mit dem Solidarnócs-Schriftzug. Im Sommer 1981 organisierte der oppositionelle Jurist Gábor Demszky – heute Bürgermeister von Budapest – ein Ferienlager für sozial benachteiligte Kinder aus Polen, die mit T-Shirts der neuen polnischen Gewerkschaft in Budapest landeten.

Auch an den Universitäten wuchs die Unzufriedenheit mit dem kommunistischen Jugendverband KISZ – einige Studenten versuchten, wie in Polen einen unabhängigen Verband zu gründen. Der Attila-József-Kreis, ein Zusammenschluß junger Schriftsteller, hatte sich eine neue Leitung gewählt und forderte nun größere Demokratie im Kulturleben sowie eigene Publikationsmöglichkeiten. Die kritische Zeitschrift «Mozgó Világ» (Welt in Bewegung) wollte einen Artikel publizieren, der eine Reise ins aufbegehrende Polen beschrieb. Anfang 1981 schließlich eröffnete der Oppositionelle László Rajk eine sogenannte «Samisdat-Boutique» in seiner Wohnung; gegen ihn konnten die Behörden schlecht vorgehen, weil sein Vater, zweiter Mann in der KP, 1949 nach einem Schauprozeß zu Unrecht hingerichtet worden war.

Die Gegenmaßnahmen der Macht ließen nicht lange auf sich warten. Rajk und anderen Oppositionellen wurde die Reise nach Polen verwehrt beziehungsweise der Paß abgenommen. Den Oppositionellen Tibor Pákh wies man sogar vorübergehend in eine geschlossene psychiatrische Anstalt ein, weil er mit einem Hungerstreik dagegen protestiert hatte, daß die Behörden seinen Paß eingezogen hatten. Auf den Straßen beschlagnahmten Polizisten nun Solidarnócs-Buttons, und Vorgesetzte schickten ihre Untergebenen wegen der Anstecker nach Hause. Im März 1981 beendeten die Behörden vorrübergehend die Arbeit des Attila-József-Kreises und setzten den Chefredakteur von «Mozgó Világ» ab, woraufhin die Zeitschrift eine dreimonatige Pause einlegte. KISZ-Funktionäre verhinderten die Gründung des unabhängigen Studentenverbandes, und der Parteiapparat beschloß Maßnahmen gegen diejenigen, die sich an dem Bibó-Gedenkband beteiligt hatten. Am 1. September wurde der Historiker Sándor Szilágyi beim Abschließen der Sa-

Oppositionsthema Armut – Filmszene aus «Zuhause»

misdat-Verkaufsstelle festgenommen und über Nacht verhört. Hausdurchsuchungen, Beschlagnahmungen und weitere Verhöre folgten.

Die Nervosität der Behörden hing auch damit zusammen, daß sich am 23. Oktober 1981 der Volksaufstand von 1956 zum 25. Mal jährte und in der Untergrundliteratur nach jahrzehntelangem Schweigen das größte Tabu in Ungarn, die ehrliche Erinnerung an die damaligen Ereignisse, erstmals gebrochen worden war. In einer Wohnung organisierten Oppositionelle die erste öffentliche Gedenkveranstaltung. Am Bem-Platz, wo der Aufstand seinen Ausgang genommen hatte, sowie am Grab von István Bibó versammelten sich einige Dutzend Intellektuelle zur demonstrativen Kranzniederlegung. Die Polizei entfernte die Kränze sofort und lud rund zwanzig Personen zu Verhören vor.

Als am 13. Dezember 1981 in Polen das Kriegsrecht proklamiert wurde und die unabhängige Gewerkschaft «Solidarität» in den Untergrund gehen mußte, war die ungarische Opposition so geschockt, daß sie spontan zu keinerlei organisiertem Protest fähig war. Erst im August 1982 fand eine oppositionelle Demonstration am Denkmal des polnischen Generals Bem statt. Paradoxerweise begann in Ungarn jedoch in dieser Zeit eine Phase größerer Liberalität, weil die «polnische Gefahr» gebannt schien und die Regierung hoffte, durch Wohlverhalten von den Sanktionen des Westens verschont zu bleiben. Das Land stand damals schon mit acht Milliarden Dollar bei westlichen Banken in der Kreide und wurde kurze Zeit später kurzfristig zahlungsunfähig. Um die wirtschaftlichen Probleme, die den Konsens zwischen Staat und Gesellschaft be-

135

drohten, zu bewältigen, strebte die Regierung sogar eine Mitgliedschaft im Internationalen Währungsfonds und in der Weltbank an; gleichzeitig suchte sie händeringend nach neuen Konzepten zur Reform der schwerfälligen sozialistischen Ökonomie, so daß selbst unorthodoxe Wirtschaftswissenschaftler wie Tibor Liska nun zu Wort kommen konnten.

Boom des Samisdat

Die ungarische Opposition konzentrierte nun ihre schwachen Kräfte wieder auf den Ausbau der zweiten Öffentlichkeit. Die Kritiker Miklós Haraszti, János Kis, Ferenc Köszeg, Bálint Nagy und György Petri gaben eine neue Untergrundzeitschrift mit dem Namen «Beszélő» (Sprecher) heraus, die erstmals in einer Auflage von mehr als tausend Exemplaren erschien. Im Editorial der Zeitschrift schrieben die Herausgeber: «Man sagt, in Ungarn geschieht nichts. Das Volk ist froh, mit Politik in Ruhe gelassen zu werden. (...) Die Intelligenz hat sich in den Elfenbeinturm der Kultur verkrochen und überläßt die Politik den Politikern. (...) Dabei weiß jeder – sei es aus persönlicher Erfahrung, sei es aus Gerüchten – von außerordentlichen Ereignissen. (...) Warum sollten wir nicht versuchen, diese Tatsachen zu sammeln und sie allgemein zugänglich zu machen? In der Redaktion von ‹Beszélő› ist kein Telex vorhanden, und wir können keine Korrespondenten mit einem Journalistenausweis an den Schauplatz des Geschehens schicken. ‹Beszélő› wird nur dann etwas zu sagen haben, wenn ihr ihre Leser zu Hilfe eilen.»

Die Zeitschrift entwickelte sich in der Folgezeit zum führenden Organ der Samisdat-Presse. «Beszélő» berichtete über die wirtschaftliche Kri-

se, über die Lage der ungarischen Minderheiten in den Nachbarstaaten, über den Volksaufstand von 1956, über Oppositionsbewegungen in Osteuropa, über innerkirchliche Konflikte mit den Basisgemeinden, über Wehrdienstverweigerer und neue gesellschaftliche Initiativen wie die Friedens- und Umweltbewegung. Die Redaktion hatte zugleich den Anspruch, durch eigene Kommentare den Lesern der Samisdat-Presse politische Orientierungen zu geben – wenn auch mitunter in einem etwas belehrenden Tonfall. In jedem Fall erwarb sich die Zeitschrift unter den kritischen Intellektuellen und sogar in Parteikreisen Respekt, wenngleich radikale jüngere Kräfte sie häufig für zu elitär und reformistisch hielten.

Dem Ausbau der zweiten Öffentlichkeit diente auch die Gründung des unabhängigen AB-Verlages, der ganze Bücher in Auflagen von bis zu 3000 Exemplaren veröffentlichte. Gábor Demszky, der den Verlag organisierte, begann auch mit der Herausgabe einer weiteren Untergrundzeitschrift mit Namen «Hírmondó» (Bote), die als Ergänzung zur manchmal etwas theorielastigen «Beszélő» fungieren sollte. Die Kritik an «Beszélő» führte schließlich zur Entstehung einer dritten Samisdat-Zeitschrift namens «Demokrata», die vom Untergrundverleger Jenő Nagy herausgegeben und zuweilen als die «Boulevard-Zeitung der Opposition» bezeichnet wurde.

Auf die Ausdehnung der Untergrundliteratur, deren Bedeutung als einzige unzensierte Informationsquelle durch die Entstehung der Friedens- und Umweltbewegung noch wuchs, reagierte die Führung mit wachsendem Unwillen. Im Dezember 1982 startete die Parteizeitung

Trauma Volksaufstand – Filmszene aus «Die andere Person»

«Népszabadság» einen Generalangriff auf die Opposition. «Ob man es wahrhaben will oder nicht», lautete die bedrohliche Anklage, «hinter den Oppositionellen steht ein enormes Arsenal, eine außergewöhnlich große Macht, das gesamte sozialismusfeindliche und antikommunistische Potential und Reserveheer des Westens mit seinem ökonomischen und politischen, mit seinem militärischen und Propagandaapparat.»

Drei Tage nach Erscheinen des Artikels begann eine Serie von Hausdurchsuchungen in Wohnungen von Oppositionellen, die sich seitdem regelmäßig wiederholten. Die Behörden verhängten Bußgelder und Verwarnungen wegen angeblicher Verletzung des Pressegesetzes und erzwangen die Schließung der Samisdat-Boutique. Der Untergrundverleger Gábor Demszky wurde im September 1983 vor der Wohnung von László Rajk von Polizisten niedergeschlagen, als er sich weiger-

te, ihnen in seine Privatpost Einsicht zu geben. Ein Vierteljahr später verurteilte man ihn deshalb zu sechs Monaten auf Bewährung wegen «Widerstands gegen die Staatsgewalt». Ende 1984 stellte man einen anderen Untergrundverleger, György Krassó, der nach 1956 sieben Jahre lang wegen revolutionärer Umtriebe im Gefängnis gesessen hatte, unter Polizeiaufsicht.

Erweiterte Spielräume

Gleichwohl versuchte die Führung nicht, eine grundsätzliche Wende in der Innenpolitik einzuleiten und das Ende der kleinen Freiheiten einzuläuten. Im Gegenteil: Um der Opposition den Wind aus den Segeln zu nehmen und die wachsende soziale Unzufriedenheit auszugleichen, wurden die Spielräume für legale Diskussionszirkel und Zeitschriften sogar erweitert. In einem geheimen Politbüro-Beschluß vom Sommer 1986 bestätigte die Parteispitze die Linie, den Oppositionellen das Handwerk möglichst schwer zu machen, ohne jedoch zu Methoden zu greifen, die das liberale Image Ungarns im westlichen Ausland nachhaltig gefährden könnten. Herstellung und Vertrieb der Untergrundliteratur sollten mit polizeilichen Mitteln bekämpft und als Verstöße gegen das Pressegesetz geahndet werden. Darüber hinaus sollten die Oppositionellen durch Publikations- und Auftrittsverbote bei Veranstaltungen soweit wie möglich isoliert werden, ihre Themen indes von den offiziellen Foren aufgegriffen und offensiv diskutiert werden.

Die Schwäche der Opposition in diesem Spiel mit der Macht war – anders als in Polen – ihre große Isolation von der übrigen Gesellschaft. Die soziale Lage in Ungarn hatte sich in den letzten Jahren zwar stetig verschlechtert, aber der Führung war es gelungen, durch Liberalisierungsschritte und durch Konsummöglichkeiten die Loyalität ihrer seit der Niederschlagung des Volksaufstandes politisch gebrochenen Bürger zu erhalten. Zudem konnte die Opposition ihre Vergangenheit als theoretisierende Intellektuellenbewegung nicht abstreifen, die in erster Linie für ihre eigene Gedankenfreiheit kämpfte.

Gleichwohl nutzten die Oppositionellen immer wieder einzelne Anlässe, den Finger auf die Wunden des ungarischen Sozialismus zu legen. Als im Frühsommer 1985 die Regierung eine Reform des Wahlgesetzes als allgemeine Demokratisierung ausgab, entschlossen sich die Oppositionellen László Rajk und Gáspár Miklós Tamás, auch ihre Kandidatur zu den Wahlen anzumelden. Schon auf der ersten Versammlung zur Vorstellung der Kandidaten schlug

die Atmosphäre von gepflegter Langeweile in höchste Alarmbereitschaft um, bei der zweiten war der Saal auf einmal mit Parteisoldaten angefüllt. Die Kandidaturen beider wurden durch Manipulationen bei der Stimmauszählung und bei der Zusammensetzung des Publikums schließlich verhindert.

Eine andere Aktion ging auf die Initiative des Schriftstellers György Konrád zurück, der im Oktober 1985 zusammen mit anderen Oppositionellen während des KSZE-Kulturforums in Budapest zu einer Parallelveranstaltung einlud, über die die internationale Helsinki-Gesellschaft für Menschenrechte die Schirmherrschaft übernommen hatte. Konrád begründete das Vorhaben, an dem sich auch Hans Magnus Enzensberger, Susan Sontag und weitere ausländische Schriftsteller beteiligten, damit, daß Literatur im Gegensatz zur Rüstung keine staatliche Tätigkeit sei; deshalb müsse sie von jenen verhandelt werden, die wirklich damit zu tun hätten. Da es für die osteuropäischen Schriftsteller aber keine Möglichkeit gebe, ihre eigenen Vorstellungen durch die offiziellen Delegationen zu Gehör zu bringen, müßten sie dies auf ihre Weise tun. Trotz internationaler Proteste verhinderten die ungarischen Behörden, daß das unabhängige Forum in den bereits gemieteten Räumen des Hotels Duna-Intercontinental stattfinden konnte, so daß sich die Schriftsteller und ihre Zuhörer in einer Privatwohnung treffen mußten.

Neu dabei war, daß sich neben den oppositionellen Kritikern aus der zweiten Öffentlichkeit erstmals auch führende Vertreter der Populisten beteiligten, jener Strömung im ungarischen Geistesleben, die sich vorrangig um den Niedergang der Nation durch westliche Überfremdung, Geburtenrückgang und Alkoholismus sorgte. Die Populisten hatten damals ihre Hauptbastion im ungarischen Schriftstellerverband und wurden durch Literaten wie den staatlich preisgekrönten Dichter Sándor Csoóri oder den meistgespielten ungarischen Dramatiker der Gegenwart István Csurka repräsentiert – Initiatoren des 1987 gegründeten «Ungarischen Demokratischen Forums» (MDF). Beide hatten 1985 auch an einem Geheimtreffen der Opposition in dem Ort Monor teilgenommen, auf dem erstmals versucht wurde, die unterschiedlichen Strömungen zusammenzubringen. Populisten und demokratische Opposition beteiligten sich auch gemeinsam an einem Appell gegen das Staustufensystem an der Donau und unterschrieben einen Aufruf osteuropäischer Bürgerrechtler zum dreißigsten Jahrestag des Volksaufstandes von 1956.

Der Erinnerung an dieses lange Zeit unbewältigte Kapitel ungarischer Vergangenheit, das durch Schweigen und Entstellungen in Vergessenheit zu geraten drohte, räumte die zweite Öffentlichkeit einen besonderen Stellenwert ein. Unter dem Stichwort «Ungarischer Oktober» entstand Anfang der achtziger Jahre eine regelrechte Verlagsreihe, in der zum Beispiel der Bericht des UNO-Sonderausschusses über den Ungarn-Aufstand oder Schriften von István Bibó «Über die ungarische Revolution» erschienen. Auch die regelmäßig erscheinenden Samisdat-Zeitschriften widmeten dem Thema breiten Raum und veröffentlichten neben Kommentaren, Interviews und Nachdrucken aus der Emigration auch bislang unbekann-

te Dokumente aus der Revolutionsgeschichte. Trotz behördlicher Schikanen setzte auf diese Weise in Ungarn erstmals eine Art Erinnerungsarbeit über das Trauma der Nation ein, an der sich neben den kritischen Intellektuellen mit zunehmendem Mut auch ehemalige Sechsundfünfziger beteiligten, die nach langen Gefängnisstrafen wieder auf freien Fuß gesetzt worden waren.

Im Dezember 1986 fand ein weiterer bemerkenswerter Versuch statt, die Geschichte des Aufstandes in einer offenen, wahrheitssuchenden Weise zu klären. Oppositionelle, Sechsundfünfziger und ungarische Historiker trafen sich in der Wohnung des Schriftstellers István Eörsi zu einem zweitägigen Seminar. Der 1956 abgesetzte Ministerpräsident András Hegedüs stand dabei jenen von Angesicht zu Angesicht gegenüber, die vor über dreißig Jahren seinen Sturz bewirkt hatten, und gemeinsam bemühte man sich, den Aufstand und seine Lehren zu analysieren. Der Vordenker der ungarischen Opposition, der «Beszélő»-Mitherausgeber János Kis, untersuchte in einem Beitrag, warum es der Führung unter János Kádár gelang, so schnell den Widerstandswillen der ungarischen Gesellschaft zu brechen. Die Intellektuellen, so sein Hauptvorwurf, hätten es damals versäumt, Muster und Symbole der Selbstbehauptung anzubieten, denen das Volk hätte folgen können. «In Ungarn hat diese Schicht (der Intellektuellen) der Gesellschaft keine Instrumente an die Hand gegeben, damit sie, auch wenn sie sich mit der Wirklichkeit abfand, der Revolution treu bleiben konnte. Ja, gerade die Intelligenz wurde zur Quelle und zum Kolporteur der allgemeinen Überzeugung, derzufolge die Pflege des geistigen Widerstands eine romantische Pose des 19. Jahrhunderts ist und nicht zur modernen Realpolitik paßt.»

Allein die Tatsache, daß es in Ungarn noch eine andere als die offiziell verkündete Wahrheit gab, hat die Stellung der Macht permanent unterhöhlt. In der Bevölkerung und besonders unter den Intellektuellen wuchs das Bedürfnis, sich der politischen Bevormundung zu entledigen. Der Erosionsprozeß erfaßte schließlich auch die Partei und führte noch vor der Ablösung der alten Führung zu einem veränderten Umgang mit der Opposition.

Während das Politbüro der ungarischen KP noch im Sommer 1986 ein Maßnahmebündel zur Eindämmung der oppositionellen Tätigkeit beschloß und die Behörden im Oktober den Mitherausgeber der Untergrundzeitschrift «Beszélő», Ferenc Kőszeg, wieder einmal wegen illegalen «Besitzes einer Vervielfältigungsmaschine» zu einer Geldstrafe von 6000 Forint verurteilten, waren im Herbst 1987 in Budapest auf einmal Dinge möglich, die zuvor undenkbar gewesen wären. So organisierten Oppositionelle zusammen mit dem westeuropäischen «Netzwerk für den Ost-West-Dialog» eine kritische Konferenz in Budapest, an der auch Vertreter des Landesfriedensrates teilnahmen und die auch in den ungarischen Medien Beachtung fand. Noch bedeutsamer war ¹ ein Treffen von kritischen Intellektuellen aus dem offiziellen und inoffiziellen Bereich mit dem Generalsekretär der Volksfront, Imre Pozsgay, Ende September in Lakitelek. Dort beschloß man die Gründung eines «Ungarischen Demokratischen Forums», das einen allumfassenden Dialog zwischen Macht und

Gesellschaft ermöglichen und auch über unabhängige Presseorgane verfügen sollte.

Nach der Kádár-Ablösung wurde die Verfolgung der Kritiker eingestellt, lediglich der Geheimdienst hörte, wie später enthüllt wurde, noch bis zu den Wahlen im Frühjahr 1990 ihre Telefone ab. Die meisten der ehemaligen Dissidenten traten dem «Verband Freier Demokraten» (SzDSz) bei, dessen Präsidium – bis zu einem Krach im November 1991 – aus einer langen Reihe illustrer Namen bestand, darunter der Sohn des 1949 hingerichteten Kommunistenführers László Rajk. Der Verband, der im November 1988 aus dem «Netzwerk Freier Initiativen» hervorging, betrachtete sich zunächst nur als Vorform einer Partei, die «auf bürgerlich-radikale, liberale sowie sozialdemokratische Traditionen in Ungarn» zurückgreift. Bei den Verhandlungen über den Übergang zur Demokratie waren die Freien Demokraten die wichtigsten – und konsequentesten – Gegenspieler der Reformkommunisten, die im Frühjahr 1989 ein hundert Seiten umfassendes politisches Programm vorlegten. Darin setzte sich der Verband für eine parlamentarische Demokratie nach westlichem Muster ein sowie für eine Stärkung des Privateigentums, die Förderung des Strukturwandels, Maßnahmen gegen die Inflation und soziale Sicherheit.

Das «Ungarische Demokratische Forum» (MDF) etablierte sich dagegen in kurzer Zeit als Sammelbecken der national orientierten Kräfte und als mitgliederstärkste Gruppe unter den Unabhängigen. Auf mehreren Versammlungen im Budapester Jurta-Theater berieten 1988 Hunderte von Anhängern und Interessierten über Parlamentarismus, Pressefreiheit und die Situation der ungarischen Minderheiten in den Nachbarstaaten. Während die Kommunistische Partei zu Beginn des Jahres 1988 ihren Mitgliedern noch die Teilnahme daran verbot und wenig später vier prominente Teilnehmer ausschloß, kam es ein Jahr darauf zu politischen Gesprächen zwischen beiden Seiten. Nachdem sich überall im Lande lokale MDF-Gruppen gegründet hatten, die im März 1989 ihren ersten landesweiten Kongreß in Budapest durchführten, wurde das MDF 1990 mit 24,73 Prozent der Stimmen stärkste Partei im Parlament.

Neben diesen beiden führenden Parteien aus den Reihen früherer Kritiker der kommunistischen Regierung haben sich auch jahrzehntelang unterdrückte politische Traditionen wiederbelebt. Im November 1988 gründeten sich als erste die Partei der Kleinen Landwirte und die Sozialdemokratische Partei, die nach dem Krieg eine Schlüsselrolle gespielt hatten. Die Sozialdemokraten haben sich jedoch schon nach kurzer Zeit so miteinander zerstritten, daß sie zur Wahl mit drei verschiedenen Parteien antraten, deren stärkste gerade einmal 3,55 Prozent der Stimmen auf sich vereinen konnte. Auch die jüngeren Intellektuellen, die früher mit den Zielen der «Demokratischen Opposition» sympathisiert hatten, traten zu den Wahlen mit einer eigenständigen Partei an, dem «Verband Junger Demokraten» (FIDESZ). Sie vertreten im wesentlichen ein neo-liberales Programm, erinnern in ihrem Auftreten aber eher an die deutschen Grünen. Angesichts der Zerstörung jeglicher politischer Traditionen in den vier Jahrzehnten Einparteienherrschaft steht die Herausbildung einer neuen Parteienlandschaft noch ganz am Anfang. Dadurch, daß die Herrschaft der allmächtigen kommunistischen Partei wie ein Kartenhaus zusammenbrach, mußten ihre intellektuellen Kritiker gleichsam über Nacht das entstandene politische Vakuum füllen und ihre Studierstuben und Diskussionszirkel mit der Arena des Wettbewerbes um Stimmen und Prozente vertauschen. Gefragt waren nun nicht mehr kluge Analysen des Ist-Zustandes oder philosophische Betrachtungen, sondern handfeste, praktikable Konzepte für eine bessere Zukunft. Es blieb buchstäblich keine Zeit dafür, politische Programme und unterschiedliche Profile zu entwickeln, um aus den Sammlungsbewegungen echte Parteien zu machen.

Um so größere Aktivitäten waren bislang auf der Ebene der «vor-politischen» Vereine und Initiativen zu verzeichnen, die solchen Maßstäben nicht standhalten müssen. Nach der Kádár-Ablösung kam es zu einem regelrechten Gründungsfieber unterschiedlichster Gruppierungen – von der «Bajcsy-Zsilinszky-Gesellschaft» über die «Raoul-Wallenberg-Gesellschaft» bis hin zum «Klub Junger Anwälte».

Selbst die Alt-Kommunisten organisieren sich in unabhängigen Gruppen: In der «Ferenc-Münnich-Gesellschaft», die nach eigenen Angaben über 10 000 Mitglieder hat, sammeln sich reformfeindliche Parteiveteranen und (ehemalige) Angehörige der bewaffneten Organe, die die guten alten Zeiten rühmen und – unter umgekehrten Vorzeichen – so etwas wie die ungarischen Republikaner sind. «Wir dürfen nicht zulassen», so ein Grenzwachenchef a. D. auf einer ihrer Versammlungen, «daß dieses Land eine Heimat von Fixern und Huren wird.»

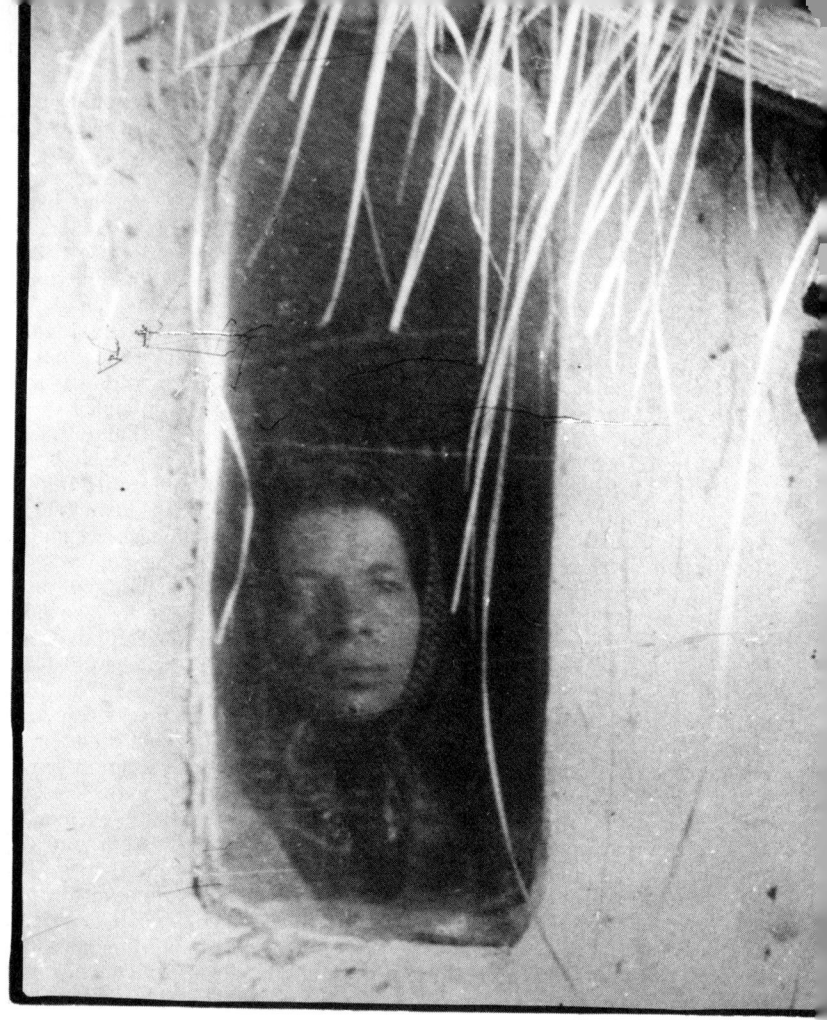

Elend ist das Zigeunerleben

ROMA UND SINTI

H ell leuchten die Kleider, Hemden und Hosen der Voyeure und Spaziergänger, die an diesem warmen Sommertag ihre Bahnen auf Budapests bekanntestem Trottoir ziehen. Seitdem das sozialistische Ungarn den früheren Lieblingsort von Gräfinnen und Bürgersdamen, den Donau-Korso, als Flanierstraße vor prächtigen klassizistischen Gebäuden und hochmodernen Hotels wiederherstellte, drängen sich Touristen und Ungarn auf dem gelben Pflaster am Rande des Stromes, um zu sehen und gesehen zu werden. Da gibt es smarte Männer und schöne Frauen oder solche, die sich dafür halten. Da gibt es Liebespaare und

143

Einsame, die auf der langen Reihe hölzerner Stühle sitzen und verträumt in den Himmel schauen oder auf das mächtige Burgviertel jenseits des Flusses. Doch plötzlich eilt eine junge Frau mit dunklem Teint und schmuddeligen Kleidern auf einen der elegant ausstaffierten Spaziergänger zu und hält ihm ein schmutziges Baby in Lumpen unter die Nase. Sie bedrängt ihn so lange, bis der Widerstrebende ihr schließlich eine Münze in die Hand drückt – Zigeuneralltag in Ungarn.

Bettelnde Frauen wirken in einem Land, in dem vierzig Jahre lang die «Partei des Proletariates» herrschte, außerordentlich schockierend. Der Sozialismus, der angetreten war, die soziale Frage zu lösen, setzte der Armut und Diskriminierung der Roma und Sinti in Ungarn keineswegs ein Ende. Vorurteile, mangelndes Problembewußtsein der Behörden und wirtschaftliche «Erfordernisse» haben vielmehr dazu geführt, daß die meisten der rund 500000 Zigeuner in unbeschreiblichem Elend leben und von dem «Licht der Zukunft», das der Kommunismus einmal versprochen hatte, nichts gesehen haben.

Der schwarze Zug

Budapest, Nyugati pályaudvar. Sackbahnhof am Marx-Platz unweit der Margarethenbrücke. Hier, vom Westbahnhof, fahren die Züge ab in den östlichsten Zipfel Ungarns, in dem ganze Dörfer allein von Angehörigen der Roma und Sinti bewohnt werden. Es ist später Freitagnachmittag, in wenigen Minuten soll sich der Bummelzug nach Nyíregyháza in Bewegung setzen. «A fekete vonat», der schwarze Zug, wie ihn die Ungarn nach einem alten Schlager nennen.

A fekete vonat – das steht für Dreck, Gefahr und soziale Verhältnisse, wie man sie sonst nur aus Südamerika kennt. Die heruntergekommenen Waggons der ungarischen Staatseisenbahn bringen Hunderte von «cigányok» am Wochenende in ihre Behausungen rund um Nyíregyháza und Debrecen. «Wenn du damit fährst», sagen die Ungarn, «dann mußt du ein Messer einstekken. Sonst kommst du da nicht lebend raus.» «Cigány» nennen sie die fremdartigen Bewohner, zu deutsch Zigeuner, ein Begriff, den die in Deutschland lebenden Roma und Sinti als diskriminierend ablehnen, weil er an Gauner erinnert, die durchs Land ziehen. Dort, wo sie vorrangig wohnen, erinnert Ungarn immer noch an das Land der «drei Millionen Bettler», wie es zwischen den beiden Weltkriegen genannt wurde. Arm, zurückgeblieben, trist.

Die Pendelarbeiter fahren nur ein- oder zweimal im Monat nach Hause, um ihre Familien zu besuchen. Die meisten von ihnen arbeiten in Budapest als Hilfsarbeiter oder auf dem Bau. Durch das Pendeln zerfallen die Familien, von dem in der Stadt erarbeiteten Lohn erhalten sie kaum mehr als ein paar hundert Forint. Die Entfremdung der Wanderarbeiter von ihren Familien führt dazu, daß sie in der Hauptstadt ihr Geld verspielen oder vertrinken, während die Kinder nicht einmal ein Paar feste Schuhe besitzen.

Mythos und Wirklichkeit

Ungarn gilt in Europa als das Stammland der Zigeuner. In den Gaststätten spielen sie den Touristen auf, an den Straßenecken verkaufen sie Armbanduhren oder Folkloredekken, in den östlichen Provinzen leben

Glückliche Ausnahme – Roma-Frau am Arbeitsplatz

sie so konzentriert wie an kaum einem anderen Fleck der Welt. Aus Ungarn stammt einer der bedeutendsten Zigeuner-Schriftsteller der Gegenwart, Menyhért Lakatos, dessen Bücher auch ins Deutsche übersetzt wurden. Aus ihnen ließe sich einiges über das tatsächliche Leben der Zigeuner erfahren. Doch die meisten Touristen halten lieber am Mythos vom «fahrenden Volk» fest: fremdartige, dunkelhäutige Menschen, die mit Pferd und Wagen ruhelos das Land durchstreifen; virtuose Geiger mit speckigem schwarzem Haar, die ihrer Violine wundersame Melodien entlocken; Fahrende, die ihre Kinder über alles lieben und die kein Zeitgefühl besitzen, weil gestern und morgen in ihrer Sprache mit ein und demselben Wort ausgedrückt werden. Ein Mythos, der in Ungarn von einer bitteren Wirklichkeit ad absurdum geführt wird.

Die Roma – Sinti gibt es kaum in Osteuropa – stellen heute die ärmste Bevölkerungsgruppe in Ungarn. Sie vegetieren, durch Gesetze und Verbote seßhaft gemacht, am Rande der Städte und Dörfer. Mindestens 50 000 von ihnen hausen – beispielsweise in Ercsi, vierzig Kilometer von Budapest – in Lehmhütten ohne Fundament, die sonst nur der Viehhaltung dienen. Krankenwagen oder Leichenwagen können ihre Unterkünfte nicht erreichen, weil es keine Zufahrten gibt, die Häuser sind feucht und von den Behörden an Standorte verbannt worden, die für Siedlungszwecke völlig ungeeignet sind. Oftmals gibt es weder Strom, noch Gas, noch Wasser, noch Kanalanschluß. Es ist ein Stück Dritte Welt im Herzen von Europa, mit Hunger, Krankheit und einer hohen Kindersterblichkeit.

Einzelne Zigeunersiedlungen unterscheiden sich kaum von den Slums Lateinamerikas. Die Behausungen sind winzige Hütten mit schrägen Wänden und undichtem

Dach, das mit Plastikfolie notdürftig geflickt ist. In anderthalb Zimmern leben selten weniger als acht Personen, die Väter sitzen häufig im Gefängnis wegen Hühnerdiebstahls oder weil sie gegen das stalinistische Gesetz über «asoziales Verhalten» verstoßen haben. Die Kinder haben keine Schuhe an, und im Winter fehlt das Brennmaterial, um die Elendsquartiere zu heizen. Die wichtigste Einnahmequelle der Familien bildet der Abfall der wohlhabenderen Ungarn, den sie nach altem Brot für die Schweinefütterung und anderen brauchbaren Materialien durchsuchen.

Auch die Neubauten, die von den Behörden Zug um Zug anstelle der alten Siedlungen errichtet wurden, sind von schlechtester Qualität und erinnern an die Townships der Schwarzen in Südafrika: Inseln für Aussätzige, die von der ungarischweißen Umwelt strikt getrennt sind. Mehr als die Hälfte der Zigeuner gilt in Ungarn offiziell als «sozial benachteiligt». Das bedeutet, daß sie im Durchschnitt zwanzig Jahre früher sterben als andere Ungarn, daß sie wegen ihres schlechten Gesundheitszustandes häufig frühzeitig invalid werden und daß sie die niedrigsten Arbeiten am unteren Ende der Lohnskala verrichten müssen. Nur zwei Prozent haben ein Facharbeiterdiplom oder einen Mittelschulabschluß, viele schaffen nicht einmal die Hauptschule. Zigeuner werden, wenn sie überhaupt Arbeit haben, fast ausschließlich als Hilfsarbeiter oder Tagelöhner im Straßenbau oder als Waldarbeiter eingesetzt.

Auch kulturell sind die Roma entwurzelt und den eigenen Traditionen entfremdet, jedoch ohne Zugang zur ungarischen Mehrheitskultur. Nur noch ein Drittel spricht Romani,

etwa genauso viele sprechen gar nicht oder nur schlecht ungarisch. Die «Zigeunermusik», die sie in Gaststätten vortragen, ist eine geschmacklose Fälschung, zugeschnitten auf die Bedürfnisse der alkoholisierten ungarischen Oberschicht des Fin de siècle. Anerkennung und Verachtung der Zigeuner mischen sich in perfider Weise in jenem alten ungarischen Brauch, dem Geiger einen Geldschein mit Spucke an die Stirn zu heften. Im Dunkel der Vergessenheit versinkt dagegen der reiche Schatz an Märchen, Tänzen und Liedern.

Von der madjarischen Bevölkerung werden die Zigeuner meist als «faul» und «kriminell» verachtet, ohne nach den Ursachen ihres Verhaltens zu fragen. Im Fernsehen wird gewarnt vor stehlenden Zigeunern in der Innenstadt, die Zeitschrift des Innenministeriums «Belügyi Szemle» (Innenpolitische Rundschau) stempelte die Roma schlicht als potentielle Verbrecher ab. Wenn auf Bahnhöfen oder in Gaststätten Razzien durchgeführt werden, kommen zuerst die Zigeuner an die Reihe, und die Polizei verfährt dabei nicht gerade zimperlich. Frauen werden von Männern abgetastet, Betrunkene zusammengeschlagen. Die Ordnungshüter, die eine Spezialtruppe für die Zigeuner aufgestellt haben, schrekken selbst dann nicht vor brutalem Vorgehen zurück, wenn es Zeugen gibt. Meistens können sie ein stillschweigendes Einverständnis der Bevölkerung voraussetzen.

Taxifahrer und andere faschistoide Gemüter lassen in Ungarn nicht selten verlauten, daß man die Zigeuner in Arbeitslager verbringen, sterilisieren oder am besten ganz ausrotten sollte. Bei einer Umfrage erklärt die Mehrheit der Befragten, die Ursache der gegenwärtigen Wirt-

Zigeuneralltag am Stadtrand

schaftsprobleme läge in einer übertriebenen Unterstützung der Roma. Und die Rock-Gruppe «Mosoly» (Lächeln) dichtete den Vers: «Mit dem Flammenwerfer in der Hand werde ich siegen, ich vernichte alle Zigeuner wie die Schmeißfliegen. Gemeinsam rotten wir sie aus bei geringem Lohne, und dann erklären wir uns zur zigeunerfreien Zone.» Nachsichtige Richter verhängten dafür – noch unter Kádár – ein halbes Jahr Gefängnis auf Bewährung – ein Beispiel für die große Koalition des ungarischen Rassismus.

Diskriminierung ohne Ende

Vergessen wird leicht, daß es der ungarische Staat war, der den Roma ihre traditionelle Lebensweise verboten und ihnen ihre alten Berufe als Bettler und Hausierer genommen hat. Abgeschnitten von ihrer eigenen Kultur, befinden sie sich nun am untersten Ende der sozialen Schichtung und haben keine Chance, das Elend zu durchbrechen. Die lange Geschichte der Diskriminierungen begann schon kurz nachdem die vermeintlichen Pilger aus Indien im 15. Jahrhundert den Donauraum betraten. Anfangs hielten sie die Einheimischen für Verbündete der verhaßten Türken, dann folgten die ersten Verordnungen, die ihre nomadisierende Lebensweise bekämpfen sollten. Bald schon wurden sie für vogelfrei erklärt und beim geringsten Anlaß umgebracht. In einem alten Jagdbuch findet sich die Eintragung: «Geschossen ein starker Hirsch, 5 Schmaltiere, 3 grobe Säuen, 10 geringe Sauen, 2 Zigeuner, eine Zigeunerin, ein Zigeunerkind.»

Um ihrer Unabhängigkeit ein Ende zu setzen, untersagte der Wiener Hof unter Maria-Theresia und Josef II. den Zigeunern das Umherziehen,

147

den Pferdehandel und die Benutzung ihrer eigenen Sprache. Kinder wurden von ihren Eltern getrennt und «christlichen Eltern» zugeführt. Bis zum Jahre 1906 berechtigte ein Gesetz jedermann, der einen Zigeuner bei einer Missetat erwischte, ihn bis zur Ankunft der Gendarmen an den Ohren an einen Baum zu nageln. Später, nachdem die SS-Truppen im März 1944 das Land besetzt hatten, begann nach der Deportation der Juden auch die der Zigeuner. An die 30 000 von ihnen wurden ermordet, doch niemand setzte den Namenlosen, deren Tod nicht einmal registriert wurde, ein Denkmal – von Entschädigungen ganz zu schweigen.

Auch nach dem Krieg, als sowjetische Truppen den Sozialismus nach Ungarn brachten, änderte sich nichts an der grundsätzlichen Haltung des Staates zu den Fremdlingen. Bei der Bodenreform von 1945, in deren Verlauf 600 000 Landwirte Boden erhielten, gingen die Zigeuner leer aus, obwohl die meisten von ihnen auf dem Lande lebten und viele als Tagelöhner auf den großen Gütern arbeiteten. Als man später daranging, die Bauern in Genossenschaften zu vereinen, wurden die Zigeuner nicht aufgenommen, da sie kein Land hatten und die Bauern sie nicht in den LPGs haben wollten. Weil ihnen das traditionelle Kleingewerbe und die Pferdehaltung auch im Sozialismus verboten wurden, blieben ihnen zum Broterwerb nur noch Gelegenheitsarbeiten und Tätigkeiten in der Industrie.

Die Staatswirtschaft stillte in den sechziger Jahren auf diese Weise ihren ungeheuren Arbeitskräftebedarf. Die Zigeuner waren billiger als Maschinen und konnten massenhaft für unqualifizierte Arbeiten rekrutiert werden: Gastarbeiter im eigenen Land. Ob Bergbau, Bauwesen, Baustoffindustrie oder Straßenreinigung – die Zigeuner übernahmen jede Arbeit, die ihnen die Werber anboten, wenn sie in ihre Siedlungen kamen. Ihr Lohn war jedoch so niedrig, daß sie den sozialen Aufstieg nicht schaffen konnten. Menschenunwürdige Wohnverhältnisse und die schlechte Schulausbildung der Kinder blieben bestehen und führten dazu, daß sich die Klasse der Entrechteten ständig neu reproduziert – zum Vorteil der Betriebe.

Der sozialistische Staat, so sagten Kritiker sogar, hätte ein massives Interesse daran gehabt, daß die Armut bestehen geblieben wäre, weil er auf die billigen Arbeitskräfte angewiesen war. Und während ungarische Arbeiter nach Feierabend ihr Einkommen durch Privatarbeit aufbessern können, sind die Zigeuner von der zweiten Ökonomie so gut wie ausgeschlossen. In der Krise sind sie die ersten, die den Schließungen unrentabler Betriebe zum Opfer fallen. Wirklich integrieren können sich unter diesen Bedingungen nur die wenigsten, vom Aufstieg in Politik, Wirtschaft oder Kultur ganz zu schweigen. Am ehesten aus dem Elend befreien kann man sich noch als Musiker in einer der unzähligen Kapellen, die in den Restaurants den Touristen das Essen mit Geigenspiel versüßen.

Die Beschlüsse von Partei und Staat zur Lösung der «Zigeunerfrage» sind zum größten Teil wirkungslos geblieben. 1964 wurde die Beseitigung der Zigeunersiedlungen innerhalb von fünfzehn Jahren angeordnet, doch die zuständige Kommission erklärte später: «Nach genauem Abwägen wird festgestellt, daß viel mehr Wohnungen gebaut werden müßten als vorgesehen.»

Auch die Möglichkeit, durch Staatskredite in den Besitz von billigen Zwei-Zimmer-Häusern zu gelangen, die über Strom, nicht aber über einen Wasseranschluß verfügen, konnte wegen bürokratischer Restriktionen kaum in Anspruch genommen werden. Ähnlich erging es dem Beschluß, Zigeuner verstärkt in Kindergärten aufzunehmen und spezielle Zigeunerklassen einzurichten. Tatsächlich besucht nur ein Viertel der Zigeunerkinder den Vorschulhort (Landesdurchschnitt: 84 Prozent), und später landen die meisten auf der Hilfsschule.

Zur wirtschaftlichen und sozialen Diskriminierung kommt die politische hinzu, denn die Zigeuner wurden niemals als eine nationale Minderheit anerkannt. Der Ende der fünfziger Jahre gegründete «Kulturverband der ungarischen Zigeuner» wurde 1961 wieder aufgelöst mit der Begründung, die Zigeuner verfügten weder über eine gemeinsame Sprache noch über eine gemeinsame Kultur noch über eine Mutternation wie Rumänen oder Deutsche. Das Politbüro sprach fortan nur noch von einer «benachteiligten sozialen Schicht». Erst im Mai 1985 konnte ein Nationaler Zigeunerrat gebildet werden, weil die ungarische Regierung um den guten Ruf ihrer Minderheitenpolitik fürchtete. Im Zuge der Demokratisierung gründeten kritische Intellektuelle die unabhängige Roma-Organisation «Phralipe» (Brüderlichkeit), die inzwischen über 6 000 Mitglieder hat, die Schaffung eines Roma-Parlamentes initiierte und zwei Zeitschriften herausgibt. Ein neues Gesetz erlaubt es auch, gegen rassistische Äußerungen gerichtlich vorzugehen, ein anderes räumt den Roma erstmals besondere Rechte als «ethische Minderheit» ein.

Angst vor Unruhen

Die Demokratisierung hat für die Roma jedoch nicht nur positive Folgen: Zwar gelang es im Frühjahr 1989 erstmals einer Bürgerinitiative, den Bau einer gettoähnlichen Zigeunersiedlung am Rande von Miskolc zu verhindern, doch sind nun auch immer häufiger Parolen wie «Tod den Zigeunern» im Straßenbild zu sehen. Mit dem Ende des Sozialismus kommen die untergegangen geglaubten chauvinistischen Ressentiments wieder hoch und finden nun auch in Parlament und Regierung Erwiderung – selbst wenn das regierende nationalkonservative Forum sich vor unbedachten Äußerungen mit Blick auf die angestrebte Integration in die EG sehr in acht nimmt. Roma-Vertreter fürchten jedoch, daß bei einer Verschärfung der sozialen Spannungen die Zigeuner zum Sündenbock der Ungarn werden könnten und – wie in Rumänien – sogar Pogrome nicht mehr auszuschließen sind.

Hinzu kommt die Bevölkerungsexplosion unter den Zigeunern, die im Gegensatz zu den sinkenden Geburtenzahlen bei den Ungarn steht. Soziologen erwarten deshalb, daß das ungelöste Zigeunerproblem in den nächsten Jahrzehnten zu sozialen Unruhen führen wird.

«Wenn ich an die Zukunft denke», sagt auch der Vorsitzende von «Phralipe», Béla Osztojkán, «dann sind meine Hoffnungen sehr gedämpft. Aber vielleicht wird die westliche Welt doch einsehen, daß eine Verschärfung der Situation der Minderheiten Osteuropas niemandem nützlich wäre und den Westen selbst beeinflussen würde. Es ist ein Irrtum anzunehmen, daß die Roma in Osteuropa niemals aus ihrem Koma erwachen können.»

BUDAPEST

AUF UND AB EINER KAPITALE

B reit, grau und träge fließt der Strom dahin, teilt die hektische, pochende Metropole von Nord nach Süd in zwei glatte Hälften: Budapest – Perle der Donau, Paris des Ostens, Hauptstadt Mitteleuropas. Wie auch immer man die ungarische Kapitale nennen mag, ihre eigenartige Anziehungskraft ist unbestritten. Sind es die mächtigen sandfarbenen Gebäude der Jahrhundertwende, die prunkenden Bürgerhäuser und Geschäftspaläste, die Kirchen, Plätze und Denkmäler, die die Besucher faszinieren? Oder ist es die spannungsreiche, verwirrende Lebensweise, die, mal laut und bunt, mal melancholisch und nachdenklich, so wenig hineinpaßte in die graue Welt des Sozialismus? Sind es das rege intellektuelle Leben und die Vielzahl kultureller Ereignisse, der Konzerte, Ausstellungen, Opernaufführungen, oder ist es die seltsam retardierende Kraft des Kommunismus, die den Fortschritt nur in Zeitlupe duldete und beharrlich das Leben in seinen überkommenen Formen kon-

servierte, als schriebe man immer noch das Jahr 1920?

In jedem Fall gehört Budapest zu den großen Metropolen Europas, auch wenn es mit der Teilung des Kontinents auf die Schattenseite des Eisernen Vorhangs geriet. Es ist eine Weltstadt, die sich bereitwillig dem Fremden öffnet, obwohl die Wunden der stalinistischen Abschottung immer noch nicht ganz verheilt sind. Es ist eine urbane Kapitale, in der das Leben auch dann noch pulsierte, als die Parteigewaltigen alles Unkonventionelle und Abweichende verfolgten. Budapest ist wie ein prächtiger neobarocker Dampfer, der in einen Orkan geraten ist und nun seine teils ramponierten, teils restaurierten Überreste zur Schau stellt. Es ist die zerzauste Schwester Wiens, von dem aus es mehr als zweihundert Jahre lang regiert worden war.

Jede Jahreszeit gibt der ungarischen Hauptstadt ihren eigenen Reiz. Im Winter, wenn die Stadt in ein milchiges Sonnenlicht getaucht

ist, wenn der Fluß zu mächtigen, treibenden Eisschollen gefriert und das öffentliche Leben in Reif, Kälte und Schnee erstarrt zu sein scheint, geht es im Innern der bullig geheizten Häuser freundlicher und heimeliger zu als sonst, strömen Konzertsäle und Thermalbäder besonders viel Glanz und Wärme aus. Im Frühling, der in Budapest ganz plötzlich und bereits zur Osterzeit mit sonnigen klaren Tagen und feiner schmeichelnder Luft beginnt, treiben die knospenden Pflanzen fast explosionsartig aus. Im Sommer, der die Metropole in heiße, flirrende Luft hüllt, bevölkern sich die Trottoirs, die Straßencafés und Gartenrestaurants mit einer bunten, lärmenden Menschenmenge, schwirren in den dunklen Häuserschluchten Fetzen von Straßenmusik und fremden Sprachen, legen Männer und Frauen alle überflüssigen Kleidungsstücke ab und verfolgen sich mit den Blikken. Im Herbst schließlich, wenn die Laubwälder der Budaer Berge gelb, rot und golden auflodern, atmet die Stadt in der milden Oktobersonne eine weiche, zärtliche Ruhe aus wie ein zu Ende gehender Sommertag in Deutschland.

Drei Städte in einer

Seine besondere Atmosphäre verdankt Budapest auch seiner geographischen Lage. Hier stößt das nördliche ungarische Bergland auf die große Tiefebene. Auf dem westlichen Flußufer steigen die Felsen auf zu waldigen Hügeln, auf der östlichen Seite zieht sich bis zum Horizont das endlose Flachland. Der Strom selber, die trennende und verbindende Achse, teilt sich im Stadtgebiet gleich dreimal zu langgezogenen Inseln.

Eigentlich besteht Budapest aus drei Städten: Buda, Pest und Óbuda, die 1873 zu Budapest vereinigt worden sind. Buda, das war die Stadt der Militärs und Beamten, Pest die Stadt des Handels und des Handwerks, Óbuda der Marktflekken auf römischen Ruinen, dessen Geschichte bis in das vierte Jahrhundert vor unserer Zeitrechnung zurückreicht. Damals gründeten die Kelten dort die Siedlung Ak Ink, die später von den Römern erobert und im Jahre 106 unter dem Namen Aquincum zur Hauptstadt der Provinz Pannonia Inferior (Niederpannonien) erklärt wurde. Auf der anderen Donau-Seite entstand in dieser Zeit die befestigte Siedlung Contra-Aquincum, deren Überreste heute am Fuß der Elisabethbrücke zu sehen sind. Mit dem Niedergang des Römischen Reiches verfiel Aquincum im vierten Jahrhundert, und im Jahre 409 überließen die Römer den Hunnen ihre ehemalige Provinzhauptstadt. Zurück blieben zwei Amphitheater sowie die Reste der Kanalisation von Bädern und Villen.

In den folgenden Jahrhunderten lebten im Gebiet des heutigen Budapest Ostgoten, Langobarden, Awaren sowie bulgarisch-slawische Stämme, bis sich Ende des neunten Jahrhunderts ungarische Reiterscharen ansiedelten. Im Jahre 1189 begann der ungarische König Bela III. mit dem Bau einer Residenz in Aquincum, das inzwischen Buda hieß und an die Stelle des früheren Regierungszentrums Esztergom (Gran) treten sollte. Auf deutsch nannte sich der Ort Ofen, was die wörtliche Übersetzung des altslawischen Wortes Pest ist und sich auf die zahlreichen Kalkbrennöfen bezog, die in dieser Gegend standen. Die

Ortschaft Pest befand sich jedoch auf dem gegenüberliegenden Donauufer an der Stelle des ehemaligen Contra-Aquincum. Als die Mongolen rund fünfzig Jahre später Ungarn überrannten und Pest verwüsteten, verlegte König Bela IV. diese Stadt mit allen Rechten auf den heutigen Burghügel. Der Ort, der mit einer Mauer umgeben war, um Neusiedlern und Überlebenden größere Sicherheit zu bieten, wurde Buda genannt, während das alte Buda den Namen Óbuda (Altbuda beziehungsweise Altofen) erhielt. Soweit die verwirrende Entstehungsgeschichte von Budapest.

Buda ist der alte, ehrwürdige Teil, angelegt auf den Hügeln am westlichen Donauufer und lange Zeit Residenz der ungarischen Könige. Hier liegen die königliche Burg und das historische Burgviertel mit der Fischerbastei (halászbástya) und der Matthiaskirche. Auf dieser Seite des Flusses haben auch die Reichen und Mächtigen des Landes ihre Villen angelegt. Südlich der Burg ragt der Gellértberg mit der Zitadelle auf, die nach der niedergeschlagenen Revolution von 1848/49 von den Habsburgern errichtet wurde, um die Stadt unter Kontrolle zu halten. Seit 1947 thront auf dem Berg das pompöse Freiheitsdenkmal, geschaffen zur Erinnerung an die Befreiung Ungarns durch die Sowjetsoldaten. Nördlich des Burgviertels liegt das historische Óbuda, wo sich römische Mauerreste und zierliche Barockgebäude zwischen kalten Neubauten ducken müssen.

Auf der anderen Donauseite erstreckt sich das geschäftige, großstädtische Pest mit seinen ausgedehnten Vorstädten, mit seinen großen Plätzen, breiten Geschäftsstraßen und der noblen Einkaufsstraße Váci utca – eine bunte, laute Metropole, die zuweilen an Paris erinnert. Hier liegen die beiden geisteswissenschaftlichen Universitäten, hier thront am Donauufer das riesige Parlament, hier haben Rathaus, Parks und Fußballstadien ihren Ort. In den dunklen Straßenschluchten stauen sich die Kraftfahrzeuge, während sich draußen in den Außenbezirken schmutzige Industrieanlagen, häßliche Neubauviertel und die sanierungsbedürftigen Hütten der Bedürftigen drängen. Pest ist das urbane Gegenstück zum grünen, ruhigen und hügeligen Buda, in das sich Könige, Bürger und Parteifunktionäre mit Vorliebe zurückgezogen haben.

Mit Macht in die Moderne

Sein heutiges Gesicht erhielt Budapest überwiegend in den rund fünf Jahrzehnten der Doppelmonarchie, von 1867 bis zum Ersten Weltkrieg, die Ungarn nach jahrhundertelangem Niedergang einen ungeheuren Aufschwung von Industrie und Handel brachten. Damals stieg die Zahl der Einwohner von 300 000 auf eine Million im Jahre 1905. Maschinenfabriken, Mühlen, Brauereien und andere Industriewerke siedelten sich an und expandierten rasch. Am Pester Donauufer reihten sich, mit Blick auf den Burgberg, die herrschaftlichen Hotels. Vom Kopf der Elisabethbrücke brach eine Radialstraße durch die alte Bebauung, die die innerstädtische Pfarrkirche beinahe durchbohrte und der das Alte Rathaus mit samt seinem wunderschönen Vorplatz zum Opfer fiel. Von der Innenstadt schlug man eine verkehrstechnisch sinnlose Schneise, die heutige Andrássy út, über den ebenfalls neu errichteten Gro-

Geschenk der Jahrtausendfeier – Burg Vajdahunyad im Stadtwäldchen

ßen Ring zum Stadtwäldchen. Im Versuch, das benachbarte Wien zu kopieren, welches sich wiederum an den Leistungen des Architekten Haussmann in Paris orientierte, wandte sich Budapest brutal gegen seine eigene architektonische Vergangenheit – und schuf vielerorts jene übertriebene, architektonische Pracht, die den Touristen heute so gut gefällt.

Den Höhepunkt dieser krampfhaften Nachahmung königlichen Prunks durch die rasch reich gewordene Bourgeoisie bildete die fast tragikomische Millenniumsfeier von 1896, mit der die tausendste Wiederkehr der «Landnahme» der Ungarn im Jahre 896 gewürdigt werden sollte. Der romantisch-heldenhaften Geschichtsbetrachtung, die auch in der Architektur ihren Ausdruck finden sollte, widersprach der verspielte barocke Stadtkern am Pester

Donauufer, so daß ihn die damaligen Stadtplaner fast vollständig flach legten. In absurder Gigantonomie baute man darüber hinaus ein Parlamentsgebäude in die Innenstadt, dessen Pracht und Ausmaße Londons Westminster übertreffen sollten – als werde von hier ein Weltreich regiert und nicht das kleine unterentwickelte Königreich, in dem es noch nie demokratische Wahlen gegeben hatte.

In Buda führte die Prunksucht dazu, daß auf historischen Schloßresten und Verteidigungsanlagen eine kaiserliche Residenz errichtet wurde, die größer und prächtiger geriet als die Hofburg in Wien, obwohl der österreichische Kaiser nur in Ausnahmefällen darin wohnen mochte. An den Schloßberg wurden pseudoromanische Verzierungen geklebt, und die altehrwürdige Krönungskirche erstand neu im Stil flammender

Markstein der Metropole – Westbahnhof von Gustave Eiffel

Gotik. Statt Steinschmuck und Fresken der mittelalterlichen Gebäudereste zu restaurieren, verkitschte man sie durch Stuckornamente. Erst nach den großen Zerstörungen des Zweiten Weltkriegs begannen Denkmalpfleger, die alten architektonischen Formen im Burgviertel wieder freizulegen.

Dennoch – in den Jahren der ungarischen Belle Epoque ist Budapest von der bedauernswerten Hauptstadt eines zurückgebliebenen Agrarlandes zu einer europäischen Metropole herangereift. Zuvor standen hier einstöckige Häuschen in ungepflasterten Gassen, die Abfälle wurden von Strafgefangenen nur gelegentlich fortgeschafft. Wo heute der Große Ring verläuft, floß grünes, algiges Wasser. Trinkwasser gab es nur aus Tonnenwagen von fahrenden Händlern, die es mit lauter Stimme als «Donauwasser» anpriesen.

Nur drei Jahrzehnte später jedoch breitete sich hier eine moderne Millionenstadt aus mit Pflasterstraßen, Straßenbahn, stabilen Donauverbindungen und fortgeschrittener Industrie.

In dieser Zeit wurden die Ansätze eines modernen Verkehrssystems geschaffen, und selbst schwierige technische Konstruktionen wie die Zahnradbahn auf dem Széchenyiberg oder die Kabinenbahn zum Burgviertel, die inzwischen wieder im alten Stil erneuert ist, brachten die ungarischen Ingenieure nicht in Verlegenheit. Im Innern des Parlamentes arbeiteten komplizierte Apparaturen zur Beleuchtung und Beheizung, und binnen kurzem entstand eine vollkommen neue städtische Infrastruktur mit Wasser, Gas, Strom und Kanalisation. Die slumähnlichen, heruntergekommenen Stadtviertel der Innenstadt verschwanden zugunsten großzügiger Wohnbauten; Krankenhäuser, Schulen, Universitätskliniken sowie Theater und Museen kamen hinzu, die bis heute fast ohne Zubau die Stadt versorgen (müssen). Die architektonische Schönheit, mit der im Zeitalter der Industrialisierung Profanbauten wie der vom Büro Eiffel entworfene Westbahnhof realisiert wurden, ist danach nie wieder erreicht worden.

Das Gesicht, das die Stadt bis zur Jahrhundertwende bekommen hatte, ist trotz zweier verlorener Kriege bis heute kaum verändert, sieht man von den wuchernden Neubauten und Industrieanlagen in den Außenbezirken einmal ab. Den Kern des flachen, hektischen Pest bildet die von alters her besiedelte Innenstadt (Belváros), die später mit der Leopoldstadt (Lipotváros), dem bevorzugten Wohnort der reichen jüdischen Unternehmer zwischen Vörösmarty tér und Margarethenbrücke zum fünften Bezirk vereinigt wurde. Außerhalb des kleinen Rings breiten sich die prächtigen Stadtviertel der Gründerzeit wie Strahlen aus. Sie tragen die Namen der österreichischen Erzherzoge – im Norden Theresienstadt (Terézváros), darunter Elisabethstadt (Erzsébetváros), gefolgt von Josephstadt (Józsefváros) und Franzensstadt (Ferencváros). Das alte Buda, das früher nur einen Bruchteil seiner heutigen Ausdehnung besaß, setzt sich von Süd nach Nord aus den Vierteln Tabán, früher der Wohnort türkischer Gerber, Kristinenstadt (Krisztnaváros), der Burg (Vár) und der Wasserstadt (Víziváros) zwischen Ketten- und Margarethenbrücke zusammen.

Gesellschaft im Schmelztiegel

Die fieberhafte Anstrengung, mit der die Umgestaltung der Hauptstadt in Angriff genommen wurde, setzte einen Mechanismus in Bewegung, der alles Überkommene verschlang und der Stadt in kurzer Zeit eine unvorstellbar große Zahl von Menschen einverleibte. Die großen Bauvorhaben zogen Tausende von Arbeitskräften vom Lande in die Stadt, die nun ihrerseits zusätzlichen Wohnraum beanspruchten; gleichzeitig expandierten Industrie und Zulieferunternehmen durch den Bauboom, was weitere Arbeitskräfte anlockte. Der Erwerb von Immobilien war die einträglichste Kapitalanlage. Ein dicht bebauter Stadtteil wie der siebte Bezirk (Elisabethstadt) wurde innerhalb von zwei Jahren hochgezogen. Dabei konnte man kaum auf Maschinen zurückgreifen, sondern baute die Häuser Stein auf Stein. Bauernmädchen in weiten Röcken, die aus der Budaer Umgebung kamen, schleppten den Mörtel in Trögen die Gerüste hinauf.

Der ungeheure Aufschwung revolutionierte aber nicht nur das Äußere der Stadt, er veränderte schlagartig die Identität der Bewohner. Innerhalb weniger Jahre machte er aus dem bunten Nationalitätengemisch eine einheitlich fühlende, ungarisch denkende Bevölkerung. Pest war im 11. Jahrhundert von mohammedanischen Ostbulgaren, den Ismaeliten, gegründet worden, in Buda wohnten Neulateiner, Südslawen und Ungarn. Bis zum Ende des 18. Jahrhunderts konnten nur Deutsche katholischen Glaubens in Budapest ein Grundstück erwerben, und die Juden, die ein oder zwei Generationen zuvor aus Galizien und Mähren eingewandert waren und anstelle des

Nationalitätengemisch – Mietshaus um 1890

degenerierten magyarischen Kleinadels das leistungsorientierte Bürgertum bildeten, waren größtenteils
deutsch sozialisiert. Die Budapester
Bourgeoisie sprach noch 1880 mehr-
heitlich deutsch, während die Arbeiter aus den von Slawen, Rumänen
oder Ungarn bewohnten Gebieten
an ihren Nationalsprachen festhielten.

Zwanzig Jahre später war das ba-
bylonische Gewirr fremder Sprachen und Kulturen in einem neuen
ungarischen Nationalbewußtsein
aufgegangen. Die zumeist jüdischen
Bürger verschrieben sich dem Nationalismus, weil sie die wirtschaftliche
und politische Unabhängigkeit von
Wien benötigten. Die Arbeiter dagegen brauchten ein gemeinsames
Kommunikationsmittel und bedienten sich dafür des Ungarischen.
Deutsche Begriffe, mit denen bis dahin fast alles Technische aus dem Ar-

beitsleben bezeichnet worden war, wurden nun einfach ungarisch ausgesprochen. Als 1887 das Deutsche Theater in Pest abbrannte, fand sich kein Unternehmer mehr, der es wieder aufbauen wollte, während man zwei Jahrzehnte zuvor noch alle Versuche für absurd gehalten hatte, Theaterstücke in ungarischer Sprache auf die Bühne zu bringen.

Die ersten Schritte der neuen Kulturnation waren eher stolpernd, mitunter peinlich. Die Budapester Zeitungen, die nun auf ungarisch erschienen, spiegelten in gewollt madjarischem Stil oft genug nur die deutsche Sprach- und Gedankenwelt mehr schlecht als recht wider. Weil Budapest zur Weltstadt reifen sollte, öffneten zum Amüsement der Wohlhabenden vor allem Spielhöllen, Freudenhäuser und erotische Kabaretts, die sich vollmundig als «Theater» bezeichneten, ihre Pforten. Die Mädchen des ländlichen und städtischen Proletariates fanden hier zu Tausenden Absatz, und Budapest kam bald in den Ruf einer besonders lebensfreudigen, verruchten Metropole. Die Distanz gegenüber der mondänen Kapitale steigerte sich auf dem Lande zuweilen zu feindlicher Ablehnung, die sich am Lebensstil und an der jüdischen Herkunft vieler Bewohner stieß. «Sündige Stadt», nannte man Budapest noch in der Horthy-Zeit, oder, besonders böse: «Judapest».

Von Krieg zu Krieg

Diese glamouröse Epoche, die ihr häßliches Schattenbild, die düstere Existenz von Millionen bettelarmen Landarbeitern und Proleten, perfekt verdrängte, fand ihr jähes Ende, als Ungarn von verblendeten, kaisertreuen Regenten in den Ersten Weltkrieg geführt wurde. Der Krieg endete im totalen Zusammenbruch, es folgten die Revolution, die Räterepublik und der Reichsverweser Miklós Horthy.

Die Horthy-Zeit ist gewissermaßen eine Fortschreibung der Belle Epoque gewesen – mit dem kleinen Unterschied, daß Ungarn zwei Drittel an Land und Leuten verloren hatte und vor unvorstellbaren sozialen und wirtschaftlichen Problemen stand. Die Beamten und Bürger der verlorenen Gebiete strömten nach Budapest und wollten im ohnehin aufgeblähten Staatsapparat untergebracht werden. Die Bodenschätze lagen außerhalb der Staatsgrenzen, viele Unternehmer, die nicht unter den neugegründeten oder nähergerückten Nachbarstaaten leben wollten, fingen in Budapest noch einmal von vorne an. Alte Produktionszweige wie Mühlenindustrie und Maschinenbau durchlebten eine tiefe Krise, andere erfuhren durch die Schaffung eines selbständigen ungarischen Zollgebietes einen Aufschwung. Litfaßsäulen mit leuchtenden Werbeaufschriften für Törley-Sekt, Gottschlich-Liqueur, Tungram-Birnen oder Modiano-Tabak verkündeten damals für jeden sichtbar, wo die ungarische Wirtschaft prosperierte.

Gebaut wurde in dieser Zeit in erster Linie für die Reichen. Nördlich der Margarethenbrücke entstand auf einem alten Industrie- und Lagerhausgelände der neue Bürgerstadtteil Új Lipotváros (Neue Leopoldstadt), hinter dem Stadtwäldchen wuchsen prächtige Wohnpaläste in die Höhe, die heute größtenteils von ausländischen Botschaften benutzt werden. Auf der Budaer Seite errichteten sich die Wohlhabenden rund um den Burgberg die ruhigen, grünen Villenviertel des zweiten, elften und zwölften Bezirkes und versuchten, durch den Bau von mächtigen Geschäfts- und Wohnhäusern ein wenig von der Pester Atmosphäre über die Donau zu holen. Indessen verschlechterte sich die Situation der unteren Schichten durch die Wirtschaftskrise seit den späten zwanziger Jahren, doch das autoritäre Horthy-Regime duldete nur zahme Kritik. Karikaturen aus dieser Zeit (zu sehen im Budapester Historischen Museum) zeigen, wie Hundehütten zu horrenden Preisen vermietet werden sollen oder wie ein Kunde am Kartenschalter der Eisenbahn konsterniert feststellt: «Ich wollte nicht den Zug kaufen, sondern nur eine Fahrkarte.»

Als wollte man die Geschichte wiederholen, fand sich die ungarische Führung seit Mitte der dreißiger Jahre erneut an der Seite der Mittelmächte und hoffte, im Bündnis mit Hitler den in der Horthy-Zeit unentwegt hochgezüchteten Traum der Grenzrevision verwirklichen zu können. Dazu mußten ausgerechnet jene, die sich am meisten mit dem Magyarentum identifiziert hatten, die jüdischen Bürger, zu fremden, volksfeindlichen Elementen erklärt werden. Als das winzige Land im Gleichschritt mit Deutschland der Sowjetunion und den Vereinigten Staaten den Krieg erklärte, hatte man die Selbstüberschätzung der Zeit des ersten großen Krieges auf aberwitzige Weise zu übertreffen vermocht. Und diesmal kam der Krieg mit aller Brutalität auch nach Budapest. Im März 1944 besetzten SS-Truppen das Land und seine Hauptstadt, im Oktober nahmen sie den Reichsverweser Horthy fest und machten den Führer der faschistischen Pfeilkreuzler, Ferenc Szálasi,

zum neuen Regierungschef. Die Juden wurden im siebten Bezirk (Elisabethstadt) zwischen Kleinem und Großem Ring in ein Getto eingemauert, am Donauufer fanden täglich Exekutionen statt. Die Stadt versank in Willkür und Terror, während Engländer und Amerikaner Bombenangriffe flogen. Als schließlich sowjetische Truppen in den letzten Dezembertagen des Jahres 1944 Emissäre in die Hauptstadt schickten, die den eingeschlossenen deutschen und ungarischen Truppen die Kapitulation anboten, wurden sie ungeachtet der weißen Fahnen hinterrücks erschossen. Ein zäher zweimonatiger Belagerungskrieg begann. Straße für Straße mußten die faschistischen Truppen zurückgedrängt werden, die zuvor Maschinen und Rohstoffe vernichtet hatten. Am Ende der Kämpfe, am 13. Februar 1945, waren drei Viertel aller Gebäude beschädigt und mehr als ein Drittel zerstört.

Aufbau, Abriß, Aufstand

In den Nachkriegsjahren begann ein mühseliger Wiederaufbau der geschlagenen Stadt. Paläste und Theater, Kirchen und Wohnhäuser, Industriehallen und Brücken mußten oftmals von Grund auf neu geschaffen werden. 1950 kamen die Randgebiete zur Hauptstadt dazu, wodurch das Lebensniveau der früher stark benachteiligten Arbeitersiedlungen schrittweise angehoben wurde. Wo sich vormals, wie auf der Industrieinsel Csepel oder im legendären Arbeiterbezirk Angyalföld, ärmliche Proletarierbehausungen duckten, entstanden vielstöckige Wohnsiedlungen, und brachliegendes Land wurde mit industriell vorgefertigten Hochhäusern zugestellt.

Mancherorts wurde nun im Stil der Moskauer Stalin-Architektur gebaut, aber größer noch waren die Schäden, die die einfallslosen Profanbauten der sechziger und siebziger Jahre im Stadtbild anrichteten: Parkhäuser und Bürotürme, Fußgängerunterführungen und Hochstraßen, Warenhäuser und Aluminiumkioske. Das ehrwürdige Nationaltheater am Blaha Lujza tér fiel dem Abrißbagger zum Opfer und wurde durch das schmuddelige Corvin-Kaufhaus ersetzt. Da die Partei der Kommunisten es ablehnte, in der königlichen Burg zu residieren, aber dennoch auf repräsentative Räumlichkeiten Wert legte, errichtete man in der Nähe des Parlamentes das «weiße Haus», die gut bewachte Parteizentrale, in der heute die Abgeordnetenbüros untergebracht sind, und beschlagnahmte die in dieser Gegend konzentrierten Bank- und Versicherungspaläste für die Arbeit der Ministerien.

Einen Bruch in der Entwicklung brachte das Jahr 1956: Dreizehn Tage lang war die Hauptstadt Schauplatz von Demonstrationen und heftigen Gefechten zwischen Aufständischen und sowjetischen Truppen. Die Hochburgen der bewaffneten Opposition lagen in Pest und Buda jeweils am Großen Ring. Im Haus des Parteiorgans «Szabad Nép» am Blaha Lujza tér, wo eine der leistungsfähigsten Druckereien arbeitete, hatten sich die Aufständischen um József Dudas, einen früheren Kommunisten, verschanzt. An der Kreuzung József körút / Üllöi út saßen die Brüder Pongrátz in der Corvin-Passage, die sie mit einer erbeuteten Panzerabwehrkanone verteidigten. Den Széna tér bis zur Gegend des Südbahnhofes beherrschte die Aufständischengruppe um den legendären «Onkel Szabó». Am Móricz Zsigmond tér kämpften Studenten der Technischen Hochschule, zu denen Offiziere des nahen Luftwaffenoberkommandos gestoßen waren, gegen die sowjetischen Panzer.

Als in den frühen Morgenstunden des vierten November Truppen der Roten Armee in Budapest einrollten, begann ein tagelanger verbissener Kampf zwischen den ungleichen Gegnern. Von den Häusern des Großen Ringes aus versuchten die Aufständischen, den Vormarsch der russischen Truppen zu stoppen, in den meisten innerstädtischen Bezirken kam es zu massiven Gefechten. Das Gebiet um die Corvin-Passage glich hinterher einem Schlachtfeld und mußte vollkommen neu bebaut werden. Panzerbeschuß hatte ganze Wohnungen freigelegt und zahlreiche wertvolle Gebäude wie die kleine Kirche am Deák tér schwer beschädigt.

Inzwischen haben Denkmalschützer und Restauratoren die Spuren der Geschichte an vielen Gebäuden beseitigt. In der Innenstadt haben fast alle großen Wohnpaläste einen neuen Überzug aus Mörtel und Farbe erhalten. Die Oper an der Andrássy út, das ehemalige Ballhaus am Vigadó tér, das gesamte mittelalterliche Burgviertel sind von Grund auf renoviert worden. Einschußlöcher verschwanden unter Putz. Nur in den Straßen abseits der großen Avenuen und der Touristenströme sind in den dunklen abgeplatzten Fassaden die Wunden und Herrlichkeiten der Stadt Budapest so unversehrt erhalten geblieben, als habe man vergessen, den Mechanismus des Fortschritts in Bewegung zu setzen.

BRÜCKEN, MÄRKTE, BÄDER, FRIEDHÖFE

Schlüssel zur Stadt

Neun Brücken verbinden Buda und Pest, und jeder Besuch beginnt damit, die Namen dieser Pulsadern im Gedächtnis festzuhalten. Sie ordnen das Häusergewirr, sie leiten den Autoverkehr, sie zu erlernen, ist Ziel der ersten Übungsstunde, mit der deutsche Diplomaten auf ihren Ungarn-Aufenthalt vorbereitet werden. Die älteste feste Verbindung von hüben nach drüben ist die Kettenbrücke (Lánc híd), die 1849 eine Pontonbrücke und den Fährverkehr mit Ruderbooten ersetzte. An beiden Brückenköpfen befand sich früher ein Häuschen mit einem Mann, der gewissenhaft den königlichen Brückengroschen einsammelte. 25 Jahre nach dem Bau der Kettenbrücke wurde die Margaretenbrücke (Margit híd) dem Verkehr übergeben. Sie verband die Margareteninsel in der Mitte des Stromes mit Pest und Buda. Pünktlich zur ungarischen Tausend-Jahr-Feier im Jahre 1896 konnte die dritte Verbindung, die Franz-Joseph-Brücke, später Freiheitsbrücke (Szabadság híd),

eingeweiht werden, und wenige Jahre später folgte die Elisabeth-Brücke (Erzsébet híd). Die letzten beiden Brücken für den immer noch anwachsenden Verkehr plazierten ungarische Planer an den Rand der Innenstadt: die Petőfi-Brücke (Petőfi híd) und die Árpád-Brücke (Árpád híd), die 1950 fertiggestellt wurde.

Die abziehenden deutschen Soldaten sprengten die Budapester Brücken im Jahre 1945 in die Luft, um die Rote Armee am Weitermarsch zu hindern. Wie lahme Flügel hingen die Fahrbahnen und Brückenseile in das kalte Donauwasser, die Verbindung zwischen Buda und Pest war für Jahre gestört. Sowjetische Truppen bauten eine provisorische Verbindung zwischen Batthyány tér und Parlament, die den Namen von Josef Stalin trug, später aber wieder abgerissen wurde, weil sie den Schiffsverkehr behinderte und nicht gefeit war gegen Hochwasser und Treibeis.

Die schönsten Brücken wurden nach dem Krieg in ihrer alten Form

wieder aufgebaut und in den letzten Jahren nach und nach überholt. Nur bei der Elisabethbrücke verzichtete man auf die aufwendigen Verzierungen und errichtete statt dessen eine 290 Meter lange, von weißen Stahlseilen gehaltene Donauverbindung, die jedes Jahr im Frühjahr von Arbeiterkolonnen mit Eimer und Bürste gewissenhaft gesäubert wird. Seit Jahren diskutieren Planer auch über eine neue Donaubrücke, die das Nadelöhr Budapest entlasten könnte, durch das der gesamte ungarische Ost-West-Verkehr hindurch muß. Ein Tunnelprojekt wurde aus Kostengründen fallengelassen, ein anderer Plan, der im Süden Ungarns eine weitere Brücke vorsah, um den Verkehr abzuziehen, scheiterte am ungarischen Zentralismus. Jetzt favorisieren die Stadtväter eine Erweiterung der Eisenbahnbrücke im Südteil der Stadt, doch gibt es Bürgerproteste gegen die zu erwartende Zunahme der ohnehin großen Umwelt- und Lärmbelastungen in diesem Stadtteil.

Über die weitgespannten Donaubrücken gelangt man auf die großen Budapester Radial- und Ringstraßen, die das Häusermeer wie breite Schneisen durchteilen. Margaretenbrücke und Petőfi-Brücke werden in Pest vom Großen Ring (Nagykörút) verbunden, der bis vor kurzem in einer bizarren Mischung aus Königen, Kaisern und Revolutionären mal den Namen Lenins, mal den des heiligen István, mal die der Wiener Kaiser Joseph und Franz führte.

Auch in Buda führen die Brücken auf einen weiträumigen, wenngleich weniger übersichtlichen Ring, der hinter dem Burgviertel einen breiten Bogen von der Margaretenbrücke zur Elisabeth- und zur Petőfibrücke

beschreibt. Den Kleinen Ring gibt es dagegen nur auf der Pester Seite. Er beginnt an der grün gestrichenen Franz-Joseph-Brücke und folgt dem Verlauf der einstigen Stadtmauer bis zur Kettenbrücke beziehungsweise bis zum Teréz-Ring. Schließlich mündet auch die Árpád híd im äußersten Norden auf eine breite Ringstraße, die Hungária körút, die bislang jedoch noch auf halber Strecke in aufgerissenem Straßenbelag endet. Nur den dringend erforderlichen Autobahnring, der die Innenstadt vom Fernverkehr befreien könnte, den gibt es nicht.

Welt untertage

Wer den lauten, in bleiernen Ölnebel gehüllten Ringstraßen entfliehen und dennoch kreuz und quer durch Budapest streifen will, der kommt um einen Abstieg in die Unterwelt der Hauptstadt nicht herum: In breiten Schächten tief unter der Erde knüpft die Metro ein ungewöhnlich schnelles, aber viel zu kleines Verkehrsnetz. Knapp vierzehn Kilometer Strecke stehen bis 23 Uhr auf zwei Linien zur Verfügung, deren eine die Donau unterquert. Das Ausbautempo ist hoffnungslos hinter den hochfliegenden Plänen zurückgeblieben, die im Metro-Museum am Deák tér zu sehen sind.

Die ungarische Hauptstadt nimmt in Prospekten und Reiseführern gerne die «erste U-Bahn des Kontinents» für sich in Anspruch – die wirklich erste Europas fuhr nämlich in London. Seit der ungarischen Tausend-Jahr-Feier (1896) verkehren zwischen Innenstadt und Stadtwäldchen auf einer vier Kilometer langen Strecke die ratternden Züge der Untergrundbahn (földalatti), die jedoch mit der Metro nur wenig gemein hat.

Budapester Metro

Diese Bahn wurde unter der damals neu errichteten Prachtstraße «Sugárút», der heutigen Andrássy út, in offener Bauweise verlegt, weil man das Stadtbild nicht durch die gerade in Mode gekommenen elektrischen Straßenbahnen zerstören wollte. Wie anno dazumal zuckeln bis heute die gelblackierten Wagen die alte Streckenführung entlang. Nur die hölzernen, geschnitzten Eingangshäuschen sind mittlerweile einfachen Treppeneingängen gewichen mit Balustraden aus gelbweißem Sandstein.

In der Metro geht es gänzlich anders zu. Sie ist bis in die Einzelheiten ein Nachbau der Moskauer U-Bahn und gibt sogar den Herstellungsort auf russisch wieder. Von den graumetallenen Eingängen, die von blauen und roten Schildern mit dem Buchstaben «M» gekennzeichnet sind, führen überdimensionale Rolltreppen in die Unterwelt hinab, deren Ende sich irgendwo in der Tiefe verliert. Die minutenlange Fahrzeit auf den braunen Plastikstufen ist mindestens so aufregend wie ein Theaterbesuch. Denn während man seinem Ziel entgegenfährt, gleiten auf der gegenüberliegenden Treppe Hunderte von Gesichtern in die andere Richtung: Exotisch frisierte Punker und erschöpfte Arbeiterinnen, dunkeläugige Männer mit wallenden Bärten und Mütter mit plärrenden Kindern, verfettete Spießer und faltige Alte, grell gekleidete Jugendliche und in Trachten gehüllte Bäuerinnen, dreiste Machos und entrückte Schönheiten. Keiner schaut zu Boden, alle mustern ungeniert die Gestalten der entgegengesetzten Fahrtrichtung, manchmal flüchtig, manchmal tiefgründig, aber immer ohne Möglichkeit anzuhalten.

Die ungarische Unterwelt besteht jedoch nicht allein aus Metro und Untergrundbahn. Noch wichtiger vielleicht sind die Unterführungen (aluljárók) und unterirdischen Plätze am Blaha Lujza tér, am Astoria-Hotel oder am Kálvin tér, wo eine eigenartige, fremde Welt zu Hause ist.

Hier treffen sich Jugendliche, Punks und Aussteiger, hier musizieren Begabte und weniger Begabte, seitdem die Stadtverwaltung das Verbot für Straßenmusik gelockert hat; hier stehen faltige Muttchen und fremdartig gekleidete Siebenbürger Ungarn geduldig bereit, um Blumen, Tischdecken oder handgeschnitzte Schachspiele zu verkaufen. Irgendwo brüllt ein Zeitungsverkäufer in verzerrendem Singsang den Namen der Budapester Boulevard-Zeitung «Esti Hírlap» (Abendnachrichten), ein heruntergekommener Alter schiebt im Zeitlupentempo ein paar Zigarettenstummel auf die Schippe der Stadtreinigung. Am Zeitungskiosk hat sich eine Schlange gebildet, und anderswo gibt es einen Menschenauflauf, weil Polizisten eine Zigeunerin festnehmen wollen, die keine Verkaufsgenehmigung vorweisen kann. Es ist die Welt der Armen und Unterprivilegierten, die hier beheimatet ist.

Einmal im Jahr funktionieren sie die tristen Schächte, in die man die Fußgänger verbannt hat, damit die Autolawine rollen kann, in ein Tollhaus der Verbrüderung, der Freude und der Ekstase um. In der Silvesternacht, wenn es zu kalt ist, um auf der Straße zu feiern, versammeln sich unter dem Blaha Lujza tér die Heimatlosen und Vereinsamten, um mit Alkohol und plötzlicher Liebe zu jedermann das neue Jahr zu begrüßen. In den Händen halten sie bunte Papptröten, die zu diesem Anlaß überall in der Stadt verkauft werden, und brüllen damit ihre Gefühle aus den wunden Seelen. Sie trinken auf das Wohl des Nebenstehenden, sie umarmen sich und küssen sich, sie rufen jedermann das obligatorische «Boldog új évet kivánok!» (Glückliches neues Jahr wünsche ich!) zu, für das man

eigens die Abkürzung «BÚÉK» erfunden hat. Erst in den frühen Morgenstunden lichtet sich das lärmende Gewühl, und wer niemanden gefunden hat, verläßt allein und zerschunden die hitzige, dampfende Unterwelt. Zurück bleiben die Tröten und Schnapsflaschen – der billige Trost der Zukurzgekommenen.

Märkte und Menschen

Die seltsame Stimmung, die Mitteleuropa von anderen Regionen des Kontinents unterscheidet, hat sich an einem Ort in besonderer Weise erhalten: auf Märkten und in Markthallen. Die Vergangenheit trifft einen mit unvermuteter Macht, kaum ist man in die Dunkelheit hinter dem Eingangstor eingetaucht oder hat seinen Fuß auf den schmalen Weg zwischen den langgestreckten, hölzernen Verkaufstischen gesetzt. Die altmodisch gestrichenen Verkaufshäuschen oder die armseligen Mohrrübenbündel der rotwangigen Bauersfrauen aus der Umgebung atmen den Geruch einer Zeit, die anderswo längst vorbei ist.

Sonnengegerbte Gemüsehändler mit rötlichen, fetten Bäckchen thronen hinter Bergen von hellgrünem Paprika, Tomaten, Gurken, Knoblauch oder Zwiebeln. Andere haben ihre Auslage mit Hunderten von weinroten Paprika-Ketten verhängt, von denen eine einzige ausreicht, um über Jahre hinweg jedes Mittagessen mit augentränender Schärfe zu versehen. Unbekannte Kerne und Hülsenfrüchte warten in randvoll gefüllten Gefäßen auf ihre Käufer, anderswo bietet eine abgeblätterte Schrift an der Dachleiste eines Häuschens «savanyúság» an, zu deutsch: Saures – riesige Holzfässer stehen hinter der Theke, in denen Sauerkraut, Ge-

Fliegende Händler in der Markthalle

würzgurken und Bündel weißer,
länglicher Schnüre angeboten werden, die aussehen wie eingelegte
Spaghetti.

In einer weißlackierten, geschnitzten Bude verkauft ein Mann
in weißer Kluft Gänse, Enten und
Fasane, die bleich und nackt mit
dem Kopf nach unten nebeneinander hängen. Arme oder Ausgehun-
gerte bestellen für 30 Forint bei einer
von öligem Dampf umhüllten Matrone gebratene Leber mit Brot und
saurer Gurke, nebenan gibt es Sodawasser mit Sirup. Überhaupt erinnern die Markthallen eher an ein
kleines Kaufhaus, in dem sich Milch-
läden, Fleischtheken, Fischstände
und Gemüseabteilungen aneinan-
derreihen, denn die meisten der Ver-
kaufstische haben ein eigenes Dach
über dem Kopf.

Fliegende Händler gibt es nur
draußen oder in eigens für sie herge-
richteten Zonen, in denen einfache

Tische stehen. Meist sind es Bauern
und Kleingärtner, die täglich oder
für mehrere Tage den langen Weg
nach Budapest unternehmen, um
den Städtern selbstgezogenes Gemüse oder Federvieh zu verkaufen.
Sie arbeiten oftmals nicht mehr in
der LPG, sondern wirtschaften auf
eigene Rechnung, um ihre Rente
aufzubessern. Die Frauen tragen
manchmal noch ihre weißen,
schwarzen oder blauen Trachten aus
Schürze, Bluse und Kopftuch und
sehen aus, als kämen sie geradewegs
von einer Volkstanzveranstaltung.
Die Männer stecken in gestreiften,
groben Hemden und schützen den
Kopf mit dunkelbraunen, breit-
krempigen Hüten.

Oft sind es die Ärmsten der Armen, die hier einkaufen, weil sie die
Preise des staatlichen Gemüsehan-
dels nicht bezahlen können. Irgendwo sitzen ein paar Jugendliche und
vertreiben sich die Langeweile mit

Alkohol, alte Frauen durchwühlen die Mülltonnen nach Brauchbarem. Nur in der Lövőház utca im noblen zweiten Bezirk geht es etwas herrschaftlicher zu, denn die Frauen oder Dienstmädchen der Diplomaten und Neureichen haben es nicht nötig, auf die Preise zu achten. Ein schmales älteres Mütterchen, das aus einem der schwäbischen Dörfer im Norden von Budapest stammt und fließend deutsch spricht, verkauft hier für gutes Geld selbstgemachte Marmelade und weiß, daß sie sich um den Absatz keine Sorgen zu machen braucht. Die Mittellosen drängen sich nicht bei ihr, sondern im überdachten Abschnitt des Marktes, wo biedere Familien oder polnische Händler seltsam verschossene Kleidung und dubiose Nutzlosigkeiten an den Mann bringen wollen.

Die bahnhofsähnlichen Hallen aus Stein und Stahl oder die auf zurückgesetzten Plätzen aufgebauten Stände aufzusuchen, kann sich beinahe zur Leidenschaft entwickeln. Auch der zufällige Passant, der vom Schlendern durch die lauten Straßen erschöpft ist, genießt staunend die wirren Bilder und Geräusche, wenn sich die kühle, farbenprächtige Welt der Budapester Märkte vor ihm auftut. Die größte Markthalle (ungarisch: vásárcsarnok), eine mächtige Konstruktion aus gelbem und rotem Klinker, liegt an der Vámház körút und war früher Sitz des Budapester Großmarktes. Die Bauern und Zwischenhändler luden hier vor Sonnenaufgang ihre Waren ab, um sie an Läden und Marktschreier weiterzuverkaufen. Eine andere Halle liegt versteckt hinter den Häuserblöcken der Andrássy út am Hunyadi tér, eine dritte an der Rosenberg házaspár utca unweit des Szabadság térs. Offene oder nur teilweise überdach-

te Märkte gibt es an der Lövőház utca, am Bosnyák tér und im Lehel, im Stadtteil Angyalföld.

Der interessanteste Budapester Markt befindet sich allerdings weitab vom Stadtzentrum, und dort gibt es weder Paprika noch Tomaten noch irgend etwas anderes Selbstgezogenes zu kaufen. Es ist der Flohmarkt an der Ausfallstraße Nagykőrösi út, der in seiner mehr als 130 Jahre alten Geschichte immer mehr an den Stadtrand gewandert ist. Sein Name zeugt von diesem beständigen Ortswechsel, denn in der Bevölkerung ist er nur nach seinen alten Standorten als Ecseri- oder Teleki-Markt bekannt. Am besten, man fährt an einem Samstagmorgen mit dem Bus 54 Richtung Südosten hinaus, denn dann sitzen auch die Alten vom Lande vor einem grauen Fetzen Stoff, auf dem sie ihre Habseligkeiten ausgebreitet haben: Schuhe, Hemden, Hosen, aber auch ausgediente Kaffeemaschinen, Taschenuhren oder dickwandige, abgeschabte Gläser.

Der Flohmarkt bietet so etwas wie einen Querschnitt der ungarischen Gesellschaft – mit Ausnahme vielleicht der Bürokraten und Funktionäre, denn die dürften sich selten in das Gewiesel und Gewimmel verirren, das sich hinter den grauen Steinmauern mit der Aufschrift «használt cikkek piác» (Gebrauchtartikelmarkt) breitmacht. Am Eingang gleich links liegen die dumpfen, verrauchten Kaschemmen, in denen fette Bratwurst und öliger Aprikosenschnaps (barackpálinka) verkauft wird, während rechter Hand unter schützendem Dach die ständigen (und deshalb teureren) Händler Jeans, Uhren, Antiquitäten oder Autoersatzteile anbieten. Mitunter stößt man auf einen Schnauzbärti-

Schäbig bis schick – der Flohmarkt

gen in Lederjacke, der auf einem Tischchen sauber verpackte Playboy-Hefte offeriert, die in Ungarn lange Zeit verboten waren, obwohl doch ein Teil der Modelle gegen Devisen in der Volksrepublik abgelichtet wurde.

Im hinteren Teil postieren sich die Gelegenheitsverkäufer: aufgeschwemmte Zigeunerfrauen, die laut mit ihren Nachbarn streiten, verhärmte, stoppelbärtige Männer, die ein altes Radio oder abgetragene Anzüge vor sich ausgebreitet halten, oder ein lässiger Profi, der sich auf Oberhemden spezialisiert hat und weiß, daß Touristen und die Budapester Szene immer dankbare Abnehmer sein werden. Unweit davon haben Antiquitätenhändler ihre Auslagen, die auf das Geld der Diplomatenfrauen spekulieren. Ein Grauhaariger bahnt sich seinen Weg durch die Menge und trägt mehrere selbstgeschneiderte Wintermäntel

übereinander, die für den Verkauf vorgesehen sind. Deutsch sprechen hier nur die wenigen Ausländer, die von der Existenz des Marktes wissen, aber das Feilschen über die Preise läßt sich ohnehin am besten mit Händen und Füßen erledigen.

Kaffeehaus-Abglanz

Szenenwechsel. Wir befinden uns im Café Gerbeaud an der Stirnseite des Vörösmarty tér. Gepflegte, duftende Damen der älteren Generation sitzen vor einer Tasse Schokolade und stopfen Berge cremiger Torte in sich hinein. Am Nachbartisch ist eine Touristengruppe aus Wanne-Eickel versammelt, die sich polternd darüber ausläßt, daß sie seit einer Viertelstunde vergebens auf die Bedienung wartet, während drei der uniformierten Kellnerinnen hinter der Theke Neuigkeiten austauschen. Zwei gut gekleidete italienische

171

Jünglinge am Fenster lassen ihre braunen Augen kreisen und mustern fachmännisch die anwesende Damenwelt, eine Büromieze aus dem schräg gegenüberliegenden «Haus der Kultur» legt ihr künstliches blondes Haar immer wieder in die niemals richtige Form. Irgendwo versucht ein älterer Herr im Outfit einer untergegangenen Epoche vergeblich, seinen gelangweilten Enkeln aus Pittsburg/USA die ungarische Nationalhymne beizubringen. Das also ist ein echtes Budapester Kaffeehaus.

Vor hundert Jahren sah es da noch anders aus. Geschniegelte Kellner im Schwalbenschwanz und mit einer Serviette über dem Arm standen befehlsbereit am Eingang, um auf einen leisen Wink beflissen an den Tisch zu eilen. Eine Gesellschaft von Männern in steifen Anzügen und mit melonenartigen Hüten auf dem Kopf verteilte sich über die zierlichen Tische und diskutierte angeregt die große Politik oder das Neueste aus dem Kulturleben. An zentraler Stelle hingen ungarische und ausländische Tageszeitungen aus, in der Ecke debattierte eine Art Intellektuellen-Stammtisch, der sich hier regelmäßig zum täglichen Gedankenaustausch zusammenfand. Man trank Kaffee, nippte an einem Glas Wasser und kam damit stundenlang aus, ohne nachzubestellen.

Das Kaffeehaus (kávéház), wie man bis heute in dieser Region die geräumigen, eleganten Cafés zu nennen pflegt, ist zweifellos eine der angenehmsten Traditionen der untergegangenen Donau-Monarchie. Während man anderswo in verräucherten Bierkellern oder rustikalen Wirtshäusern das Kommunikationsbedürfnis in Bier und Korn ertränkt, gab es in Budapest lange Zeit keinen belebteren, produktiveren und mitunter revolutionäreren Ort als das Kaffeehaus. Nirgendwo sonst konnten Informationen und Meinungen schneller verbreitet werden als hier, an den winzigen Marmortischen zog jeden Tag das ganze Weltgeschehen vorüber. Rund fünfhundert solcher Kaffeehäuser zählte Budapest um die Jahrhundertwende, und es bleibt ein betriebswirtschaftliches Rätsel, wie sie bei ihrem geringen Umsatz überhaupt nebeneinander existieren konnten.

Um die Kaffeehäuser der ungarischen Hauptstadt ranken sich zahllose Geschichten und Anekdoten, die, wie im Fall des Pilvax, zuweilen langlebiger sind als die Gebäude selber. In dem inzwischen abgerissenen Café in einer Seitenstraße der Váci utca wurde nämlich vor 140 Jahren eine veritable Revolution ausgelöst: Hier traf sich 1848 die Jugend des Vormärzes am «Tisch der öffentlichen Meinung», als die Nachricht revolutionärer Straßenkämpfe in Wien wie eine Bombe einschlug. Der fünfundzwanzigjährige Dichter Sándor Petőfi, der sich seine Post nur in das Kaffeehaus senden ließ, forderte die Anwesenden damals zum Handeln auf und verlas am 15. März in dem vollgepfropften Café sein revolutionäres Nationallied. «Im Café», erinnerte sich der Poet, «beschlossen wir, der Reihe nach die Universitätsjugend aufzusuchen und dann mit ganzer Kraft an die große Arbeit heranzugehen. Daß es in Strömen regnete, bemerkten wir erst, als wir auf die Straße hinaustraten, und der Regen hörte bis spätabends nicht auf, aber die Begeisterung ist wie das bengalische Feuer, Wasser löscht es nicht.»

Ein anderes berühmtes Kaffeehaus ist das ehemalige Café New

Leere Hülle – das Café Hungária

York am Erzsébet-Ring 9–11, das in den Nachkriegsjahren aus ideologischen Gründen in Hungária umbenannt wurde. Hier, in dem übertrieben prachtvollen Neorenaissance-Palast einer amerikanischen Versicherungsgesellschaft, trafen sich in den zwanziger und dreißiger Jahren alle bedeutenden Literaten Ungarns oder jene, die es werden wollten. Auf einer Empore thronte der Cheflektor der literarischen Zeitschrift «Nyugat» (Westen), Ernő Osvát, vor dem die Schriftsteller Schlange standen, um ihre Manuskripte, die sie oftmals einen Stock tiefer an einem der kreisrunden Tischchen geschrieben hatten, seinem gefürchteten Urteil vorzulegen. Der legendäre Oberkellner, Onkel Gyula, hatte manchen Anteil am produktiven literarischen Schaffen dieser Jahre, denn er gewährte den oftmals bettelarmen Schreibern großzügig Kredit und soll zum Kaffee das Tintenfaß gleich mitserviert haben.

Heute erinnern nur noch das restaurierte Interieur des Kaffeehauses und ein paar Zeichnungen an den Wänden an die intellektuelle Vergangenheit. Obwohl im selben Gebäude Verlage und Zeitungsredaktionen untergebracht sind, ist von der einstigen Ausstrahlung kaum etwas geblieben. An den Tischen haben sich Touristen breitgemacht, denen Reiseführer weismachen, in einem «echten Künstlercafé» zu sitzen. Und die unfreundliche Bedienung im weinroten Tuch der staatlichen Gastronomie-Kette Hungar-Hotels, die die meisten Budapester Kaffeehäuser im Sozialismus übernahm und mehr schlecht als recht verwaltete, sieht aus, als habe sie noch nie ein Stück Weltliteratur in der Hand gehalten.

Man ist versucht zu fragen, was mehr verantwortlich ist für den Tod der Kaffeehäuser – der schnöde Materialismus der aufkommenden Konsumgesellschaft, die Professionalisierung der Kunst oder die einfallslose Verwaltung von Kultur und Gastronomie im Sozialismus. In den fünfziger und sechziger Jahren jedenfalls sind die meisten Cafés zu schummrigen, schmuddeligen Kaffeeausschänken verkommen, oder die staatlichen Planer verpaßten ihnen das Aussehen eines mit weinroten Plastikhockern ausgestatteten Bahnhofswartesaals. Da Kaffeehäuser als «Relikte der verkommenen bürgerlichen Lebensweise» galten, wurde das New York 1947 geschlossen und in seinen Räumen ein Sportgeschäft eingerichtet. Das Café Japan in der Andrássy út 45 wurde zur Buchhandlung umfunktioniert, seine fernöstlichen Stuckarbeiten verschwanden hinter einer geschmacklosen Holzvertäfelung. Nur eine kleine Tafel erinnert an die Zeiten, in denen, wie die Schwester des Dichters Attila József einmal notierte, junge Schriftsteller «ausgehungert und ausgemergelt im Café Japan ein Zuhause sahen, wo sie ruhig arbeiten konnten, miteinander Schach spielten und sich nach erfolgter Partie eine Portion Suppe mit Wurst teilten».

Auch das altehrwürdige Café Gerbeaud, eine der ältesten Konditoreien der Stadt, die 1858 von Henrik Kugler gegründet und 1884 von Emil Gerbeaud übernommen worden war, erhielt nach dem Krieg einen neuen Namen: «Vörösmarty». Die Besitzer wurden enteignet und wanderten nach Amerika aus. Auf Fotos aus den fünfziger Jahren ist es kahl und dunkel hinter den Scheiben, Parteiaktivisten haben mit weißer Farbe Politparolen auf das Glas des offensichtlich leerstehenden Kaffeehauses gemalt. Am Ende der Kádár-Ära hat man jedoch dem barbarischen Umgang mit der einstmals berühmten Kaffeehauskultur ein Ende gesetzt. Pragmatische Überlegungen traten an die Stelle ideologischer Vorbehalte: Die Kaffeehäuser erhöhen das Wohlbefinden und locken die Touristen an. 1984 ließen die Budapester Stadtväter deshalb das Café am Vörösmarty tér vollständig renovieren und gaben ihm seinen alten Namen wieder. Zur Einweihung luden sie sogar das Oberhaupt der Gerbeaud-Familie aus Amerika ein. Auch das neuerrichtete Hotel Forum eröffnete ein «Wiener Kaffeehaus», und das Café Zsolnay im kürzlich generalüberholten Hotel Béke (Frieden) ist bekannt für seine vorzügliche Schokolade und feinen Patisserien.

Ein Hauch der alten Kaffeehausatmosphäre hat sich am ehesten dort erhalten, wo die Touristen bislang noch nicht zur wichtigsten Kundschaft zählen. Im Café Művész (Künstler) in der Andrássy út 29 trifft man hin und wieder Tänzer und Tänzerinnen der nahen Ballettschule im Drechsler-Palais gegenüber der Oper, wo früher übrigens ebenfalls ein Café residierte. In einem anderen Kaffeehaus in der Andrássy út 70 vertreiben sich jene die Zeit, die ins nahe gelegene Französische Kulturinstitut in der Szegfű utca wollen. Die im Biedermeierstil eingerichtete Konditorei Hauer in der Rákoczi út 49 ist Sammelpunkt der passionierten Kuchenfresser aller Schichten, während das wohnzimmerhafte Café Ruszwurm am Szentháromság tér auf dem Burgberg wegen der vielen

Dümpeln unter Säulen – im Jugendstilbad Gellért

Menschen nur außerhalb der Saison zu genießen ist. Wer aber Volkes Stimme hören will und sehen möchte, wie es ist, wenn ein Privileg in Volkseigentum übergeht, der gehe in eine der vielen unscheinbaren «Cukrászda's» (Konditoreien) irgendwo am Straßenrand, wo sich die Werktätigen tagsüber mit einer Tasse Kaffee, nachts dagegen mit Videoclips das Leben versüßen.

Bad Budapest

Ein anderer zentraler Ort der öffentlichen Kommunikation ist das Thermalbad. 123 warme Quellen besitzt die ungarische Hauptstadt, die korrekterweise eigentlich Bad Budapest genannt werden müßte, weil sie vor fünfzig Jahren offiziell in den Rang einer Bäderstadt erhoben wurde. Die meisten der unterirdischen Thermalquellen mit heilender Wir-

kung sprudeln auf den drei Budaer Hügeln, dem Gellért-, dem József- und dem Csillagberg, doch wenn es kalt ist und die Donau ihren niedrigsten Wasserstand erreicht, dampft auch der behäbige Fluß von dem heißen Wasserzustrom und taucht die Stadt in einen weißen Nebel. Schon vor zweitausend Jahren nannten die Kelten ihre Ansiedlung Ak-Ink, was soviel bedeutet wie reiches Wasser. Das Wasser gab später auch der römischen Stadt Aquincum ihren Namen, deren Wasserleitungssystem durch eine warme Quelle gespeist wurde.

Von den türkischen Eroberern, die Buda und Pest im Mittelalter 145 Jahre lang besetzt hielten, haben die Ungarn nicht nur die Kaffeestuben übernommen, sondern auch die Badehauskultur erlernt. Von den einstmals zahlreichen türkischen Bädern haben das Császár-Bad in der Frankel Leó utca, das Rudas-Heilbad am Döbrentei tér und das Király-Bad in der Fő utca die Kriege und Kämpfe der Vergangenheit überlebt. Das Király-Bad wirkt mit seinen grünspanfarbenen Kuppeln, dem goldenen Halbmond auf dem Dach und den gedrungenen Mauern aus Felssteinen wie ein Fremdkörper inmitten der hohen, düsteren Gebäude, die später ringsum für Gefängnis, Militärgericht und Behörden gebaut wurden. Errichten ließ das Bad 1578 der türkische Pascha Mustafa Sokollu. Man nannte es nach dem nahen Stadttor Hahnentorbad, bis es 1756 in den Besitz der Familie Király gelangte. Im Innern befindet sich unter einer hohen Kuppel ein achteckiges Bassin, winzige, fünfeckige Dachfenster tauchen den Raum in seltsam schummriges Licht. Da Männer und Frauen getrennt baden müssen, ist der dämmrige Ort, wie die meisten Budapester Heilbäder, ein bevorzugter Treff der Homosexuellen.

Seltsame Geschichten können einem da widerfahren: Männer, die sich in Atemnähe postieren und ungeniert auf die Genitalien starren; Sauna-Nachbarn, die ihren schwitzenden Körper in intime Nähe rücken; anzüglich blickende Masseure, die sich bei der Ganzkörpermassage mit besonderer Sorgfalt der Leibesmitte widmen. Bei den Frauen geht es da eher harmlos zu, sieht man einmal davon ab, daß die jungen Touristinnen mit Vorliebe den ausgeblichenen Leinenschurz in die Ecke werfen, um splitternackt zwischen den faltigen Rentnerinnen herumzulaufen.

Eros und Körperkultur gehen auch im geschlechtlich gemischten Budapester Badeleben mitunter eine merkwürdige Symbiose ein. Athletische Männer mit Schnauz-

bart und Goldkettchen tauchen, um wie zufällig mit weiblichen Körperteilen zusammenzustoßen. Blutjunge, kaum bekleidete Ungarinnen kokettieren mit ihren Reizen und stoßen sich kichernd an, wenn sie einen Jüngling ihres Geschmacks im Wasser entdecken. Charmante ältere Herren nähern sich ausländischen Damen jedweden Alters und sprechen lächelnd eine Einladung fürs Abendessen aus, nachdem sie die Schönheit der Angesprochenen ausgiebig gepriesen haben. Die weniger Mutigen machen in dem warmen Wasser auf symbolische Weise auf sich aufmerksam, indem sie aus gefalteten Händen immer wieder rhythmisch einen meterhohen Strahl herauspressen.

All das wäre nicht möglich, wenn es sich bei den Budapester Bädern um Schwimmanstalten mit ganz normaler Wassertemperatur handeln würde. Tatsächlich aber ist es in den meisten Becken warm wie in der Badewanne. Die Gäste paddeln träge in dem Thermalwasser herum oder sitzen, angenehm umspült, auf gekachelten Bänken, spielen Schach, dösen, unterhalten sich oder lassen sich vom dicken, warmen Strahl aus dem silbernen Zufluß am Rande des halbhohen Beckens den Rücken massieren. Zwischendurch, wenn der Kreislauf in den Keller sackt, entsteigt man der Wärme, um sich auf rotgepolsterten Liegen oder bunten Plastikstühlen auszuruhen oder im «büfé» etwas zu sich zu nehmen. Zu guter Letzt wartet die feuchtheiße Sauna, in der ein schwarzer Stein mit einem Kräuterbeutel obenauf einen duftenden Dampf erzeugt, der den Schweiß aus allen Poren treibt.

Jedes der Budapester Thermalbäder hat seine eigene Atmosphäre.

Da ist das prächtige Gellért-Bad am Fuße des gleichnamigen Berges in der Kelenhegyi út, das zusammen mit einem luxuriösen Hotel zwischen 1911 und 1918 im Jugendstil und Historismus errichtet und nach dem Kriege 1957 wieder hergestellt worden ist. Es ist das teuerste der Budapester Bäder und steht an einem Ort, an dem sich schon im Mittelalter ein in den Fels gehauenes Bad und ein Gasthof befanden. Von der getäfelten Eingangshalle aus fällt der Blick durch große Scheiben in das säulengetragene Hauptbekken, das von einer Empore umgrenzt wird und im Sommer nach oben hin geöffnet werden kann. Auf einer Dachterrasse haben von Mai bis September ein Wellenbad, eine Liegewiese und ein Thermalbecken geöffnet, am Eingang gibt eine altertümliche Tafel in deutsch und ungarisch über die schier endlosen Dienstleistungen Auskunft: Dampf-, Salz- und Kohlensäurebäder, Schlammpackungen aus radioaktivem Moor, Inhalierstation und Luftdruckkammer, Sauna und Wellenbad, Teil- und Ganzkörpermassage sowie Fußpflege, bei der Haut und Nägel von den Zehen geschabt und geschnitten werden, bis sich abends ein weißgelber Berg auf dem Boden türmt.

Weniger gepflegt sieht es im einstmals ebenso prächtigen Széchenyi-Bad in der Állatkerti körút im Stadtwäldchen aus, das von außen an ein kleines Barockschloß erinnert. Der Haupteingang führt in einen großen Innenhof, dessen Mauern im Sommer von grünem Wein umrankt werden und in dessen Mitte sich ein kühleres und zwei warme Becken befinden, in denen man auch im Winter bei Schnee und Eis dampfend herumliegen kann. Im Seitentrakt ist das Heilbad (Gyógyfürdő), in dessen säulengetragener Halle die verschiedenen Thermalbecken grünlich leuchten, umgrenzt von kunstvollen Geländern aus rotem Stein. Die Decke schimmelt, der Putz platzt von den Wänden. Das Bad hätte längst instandgesetzt werden müssen. Ähnlich gebrochen ist die Eleganz des beginnenden 20. Jahrhunderts auch im gegenüberliegenden Flügel, in dem unter Säulen und Stuckdecken eine mit violetten Kacheln entstellte Gaststätte untergebracht ist.

Wieder völlig anders ist das weiträumige Freibad Palatinus auf der Margaretheninsel, das nur im Sommer geöffnet ist und das mit seinen ausgedehnten Becken, Liegeflächen, dem Fußballplatz und dem Wellenbad insgesamt zehn Hektar umfaßt. Hier geht es weniger beschaulich zu als in den alten Traditionsbädern, dafür kommen viele Jüngere, so daß an heißen Sommertagen über 15 000 Eintrittskarten verkauft werden. Laut und sportlich geht es auch in der großen Schwimmhalle in der Komjádi Béla utca zu, während nebenan im Lukács-Bad in der Frankel Leo utca, dem früheren Stammbad der Intellektuellen, irgendwann in der ersten Hälfte dieses Jahrhunderts die Zeit stehengeblieben ist.

Für ausländische Besucher nicht ganz einfach zu begreifen ist die seltsame Prozedur, die vor dem Sprung ins Wasser liegt: An der Kasse muß man zunächst aus dem vielfältigen Angebot die richtige Eintrittskarte auswählen, wenn nötig auch für Badekappe, Badehose, Fußpflege oder Massage. Damit passiert man einen weißbekittelten Kontrolleur, der, wenn es simpel zugeht, die Marke in einen Schlüssel oder eine Marke für den Kleiderschrank umwechselt. Im komplizierteren (und leider häufigeren) Fall geht man mit der eingerissenen Eintrittskarte in die Umkleideräume (öltözők) und bittet dort einen Bademeister, einen Schrank aufzuschließen, um ihn dann ein zweites Mal heranzurufen, damit er die Tür, für Wertsachen reichlich unsicher, auch wieder verschließt. Der Bademeister nimmt dann ein Stück Kreide und schreibt auf die Innenseite der Tür die Nummer einer Plakette, die er dem Badenden aushändigt. Wer meint, mit dieser Nummer seine Siebensachen später wiederfinden zu können, sieht sich getäuscht. Hat er die Schranknummer vergessen, kann der Badewärter auch nicht das richtige Türchen finden – Pech gehabt.

Stadt der Denkmäler

In wohl keiner anderen Stadt Europas sind so viele Plastiken und Skulpturen auf engstem Raum versammelt wie in Budapest. Die ungarische Nation, hin- und hergerissen zwischen Minderwertigkeitsgefühlen und Nationalstolz, hat geradezu eine Manie entwickelt, ihre Hauptstadt mit Denkmälern zu pflastern. Nationale Größe spiegelt sich in ihnen ebenso wie historisches Leid, und die Figuren aus Stein, Bronze oder Eisen haben für die meisten Ungarn eine tiefe symbolische Bedeutung.

Da ist das stolze Standbild des Nationalhelden und Dichters Sándor Petőfi auf dem Március 15. tér (Platz des 15. März), das 1942 Schauplatz einer Demonstration gegen den Krieg an der Seite der Deutschen war. Unweit davon, auf dem Vorplatz des bombastischen Parlamentes, das der Dichter Endre Ady das

«Haus der Lüge» taufte, steht der politische Führer des Freiheitskampfes von 1848/49, Lajos Kossuth, der in Ungarn bis heute fast wie ein Heiliger verehrt wird. Wieder einige Straßen weiter, an der Kreuzung der Rosenberg házaspár utca und der Báthori utca, brennt die ewige Flamme für den Ministerpräsidenten Batthyány, der nach der Niederschlagung der 48er Revolution von den siegreichen Österreichern hingerichtet wurde. Weil die Österreicher, so sagt die Legende, damals mit schäumenden Bierseideln auf die rollenden Köpfe anstießen, ist es bis heute in Ungarn ein schwerer Fauxpas, mit einem Bierglas anzustoßen.

Auch in Buda stehen die Helden der Geschichte auf repräsentativen Plätzen: König István, der die Ungarn christianisieren ließ und dafür vom Papst heiliggesprochen wurde, reitet auf der Fischerbastei neben der Matthiaskirche, am Donauufer reckt sich der polnische General Bem, der 1848/49 die ungarischen Freiheitskämpfer befehligte und zu dessen Füßen der Volksaufstand von 1956 eingeläutet wurde. Im nördlichsten Zipfel der Blutwiese (Vérmező) hält der Führer der Räterepublik von 1919, Béla Kun, in Metall gegossen eine Ansprache ans Volk, nachdem man jahrzehntelang das Andenken an den 1938 im Moskauer Exil ermordeten Kommunisten geschmäht hatte. Hinter jeder Straßenbiegung stößt man in dieser Stadt auf Nationalhelden, Schriftsteller und Musiker, deren Bedeutung den meisten Besuchern verborgen bleibt, wenn nicht, wie bei der historischen Skulpturenschau auf dem Heldenplatz, ein Reiseleiter eifrig darum bemüht ist, den gelangweilten Ausländern Figur um Figur zu erklären.

Sucht auf Symbole in Stein und Metall

Die Symbolkraft der in Metall gegossenen oder in Stein gehauenen Erinnerungen ist so groß, daß sie immer wieder zum Fixpunkt politischer Unruhen geworden sind. Als am 23. Oktober 1956 mehr als hunderttausend Menschen in Budapest demonstrierten, zog ein Großteil von ihnen noch am selben Abend zum Heldenplatz, um die sechzehn Meter hohe Stalin-Statue, die aus den eingeschmolzenen Standbildern der österreichischen Kaiser angefertigt worden war, zu stürzen und mit Stahlseilen im Triumphzug durch die Hauptstadt zu schleifen. «Der über die Straße scheppernde Bronzekoloß», erinnert sich ein Augenzeuge, «machte einen Höllenlärm. Die Menge bespuckte die Statue und gab ihr Fußtritte, um damit der aufgespeicherten Wut über die russische Diktatur Ausdruck zu geben.» Monatelang konnte man danach am Stadtwäldchen noch die Stiefel des gestürzten Denkmals sehen, die auf einem gigantischen Sockel am Kopf der Gorki fasor standen, von wo aus die kommunistischen Führer Militärparaden und Mai-Umzüge verfolgt hatten.

Ein kaum weniger bewegtes Schicksal hatte die Statue des schwedischen Diplomaten Raoul Wallenberg, der 1944 zahlreichen Budapester Juden das Leben rettete, nach dem Einmarsch der Roten Armee jedoch in sowjetischen Gefängnissen verschwand. Kurz nach Kriegsende hatte die ungarische Führung einen Bildhauer damit beauftragt, dem legendären Mann ein Denkmal zu setzen. Doch kurz vor der Einweihung verschwand das Denkmal unter mysteriösen Umständen in die Provinzstadt Debrecen. Erst seit Sommer 1987 erhebt sich die schmale Gestalt Wallenbergs auf einer

179

Wiese in Buda an der Szilágyi Erzsébet fasor, nachdem die Sowjetunion ihre jahrzehntelangen Einwände zurückstellte. Das neue Denkmal, das vom ehemaligen amerikanischen Botschafter bezahlt und vom berühmtesten ungarischen Bildhauer, Imre Varga, gestaltet wurde, zeigt nun einen Wallenberg, der aufrecht, still und traurig durch die zerbrochenen Hälften des alten Denkmals hindurchschreitet.

An einem Tag im Jahr wurden in den achtziger Jahren die toten Statuen der ungarischen Hauptstadt sogar zum Ort nationaler Rebellion gegen die Gewaltigen im Lande. Am 15. März, an dem die Revolution von 1848 ihren Anfang genommen hatte, versuchten nämlich Studenten, Jugendliche und Oppositionelle immer wieder, einen Umzug zu veranstalten, um die so lange uneingelösten Forderungen des vorigen Jahrhunderts einzuklagen: Freiheit, Gleichheit, Brüderlichkeit und die Abschaffung der Pressezensur. In den Straßenschluchten hallte dann das «Nationallied» von Petőfi wider, und es bekam einen überaus aktuellen Sinn: «Beim Gott der Ungarn schwören wir, schwören wir, daß wir nicht länger Sklaven sein werden.»

In den fünfziger Jahren konnte der 15. März in Ungarn nur inoffiziell gefeiert werden, der Tag galt als bürgerlich-nationalistisches Relikt. Auch später herrschte ein strenges Demonstrationsverbot, als Anfang der siebziger Jahre dennoch demonstriert wurde, kam es zu Verhaftungen, Verurteilungen und Schikanierungen an Schulen und Universitäten. Erst in den achtziger Jahren wechselte die ungarische Regierung die Strategie. Sie wollte das geschichtsträchtige Datum nicht länger der Opposition überlassen und als

Tag von Polizeieinsätzen begehen. Sie ließ schließlich sogar die oppositionelle Jugend in der Budapester Innenstadt demonstrieren, wenngleich immer wieder einzelne aus dem Zug heraus verhaftet und mitgenommen wurden. Nach dem Ende der Kádár-Ära rief die Kommunistische Partei selber zu Manifestationen auf und erklärte den Tag zum arbeitsfreien Staatsfeiertag.

Die geschichtsträchtige Demonstration am 15. März begann in der Regel in den Mittagsstunden und folgte einer immer gleichen Route nationaler Erinnerung: Vom Petőfi- zum Kossuth-Denkmal, von da zur Batthyány-Flamme und über die Margaretenbrücke zum General Bem und weiter zum Batthyány tér. 1986 marschierten zum erstenmal Funktionäre des kommunistischen Jugendverbandes an der Spitze des Zuges mit, weil, wie sie sagten, im Gedenken an die Vergangenheit etwas Richtiges läge. Erst als die Studenten einen Sitzstreik organisierten, um eine festgenommene Kommilitonin freizubekommen, distanzierten sich die Jugendfunktionäre, und die Polizei erhielt freie Bahn, auf die Demonstranten einzuschlagen und die Personalausweise einzukassieren. Vorladungen, Verwarnungen, Bußgelder waren die Folge.

1987 war der 15. März nicht nur wegen der Veränderungen in der Sowjetunion und der wachsenden Unzufriedenheit in der ungarischen Gesellschaft mit Spannung erwartet worden. Stärker denn je waren auch die nationalen Gefühle über die miserable Behandlung der ungarischen Minderheit in Rumänien in Wallung geraten. Statt, wie befürchtet, eine härtere Gangart einzuschlagen, hatte die Parteiführung jedoch Anweisung gegeben, für einen friedlichen Verlauf der Kundgebung zu sorgen.

Seit der Rehabilitierung des Feiertages im Frühjahr 1989 änderte sich der Charakter des Umzuges grundlegend. Hunderttausende demonstrierten nunmehr im ganzen Land für Freiheit und nationale Unabhängigkeit, statt Gummiknüppeln trug die Polizei Kokarden in den ungarischen Farben. Die Repräsentanten der Macht legten in Budapest nach einer feierlichen Parlamentssitzung am Denkmal von Lajos Kossuth Kränze nieder und hielten flammende Reden, die sich kaum noch von denen unterschieden, die früher die Oppositionellen vortrugen. Die kommunistische Partei wollte den Tag sogar am liebsten mit der Opposition zusammen feiern und übte Selbstkritik wegen der «Provokationen der Polizei» in früheren Jahren.

Diese Art von Vereinnahmung stieß bei der Opposition auf wenig Gegenliebe. Eine gemeinsame Demonstration mit jenen, die diese gestern noch verboten, erweckte ihrer Ansicht nach den Eindruck eines verlogenen Konsenses. Nur in Györ, wo der populäre Reformer Imre Pozsgay als Redner auftrat, gab es 1989 deshalb eine gemeinsame Veranstaltung. In Budapest fanden sich dagegen nur Vertreter der Sozialdemokratischen Partei und der Partei der Kleinen Landwirte bereit, bei dem seit einigen Jahren organisierten offiziellen Schauspiel auf den Stufen des Nationalmuseums aufzutreten.

Rund hunderttausend Menschen folgten statt dessen dem Aufruf der unabhängigen Organisationen zu den alternativen Feierlichkeiten. Diese endeten nach einer Demonstration durch die Innenstadt mit einer symbolischen Beschlagnahmung des Gebäudes des ungarischen Fernsehens, um der Forderung nach eigener Sendezeit für die Opposition Nachdruck zu verleihen. Einer der populärsten Schauspieler des Landes verlas einen Zwölf-Punkte-Katalog, der die ganze Palette der oppositionellen Forderungen wiedergab: Mehrparteiensystem und Rechtsstaat, Menschenrechte und Pressefreiheit, nationale Selbstbestimmung und Überwindung der Teilung Europas, Abschaffung der stalinistischen Überbleibsel sowie «Gerechtigkeit für die Märtyrer» der Revolution von 1956.

Politik der Friedhöfe

So wie die Statuen und Denkmäler die Vergangenheit beschwören, sind auch die Friedhöfe von Budapest Orte, an denen sich die häufig tragische Geschichte des Landes in Schriftzügen und Steinen verewigt hat. Die grünen, stillen Oasen im Häusermeer der Metropole erzählen dem Besucher unter schattigen Bäumen tausenderlei Geschichten. Die bedeutendste Ruhestätte der Toten ist der Kerepesi-Friedhof an der Mező Imre út, der schon vor dem Krieg für jene bestimmt war, die in der Stadt über Macht und Einfluß verfügten. Hier erhebt sich das bombastische Mausoleum für den Führer der 48er Revolution, Lajos Kossuth. Hier prangen auf säulengetragenen Grabhallen, vor denen marmorne Figuren postieren, die Familiennamen des untergegangenen jüdischen Bürgertums. Hier ruhen Wissenschaftler und Industrielle, Grafen und Politiker, die in Budapest einmal etwas gegolten haben.

Die kommunistische Parteiführung hatte diese Tradition der Herrschenden beibehalten und nun jene hierhin betten lassen, die sich der

Ruhestätte der Reichen und Mächtigen – Kerepesi-Friedhof

neuen Macht gegenüber verdient gemacht hatten. Linkerhand vom Eingang ruhen sowjetische Soldaten auf einem Ehrenfriedhof, die ihr Leben lassen mußten während des Volksaufstandes, obwohl seltsamerweise unter den Todesdaten auch solche aus den späten fünfziger Jahren zu finden sind. Sind es Manövertote, hat man sie hingerichtet, sollten sie gar einem Attentat zum Opfer gefallen sein? Man weiß es nicht. Rechter Hand hat die Partei den Helden aus

dem eigenen Land ein ausgedehntes Terrain zugewiesen. Unter schwarzen Marmorsteinen, die goldene Aufschriften und einen fünfzackigen Stern tragen, ruhen ehemalige Minister, Parteiführer oder hohe Offiziere. Dahinter erhebt sich das geschmacklose Mausoleum der Arbeiterbewegung, das von einer monströsen Wanddarstellung im Stil des sozialistischen Realismus abgeschlossen wird. Es bewahrt die Asche der kommunistischen Helden in einer Batterie schrankartiger, schäbiger Grabstätten, die aussehen wie die Schließfächer des nahen Ostbahnhofes.

Ganz in der Nähe, in einer langgestreckten Gräberflucht vor dem Mausoleum, befindet sich auch jenes Grab, an dem die ahnungslosen Zeitgenossen vor gut dreißig Jahren das letzte friedliche Vorspiel des Volksaufstandes erlebten: die Ruhestätte des im Stalinismus hingerichteten kommunistischen Außenministers László Rajk, der am 6. Oktober 1956 ein nachträgliches Staatsbegräbnis erhielt. In endlosen stummen Marschsäulen kamen damals die Bewohner von Budapest auf den Friedhof, um den aus einem Waldstück ausgebuddelten Überresten des ehemaligen Spanienkämpfers die letzte Ehre zu erweisen. Zu Füßen der Bahre lagen Berge von Kränzen, davor standen mit ausdruckslosem Gesicht Rajks Frau und sein kleiner Sohn László, der heute ein wichtiger Führer des «Verbandes Freier Demokraten» (SzDSz) ist. Und während die Parteiführer Ferenc Münnich und Antal Apró die offiziellen Abschiedsreden hielten, wußte jeder, daß sie die Vertreter jener Macht waren, die für die Ermordung Rajks verantwortlich war.

Ein paar Gräber weiter liegt der Philosoph György Lukács bestattet, der von der kommunistischen Partei in den achtziger Jahren als großer Sohn der ungarischen Nation behandelt wurde, obwohl sie ihn mehrfach verdammt und mitunter sogar sein Leben bedroht hatte. Als elitärer bürgerlicher Philosoph hatte er sich während des Ersten Weltkrieges zu den Idealen der Russischen Revolution bekannt und wurde Kommissar für Volksbildung in der ungarischen Räterepublik von 1919. Später emigrierte er in die Sowjetunion, wo er nur durch ein Wunder und dank seiner Intelligenz die tödlichen Fraktionskämpfe des Stalinismus überlebte. Zurückgekehrt nach Ungarn, erklärte die Partei 1949 die Auffassungen des marxistischen, bisweilen stalinistischen Denkers zu «bürgerlichen Abweichungen». Im Volksaufstand von 1956 trat Lukács als Kulturminister in das Kabinett von Imre Nagy ein und wurde nach dem Einmarsch der sowjetischen Truppen mit Nagy in Rumänien interniert. 1957 schloß die inzwischen neugegründete Partei den Philosophen aus ihren Reihen aus. Nur die internationale Bekanntheit des Denkers schützte ihn damals vor einer Verurteilung, doch um so wütender schlug man in einer mehrjährigen Pressekampagne auf ihn ein.

Statt Lukács jedoch, wie die DDR es mit Ernst Bloch getan hatte, endgültig fallenzulassen und damit dem «Klassenfeind» in die Arme zu treiben, begann die Parteiführung in den sechziger Jahren mit einer schrittweisen Rehabilitierung des Philosophen. Damit wollte sie nicht zuletzt die seit 1956 in passiver Opposition verharrende Intelligenz zurückgewinnen. Lukács' Schriften wurden wieder aufgelegt, seinen achtzigsten Geburtstag feierte man offiziell. 1967, auf dem Höhepunkt der Reformdiskussion, konnte der Verfemte wieder der Partei beitreten. Ein Jahr später jedoch kam es zum erneuten Konflikt mit der Parteiführung, als der Philosoph in einem ausführlichen Brief an das Zentralkomitee den Einmarsch in die ČSSR kritisierte. Die Kluft vertiefte sich in der Phase der Gegenreform, doch als der Philosoph 1971 «endlich» starb, taten die Verantwortlichen alles, um das nun ungefährlich gewordene Erbe für den Staat zu vereinnahmen. Der engere Kreis der Lukács-Schüler erhielt dagegen Berufsverbot.

Diese Form der nachträglichen Rückführung der Abtrünnigen oder Verstoßenen in den Schoß von Partei oder Nation nahm zuweilen fast skurrile Formen an. Wie Pferdehändler feilschten die Parteivertreter mit den Angehörigen, welchen Preis sie zahlen mußten, damit sie das Andenken an den Verstorbenen verstaatlichen durften. Erst 1988 stimmten die Nachfahren des Komponisten Béla Bartók zu, daß seine Gebeine aus dem New Yorker Exil auf den Farkasréter Friedhof in Budapest überführt wurden. Monatelang verhandelte man auch mit der Witwe des Ministerpräsidenten Mihály Károlyi, der im Revolutionsjahr 1918 die erste ungarische Republik regiert hatte, über die Überführung seines Leichnams von Paris nach Budapest. Károlyi, der aus Furcht vor der Rache der Reaktion emigriert war, wurde nach dem Zweiten Weltkrieg Botschafter des neuen Ungarn in Frankreich, doch in den gespenstischen fünfziger Jahren verstießen ihn die Regierenden in Budapest, weil er die Hinrichtung des Außenministers Rajk verurteilt hatte. Die Witwe des «roten Grafen» verlangte nun, als die Partei in den siebziger Jahren an sie herantrat, die volle Rehabilitierung ihres Mannes. Die Führung schluckte das Ansinnen und vereinbarte mit ihr als Zugabe ein lebenslängliches Wohnrecht in dem alten Palais ihres Mannes im Universitätsviertel, das sie der Nation überließ und das heute das Petőfi-Literatur-Museum beherbergt. Jetzt erhebt sich auf dem Friedhof an der Kerepesi út das mächtige Károlyi-Mausoleum mit dem grünen, schildartigen Dach, als sei der Partei das Andenken an den progressiven Adeligen schon immer eine Herzensangelegenheit gewesen.

Andere prominente Politiker wurden da sehr viel schändlicher behandelt – wenngleich aus unterschiedlichen Gründen. Die Geschichte, wie der stalinistische Diktator Mátyás Rákosi Anfang der siebziger Jahre in einer Nacht-und-Nebel-Aktion in Budapest beigesetzt werden sollte, erinnert an eine der unfaßlichen Begebenheiten im Nachkriegsungarn, die Schriftstellern wie György Konrád immer wieder genügend Stoff für ihre atemberaubenden Romane gaben. Eines Abends kamen zwei sowjetische Oberste zum Direktor des Kerepesi-Friedhofs und teilten dem erschrockenen Mann lapidar mit, sie hätten Rákosis Leichnam gebracht. Rákosi war seit seiner Absetzung im Juli 1956 in Ungarn nicht mehr gesehen worden, sondern hatte bis zu seinem Tode in der Sowjetunion in erzwungener Emigration gelebt und war 1962 sogar aus der Partei ausgeschlossen worden. Der Direktor deponierte die sterblichen Überreste in der Leichenhalle und informierte die Parteizentrale, die durch die Nachricht in helle Aufregung geriet. Als die Witwe des ermordeten Außenministers László Rajk davon erfuhr, setzte sie alles in Bewegung, um die Beerdigung auf dem Kerepesi-Friedhof zu verhindern. Sie drohte der Parteiführung, die Gebeine von Rajk erneut zu exhumieren und anderswo beizusetzen, falls der Mörder neben seinem Opfer bestattet werden sollte. Schließlich errichtete man dem abgesetzten Parteichef auf dem Budaer Prominentenfriedhof Farkasréti temető, auf dem hauptsächlich Musiker und Künstler begraben liegen, ein Grab, das jedoch bald darauf geschändet wurde. Daraufhin verbrannte man den Leichnam und setzte ihn erneut bei, doch jetzt wurden Beschimpfungen auf den Grabstein geschmiert. Deshalb deponierte man die Urne in einem Grabfach gegenüber der Friedhofsverwaltung, um sie ständig unter Aufsicht zu haben. Dort liegt sie heute noch, mit einer ausgeblichenen Plastikrose über dem Namenszug, der keinerlei Hinweis auf die für Ungarn so traumatischen Taten dieses Mannes enthält. Nur wenn man einen der Gärtner oder die hin und wieder Wache schiebenden Polizisten nach dem Rákosi-Grab fragt, zuckt ihr Gesicht wissend und ein wenig unsicher darüber, was einen an dem geächteten Diktator wohl interessieren könnte.

Dreißig Jahre ohne Grabstein blieb dagegen der ehemalige Ministerpräsident Imre Nagy, der nach der Niederschlagung des Volksaufstandes von 1956 hingerichtet worden war. Seine sterblichen Überreste hatte man 1961 in einem der Budapester Außenbezirke, im äußersten nordöstlichen Winkel des Neuen Gemeindefriedhofs (Új Köztemető) auf einem verwilderten Gelände mit der Gemarkungsnummer 301 verscharrt. Auf diese Weise waren auch die anderen Hingerichteten von 1956 beerdigt worden, ein Bulldozer hatte die Grabhügel mehrfach plattgewalzt, so daß sie unter dem dichten Grasbewuchs kaum mehr zu erkennen waren. Nur an einer Stelle zeichneten sich vier gepflegte Gräber ab, die Leichen von Studenten enthalten sollten, deren heimliche Beisetzung nach ihrer Erhängung von ihren Müttern durch die nahe Begrenzungsmauer beobachtet worden war.

Jedes Gedenken an die Hingerichteten des Aufstandes wurde von den Behörden rigoros unterbunden. Noch im Juni 1988 löste die Polizei gewaltsam eine Gedenkdemonstration auf, die unter anderem gefordert hatte, den 23. Oktober, den Beginn des Volksaufstandes, zum Staatsfeiertag zu erklären. Erst im Juli 1988 erklärte sich die neue Führung bereit, daß die Leichen Imre Nagys und seiner engsten Vertrauten auf Wunsch der Familie aus dem namenlosen in ein reguläres Grab überführt werden dürften. Da sich die Parteispitze einer politischen Rehabilitierung jedoch weiterhin widersetzte, beschlossen die Angehörigen, die Beerdigung als «rein private» Feier ohne staatliche Vertreter auszurichten. Auch eine Umbettung an einen erfreulicheren Ort lehnten sie ab.

Das ungarische Justizministerium legte im Mai 1989 erstmals eine Liste mit 277 Namen derer vor, die im Zusammenhang mit dem Volksaufstand hingerichtet worden waren. Es kündigte an, daß die bedeutendsten Prozesse neu überprüft werden sollen, in den anderen Fällen sollten die Rehabilitierung und Entschädigung einheitlich geregelt werden. Am 16. Juni, 31 Jahre nach der Hinrichtung, erfolgte dann die feierliche Beisetzung der Helden von 1956, bei der zugleich der Grundstein eines Mahnmales gelegt wurde. Zigtausende Menschen strömten an diesem Tag in die entlegene Parzelle, das ungarische Fernsehen übertrug die Geschehnisse direkt. In letzter Minute schloß sich schließlich auch die Partei dem nationalen Gedenken an, und das Zentralkomitee faßte jenen Beschluß, den sie dem Land drei Jahrzehnte verweigert hatte: die Rehabilitierung von Imre Nagy.

SZENEN AUS DEM ALLTAGSLEBEN

Im elften Bezirk der Hauptstadt, in der lauten, heißen Halle der Nachrichtentechnischen Genossenschaft, steht ein Dutzend Männer hinter Schraubstöcken und anderem Gerät – ungarische Werktätige, die jahrzehntelang von der Parteiführung als die führende Klasse im Lande dargestellt wurden. Einer von ihnen ist Sándor Rácz, der legendäre Vorsitzende des Zentralen Arbeiterrates von Groß-Budapest in den Tagen des Volksaufstandes von 1956.

So wie Rácz, ein großgewachsener

Mittfünfziger in dunkelgrünem Overall, der in Ungarn dreißig Jahre lang wie ein gefährlicher politischer Sprengsatz behandelt wurde, arbeitet mehr als ein Viertel der Budapester Bevölkerung in Industriebetrieben wie diesem. Die lärmenden, glanzlosen Produktionsstätten in Csepel, Kőbánya oder Budafok halten die Hälfte aller Beschäftigten der Hauptstadt in Lohn und Arbeit. Die übertriebene Konzentration von Industrie in Budapest übertrifft dabei noch die der Menschen. Sie ist ein Erbe der einseitigen wirtschaftlichen Expansion vor 1945. Mehr als die Hälfte der Industriearbeiter verdient ihren Lebensunterhalt in der Schwerindustrie, die einen Großteil der kostbar gewordenen Gewerbeflächen in der Hauptstadt besetzt hält. Erst seit den sechziger Jahren begann die Planwirtschaft damit, die Investitionen umzulenken und zumindest die gröbsten Luftverschmutzer aus der Kapitale zu vertreiben. Aber immer noch zieht Budapest die Landbevölkerung wie ein Magnet an sich.

Die großen Industriebetriebe prägen den Alltag von Hunderttausenden, die sie Tag für Tag und häufig im Schichtsystem aufsaugen, um sie nach achtdreiviertel Stunden wieder auszuspucken. Proleten und Buchhalter, Facharbeiter und Ungelernte, Hilfsarbeiter und Ingenieure drängen sich in der Morgendämmerung in den überfüllten Vorortbahnen, füllen Busse, Metro und Straßenbahnen, um am Nachmittag stumm und erschöpft zurückzufahren. Wurden sie in den fünfziger Jahren als Helden des sozialistischen Aufbaus gefeiert, gelten sie heute als kaum noch zu bezahlendes, überflüssiges Arbeitskräfteheer, das mit Milliardenbeträgen aus der Staats-

kasse subventioniert werden muß. Das klassische Proletariat ist in die Defensive geraten, seit die Regierung ihren Willen bekundet hat, den ungeschriebenen Gesellschaftsvertrag im Sozialismus – soziale Sicherheit auf niedrigem Niveau gegen politisches Wohlverhalten – aufzukündigen.

Einst hatten die Budapester Industriebetriebe, die sich 1989 zu 97 Prozent in Staatsbesitz befanden, international einen gutenRuf. Die Láng-Maschinenfabrik, die Ganz-Werkzeug-Werke, die Ungarische Schiffs- und Kranfabrik – fast alle der großen ungarischen Produktionsstätten, die über das gesamte Gebiet der Hauptstadt verteilt sind, waren florierende Unternehmen. Heute machen Maschinenbau, Metallurgie und Fleischindustrie die höchsten Verluste, weil sich die Staatsbetriebe nicht rechtzeitig dem weltweiten Strukturwandel angepaßt haben. Zwar sind Werke wie die Karosserie- und Fahrzeugfabrik Ikarus, die ganz Osteuropa mit Bussen belieferte, nach wie vor attraktive Unternehmen, aber die hier erwirtschafteten Gewinne werden von den unrentablen Betrieben wieder aufgefressen.

Entwaffnende Lethargie

Die geringe Arbeitsproduktivität wirft auch anderswo im Budapester Alltagsleben ihre Schatten. Da die Löhne gering sind und Entlassungen bislang nur in Ausnahmefällen möglich waren, hat sich in Supermärkten und Büros, in Friseurgeschäften und Gaststätten eine entwaffnende Lethargie breit gemacht. Da feilen sich gelangweilte Blondinen die Fingernägel, während am Nachbarschalter die Schlange wächst. Da massiert

Unbezahlbares Arbeitskräfteheer

eine Dame im Büro der Zimmervermittlung IBUSZ ihrer Kollegin den Nacken, während der willfährige Kunde eine pampige Negativantwort erhält. Da sonnen sich Bauarbeiter am Straßenrand, während die Fahrzeuge sich wochenlang im Schrittempo an der nur notdürftig markierten Absperrung vorbeiquälen.

Das Verhältnis zwischen Kunde und Verkäufer, zwischen Gast und Kellner, zwischen Handwerker und Auftraggeber hatte sich im Sozialismus auf wundersame Weise umgekehrt. Nicht der Mann hinter der Ladentheke buhlt mit freundlichem Lächeln um die Gunst des Eintretenden, dessen Wünsche er aufmerksam und eifrig zu erfüllen sucht, vielmehr hat der Kunde die Rolle des Shop-keeper übernommen: Höflich und unterwürfig versucht er, die Sympathie des Verkäufers zu gewinnen, begrüßt blasierte Schicksen mit

«Küß die Hand» und wünscht unfreundlichen Fleischern ein schönes Wochenende, damit sie sich herablassen, das eine oder andere Stück besseren Fleisches herauszurücken. Versetzt der vor Monaten bestellte Tischler seinen Auftraggeber zum drittenmal, wird er trotzdem liebevoll umtan und mit hohen Trinkgeldern bestückt, damit er auch beim nächsten zerbrochenen Fensterrahmen zur Verfügung steht.

Ähnliches gilt sogar für die zahlreichen kleinen Privatgeschäfte, die sich mittlerweile in Budapester Hinterhöfen angesiedelt haben und Modeartikel, Handtaschen oder Schallplatten verkaufen. Die sozialistische Unkultur des Kaufens und Verkaufens hat auch auf sie abgefärbt – der Mangel scheint groß genug, daß sie sich die Unfreundlichkeit erlauben können. Wenn es nach ihnen ginge, käme man in den Laden, nähme sich

189

eine Hose vom Ständer und bezahlte sie, um dann das Geschäft auf schnellstem Wege zu verlassen. Wer Fragen stellt, ist lästig, wer gar darauf besteht, etwas anzuprobieren, macht sich nachhaltig unbeliebt.

Das Einkaufen unter den Bedingungen von Schlendrian und Mängeln in der Warenversorgung ist für Westler eine völlig neue Erfahrung. Bei Stadtspaziergängen ist ein handliches Netz unverzichtbar, denn Einkäufe erledigt man, sobald sich dem wachsamen Auge eine Gelegenheit bietet. Lizenzierten Nesquick-Kakao, der keine Klumpen hinterläßt, unbeachtet stehen zu lassen, wäre töricht, desgleichen geröstete Erdnüsse, westliche Nuß-Nougat-Creme oder Ananaskonserven. Das Problem ist nicht, daß es viele Dinge überhaupt nicht gäbe, sondern daß sie nur hin und wieder auftauchen, aber gerade dann nicht, wenn man sie braucht. «Nincs» heißt das am häufigsten benutzte Wort in ungarischen Läden, auf DDR-deutsch: «Hamwa nich!»

Die harte Schule der Höflichkeit

Die Unterwürfigkeit gegenüber all jenen, von denen man aufgrund ihres Berufes in irgendeiner Weise abhängig ist, gehörte deshalb bislang zu den Charakteristika des Budapester Durchschnittsbürgers. Die Damen, die den Empfangsraum der einzigen Lizenzwerkstatt von FIAT regieren, würde niemand zur Rechenschaft ziehen, weil sie fröhlich Kreuzworträtsel lösen, während die Kunden eine halbe Stunde warten müssen, nur um einen Termin abzusprechen. Im Postamt am Pasaréti tér würde sich niemand beschweren, daß beide Zellen für Ferngespräche vor dem Gebäude, die einzigen in

dieser Gegend, im Schnitt nur zwei bis drei Wochen im Jahr funktionieren. Das mundfaule Dragonerweib hinter dem Kundenfenster der polizeilichen Anmeldung wird auch dann noch mit freundlichen Worten überschüttet, wenn sie den Besucher in rüdem Ton wieder wegschickt, um das passende Formular zu besorgen – die Bittstellerhaltung gegenüber Amtspersonen, die in dem autoritär regierten Staatswesen unter allen Fahnen ihre kleine Macht ausgenutzt haben, ist den Budapestern von Kindesbeinen an antrainiert worden.

Die Ordnungshüter der Hauptstadt, die nach oben bedingungslosen Gehorsam üben, können nach unten unvermittelt Brutalität zeigen. Während sie Diplomaten, Funktionäre und meist auch die ausländischen Touristen hofieren, entladen sie ihre Lust an der Macht an Jugendlichen, Betrunkenen und Pennern, die sie kontrollieren, mitnehmen oder zusammenschlagen. «Warum», lautet einer der vielen Budapester Polizistenwitze, «gehen Polizisten immer mit einem Schäferhund auf Streife?» – «Damit wenigstens einer eine abgeschlossene Ausbildung hat.»

Der Staatsbürger, der seine Interessen selbstbewußt und engagiert auch gegenüber der Obrigkeit verteidigt, konnte im Sozialismus nur in Ausnahmefällen entstehen. Während die neuen Mittelschichten im Westen massenhaft gebildete Persönlichkeiten mit viel Freizeit und hohen Ansprüchen an Partizipation und Lebensqualität hervorbringen, die den Behörden mit Bürgerinitiativen, Presseerklärungen und Alternativparteien das Leben schwermachen, fehlt in Ungarn selbst den meisten Intellektuellen der Mut, im Alltagsleben offen mit der Macht aneinanderzugeraten. Man respektiert die Hierarchien, die jedermann in der Gesellschaft seinen genau definierten Platz zuweisen. Und während der kleine Mann oftmals schon am Eingang bei einem der mürrischen Portiers scheitert, die in Budapest wie Kafkas Türhüter jedes halbwegs offizielle Haus bewachen, lassen sich die Bessergestellten gleich zum Direktor führen, der mit einem einzigen Anruf das erledigt, was sonst in wochenlanger Rennerei nicht zu erreichen ist.

Viele Budapester haben allerdings die erstaunliche Fähigkeit entwickelt, aus dem abweisendsten Bürokraten einen freundlichen Menschen zu machen. Statt zu fluchen und zu kämpfen, legen sie eine stoische Ruhe an den Tag und zaubern mit ein paar netten Worten noch aus der schlimmsten Matrone ein Lächeln hervor. «Das ist Anna, die hübscheste Kellnerin von Budapest», stellt man beispielsweise die frustrierte, fette Serviererin im Restaurant Duna-Korso vor, und die Bedienung funktioniert von nun an den ganzen Abend reibungslos.

Aggression in Blech

Die Aggressionen, die diese Art des Alltagslebens hervorruft, entladen sich auf andere Weise, zum Beispiel im Straßenverkehr. Da springen wütende Autofahrer aus ihren Fahrzeugen, um einen Vorausfahrenden mit Beschimpfungen zu überschütten, weil er ein paarmal riskant die Fahrbahn gewechselt hat. Da drücken LKW-Kapitäne und Busfahrer an einer Streckenverengung ungerührt auf das Gaspedal und versetzen den neben ihnen fahrenden Trabant-Lenker in Panik. Da setzen sich ausgeklinkte Westwagen-Besitzer auf der Autobahn vor einen anderen Wagen und stoppen ihn mit einer Vollbremsung, weil er zuvor nicht schnell genug die Überholspur geräumt hat. Die gefährlichsten Zeitgenossen sind jedoch die Taxi-Fahrer, die im dichtesten Berufsverkehr wie die Wahnsinnigen durch die Hauptstadt schießen.

Während sich noch in den fünfziger Jahren kaum mehr als zweihundert PKWs in privater Hand befanden, ist der eigene Wagen mittlerweile zum wichtigsten Statussymbol geworden. «Wir hatten die Chance», meint ein Budapester Historiker, «eine andere Verkehrspolitik einzuleiten als im Kapitalismus. Man tat es aber nicht, ja nicht einmal für die Schublade gab es Konzepte. Entgegen allen Behauptungen war der Sozialismus keineswegs zu größerer gesamtgesellschaftlicher Vernunft fähig, sondern rannte den Bedürfnissen der Bevölkerung geradezu sklavisch hinterher.» So drängeln sich nun Lada und Trabant, Wartburg und Barkas, Polski-Fiat und Dacia, ausgediente Moskwitsch-Limousinen und nagelneue Westautos dicht an dicht auf den miserablen Straßen voller Schlaglöcher, Bodenwellen und kaum gekennzeichneten Gräben.

Die Natur hat vor dem Ansturm der sozialistischen Autogesellschaft frühzeitig kapituliert. Der einstmals für ihre Parks und Alleen bekannten Stadt geht es wie einem, der hilflos zusehen muß, wie sich sein dichtes Haar unaufhaltsam lichtet. An den Straßenrändern ragen mächtige Laubbäume tot und grau in die Luft. Die Widerstandsfähigeren halten es immerhin noch bis zum Sommer durch, bis sie sich plötzlich braun färben, als würde in Ungarn im

August der Herbst beginnen. An der Vörös hadsereg útja kann man Kastanien beobachten, deren natürliches Wachstum so gestört ist, daß sie im Spätsommer ein zweites Mal zu treiben beginnen. Und im Winter, wenn die Bäume ihre Sauerstoffproduktion völlig einstellen, ist die Luft in Budapest oft genug kaum mehr zu ertragen – die giftigen Abgase von Autos, Industrie und Haushalten legen sich in einer schweren Wolke über die Stadt. Gleichwohl werden Jahr für Jahr Hunderttausende neuer PKWs importiert, nur die Zweitakter aus der DDR sind nicht mehr zu haben.

Auch das enge Netz des öffentlichen Nahverkehrs in Budapest kann die zerstörerische Entwicklung nicht aufhalten. Zwar zahlen Schüler und Studenten nur rund zwei Mark für eine Monatskarte, die auf allen Linien gilt, und der Normaltarif beträgt ganze zehn Pfennige. Doch das System von Bussen und Bahnen ist hoffnungslos veraltet, und oft genug zählen die klapprigen, überfüllten Busse selber zu den größten Luftverpestern. Ihre Motoren sind so miserabel eingestellt, daß sie permanent eine tiefschwarze Abgasfahne hinter sich herziehen. Weil den Fahrern der Zustand ihrer Fahrzeuge gleichgültig ist, ramponieren sie Motoren, Achsen und Stoßdämpfer, so daß die blauen Wracks am Straßenrand fast schon zum Stadtbild gehören. Und je dichter der Autoverkehr in der Hauptstadt wird, desto langsamer kommen die öffentlichen Fahrzeuge vorwärts.

Für die meisten Autofahrer ist ihr Fahrzeug entweder Waffe oder behütete Kostbarkeit – oder beides zusammen. Die einen zuckeln voller Unsicherheit im Schrittempo durch die Straßen, damit ihrem Kleinod ja

nichts passiert, die anderen machen Budapest zum Wilden Osten, in dem sich Straßendesperados mit ihren Blechkutschen einen unerbittlichen Kampf liefern: Busfahrer gegen PKWs, Taxifahrer gegen Auswärtige, Autobesitzer gegen Fußgänger, die es wagen, einen Schritt auf die Fahrbahn zu setzen. Ein Zebrastreifen ist für die Autofahrer keineswegs ein Zeichen zum Bremsen, und selbst bei grüner Ampel schauen die Leute ängstlich auf herannahende Fahrzeuge. Riskante Überholmanöver, und auch der streng verbotene Alkohol am Steuer, treiben die Unfallziffern hoch. Ununterbrochen heulen die Sirenen der Krankenwagen durch die Stadt.

Staatsfeiertage als Volksfest

Den Gegenpol zu Aggressivität und Unterwerfungsgesten bilden plötzliche Fröhlichkeit, ein ausgeprägter Familiensinn, tränenschwangere Melancholie – und nicht zuletzt die grenzenlose Gastfreundschaft der meisten Ungarn. Genauso unvermittelt, wie er wieder verschwinden kann, bricht der Frohsinn aus, meist dann, wenn viele Menschen öffentlich zusammenkommen. Hochzeiten feiert man am liebsten in großer Runde in der Gaststätte – ein Ereignis, bei dem exzeßhaft gegessen, getrunken, gesungen und getanzt wird. Aber auch ohne besonderen Anlaß kann sich eine laute, weinselige Stimmung entladen und romantische Weinkeller wie den des Régi Országház auf dem Burgberg in eine lärmende, dampfende Hölle verwandeln. Stimmt der Akkordeonspieler oder Geiger dann noch die richtige Melodie an, fallen gestandene Madjaren mit sonorem Baß ein und singen mit wachsender Ergrif-

Kostbarkeit und Waffe

fenheit Strophe um Strophe, Lied um Lied.

Der bevorzugte Ort öffentlicher Freude sind nicht die steifen, schummrigen Restaurants der Hauptstadt, in denen Kellner in Livree eine seltsame Karikatur bürgerlichen Luxusses bieten. Da die Mehrheit sich das Essengehen nicht leisten kann und die Gerichte in den Gaststätten auch nicht viel besser sind als in der subventionierten Kantine, ist außerhalb der Wohnung die Straße der beliebteste Ort zum Feiern. Der Anlaß für die kollektive Freude ist weitgehend unerheblich und schloß voller Unbefangenheit auch die sozialistischen Feiertage ein. Ob Silvesternacht, ob national-revolutionärer 15. März, ob Verfassungstag am 20. August – die Bilder in der überfüllten Hauptstadt gleichen sich. In seltsamer Erwartung drängen die Menschen auf die Stra-

ße, als wollten sie die Mühsal des Alltags mit einemmal von sich abschütteln. Und meist spielt das Wetter dabei mit, denn mit zweitausend Sonnenstunden und einer Durchschnittstemperatur von elf Grad Celsius (im Juli zweiundzwanzig) verfügt die Hauptstadt über ein mildes Klima.

Während anderswo im östlichen Europa der 1. Mai als Tag der Zwangsaufmärsche vom Volk nur widerwillig begangen wurde, hatte er in Budapest seit Jahren den Charakter eines großen Volksfestes. Die langgezogene Andrássy út war schwarz von Schaulustigen mit Luftballons und Kindern an der Hand, am Heldenplatz nahm die greise Parteiführung den Vorbeimarsch der Werktätigen ab. Seit ihrer Ablösung im Mai 1988 zerbröckelte allerdings auch dieses Ritual. Während sich das nahe Stadtwäldchen im Auftrag

193

der Partei in ein buntes Chaos aus Verkaufsbuden, Würstchen- und Bierständen, Kinderrummel und Rockkonzerten verwandelte, traf sich die Opposition zu ihrer eigenen Mai-Feier im Volkswäldchen.

Ähnlich geht es am Nationalfeiertag im August zu, an dem Hausmeister, Soldaten und andere Staatsbedienstete schon Tage vorher Gebäude, Laternenmasten und Schaufenster mit Sprüchen auf rotem Tuch wie «Éljen Augusztus 20. – Es lebe der 20. August» und unzähligen Fahnen schmückten. Die Donaubrükken sind ebenso bunt beflaggt wie die Uferpromenaden, die Kindergärten oder die blauen Busse der Budapester Verkehrsbetriebe, doch während früher das revolutionäre Rot dominierte, sieht man heute nur noch das Grün-Weiß-Rot der ungarischen Nation.

Das eigentliche Volksfest findet auf den gesperrten Straßen beiderseits der Donau statt, wo das bunte Menschenknäuel in sengender Hitze auf den Vorbeizug von Militärflugzeugen und Kriegsschiffen wartet. Stände auf den Bürgersteigen verkaufen hektoliterweise Getränke sowie Maiskolben, Sandwiches und sinnlose Spielereien. Familien flanieren mit ihren Kindern auf der Uferpromenade, und immer wieder schwirren Wortfetzen in deutscher Sprache durch die Luft, denn die Ungarn-Besucher pflegen das Ereignis in ihrem Urlaubskalender dick anzustreichen. Den Abschluß des staatlichen Feiertages bildet ein prachtvolles Feuerwerk der Armee auf der Zitadelle des Gellért-Berges – das einzige, das in Ungarn Jahr für Jahr zu sehen ist.

Zwar bieten die öffentlichen Feiern immer dieselben billigen Genüsse: das labberige Bier der Kőbánya-Brauerei, die fettigen Snacks und pappigen Hamburger, das schädliche Schnuppzeug vom Popcorn bis zur Zuckerwatte und tausend andere Möglichkeiten, sein Geld in Nutzlosigkeiten anzulegen. Aber die Menschen haben eine unstillbare Sehnsucht nach rascher Lust. Vielleicht ist es der Nachholbedarf der zu bescheidenem Wohlstand gekommenen Proleten und Landarbeiter, vielleicht die Erinnerung an die konsumfeindlichen fünfziger Jahre oder die alltäglichen Frustrationen im krisengeschüttelten Ungarn – das Kaufen, das Kauen und das Schlucken gehören in jedem Fall zu den wichtigsten Freuden im Leben der kleinen Leute.

Freie Marktwirtschaft

Zuständig für die Befriedigung der spontanen, flüchtigen Wünsche war lange Zeit fast allein die private Schattenwirtschaft, die sich seit ihrer Legalisierung Ende der siebziger Jahre in allen Ecken und Winkeln der Hauptstadt breit machte. Hinter winzigen Schaufenstern und auf den Tischen der fliegenden Händler lagen die Schätze und Herrlichkeiten für den Massengeschmack bereit: auf Schleichwegen importierte Milka-Schokolade, Jahreskalender mit aufreizenden Aktfotografien, glitzernde Anstecknadeln mit der Buchstabenfolge «Rock 'n' Roll», wahllos zusammengewürfelte Westprodukte, die trotz überhöhter Preise immer ihre Abnehmer fanden.

Die prüde Moral des Sozialismus ging unter der Dynamik der wirtschaftlichen Liberalisierung noch vor der Einparteienherrschaft in Stücke. Im Fernsehen machten unter Kádár halb bekleidete Hawaii-Mädchen Reklame für Kaffee, in

Hochzeit in Budapest

den Zeitschriften lächelten Blondinen peinlich verführerisch, Autowerkstätten und Büros waren (und sind) mit Pin-ups tapeziert. Inzwischen ist auch das strenge Pornographie-Verbot gelockert worden, und mit Duldung der Behörden sind auch Prostitution und Fleischbeschau, für die diese Stadt einst berühmt war, wiederauferstanden.

In den Bars der mondänen Hotels sitzen attraktive Frauen, die bereit sind, westlichen Freiern für ein- bis zweihundert Mark in ihre Zimmer zu folgen. Da Prostitution im Sozialismus offiziell verboten war, machten damals nicht sie die Angebote, sondern warteten auf die Gelegenheit, ins Gespräch zu kommen, während das Hotelpersonal mit Schweigegeld zu Mitwissern gemacht wurde. Hin und wieder brachten sie ihre «Freunde» mit, die gelangweilt an ihrem Cocktail saugten und sie von Zeit zu Zeit auf die Tanz-

fläche führten. Die billigen Schwestern der Edelnutten im Atrium Hyatt dagegen stehen abends am Rákoczi tér und bieten sich dem kleinen Mann an, der nur Forint in seiner Brieftasche hat – Zigeunermädchen oder aufgedunsene Matronen, die den herumstreunenden Männern ihr zaghaftes «Nem akarsz?» (Willst du nicht?) zuflüstern, bis eine Polizeistreife sie vorübergehend vertreibt.

Kaffeehäuser, Kabaretts und Zirkusbetriebe haben schon vor Jahren die Entdeckung gemacht, daß der madjarische Mann mit ein wenig nackter Haut eher zu gewinnen ist als mit Literatur, Politik oder gewagter Akrobatik. In harmlosen Varietés werfen Mädchen ihre nackten Beine in die Luft und kokettieren zu den Klängen einer Kapelle mit Bauch, Busen und Po. Selbst das Café Savoy, in dem sich einstmals die führenden Köpfe der populistischen Opposition versammelten, bringt inzwi-

schen Abend für Abend ein merkwürdiges Programm aus Volkstanz, Zauberei und Striptease auf die Bühne. Im Publikum verstreut sitzen Frauen, die mit den Worten «ez kurva, az kurva» (diese ist eine Nutte, das dort ist eine Nutte) von einem breitschultrigen, muskulösen Mann angeboten werden.

Chauvis und Charmeure

Dieses Angebot sexueller Marktwirtschaft wird natürlich nur von einem Bruchteil der Bevölkerung wahrgenommen. Andererseits ist es die Spitze des Eisberges einer Männergesellschaft. Denn daran kann kein Zweifel bestehen: Die Frau ist in Ungarn auch nach vierzig Jahren Sozialismus alles andere als gleichberechtigt. In den Familien und Ehen ist sie meist allein für das leibliche und seelische Wohlergehen aller verantwortlich. Zu Gast in einer ungarischen Familie kann man erleben, wie die Frau des Hauses während eines opulenten Mahls nichts anderes tut, als aufzutragen und abzutragen, Gerichte zu bereiten und schmutzige Teller zu waschen. Daß Ungarn über eine der höchsten Scheidungsraten in der Welt verfügt, führen Soziologen dennoch weniger auf das Patriarchat zurück, als vielmehr auf die katastrophale Wohnungssituation. Da staatliche Wohnungen nicht zu haben sind und die privaten für viele nicht zu bezahlen, sind die Wohnverhältnisse vielfach derart beengt, daß die größte Liebe nach einigen Jahren in Gleichgültigkeit oder Haß umschlägt. Dann aber nimmt die Qual erst richtig ihren Anfang, denn häufig genug müssen die geschiedenen Eheleute aufgrund der akuten Wohnungsnot weiterhin zusammen leben.

Nach außen hin aber bilden ungarische Familien ein unbezwingbares soziales Gefüge, das jedem Mitglied Sicherheit und familiäre Zuwendung bietet. Die Probleme der Kindererziehung ließen sich ohne die Hilfe der Großeltern oft nicht lösen, weil beide Eltern dazu gezwungen sind, einem oder mehreren Jobs nachzugehen. Umgekehrt bieten die Jungen den Rentnern Unterstützung, wenn sie sich alleine nicht mehr helfen können. Auch horizontal funktioniert die Familiensolidarität, sei es, daß die Verwandten auf dem Lande die Städter mit selbstgezogenem Gemüse oder eingekochter Marmelade versorgen, sei es bei Reisen, bei denen sich selbst ein entfernter Großonkel in Australien wochenlang in einen großzügigen Gastgeber verwandeln kann.

Die traditionelle Männerherrschaft in Ungarn hat noch eine andere Seite: die plötzliche Zuwendung, die Frauen erfahren, wenn sie irgendwo ohne Begleitung erscheinen. In Sekundenschnelle verwandeln sie sich in die Angebetete, die mit einem Feuerwerk an Artigkeiten überschüttet wird. Von blendender Schönheit ist die Rede und bald auch von unstillbarer Liebe. Mit den Waffen der Höflichkeit wird die Frau in die Rolle des hilflosen, umschwärmten Objektes gedrängt. Natürlich bezahlt der Mann die Rechnung, natürlich hilft er der Frau in den Mantel, und selbstverständlich würde ein Ungar nie als erster vor einer Frau durch die Tür gehen. Es ist das alte Spiel der Geschlechter, an dem auch die Frauen ihren Anteil haben. Sie genießen die Aufmerksamkeiten und kokettieren häufig genug erfolgreich mit ihrer Weiblichkeit.

Selbst in kritischen Intellektuellenkreisen wird diese Umgangsform zwischen den Geschlechtern gepflegt – das Patriarchat ist tief im Lande verwurzelt. Während die Ökopax-Bewegung beinahe selbstverständlich in Budapest Einzug gehalten hat, war von Emanzipation oder gar Frauenbewegung niemals die Rede. Die einzige halbwegs feministische Initiative, die es jemals gegeben hat, richtete sich Ende der siebziger Jahre gegen die Verschärfung der Abtreibungspraxis. Auch die vielen Oppositionsgruppen waren überwiegend eine Männergesellschaft, worin sie sich in seltener Gemeinschaft mit der kommunistischen Parteiführung befanden: Im Politbüro der USAP saß immer nur eine einzige Frau.

Geistreiche Stehparties

Vom Mannsein abgesehen bilden die kritischen Intellektuellen der Hauptstadt jedoch eine faszinierende Gegenkultur zur madjarischen Mehrheitsgesellschaft. Es ist, als trenne sie eine unsichtbare Linie vom gemeinen Volk, als hätte unter ihnen die Welt von Kurt Tucholsky und Karl Kraus unbeschadet den Krieg und alle Umwälzungen der Nachkriegszeit überstanden. Während in westlichen Gesellschaften längst die Kulturmanager und kurzatmigen Nachbeter des Zeitgeistes den Ton angeben, gibt es in Budapest noch jenen Typus des kosmopolitischen, wirklich gebildeten Intellektuellen, der anderswo in Europa ausgestorben ist.

Seine Stärke liegt nicht in der systematisch strukturierten und tausendfach abgesicherten Analyse, sondern im freien, ungebundenen Fluß der Assoziationen und Gedanken. Er urteilt nicht mit «ja» und «nein» oder «gut» und «böse», sondern zieht es vor, seine Meinungen in Geschichten und Legenden zu verpacken, die er ausschmückt und für sich sprechen läßt. Er ist die beste Informa-

tionsquelle, obwohl er, schon aus rhetorischen Gründen, gerne zum Mittel der Übertreibung greift. Er ist ein glänzender Unterhalter und ein sprühender Geist, dessen liebste Schreibform das Essay ist.

Auch der Alltag jenes Intellektuellen besitzt seine liebenswerten Besonderheiten: Die glänzenden Verlockungen der Konsumgesellschaft lassen ihn gleichgültig, die Jagd nach Profiten durch Handel und Geschäfte ist ihm fremd. Die ungarische Sitte, den Gast mit einer Fülle von Speisen und Getränken zu überhäufen, erscheint ihm deplaziert, in seinem Kühlschrank herrscht meistens gähnende Leere. Er liebt die herrschaftlichen Bürgerwohnungen in der Innenstadt, die unter seiner Obhut wundersam verwahrlosen, er verabscheut politischen Opportunismus oder spießige Familienatmosphäre. In praktischen Dingen hält er sich für vollkommen ungeschickt, aber jede wichtige Neuerscheinung

steht in seinem Bücherregal.

Seine Form der Geselligkeit ist die «házibuli» – die ungarische Variante der Stehparty. Irgendwo findet in Budapest an jedem Wochenende eine «buli» statt, und meistens kommen neben den Eingeladenen mindestens ebenso viele, die der Gastgeber noch nie zuvor gesehen hat. Die alternative Etikette verlangt, daß man mindestens eine Flasche Wein am Eingang überreicht, wenngleich es die scharfen Alkoholika aus dem Westen sind, auf die sich die Anwesenden mit Vorliebe zuerst stürzen. Je nach Milieu werden auf unterschiedlichem Niveau geistreiche Debatten geführt, als ob man an diesem Abend alles und jedes einer raschen und vernichtenden Kommentierung unterziehen müsse. Und irgendwann, wenn die ersten Gäste gegangen sind, kommt dann der Punkt, wo die Einsamen beiderlei Geschlechts das Terrain genügend sondiert haben und zu handfesteren Vergnügen übergehen.

199

MUSIK, THEATER, KINO, KLUBS

Prunk und Enge

E in neblig-kühler Tag im Dezember. Der Atem verwandelt sich in weiße Rauchwolken, die Feuchtigkeit liegt als feiner, dünner Reif auf Kraftfahrzeugen und Parkbänken. Schwarz und mächtig steht das Gebäude der Ferenc-Liszt-Musikakademie in der Dunkelheit, aus den Fenstern schlagen goldener Glanz, Stimmenwirrwarr und die Tonläufe eines probenden Orchesters. In wenigen Minuten wird das Budapester Festivalorchester unter Iván Fischer sein jährliches Weihnachtskonzert geben, zu dem schon Wochen zuvor keine Karten mehr zu bekommen waren, weil die Musikinteressierten von ganz Budapest den Auftritt des berühmtesten ungarischen Ensembles um keinen Preis verpassen wollen. Das Orchester ist ein freiwilliger Zusammenschluß der besten Musiker des Landes, die nur einige Male im Jahr zusammen auftreten.

Auf dem Programm stehen Bartóks erstes Klavierkonzert und seine Suite über den wunderbaren Mandarin, die Konrad Adenauer als

Oberbürgermeister von Köln 1926 nach der Uraufführung vom Spielplan nehmen ließ, weil das Werk den deutschen Konservativen zu entfesselt erschien. Auch unter dem stalinistischen KP-Chef Mátyás Rákosi war der «Mandarin» verboten. Jetzt gehört er zum klassischen Erbe der ungarischen Musikkultur. Ausführender am schwarzglänzenden Steinway-Flügel ist Zoltán Kocsis, jener hochbegabte Pianist, der die meisten neueren Plattenaufnahmen in Ungarn bespielt hat.

In der Vorhalle der Akademie, die Konzertsaal und Ausbildungsstätte in einem Haus vereinigt, drängen sich die Wartenden in eleganter, altertümlicher Garderobe, die bei solchen Gelegenheiten in Budapest typisch ist, und erfüllen die Luft mit ihren Stimmen, Düften und dem Rauch von Zigaretten. Vor dem schmalen Kassenfenster, das in geschnitztes Holz eingefaßt ist, warten einige Optimisten auf Karten, die nicht abgeholt werden, an der langen Reihe schmiedeeiserner Kleiderhaken, die von blaubekittelten Garderobieren verwaltet werden, beulen sich Wintermäntel und Pelze. Dann endlich sich die Türen des großen Konzertsaals, und die Menschen streben ungeduldig auf ihre Plätze, über sich die riesigen Kronleuchter, deren schwere Glaskugeln mit Netzen vor dem Herabfallen geschützt sind. An den Wänden die prächtigen goldenen Ornamente des Jugendstils: stilisierte Frauenkörper, die ihre Brüste nach vorne recken, seltsame Fratzen, die den Mund singend geöffnet halten, vielfältig verzierte Bilder, die die Satzbezeichnungen der Musik illustrieren sollen. Auf der obersten Zuschauerempore recken Musik-Studenten, die kostenlosen Zutritt zur Akademie haben, ihre Hälse.

Die Musikakademie, über deren Haupteingang die Statue ihres Gründers Ferenc (Franz) Liszt thront, hat die ausladenden, verspielten Formen der Architektur zu Beginn unseres Jahrhunderts. Sie ist das bedeutendste musikalische Zentrum Ungarns. Hier werden Musiklehrer, Künstler und Komponisten ausgebildet, hier unterrichtete auch Béla Bartók, bis er in den dreißiger Jahren vor der ungarischen Reaktion und dem wachsenden Antisemitismus die Flucht ergriff und in die USA emigrierte. Anfangs, zwischen 1881 und 1886, war die Budapester Musikhochschule in einigen Zimmern der Privatwohnung von Ferenc Liszt auf dem ehemaligen Hal tér untergebracht, dann siedelte sie in das Ende vorigen Jahrhunderts gebaute Gebäude in der Andrássy út. Seit 1907 steht ihr der Jugendstil-Palast am heutigen Liszt Ferenc tér zur Verfügung, der seitdem oft genug Schauplatz großer musikalischer Ereignisse war.

Zentrum klassischer Musik

In Budapest, daran besteht kein Zweifel, wird das klassische musikalische Erbe in besonderer Weise gepflegt. Es ist, als stimulierten die glänzenden Kulissen des Neobarock und des Klassizismus die musikalische Produktivität in dieser Stadt. Die meisten der Budapester Konzertsäle strömen jenen warmen, goldenen Glanz aus, der die Zuhörer auf eigenartige Weise für die Töne aufschließt. Vielleicht liegt hierin aber auch der Grund, daß der «Budapester Schule» der Ruf vorauseilt, zuweilen allzu sentimentale Interpretationen vorzulegen. Budapest ist eben nicht der Ort, an dem die

Neuerdings gestattet – Straßenmusik in Budapest

kühlen, fast ingenieurhaft komponierten Stücke eines Johann Sebastian Bach zu Hause sind, sondern die expressiven, energiegeladenen Werke von Ferenc Liszt oder Béla Bartók und der Einfluß der Wiener Komponisten.

Für das hohe musikalische Niveau in Budapest sorgt ein staatliches Ausbildungssystem, das die frühkindliche Musikerziehung nach dem System des Bartók-Kollegen Zoltán Kodály mit systematischer Begabtenförderung verbindet. Nur wenige Straßen neben der Musikakademie liegt zum Beispiel die Béla-Bartók-Musikschule, in der Jugendliche im Alter von zwölf Jahren von hervorragenden Lehrern Instrumentalunterricht erhalten – selbstverständlich kostenlos.

Die Ergebnisse dieser musikalischen Eliteförderung kann man in Budapest immer wieder staunend

zur Kenntnis nehmen. Im kleinen Vortragssaal der Bartók-Schule tragen Kinder am Schuljahrsende komplizierte Stücke vor, um einer kritischen Jury zu demonstrieren, was sie in dieser Zeit dazugelernt haben. In der Ferenc-Liszt-Musikakademie geben Studenten kostenlose Konzerte, um ihr Können der interessierten Öffentlichkeit zu zeigen. Sonntag morgens spielen Kammerorchester in der Nationalgalerie, um den Gang durch das Museum der ungarischen Kunst zu vergolden, und im Ruinenhof des Hilton, im Zichy-Schloß oder im Palais von Mihály Károlyi finden im Sommer Freiluftkonzerte statt. In den leuchtenden Konzertsälen des «Vigadó» und der Ungarischen Akademie der Wissenschaften, unter den neogotischen Säulen der Matthiaskirche oder im neuerrichteten Kongreßzentrum führen Profi-Musiker beinahe alles von Barock bis Gershwin auf und haben großartige Erfolge. Enttäuschung macht sich nur breit, wenn die schlecht bezahlten Symphoniker von Post und Eisenbahn (MÁV) ihre Instrumente anstimmen und mit ähnlich zweifelhafter Kompetenz musizieren, wie ihre Mutterinstitutionen arbeiten.

Ein Höhepunkt des Musiklebens ist das jährliche Budapester Frühlingsfestival, das Mitte März vom Fremdenverkehrsamt organisiert wird und in zehn Tagen nahezu tausend Veranstaltungen auf hundert Schauplätzen vereint. Das Programm reicht von Schütz, Vivaldi und Händel über Mozart, Beethoven und Schubert bis hin zu Mahler, Debussy und zeitgenössischer Musik. Ausführende sind neben den ungarischen Musikern die fähigsten Interpreten Osteuropas sowie junge Solisten, die sich auf internationalen Musikwettbewerben oder an der Budapester Musikakademie besonders qualifiziert haben. Auch Oper, Ballett und Theater bieten in diesen Tagen ein spezielles Programm, Kammertheater, Pantomimen und Esperanto-Theater treffen sich dann in Budapest zu internationalen Zusammenkünften. Für Kinder und Jugendliche gibt es spezielle Veranstaltungen, die von einem Festival-Klub organisiert werden, und auf den Straßen und Plätzen finden Umzüge und Freiluftkonzerte statt.

Weniger leicht ist der Zugang zu jener Musikkultur, der in der Fachsprache das Eigenschaftswort «ernst» abgesprochen wird. Während der traditionelle Musikbetrieb in Budapest über einen gut funktionierenden Apparat und eine einflußreiche Lobby verfügt, hatten es Jazz, Pop und Rock im Sozialismus schwerer. Zwar wurden ihre Anliegen im vielstöckigen Hochhaus am Vörösmarty tér vom Plattenunternehmen Hungaroton und den staatlichen Konzertveranstaltern ebenfalls professionell verwaltet, doch der Spielraum für Unkonventionelles und seine Verbreitung war nicht eben groß. Am besten funktioniert die Branche bei großen kommerziellen Konzerten, zum Beispiel in der Budapester Sporthalle, wenn auf riesigen Plakaten für Tina Turner oder Santana geworben wird. Die Bekanntmachungen für die kleineren Gruppen kleben dagegen nur auf Bauzäunen, Uni-Wänden und Laternenpfählen oder verstecken sich irgendwo im Innern des Programmheftes «Pesti Műsor» (Pester Programm) – wenn sie nicht gänzlich auf Mundpropaganda angewiesen sind.

Klubs statt Kneipen

Das Publikum und die Veranstaltungsorte sind so verschieden wie die Musik selber. Da es in Ungarn nicht üblich ist, regelrechte Konzerte in Kneipen abzuhalten, bleiben nur die Jugend- und Kulturhäuser sowie diverse Klubs, die, von Studenten oder Jungarbeitern gegründet, häufig genug nur etwas wie eine Konzertagentur abgeben. Der Klub der Medizinischen Semmelweis-Universität, abgekürzt SOTE, lädt zum Beispiel im großen Neubau am Nagyvárad tér fast jeden Samstagabend zu Disko oder Rockveranstaltungen – ein beliebter Ort für perspektivisch geplante Vermählungen. Die Budapester Gartenbauuniversität läßt in der Villányi út Rockgruppen auftreten, während im Keller des Studentenwohnheims an der Kinizsi utca einmal in der Woche avantgardistische Jazz-Musiker spielen. Im Jugendzentrum Petőfi Csarnok im

Stadtwäldchen spielt jedes Wochenende eine andere Band, in den Freizeitzentren am Almássy oder Marczibányi tér ist ein- oder zweimal die Woche Volkstanz. Die Zahl der Häuser und Klubs, die zu solchen Veranstaltungen einladen, ist beachtlich – doch den Fremden in der Stadt wird die Orientierung nicht gerade leichtgemacht.

Die Generation der Dreißig- bis Vierzigjährigen findet sich jeden Donnerstag zum «Nostálgia»-Abend im Loránd-Eötvös-Klub an der Károlyi Mihály utca ein, um bei den Hits der sechziger Jahre in sentimentalen Erinnerungen zu schwelgen. Zum modernen Jazz im Jazz-Klub in der Kinizsi utca kommen die jungen Intellektuellen mit kurz geschorenem Haar und Nickelbrille, einige von ihnen im schwarzen Proletarier-Look der Zwischenkriegszeit, die Schlägerkappe auf dem Kopf, das Parteiabzeichen ironisierend am Aufschlag. Wieder anders ist das Publikum im Klub der Gartenbaustudenten, wenn die populäre Rockband KFT spielt und die flachgesichtige Jugend im Karstadt-Outfit zusammenströmt; oder wenn die freakigen, politisch interessierten Jugendlichen zum Konzert der kritischen Gruppe «Europa kiadó» (Europa zu vermieten) ins Kulturhaus an der Fehérvári út kommen und sich an deren Auftritte in der Hochzeit der unabhängigen Friedensgruppe Diálogus erinnern. Die postmoderne Szene schließlich geht zu den Konzerten der Gruppe «Vágtázó halottkémek» (Die rasenden Leichenbestatter), während die Budapester Punk-Bewegung so gut wie tot ist.

Im Freizeitzentrum am Almássy tér spielt am Freitagabend unten im großen Saal eine ungarische Folklore-Gruppe zum Tanz auf, und verschwitzte, bäuerliche Gesichter verfolgen eifrig die Schritte des Tanzmeisters, während oben im alternativen Teehaus die Intellektuellen spitzfindig einen Vortrag über die Veränderungen in der Sowjetunion diskutieren. Auch die Szene teilt sich in Budapest in vielfältige Lager und Kulturen – Spiegel der pluralistischen Vielfalt, aber auch der Zerrissenheit der ungarischen Gesellschaft.

Vor der Ablösung der alten Kádár-Führung hatten die zahlreichen Klubs in Ungarn eine wichtige Ventilfunktion, um den Druck im Lande dosiert entweichen lassen zu können. Während heute die Gründung von Vereinen oder Gesellschaften ein ganz legaler Akt ist, durfte man bis 1988 nur unter der Obhut des Kulturministeriums, eines Freizeitzentrums oder einer gesellschaftlichen Organisation regelmäßig zu Vorträgen und Veranstaltungen einladen. Unter den mehr als vierhundert Klubs und Zirkeln gibt es solche, die, wie der Fészek-Klub des Künstlerverbandes in der Kertész utca oder der Klub junger Künstler in der Andrássy út, schon zu den etablierten Institutionen des Budapester Kulturlebens gehören. Andere wiederum, wie der Klub junger Soziologen oder der Attila-József-Kreis, in dem sich junge Schriftsteller zusammengeschlossen haben, waren immer wieder staatlichen Anfeindungen ausgesetzt. Als der profilierte Rakpart-Klub sich in den Augen des Innenministeriums zu weit vorwagte, unter anderem hatte sich die Bürgerinitiative gegen das Donau-Staustufen-Projekt in seinen Räumen gegründet, ließen die Behörden ihn 1986 kurzerhand schließen. Erst unter der neuen Führung konnte er seine Pforten wieder öffnen.

Natürlich beschränkt sich das kulturelle Leben in Budapest nicht nur auf Musik oder Vorträge, sondern Theater, Kinos, Ballett, Kabarett und Ausstellungen gehören ebenso dazu. Obwohl die staatlichen Zuschüsse weniger geworden und den Jugend- und Kulturzentren ein großer Teil der Subventionen gestrichen worden ist, ist das Angebot unverändert breit. Allerdings sind die Programme der neuerdings zu Wirtschaftlichkeit verpflichteten Veranstalter unter dem Kostendruck kommerzieller geworden, aber der konservativ-kommunistische Geist, der den unaufgeklärten Massen Kultur als Licht der Zukunft bringen wollte, hat es vermocht, Theater und Kinos, Oper und Konzertveranstaltungen – noch – vor dem Aussterben zu bewahren. Zunehmend sind Theater oder Filmemacher jedoch darauf angewiesen, Betriebe als Mit-Finanziers zu gewinnen. Und immer häufiger kommt es vor, daß Kulturhäuser aus Kostengründen geschlossen werden.

Behäbiges Schauspiel

Der eigentümliche Konservativismus, der seine schützende Hand über die Budapester Bühnen hielt, hat dazu geführt, daß es in dieser Stadt jahrzehntelang kaum Raum für spontanes experimentelles und avantgardistisches Theater gab. Während sich in der Sowjetunion unter Gorbatschow die freien, unkonventionellen Theatergruppen, die den traditionellen Bühnen die Zuschauer abjagen und künstlerische und politische Tabus angreifen, innerhalb kurzer Zeit fast epidemisch ausbreiteten, gab es im vergleichsweise liberalen ungarischen Sozialismus nichts Vergleichbares. Die ungarische Kulturbürokratie, die nach dem Volksaufstand von 1956 vor allem aus Kadern der aufgelösten Geheimpolizei zusammengestellt wurde, hat es verstanden, in dieser brodelnden Stadt alles Neue, alles Ungewöhnliche zu ersticken – erst jetzt schmilzt ihre Machtstellung.

Die großen Theater, obwohl technisch nicht schlecht, haben die Behäbigkeit eines reichen Kaufmanns entwickelt, der an den bewährten Produkten und Methoden festhält und, mangels Alternativen, immer noch ein Publikum dafür findet. Ein bißchen Beifall, eine positive Rezension in der Presse, ein vollbesetztes Haus – welche Triebkraft könnte hier eine Veränderung herbeiführen? Die meisten Schauspielhäuser haben sogar einen festen Besucherstamm, der immer wieder in «sein» Theater strebt: Das Theater im Proletarier-Stadtteil Angyalföld bedient den Geschmack der Werktätigen, das Lustspielhaus am Szent-István-Ring den des lebenslustigen Mittelstandes. Ins Kabarett gehen die politisch interessierten Spießer, die sich ein wenig Luft machen wollen über die Unzulänglichkeiten des Alltags, ins József-Katona-Theater in der Petőfi Sándor utca die kritischen Intellektuellen, die etwas mehr erwarten als Guckkasten-Bühne und ein paar klassische Dialoge. Jede soziale Schicht, jede Bevölkerungsgruppe hat ihre eigene Bühne, die ihr Handwerk versteht, doch die freie, fruchtbare Konkurrenz unterbleibt.

Einen Einblick in die glanzvolle Budapester Theaterwelt von gestern gibt das Bajor Gizi Múzeum in der Stromfeld Aurél út 16 im grünen zwölften Bezirk, das in der früheren Villa einer bekannten ungarischen Schauspielerin der dreißiger Jahre untergebracht ist. Hier begegnet

Filme aus dem Ausland – Western im Corvin-Kino

man noch einmal den ungarischen Bühnenstars, die in der Zwischenkriegszeit von einer ähnlichen Aura umgeben waren wie ihre Kollegen in Deutschland. Heute schadet der Traditionalismus nicht nur dem Theater, sondern auch dem Ballett und der Oper, obwohl gerade hier die gründliche Ausbildung den ungarischen Künstlern international Respekt einbringen könnte. Im Ausland bekannt geworden ist nur das Győrer Ballett mit einer Reihe bemerkenswerter Aufführungen – ein Ensemble aus der Provinz.

Kultur als schmückendes Beiwerk von Politik und Wirtschaft ist das Konzept der Bürokraten, und die Mehrzahl der Zuschauer scheint gar nichts anderes zu wollen. Denn in die herrlich anzusehende Ungarische Staatsoper, die nach Plänen von Miklos Ybl im italienischen Neorenaissancestil errichtet und eine Zeitlang

von Gustav Mahler geleitet wurde, geht man nicht, um sich von experimentierfreudigen Regisseuren aufrütteln zu lassen, sondern um zu sehen und gesehen zu werden, um den tristen Alltag durch ein wenig klassische Unterhaltung zu vergolden.

Kinos mit wenig Spielraum

Die zahlreichen Budapester Kinos führen – für Ausländer besonders wichtig – auch häufig nichtsynchronisierte Filme aus dem Ausland mit Untertiteln vor. Da zeigt das Liget am Szabadság-Berg «Die Ehe der Maria Braun», da läuft in einem versteckten Kino eines Außenbezirkes «Brunos Wanderschaft». Da flimmern Filme aus Frankreich, Italien und den USA ebenso über die Leinwand wie solche aus Polen, Zimbabwe oder China. Die Sowjetunion besitzt mit dem Gorki sogar ein eigenes

Kino für russischsprachige Streifen, das Vörösmarty hat sich spezialisiert auf den ausländischen Film. International geht es auch in den Kulturinstituten Deutschlands, Frankreichs und Italiens zu, die regelmäßig Filmvorführungen und Veranstaltungen organisieren. Im Budapester Programmheft «Pesti Műsor» finden sich die fremdsprachigen Filme gemeinhin an versteckter Stelle unter der Rubrik «Für Sprachübende empfohlen» (Nyelvgyakarolóknak anjánlott).

Die Lethargie des Fortschritts hat den Budapester Häusern der Cinematographie größtenteils noch ihr altes Antlitz gelassen. Im Puskin an der Kossuth Lajos utca weiß man wieder, warum die Kinos in Deutschland früher Lichtspieltheater hießen – ein großer Saal mit Emporen und rotgepolsterten Sitzreihen, der die Eleganz der großen Bühnen im Stil der Neorenaissance für den Massengeschmack kopiert. Im Toldi an der Bajcsy-Zsilinszky út ist dagegen die großzügige Kino-Architektur der dreißiger und vierziger Jahre konserviert, die in der Bundesrepublik dem Trend zum gepolsterten Minikino geopfert worden ist. Das Liget wiederum sieht aus wie eine umgebaute Schulklasse, während das Bányász in der József körút ein unkomfortabler langer Schlauch ist, der nur in der Nachkriegszeit entstanden sein kann. Im Kinizsi an der gleichnamigen utca trifft man schließlich auf eine seltsame Mischung aus sozialistischer Schlampigkeit und Szenekultur – unweit der Uni gelegen, ist es eines der wenigen Programmkinos in Budapest mit anspruchsvolleren Filmen.

Das kleine Stück Freiheit zu erobern, nach eigenem Ermessen jeden Tag einen anderen Film zu zei-

gen, hat das Kinizsi einen langen Kampf gekostet. Die Spielpläne der Filmspieltheater wurden nämlich im Sozialismus zentral festgelegt – nach vorher geschätztem, besser gesagt: festgelegtem Zuschauerinteresse und nach politischen Gesichtspunkten. Der Film mußte so lange gezeigt werden, bis die Zuschauerzahl erreicht war, hatte er die Quote erfüllt, verschwand er aus dem Programm. Die Anzahl der Kopien und die Zahl der Zuschauer hingen also ab von der willkürlichen Entscheidung der Verantwortlichen im «Unternehmen hauptstädtischer Kinos». Lagen sie, wie häufig, mit ihren Schätzungen daneben, mußte ein Bote mit dem Motorrad den eben gezeigten Streifen durch den Budapester Berufsverkehr zum nächsten Kino schaffen, wo die Zuschauer bereits erwartungsvoll auf die Leinwand starrten.

Galerien und Museen

Weniger im Mittelpunkt politischen Argwohns standen in den letzten Jahren die Budapester Galerien und Museen, nachdem das Diktat des sozialistischen Realismus in den Künsten beseitigt wurde. Das, was in der Kunsthalle am Heldenplatz oder in den winzigen Galerien der Innenstadt gezeigt wurde, folgte in Form und Inhalt kaum noch einem wie auch immer gearteten ideologischen Anspruch. Während die DDR-Kunst immer noch mit erhobenem Zeigefinger operierte, ging es hier, wie im Westen, längst um Farben, Formen und Gestalten statt um die Vermittlung politischer Botschaften. Allerdings ist die Depolitisierung der Kunst zum Teil auch ein Ergebnis der Kádár-Ära – die wirklich provokanten Sachen konnten damals gar nicht oder nur an versteckter Stelle gezeigt werden. So war eine Performance, bei der die ungarische Nation symbolisch in rotem Blut ertränkt wurde, nur einmal in einem kleinen Freizeitheim zu sehen.

In der Ungarischen Nationalgalerie im Vorderflügel der Burg, aus der die stalinistische Kunst der fünfziger Jahre schamvoll entfernt wurde, befinden sich die bedeutendsten Werke der ungarischen Kunst seit dem Mittelalter, an denen sich ablesen läßt, in welchen Zeiten der Donaustaat kulturell stagnierte oder prosperierte. Die Gemälde lehnen sich eng an die großen europäischen Stilrichtungen an und gelangen dabei, besonders Ende des vorigen, Anfang des jetzigen Jahrhunderts, oftmals zu wirklicher Größe. Ob Csontváry, der naive Expressionist, ob Munkácsy, der pathetische Volkstümler, ob Rippl-Rónai, der große Maler der Jahrhundertwende – ihre Arbeiten können ohne Zweifel dem internationalen Vergleich standhalten, sind aber in der außerungarischen Kunstwelt so gut wie unbekannt. Das Museum für Bildende Künste (Szépmüvészeti Múzeum) in Pest, direkt am Heldenplatz (Hősök tere), weist dagegen nur eine relativ bescheidene Sammlung ausländischer Malerei auf, deren Grundstock der ehemalige Privatbesitz des Grafen Esterházy bildet. Hier hängen spanische Meister, aber auch Arbeiten von Rembrandt, Raffael sowie deutscher, französischer und englischer Künstler. Im Erdgeschoß sind meistens eine moderne Gegenwartsausstellung und ein gutes, privat betriebenes Café zu besuchen.

Das wohl berühmteste ungarische Museum ist das Nationalmuseum in der Múzeum körút, das auf ein Geschenk des Grafen Ferenc Széchenyi zurückgeht. Es gibt in verschiedenen Sammlungen einen Einblick in die Geschichte Ungarns und der Stadt Budapest von der Frühzeit bis zum Revolutionsjahr 1849. Neben dem Zelt eines türkischen Feldherrn, neben Möbeln, Waffen, Hausrat und Kleidungsstücken ist vor allem die gut bewachte ungarische Krone Anziehungspunkt für die Besucher. Diese angebliche Krone des heiligen Stephan war bis 1945 Gegenstand reliquienhafter, monarchistischer Verehrung, dann geriet sie zum Schmerz der Ungarn im Zweiten Weltkrieg in den Besitz der Vereinigten Staaten. Erst 1978 gaben die Amerikaner sie dem sozialistischen Ungarn zurück, das sie im bedeutendsten Museum der Stadt mit gleicher Inbrunst ausstellte wie die Sowjetunion den Leichnam Lenins.

In der Burg des früheren Reichsverwesers Horthy befinden sich auch die etwas verstaubten, ständigen Ausstellungen der Museen für die Geschichte von Budapest und – noch – der ungarischen Arbeiterbewegung. Hier werden Fotos, Figuren und Dokumente gezeigt, die die Schändlichkeit des Kapitalismus und der Reaktion belegen sollen, während den Märtyrern der sozialistischen Bewegung ein Denkmal gesetzt wird. Irgendwo ist auch eine Szene aufgebaut, wie Kommunisten mit Farbe und Schablone ihren Protest gegen den Faschismus auf eine Straßenbahn malten – spätestens dann, wenn Bewegungen ins Museum gelangen, haben sie wohl ihr Ende erreicht.

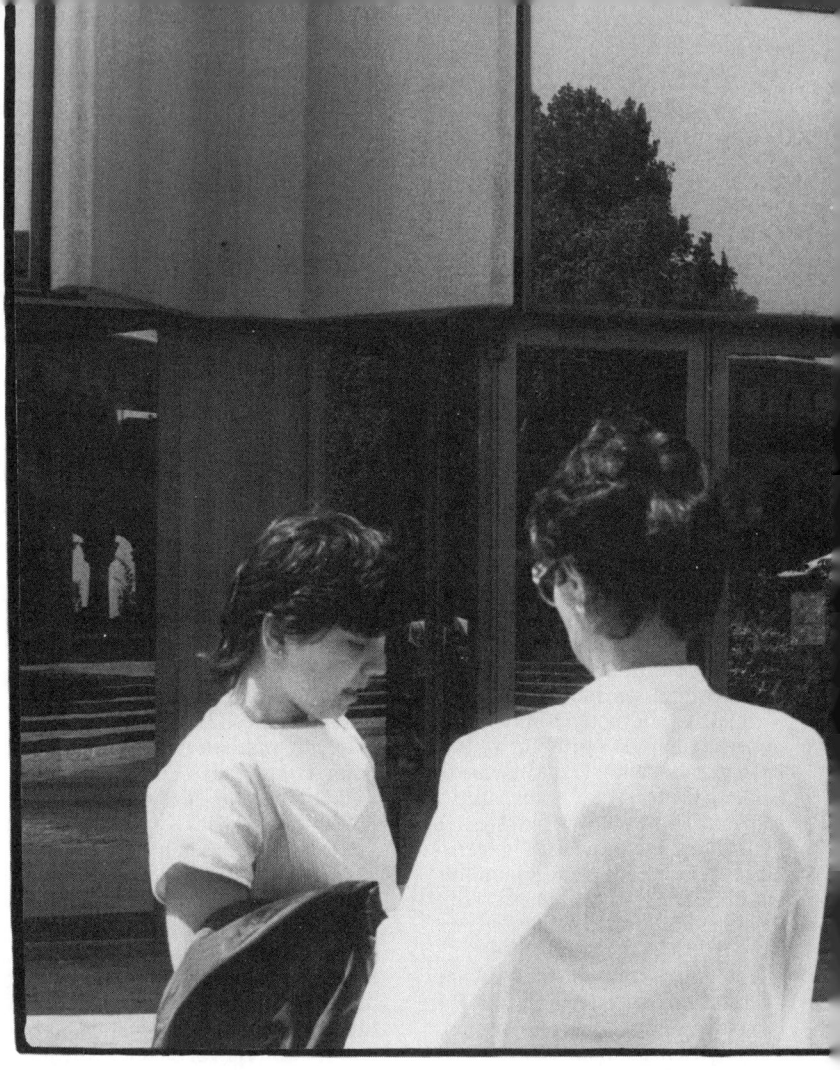

DAS BURGVIERTEL
IN BUDA

E in warmer Abend im August:
Ein seltsames Singen liegt in
der Luft, mal ansteigend, mal abfal-
lend, es kommt aus der Richtung der
Fischerbastei. Über den Platz rund
um die Liebfrauenkirche, die im
Volksmund nur Matthiaskirche

heißt, streunen die Touristen. Ein
Maler will sie zu einem Porträt für
hundert Forint überreden. Etwas
weiter haben junge Leute in der milden Sommernacht einen Tisch aufgebaut, auf dem sie Bilder und
Schmuck verkaufen. Drängelig wird

211

es erst auf den Stufen der Fischerbastei, von der aus die Leute einen
Blick auf das nächtliche Pest werfen
wollen. Das Singen wird lauter. Ein
improvisierter Chor nutzt die Akustik der halboffenen Kuppeln, um
mehrstimmige Lieder und Choräle
vorzutragen. Anschließend geht ein
Hut für Spenden herum.

Die Fischerbastei (Halászbástya)
ist vermutlich der meistbesuchte
Ort der Hauptstadt. Dafür sorgen
nicht nur die Reiseleiter, die ihre
Gruppen gleich busseweise ankar-
ren. Hier oben ist es am leichtesten,
sich als Fremder mit Budapest langsam vertraut zu machen. Zu Füßen
der Treppen, Vorsprünge und
Türmchen, um die Jahrhundertwende in einer merkwürdigen Mischung
aus romantischer Ritterburg, Neu-
gotik und Neoromanik angelegt, liegen die Budaer Wasserstadt und,
jenseits der Donau, die Innenstadt
von Pest – nah genug, um ihre
Kirchtürme und Gebäude ausmachen zu können, ausreichend fern,
damit der Blick nicht im Häusermeer ertrinkt.

Am Pester Donauufer springt zunächst das mächtige, von Kuppeln
und Türmen geschmückte Gebäude
des ungarischen Parlamentes ins Auge. Rechterhand wird der Fluß über-
wölbt von der restaurierten Kettenbrücke, an deren Pester Brückenkopf das Gebäude der Ungarischen
Akademie der Wissenschaften und
der ehemalige Bankpalast Gresham
zu sehen sind. Im Hintergrund ragt
die Kuppel der Szent István-Basilika
auf, am Flußufer blinken die Fassaden der großen Luxushotels Atrium
Hyatt, Forum und Intercontinental.
Weiter hinten zeichnen sich im ver-
schwommen-grauen Pest halbkreis-
förmig die in den letzten Jahrzehnten erbauten neuen Wohnviertel ab,

während der linke und rechte Bild-
rand von der Margaretheninsel beziehungsweise dem Dolomitfelsen
des Gellértberges abgeschlossen
werden.

Die Fischerbastei erhielt ihren
Namen von jenem mittelalterlichen
Festungssystem, das sich oberhalb
der von Fischern bewohnten Vorstadt erhob. Zudem befand sich hinter dem Bauwerk früher der Fisch-
markt. Von hier aus führen endlose
Stufen und eine gewundene Auto-
straße den Berg hinunter zur Donau.
Oben im Burgviertel, auf dem anderthalb Kilometer langen Hügel in
sechzig bis siebzig Meter Höhe, befanden sich der Amtsitz des Königs
sowie die Gebäude für Regierung,
Militär und Botschaften, die heute
fast alle zivilen beziehungsweise kulturellen Zwecken dienen. Im ehemaligen Königlichen Palast an der
spitz zulaufenden Südspitze des
Burgberges sind die Széchenyi-Na-
tionalbibliothek und eine Reihe von
Museen untergebracht. Der alte Budaer Landtag mit seinem im Empire-
stil gehaltenen Sitzungssaal in der
Országház utca 28 beherbergt die
Ungarische Akademie der Wissenschaften. Die mächtige Nándor-Ka-
serne an der Nordspitze des Berges
ist inzwischen Kriegshistorisches
Museum.

Der Renaissancepalast, der im
16. Jahrhundert an der Südseite des
Burghügels stand, galt damals als
eine der schönsten Herrscherresi-
denzen Europas. Bei der Belage-
rung durch die Türken im Jahre 1686
wurde er jedoch in Trümmer geschossen. Im 18. Jahrhundert begann die Kaiserin Maria-Theresia
mit dem Bau eines neuen Burgpala-
stes, der Ende des 19. Jahrhunderts
endgültig fertiggestellt war und dem
Stellvertreter des Wiener Königs,

Mittelalterlicher Bauplan – Straße im Burgviertel

dem Palatin, als Domizil diente. Im Zweiten Weltkrieg in sich zusammengestürzt, wurde der Bau nach 1945 wieder aufgebaut, wobei man viele Überreste aus dem Mittelalter freilegte. Durch den E-Flügel des Gebäudes gelangt man zur südlichen Festungsanlage der mittelalterlichen Burg mit Türmen, Toren und Mauern, mit einem ummauerten Garten und den Resten des türkischen Friedhofs. Von den Fenstern der Nationalgalerie hat man heute denselben herrschaftlichen Blick auf die Innenstadt, das frühere Pest, wie die Palastbewohner im vergangenen Jahrhundert.

Das Burgviertel ist von einer starken Verteidigungsmauer umschlossen, die erahnen läßt, wie sehr sich die Bewohner von Buda vor den Eroberern aus der Ebene fürchteten. Gleichwohl nahmen diese die Festung mehrfach ein und zerstörten sie jedesmal bis auf die Grundfesten.

Am Nordrand der Verteidigungsanlage ist als einziges Stadttor von Buda das Wiener Tor (Bécsi kapu) erhalten geblieben, das 1836 im klassizistischen Stil umgebaut wurde. In den nördlichen zwei Dritteln lag einstmals die Bürgerstadt. Die Straßenführung und der Grundriß der Häuser sind immer noch mit dem mittelalterlichen Bauplan identisch, doch die mittelalterlichen Details der Gebäude wurden erst im Verlauf der Rekonstruktionen nach dem Zweiten Weltkrieg unter dem Überzug aus Barock und Klassizismus wieder hervorgeholt.

Das ganze Burgviertel durchziehen neun verschiedene, unterirdische Kellersysteme, die teils als Lager, teils Verteidigungszwecken dienten. Sie waren vom Finanzministerium, vom Innenministerium und anderen Gebäuden aus zugänglich. Unter dem Haus in der Úri utca 72 beispielsweise befand sich in fünfunddreißig Meter Tiefe ein zwischen 1936 und 1940 für den Kriegsfall gebautes Versteck für die Bankeinlagen des Bürgertums, das die Deutschen, als sie im Januar 1945 das Burgviertel mit sinnloser Verbissenheit verteidigten, zum Lazarett umfunktionierten. In derselben Straße, im Haus Nummer 9, führt eine Treppe hinab ins Budavárer Panoptikum, das in den tiefen feuchten Kellern eine historische Figurenschau zeigt. Unter dem Gebäude der ehemaligen Deutschen Botschaft in der Úri utca 66, von dem aus der deutsche Gesandte Veesenmeyer in den letzten Kriegsmonaten die Geschicke Ungarns lenkte, fanden sowjetische Soldaten eine geheime Telefonzentrale, von der aus man direkt mit Wien und Berlin sprechen konnte.

Als Tourist kommt man an der Matthiaskirche (Mátyástemplom) mit ihrem bunt verzierten Dach nicht vorbei. Das Gotteshaus, gleich bei der Fischerbastei, diente unter der Türkenherrschaft als Hauptmoschee. Seine neogotische Form erhielt der Bau, dessen südliches Marienportal noch aus dem 14. Jahrhundert stammt, zwischen 1874 und 1896, als der Architekt Frigyes Schulek das Gebäude größtenteils nach den beim Abbruch zum Vorschein gekommenen alten gotischen Formen errichten ließ. Im Zweiten Weltkrieg erlitt die Kirche, die an den großen kirchlichen Feiertagen dicht gefüllt ist, schwere Schäden, die bis 1968 beseitigt wurden.

Vor der Kirche liegt der Dreifaltigkeitsplatz (Szentháromság tér), dessen gleichnamige Säule von den überlebenden Bürgern im 18. Jahrhundert zum Dank für das Ende der verheerenden Pest gebaut wurde. Schräg gegenüber befindet sich das Gebäude des einstigen Budaer Rathauses mit Auslugerker und Uhrturm, das heute ein Forschungsinstitut beherbergt. Im ehemaligen Finanzministerium, das den Platz nach Norden hin beschließt, sind das Neue Ungarische Zentralarchiv und ein Verlag untergebracht, im weiß gestrichenen Neubau vis-à-vis der Kirche das Informationsbüro für ausländische Journalisten.

Die kurze Gasse vom Szentháromság tér, in der das Rokoko-Café Ruszwurm und, unter den Nummern 5 und 7, Häuser mit mittelalterlichen Türen, gotischen Sitznischen und von einem Tonnengewölbe überdachten Torwegen liegen, führt zum Westrand des Burghügels. Von dort aus kann man auf der Basteipromenade Aussicht nehmen auf weitere Areale von Buda: auf den schmalen Grünstreifen mit dem furchteinflößenden Namen Blutwiese (Vérmező), wo früher die Hinrichtungen stattgefunden haben sollen, die kalten Gebäude des Südbahnhofes und des Hotels Buda-Penta, in der Ferne die Budaer Wälder, aus denen auf dem höchsten Gipfel der Aussichtsturm des János-Berges herausragt. Vor hundert Jahren beackerten Bauern unterhalb der Wälder noch ausgedehnte Weingärten, bis eine Pflanzenkrankheit die Bestände vernichtete.

Auf der Arpád-Toth-Promenade kann man nun langsam Richtung Norden und in einem Bogen bis zum Wiener Tor (Bécsi kapu) spazieren, von wo aus die Tancsics Mihály utca zurück zur Matthiaskirche führt. Im Haus Nummer 7 weilte, wie in so vielen, Ludwig van Beethoven, in der Nummer 9 befand sich im Mittelalter die königliche Münze und ab 1810 das Kasernengefängnis, im Haus Nummer 26 sind die Reste der Synagoge des mittelalterlichen Juden-

Nicht größer als ein Wohnzimmer – Rokoko-Café Ruszwurm

viertels zu sehen. Im Gebäude Bécsi kapu tér 5–8 machte Thomas Mann in den Jahren 1935/36 als Gast des Literaturmäzens Baron Lajos Hatvany mehrmals Station. Damals, in der Zeit des aufsteigenden ungarischen Faschismus schrieb der begabte ungarische Lyriker Attila József ein berühmt gewordenes Begrüßungsgedicht für den deutschen Schriftsteller, das ihn als «einen Europäer unter den Weißen» bezeichnete – und prompt verboten wurde.

Die Vielzahl historischer Gebäude und die unterschiedlichsten Aussichtspunkte sind nicht die einzigen Gründe, das Burgviertel zu durchstreifen. Seit die Behörden hier gezielt Handwerksstätten, Läden und Restaurants angesiedelt und den privaten Autoverkehr eingeschränkt haben, ist das Quartier ein angenehmer Rückzugsort aus dem lauten Pest geworden – leicht zu erreichen mit der erneut in Betrieb genomme-

nen Seilbahn Sikló, die vom Budaer Kopf der Kettenbrücke heraufführt.

Im Restaurant Fortuna auf dem Hess András tér kann man, wenngleich nicht billig, in mittelalterlichen Räumen speisen, im Régi Országház in der gleichnamigen Straße führt ein schmaler Treppengang hinab in das Kellergewölbe, in dem bei dämmrigem Kerzenlicht Schmalzbrot und Wein vom Faß serviert werden. Am Dísz tér liegt das Café Korona, in dem hin und wieder auch deutschsprachige literarische Abende veranstaltet werden. Im Nobelhotel Hilton schließlich wartet Abend für Abend das erste Spielcasino des Ostblocks auf seine westlichen Besucher, in das Osttouristen aus ideologischen Gründen lange Zeit keinen Zutritt hatten.

DIE INNEN

STADT VON PEST

U nser Gang durch das geschäftige, laute Pest, das mit seinen Büros, seinen Läden, seinem Verkehr das großstädtische Pendant zum stillen Budaer Burgviertel bildet, beginnt mit einem Blick in die bizarre Welt sozialistischer Vergnügungsparks. Der Budapester Rummel ähnelt nämlich nur entfernt gleichnamigen Veranstaltungen in der Bundesrepublik mit ihrem Glitterflitter, der dröhnenden Musik und den dichtgedrängten Buden. Im Vidám Park (Lustpark) – der ursprüngliche Name Angol Park (Englischer Park) wurde in den fünfziger Jahren aus ideologischen Gründen abgeschafft – geht es ausgesprochen geruhsam zu. Er ist das ganze Jahr über geöffnet und besteht aus einem Sammelsurium altertümlicher Geräte, von denen meist die Hälfte außer Betrieb ist. Der Lustpark liegt am Rande des Pester Stadtwäldchens,

in der Állatkerti körút, und wurde zu Beginn dieses Jahrhunderts nach dem Vorbild des Kopenhagener Tivolis und des Berliner Lunaparkes angelegt. Für die meisten Budapester verbinden sich vielfältige Erinnerungen mit dem Park, den sie an sonnigen Wochenenden an der Hand ihrer Väter oder Mütter staunend besuchen durften.

Lustbarkeiten im Stadtpark

Zum Eingangstor des Vidám Parks fährt aus der Pester Innenstadt einer der lautlos sausenden Trolleybusse der Hauptstadt mit der Nummer 72. Keiner der Trolleybusse in Budapest hat eine Nummer, die kleiner ist als 70; der Grund: Als Stalin, der große revolutionäre Führer, seinen 70. Geburtstag feierte, erhielt Budapest den ersten elektrisch betriebenen Bus aus der Sowjetunion geliefert.

Im Vidám-Park – altertümliche Vergnügungen

Die ungarischen Kommunisten beschlossen daraufhin, Stalin zu Ehren der ersten Linie in einem Festakt die Nummer 70 zu verleihen. Jedes Jahr wiederholte sich von da an das seltsame Schauspiel, das Trolleybusnetz der Hauptstadt wuchs mit jedem Geburtstag des Sowjetführers.

Gleich am Eingang des Lustparkes steht ein uraltes Karussell in einem kunstvoll verzierten Gebäude, das von der ehemaligen Pracht der Vergnügungsstätte zeugt: Die runde Decke ist mit Gemälden ausgestaltet, von denen die Farbe abblättert. Die große, silberne Spielorgel an der Rückwand der Halle ist öfter außer Betrieb. Auf dem Karussell zuckeln altertümliche Pferde, die man über eine Feder in Bewegung bringen kann, Schiffe, die sich während der Fahrt heben und senken, sowie eine prächtige Kutsche, die früher einmal die Phantasie und

Sehnsüchte der Kinder stimuliert hat. Ganze drei Forint (10 Pfennige) kostet die Fahrt mit dem vergammelnden Prunkstück von einst.

Eine der vielen Skurrilitäten, die es hier zu entdecken gibt, ist der Achterbahnbremser, der immer in der Mitte des Zuges auf einem erhöhten Sitz Platz nimmt und Tour um Tour, Stunde um Stunde die unverträgliche Reise absolviert. Die Achterbahn ist eine schwerfällige, uralte Anlage mit holzgeschnitzten Pferdeköpfen an der Spitze der Wagen und federnden Sitzbänken. Sie kriecht auf einem zwanzig Meter hohen Holzgerüst mühsam nach oben, um dann plötzlich in die Tiefe und um scharfe Kurven zu sausen – keine Loopings, keine starre Verbindung mit den Schienen, überhaupt kaum ein Stück Metall. Zeigt der kleine schwarze Tachometer vor einer Kurve zu viel Tempo an, drückt der Mann in der Mitte auf die Bremse. Der Achterbahnbremser ist augenscheinlich der wichtigste Mann im Zug.

Noch skurriler ist die Geschichte, die man sich von der «sozialistischen Geisterbahn» erzählt. Im Stalinismus, so lautet eine der vielen Budapester Legenden, hätten sich pfiffige Ideologen überlegt, wie sie den bourgeoisen «Lustpark» für ihre Zwecke umfunktionieren könnten. Sie ließen aus dem alten Gruselkabinett Schlangen, Hexen und Teufel herausreißen und statt dessen Szenen aus der grausamen Geschichte menschlicher Unterdrückung montieren: römische Sklaven, die in Ketten schmachteten, bäuerliche Untertanen des Mittelalters, die zu Tode gefoltert wurden, leidende Proleten, die von bösartigen Kapitalisten in unmenschliche Arbeitsbedingungen gezwungen wurden. Zu guter Letzt reckte sich ein Schrecken einflößendes Gespenst über einer Landkarte Europas, das den berühmten Eingangssatz des «Kommunistischen Manifestes» illustrieren sollte: «Ein Gespenst geht um in Europa – das Gespenst des Kommunismus.» Irgendwann jedoch brannte das Gebäude ab, und stillschweigend legte man das Kapitel sozialistische Geisterbahn zu den Akten.

Zu den dicht umlagerten Geräten zählen die beiden Go-Cart-Bahnen, auf denen man für zehn Forint mit knatterndem Benzinmotor um die Kurven rasen kann. Zigeunerkinder stürmen auf die Bahn, suchen sich zielsicher die schnellsten Fahrzeuge heraus und beginnen ein hektisches Rennen, bei dem sie sich gegenseitig wegzudrängen suchen. In ihren Augen blitzt das Jagdfieber, obwohl der Aufpasser ihnen droht, sie nicht mehr fahren zu lassen.

Die Halle mit den Auto-Scootern, ganz in der Nähe, wird von uniformierten Armisten in Beschlag genommen, die mit kindlicher Freude immer wieder mutwillig zusammenstoßen. Irgendwo im Park steigen Flugzeuge an Stangen auf und fallen wieder ab, ein Riesenrad wartet auf seine Fahrgäste, und eine urtümliche Schleuderbahn versetzt den Magen in Panik, den man zuvor in einem schmuddeligen Restaurant mit Bratwurst und Bier gefüllt hat.

Neben dem Vidám Park, ein paar Schritte stadteinwärts, erhebt sich das modernistische Betongebäude des Hauptstädtischen Großzirkus (Fővárosi Nagycirkusz), mit dem der Sozialismus dem Wandern und Streunen der Zirkusleute ein Ende gesetzt hat. Abend für Abend finden in der geheizten, ummauerten Manege regelmäßig wechselnde Vorstellungen mit internationaler Besetzung statt, an denen sich junge und erwachsene Hauptstädter mit gleichem Eifer ergötzen. Auch der berühmte Moskauer Staatszirkus ist öfter zu Gast.

Da sind die Kracsinovs, die wendige, graubraune Äffchen mit Apfelsinen jonglieren lassen und sie zu allerhand neckischen Einfällen bewegen; da ist die Bejakov-Springgruppe, deren kaum fünfzehnjährige Mitglieder meterhoch in die Luft sausen, sich in Saltos und Schrauben ein paarmal um sich selbst drehen, um dann sicher auf einer Matte zu landen; da sind Braunbären, die die Geräte herein- und hinausschleppen und ihre unförmigen Körper in mutigen Sprüngen bewegen; da ist der muskulöse Anyohin, der kiloschwere Stahlkugeln hebt, sie in die Höhe wirft, mit ihnen jongliert und sie schließlich mit seinem blutunterlaufenen Stiernacken auffängt; da ist schließlich die Duhnovszkij-Truppe, die meterhohe Stangen auf der Stirn balanciert, an denen andere wiederum hochklettern, um unter der Kuppel akrobatische Leistungen zu vollbringen. Zu guter Letzt schließlich tritt eine schöne Fee herein und ruft mit einem roten Fähnchen in der Hand zum Frieden auf – Zirkus mit sozialistischem Ausklang.

Noch ein Stück weiter Richtung Innenstadt, vorbei an Würstchen- und Getränkebuden, öffnet sich die graue Abgrenzungsmauer an der rechten Seite zu einem von vier Elefanten gestützten Tor. Das ist der Eingang zum Budapester Zoologischen und Botanischen Garten (Állatkerti körút 6-12), einem der ältesten Zoos in Mitteleuropa. Er wurde 1866 mit elf Gebäuden eröffnet, die jedoch ebenso wie der größte Teil des Tierbestandes im Zweiten Weltkrieg zerstört wurden. Nach dem Krieg hat man den Zoo wieder aufgebaut, auch das wunderschöne Elefantenhaus im ungarischen Jugendstil. In Freikäfigen oder festen Gebäuden liegen träge gewordene Raubkatzen herum, betteln Elefanten um Zucker, tauchen Nilpferde ins schmutzige Naß ab, nachdem sie vergebens ihren stinkenden Rachen aufgesperrt haben. Und Affen amüsieren die zahllosen Zuschauer, die sich vor ihren Gitterstäben drängen, mit ihren kleinen Scherzen.

Gegenüber von all diesen Einrichtungen der gefälligen Vergnügungen, deren Abschluß das teuerste und edelste Budapester Restaurant, das Gundel, bildet, erstreckt sich das etwa einen Quadratkilometer große Stadtwäldchen (Városliget), das zu Beginn des 19. Jahrhunderts angelegt wurde. An seiner Stelle breitete sich zuvor ein sandiges, verödetes Gelände aus, ein Teil jener Rákos-

wiese, auf der im Mittelalter der Landtag und die Jahrmärkte abgehalten wurden. Um die Jahrhundertwende wurde der Park zum Treffpunkt der Hauptstadt: Die Aristokraten machten hier ihre Ausritte, die Bürger trafen sich zu Ausflügen, die Proleten veranstalteten ihre Aufzüge und Kundgebungen am 1. Mai. In der kleineren Nordhälfte des Parks entstand das neobarocke Széchenyi-Heilbad, unmittelbar hinter dem Hősök tere (Heldenplatz) wurde ein künstlicher Teich angelegt, der im Sommer zum Kahnfahren, im Winter als Eislaufbahn dient.

Tausend Jahre Ungarn

Auf einer Insel in dem Gewässer erhebt sich ein seltsames Gebäude, das ahnungslosen Besuchern ein architektonisches Rätsel aufgibt: die Burg Vajdahunyad mit ihrem gotischen Burgtor, einer romanischen Kapelle, einem mittelalterlichen Kreuzgang und einer Hoffassade im Barockstil – Bauelemente, die alle nicht recht zusammenpassen wollen. Das Sammelsurium aus unterschiedlichen Stilepochen wurde zwischen 1896 und 1908 aus Anlaß der ungarischen Tausend-Jahr-Feier, dem Millennium, errichtet, um die bedeutendsten Werke der ungarischen Baukunst (die heute zum großen Teil außerhalb der Landesgrenzen liegen) in einem Gebäude zu vereinen. Die charakteristischsten Teile der Burg wurden einer gleichnamigen Festung nachgebildet, die sich heute in Rumänien befindet und einst dem Feldherrn János Hunyadi gehörte. Inzwischen ist hier das Landwirtschaftliche Museum untergebracht, das einen Einblick in die Welt der Puszta, der Wälder, des Fischfangs und des Ackerbaus gibt. Weiter hinten im Park sind das Verkehrsmuseum (Május 1. út 26) und das Jugendkulturzentrum Petőfi Csarnok untergebracht.

Auf dem Heldenplatz symbolisiert das herrschaftliche Millenniumsdenkmal mit vierzehn bronzenen Standbildern und einem halbkreisförmigen Säulengang die tausendjährige Vergangenheit Ungarns. Am Fuße einer 36 Meter hohen Säule reiten die sechs Stammesfürsten und ihr Oberhaupt Árpád, der im Jahre 896 200 000 Ungarn in das Donaubecken geführt haben soll. Dahinter erheben sich die Statuen bedeutender Persönlichkeiten der ungarischen Geschichte: Stephan I., der im Jahre 1000 vom katholischen Papst Sylvester gekrönt wurde, Ladislaus I., der von 1077 − 1095 mit großer Strenge regierte, Koloman, der liberale Nachfolger von Ladislaus, Andreas II., der den Kreuzzug gegen Jerusalem anführte, Béla IV., der Ungarn nach dem Tatareneinfall im 13. Jahrhundert wieder aufbaute, Karl Robert von Anjou, der nach dem Aussterben des Arpadenhauses das Land von 1308 − 1342 regierte, und Ludwig I., der das Gedankengut des Frühhumanismus nach Ungarn brachte.

Im rechten Säulengang stehen János Hunyadi, der reichste Großgrundbesitzer Ungarns, der die türkischen Heere bei Nándorfehérvár (Belgrad) 1456 vernichtend schlug und identisch mit Graf Dracula sein soll, Matthias Corvinus, der im 15. Jahrhundert neben dem Vatikan die größte Bibliothek der Welt anlegte und Ungarn in der Renaissance zu großer Blüte führte, Gabriel Bethlen, der siebenbürgische Großfürst, der seinem Landesteil durch ein Arrangement mit den Türken relative Freiheit sicherte, Fürst Bocskay, der mit einer Truppe aus Leibeigenen und Veteranen − den Heiducken − gegen den Wiener Hof für Religionsfreiheit in Siebenbürgen kämpfte und seine Leute mit Ländereien belohnte, auf die heute noch viele Dörfer in der Nähe von Debrecen hinweisen, die mit den Anfangsbuchstaben Hajdú... beginnen, Graf Emmerich Thököly, der die aufständischen Kuruzzen im Bündnis mit den Türken gegen Wien anführte, Fürst Ferenc Rákóczi (nicht zu verwechseln mit Rákosi), der einen erfolglosen Freiheitskrieg gegen die kolonialistischen Habsburger führte, sowie Lajos Kossuth, der die Wiener Monarchie durch eine Konföderation der Donaustaaten ersetzen wollte und der Führer der 48er Revolution war.

Pracht von gestern

Vom Heldenplatz, an dessen Seiten das Museum für Bildende Künste (Szépmüvészeti Múzeum), die Kunsthalle (Műcsarnok) und der Aufmarschplatz zum 1. Mai mit dem Lenin-Denkmal – noch – eine eigentümliche Einheit bilden, erstreckt sich zur Donau hin das eigentliche Pest: hohe, stuckbesetzte Mietshäuser im Stil der Jahrhundertwende, in deren Höfen entfernte Stimmen und Radiomusik verhallen; breite, schattige Straßenschluchten, in denen es unendlich viel zu entdecken gibt; winzige Handwerksbetriebe und Kramläden mit verblaßten Aufschriften über heruntergelassenen Eisenrollos, die stumm vor sich hin rosten; düstere Cafés, Restaurants und Volksküchen des staatlichen Pester Gaststättenunternehmens, die für fünf Forint einen bitteren Espresso servieren.

Die Mietshäuser sind fast alle nach demselben Schema errichtet:

Tausend Jahre Ungarn – Heldenplatz in Budapest

Im ersten Stockwerk wohnte – vor der Verstaatlichung – der Hausbesitzer, darüber lagen weitere großzügig-elegante Wohnungen mit Badezimmer, Gesindestube und Fenstern zur Straße. Die hinteren drei Viertel des Hauses bestehen aus einer dichten Reihe von Hofwohnungen, die alle über einen langen, quadratischen, offenen Gang betreten werden und zumeist nicht mehr umfassen als ein oder zwei Zimmer sowie eine kleine Küche. Bis in die jüngste Zeit verfiel diese großstädtische Bebauung in einen Zustand wundersamer Verwahrlosung, nachdem die Schäden des Zweiten Weltkrieges und des Volksaufstandes von 1956 notdürftig ausgebessert worden waren. Unter der schwarzen Staubschicht verwitterte der Stuck, die Balkone mußten gesperrt werden, der Putz platzte überall von den Wänden. Erst in den letzten Jahren ist ein Teil der urbanen Architektur durch ein großangelegtes innerstädtisches Sanierungsprogramm und die Reprivatisierung der Wohnungen wieder instand gesetzt worden – vorwiegend da, wo die kritischen Blicke der Touristen hinfallen könnten.

Die große Radialstraße Andrássy út ist fast vollständig wieder in den Zustand vergangener Pracht versetzt worden. Hier defilierten früher die Aristokraten in Kutschen oder hoch zu Roß auf dem Weg von der Innenstadt in das Stadtwäldchen. Im Haus Nummer 52 wurde am 13. April 1885 der spätere Philosoph György (Georg) Lukács als Sohn eines reichen Bankiers geboren. Die Straße, der zahlreiche alte Häuser und winzige Gassen in den siebziger Jahren des vergangenen Jahrhunderts weichen mußten, war von Anbeginn ein Symbol staatlicher

Macht. Ihr Name wechselte daher mindestens ebenso häufig wie das politische System. Bis in die Zwischenkriegszeit wurde sie nach dem Grafen Andrássy benannt – ein Name, an dem die Budapester auch dann noch festhielten, als sie Ende der vierziger Jahre den Namen Josef Stalins bekam. Damals wurde die Hausnummer 60 zum Synonym für Angst und Terror, denn hier hatte der berüchtigte Staatssicherheitsdienst ÁVO sein Hauptquartier. Zuvor hatte in dem Gebäude die faschistische Partei der Pfeilkreuzler residiert. Im Gefolge des Volksaufstandes wurde die Allee in Straße der Revolutionären Jugend umbenannt, doch später erschien das den Kommunisten um János Kádár als ein allzu deutlicher Hinweis auf 1956 – sie ersetzten den Namen durch Népköztársaság útja (Straße der Volksrepublik). Ähnlich häufig wurden auch die großen, prächtigen Plätze an der Avenue umbenannt. Ein Witz aus der Horthy-Zeit erzählt, wie deren Namen in der Untergrundbahn in symbolträchtiger Reihenfolge ausgerufen wurden: Mussolini-Platz, Hitler-Platz, Zoologischer Garten – Endstation.

Im oberen Teil der Straße, die inzwischen wieder Andrássy út heißt, befinden sich das Ostasiatische Museum, das Gebäude der alten Musikakademie, das Marionettentheater sowie der Neorenaissancepalast der Hochschule für bildende Künste mit den nahe liegenden Ateliers in der Bajza útja 41. Der obere Platz in diesem Abschnitt trägt heute den Namen des ungarischen Komponisten Zoltán Kodály, der hier eine Wohnung besaß. Den unteren, achteckigen Platz, der zu Ehren der Russischen Revolution November 7. tér (Platz des 7. Novembers, jetzt wieder Oktogon) benannt wurde, kreuzt der breite, halbkreisförmige Große Ring.

Im unteren Teil der Prachtstraße geht es unter welkenden Laubbäumen, die den Abgasen zu widerstehen versuchen, städtischer, lärmender, bewegter zu, weil hier vor allem Restaurants, Cafés und Geschäfte untergebracht sind – unter anderem das im Jugendstil erbaute Modehaus Divatsarnok. Ein paar Schritte weiter, an der Nagymező utca, drängeln sich Theater und Vergnügungsstätten: das Budapester Operettentheater, die Radnóti-Literaturbühne, das Kabarett Mikroszkóp, das Thália-Theater und das Varieté Moulin Rouge.

An der Andrássy út befindet sich auch die aufwendig restaurierte Oper mit kostbaren Fresken und Gemälden an Decken und Foyergewölbe, die geduldig darauf warten, erneut von einer schwarzen Staubschicht überzogen zu werden. Ihr von unten nach oben stetig abnehmender Schmuck zeugt von dem Verlangen des ungarischen Adels, ein repräsentatives Stück Architektur zu schaffen, das gleichwohl die sozialen Hierarchien im Lande widerspiegelt. Bis vor kurzem kosteten auch die besseren Plätze kaum mehr als hundert Forint, aber die Macht hatte auf andere Weise ihre Zeichen hinterlassen: Hoch über der Bühne, da wo der aufwendig gearbeitete, schwere Vorhang zentrisch zusammenläuft, hatte sich die Kommunistische Partei durch ihr häßliches, kreisrundes Staatswappen verewigt, das vor der Wende in keinem der repräsentativen Budapester Säle fehlte. Das Emblem, das einen Strahlen entsendenden Stern zeigt und ein Geflecht aus Ähren, das durchwirkt ist mit Fahnentuch in Rot und in den un-

garischen Nationalfarben, stammt aus dem Stalinismus und wurde während des Volksaufstandes von der Bevölkerung aus allen Fahnen herausgeschnitten. Nach dessen Niederschlagung hing es mehr als drei Jahrzehnte, ein wenig abgeändert, mit gleicher herrschaftlicher Geste am alten Ort – bis das alte ungarische Staatswappen wieder an seine Stelle trat.

Der vier Kilometer lange Große Ring ist mehr noch als die Andrássy út eine Schlagader der Stadt. Hier

quälen sich die Fahrzeuge im Berufsverkehr, hier haben Geschäfte, Restaurants, Konditoreien und Espres-
sos ihren Sitz, hier locken private
Boutiquen die Kunden mit blinken-
den Aufschriften in dunkle Hinterhöfe. Schnurrbärtige Nomaden in
Lederjacken und italienischen Schu-
hen, halb Händler, halb Schieber,
halb Trickbetrüger, zeugen vom
Hang zum schnellen Geld in der
Schattenwirtschaft. Auf den Bürgersteigen stehen häßliche Kioske, in
denen Blumen oder Zeitungen verkauft werden, irgendwo hat ein Alter ein Tischchen aufgebaut, auf
dem er für zwei Forint Lose anbietet, die man sich aus einem kleinen
Stapel herausfischen kann. In süd-
östlicher Richtung führt der Erzsébet-Ring, vorbei am Café Hungária,
zum Blaha Lujza tér und dann zur
Petőfi-Brücke, in nordwestlicher
Richtung zum Westbahnhof und
weiter zur Margarethenbrücke.

Der Westbahnhof ist eines der
schönsten architektonischen Stücke
der Stadt: Er wurde 1874–1877 nach
Plänen des Büros Gustave Eiffel gebaut, mit einer Vorderfront, die zum
großen Teil aus Glas und Eisen kon-
struiert ist. In den sechziger Jahren
plante man, das Gebäude, wie mit
dem Südbahnhof geschehen, abzu-
reißen und durch ein modernes zu
ersetzen. Proteste von Denkmal-
schützern und Bürgern verhinderten
dies jedoch, und 1979 begannen
umfangreiche Rekonstruierungs-
arbeiten. Die Betonköpfe in den
Planungsbüros konnten dennoch
genügend Spuren auf dem einst wunderschönen Bahnhofsvorplatz hinterlassen: Eine häßliche Überführung entlastet die Kreuzung vom
Autoverkehr, und gleich gegenüber
hat die Warenhauskette Skálá einen
Konsumtempel aus braunem Glas
errichtet. Nur der Name des Platzes
zeugte weiterhin von den Idealen

Für Bürokraten und Müßiggänger

einer besseren Gesellschaft, er wurde dem Begründer der wissenschaftlichen Kritik am Kapitalismus gewidmet: Karl Marx.

Regierungsmeile und Ämterviertel

Hinter dem Marx tér heißt der Große Ring Szent István körút. Auf der rechten Seite lädt der kuppelgekrönte Bau des Vígszínház (Lustspieltheater) zu abendlicher Komik und Unterhaltung ein – bis vor kurzem Kontrapunkt zum Sitz des Zentralkomitees der Ungarischen Sozialistischen Arbeiterpartei an der Uferpromenade Széchenyi rakpart 19. «A fehér ház», das weiße Haus, wird es im Volke in doppeldeutiger Anspielung auf seine weißen, abweisenden Fassaden genannt, hinter denen auch heute wieder über das Schicksal des Landes entschieden wird – hier haben jetzt die Abgeordneten

ihre Büros. Links vom Ring liegt das ungarische Regierungs- und Amtsviertel mit mächtigen, düsteren Gebäuden, in denen wichtige Stellen des Staatsapparates untergebracht sind. Die öffentlichen Gebäude im historisierenden Stil sind Ende des 19. Jahrhunderts an die Stelle von Holzlagerplätzen, Mühlen und Kasernen getreten.

Von hier aus ist es nicht weit zum ungarischen Parlament, das mit seiner Länge von 268 Metern so bombastisch ausfiel, daß man den Boden des Donauufers mit einer zwei Meter dicken riesigen Betonplatte befestigen mußte. Über die Diskrepanz zwischen Pomp und politischer Wirklichkeit schrieb schon 1924 der erste demokratische Ministerpräsident, Mihály Károlyi, in seinen Memoiren: «Der vieltürmige gotische Bau Steindls, der Kaiser Wilhelms II. Beifall in so hohem Maße errungen hat, der an Ausdehnung

227

Pester Innenstadt –

Westminster gleichkommt und an grellem Prunk ihn übertrifft – das ungarische Parlamentsgebäude war ein Sinnbild der ungarischen Verfassung: glänzende Fassade vor trister Wirklichkeit.» So kann sich der Parlamentsbau zwar rühmen, die erste Klimaanlage Europas besessen zu haben, aber eine wirklich frei gewählte Volksvertretung beherbergt er erst seit 1990.

Das Parlamentsgebäude bietet neben der Nationalversammlung auch dem Präsidialrat der Volksrepublik, dem Ministerrat und der Parlamentsbibliothek Raum. Im Kuppelsaal wurde unter Kádár, wie schön, zu Weihnachten für die Jungen Pioniere ein Weihnachtsbaum aufgestellt. Das Innere kann jedoch nur im Rahmen regelmäßig stattfindender Führungen besichtigt werden. Früher führte man die Besucher voller Stolz zum Namensschild von János Kádár, der – anders als Erich

Honecker – bescheiden in der zweiten Reihe saß, jetzt zeigt man ihnen nur noch jenes Loch in der Holzverkleidung, das vom Attentat auf den Ministerpräsidenten Graf István Tisza im Jahre 1912 herrührt. Mit Schweigen überging man lange Zeit auch jene sonderliche Geschichte, wie russische Soldaten am 4. November 1956 das Gebäude einnahmen und ehrfurchtsvoll die Türe eines der Büros schlossen, in dem der Staatsminister im Kabinett von Imre Nagy, István Bibó, saß. Er hatte sie gebeten, ihn nicht bei der Arbeit zu stören – er verfaßte nämlich gerade ein Manifest gegen die Niederwerfung des Volksaufstandes.

Unweit vom Parlament liegt der Szabadság tér (Freiheitsplatz), auf dem sich die klassizistischen Palais des Ungarischen Fernsehens (ehemals Börsenpalast), der Nationalbank und ein sowjetisches Ehrenmal befinden. Der Platz hat seinen Na-

Fassaden und Hinterhöfe

men bekommen, weil hier früher eine österreichische Kaserne stand, die als Symbol habsburgischer Unterdrückung galt und 1897/98 demonstrativ abgerissen wurde – und keineswegs, weil hier die blau-weißrote Fahne der amerikanischen Botschaft weht, die in einem der großen Gebäude untergebracht ist. Das Haus ist vor allem dadurch berühmt geworden, daß es dem früheren Primas der katholischen Kirche, Kardinal Mindszenty, sechzehn Jahre lang Asyl gewährte, nachdem er sich bei der Niederwerfung des Volksaufstandes 1956 unter diplomatischen Schutz begeben hatte.

Wochentags herrscht auf den Straßen und Plätzen dieses Viertels rege Betriebsamkeit. Doch am Wochenende, wenn Ämter und Behörden geschlossen haben, liegt eine tiefe Stille über dem Quartier. Nördlich des Großen Rings dringt man dagegen in die geschäftige Welt der kleinen Händler und Handwerker ein, die in versteckten Werkstätten vorsintflutliche Schreibmaschinen reparieren oder andere entlegene Dienste anbieten. Überhaupt gehören die Quartiere beiderseits des Großen Ringes zu dem Schönsten, was Budapest zu bieten hat: Stundenlang kann man hier herumstrolchen, neugierig in Hinterhöfe eindringen und den Werktätigen bei ihrer gemächlichen Arbeit zusehen. Da stehen schwarze, fette Reifen vor einem verblichenen Schild mit der Aufschrift «Gumijavitó» (Gummireparatur), da hängen vor einer Nachtbar vergilbte Fotos einer halbbekleideten Blondine, da geben schmutzige Scheiben einen trüben Blick in verwahrloste Büros mit undefinierbaren Aufgaben frei. Hin und wieder kann man in einem der versteckten Lädchen vielleicht auch einen günstigen Kauf machen – vorausgesetzt, man hat das Wörterbuch eingepackt.

Ost-Soho und jüdisches Viertel

Ärmlich, düster, zerschunden geht es indes in jenem Viertel zwischen Großem und Kleinem Ring zu, das zur Elisabethstadt (VII. Bezirk) gehört und so etwas wie das Soho von Budapest ist. Hier, zwischen Majakovszkij utca und Rákóczi út, befindet sich das alte jüdische Viertel, das die Nazis in ein Getto verwandelten und in dem die Zeit auf sonderbare Weise stehengeblieben zu sein scheint. Bettelarme Rentner in altertümlicher Kluft schlurfen über den Bürgersteig, Handschuhmacher, Schuster und Hutmacher offerieren hinter bizarren Schaufensterauslagen ihre Dienste, ein Jude mit wäßrigen Augen und schwarzem Käppi auf dem Haupt starrt aus einem Geschäft, in dem siebenarmige Leuchter und andere Gegenstände des jüdischen Glaubens verkauft werden. Dort, wo die Dohány utca und die Wesselényi utca zusammenstoßen, trifft man schließlich auf die halb in byzantinischem, halb in maurischem Stil gehaltene neoromantische Pester Synagoge mit ihrem gemauerten Spitzenwerk, der keramikverkleideten Fassade und den zwei Zwiebeltürmen. Ein Stück mit Stacheldraht versehene Mauer in ihrem Hof und das Museum im Inneren des Gebäudes erinnern an die grausame Judenverfolgung in Budapest.

Die Zeichen der einstmals großen jüdischen Kultur von Budapest sind trotz der Deportation von etwa 500 000 Juden aus Ungarn im Sommer 1944 in diesem Viertel an vielen Stellen erhalten geblieben. Immerhin wird die Zahl der Juden, die heute noch in Budapest leben, auf 100 000 Menschen geschätzt, obwohl nur ein verschwindend kleiner Teil von ihnen aktiv den Glauben prakti-

Jüdische Synagoge

ziert. In der Síp utca liegen der versteckte Eingang zur jüdischen Gemeinde und das Budapester Rabbinerseminar – das einzige in Osteuropa. Ganz in der Nähe hat ein jüdisches Restaurant geöffnet, und irgendwo prangt über einem Schaufenster der Davidstern. Jeden Freitagabend strömen die versprengten gläubigen Juden mit flachen Kopfbedeckungen in ein Seitengebäude der Synagoge zum Gottesdienst, in dem so viel geredet, gelacht und geweint wird, daß man beständig den Eindruck hat, das Ganze habe noch gar nicht richtig begonnen.

Das Verhältnis zwischen Juden und Nichtjuden ist – typisch für die rückständigen Gesellschaften Mittelosteuropas – bis heute gespannt. Da die Juden lange Zeit das Ersatzbürgertum in Ungarn bildeten und bis heute in der Medizin, im Kulturleben und im Handel überproportional vertreten sind, ziehen sie Neid und Ressentiments breiter Bevölkerungskreise auf sich. Der virulente und eher zunehmende Antisemitismus, der von vielen Ungarn noch nicht einmal als solcher empfunden wird, gehört zu den häßlichsten Erscheinungen im Lande. Während in Polen jedoch der größte Teil der Juden ausgerottet oder vertrieben wurde, stellen sie in Budapest rund fünf Prozent der Bevölkerung – die Konfrontation ist damit Teil des Alltagslebens. Weil die in jeder Gesellschaft vorhandene Spaltung zwischen Intelligenz und Volk in Ungarn oftmals deckungsgleich ist mit jener zwischen Juden und Nichtjuden, gewinnen letztere den Eindruck, die Juden hinderten sie am gesellschaftlichen Aufstieg und beherrschten als «Fremde» die madjarische Nation. Umgekehrt reagiert auch ein Teil der in Wirklichkeit

längst assimilierten Juden mit intellektueller Distanz gegenüber der nichtjüdischen Bevölkerung – eine Folge des Kulturgefälles.

Die Spannungen haben zudem einen komplizierten historischen Hintergrund: die starke Tradition des Antisemitismus in Ungarn vor dem Zweiten Weltkrieg, die Juden-Vernichtung von 1944/45, die ungarische Stellen mitverantwortet haben und der die madjarische Bevölkerung tatenlos zugesehen hat, die unterschiedliche Einschätzung des Kriegsendes als «Befreiung» beziehungsweise als «Eroberung», die Umkehrung des Verhältnisses zwischen Juden und Nichtjuden nach 1945, als die neue kommunistische Macht und besonders die gefürchtete Staatssicherheit überproportional stark von den jüdischen Überlebenden getragen wurden. Zwar hatte sich die Führung unter János Kádár

Zwischen Majakovszkij utca und Rákóczi út

darum bemüht, die Spannungen zwischen Juden und Nichtjuden zu verringern und den Partei- und Sicherheitsapparat auch personell umzugestalten, doch die tiefe Kluft in der ungarischen Gesellschaft bestand unter der Oberfläche fort. Wahrscheinlich ist die in Ungarn sogenannte Judenfrage sogar das sensibelste Thema überhaupt, denn obwohl sie allenthalben präsent ist, wird öffentlich so gut wie nie darüber gesprochen. Auch Umfragen wurden lange Zeit aus Furcht vor den Ergebnissen nicht gestattet, die das ganze Ausmaß des ungarischen Antisemitismus zum Vorschein hätten bringen können. Nur in der jüngeren Generation ist diese unsichtbare Kluft geringer ausgeprägt.

Im jüdischen Viertel, in der Akácfa utca, liegt auch, von ferne kaum sichtbar, jenes winzige Budapester Restaurant mit dem Namen Kis Pipa

(Kleine Pfeife), in dem die berühmtesten Sänger und Musiker der Welt Station gemacht haben. Sie kamen alle, um dem legendären Pianisten der kleinen Fischgaststätte, Rezső Seress, zu huldigen. Seress hatte in den dreißiger Jahren einen Schlager geschrieben, der binnen kurzem weltberühmt wurde: «Trauriger Sonntag», «Gloomy Sunday», «Sombre Dimanche» oder wie auch immer die Übersetzungen lauteten – auf ungarisch «Szomorú Vasárnap». Das Lied handelt von einem Mädchen, das an einem kalten Sonntag beschließt, freiwillig aus dem Leben zu gehen, weil ihr Geliebter sie verlassen hat. In der ganzen Welt hatte der melancholische Schlager eine Welle von Selbstmorden zur Folge, und auch der Komponist, der im Krieg als Jude in eine Arbeitskompanie gesperrt wurde und dessen Lieder im Stalinismus als bürgerlich-

233

Im siebten Bezirk

dekadent verboten waren, nahm sich in den sechziger Jahren das Leben. Sein wechselvolles Leben, das ihn trotz der verlockendsten Angebote niemals aus seinem geliebten VII. Bezirk geführt hat, hat der Schriftsteller Peter Müller als Theaterstück auf die Bühne des «Vidám Színpad» (Lustige Bühne) gebracht.

Renommierzone der Stadt

Haben wir das jüdische Viertel genügend erforscht, haben wir ausreichend in Höfen und Handwerksstuben geschnuppert, dann wenden wir uns der eigentlichen Innenstadt zu, die vom Kleinen Ring umfaßt wird. In diesem Gebiet befindet sich der historische Kern von Pest, von dem jedoch nur noch einige kurze Abschnitte der Ummauerung aus dem 15. Jahrhundert, zum Beispiel an der Magyar utca, erhalten geblieben sind. An der Stelle der heutigen In-

nerstädtischen Pfarrkirche neben der Elisabethbrücke errichteten die Römer 294 einen Wachturm, um den später eine kleine Stadt wuchs, in der sich auch die landnehmenden Ungarn niederließen. Nach der Befreiung von den Türken bekam Pest Anfang des 18. Jahrhunderts die Rechte einer selbständigen Stadt verliehen, die rasch expandierte, bis 1838 ein schlimmes Hochwasser die alten Häuser in die Fluten riß. Nach dem Wiederaufbau setzte eine stürmische Entwicklung ein, in deren Verlauf Pest die alte Königsfeste Buda rasch hinter sich ließ.

Der Tourist beginnt gemeinhin seinen Rundgang in Pest am Vörösmarty tér (Endstation der Untergrundbahn) mit einem Besuch im renovierten Traditionscafé Gerbeaud, um dann mehrmals die Budapester Nobelstraße Váci utca auf und ab zu schlendern. Auf dem Platz spielen fast immer Straßenmusiker, die ihre

234

Reisekasse aufzubessern suchen, in der anschließenden Geschäftsstraße bieten arme, aufrechte Siebenbürger Ungarn Besticktes zum Verkauf an. In dieser Straße befindet sich auch der fremdsprachige Buchladen, wo sich die ausländischen Besucher drängen.

Die Váci utca, eine Fußgängerzone, war lange Zeit das Renommierstück des Kadarismus. «Adidas» prangte hier schon in den achtziger Jahren über einem westlich gestylten Schaufenster, daneben «Quelle» oder «International Trade Center» mit Firmenschildern von «Fiat» bis «Siemens» – beinahe wie in einer westdeutschen Einkaufszeile. Gegenüber hat City Grill, die ungarische Ausgabe von MacDonald's, ein Schnellrestaurant eingerichtet. Man braucht allerdings nicht mehr auf die sozialistische Kopie zurückzugreifen, denn 1987 hat MacDonald's in Budapest die erste seiner vertraglich vereinbarten Ostblock-Filialen eröffnet.

Zum Standardprogramm gehört auch der Gang zur Donau, der Spaziergang auf dem Donau-Korso entlang den westlichen Luxushotels. Im Café Dubary gibt es schmackhaftes Eis, desgleichen im Hotel Forum, und im Restaurant Dunakorso hat man, der schlechten Küche und miserablen Bedienung zum Trotz, auf dem anderen Flußufer ein wunderschönes Panorama vor sich: ganz im Norden die Budaer Berge, auf dem Burghügel der schmale Turm der Matthiaskirche, daneben das Hotel Hilton. Davor breiten sich die Türmchen und Aussichtsterrassen der Fischerbastei aus, unterhalb derer die Reste der alten Stadtmauer und die Kirchtürme der Wasserstadt zu sehen sind. Ein wenig weiter links erhebt sich das Budaer Schloß mit

seinen mittelalterlichen Verteidigungswerken, und auf dem benachbarten Gellért-Berg ragen die Zitadelle und das Freiheitsdenkmal auf. Bei all dieser Postkartenschönheit läßt sich leicht vergessen, daß man beinahe unter sich ist – die meisten Ungarn, aber auch Tschechen oder Rumänen, können die hier verlangten Preise nicht bezahlen.

Dort, wo vor langer Zeit eines der obligaten sowjetischen Heldendenkmäler aufgestellt wurde, öffnet sich der Donaukorso zum Vigadó tér, der seinen Namen von der zwischen 1859 und 1864 errichteten Pester Redoute erhalten hat. In dem Gebäude, das eine wichtige Rolle im Budapester Gesellschaftsleben gespielt hat, fanden früher große Bälle und Versammlungen statt, gastierten die berühmtesten Künstler der Welt. Das Vigadó brannte im Zweiten Weltkrieg aus und wurde erst vor einigen Jahren in alter Form wiederhergestellt.

Wirklich sehenswert in diesem Quartier ist der wunderschöne Pariser Hof (Párizsi udvar) an der Ecke Kigyó utca und Szabadsajtó út, eine alte Passage, in der die Trickbetrüger den Touristen mit schwindelerregenden Kursen die Devisen aus der Tasche ziehen. Von hier ist es nicht weit zur Hauptpost und zur Telefonzentrale in der Petőfi Sándor utca, die – ähnlich wie die großen Hotels – das seltene Angebot funktionierender Telefonzellen machen. In dieser Straße gibt es zudem einen faszinierenden Stoffladen mit originalgetreuer Einrichtung aus dem vergangenen Jahrhundert. Eine Parallelstraße weiter, in der Városház utca, steht das Stadtratsgebäude von Pest, das zwischen 1727 und 1735 für die Invaliden des Türkenfeldzuges gebaut wurde und seit 1894 als zentrales Rathaus dient. In der Párizsi utca hält ein verstecktes Aquarium seine Pforten offen, aber dann sollte man das Budapester Vorzeige-Quartier lieber hinter sich lassen.

Studentisches Leben und grauer Alltag

In eine völlig andere Welt inmitten des kommerziellen Rummels dringt man ein, wenn man von der Váci utca aus in Höhe der Fremdsprachenbuchhandlung (Idegennyelvű Könyvesbolt) in das gegenüberliegende Gebäude der Loránd-Eötvös-Universität geht. Hier sitzen die Philologen, und schon wenn man den Pförtner passiert hat, spürt man ein wenig von der eigentümlichen Atmosphäre des studentischen Lebens in Budapest. Die Treppenaufgänge hängen voll mit Hinweisen auf Veranstaltungen und Konzerte, im ersten Stock drängeln sich, wenn Semester ist, die Studenten am «büfé», um einen «dupla fekete» (doppelter Mokka) zu trinken. Die Fahrstühle sind, wie sollte es anders sein in einem ehemals linkskonservativen System, für die Professoren reserviert. Wer keine ungarischen Adressen mit hat, kann hier versuchen, ein paar Kontakte zu knüpfen. Oder er geht um das Gebäude herum zur Szabadsajtó út und probiert es im Studentenrestaurant, wo man billig Mittagessen kann.

Jenseits der Kossuth Lajos utca, der breiten Schnellstraße, die den Ostbahnhof mit der Elisabethbrücke verbindet, ist es stiller, und die Straßen riechen wieder nach Vergangenheit und gesellschaftlichem Stillstand. Auf der Hauptstraße herrscht noch der Trubel einer der bedeutendsten Verkehrsachsen der Stadt, hier befinden sich auch der Touristentreffpunkt Mátyás Pince (Mat-

thiaskeller) und das (informelle) Homosexuellencafé Egyetem, das ab 22 Uhr für Heteros nicht mehr geöffnet ist. Am Felszabadulás tér (Befreiungsplatz) steht die ehemalige Franziskanerkirche, in deren Außenwand ein Relief eingelassen ist, das Miklós Wesselényi als Lebensretter während des großen Hochwassers zeigt. Gleich in der Nähe, in der Károlyi Mihály utca 10, ist die Unibibliothek untergebracht.

Aber dann wird es ruhig, düster und kühl. Das eigentliche Universitätsviertel beginnt. Am Egyetem tér steht das alte Pester Unigebäude mit der Universitätskirche, in dem heute nur noch Juristen und Politikwissenschaftler untergebracht sind. Gegenüber schlürft man Espresso im Vén Diák (Alter Student) oder ißt im gut geführten Alföldi gefüllte Paprika. In der Eötvös Loránd utca gibt es eine Wiener Bierstube, und in der Molnár utca trifft sich die Szene im Pub Fregatte der Holsten-Brauerei. Andere streunen, wenn es dunkel wird, zum Eötvös-Klub (Károlyi Mihály utca/ Ecke Irányi utca) oder stellen sich nebenan beim italienischen Eisstand in die Schlange. In der Szerb utca steht ein altes Gotteshaus, errichtet von Serben, die vor den Türken flüchteten. In der Király Pál utca ist der lange Zeit einzige Öko-Buchladen Osteuropas untergebracht – eine private Genossenschaft verkauft im Auftrag des Umweltamtes Bücher und Informationsmaterial. Das Viertel endet am Großen Ring (hier: Vámház körút), wo sich die Markthalle und die Universität für Wirtschaftswissenschaft, das frühere Hauptzollhaus (Vámház), befinden.

In den außerhalb des Kleinen Ringes nach Südosten gehenden Stadtteilen Franzensstadt und Josephsstadt herrscht eine wunderliche

Am Kleinen Ring – Kálvin tér

Stimmung, ähnlich wie im jüdischen Viertel in der Elisabethstadt. Tattrige Greise führen ihre Hunde auf einen baumbestandenen Platz, irgendwo wühlt jemand in einer Mülltonne nach Brauchbarem. Hier gibt es kaum Geschäfte und keine Boutiquen, nur ein paar Büros verbergen sich hinter rätselhaften Aufschriften. Die beiden Stadtteile werden von der lauten Verkehrsschneise Üllői út durchtrennt, die während des Volksaufstandes von 1956 ebenso wie das Rundfunkgebäude in der Bródy Sándor utca Schauplatz heftigster Gefechte war. Hier befinden sich auch die alten Gebäude der Medizinischen Semmelweis-Universität sowie das im reinsten ungarischen Jugendstil gebaute Kunstgewerbemuseum, dessen wunderschöne Außenfassade aus glasierten Backsteinen und metallisch glänzenden Kacheln unter einer dicken Dreckschicht verborgen ist.

Wer jetzt noch Kraft hat, kann vom Kálvin tér dem Kleinen Ring langsam nordwärts folgen, vorbei am Ungarischen Nationalmuseum und am Gebäude der Naturwissenschaftlichen Fakultät der Eötvös-Loránd-Universität, um dann rechts am Hotel Astoria die breite Rákóczi út zum Ostbahnhof (Keleti pályaudvar) hinaufzulaufen. Beiderseits der Straße türmen sich eigentümliche Kaufhäuser, in denen die schäbige Warenwelt des real existierenden Sozialismus noch weitgehend unbeschadet überlebt hat. Die einzelnen Stockwerke sind nur über schmuddelige Treppenhäuser zu erreichen, der Fußboden ist braun verschmiert, das Warenangebot sieht aus wie die Restbestände einer bankrott gegangenen Woolworth-Filiale. Buntbekittelte Frauen und Mädchen unterhalten sich in einer Ecke, während der Kunde geduldig an der Kasse wartet, bis eine von ihnen die Freundlichkeit besitzt, sein Geld in Empfang zu nehmen. Wer die bizarre Konsumwelt des Sozialismus noch nicht in Augenschein genommen hat, der sollte dies spätestens im Corvin Áruház von Budapest tun.

DAS BUDAER VILLENVIERTEL

Dritter Streifzug

Im hügeligen, baumbestandenen zweiten Bezirk von Budapest, westlich der Margaretheninsel, haben sich von jeher die Reichen und Mächtigen Ungarns angesiedelt. Das hat sich auch im Sozialismus nicht geändert. «Kaderfriedhof» haben die Leute das Villenviertel getauft, denn hierhin schob die frühere ungarische Führung die stalinistischen Funktionäre ab, die sie nach 1956 nicht mehr gebrauchen konnte. Einer von ihnen ist András Hegedüs, ungarischer Ministerpräsident in den Wochen und Monaten vor dem Aufstand. Ihn hatte sich der skrupellose stalinistische Parteichef Mátyás Rákosi Anfang der fünfziger Jahre als treuen Gefolgsmann ausgesucht. Als das Volk auf die Straße ging, wurde Hegedüs über Nacht in die Sowjetunion ausgeflogen und kehrte als geläuterter Reformer zurück, für den im kadaristischen Ungarn bald kein Platz mehr war. Der alte, müde Mann, der später eine schillernde Position zwischen Partei und Opposition einnahm, lebt in einem Einfamilienhaus, das die Partei dem ehemaligen Spitzenfunktionär überlassen hatte. So wie er haben unzählige andere Kommunisten die ehemaligen Bürgervillen bezogen, um ihren Lebensabend friedlich zu beschließen. Vorausgesetzt, die geschichtlichen Wirrungen haben es ihnen gestattet und nicht, wie bei Hegedüs Nachfolger Imre Nagy, der in der Orsó utca 43 wohnte, zur Hinrichtung geführt.

Ob es am aufreibenden Leben der Altfunktionäre liegt oder einfach ein biologisches Problem ist – nirgendwo sonst in Budapest sieht man auf den Bürgersteigen und in den ABC-Läden so viele silbriggraue, gepflegte alte Damen wie hier: Witwen, die ihre ehemals bedeutsamen Männer um Jahre überlebt haben. Sie schlurfen mit dunkelbraunen Nylonbeuteln zur nächsten Bushaltestelle, um Einkäufe zu machen, sie stehen am Wegesrand, um mit der Nachbarin ein Schwätzchen zu halten, sie betrachten es als selbstverständlich, daß man ihnen die Türe aufhält und sie mit «Kezét csókolom» (Küß die Hand) begrüßt – um im nächsten Augenblick über den Verfall der Höflichkeit in der Jugend von heute zu klagen. Manchmal bewohnen sie ganze Villen allein, es sei denn, sie

bessern ihre Rente auf, indem sie Privatzimmer an Touristen oder westliche Studenten vermieten. Wohl kaum einem Menschenschlag in Budapest wird heimlich so oft der baldige Tod gewünscht wie ihnen – die Wohnungsnot macht skrupellos.

Von Bartók bis Kádár

Aber nicht nur die Ausgedienten haben sich hier festgesetzt. Regelmäßig begegnet man auch den schwarzen Dienstfahrzeugen hoher Politiker oder Beamter, und anders als sonst werden Straßenschäden hier rasch beseitigt. Im zweiten Bezirk wohnt die Führungsschicht des Donaustaates, gar nicht zu reden von Professoren, Künstlern und Diplomaten, die sich mit sicherem Gespür die beste Wohngegend der Hauptstadt ausgesucht haben. Das war schon immer so, seit die Budaer Berge mit großen Villen im klassizistischen Stil und Landhäusern im Schweizerstil bebaut worden sind. Das historische Spektrum der prominenten Bewohner reicht gewissermaßen von Béla Bartók, der bis zu seiner Emigration in seiner inzwischen zum Museum umgebauten Villa an der Csalán út komponierte, bis zu Adolf Eichmann, der in einem weißen Luxuspalais an der Apostol utca die Endlösung der Judenfrage betrieb.

Einst lieferten die Hügel von Buda der Stadt an der Donau nur Steine, Lehm und Holz zum Hausbau, und an ihren Hängen wurde Wein angebaut. Dann entstanden seit Anfang des 19. Jahrhunderts die ersten Villenviertel im Grünen: der Rosenhügel (Rózsadomb), der Schwabenberg (später Freiheitsberg: Szabadsághegy) und die Nobelgegend Pasarét (Pascha-Wiese), die ihren Namen der Türkenzeit verdankt.

Auch der Rosenhügel hat seine Bezeichnung während der türkischen Besetzung gewonnen, denn hier, in der Mecset utca, befindet sich das Grabmahl (die Türbe) jenes Derwisches, der die Kultur der Rosen nach Budapest brachte. Sein Name, nach dem auch ein kleines steiles Gäßchen benannt ist, lautete Gül Baba, was so viel wie Blumenvater bedeutet, und sein Grab war ein vielbesuchter Wallfahrtsort, den bis heute mohammedanische Pilger aufsuchen.

Durch die Villenviertel der ungarischen Hauptstadt zu schlendern, ist ein besonderes Vergnügen. Hier töffeln keine stinkenden Trabants durch die Straßen, sondern höchstens mal ein lautloser Mercedes oder ein schnittiger BMW. Hier riecht die Luft süß und weich nach blühenden Gärten und frisch gemähtem Rasen. Hier ist selbst der Reichtum blaß und rührend unvollkommen, weil der Sozialismus Handwerker und Baugut zur Mangelware machte. Aus den Außenmauern bricht das müde Mauerwerk heraus, die Eingangstore stöhnen rostig, die Steinplatten der Treppenaufgänge sind von den bitteren Wintern mürbe gemacht.

Ein buckliger Mann, der sein Haupt mit einem Taschentuch gegen Sonnenstrahlen geschützt hat, sprengt versonnen ein Blumenbeet, ein altes Mütterchen zupft unerwünschte Gräser aus dem schwarzen Boden, auf der Veranda röstet eine Blondine ihre weiße Haut in der Sonne. Es ist die zerknitterte Pracht, die die Reichenviertel von Budapest so sympathisch macht.

Neureiche Nachfrage

Allerdings drohen die ungarischen Wirtschaftsreformen, auch dieser Idylle, die bei Licht betrachtet natürlich keine ist, ein Ende zu setzen. Seitdem der Wohnraum auf dem freien Markt nach Belieben hin und her geschachert werden kann, sind Immobilien im zweiten, elften oder zwölften Bezirk zur besten Geldanlage geworden. Die ehrwürdigen Villen erzielen Höchstpreise, in den Domänen der alten Führungsschichten machen sich die zwielichtigen Männer aus der zweiten Ökonomie breit, die die Tausend-Forint-Scheine bündelweise nach Hause tragen. Um die Nachfrage zu befriedigen, sind zu den alten Villen längst neue Häuser hinzugekommen. Auf der Rückseite des Rosenhügels, im Viertel zwischen Kapy utca und Törökvész út (was zu deutsch Türkenunheil-Straße heißt), ziehen Bauarbeiter in ungewohnter Schnelligkeit Mehrfamilienhäuser mit Luxusappartements in die Höhe, die im gesamten Ostblock ihresgleichen suchen. Da gibt es tief heruntergezogene, mit roten Flachziegeln gedeckte Dächer, riesige Fensterscheiben mit Panoramablick, gläserne Treppenhäuser, schmückende Erker und großzügige Balkons – alles Produkt einer fiebrigen Privatinitiative, die offen läßt, woher die dafür notwendigen Geldmengen stammen. Staunender Neid ist die Reaktion vieler Ungarn auf die Paläste der neuen Millionäre und eine tiefe innere Empörung über die Ungerechtigkeiten des Wirtschaftssystems.

Fährt man mit dem Bus 11 vom Batthyány tér den Rosenhügel hinauf, passiert man die ganzen Widersprüche und Herrlichkeiten dieses Stadtteils. Die Fahrt beginnt in der Wasserstadt am Fuß der Burg, wo abgezehrte Einkaufende um einen Sitzplatz kämpfen, und führt dann zur Mártírok útja (Straße der Märtyrer), die ihren Namen einem Militärgefängnis aus der Horthy-Zeit (Hausnummer 85) verdankt, in dem zahlreiche Widerstandskämpfer hingerichtet oder gefoltert wurden. Am beinahe bezaubernd scheußlichen Restaurant Europa biegt der Bus in die wichtigste Straße des Villenviertels ein, die Bimbó út, die sich in großen Bögen den Berg hochschlängelt, und fährt dann in die Törökvész út. Rechterhand in einer der kleinen Seitenstraßen ist ein privates Luxusrestaurant in der ehemaligen Villa eines Schauspielers untergebracht. Links beginnen bald die schmucken Villen aus der Epoche der Wirtschaftsreformen. Steigt man an der Kapy utca in den Bus 29 um, ist man nach wenigen Stationen in der Nähe der Tropfsteinhöhle Pál-völgyi cseppkőbarlang (Szépvölgyi út 162), die an Wochenenden stündlich besichtigt werden kann und in deren «Theatersaal» die Toccata in d-Moll von Bach ertönt. Fährt man mit der Linie 11 bis zur Endstation, gelangt man zu einem wunderschönen Laubwald, der sich, nur unterbrochen von weißleuchtenden Kalksteinfelsen, kilometerweit bis zum Hármashatár-hegy (Dreigrenzberg) und einer steppenartigen Wiesenlandschaft erstreckt, auf der Segelflugzeuge und Drachenflieger starten.

Höhenfahrt mit der Pioniereisenbahn

Die Südseite des Kühlen Tals (Hüvös Völgy), wie dieser Teil von Budapest heißt, der von dem zum stinkenden Rinnsal verkommenen Teufelsgraben (Ördög-árok) durchschnitten wird, ist noch stärker Ausflugsgebiet. Dorthin gelangt man am besten, wenn man vom Hotel Budapest an der Szilágyi Erzsébet fasor mit der Zahnradbahn den Höhenunterschied von 315 Metern bewältigt. Diese Bahn wurde 1874 nach dem Muster der Schweizer Rigi-Bahn gebaut, ist knapp vier Kilometer lang und kann mit den gelben Fahrscheinen der Straßenbahn benutzt werden. Oben auf dem Széchenyi-hegy angekommen, kann man umsteigen in die im Sozialismus so beliebte Pioniereisenbahn – eine Kleinbahn mit Bahnhöfen, Schalterstuben, Wartehallen, Signalen und Weichen, die alle von Kindern bedient werden. Mit gewichtiger Miene tragen sie die blaue Uniform, geben sorgfältig das Wechselgeld heraus oder knipsen im Zug die Fahrkarte und lassen den Zug mit einem Handzeichen weiterfahren. Nur der Lokführer ist ein Erwachsener.

Die Bahn, im Winter von Bulleröfen aufgeheizt, zuckelt langsam durch den dichten Wald von Budakeszi zum János-Berg (János-hegy). Von der gleichnamigen Station kann man zum 23 Meter hohen Erzsébeth-Aussichtsturm spazieren, den der Erbauer der Fischerbastei, Frigyes Schulek, entworfen hat. Von dort aus hat man bei klarem Wetter eine Fernsicht von siebzig bis achtzig Kilometern. Beim Turm startet auch ein Sessellift (Libegő), der lautlos über die Baumwipfel hinwegschwebt bis zum Fuß des Berges an der Zugligeti út, wo auch ein Campingplatz ist. Die Pioniereisenbahn fährt noch weiter durch den schattigen Laubwald bis zur Endstation im Hüvösvölgy. Dort wartet der Bus 56, der an der Wildgaststätte Hársfa (Nagykovácsi út 132) vorbei zurück zum Hotel Budapest und zum Moszkva tér fährt.

ZUR ARBEITERINSEL CSEPEL

Die Fabrik- und Arbeiterviertel, die zum Teil früher Vororte waren und erst 1950 an Budapest angeschlossen wurden, umziehen das alte Zentrum von Pest wie ein industrieller Gürtel: Ganz im Norden liegt Angyalföld, jenes symbolträchtige Viertel der revolutionären Arbeiterbewegung, in dem János Kádár einmal Parteisekretär war und in dem er regelmäßig mit großem Gefolge festlich geschmückte Betriebe aufsuchte, um seine Verbundenheit mit den Proletariern zu demonstrieren. Dahinter erstreckt sich Újpest, Fabrikstadt und IV. Bezirk, in dem sich im 19. Jahrhundert Betriebe für Lederwaren und Möbel ansiedelten, zu denen später Maschinenbau, Elektronik- und Geräteindustrie und eine Glühlampenfabrik kamen. Dann folgen Rákospalota und Újpalota (XV. Bezirk) mit einer der größten Wohnsiedlungen der Hauptstadt; Zugló (XIV. Bezirk), das durch den Abriß von 3500 alten und den Zubau von 12 000 neuen Wohnungen ein vollkommen anderes Gesicht erhalten hat; Mátyásföld (XVI. Bezirk), wo sich das Stammwerk der Ikarus-Lastwagenfabrik befindet; Kőbánya (X. Bezirk), wo zweimal im Jahr die Budapester Industriemesse abgehalten wird, sowie Kispest und Pestlörinc (XIX. und XVIII. Bezirk). Das berühmteste Industriegebiet ist jedoch die Arbeiterinsel Csepel im Süden, deren Name seit Jahrzehnten Assoziationen an Elend, Gestank und revolutionäre Gesinnung hervorruft.

Csepel war Zeit seiner Entstehung ein Ort mit schlechtestem Leumund, weil hier proletarische Lebenskultur und revolutionäres Aufbegehren zu Hause waren: Hier nahm vor hundert Jahren die ungarische Sozialde-

243

mokratie ihren Anfang, hier demonstrierten radikale Arbeiter gegen den Ersten Weltkrieg und für die Sowjetrepublik, hier organisierten kommunistische Zellen Widerstandsaktionen gegen Horthy und den Zweiten Weltkrieg. Hier hatten aber auch die faschistischen Pfeilkreuzler der frühen vierziger Jahre eine ihrer Hochburgen. Als am 23. Oktober 1956 die Massendemonstration der Studenten in einen Volksaufstand umschlug, waren es die Beschäftigten der Csepeler Industriebetriebe, die in Autobussen Waffen und Munition in die Innenstadt schafften und an die Bevölkerung verteilten.

Heute ist in Csepel von alldem nichts mehr zu spüren, der Funken der Revolution scheint ausgetreten. Der nördliche Teil von Csepel ist ein Zentrum der ungarischen Schwerindustrie, ein grauer Stadtteil mit glühenden Hochöfen und schachtelartigen Neubauten, die an die Stelle der Slums und Armenviertel in dieser Gegend getreten sind. Die Wohnblocks galten einmal als Errungenschaft des Sozialismus, doch in Wirklichkeit sind sie längst die Problemgebiete der Stadt, in denen kein Stil herrscht, kein Ornament, nur die alte soziale Misere.

In das «Rote Csepel», eine langgestreckte Insel zwischen zwei Donauarmen, gelangt man am besten mit der grün-weißen Vorortbahn HÉV, die am Pester Brückenkopf der Petőfi híd startet. Auf den abgeschabten Sitzen haben die Proleten mit abgewetzten Fellmützen und schäbigen Mänteln aus Kunstleder oder Stepp Platz genommen. Während das schrille, heisere Pfeifen der Bahn ertönt, starren sie mit geröteten Augen ins Leere oder auf die zerknitterten Seiten des Anzeigenblat-

tes «Expreß» und der Sportzeitung «Labdarúgás». Wir fahren bis Csepel Tanácsháza (Csepel Rathaus). Gleich hinter dem Platz liegt das Tor der Csepeler Eisen- und Stahlwerke (Csepel Vas és Fémművek), mit 30 000 Beschäftigten einer der größten – und defizitärsten – Industriebetriebe Ungarns. Vor dem Tor steht – wie lange noch? – ein steinerner Lenin, dem Arbeiter ein Schmalzbrot in die Hand gedrückt haben sollen, als in Ungarn wieder einmal die Preise erhöht worden waren. Auf dem Betriebsgelände leuchtet die rote Flamme des Stahlwerkes.

Vor der Verstaatlichung trug das Werk den Namen des jüdischen ungarischen Großindustriellen Manfred Weisz, über den man sich erzählt, daß er sich während der Revolution von 1918 aufhängen wollte, weil die Arbeiter die Enteignung seines Betriebes forderten. Einer seiner Beschäftigten habe ihn jedoch mit dem Versprechen daran gehindert, er werde seinen Betrieb zurückbekommen, woran sich die spätere Räterepublik allerdings nicht mehr gebunden fühlte. Fünfundzwanzig Jahre später, als die Deutschen Ungarn besetzt hielten, handelte der Rechtsanwalt des Industriellen mit dem SS-Beauftragten für Wirtschaftsfragen, Kurt Becher, aus, daß Weisz, seine Familie und andere Großindustrielle jüdischer Abstammung mit ihren Angehörigen in einem Sonderflugzeug in die Schweiz gebracht wurden. Im Gegenzug erhielt die SS das Wirtschaftsimperium der Manfred-Weisz-Werke überschrieben, die nach dem Zweiten Weltkrieg in Staatsbesitz übergingen.

Als der Sozialismus in Ungarn längst «gesiegt» hatte, kam es auf dem Platz vor dem Csepeler Stahlwerk zu einer blutigen Auseinandersetzung. Während der im Volksaufstand gewählte Vorsitzende des Arbeiterrates, Elek Nagy, zu Verhandlungen im Parlament weilte, versuchte man, der Belegschaft den ehemaligen stalinistischen Direktor wieder aufzudrücken. Weil die Beschäftigten sich weigerten, umstellten sowjetische Soldaten am 12. Januar 1957 das Werk, bis Einheiten der Sicherheitspolizei zur Verstärkung anrückten, die wahllos in die Menge schossen. Tote blieben auf dem Platz zurück, der Arbeiterrat resignierte und löste sich auf. Heute erinnert nur noch eine Gedenktafel an der Außenmauer des Betriebes an das Ereignis – allerdings aus der Perspektive der Sieger: Hier starb, kann man da lesen, ein heldenhafter Kämpfer gegen die Konterrevolution.

In der Luft liegt ein Gestank nach Kunststoff und Verbrennungsgasen, für Spaziergänge ist das Terrain wahrlich nicht besonders geeignet. Mit dem beißenden Geruch des Stahlwerkes in der Nase gehen wir über einen großen Kahlschlag hinweg in die Magyar utca zu den Resten des alten Csepel. Kleine, geduckte Häuschen stehen am Straßenrand‚ mit hölzernen Toren und bröckelndem Putz, die Farbe des Anstrichs ist kaum noch zu erkennen. In einem der Häuser ist der Kindergarten «1. Mai» untergebracht, auf der Fahrbahn zuckelt hin und wieder ein qualmender Trabant vorbei. Die meisten Bewohner der Arbeiterinsel wohnen mittlerweile in den vielstöckigen Neubauten des neuen Ungarn, in denen eine Eigentumswohnung 700 000 bis 1 Million Forint kostet, seit die kostenträchtigen Sozialwohnungen kaum noch gebaut werden.

Mit dem Bus 38 fahren wir ein kleines Stück bis zur Rózsa utca, die direkt zur Fähre am Donauufer führt. Fünf Forint kostet die Überfahrt, das Schiff gehört den Budapester Verkehrsbetrieben. Auf der anderen Seite, in Buda, steht das Schmitt-Kastell, das in der Revolutionsgeschichte von 1956 Berühmtheit erlangt hat, weil hier die Aufständischen von Budafok Anfang November eine heftige Schlacht mit sowjetischen Truppen ausfochten. Auf der Hauptstraße Nagytétényi verkehrt eine Autobuslinie, die nach links zum Schloßmuseum von Nagytétényi, nach rechts zurück ins Zentrum von Buda fährt. Die Strecke in die Stadt führt vorbei an der Sektfabrik Törley mit ihren ausgedehnten, in den Berg gehauenen Kellern, wo in der Zwischenkriegszeit die bekannteste ungarische Sektmarke hergestellt wurde, dann folgt auf der linken Seite das Palais von Prinz Eugen mit seinem sandfarbenen Putz. Hinter einer mohammedanischen Kirche mit runden Kuppeln und ungewöhnlicher Architektur folgen Neubauten, Sozialsiedlungen aus den zwanziger Jahren und endlose Industrieanlagen, auf denen vier Jahrzehnte lang der rote Stern des Kommunismus prangte.

UNTERWEGS IM LAND

DER WESTEN

UNGARNS
Mehr als der Plattensee

Wenn Familie Pawlow aus Zurndorf in Österreich sich am Samstag zum Großeinkauf bereitmacht, dann steigt die Laune bei allen Familienangehörigen. Am Morgen wirft der Vater seinen Skoda an und chauffiert die Familie Richtung Grenzübergang; im visafreien Reiseverkehr ist man eine halbe Stunde später im Supermarkt von Mosonmagyaróvár. Dort werden Käse und Wurst, Sekt und Wein, Tomaten und Paprika gleich kiloweise in den Einkaufswagen gefüllt, während die Mutter nebenan zum Friseur geht. Im Musikgeschäft ersteht man noch einige Schallplatten, im Haushaltswarenladen eine neue Bratpfanne, und anschließend geht die Familie geschlossen ins schmukke Restaurant an der Landstraße zum Mittagessen. «Langt nur zu, Kinder», sagen die Eltern Pawlow aufgeräumt, «wir haben noch fast 900 Forint übrig. Das Geld wird hier ja überhaupt nicht alle.» Wochenendeinkauf auf österreichisch.

Die kleinen Leute aus der Alpenrepublik haben den ungarischen Westen seit einigen Jahren zu ihrem Einkaufsparadies erkoren. Nirgendwo sonst bekommen sie soviel für ihr Geld, nirgendwo sonst können sie so großspurig Trinkgelder verteilen. Um den Kühlschrank zu füllen, fährt man längst nicht mehr von Ost nach West, sondern in umgekehrter Richtung. Und während burgenländische Geschäftsleute behördliche Maßnahmen gegen den Einkaufstourismus fordern, freut sich der ungarische Staat über die wachsenden Deviseneinnahmen. Durch die Liberalisierung der Ausreisebestimmungen für Ungarn kommt mittlerweile auch Österreich wieder auf seine Kosten, denn nun wird auch in umgekehrter Richtung gekauft: High technology.

Der Westen Ungarns, auch Transdanubien oder Dunántúl genannt, weil er für die landnehmenden Madjaren «hinter» der Donau lag und von ihnen zuletzt erobert wurde, ist mit Abstand der reichste und entwickeltste Teil des Landes. Der Reiseboom aus Österreich hat die Infrastruktur der Städte und Gemeinden revolutioniert, hat Geschäfte und Gemüsestände, Hotels und Restaurants, Autowerkstätten und Zahnarztpraxen in großer Zahl hervorgebracht. Er hat damit nur ein altes Gefälle verstärkt, denn schon früher war der Westen so kultiviert, so «europäisch» und so katholisch wie keine andere Region des Landes.

Reiche Kulturlandschaft

Im Westen Ungarns residierten die wohlhabenden Grafenfamilien Esterházy, Festetics oder Zichy in prächtigen Schlössern, gegen die die Unterkünfte der Gutsbesitzer im Osten armselig erscheinen. Hier stößt man auf kunstvoll gebaute Barockkirchen und aufwendig verzierte Bischofspalais, auf ehrwürdige Klöster und mächtige Abteikirchen. Hier begegnet man sauberen, schmucken Dörfern und bürgerlich kultivierten Städten, gepflegten Thermalbädern und sorgfältig angelegten Arboreten (botanische Parks). Hier befinden sich auch die meisten Industrieanlagen und weiterverarbeitenden Betriebe außerhalb der Hauptstadt. Wenn es neben Budapest in Ungarn überhaupt eine entwickelte Kulturlandschaft gibt, dann ist dies der Westen.

Die vielfältige Überlegenheit dieses Raums liegt keineswegs allein an seiner räumlichen Nähe zu Österreich. Sie ist vielmehr tief in der Geschichte verwurzelt. Schon vor

2000 Jahren war das Gebiet – im Gegensatz zum Osten – Teil des Römischen Reiches, das hier seine Provinzen Pannonia superior und Pannonia inferior unterhielt. Fast alle größeren Städte sind an der Stelle der ehemaligen römischen Zentren entstanden. Im achten Jahrhundert geriet ein Teil des Westens unter fränkische Herrschaft. Überdies verlief hier eine Reihe von wichtigen Handelsstraßen, an deren Schnittpunkten im Mittelalter die Städte prosperierten. Auch die «Bedrohung aus dem Osten», der Tatareneinfall im 13. Jahrhundert und die 150jährige Besetzung durch die Türken, hat den Westen weniger in Mitleidenschaft gezogen – manche Orte wurden gar nicht oder nur kurze Zeit okkupiert. Und nach der Dreiteilung Ungarns im 16. Jahrhundert wurde der westliche Teil lange Zeit von Österreich regiert.

Der westlichste Streifen von Transdanubien ist neben Budapest und Pécs das dritte große Siedlungsgebiet deutschsprachiger Bauern und Handwerker. Viele Städte und Dörfer waren ursprünglich deutsche Mehrheitsgemeinden. Die rigide Madjarisierungspolitik der Budapester Regierung und die natürliche Assimilation drängten die deutsche Bevölkerung jedoch schon im ersten Viertel dieses Jahrhunderts vielerorts in die Minderheit. Nach dem Zweiten Weltkrieg setzte dann eine Welle von Verhaftungen und Internierungen, Mißhandlungen und Enteignungen ein, und schließlich erfolgte die Ausweisung eines großen Teils der deutschen Bevölkerung, die pauschal für die Verbrechen des Faschismus verantwortlich gemacht wurde. In die Häuser der Vertriebenen, die teilweise des Deutschen kaum mehr mächtig waren, zogen ungarische Siedler aus der Slowakei, die ihrerseits von der Prager Regierung ausgewiesen worden waren.

Auch landschaftlich zeichnet sich Transdanubien durch eine reizvolle Vielfalt aus, die man in der Tiefebene vergebens suchen würde. Im Norden wird das Gebiet begrenzt von der wild verzweigten Donau mit ihren großen Auwäldern und den unzähligen Inseln und Ufereinbrüchen; im Osten ist die Donau dagegen schon der breite, graue Strom, der nun müde dahintreibt; im Süden bildet der verschlungene Lauf der Dráva (Drau) die Grenze zu Jugoslawien, und im Westen berühren die letzten Ausläufer der Alpen die Region. Die geographische Mitte bildet der riesige, sanftgrüne Plattensee (Balaton), das «ungarische Meer», während etwas weiter östlich der Velence-See liegt und an der Westgrenze ein Zipfel vom Neusiedler See über die Staatsgrenze ragt. Quergeteilt wird das Gebiet vom Transdanubischen Mittelgebirge mit dem nördlichen Gerecse-, dem Vértés- und schließlich dem Bakony-Gebirge, welches am Plattensee steil aufsteigt. Im Süden verläuft es sich in einem welligen Hügelland und erhebt sich noch einmal im Mecsek-Gebirge. Zwischen den Bergen dehnen sich die Ebenen des Kisalföld (Kleines Tiefland), des Mezőföld, des Sárköz und des Drau-Ufers.

Umweltskandale am Fluß

«Hegyeshalom» haben die Grenzbeamten mit verschmierten Farben in den Paß gestempelt – Grenzstation auf der Strecke zwischen Wien und Budapest. Die Landstraße ist hier zur glatten, breiten Trasse ausgebaut mit tadellosem Asphalt und sauberen, weißen Markierungen. Rechts und links der Fahrbahn brechen die Gemüsestände bald zusammen unter der Last der Früchte und der roten Paprikaketten. «Obst» werben immer wieder große Schilder in deutscher Sprache am Straßenrand. Wer öfter auf dieser Straße zwischen den beiden Donau-Hauptstädten pendelt, hat am Ende Schwierigkeiten zu sagen, wo Österreich eigentlich aufhört und Ungarn beginnt.

Mosonmagyaróvár ist die erste größere Ortschaft hinter der Grenze. Die Landstraße mit der Kennzeichnung E 5 passiert die turmhohen Neubauten, in deren unterstem Geschoß wie überall in Ungarn Supermärkte und Dienstleistungszentren einquartiert sind. Eigentlich handelt es sich um zwei Städte, denn erst 1939 wurden Moson (Wieselburg) mit Magyaróvár (Ungarisch Altenburg) zu der Stadt mit dem langen, umständlichen Namen zusammengelegt. Im Mittelalter war Magyaróvár eine wichtige Durchgangsstation für den Rinderhandel mit Wien. Durch das heutige Stadtzentrum schlängeln sich die Arme der Lajta (Leitha) und verleihen ihm das Aussehen einer Flußstadt mit vielen Brücken und Brückchen. Eine von ihnen führt zu einer alten Burg auf der Leitha-Insel, in der heute ein Zweig der Agrarwissenschaftlichen Universität von Keszthely untergebracht ist. Der Naturschutzkreis «István Fekete», der sich an der Universität gebildet hat, sorgte von hier aus für Schlagzeilen, als er zusammen mit dem örtlichen Verein für Stadtverschönerung einen Müllskandal ans Licht der Öffentlichkeit brachte, der weit über Mosonmagyaróvár hinaus Wirbel verursachte.

Das staatliche Unternehmen Fle-

xum hatte im Sommer 1985 einen Vertrag mit einer österreichischen Firma abgeschlossen, demzufolge Jahr für Jahr 60000 Tonnen Müll aus Graz in Mosonmagyaróvár abgelagert werden sollten. Entgegen der Vereinbarung enthielt der Müll jedoch Schwermetalle und andere gefährliche Stoffe, die auf der nicht isolierten Müllkippe ausgewaschen wurden und mit dem Grundwasser in die zwei Kilometer entfernten Trinkwasserbrunnen zu fließen drohten. Ein typischer Fall von «Mülltourismus» zwischen Ost und West. Das ungarische Umweltamt, das die Erteilung einer Genehmigung für «nicht erforderlich» gehalten hatte, versuchte, die Proteste gegen das Devisengeschäft zu unterdrücken. Eine Radiosendung mit Gegnern und Befürwortern wurde nicht ausgestrahlt, der Leiter des Amtes erklärte vor Studenten, daß eine Nachrichtensperre über das Thema verhängt worden sei, um die guten Beziehungen zu Österreich nicht zu gefährden. Auch der Parteisekretär des Komitates stellte sich hinter das Geschäft und kritisierte die Umweltschützer mit den Worten: «Stimmung kann man leicht erzeugen, Geld zu besorgen, ist dagegen schwierig.» Erst als die Beunruhigung größere Bevölkerungskreise erfaßte und auch der Umweltausschuß der Volksfront gegen den Müllimport Stellung bezog, wurde er schließlich eingestellt.

Weniger erfolgreich war dagegen ein anderer Umweltprotest, der sich vergeblich gegen die Errichtung eines Staudammes bei Dunakiliti zur Wehr setzte und in Ungarn viele tausend Menschen bewegte. Die Baustelle nördlich von Mosonmagyaróvár ist Teil eines gigantischen Staustufensystems an der Donau (siehe

Bedrohte Flußlandschaft – die Donau bei der Schüttinsel

Seite 120), das einen der letzten natürlichen Abschnitte des Stroms nach Ansicht von Kritikern in ein schmutziges Rinnsal verwandeln wird. Es ist nur noch eine Frage der Zeit, bis das Tragflächenboot von Wien nach Budapest nicht mehr das zerklüftete Flußbett durchqueren, sondern durch einen betonverschalten Kanal fahren wird. Gefahr droht auch der einzigartigen Flora und Fauna der Kleinen Schüttinsel (Szigetköz), die sich zwischen der Donau und einem Nebenarm (Mosoni-Duna) erstreckt. Auf ihr liegen zwischen toten Armen und kleineren Inseln zwei Dutzend kleine Gemeinden versteckt. In einer von ihnen, in Cikolasziget, hat ein Budapester Umweltklub das leerstehende Schulgebäude übernommen, um es zu einem Forschungsheim und eventuell zu einem Museum über das Szigetköz auszubauen. In Ásványráró befindet sich ein Zentrum des Angelsportes, in Hédervár ein Burgschloß.

Zwischen Győr und Sopron

Győr (Raab), mit 125 000 Einwohnern die sechstgrößte Stadt Ungarns, liegt im Mittelpunkt der Kleinen Tiefebene, dort, wo sich die Flüsse Rába, Rábca und der Mosoner Donauarm vereinen. Die Römer nannten den Ort Arrabona, und die Türken konnten die Bistumsstadt erst nach vielen Jahrzehnten einnehmen. Seit dem 18. Jahrhundert entwickelte sich Győr wegen seines Donauhafens zu einer wichtigen Handelsstadt und zum Zentrum des Getreidehandels. Heute hat es vor allem aufgrund seiner vielen Industriebetriebe Bedeutung. Landesweit berühmt ist auch das hiesige avantgardistische Ballett. Abseits der lauten Durchgangsstraße und

der Hochhäuser von Nádorváros erstreckt sich eine liebliche historische
Innenstadt, die von Brücken, wink-
ligen Gassen und prächtigen Plätzen
geprägt ist.

In der Mitte des Zentrums erhebt
sich der Káptalan-Hügel, auf dessen
Anhöhe die Győrer Kathedrale und
Reste der alten Festung zu sehen
sind. Am Westhang des Hügels befinden sich ein mittelalterlicher
Wohnturm und die Bischofsburg.
Hauptplatz der Stadt ist seit vielen
Jahrhunderten der Széchenyi tér mit
Kirche und Ordenshaus der Bene-
diktiner, die jedoch – wie die meisten Orden in Ungarn – nach 1945
vertrieben wurden. Ein weiterer
Platz ist der Köztársaság tér (Platz
der Republik), dessen barocke Gebäude mit ihren breiten Torwegen
aus dem 17. und 18. Jahrhundert
stammen. Hier, im Sforza-Hof, mündet ein achtzig Meter langer unterir-
discher Gang der ehemaligen Burg
von Győr. Am Donauufer liegt der
Dunakapu tér (Donautorplatz), wo
Markt abgehalten wird und man Melonen, Aprikosen und Paprika, aber
auch Gänse, Hühner und aus der Mode geratene Kleidungsstücke erstehen kann. Die Rábas kettős hid
(zweifache Kettenbrücke) überquert
eine idyllische Flußinsel, auf der ein
Thermal- und ein Schwimmbad untergebracht sind.

Die zweite große Stadt des Westens, mit halb so vielen Einwohnern, ist Sopron (Ödenburg). Unmittelbar an der Grenze gelegen,
stand es so sehr unter österreichi-
schem und deutschem Einfluß, daß
es nach dem Ersten Weltkrieg beinahe zu Österreich geschlagen worden wäre. Damals wurde das Bur-
genland Teil der österreichischen
Republik. Sopron war die Hauptstadt dieser Region, die Hälfte der

Einwohnerschaft deutscher Abstammung. In einer Abstimmung,
die madjarische Nationalisten erzwangen und die von den ungarischen Behörden kontrolliert wurde,
stimmten 1921 jedoch 65 Prozent
der Bevölkerung für ein Verbleiben
im ungarischen Staat. Zum Dank
daran errichtete man im Horthy-
Ungarn zu Füßen des Feuerturms
das Treuetor, und Sopron erhielt
den Beinamen «civitas fidelissima».
Allerdings hat man heute oft den
Eindruck, Sopron sei erneut in
österreichische Hand gelangt, denn
wie in keiner anderen ungarischen
Stadt tummeln sich hier die deutschsprachigen Besucher, die zum Ein-
kauf, zur Zahnbehandlung oder zur
Autoreparatur aus dem Nachbarland herüberkommen.

Sopron ist die einzige ungarische
Stadt, in der die mittelalterliche Bebauung fast vollständig erhalten geblieben ist. Weder Mongolen noch
Türken haben sie je erstürmt. Die
späteren Barockbauten haben sich
in das mittelalterliche Gepräge ein-
gefügt. Sopron ist – trotz der schweren Bombardierungen von 1945 –
vielleicht die an Baudenkmälern
reichste Stadt des Landes. Auf dem
Hauptplatz (Fő tér) stehen die
Wahrzeichen der Stadt: der in drei
Epochen errichtete Feuerturm, von
dem aus sich eine herrliche Aussicht
auf die Stadt bietet, und die gotische
«Ziegenkirche», in deren Nähe sich
eine Reihe prächtiger Paläste befindet. Hier liegen auch die Patrizierhäuser der Familien Storno und Fa-
bricius, die eine Ahnung vom früheren Reichtum der Bürger geben und
heute als Museen dienen. In den abzweigenden Gassen gibt es jahrhun-
dertealte, reizvolle Gebäude mit
Sitznischen in den Innenhöfen, mit
Arkaden, Loggien und toskanischen

Reicher Westen – Straßencafé in Sopron

Säulen, darüber hinaus liegen in dem von einer Mauer umgebenen Stadtkern zwei mittelalterliche Synagogen, das Rathaus, die St.-Georgs-Kirche und das Rokoko-Palais Erdődy. Auch außerhalb der alten Stadtmauer, jenseits des Ikva-Baches, liegt eine Vielzahl historischer Gebäude. Auf dem Május 1. tér steht der eklektische Bau des Ferenc-Liszt-Museums, und auf dem nördlichen Bécsi domb (Wiener Hügel) sind die Ruinen eines Amphitheaters der Römer zu sehen, die Sopron Scarbantia nannten.

Zweimal jährlich verwandelt sich Sopron zur Festivalstadt: Ende März werden die Soproner Frühlingstage,

Anfang Juli die Soproner Festwochen veranstaltet. Ein bevorzugtes Ausflugsgebiet sind die Ausläufer der Alpen, die Lövér-Hügel, die unmittelbar bis an die Stadt heranreichen. Eines der Ziele ist beispielsweise der Aussichtsturm auf der Karlshöhe (Károly magaslat), von dem man einen herrlichen Blick auf die Stadt, die Berge und den Neusiedler See hat. Von hier bis zur österreichischen Grenze erstreckt sich ein fast 5000 Hektar großes Naturschutzgebiet mit Kastanien-, Lärchen- und Eichenwäldern und zahlreichen alpinen Pflanzen. Vor den Toren der Stadt liegt das Weinanbaugebiet des berühmten Ödenburger Blaufränkischen (Soproni Kékfrankos).

Zu den bizarren Sehenswürdigkeiten der Kleinen Tiefebene zählt der römische Steinbruch in Fertőrákos nördlich von Sopron, dessen unterirdische Gänge und gigantische Steinquader an ägyptische Felsentempel erinnern. Die unterirdischen Säle werden im Sommer zu einer Bühne umfunktioniert, auf der während der Soproner Festwochen Orchester- und Theatervorführungen stattfinden. Auch das schwefelhaltige Heilwasser des neun Kilometer entfernten Thermalbades in Balf wurde bereits von den Römern genutzt. Und an der Stelle des Dorfes Szőny östlich von Komárom befand sich zur Zeit des Römischen Reiches eine der bedeutendsten Ortschaften der Provinz Pannonien: Brigetio.

Vom unermeßlichen Reichtum der Nobilität und vom europäisch orientierten Adelsleben dieser Region zeugt das Schloß der einstmals wohlhabendsten ungarischen Grafenfamilie Esterházy in Fertőd (früher Eszterháza), rund dreißig Kilometer südöstlich von Sopron. Das Barockschloß, auch das «ungarische Versailles» genannt, war mit seinen 126 Zimmern zu seiner Zeit für unvorstellbaren Luxus berühmt. Zu den Nebengebäuden des Schlosses gehört ein Musikhaus, in dem Joseph Haydn jahrzehntelang als Kapellmeister des Grafen lebte und wirkte. Im zwei Stockwerke hohen Musiksaal werden bis heute jedes Jahr im Sommer Konzerte veranstaltet. Ganz in der Nähe befindet sich das ehemalige Schloß der Familie Széchenyi in Nagycenk (Groß Zinkendorf), in dem heute ein Verkehrsmuseum untergebracht ist. Von hier aus startet eine Schmalspurbahn nach Fertőboz, die ur-

sprünglich von Jungen Pionieren bedient wurde – mit Dampflokomotiven und Signalanlagen aus dem vergangenen Jahrhundert.

Zwischen Sopron und Győr befinden sich das Naturschutzgebiet Hanság bei Csorna mit den Resten einer ausgedehnten Moorlandschaft sowie der Sitz der Erzabtei des Benediktinerordens in Pannonhalma. Das Kloster ist so alt wie Ungarn selber, es wurde vom Fürsten Géza gegründet. Deshalb scheute man sich offenbar selbst in den stalinistischen Nachkriegsjahren, den Orden wie anderswo einfach aufzulösen. Der mittelalterliche Gebäudekomplex mit seinem über fünfzig Meter hohen, klassizistischen Turm liegt auf einem Hügel und beherrscht die ganze Gegend. Das Kloster bewahrt in seiner Bibliothek wertvolle Urkunden und Dokumente, in einer Bildergalerie sind Werke alter Meister aus Italien, Deutschland und den Niederlanden ausgestellt.

Am westlichen Rand

Im Westen wird die Kleine Tiefebene begrenzt von einem Hügelland mit subalpinem Charakter. Überragender Berg ist mit 883 Metern der Irottkő im Gebirge von Kőszeg (Güns), das zugleich der höchstgelegene Erholungsort Ungarns ist. Auch Kőszeg konnten die Türken dank des tapferen Burghauptmanns Miklós Jurisich und seiner winzigen Mannschaft nicht erobern, und so ist die stufenförmige mittelalterliche Bebauung rund um die alte Burg bis heute erhalten geblieben. In der Burg selber, die nur durch einen schmalen Durchgang betreten werden kann, sind neben einem Museum auch ein Hotel und einige Gaststätten untergebracht. Eine

Konzerte zwischen Steinquadern – römischer Steinbruch in Fertőrákos

herrliche Aussicht auf die Stadt und ihre Umgebung hat man vom Kalvarienberg, auf dem sich eine Barockkapelle erhebt.

Etwas weiter südlich liegt Szombathely (Steinamanger), mit 83 000 Einwohnern Hauptstadt des Komitates Vas und unter dem Namen Savaria zeitweilig Verwaltungszentrum der römischen Provinz Pannonia superior. Zwar lag die Stadt während der Türkenzeit im unbesetzten ungarischen Grenzland, doch wurde sie in ihrer Geschichte mindestens dreimal schwer zerstört: 454 von einem Erdbeben, 1241 durch den Mongoleneinfall und 1945 durch folgenreiche Bombardierungen. Früher verliefen hier bedeutende Handelsstraßen wie die Bernsteinstraße von der Ostsee nach Italien, deren gewaltiges Basaltpflaster erhalten geblieben ist. Heute ist Szombathely eine wichtige Industriestadt mit vielen Fabriken und einer pädagogischen Hochschule. Zentrum der Stadt ist der Berzsenyi Dániel tér, in dessen Umgebung zahlreiche Barockgebäude stehen und Ruinen aus römischer Zeit zu sehen sind. In der II. Rákóczi Ferenc utca 2 sind sogar die Überreste eines Isis-Heiligtums aus dem zweiten Jahrhundert freigelegt worden, in denen jeden Sommer Mozarts «Zauberflöte» aufgeführt wird.

In der Nähe von Szombathely sprudeln die Thermalbäder von Bükfürdő und Sárvár. In Bükfürdő steht ein Barockschloß, das heute ein Hotel beherbergt, in Sárvár erhebt sich eine der vielen mittelalterlichen Burgen, die entlang der Raab errichtet wurden (weitere in Rum, Körmend, Ivánc und Csákánydoroszló). Südlich von Szombathely, in dem Örtchen Ják, ist eines der wenigen Gebäude zu sehen, die aus der

Frühzeit Ungarns erhalten geblieben sind: eine Benediktiner-Abtei im romanischen Stil. Eine Region von besonderem Reiz ist auch der westlichste Zipfel Ungarns rund um die Kleinstadt Szentgotthard (St. Gotthard an der Raab). Das Gebiet mit dem Namen Őrség ist eine geschlossene ethnographische Landschaft mit bunter Volkstracht und kleinen Dörfern, die eine eigenartige Siedlungsbauweise entwickelt haben. Mittelpunkt dieser Region mit verträumten Dörfern, in denen die einzelnen Häusergruppen weit voneinander entfernt stehen, ist Őrszentpéter.

Ganz in der Nähe entspringt das Flüßchen Zala, das das gleichnamige Hügelkomitat im Westen Ungarns durchfließt. Seine Hauptstadt ist die Industriestadt Zalaegerszeg, in der sich auch eine Ölraffinerie befindet. Die Dörfer der an Wäldern und Tälern, an Obstgärten und Weinbergen reichen Region Göcsej bilden, wie die Őrség, eine urtümliche Siedlungslandschaft, die sich von anderen Gebieten deutlich unterscheidet. Die Häuser wurden wegen des morastigen Bodens und der vielen Quellen fast immer auf Hügeln errichtet, oft sind sie – wie in Zalalövő und Felsőbagod – mit geschnitzten Giebelbalken und hölzernen Glockenstühlen verziert. Eines der Zalaer Dörfer – Zalaszentgrót – machte den bekanntesten ungarischen Architekten, Imre Makovecz, der Anhänger einer naturnahen, biologischen Bauweise ist, zum Chefarchitekten des Ortes – die alten Bautraditionen leben so wieder auf.

Der bergige Norden

Auf der südöstlichen Seite wird die Kleine Tiefebene von den Höhenzügen des Transdanubischen Mittelgebirges begrenzt. Ganz im Norden laden die Wälder des Vértés- und des Gerecsé-Gebirges zu Autotouren und ausgedehnten Spaziergängen ein. In Majk-Puszta, nur wenige Kilometer von Oroszlány entfernt, liegt ein eigentümlicher Gebäudekomplex – die ehemalige Einsiedelei der Kamaldulenser, die aus einem Barockschloß und siebzehn Einsiedlerklausen besteht. Nicht weit davon, in Várgesztes, stehen mittelalterliche Burg-Ruinen auf einem in den Wäldern versteckten Hügel, auf dem sich eine Touristenherberge befindet – Ausgangspunkt für Bergwanderungen. Mór, nordwestlich von Székesfehérvár an der Straße nach Győr, ist ein berühmtes barockes Weinstädtchen mit zwei Schlössern und einem Weinmuseum.

Zu den verschlafenen Ausflugszielen dieser Region zählt Tata, das über Quellen, Bäche, Kanäle und zwei Seen verfügt. Hier stößt man auf alte Wassermühlen und zwei ehemalige Schlösser, die der Architekt Jakab Fellner im 18. Jahrhundert für die Familie Esterházy und für die Gutsverwaltung errichtete. Am Ufer des Öreg tó (Alter See) liegen die Reste einer Burg, in denen heute ein Museum und ein Café untergebracht sind. Das Gegenstück zu dieser Idylle bildet das Dreckloch Tatabánya, das nicht nur größtes Bergbauzentrum Ungarns ist, sondern darüber hinaus über ein Wärmekraftwerk, eine Aluminiumhütte und Werke der Baustoffindustrie verfügt – mit entsprechenden Abgasfahnen. Der überlebensgroße bronzene Vogel, den man hier von der Autobahn aus sieht, ist übrigens die Statue eines «Turul», ein totemistischer, adlerähnlicher Vogel aus

Eine von vielen – Burg Csesznek im Bákony-Gebirge

der ungarischen Sagenwelt, der 1896 zur ungarischen Tausendjahrfeier aufgestellt wurde.

Der größte und schönste Höhenzug dieser Region ist das Bákony-Gebirge, dessen Ausläufer im Süden steil zum Ufer des Plattensees abfallen. Diese Gegend ist reich an Naturschönheiten und wildromantischen Tälern, die von sprudelnden Wasserläufen durchschnitten werden. Höchste Erhebung ist der Kőris-hegy (709 Meter), den man von dem Erholungsort Bákonybél in zwei Stunden besteigen kann. Auch Farkasgyepű ist wegen seines subalpinen Klimas ein beliebtes Touristenzentrum mit Campingplatz und Motel. In Herend befinden sich ein Arboretum und die staatliche Porzellanmanufaktur, bei der die Großen der Welt ihr luxuriöses Geschirr anfertigen lassen. Mittelpunkt des Gebirges ist Zirc, von dem aus markierte Wanderwege in die umliegenden Berge führen. In einem früheren Kloster der Stadt ist ein Naturwissenschaftliches Museum mit botanischem Park untergebracht. Durch den Garten fließt der Cuha-Bach, dessen verschlungenem Lauf eine romantische Eisenbahnlinie aus dem vergangenen Jahrhundert durch Tunnels, über Brücken und zwischen Felsen hindurch folgt (Strecke Veszprém–Győr).

Zu den bevorzugten Ausflugszielen des Bákony-Gebirges zählen auch die zahlreichen Grenzburgen, Burgruinen und Schlösser, die in diesem strategisch bedeutsamen Höhenzug angelegt worden waren. Die Türken versuchten vergeblich, das Gebirge für längere Zeit einzunehmen, später war es ein wichtiger Stützpunkt im Freiheitskampf des Fürsten Ferenc Rákóczi – entsprechend sorgfältig wurden die Festungen von den österreichischen Siegern zerstört. Auch die faschistischen Truppen des Deutschen Reiches hatten hier ihre letzte große Verteidigungslinie aufgebaut, bevor sie endgültig aus Ungarn flüchten mußten. Burgruinen, die eine märchenhafte Aussicht auf die Umgebung erlauben, liegen in Csesznek, nordwestlich von Zirc, in Szigliget, westlich von Keszthely, und auf der Halbinsel Tihany am Balaton, während in Sümeg, Nagyvászony und Várpalota die mittelalterlichen Festungen noch gut erhalten sind. In Szigliget kam später ein Schloß mit klassizistischer Fassade hinzu, das nach 1945 Haus der Schriftsteller wurde, in Nagyvászony dient ein ehemaliges Zichy-Schloß nun als Hotel, Restaurant und Zentrum der zweijährlichen Reiterspiele.

Die Abgeschlossenheit der Berge hat dazu geführt, daß eine Reihe urtümlicher ungarischer Dörfer mit jahrhundertealten Kirchen und Resten der untergegangenen Volksbaukunst erhalten geblieben sind. Dazu gehören Öskü, Mencshely, Óbudavár, Szentjakabfa, Szentantalfa, Balatoncsicsó, Kapolcs, Berhida, Litér oder Taliándörögd, in denen vom Trubel des Plattensees kaum etwas zu spüren ist. Im alten Baustil errichtete Dorfbauten finden sich auch in Vörösberény (heute Teil von Balatonalmádi) und Szentkirályszabadja mit seinen beiden Schlössern, das

zugleich die Erinnerung an eines der grausamen Kapitel der Judenverfolgung bewahrt: Hier schufteten sich Hunderte von Zwangsarbeitern beim Bau des nahe gelegenen Flugplatzes zu Tode oder wurden von den Aufsehern ermordet. Der Lyriker Miklós Radnoti, der den Ort auf seinem Todesmarsch nach Westen passierte und kurz darauf erschossen wurde, schrieb hier sein letztes Gedicht «Razglednica 4», in dem er die Hinrichtung des Geigers Miklós Lorsi beschreibt. Man fand es nach der Exhumierung des jüdischen Dichters in dessen Notizbuch.

Die Idylle des Berglandes, das ist auch im Bákony-Gebirge nicht zu übersehen, ist längst gebrochen von den zweifelhaften Errungenschaften der modernen Industriegesellschaft. Aufgrund der Rohstoffvorkommen in diesem Gebiet (Bauxit, Kohle, Mangan und Basalt) stehen manche Ortschaften gänzlich unter der Ägide der großen Fabriken. Ajka mit seinem Kraftwerk und der Aluminiumhütte gilt als ein extrem belastetes Gebiet in Ungarn, ebenso die von Neubauten entstellte Industriestadt Várpalota, in deren Nähe sich die Reste eines römischen Staudamms befinden. Da erscheint es nur konsequent, daß der alte Burgpalast von Várpalota heute das Ungarische Museum für Chemie beherbergt.

Die größeren, weniger industrialisierten Städte dieser Region haben – wie so oft in Ungarn – ihr architektonisches Gesicht in der Zeit des Barock erhalten. Die älteren Gebäude wurden alle während der Türkenkriege zerstört. Eine solche Barockstadt ist Veszprém, mit 55 000 Einwohnern Hauptstadt des gleichnamigen Komitates und jahrhundertealtes Erzbistum. Die Stadt wurde auf fünf Hügeln errichtet, deren hochaufragende Felsen immer noch ihr Antlitz bestimmen. Winklige Gassen, prächtige Gebäude, bis in die Innenstadt reichende Täler sowie Brücken und Mühlen verleihen dem verschlafenen Zentrum einen eigentümlichen Reiz. Fast alle Gebäude innerhalb des von einer einzigen Straße durchteilten Burgviertels sind Kunstdenkmäler. Auch Pápa ist eine Stadt mit vorwiegend barocken Gebäuden, die sich innerhalb der engen Stadtmauer drängen, und auch hier besaß die Familie Esterházy ein formvollendetes Schloß.

Als älteste ungarische Stadt gilt Székesfehérvár, das nach der Überlieferung noch von dem landnehmenden Fürsten Árpád zu seinem Lager gemacht wurde. Schon tausend Jahre früher wohnten hier jedoch Kelten, später Römer, die die Stadt Alba Regia nannten. In den ersten 500 Jahren des ungarischen Königreiches war die Stadt Krönungsort und Begräbnisstätte der ungarischen Herrscher und konnte, inmitten eines Sumpfes gelegen, nicht einmal von den Mongolen eingenommen werden. Erst den Türken gelang die Eroberung, und sie zerstörten die Stadt bis auf die Grundfesten, so daß sie – bis auf die übriggebliebene St.-Anna-Kapelle – ganz im Barockstil wieder aufgebaut wurde. Auch im Zweiten Weltkrieg wurde die Stadt schwer beschädigt, heute ist sie Bischofssitz und Zentrum bedeutender Industriebetriebe (Elektronik, Autobusse, Aluminiumwalzwerk).

Wer den schwierigen Namen der Stadt oft genug ausspricht, hat auf diese Weise gleich drei ungarische Vokabeln gelernt: Szék heißt Stuhl, fehér ist weiß, und vár bedeutet Burg, macht zusammen Stuhlwei-

ßenburg. Die Innenstadt strahlt jene lethargische Ruhe aus, die für viele ungarische Städte typisch ist: keine aufdringlichen Leuchtreklamen, keine Einkaufszone, nur staubfarbene Stuckfassaden an verlassen wirkenden Plätzen und Straßen. Zentrum des Ortes ist der Szabadság tér (Freiheitsplatz) mit dem barocken Rathaus und dem Bischofspalast, hinter dem sich ein Ruinengarten mit den Resten der früheren königlichen Krönungskirche befindet. Südlich der Stadt liegt Tác, in dessen Nähe man die Überreste der römischen Stadt Gorsium entdeckt und Villen, Säulen, Zierbrunnen und einen Straßenzug freigelegt hat.

Von Székesfehérvár ist es nicht weit zum Velence-See, einem 26 Quadratkilometer großen und extrem flachen Gewässer, das zur Hälfte mit Schilf bedeckt ist. Der südwestliche Teil ist Natur- und Vogelschutzgebiet, während sich am Südufer die Erholungsorte Velencefürdő, Gárdony und Agárd mit ihren Hotels, Zeltplätzen und Bootsverleihen breitmachen. Um den nahen Plattensee zu entlasten und die wachsenden Probleme mit der Wasserverschmutzung zu verringern, ist die Schaffung von weiteren Stränden und Unterkünften sowie der Ausbau des Kanalnetzes und der Kläranlagen geplant. Wer von hier aus auf der Landstraße nach Budapest fährt, passiert das Erholungszentrum von Érdliget und das Schloß Brunswick in Martonvásár, in dem Ludwig van Beethoven einst eine Reihe von Sonaten komponierte.

Ungarns Mittelmeer

Und schließlich der Balaton – sommerliche Sardinenbüchse für die vornehmlich deutschen Touristen und Wochenendbadewanne für die Budapester, die sich am Sonntagabend auf der Autobahn M 7 stundenlang im Stau heimwärts bewegen. Sein Name leitet sich von dem slawischen Wort «Blatno» ab, was soviel wie Sumpf bedeutet und auch die deutsche Bezeichnung Plattensee hervorgebracht hat. Mit einer Fläche von 596 Quadratkilometern ist der Balaton der größte Süßwassersee in Mitteleuropa und wird nur noch von skandinavischen und sowjetischen Seen übertroffen. Er ist 77 Kilometer lang und durchschnittlich acht Kilometer breit, wird aber, sieht man von dem Flüßchen Zala ab, ausschließlich von Bächen, Kanälen und Regenwasser aufgefüllt. Seine eigenartige milchiggrüne Trübung verleihen ihm winzige Algen. Zander und Wels, die in den Restaurants der Umgebung angeboten werden, gelten als seine delikatesten Fischarten.

Durch die geringe Tiefe von nur zwei bis drei Metern und die übermäßige touristische Beanspruchung hat sich die Wasserqualität im Balaton seit den siebziger Jahren dramatisch verschlechtert. Weil der Ausbau des Kanalnetzes und der Kläranlagen jahrelang vernachlässigt wurde, ist am Nordufer im Komitat Veszprém in mehr als einem Drittel der Gemeinden das Grundwasser nicht mehr trinkbar. Im See selber nahm das Algenwachstum beständig zu, es kam zu Fischsterben. Besonders im westlichen Drittel, wo die dreckige Zala in den See einmündet und einige Industrien angesiedelt sind, erreicht die Verschmutzung des Plattensees bereits den Grad der Donau. Auch die Unterbrechung der Verbindung zum Kleinen Balaton (Kis Balaton) hat das ökologische Gleichgewicht durcheinander-

gebracht, wenngleich in dem so entstandenen Sumpfgebiet seltene Vögel Zuflucht gesucht haben. Inzwischen wurde ein Baustopp für Hotels erlassen und der See zum Schwerpunkt eines landesweiten Umweltschutzprogramms erklärt.

Seit Ungarn durch den Zerfall der Habsburg-Monarchie seinen Zugang zum Mittelmeer verloren hat, ist der Balaton für die Bevölkerung zu einer Art Meer mitten im Land geworden. Er ist ein Mekka der Erholungssuchenden, die sich an seinen Ufern in Sommerhäusern und Urlauberheimen von der Mühsal des Alltags ausruhen. Selbst die kritischen Intellektuellen der Hauptstadt schwärmen im Sommer in Scharen zu ihm aus.

Das Badeleben setzte bereits zu Anfang des vorigen Jahrhunderts ein und verstärkte sich durch den Bau zweier Eisenbahnlinien. Damals war es jedoch vor allem eine Angelegenheit der höheren Schichten, die sich prächtige Landhäuser und luxuriöse Unterkünfte errichteten. In der Zwischenkriegszeit kamen zahlreiche Hotels und Pensionen hinzu, die nach 1945 beschlagnahmt und zu staatlichen Erholungsheimen umfunktioniert wurden. So entstand jene eigentümliche Form des sozialistischen Tourismus, die die Vergabe von Ferienplätzen als Angelegenheit der Betriebe und der Gewerkschaften betrachtete. Für hohe Beamte, Parteifunktionäre und andere «gesellschaftliche Gruppen» wurden riesige Gebiete eingezäunt, in denen sich Privileg und Überwachung in subtiler Weise vermischten. Bis heute weisen Schilder mit der Aufschrift «üdölő» auf die sozialistischen Erholungsheime und ihre Besitzer hin – von der Akademie der Wissenschaften bis zum Innenministerium (Belügyminisztérium). Erst

Badeleben am Balaton

nach 1956 lockerte sich diese Politik, und es begann der eigentliche Individualtourismus mit dem Bau von zahlreichen Hotels, Pensionen und Privathäusern.

Der endlose, hellgrün schimmernde See trägt an seinem Nord- und Südufer ein jeweils grundverschiedenes Gesicht: Im Süden ist das Wasser flach und deshalb wärmer (an heißen Tagen mehr als 25 Grad), oft kann man auf dem feinen, sandigen Grund noch einen Kilometer vom Ufer entfernt bequem stehen. Die zahlreichen Erholungsorte sind hier fast alle nach demselben Schema angelegt – zwischen Ufer und Eisenbahn die Badeanlage, dann bis zur Chaussee die Feriensiedlung, schließlich jenseits der Straße die alten Häuschen der Dorfgemeinde. Da auf dieser Seite das Ufer eben ist, haben hier riesige Zeltplätze und Armeen gleichförmiger Sommerhäuschen ihren Platz. Im

Sommer geht es lärmend und drängelig zu, Diskotheken und plärrende Lautsprecher, aus denen von Mai bis September der deutschsprachige Balatonsender «Radio Danubius» schallt, machen den Urlaub zum tönenden Spektakel. Insgesamt wird der Süden – nicht zuletzt wegen der niedrigeren Preise – vom Massentourismus und von den kinderreichen Familien bevorzugt.

Im Norden dagegen ist das Ufer zerklüfteter, steiniger, und das Wasser ist – an der Halbinsel Tihany – bis zu zwölf Meter tief. Die Ausläufer des Bákony-Gebirges steigen mancherorts steil in die Höhe, und die Häuschen der Einwohner und Feriengäste schmiegen sich eng an den Bergrücken. Verschlungene Pfade führen zwischen Weingärten und Wäldern den Berg hinauf und überraschen mit immer neuen, faszinierenden Aussichten auf den See. Für die eigentliche Touristenzone am Seeufer steht nur ein schmaler Streifen zur Verfügung, auf dem sich Strandbäder, Restaurants, Hotels und einige Diskotheken drängeln. Das Nordufer ist der elegantere, ruhigere Teil und das bevorzugte Ziel der Intellektuellen und Bessergestellten – mit entsprechend höheren Preisen.

In den Sommermonaten Juli und August verwandeln vor allem die Touristen aus Österreich und Deutschland den Plattensee in ein lärmendes Tollhaus, in dem in deutscher Sprache geschrien und gestritten, gekauft und bestellt, gesoffen und geliebt wird. Besonders abenteuerlustig zeigten sich in den achtziger Jahren die DDR-Teenies, die geradezu bei den Ungarn als «leichte Beute» bekannt waren. Mehr als ein Jahrzehnt lang war der See Europas größte Begegnungsstätte zwischen Ost- und Westdeutschen, die hier zu Familientreffen, zu zufälligen Begegnungen oder zur Brautschau zusammenkamen. Und auch heute macht sich niemand der Angereisten die Mühe, die umständlichen ungarischen Begriffe zu erlernen, die Kellner haben sich ja schließlich auf ihr Publikum eingestellt.

Seinen eigentlichen Zauber kann der See erst dann entfalten, wenn die Touristenmassen abgereist sind: im Frühling, im Spätsommer und schließlich im tiefen Winter. Im April und Mai herrscht die makellose Ruhe der Vorsaison, in der die Kioske und Straßenstände noch verwaist sind, die Sonne aber die Luft über dem stillen, sauberen See schon erwärmt und die Obstbäume der Umgebung in voller Blüte stehen. Im September und Oktober sind die Strandbäder und Restaurants trotz warmer, sonniger Tage wie leer ge-

fegt oder schon verschlossen, scheinen sich Wiesen und Wasser wie erleichtert über den plötzlichen Frieden zu wiegen, während in den Gärten der Wein geerntet und zu schwerem, süßem Most gepreßt wird. Im Winter aber friert der flache, erhabene See zu einer grauweißen Eisfläche, die von Schlitten, Schlittschuhläufern und Eisseglern befahren wird (Verleih in Balatonfüred) und hin und wieder mit einem mächtigen Knall lange Risse bekommt.

Die meisten Besucher des Balaton kommen über die Autobahn M7 von Budapest. Die Abfahrt zum Norduferführt zunächst nach Balatonakarattya, das die erste Aussicht auf den See bietet. Dann folgt Balatonkenese mit seinen in das Lehmufer geschlagenen «Tatarenlöchern», in denen die Bevölkerung früher vor den Eroberern Schutz suchte. Die Straße macht nun einen Bogen und führt über die Industriestadt Balatonfűzfő nach Balatonalmádi, jenem im Sommer hoffnungslos überfüllten Touristenort mit seinen modernistischen Hotels, dem Jachthafen und den steil aufsteigenden Bergen, die den Trubel am Ufer in seltsame Distanz rükken. Kleine Sträßchen führen immer wieder nordwärts in die Wälder des Höhenzuges, in denen sich kleine Erholungsorte wie Káptalanfüred oder Felsőörs und schattige Täler verstekken. Balatonfüred schließlich ist das große Touristenzentrum des Nordufers, wo während der jährlichen Anna-Bälle «Miss Plattensee» gewählt wird und die ehemaligen Villen des Romanautors Mór Jókai und der Schauspielerin Lujza Blaha zu sehen sind.

Die Halbinsel Tihany zählt zu den schönsten Gegenden des Balaton und wurde 1952 zum Naturschutzgebiet erklärt. Auf ihren Hügeln befin-

Still ruht der See

det sich, von feuchten Wiesen geschützt, die uralte Gemeinde Tihany, auf deren Gebiet im Jahre 1055
eine Benediktinerabtei und später
eine Burg errichtet wurde. Die Insel
ist überzogen mit über einhundert
Geysirkegeln, die sich aus früheren
heißen Quellen gebildet haben. In
ihrer Mitte befinden sich zwei kleine
Seen und eine Quelle mit dem Namen Oroszkút (Russischer Brunnen), die an Mönche aus Kiew erinnert, deren in die Felswände der
Óvár gehauene Zellen heute noch zu
sehen sind. Auch auf ein verwilder-
tes Lavendelfeld stößt man hier, aus

dessen Pflanzen in den dreißiger Jahren ätherische Öle hergestellt wurden. An der Spitze der Insel startet die Autofähre nach Szántód am Südufer, an der sich im Sommer Fahrzeuge und Menschen stauen.

Über Aszófő mit seinen Kelterhäusern, Örvényes mit seiner Wassermühle und Balatonudvari, das einen Friedhof mit herzförmigen Grabsteinen aufweist, geht es weiter durch die Weingegend um Balatonakali, vorbei am Kű-Tal mit seinen turmartigen Kalkfelsen und am schluchtartigen Tal des Burnót-Baches bis nach Badacsony. Hier, im Becken von Tapolca, sind vulkanische Berge in kegelartigen Formen entstanden, deren schönster und höchster sich unmittelbar am See erhebt und ein berühmtes Weinanbaugebiet trägt (Keller in Badacsonylábdi und Badacsonyörs, Weinmuseum in Badacsony). Die Basaltlava hat stellenweise die Form riesiger Orgelpfeifen angenommen. Auf den Gipfel mit seiner malerischen Aussicht, seinen Wein- und Obstgärten führen markierte Wanderwege und eine alte mit Basaltwürfeln gepflasterte Straße. Im Rücken der Berge liegt Tapolca, Stadt des Bauxits und berühmt vor allem aufgrund seiner schillernden Teichgrotte, in der man früher in einem Boot herumgefahren wurde – bis das Wasser infolge des Bergbaus versickerte.

Den westlichsten Winkel des Sees belegt Keszthely, eine kleine, pittoreske Stadt mit einem prachtvollen Schloß, das bis 1945 der Grafenfamilie Festetics gehörte. György Festetics war ein aufgeklärter Geist, der hier 1797 die erste landwirtschaftliche Fachschule Europas, das Georgikon, gründete (heute Universität). Er lud zahlreiche Schriftsteller zu sich ein und richtete in seinem Schloß eine umfangreiche, wunderschön geschnitzte Bibliothek ein mit vielen fortschrittlichen Werken. Nach dem Zweiten Weltkrieg diente das Schloß der Roten Armee als Quartier, die das aus Rosenholz gefertigte Parkett als Heizmaterial benutzte. Später brachte man Obdachlose und eine Wäscherei in der gräflichen Residenz unter, erst dann wurde sie restauriert und mit originalgetreuen Möbeln als Museum hergerichtet. Der Schloßdirektor sorgte bei den Wahlen zur Nationalversammlung im Juni 1985 für Verwirrung, weil er als Außenseiter kandidieren wollte und dazu in dem verschlafenen Städtchen einen regelrechten amerikanischen Wahlkampf entfachte – mit Erfolg. Wenig später geriet die Stadt in die Schlagzeilen, weil der Stadtrat trotz zahlreicher Bürgerbeschwerden eine Straße mitten durch den Schloßpark bauen ließ.

Nordwestlich von Keszthely liegt Hévíz, ein dunkelgrün schimmernder See, der aus mehreren heißen Quellen gespeist wird und auch im Herbst oder sogar Winter warm genug ist, um darin zu schwimmen. Durch den ständigen Zustrom wird das warme Wasser in Europas größtem Thermalsee alle 28 Stunden vollständig ausgewechselt, und auf seiner Oberfläche wächst nur die ägyptische Lotusblume. Einige Häuschen auf breiten Holzstegen dienen als Umkleidekabinen, darunter befindet sich ein kleines Labyrinth aus abgetrennten Becken, in denen man, selbst wenn die hohen Bäume am Uferrand ihre Blätter verlieren, stundenlang herumpaddeln kann. Auch hier drohen Österreicher und Süddeutsche in die Überzahl zu geraten, während nur zwanzig Kilometer weiter im Lan-

Héviz – See aus heißen Quellen

desinneren die Landflucht verwahrloste, entblößte Dörfer hinterlassen hat.

Das siebzig Kilometer lange Südufer des Balaton ist weniger reizvoll und nicht zuletzt von Eisenbahn und Landstraße in Mitleidenschaft gezogen. Größter Touristenort ist Siófok mit seiner ständig wachsenden Zahl von Hotels und Gaststätten und dem aufgeschütteten Strand für Zehntausende von Badegästen (Bootsverleih). Die Stadt erlangte 1919 traurige Berühmtheit, als Sonderkommandos des Horthy-Regimes Hunderte von politischen Gegnern ermordeten. Westlich von Siófok erstrecken sich die Erholungsorte Zamárdi, Szántód (Fährstelle), Balatonföldvár (Kirchenkonzerte) und Balatonszárszó, wo sich 1943 die nationale Kriegsopposition zu einem Treffen von historischer Tragweite versammelte. Dann folgt Boglárlelle

mit einer Wallburg aus der frühen Eisenzeit und zwei als Galerien genutzten Kapellen auf dem Friedhofshügel, in denen Anfang der siebziger Jahre die damals noch verpönte avantgardistische Kunst gezeigt wurde. Fonyód ist der zweite große Touristenort des Südufers, von hier lassen sich die Urlauber im Weindampffer nach Badacsony befördern, um am Abend betrunken zurückzukehren. Nach Balatonfenyves, wo sich noch bis 1950 ein riesiges Moor erstreckte, und Balatonmáriafürdő erreicht man Balatonkeresztúr, wo im einstigen Festetics-Schloß ein Touristenhotel eingerichtet wurde. Dann aber sollte man den Balaton schleunigst wieder verlassen.

DER SÜDEN UM PECS

Dunkelheit herrscht auf den Straßen von Pécs an diesem Nieselabend im November. Betriebe und Büros haben ihr schlecht bezahltes Personal auf die Straße gespuckt, das nun im fahlen Laternenlicht auf den schmalen Trottoirs der Innenstadt nach Hause hastet. Wer es eilig hat, schiebt sich, um dem Gedränge zu entgehen, lieber auf der Fahrbahn vorwärts, gefährlich nahe an den vorbeirollenden Fahrzeugen. Der Straßenbau hat vor dem raschen Wachstum der Bevölkerung offensichtlich kapituliert. 170000 Einwohner, von denen die meisten in den turmhohen Wohnkäfigen der Vorstädte leben, haben das kleine Pécs zur viertgrößten Stadt Ungarns gemacht.

Das alte Pécs, die wohlhabende Kleinstadt der Bürger und Kaufleute, hat nur im Zentrum und in einigen verwinkelten Stadtvierteln überlebt. Gegenüber den zugezogenen Industriearbeitern, die vor den Toren der Stadt Uran oder Kohle abbauen, ist es längst in die Minderheit

268

geraten. Das Bürgertum, das Pécs vor zweihundert Jahren die Privilegien einer freien königlichen Stadt erkämpfte, hat seine vorherrschende Stellung verloren. Jetzt lebt es zurückgezogen hinter einer unsichtbaren Linie, die zwischen den neu Hinzugezogenen und der alten Pécser Gesellschaft verläuft. Allein die Ungarische Universität, die 1923 aus dem nun zur Tschechoslowakei gehörigen Preßburg (Bratislava) nach Pécs übergesiedelt ist, nährt in der Stadt eine kleine intellektuelle Szene.

Türkische Spuren

Den Mittelpunkt der historischen Innenstadt bildet der Széchenyi tér, von dem aus die Straßen strahlenförmig bis in die Randgebiete führen. Der Platz wird beherrscht von der fremdartig wirkenden innerstädtischen Kirche, die eine mächtige, grüne Kuppel trägt – die ehemalige Dschami des Kassim Gasi Pascha. Sie wurde in der Türkenzeit aus den Steinen der abgerissenen St.-Bartholomäus-Kirche errichtet und ist das größte erhalten gebliebene mohammedanische Baudenkmal in Ungarn. Der Brunnen vor der Kirche, an der Stelle eines einstigen türkischen Brunnens errichtet, ist mit einer farbigen Eosinglasur der Porzellanfabrik Zsolnay überzogen. Am Rande des Platzes steht das ehrwürdige Hotel Nádor mit dem gleichnamigen Café, in dem sich wie früher jeden Vormittag eine Runde alter Herren trifft, die in der Stadt mehr oder weniger bedeutsame Positionen bekleiden.

Am Kopf des Platzes führt die Janus Pannonius utca zum baumbestandenen István tér und zum Dóm tér, dessen mächtige, raumbildende Architektur an eine italienische Piazza erinnert. Der Platz wird überragt von der siebzig Meter langen und mit vier Ecktürmen verzierten mittelalterlichen Kathedrale, an seinem westlichen Rand liegt der Bischofspalast. Hinter dem Dom verläuft die moderne Ringstraße, die das alte Zentrum entlang der früheren Stadtmauer umfaßt. Der Ring führt in südlicher Richtung zur Dschami des Paschas Hassan Jakowali in der Rákóczi út 2, der einzigen Moschee in Ungarn, die mitsamt Minarett unversehrt erhalten geblieben ist. Gleich in der Nähe liegt die Mátyás Király utca, zwischen deren klassizistischen Fassaden wie früher die alten Gaslaternen flackern, die noch vor ein paar Jahrzehnten vom Laternenanzünder angesteckt wurden. Das älteste Wohnhaus der Stadt befindet sich in der Káptalan utca 2, wo heute das Zsolnay-Museum untergebracht ist, eine Hausnummer weiter ein Museum mit Werken des Malers Victor Vasarely, der 1908 hier geboren wurde.

Aus Handel und günstigen Siedlungsbedingungen hat die Stadt schon frühzeitig überdurchschnittlichen Reichtum erwirtschaftet. In dieser Gegend verliefen wichtige Handelsstraßen wie die von Regensburg nach Byzanz. An den südlichen Hängen des waldreichen Mecsek-Gebirges, in weichem, sonnigem Klima, gediehen Weinreben und Obstbäume bereits zu einer Zeit, als die Stadt unter dem Namen Sopianae noch Verwaltungszentrum einer römischen Provinz war. Der Wein wurde in riesigen Kellerlabyrinthen gelagert, die bis heute die Innenstadt durchziehen, so daß hin und wieder einmal ein Autobus in die Tiefe sackt. Im 9. Jahrhundert gelangte der Ort an das Fränkische Reich und erhielt nach den fünf verbliebenen Grabkapellen aus der Römerzeit den Namen «Quinque Basilicae», also Fünfkirchen, was bis heute die deutsche Bezeichnung für Pécs ist. Zweihundert Jahre später gründete hier der ungarische König István ein Bistum, und im 14. Jahrhundert wurde die erste Universität des Landes (die fünfte Europas) eingerichtet, die jedoch nur einige Jahre bestand.

Unglück und Zerstörung kamen über die Stadt, als zu Anfang des 16. Jahrhunderts riesige türkische Heerscharen ins Land eindrangen und den Ort mit seinen baufälligen Verteidigungsanlagen widerstandslos einnahmen. «Während der 143 Jahre türkischer Herrschaft», heißt es in einem vom örtlichen Fremdenverkehrsamt herausgegebenen Büchlein, «erhielt Pécs östlichen Charakter. In den innerstädtischen Häusern ließen sich Türken und griechische Händler, Bosnier und Marodeure vieler Nationalitäten nieder und gaben der Stadt ihr eigenes Gepräge. Die in der Vorstadt zusammengedrängten Ungarn waren ständig den Unwesen treibenden Freibeutern, zeitweilig den in Pécs ‹überwinternden› tatarischen Hilfstruppen, den sich hier verbergenden Heiducken oder der Willkür der türkischen Herren ausgesetzt.» Die Türken rissen die Kirchen ab oder verwandelten sie, wie die Franziskanerkirche und die Kathedrale, in Moscheen und Getreidespeicher. Im Schloß des Erzbischofs von Szatmáry auf dem Tettye-Plateau, von dem heute nur noch Ruinen zu sehen sind, richteten sich die «Tanzenden Derwische» ein Kloster ein. Ein Fußweg von einer knappen Stunde führt heute auf den Berg, auf dem das Touristenhotel Dömör kapu

steht und von dem aus man einen malerischen Blick auf die Innenstadt hat.

Einzig im Vorort Tettye, an dessen kleinem Flüßchen sich Mühlen drehten und Gerber siedelten, verblieb damals ein nichtmohammedanisches Gotteshaus, die Augustinerkirche, über deren Nutzung sich die verschiedenen Konfessionen bald hoffnungslos zerstritten. Daß sich die Völker, Religionen und Gebräuche in den fast anderthalb Jahrhunderten türkischer Besetzung kaum miteinander vermischten, gehört zu den ungelösten Rätseln dieses Landes. Von den damals siebzehn Moscheen sind nur die beiden erwähnten Gebäude übriggeblieben sowie die achteckige Grabkapelle des Idris Baba am westlichen Stadtrand (Nyár utca 8) und ein nahegelegener türkischer Brunnen. Obwohl in der Türkenzeit auch ein intensives geistiges Leben herrschte, haben sich ihre kulturellen Traditionen nach der Vertreibung der Türken durch christliche Truppen aus Baden nicht fortgesetzt.

Das Buch der Tränen

Der Kossuth tér wird durch zwei im kalten Funktionalismus der siebziger Jahre errichtete Warenhäuser verunstaltet. «Konsum» blinkt es in mächtigen goldenen Lettern über dem Eingang des einen, das Kennwort des Kadarismus. Am Kopf des Platzes steht die hochragende, neu geweißte Synagoge, die durch die Neubauten ihre beherrschende Stellung eingebüßt hat und seit einigen Jahren als Museum dient. Ein alter Mann erwartet die Besucher am Eingang, der die Geschichte des Pécser Judentums mit akribischer Gewissenhaftigkeit verwaltet. Zwei eng beschriebene Schreibmaschinenseiten mit Erklärungen hat er in entlegenste Sprachen übersetzen lassen und vorne ausgelegt. Die «werten männlichen Gäste» werden gebeten, grauschwarze Pappkäppis aufzusetzen, die er auf einer Bank bereitgelegt hat. Auf ein paar handbeschriebene Zettel, die er aus seiner Tasche kramt, ist sauber notiert, was die verschiedenen Reiseführer an Stilblüten über seine Synagoge veröffentlicht haben. «Ein bärtiger Greis steht am Eingang, philosophisch lächelnd», zitiert er eine Neuerscheinung, und weiß nicht, da er selber, der bartlose Mittsechziger, gemeint ist, ob er das als Kompliment oder als Beleidigung auffassen soll.

Den ersten brutalen Schlag gegen das Bürgertum von Pécs, in dem die knapp 5000 Juden eine zentrale Rolle gespielt hatten, führten deutsche Besatzungstruppen in Zusammenarbeit mit ungarischer Gendarmerie. Viele der Namen, die im Pécs der zwanziger und dreißiger Jahre Gewicht hatten, wie der des Generaldirektors der Lederfabrik, Roth, finden sich heute nur noch auf der goldbeschriebenen Marmorplatte am Eingang des Gebäudes oder im Buch der Tränen, das die Namen der über 3000 Pécser Juden verzeichnet, die in deutschen Konzentrationslagern ermordet wurden. Als die SS im März 1944 das Land okkupierte und Adolf Eichmann in Budapest sein Judendezernat einrichtete, wurden die Juden in ein Getto unweit der Bahnlinie getrieben und in Viehwaggons in die Vernichtungslager transportiert – wenige Monate bevor die Truppen der Roten Armee die Stadt erreichten. Die wenigen, die den Holocaust überlebten, fanden die Synagoge im Innern noch genauso vor, wie sie sie verlassen hatten. Die Tafel, die den Tag des letzten Gottesdienstes in der Zählung des jüdischen Kalenders anzeigte, ist bis heute zu sehen und mit Trauerflor umrankt.

Die ehemals mächtige jüdische Gemeinde von Pécs ist auf knapp fünfhundert Mitglieder zusammengeschrumpft. Weil die dreigeschossige Synagoge zu groß geworden ist, treffen sie sich nunmehr in einer Seitenstraße. Die jüdische Mittelschule, die direkt neben der Synagoge ihren Platz hatte, trägt heute das ovale Schild der staatlichen Hauptschulen. Der ehemalige «Judenpalast», ein prächtiges Wohnhaus an der Ecke Munkácsy Mihály utca, diente der deutschen Kommandantur als Sitz und ist heute ein normales Mietshaus. Wenige Häuser weiter hat ausgerechnet der «Demokratische Verband der Ungarndeutschen» ein neues Kulturhaus eröffnet.

Untergang des Bürgertums

Wer im Pécs der zwanziger und dreißiger Jahre ein ausgefallenes Buch suchte, ging zur besten Buchhandlung am Platze, in die Königsstraße zu Dr. Karl. Wer seine Wohnung mit stilvollem Mobiliar ausstatten wollte, wandte sich an das elegante Möbelgeschäft in der Jókaistraße. Jetzt heißt die Königsstraße Lajos-Kossuth-Straße, und die Buchhandlung führt, seitdem sie 1948 verstaatlicht wurde, das übliche Null-acht-fünfzehn-Sortiment. An den Schaufenstern der Möbelhandlung, in denen ein staatlicher Elektroladen sein schmuddeliges Angebot ausgebreitet hat, drückt sich niemand mehr die Nase platt. Beim Aufbau des Sozialismus ist die Fähigkeit des Bürgertums, das Leben angenehm zu gestalten, auf der Strecke geblieben.

Symbolische Landschaften – Csontváry-Museum in Pécs

Im ehemaligen Tanzhaus am Jókai tér mit dem sinnfälligen Namen «Elefant» hat die staatliche Gastronomie ein steifes Restaurant etabliert und für die weniger Betuchten Café und Bierstube. Im Ballhaus in der Janus Pannonius utca, unweit der Kathedrale, zeigt jetzt das Csontváry-Museum die seltsam bunten Landschaftsbilder des dem Wahn anheim gefallenen Künstlers. Baufällig und schäbig ist der üppige Prunk geworden, den sich die Wohlhabenden von Pécs um die Jahrhundertwende in das neue Nationaltheater an der Kossuth Lajos utca einbauen ließen, in dem heute eine der führenden Bühnen des Landes und ein bekanntes Ballettensemble arbeiten.

Die großen Namen der Stadt, jahrzehntelang Synonym für Reichtum und industriellen Aufstieg, sind aus den Briefköpfen der Fabriken und Büros verschwunden oder werden nur noch aus Imagegründen weitergeführt. Die keramische Fabrik Zsolnay, die Orgelfabrik Angster, die Champagnerherstellung von Littke (heute Sektfabrik Pannonia) – keines der renommierten Pécser Werke ist der Verstaatlichungswelle nach dem Kriege entgangen. Fachfremde Direktoren und Parteisekretäre sind damals in die Büros der Kapitalisten eingezogen und mit ihnen eine dogmatische Vorstellung vom Umbau der Gesellschaft, die die fünfziger Jahre in Ungarn zu einer Zeit des Schreckens und der Gewalt gemacht hat.

József Bognár zum Beispiel besaß ein Textilgeschäft in Pécs, das 1948 als eines der ersten verstaatlicht wurde. Als er sich mit einer Bescheinigung, daß das bewegliche Gut sein Eigentum bliebe, daranmachte, die ihm verbliebenen Stoffe in seine

Wohnung zu schaffen, folgten Hausdurchsuchung, Beschlagnahme und Verhaftung. In einem Steinbruch der Umgebung leistete er ein Jahr lang Zwangsarbeit, seine Frau und seine Schwester gingen wegen «Mitwisserschaft» für Monate ins Gefängnis. Erst in den letzten Jahren hat er es gewagt, das Schweigen über diese Zeit zu brechen: «Das war eine furchtbare Zeit, eine wirkliche Gemeinheit. Man wußte nicht, ob man am nächsten Tag im eigenen Bett aufwachen würde oder in einer Zelle der Geheimpolizei.»

Die Schicht der Bürger hat sich von den Angriffen der vierziger und fünfziger Jahre nie wieder richtig erholt. Die sterbende Klasse mußte in neuen Berufen Fuß fassen. Nur privat hielten die alten Pécser Familien noch zusammen, und ihr Erbe lebte im Flair der Stadt, im Hang zu besserer Kleidung und einer großzügigeren Lebensweise fort. Und trotz Einführung der Marktwirtschaft wird es schwer sein, die alten Traditionen wieder zu beleben. Allerdings gibt es inzwischen eine neue Schicht, die jene Tätigkeiten übernommen hat, die früher dem Bürgertum überlassen blieben – die Kleinunternehmer und Neureichen, die im Zuge der ungarischen Wirtschaftsreformen zu Geld gekommen sind. Die Citrom utca, in der privat gebaute Wohnungen zum Wucherpreis von anderthalb Millionen Forint angeboten werden und Privatleute Geschäfte und ein Café eröffnet haben, heißt im Volksmund bereits «Millionärsstraße». Der Neid auf die Reichen, die von den Versorgungsmängeln im Sozialismus profitierten, ist deutlich spürbar – denn die hatte es der Theorie nach ja nicht geben sollen.

Der Parteisekretär

Er gehörte zu jenen Ungarn, die mit der Eisenbahn freie Fahrt durchs ganze Land hatten. Er besaß dieses schöne Privileg und ein paar mehr, weil er Abgeordneter im Budapester Landesparlament war. Er hatte in seinem Leben die Macht überwiegend von innen kennengelernt, ihre Richtungskämpfe und Intrigen, ihre Skrupellosigkeit und ihren Absolutismus, aber auch ihre Möglichkeiten, nach entbehrungsreichem Kampf für den Kommunismus ein angenehmes Leben zu führen. Seinen Kindern verschaffte er die beste Ausbildung, seiner Tochter eröffnete er die Möglichkeit, gleich nach dem Studium auf eine der begehrten Stellen im Außenhandel zu gelangen. Wenn jemand um sein Gehör bat in irgendeiner Angelegenheit, war es selbstverständlich, daß er ein kleines Geschenk mitbrachte: einen Farbfernseher oder sonst etwas Schönes, das den hohen Genossen erfreuen konnte. Denn der vom Schicksal so Verwöhnte war Parteisekretär von Pécs.

Auf seinen verantwortungsvollen Posten war er nicht anders geraten als die meisten seiner Genossen. Als nach dem Kriege neue Kader gebraucht wurden, zählten selbst kleinere Verdienste, um in den Kreis der neuen Macht aufgenommen zu werden: Untergrundarbeit in der KP, ein Großvater, der bei der Räterepublik eine Rolle gespielt hatte, ein Verwandter, der in den letzten Kriegsmonaten zu den Partisanen gegangen war. Manche kamen allerdings auch direkt von den faschistischen Pfeilkreuzlern zur KP, denn das war der beste Weg, politische Sünden abzutragen. Was für den Aufstieg zählte, waren einzig die

Parteidisziplin und die Fähigkeit, die neu errungene Macht nicht leichtfertig aus den Händen zu geben.

Als der Parteisekretär älter wurde, hatte er es schwerer als zu Beginn seiner Laufbahn. Seine Tochter setzte sich bei einer Westreise nach Spanien ab, in die hohen Positionen rückten jüngere Kräfte nach, die von den bewährten Methoden des sozialistischen Aufbaus nichts mehr hielten und auch seinen Posten einem anderen geben wollten. Sie boten ihm eine gute Pension an und die Ehren eines Abgeordnetenmandates sowie einen Beratervertrag beim Kohlebergwerk, der nochmals mit acht- bis zehntausend Forint im Monat entlohnt wurde. Der Parteisekretär nahm an und freute sich auf seinen beschaulichen Lebensabend.

Doch plötzlich, als der hohe Sekretär mit den üblichen Feierlichkeiten in seine Aufgaben als Pensionist eingeführt werden sollte, weigerten sich die Bergleute, in die Grube einzufahren. Sie sagten: Der Parteisekretär bekommt vom Bergwerk einen höheren Lohn als wir, ohne daß er einen Finger dafür rühren muß. Er hat in seinem Leben genug Geschenke erhalten, es reicht! Aufregung herrschte da mit einemmal im beschaulichen Pécs, Parteiführung und Bergwerksdirektion waren erschreckt. Um die Gemüter zu beruhigen, beschlossen sie, dem Parteisekretär nun doch keinen Beratervertrag im Bergwerk zu geben, sondern, weniger feierlich, einen in einer anderen Fabrik. Das ist die Geschichte vom Pécser Parteisekretär – real existierender Sozialismus.

Inzwischen gibt es einen Nachfolger, der, ebenso wie der Bürgermeister, als gebildet und integer gilt. Beide sollen etwas von den Problemen der Stadt verstehen und auch gegen die Korruption in den eigenen Reihen vorgehen. Aber manchmal ist es doch noch so wie früher, zum Beispiel, wenn Staatsbesucher oder hohe Funktionäre zur Jagd ins nahe Gemenc kommen. Sie wohnen dann im Schloß des Erzbischofs und lassen sich im Wildreservat die Kapitalhirsche vor die Flinten treiben. Grafen und Kommunisten haben diese Tradition in gleicher Weise gepflegt.

Kohlerevier beim Naturschutzgebiet

Steil steigen im Rücken der Stadt Pécs die dichtbewaldeten Hügel des Mecsek-Gebirges in die Höhe. Die flimmernde, mediterrane Luft wird hier von feuchtkühler Dunkelheit verdrängt. Mächtige Laubbäume schirmen mit ihrem Blätterdach die Strahlen der Sonne ab, die die Kalksteinfelsen der Abhänge in grelles Licht taucht und die plätschernden Bäche glitzern läßt, wenn sie aus dem Schutz des Waldes treten. Kleine Markierungen auf den Stämmen der Bäume weisen dem Wanderer die Richtung. Einfache Hütten, die sogenannten «Schlüsselhäuser», deren Schlüssel der örtliche Naturfreunde-Verein verwahrt, geben fernab jeder Siedlung ein Obdach. Hier ist die Welt für Pflanzen, Tiere und Menschen noch in Ordnung.

Die Straße Nummer 66 führt nach Mánfa. Hier in der Nähe liegen die Naturschutzgebiete des Melegmányi-Tals, des Mély-Tals und des Kólyuk. Einige Kilometer weiter westlich reckt sich der Misina-Berg mit dem Fernsehturm über fünfhundert Meter in die Höhe – von Pécs aus kann man ihn in einem langen Marsch auch zu Fuß ersteigen. Gleich daneben liegt Orfü mit seinem Seesystem, wo man schwimmen, angeln und Kahn fahren oder ein Mühlen-Museum ansehen kann. Noch ein bißchen weiter westlich befindet sich der Eingang zur weitverzweigten Tropfsteinhöhle von Albaliget, die in ihrer Tiefe von einem kleinen Bach durchflossen wird.

Doch da, wo sich die kurvenreiche Teerstraße nach Komló schlängelt und eben noch tiefer Laubwald die Fahrbahn überschattet hat, erheben sich mit einemmal qualmende Schornsteine, schwarzgraue, verrostete Förderanlagen und dunkle, schäbige Fabrikgebäude, die das weich geschwungene Tal wie eine häßliche Festung besetzt halten: Komló, das Steinkohlerevier Ungarns, das in den fünfziger Jahren im Zuge einer brutalen Industrialisierungspolitik aus dem Boden gestampft wurde, um Brennstoff für die Stahlwerke in Sztálinváros (heute: Dunaújváros) und anderswo zu liefern. Neue Gruben sind geplant, das Abbaugebiet wird bald auch das stille Szászvár verschlingen.

Als die Fördertürme standen, folgten Eisenbahnanlagen zum Abtransport der Kohle, dann schmucklos aufeinander geschichtete Wohnzellen für die Arbeiter und ihre Familien. Später siedelten Fabriken in dem Tal, die Schuhe oder Kleider herstellen, um auch den Frauen der Bergleute Arbeit zu geben. Den Ort teilen kalte, unansehnliche Straßen, die irgendwo einen zugigen Platz bilden, in dessen Mitte ein steinerner Lenin kämpferisch in die Zukunft blickte.

Früher waren es die Bergleute, die solchen Kampfesgeist ausstrahlten und die ersten großen Lohnstreiks in Ungarn organisierten. Sie waren meist aus westeuropäischen Industrierevieren angeworben worden, um in die Gruben rund um Pécs einzufahren. Als im Mai 1918, kurz vor Ende des Ersten Weltkrieges, eine in Pécs stationierte Kompanie den Befehl verweigerte, bewaffnete sich ein Teil der Kumpel sogar und kämpfte mit den aufständischen Soldaten gegen die kaisertreuen Truppen. Die Erhebung wurde jedoch niedergeschlagen, ihre Führer wurden hingerichtet.

Auch in den Jahren der Wirtschaftskrise vor dem nächsten Krieg mobilisierten die Bergleute zu Streiks und Demonstrationen. Während des großen Hungerstreiks von 1937 richteten Gendarmen auf dem Csertető in Pécs unter den unbewaffneten Arbeitern ein Blutbad an. Manche der Bergleute schlossen sich später der faschistischen Pfeilkreuzler-Partei an, dann, nach 1945, der neugegründeten KP. Der letzte große Streik wurde in Komló mit dem Aufmarsch der sowjetischen Panzer im Jahr des Volksaufstandes von 1956 niedergeschlagen, doch 1988 waren es die hiesigen Bergleute, die nach dreißig Jahren erzwungener Abstinenz den ersten Streik in Ungarn organisierten.

Von der früheren Kampfeskraft der Bergleute ist dennoch wenig geblieben. Die Jungen suchen sich andere Arbeitsplätze, so daß die staatliche Bergwerksgesellschaft Schwierigkeiten hat, den nötigen Nachwuchs zu finden. Trotz des relativ hohen Verdienstes wollen nur noch wenige die schwere, gefährliche Arbeit machen. Man erzählt von mangelnder Sicherheit und veralteten Anlagen, von unterirdischen Methangas-Unfällen und ungeliebten Wochenendschichten. Und die schlichte Methode der Nachkriegszeit, dem Arbeitskräftemangel durch Zwangsarbeiter abzuhelfen, läßt sich heute nicht mehr anwenden. Damals mußten die von «Volksgerichten»

Wiederentdeckte Minderheit – «Schwäbische» Bauern in Ungarn

Verurteilten vor allem im Uranbergbau, der einem ganzen Stadtteil von Pécs den Beinamen «Uranstadt» verliehen hat, in die Erde einfahren und den kostbaren Rohstoff aus der Erde schürfen. Bestimmungsort: Sowjetunion. Verwendungszweck: die Bombe.

Schwäbische Dörfer

Wir fahren die Nationalstraße von Pécs nach Szekszárd, jenem berühmten ungarischen Anbaugebiet für Rotwein, das nach der verheerenden türkischen Besetzung von deutschen Siedlern im 18. Jahrhundert zu neuer Blüte gebracht wurde. Wir passieren Pécsvárad, das am Fuße des 682 Meter hohen Zengő-Berges liegt und eine burgartige ehemalige Benediktinerabtei beherbergt, in der ein Touristenhotel untergebracht ist. Dann erreichen wir Me-

cseknádasd, ein strahlendes schwäbisches Dorf mit einem aufgeweckten Ratsvorsitzenden, der bei den Wahlen von 1985 gegen den Widerstand der Partei durchgesetzt werden konnte. Irgendwann weist ein Schild nach Ófalu, das sechs Kilometer von der Landstraße entfernt tief in den Bergen versteckt liegt.

Ófalu ist in die Schlagzeilen der ungarischen Presse geraten, weil es sich erfolgreich gegen ein Lager für radioaktiven Müll wehrte. Kurz hinter dem Ortsrand kommen die gedrungenen, flachen Bauernhäuser im traditionellen Baustil zum Vorschein. Ihre gepflasterten Höfe, die durch kleine Holzpforten zu erreichen sind, umgeben Stallungen und ein überdachter Brunnen, aus dem ein großes Eisenrad das Wasser quietschend hinaufbefördert. Auf der Dorfstraße schlurft ein bejahrter Mann vorüber, der eine Sense geschultert trägt und zur Begrüßung «Grüß Gott» ruft, als sei dies das Selbstverständlichste der Welt, hier, mitten in Ungarn.

Ófalu ist eines jener ungarischen Dörfer, die von deutschen Siedlern gegründet worden sind und die in der Diaspora bis heute deutsche Sprache und Kultur bewahrt haben. Vor 250 Jahren sind die «Schwaben», wie die Ungarn sie fälschlicherweise nennen, von der österreichischen Kaiserin Maria-Theresia gerufen worden, um das nach den Türkenkriegen von Menschen entblößte Land wieder zu bevölkern. «Es ist kläglich», erinnerte sich ein Zeitgenosse an die damalige Völkerwanderung, «wenn man auf der berühmten Schänzel bei Wien stehet, und fast täglich ganze Schwärme solcher einfältiger Tropfen ankommen sieht, die ihr Vaterland, ihre Hütte, ihre Verwandten verlassen, um in diesem Ungerlande an Fieber oder an der Ungarischen Krankheit, oder von faulem Wasser oder vor Hitze zu krepieren. Weil der Kaiser denjenigen Leuten so nach Ungarn gehen wollen, um dort das wüste traurige Land anzubauen, für jeden Kopf eine gewisse Summe Reisegeld auszahlen läßt, so nehmen diese Art Leute soviel Kinder mit, als sie nur bekommen können.»

Das größte und geschlossenste Siedlungsgebiet der Einwanderer erstreckte sich hier, in dem Winkel zwischen Donau und Dráva (Drau), der «Schwäbischen Türkei», wie man früher sagte. Doch während anderswo die Eigenständigkeit der deutschen Dörfer gegenüber der ungarischen Umwelt längst eingeebnet ist, hat sie in der Abgeschiedenheit der Berge von Ófalu, in das bis 1973 nicht einmal eine Teerstraße führte, fortleben können. Noch sprechen die Alten hier ihre sonderbare Mundart, einen fränkischen Dialekt aus dem 18. Jahrhundert, angereichert mit ein paar ungarischen Vokabeln, für die sie kein deutsches Gegenstück kennen.

Aber ihre Kultur stirbt, denn spätestens seit dem Bau der Straße, die wie eine Verbindung zwischen Insel und Festland wirkt, dringt die ungarische Mehrheitskultur mit Macht in das dörfliche Leben. Fernseher und Schule, Verkehr und Industrie haben sich als stärkere Waffen erwiesen als alle früheren Madjarisierungsversuche der Budapester Regierung. Die Jungen verständigen sich heute bereits auf ungarisch, und der seit einiger Zeit wieder eingeführte Deutschunterricht in Kindergärten und Schulen kann den Verlust der Eigenständigkeit kaum aufhalten.

Gegenüber dem Hort haben Denkmalschützer vor einigen Jahren ein altes Anwesen zu einem Heimatmuseum gemacht. Es zeigt, wie Stube, Küche und Stallungen ausgesehen haben, bevor die Zivilisation in Ófalu Einzug gehalten hat. Die Mauern bestehen aus selbstgefertigten Lehmziegeln und werden von einem strohgedeckten Dach geschützt, die Möbel hat ein Drechsler des Dorfes angefertigt. Ein mächtiger, verrußter Kamin, durch den die Rauchwolken des Ofens und des zum Räuchern verwandten Buchenholzes abzogen, beherrscht die Küche. Der Hof wird von der rotwangigen Nachbarsfrau gepflegt, die ein weiches, südlich gefärbtes Hochdeutsch spricht und nur mit ihren Enkeln das altertümliche Fränkisch benutzt, das ihr die Vorfahren überliefert haben.

Die «Schwaben» galten im Königreich Ungarn immer als besonders fleißige und tapfere Staatsbürger, die ihre Häuser, Äcker und Dörfer zu ungewöhnlicher Blüte brachten und bevorzugt zur Verteidigung an den Grenzen eingesetzt wurden. Zu Konflikten zwischen Ungarn und Deutschen kam es erst, als die im Habsburgerreich unfreiwillig vereinten Nationen ihre jeweils unterschiedliche Nationalkultur entdeckten und für ihre staatliche Unabhängigkeit zu kämpfen begannen. Die Ungarn, selber soeben der nationalen Unterdrückung entronnen, wollten einen betont ungarischen Staat und zwangen die Deutschen, ihre Andersartigkeit abzulegen. Im Gemeinderat wurden nun keine deutschen Namen mehr registriert, sondern nur die ungarische Form, so daß aus einem Johann Zeller ein Zeller János wurde. Und wer weiter aufsteigen wollte, mußte auch seinen Nachnamen madjarisieren lassen, was bis zur Jahrhundertwende rund 10 000 Schwaben taten. Von den über 1200 deutschsprachigen Schulen verblieben den Siedlern nach dem Ersten Weltkrieg nur noch ganze vierzehn, und da die Schwaben nicht mehr lernten, ihre Sprache auch zu schreiben, bedienten sie sich einer Art phonetischen Umschrift nach den Regeln der ungarischen Aussprache, die für Außenstehende kaum noch zu entziffern war.

Die Lage der Ungarndeutschen wandelte sich fundamental, als Ungarn mit Hitler-Deutschland ein politisches Arrangement einging: Ungarn erhielt unter Deutschlands militärischem Schutz einen Teil seiner im Vertrag von Trianon (1920) verlorenen Gebiete zurück, während die schwäbische Minderheit und der nationalsozialistisch orientierte «Volksbund der Deutschen in Ungarn» weitgehende Autonomie eingeräumt bekamen. Eine Art «Staat im Staate» entstand, der nach Auffassung der Deutschen sogar das Recht auf Einziehung der deutschstämmigen Wehrpflichtigen zur Reichswehr und zur SS legitimierte. Mit dem Einmarsch der Roten Armee, vor deren Zugriff zahlreiche Schwaben zusammen mit den zurückströmenden faschistischen Truppen auf deutsche Aufforderung flohen, verkehrte sich die Lage der Ungarndeutschen ins Gegenteil: Als Sündenböcke für die Verbrechen Hitler-Deutschlands wurden sie nun von der neuen (noch demokratisch gewählten) ungarischen Regierung zu Abertausenden interniert, enteignet und ausgewiesen, im schlimmsten Fall zur Zwangsarbeit in die Sowjetunion verschleppt. Von den 500 000 bis 700 000 Deutschstämmigen verblieben in Ungarn nur noch etwa 200 000.

Schon in der Spätzeit des Sozialismus schlug die ungarische Regierung eine versöhnlichere Nationalitätenpolitik ein, nicht zuletzt, um sie dem Nachbarstaat Rumänien, in dem rund zwei Millionen Ungarn in Unterdrückung leben, als beispielgebend vorzuhalten. Schon der stalinistische Parteichef Mátyás Rákosi hatte es als einen Fehler betrachtet, die gut bewirtschafteten deutschen Höfe verarmten Zwergbauern, Landarbeitern und Vertriebenen zu geben, die sie oftmals in wenigen Monaten herunterwirtschafteten. Heute wird die Zweisprachigkeit wieder gefördert, die dem Staat zahlreiche wirtschaftliche und politische Vorteile einbringt.

Vor den Dörfern wurden grün lakkierte Ortstafeln mit den ehemaligen deutschen Namen aufgestellt, Kindergärten und Amtsstuben tragen nun neben den ungarischen auch deutsche Aufschriften. Radio und Fernsehen senden aus Pécs mehrmals die Woche in deutscher Sprache, und in Boly, das früher Németboly (Deutsch-Boly) hieß, gibt es sogar ein deutsches Internat. Der «Demokratische Verband der Ungarndeutschen» ist zum Vorzeige-Nationalitätenverband hochgepäppelt worden, der wöchentlich die «Neue Zeitung» herausgibt und Veranstaltungen deutscher Volkstanzgruppen organisiert. Auf diese Weise hat die deutsch-ungarische Besuchsdiplomatie eine bedeutende Attraktion hinzugewonnen, besonders für konservative Politiker aus der Bundesrepublik, in deren Programm der Abstecher zu den in Wirklichkeit fast vollständig assimilierten Donau-Schwaben inzwischen Pflichtbestandteil ist. Auch Bundespräsident Richard von Weizsäcker wurde 1986 hierhin geführt – und war begeistert. Und beim Besuch des ungarischen Ministerpräsidenten Károly Grósz 1987 in Bonn wurde das Recht der Deutschen auf die Pflege ihres Kulturgutes den Ungarn für einen Milliardenkredit abgekauft.

Im tiefen Süden

Es war einmal eine Hexe, die hatte eine schöne Stieftochter. Der Teufel begehrte sie zu heiraten, doch die Hexe war gegen die Hochzeit. Um den aufdringlichen Teufel loszuwerden, verlangte sie von ihm die Lösung einer Aufgabe: Er solle in einer einzigen Nacht den ganzen Berg von Siklós umpflügen. Die Hexe war sich sicher, daß er dies nicht schaffen würde, doch als sie um Mitternacht erwachte, stellte sie erschrocken fest, daß der Teufel mit seinen drei feurigen Katern bereits zwei Drittel des Berges gepflügt hatte. So schlich

die Hexe in den Hühnerstall und ließ den Hahn krähen, damit der Teufel annehme, die Nacht sei bereits beendet. Voller Wut schlug der Teufel den Pflug in die Erde und stieß sich selber mit den Stiefeln in die Tiefe. Dort, wo er sich in den Erdboden gerammt hatte, kam das heiße Schwefelwasser von Harkány aus der Erde, und die Spur des Pfluges ist heute noch sichtbar. Auf dem Berg aber steht die Burg von Siklós.

Das ist die Geschichte von Ungarns südlichster Erhebung. Die vollständig restaurierte Burg ist eine der am besten erhaltenen mittelalterlichen Festungen des Landes, mit rohen Steinblöcken, mächtigen Basteien und Wehrtürmen, mit Kopfsteinpflaster im Inneren und einem prächtigen Eingangstor. Die Burg, die unvermittelt aus der flachen Ebene ragt, bietet eine erhabene Aussicht auf die Umgebung, das in ihr untergebrachte Hotel ist eines der schönstgelegenen von Ungarn. Sechs Kilometer weiter westlich liegt Harkány, ein riesiges, berühmtes Heilbad, um das sich ein Campingplatz, Hotels und Restaurants gruppieren und in dem man auch im Winter in dampfenden Becken im Freien baden kann. Noch etwas weiter westlich liegt die Ormánság, eine unverbildete, ursprüngliche Dorflandschaft um Sellye und Vajszló mit eigener Siedlungsart, Bau- und Lebensweise.

Eine schmale Straße führt Richtung Osten von Siklós nach Villány, einem winzigen Dorf, in dem der vermutlich beste ungarische Rotwein am Fuße des gleichnamigen ungarischen Höhenzuges gekeltert wird. Auf halber Strecke passieren wir Nagyharsány, wo jedes Jahr von Mai bis Oktober Bildhauer aus aller Welt zusammenkommen, um im na-

Idylle in Südtransdanubien

hen Steinbruch zu arbeiten. Das Kulturministerium zahlt Kost und Logis. Der Berg ist übersät mit den unterschiedlichsten Skulpturen, denn Bedingung jeden Aufenthaltes ist, daß mindestens eines der Werke am Ort verbleibt.

Doch der Kalkstein von Nagyharsány, der so rein ist, daß man ihn auch Siklóser Marmor nennt, bringt nicht nur künstlerische Kreativität in das südungarische Dorf. Als volkswirtschaftlich bedeutsamer Rohstoff wird er seit Jahrzehnten vom staatlichen Bergwerksunternehmen Pannolit abgebaut. Weil sich Nagyharsány zum größten Teil innerhalb der eigentlich vorgeschriebenen Schutzzone von fünfhundert Metern befindet, ist es mit der höchsten Staubbelastung in ganz Ungarn geschlagen. «Die Luft», so stellte eine wissenschaftliche Studie nüchtern fest, «ist für eine anhaltende menschliche Anwesenheit ungeeignet.»

Auf dem Berg siedeln dank seiner exponierten Lage und seines mediterranen Klimas überaus seltene Tier- und Pflanzenarten, so daß er schon 1944 unter Naturschutz gestellt wurde. Entgegen den Bestimmungen hat sich das Bergwerksunternehmen jedoch systematisch auf Kosten des geschützten Gebietes ausgedehnt und bis 1985 nicht einmal die vorgeschriebenen Rekultivierungspläne erstellt. Illegal war auch der Abbau einer nicht gemeldeten Tropfsteinhöhle. Als ein Budapester Umweltklub des Kommunistischen Jugendverbandes dagegen anging, wurde er im Komitat als «oppositionell» denunziert und eine geplante Veranstaltung im Kollegium der Pécser Universität abgesetzt. Im Regionalbüro des Umweltamtes wurde eingebrochen und ein Teil des Aktenmaterials gestohlen. Erst als sich die Volksfront in die Auseinandersetzung einschaltete, wurde ein Plan erarbeitet, den Abbau allmählich einzuschränken und im Jahre 2000 endgültig einzustellen.

Unter dem Ortsschild von Villány verkündet ein zweites den deutschen Namen des Dorfes: Wieland – die Gemeinde war viele Jahre lang Gegend bis zum Ende des Zweiten Weltkrieges von deutschen Weinbauern bewohnt. Seit nahezu zweitausend Jahren wird hier Weinbau betrieben, das Gut des Grafen Zsigmond Teleki, auf dessen Zuchtversuche Ende des vergangenen Jahrhunderts die bis heute verwendeten Rebstöcke zurückgehen, gehört jetzt dem staatlichen Weinkombinat Pannonvin. In dem ausgedehnten, kühlen Keller des Grafen ist inzwischen ein Weinmuseum eingerichtet worden.

Ein paar Kilometer weiter liegt Villánykövesd (Wieland-Gowisch), dessen Bewohner ebenfalls zum überwiegenden Teil deutscher Herkunft sind. Die meisten arbeiten in ihren schmalen Weingärten am Fuße des kegelförmigen Szársomlyó oder sie halten sich in den kleinen, weißgekalkten Häuschen am Rande des Ortes auf, die in ihre Weinkeller führen. Die Häuschen bilden, in zwei Reihen aufgestellt, ein ungarisches Kellerdorf: Es besteht nur aus einer einzigen Straße, die laut Straßenschild den Namen Pincesor (Kellerreihe) trägt, und dient ausschließlich der Weinverarbeitung.

Im Haus Nummer 8 steht das hölzerne Tor offen, ein Mann und eine Frau werkeln zwischen Presse und Zuber, eine schwache Funzel beleuchtet den tief in den Berg getriebenen Keller. Sie stammen aus Debrecen und sind nach dem Kriege in eines der verwaisten Häuser eines vertriebenen Deutschen eingewiesen worden. Der «Schwabe», der ein wenig weiter mit einer Probe trockenen, tiefroten Weins aus dem dunklen Keller herauskommt, erzählt, wie vor vierzig Jahren die Leute in den Wald flüchteten, als Polizisten eines Tages das Dorf umzingelten und aus langen Listen vorlasen, wer von den Winzern sein Haus räumen müßte. Er hatte sich versteckt und konnte bleiben, da er einige Jahre zuvor bei der Volkszählung ungarisch als Muttersprache angegeben hatte. Von alten Haßgefühlen zwischen Deutschen und Ungarn will er nichts wissen. «Ah geh», brummt er im weichen Dialekt der Ungarndeutschen, in den längst zahllose ungarische Worte Einzug gehalten haben, «wir sind doch gute Nachbarn. Zu Feinden hat uns erst die große Politik gemacht.»

Maskenumzug in Mohács

Das Trauma von Mohács

Über Boly geht es weiter nach Mohács, dem Flußhafen an der Donau, dessen Name unauflösbar mit dem Trauma der Nation verknüpft ist – der Niederlage gegen die Türken in der Schlacht vom 29. August 1526, die das Ende der ungarischen Unabhängigkeit brachte. An das Gemetzel, dem in anderthalb Stunden 25 000 Ungarn zum Opfer fielen, erinnern in Mohács die Votivkirche, eine Gedenkkapelle in der Eszéki út und das Denkmal des auf der Flucht gefallenen Königs Ludwig II. Auf der Hauptstraße befindet sich ein türkisches Café («török presszó») – vermutlich das einzige in Ungarn. Nach der Türkenherrschaft war die Bevölkerung des Ortes so sehr dezimiert, daß sie durch serbische und deutsche Siedler ersetzt werden mußte – Mohács wurde dreisprachig.

Das eigentliche Schlachtfeld fand man erst in den sechziger Jahren, als man in der Nähe von Mohács unter der Erde ein Massengrab entdeckte. Ursprünglich wollte man an dieser Stelle den 25 000 Toten Grabsteine setzen, doch dann entschied man sich für eine Gedenkstätte, die 1976 in der Sátorhelyi út anläßlich der 150. Wiederkehr der Schlacht eröffnet wurde. Ein Stein zeigt dort in moderner Form den einstigen Verlauf des Waffengangs, große hölzerne Statuen symbolisieren die wichtigsten Teilnehmer. Das Eingangstor des Gedenkplatzes ist aus 25 000 Teilen gefertigt, die für jeden einzelnen der Toten stehen sollen, aber es ist nach oben hin offen, um die Hoffnung auszudrücken, daß die Sonne doch noch einmal über Ungarn scheinen werde.

DAS TIEFLAND

Und das soll nun die Pußta sein? Einigermaßen enttäuscht starren die westdeutschen Touristen auf die trockene gelbe Grasfläche, die weit vor dem Horizont von Bäumen begrenzt wird. Von der erwarteten Weite keine Spur. Nur einige Wassertürme schimmern in der Ferne, ein paar schmucklose Häuschen ducken sich in der flachen ausgedörrten Landschaft. Gedämpfter Autolärm unterbricht die Stille öfter als das Wiehern der Pferde, die programmgemäß von einem jungen Mann im blauen Rock vorangetrieben werden zu den angekündigten Reiterspielen, bei denen ungarische Pferdehirten ihre verängstigten Tiere mit einem Peitschenknall in die Knie und zu artigen Kunststückchen zwingen. Zuvor hatten die Urlauber in einem Nebengebäude ihren Gulasch gelöffelt und einige Schnäpse gekippt, eine Zigeunerkapelle hatte vergeblich versucht, sie in Schwung zu bringen – Touristenprogramm der staatlichen Genossenschaft in Apaj, fünfzig Kilometer südlich von Budapest.

So oder ähnlich erleben Abertausende von Besuchern Jahr für Jahr die wahrscheinlich berühmteste Attraktion im Land zwischen Duna und Tisza, Donau und Theiß: die Pußta. Im Kopf haben sie die unendlichen Weiten der ungarischen Steppe, die Weidegründe mit ihren Herden, Hirten und Ziehbrunnen, die in der Großen Tiefebene im Süden des Landes, dem Alföld, einstmals ihren Platz hatten. Mythen umgeben jenes riesige Flachland, das mehr als die Hälfte des ungarischen Territoriums einnimmt, Bilder stellen sich ein von grasenden Rindern und galoppierenden Pferden, die von keinem Graben und keiner Umzäunung gehalten werden. Die ungarische Tourismusbranche bedient diese Erwartungen der Fremden mit gefälligen, durchorganisierten Programmen aus der Welt der Pußta, die in Wirklichkeit längst unter Mähdreschern und Agrarflugzeugen versunken ist.

Geschichte einer Landschaft

Im vorigen Jahrhundert war die Pußta noch eine der eigentümlichsten Landschaften Europas: ein unwegsames, kaum besiedeltes Gebiet mit sodahaltigen Seen und unregulierbaren Flüssen, die ganze Landstriche in sumpfige Überschwemmungsgebiete verwandelten. Riesige Flächen wurden mit dem Flugsand von Donau und Theiß zugedeckt. Der üppige Pflanzen- und Tierbestand, den es Jahrhunderte zuvor noch gegeben hatte, war verschwunden, nachdem die Wälder gerodet und von Menschenhand in eine dürre Waldsteppe verwandelt worden waren. Auf dem salzhaltigen Boden wuchs nur noch Wermutkraut, und auf den Sanddünen standen Steppengräser, zu denen Wacholder, Pappeln und Birken, in günstigen Lagen auch Steppeneichen, hinzutreten konnten. Wegen der schwierigen Transportverhältnisse lohnte sich für die Großgrundbesitzer nur die extensive Tierhaltung auf den ausgedehnten Wiesen, deshalb verkam die Landschaft immer mehr zur gigantischen Weidefläche. Schon damals entstand jene eigenartige Siedlungsstruktur der Tiefebene: Die Männer lebten draußen auf den Weiden zusammen mit den Tieren in einfachen Stallgebäuden, während ihre Familien in den Dörfern oder Städten zurückblieben.

Enormen Einfluß auf das Gesicht der Region hatte auch die 150 Jahre während Besetzung durch die Türken. Sie wollten nicht nur möglichst viel aus der eroberten Provinz herauspressen, sondern bewirkten mit ihrer Politik der verbrannten Erde auch, daß sich die Dörfer, die keinen Schutz gegen Überfälle boten, vollständig entvölkerten. Es gibt wohl keinen Ort in der Tiefebene, der nicht mindestens einmal von den osmanischen Angreifern erobert und bis auf die Grundfesten zerstört wurde. Die Bauern zogen sich deshalb in die größere Sicherheit bietenden Städte des Tieflandes zurück oder verkrochen sich fernab jeder Siedlung in kleine Einzelgehöfte (tanya) – die Tiefebene wurde menschenleer. Der unbebaute Boden verkam vollends, öffentliche Bauten, Kirchen und Privathäuser waren dem Verfall ausgesetzt, so daß von der ursprünglichen Architektur des Flachlandes, das schon immer für fremde Eroberer eine leichte Beute war, kaum etwas erhalten blieb. Als Ende des 19. Jahrhunderts die Flußregulierung den Überschwemmungen der Theiß ein Ende setzte, verarmte die Vegetation weiter, so daß zur landwirtschaftlichen Nutzung endgültig nur noch dürftige Weideflächen übrigblieben.

Beim Anblick der im Strom ertrunkenen Landschaft schrieb damals der Dichter Sándor Petőfi: «Diese verdammte Flußregulierung wird all dieser Romantik ein Ende bereiten. Arme Theiß! Bisher konnte sie sich nach Lust und Laune in der Welt herumtreiben wie ein zügelloses, ausgelassenes Fohlen. Jetzt bekommt sie eine Stange ins Maul, wird ins Geschirr gespannt und darf brav in der Radspur trotten. So macht das Leben aus dem Genie einen Philister.» Und über die Pußta notierte er: «Wieviel länger als anderswo ist der Weg, den die Sonne hier zurücklegt. Unermeßlich ist der Horizont und ist wie ein runder Tisch, über den sich die hellblaue Glasglocke des Himmels wölbt, die von keinem Wölkchen getrübte. Der Hirt steht auf seinen langen Stock gestützt und lüftet vor uns den Hut. Nicht knechtisch, wie im Oberland die Deutschen und Slowaken es tun, sondern aus Menschlichkeit. Stumm, versonnen sitzt die Urruhe über der Flur wie ein hundertjähriger Greis in seinem Armstuhl am Herd, der die stürmischen Tage des Lebens mit stillgewordenem Herzen überdenkt.»

Petőfi fühlte sich wie kaum ein anderer ungarischer Dichter im Tiefland verwurzelt. 1823 in einem schilfgedeckten, ebenerdigen Bauernhaus in Kiskőrös geboren, siedelte er mit seinen Eltern zwei Jahre später nach Kiskunfélegyháza über, wo sein Vater den Gasthof und die Fleischerei am heutigen Szabadság tér pachtete. Petőfi besuchte Schulen in Félegyháza, Kecskemét, Szabadszállás und Sárszentlőrinc, als junger Mann zog er mit einer drittklassigen Theatergruppe durch das Tiefland. Obwohl slowakischer Abstammung, lernte er sich hier mit der patriotischen Gesinnung der Kleinkumanen identifizieren, jenem ogurischen Volk, das erst im 13. Jahrhundert in das Karpatenbecken eindrang, sich dort mit den Jazygen, einem nomadischen Volk iranischer Herkunft, vermischte – und ungarischer fühlte als die Ungarn selbst. Wer es wagte, in seiner Anwesenheit abfällig über die triste Ebene zu sprechen, bekam seinen ganzen Zorn zu spüren. «Ich kann nicht dafür», schrieb er nach einer solchen Auseinandersetzung an einen Freund, «meine Geliebten, die

Das Tiefland in den Vierzigern –

Franzosen, die Quarknudeln und das Flachland soll niemand vor mir schmähen.»

Die Tiefebene war bis zum Ende des Zweiten Weltkrieges Wohnort Zehntausender bettelarmer Landarbeiter, die sich auf den ausgedehnten Latifundien der Großgrundbesitzer verdingten und ihr Leben unter heute kaum noch vorstellbaren Bedingungen fristeten. Sie vegetierten in Gesindehäusern aus Lehm, ein Dutzend Personen in einem einzigen Zimmer, ohne Wasser, ohne Strom, ohne WC, viele von ihnen ohne eigenes Bett. Sie ernährten sich von Brot und Einbrennsuppe, aßen kaum Fleisch oder Obst und besaßen nur die Kleidung, die sie auf dem Leibe trugen. Von Sonnenaufgang bis Sonnenuntergang währte ihr Arbeitstag, so daß die Forderung des Landarbeiterverbandes nach Einführung des Zwölf-Stunden-Tages schon als re-

volutionär galt. Entfernten sich die Knechte unerlaubt vom Hof des Gutsbesitzers, konnte der sie durch Gendarmen zurückholen lassen. Bis in die dreißiger Jahre besaßen sie kein Wahlrecht oder mußten öffentlich und eingeschüchtert durch ihre Aufseher für den Kandidaten ihres Herrn stimmen. In keinem Land Europas starben in dieser Zeit so viele Menschen an der Armutskrankheit Tuberkulose. Es war, als wäre ein paar Eisenbahnstunden östlich von Wien das Mittelalter einfach nicht zu Ende gegangen.

Der Schriftsteller Gyula Illyés hat vor fünfzig Jahren diese Welt der unerklärten Leibeigenschaft in einem atemberaubenden Buch beschrieben. Er selber war als Sohn eines Hirten auf einem Gut im westungarischen Transdanubien zwischen den Tolnai-Hügeln und dem Sió-Fluß geboren worden. Dort wohnten ein-

Filmszenen aus «Die Revolte von Hiob»

bis zweihundert Familien in einer «Pußta», einer dorfartigen Anhäufung von Gesindewohnungen, Remisen und Getreidespeichern, die sich um das eingefriedete Schloß des Kleinadeligen gruppierten. Illyés Buch «Die Pußta» ist die poetische Wiedergabe des Lebens dieser Beladenen – vom morgendlichen Wecken durch den häßlichen Klang, den ein Jocheisen auf einer rostigen Pflugschar hervorrief, bis zur spartanischen Abendspeisung und den kurzen, mit Spannung geladenen Minuten vor dem Schlafengehen, die die Menschen sonderbar verwandelten.

«Fast die Hälfte von Ungarns gesamter Anbaufläche», schrieb Illyés, «wurde vom Gesinde der Pußtas bestellt. In ihren Sitten und Gebräuchen, in ihrer Weltanschauung, ja selbst in ihrem Gang und der Art und Weise, ihre Arme zu bewegen, unterschied sich diese Volksschicht scharf von allen anderen. Da sie den ganzen Tag, ja selbst an Sonntagen beschäftigt waren, verließen sie die Pußta sozusagen nie; andererseits war es infolge der großen Entfernungen, der schlechten Wege, der spezifisch ungarischen Verhältnisse und ihres angeborenen Mißtrauens ein schwierigeres Unternehmen, bis zu ihnen vorzudringen, als einen mittelafrikanischen Eingeborenenstamm zu erforschen.»

Boom der Agrarindustrie

Heute ist die Pußta nur noch eine Erinnerung, denn die Region ist durch umfassende Bewässerungsmaßnahmen in eine riesige Ackerbaufläche umgewandelt worden. Auf ihr werden Weizen, Reis und Futterpflanzen gezogen, die wiederum Grundlage für die extensive industriemäßige Viehzucht in den

Erfolgreiche Landwirtschaft – Gemüseanbau im Folienzelt

Großställen der Genossenschaften bilden. Endlose Felder, aus denen die kugelförmigen Wassertürme blinken, schnurgerade, schmale Asphaltbänder, auf denen Traktoren ihre Lehmspur gezogen haben, triste, leblose Straßendörfer, in denen die LPG-Arbeiter ihre Einheitshäuschen aneinandergereiht haben – das ist die heutige Ungarische Tiefebene, wobei die Eintönigkeit von Westen nach Osten noch zunimmt. War die Tiefebene bis 1945 vor allem bekannt als Lebensraum bemitleidenswerter Tagelöhnerscharen, ist sie nun das geologische Fundament für den Erfolg der ungarischen Landwirtschaft.

Der Konsumrausch ist vielerorts an die Stelle der bitteren Armut getreten, die früher in diesem unwirtlichen Landstrich herrschte, und er hinterläßt zuweilen seltsame Spuren: Zweistöckige Eigenheime im Schwarzwaldhaus-Stil, die leerstehen, weil sich ihre Besitzer in der Hütte nebenan wohler fühlen als inmitten der Errungenschaften der Zivilisation; marmorne Krypten auf ärmlichen Dorffriedhöfen, die sich Schweinezüchter oder Gewächshausbesitzer in bizarrer Selbstüberschätzung haben errichten lassen; sterile Wohnzimmer, in denen sich die Statussymbole häufen wie jene zwei Klaviere, die sich ein tauber Großverdiener in der guten Stube aufgestellt hat.

Zu den Orten, die vom Boom der Landwirtschaft besonders profitiert haben, gehört Szentes, eine schmucklose Kleinstadt mit 35 000 Einwohnern, im Norden von Szeged. Die LPG hat ihren Beschäftigten komfortable Reihenhäuser errichtet, die im gesamten Land ihresgleichen suchen. Den Grund des ungewöhnlichen Reichtums verrät

In Reservaten geschützt – ungarisches Graurind

der junge, pragmatische Ratspräsident, der im ersten Stock des Rathauses residiert: «Wir haben hier zwei Schätze, die uns die Natur quasi kostenlos liefert – hervorragenden Boden und heiße Quellen. Der Mutterboden in dieser Region stammt von den Schlammablagerungen der Theiß vor der Flußregulierung, mit dem Thermalwasser können wir unsere Gewächshäuser beheizen. Unser Gemüse geht für Devisen nach Westeuropa und sticht sogar die Treibhausprodukte aus Holland aus.» Auch nach der Arbeit gehen die Einwohner von Szentes noch der lukrativen Folienzucht nach. In den meisten Gärten stehen plastikumhüllte Gewächshäuser, in denen mit Unterstützung des Staates auf eigene Rechnung produziert wird. Eine der heißen Quellen hat die Gemeinde sogar zu einem See anstauen lassen, der Sommer wie Winter den

Surfern und Erholungssuchenden zur Verfügung steht.

Längst ist in die Pußta auch die Industrie eingezogen. In den größeren Orten haben sich Konservenfabriken, Baufirmen, Papierindustrie und andere Produktionsstätten angesiedelt. Die Donau liefert billiges Kühlwasser und schützt auch das Atomkraftwerk in Paks vor der Kernschmelze. Etwas weiter nördlich wurde in den fünfziger Jahren die Industriestadt Sztálinváros (Stalinstadt) aus dem Boden gestampft, ein Musterstück dafür, wie man sich damals eine «sozialistische Stadt» vorstellte: ein riesiges Kraftwerk, Hochöfen, Montagehallen, gleich daneben und nur durch einen Grünstreifen getrennt, Wohnhäuser, Schulen und Geschäfte für 45 000 Menschen. Das Eingangstor zum Stahlwerk gleicht einem griechischen Tempel. Erst nach dem Able-

Erinnerungen an die Pußta – Museum von Hortobágy

ben Stalins erhielt die Stadt einen neuen Namen: Dunaújváros (Donauneustadt). Und ausgerechnet sie war es, die nach dem Volksaufstand von 1956 als letzte ungarische Stadt vor den sowjetischen Truppen kapitulierte.

Geschützte Reste

Ungarischen Naturschützern ist es zu verdanken, daß wenigstens kleine Teile der Pußta erhalten blieben und in den siebziger Jahren unter Schutz gestellt wurden. Rund 80 000 Hektar Land gehören zu den beiden Nationalparks in Hortobágy bei Debrecen und in Kleinkumanien (Kiskunság) südlich von Budapest. Dort wird die alte Landschaft vor dem Zugriff der Landwirtschaft bewahrt und weitgehend im ursprünglichen Zustand konserviert. Eine Parkverwaltung überwacht im Auftrag des Umwelt-

und Naturschutzamtes die Auflagen, legt fest, wo gedüngt werden darf, und schickt regelmäßig Wächter zum Rundgang in das Gebiet. Das dafür nötige Geld entstammt den Einnahmen aus dem Fremdenverkehr, aus dem Verkauf von Schilf, der Verpachtung von Wiesen und aus Subventionen der Regierung.

Doch die landwirtschaftlichen Produktionsgenossenschaften versuchen immer wieder, ihr Territorium auf Kosten des geschützten Gebietes auszuweiten. Sie verlangen Schadensersatz für die wirtschaftlichen Verluste und verstoßen häufig unbemerkt gegen die Vorschriften. Sie leiten das Wasser auf ihren Feldern ab, so daß der Grundwasserspiegel weiter sinkt. Wilderer schmälern immer wieder den Tierbestand des Gebietes und können von den unbewaffneten Wächtern, wenn überhaupt, nur innerhalb des

Aufgehoben für die Fremden – Kunststücke der Pferdehirten

Nationalparks verfolgt werden. Obendrein befindet sich ausgerechnet im Schutzgebiet von Kiskunság der größte sowjetische Militärübungsplatz von Ungarn. Hatten die Reiseleiter früher bei Geschützfeuer Anweisung, den Touristen den Grund des ungewöhnlichen Lärms aus dem Naturschutzgebiet zu verheimlichen, bereiten sich die Soldaten jetzt auf ihre Heimreise vor.

András Szabó-Iványosi ist stellvertretender Direktor des Nationalparkes in Kleinkumanien. Er erzählt, wie die Naturschützer das Gebiet gegen wirtschaftliche Interessen und menschliche Gleichgültigkeit zu verteidigen versuchen. «Eigentlich müßten wir das ganze Gelände kaufen, aber dafür haben wir viel zu wenig Geld. So haben wir nur die Möglichkeit, die LPGs dazu zu bewegen, die Bewirtschaftung zu verringern und die Nitrat-Düngung ein-

zustellen. Nur das Kerngebiet ist streng geschützt, das heißt, Verkehr und Bewirtschaftung sind dort verboten. Im Puffer eins darf kein Pflug benutzt und kein Obst angebaut werden, im Puffer zwei sind auch Pflüge erlaubt. Auch mit dem Tourismus mußten wir einen Kompromiß schließen und bestimmte Gebiete für Besucher öffnen. Die Menschen, die hier wohnen, sind inzwischen zwar stolz auf den Park, aber engagieren tun sie sich nicht. Nur ein Freundeskreis von etwa 300 Leuten setzt sich für den Park ein, zum Beispiel durch Rundgänge am Wochenende. Aber auch dieser Kreis ist nicht besonders aktiv.»

Der Nationalpark Hortobágy beginnt etwa acht Kilometer hinter Tiszafüred. Linkerhand hat ein Museum aufgemacht, das über die Besonderheiten des Naturschutzgebietes informiert. Von der Landstraße gehen immer wieder schmale Feldwege ab, die tief ins Innere der Pußta führen, zu Wasserbüffeln und Vogelparadiesen. Für Kraftfahrzeuge sind sie gesperrt. Einige Kilometer weiter weist erneut ein blaues Schild auf ein Museum hin, das in einem ehemaligen Gasthof (Csárda) untergebracht ist. Diese Csárda liegt an der ehemaligen Salzstraße, auf der die Händler früher ihre Waren transportierten – sie mußte alle fünfzehn Kilometer eine Möglichkeit bieten, die Pferde zu tränken oder auszuwechseln. Die historische Straße, die zum Teil nicht viel breiter als ein Feldweg ist und später in die Landstraße Nummer 33 nach Debrecen übergeht, eignet sich deshalb besonders gut für mehrtägige Fahrradtouren. Auch die Csárda des Ortes Hortobágy, unmittelbar hinter der neunlöchrigen Brücke, gehörte früher zu diesem Handelsweg. Die Hortobágy erinnert noch am ehesten an das klassische Bild der Pußta – ein verstepptes Flachland von riesiger Ausdehnung, das umgeben ist von Lößgebieten und den Sandbänken der Mittleren Theiß. Hier versperren weder Sträucher noch Bäume den Blick in die Ferne, allenfalls erhebt sich in der gelbbraunen Graslandschaft irgendwo ein Ziehbrunnen oder eines der langgestreckten, schilfgedeckten, weißgekalkten Stallgebäude am Horizont. Daneben türmen sich haushohe Gebilde aus Heu, der Trocken- und Lagerplatz des Winterfutters. Bei großer Hitze erwärmen sich die Luftschichten so sehr, daß wie in der Sahara fernliegende Gegenstände in der Luft erscheinen und sich in einer schillernden, blauweißen Schicht widerspiegeln – eine Fata Morgana. Das Bild ferner Dörfer, Ziehbrunnen oder einer Rinderherde wird auf diese Weise an den Himmel projiziert. Die Hortobágy ist vor allem wegen seiner einzigartigen Tier- und Pflanzenwelt unter Schutz gestellt worden, in jeder Jahreszeit lassen sich hier Tausende von Vögeln beobachten: Schwarzstorch, Löffelreiher, Trappen, Kranich, Säbelschnäbler und im Herbst Zehntausende von Wildgänsen und Wildenten, die hier Station machen, bevor sie weiter nach Afrika fliegen.

Das geschützte Terrain von Kiskunság im Süden der Hauptstadt ist dagegen in sechs verschiedene Gebiete zerissen, die untereinander nicht zusammenhängen. Jedes der geschützten Territorien bewahrt eine andere Eigenheit der Landschaft. Bei Tiszazug ist es ein Auwald an einem toten Arm der Theiß, der bei der Flurregulierung vor hundert Jahren entstanden ist; er wird von schattigen Bäumen, dem Tőserdő, umstanden und von Seerosen und Reihern bevölkert, aus der Erde sprudelt warmes Heilwasser. In Bugac sind es die alten Formen des Hirtenlebens und der traditionellen Tierzucht, die für die Nachwelt in der sandigen Steppe und einem Hirtenmuseum konserviert werden; in einer Genbank werden vom Aussterben bedrohte Nutztierrassen aufgezogen – widerstandsfähige Graurinder mit gewundenen Hörnern, die früher in wochenlangen Märschen von Budapest bis nach Wien getrieben wurden, spezielle ungarische Pferderassen, die sich durch einen breiten Körperbau auszeichnen, seltsame Zackelschafe mit langem, zotteligem Fell und spiralenförmig verdrehten Hörnern, mächtige, behaarte Urschweine (Mangolica), die aussehen wie eine Mischung aus Wild- und Hausschwein.

Bei Fülöpháza stehen die vom

Flugsand aufgeschütteten Dünen unter Schutz, die auch heute noch im Wind beständig ihre Form verändern und ganze Bäume unter sich begraben; hier gedeiht eine karge, trockene Pflanzenwelt aus Steppengras, Igeldistel und uralten Wacholderbeständen. Bei Izsák handelt es sich dagegen um ein schilfiges, mooriges Wildwasserland mit seltenen Fischarten, mit Seidenreihern, Schmuckreihern, Orchideen und Sumpfschildkröten; in einem wiederhergestellten Fischergehöft am Seeufer werden die Fanggeräte und die Lebensumstände der Fischer gezeigt. In Apajpuszta sind zahlreiche Schäferhütten in ursprünglichem Zustand erhalten geblieben, und die vom Aussterben bedrohten Großtrappen, die eine Höhe von bis zu einem Meter erreichen können, haben hier ihren letzten Unterschlupf gefunden. Das Zentrum des Nationalparks, das mit einem Filmvorführraum und einer ständigen Ausstellung ausgestattet ist, befindet sich in Kecskemét und stellt auf Voranmeldung einen fachkundigen Führer für die Begehung des geschützten Gebietes zur Verfügung.

In Kecskemét startet auch die 1928 gebaute Kleinbahn nach Kiskunmajsa und Kiskőrös, die ab Jakabszállás durch den Nationalpark hindurchführt. Als sie in der damaligen Wirtschaftskrise vor dem Bankrott stand, funktionierten sie die Stadtväter von Kecskemét in eine Touristenattraktion um – fast fünfzig Jahre später hat das staatliche Fremdenverkehrsamt Pusztatourist die Idee wieder aufgegriffen. Von der Station Bugacfelső ist es nicht weit bis zum Gestüt der örtlichen LPG, zu der auch eine Tscharda, kleine Holzhütten zum Vermieten und das Hirtenmuseum gehören. Neben Zelten, die an mongolische Yurten erinnern und den Schäfern in den kalten Nächten als Schlafstätte gedient haben, sind auch die typischen Schaffellmäntel zu sehen, deren dichter Pelz im Sommer nach außen, im Winter nach innen gewendet wurde. In den Pferdeställen erteilt László Juhász, ein kleiner, drahtiger Mann aus der Umgebung, ein wenig stolzgeschwellt seine Anweisungen, er ist Weltmeister im Gespannfahren.

Weniger professionell geht es auf einer anderen Pferdefarm in der Nähe von Fülöpháza zu – ein privat betriebenes Einzelgehöft, zu dem nur sandige Feldwege führen. Die Anfahrt dorthin erlaubt ein langsames Eintauchen in die seltsame Stimmung der Großen Tiefebene: An der Straße Nummer 52 von Kecskemét nach Solt stehen wie in manchen Teilen Amerikas die grünen Briefkästen in langen Reihen aufgestellt, weil die Post nicht auf jedes der verstreuten Gehöfte gebracht werden kann. Irgendwann hinter einer kleinen Wartehalle für den örtlichen Linienbus weist ein Schild mit der verblaßten Aufschrift «Magony tanya» nach rechts, und die Reifen beginnen sich durch den Sandboden der Pußta vorzuarbeiten. Endlos streckt sich jetzt die Tiefebene, spärlich bedeckt mit trockenem Gras, und nach einer Linkskurve taucht in der Ferne der Reiterhof auf. Wenn die Touristen nicht da sind, schlägt einem die tiefe Ruhe der Ebene beim Aussteigen fast erschreckend entgegen. Für wenig Geld kann man hier in einfachen Zimmern Vollpension und Logis bekommen.

Nach dem Abendessen läßt der Besitzer eine offene Kutsche anspannen. Ein schmächtiger, schweigsamer Jüngling lenkt das zockelnde Gefährt mit leichtem

Schnalzen unter dem aufgehenden Sternenhimmel zu einem alleinstehenden Gehöft in der Nähe. Hier wohnt Feri bácsi (Onkel Feri), ein 86 Jahre alter Mann, der Zeit seines Lebens in der Steppe gewohnt hat und auch jetzt nicht weg will, obwohl seine Kinder und Verwandten längst in die Stadt gegangen sind. Erfreut über den unverhofften Besuch, bittet er ins Haus und holt in der winzigen vollgestellten Küche eine Flasche selbstgemachten Wein heraus. Es ist der einzige Raum, den er beheizt und in dem er auch schläft. Das größere der beiden anderen Zimmer sieht aus wie ein Museum für Volkskunde mit seinen Bildern, bestickten Decken und dem guten Geschirr in aufgeräumten Glasschränken – «ez a tiszta szoba», sagt er, «das ist das saubere Zimmer», wie die ungarischen Bauern ihr Wohnzimmer nennen, das sie nur bei feierlichen Anlässen benutzen.

Einsamkeit der Gehöfte

Das Leben in der Tanya, dem Einzelgehöft der Tiefebene, ist vor allem durch Einsamkeit geprägt. Wie brüchige Inseln liegen Haus und Stallungen verloren in den Wiesen und Ackerflächen der Pußta. Von der sandigen Ebene sind sie nur durch eine Handvoll Bäume abgegrenzt, die bei der Errichtung des Gebäudes zum Schutz gegen den Wind gepflanzt wurden. In der Stadt, das heißt in Kecskemét, war Onkel Feri zuletzt vor drei oder vier Jahren. In Budapest war er seit zwanzig Jahren nicht mehr. «Was soll ich auch dort? Die Häuser sind so hoch, daß man gar nicht durch sie hindurchgucken kann. Und es gibt dort keinen Himmel.» Im letzten Winter, als die Tiefebene unter einer

meterhohen Schneedecke begraben lag, war Feri bácsi tagelang von der Außenwelt abgeschnitten, bis Nachbarn ihm auf Skiern wenigstens Holz und Brot brachten.

Wie vor der Außenwelt verschließt sich die Pußta auch vor der Zeit, vor den Wirrungen der Geschichte und den wechselnden politischen Systemen, von denen mindestens fünf an dem alten Mann vorübergegangen sein müssen. «Horthy?» sagt er und zieht die Schultern zweideutig in die Höhe. «Also, für mich war er gut. – Rákosi?» erinnert er sich an die fünfziger Jahre. «Ja, damals kam öfter die Polizei hier raus.» Ein Ordnungshüter habe ihn einmal zurechtgewiesen, daß er seinen Brunnen nur mit einem Korb und nicht wie vorgeschrieben mit Brettern abgedeckt hätte. Was, hätte der Polizist ihn gefragt, wenn sich in der Dunkelheit gekommen und hineingefallen wäre? Was haben Sie, hatte Feri bácsi ihm geantwortet, auch abends auf meinem Hof zu suchen! Und heute, wer ist besser: die Russen oder die Amerikaner? «Ich weiß nicht», brummt der Alte, «Hauptsache, sie gehen nicht aufeinander los. Ich weiß nicht, warum sie sich töten müssen. Ich höre ja jeden Tag Nachrichten, aber das meiste verstehe ich nicht.»

Die Einsamkeit der Tanya hat Mentalität und Sitten der Pußta-Bewohner geformt. Der Fremde ist kein Eindringling, sondern Bote der Außenwelt, und es ist selbstverständlich, ihn von ferne mit dem Hut zu grüßen oder, wenn er ans Haus herankommt, hereinzubitten. Andererseits sind die Pußta-Bewohner extrem verschlossene Menschen, über die der Schriftsteller Gyula Juhász einmal geschrieben hat, daß nicht nur ihre Häuser, sondern auch ihre Herzen aus Stein seien. Andere dagegen nennen die südliche Ebene wegen der rauhen Umgangsformen ihrer Bewohner das Sizilien Ungarns. Auch der Gottesglaube nimmt, unbeaufsichtigt vom Pfarrer, in der Abgeschnittenheit beinahe heidnische Formen an und gleitet oftmals ab in die Magie; religiöse Sekten haben hier, in der Tiefebene, ihre stärkste Bastion. Schließlich hat der Süden Ungarns die höchste Selbstmordquote in dem ohnehin die weltweite Statistik anführenden Land – meistens erhängen sich die Bauern auf dem Dachboden oder sie trinken einen Eimer mit Pflanzenschutzmitteln aus. Verzweiflung über die Ödnis der Tiefebene? In jedem Fall liegt eine stumme Melancholie auf den Seelen dieser Menschen, die mit der erhabenen Verlassenheit der Landschaft zu tun haben muß.

Allerdings sind das Einzelgehöft und die Lebensweise seiner Bewohner seit den fünfziger Jahren vom Aussterben bedroht. Mehr und mehr Menschen haben der Tanya den Rücken zugekehrt, weil sie nicht länger ohne Strom, ohne Geschäfte, ohne sozialen Kontakt leben wollen. Vor allem die jungen Leute lehnen das Leben in der Einsamkeit ab. Die leerstehenden Gehöfte verfallen, und die Traktoren der örtlichen Genossenschaft ziehen immer engere Kreise um das handtuchgroße Stückchen Land, das sie offiziell nicht bewirtschaften dürfen. Nach ein paar Jahren ist das Haus aus Lehmziegeln zu Erde verwittert, und nur die Bäume zeugen davon, daß hier eine Tanya gestanden hat – bis auch sie gerodet werden und der Hof endgültig in der riesigen Ackerfläche aufgeht. Erst in jüngster Zeit ist dieser Trend verlangsamt worden, weil die Regierung das Leben auf dem Einzelge-

höft wieder fördert: Die Bauern erhalten Strom, die Feldwege werden durch Straßen ersetzt, die Tanyas werden zu Gehöftezentren zusammengeschlossen, um ihre wirtschaftliche und kulturelle Versorgung zu verbessern.

Prächtige Stadtdörfer

Das Gegenstück zur Welt der Tanya bilden die Agrarstädte der Tiefebene, jene ausgedehnten, dicht besiedelten Stadtdörfer, deren Entstehung schon zu früheren Zeiten den Reisenden Rätsel aufgegeben hat. Während die Landkarte sonst kahles, unbesiedeltes Land verzeichnet, in dem die Abstände zwischen zwei Dörfern oftmals mehr als fünfzig Kilometer betragen, ragen sie heraus aus der Ödnis der Ebene wie Oasen in der Wüste. Sie heißen Kecskemét, Cegléd, Nagykőrös oder Szentes und werden gemeinhin von einer dörflichen Zone umgeben, an die sich dann die weit verstreuten Einzelgehöfte anschließen. Halb Stadt, halb Dorf, überraschen sie häufig mit prunkvollen Gebäuden im Innenbereich, die sich Bürger und Großbauern seit dem letzten Jahrhundert haben errichten lassen, um den Kulturanspruch der ungarischen Nation zu demonstrieren. Verfallene oder leere Synagogen zeugen überall davon, daß auch in der Tiefebene die geistige Elite vor allem aus Juden bestand – die Deutschen haben sie fast ausnahmslos ermordet.

Kecskemét ist mit fast hunderttausend Einwohnern die Hauptstadt von Kleinkumanien, Zentrum eines bedeutenden Anbaugebietes für Aprikosen, Pfirsiche, Wein sowie Kartoffeln und Roggen, die auch auf dem bunten Obst- und Gemüsemarkt der Stadt verkauft werden.

Allein dreißig Prozent des ungarischen Weins stammen aus dieser Gegend. Das Stadtbild ist geprägt von großen Plätzen und prächtigen öffentlichen Gebäuden, die sich in die triste Tiefebene verirrt zu haben scheinen. Vom früheren Einfluß des jüdischen Bürgertums zeugt eine mächtige Synagoge, die zwischen 1864 und 1871 im romantisch-mauresken Stil erbaut wurde. Heute beherbergt sie das Haus der Technik, weil die Deutschen die Juden deportieren ließen, deren Gotteshäuser jedoch – anders als bei sich zu Hause – nicht mehr schleifen konnten. Gegenüber befindet sich das im Jugendstil errichtete Cifra-Palais, dessen Schmuck von der prächtigen Fassade des Rathauses am Kossuth tér, einem der ersten Versuche eines eigenen ungarischen Baustils, noch übertroffen wird. Weil in Kecskemét der Bartók-Kollege Zoltán Kodály geboren wurde, ist in einem restaurierten Barockkloster in der Kéttemplom köz auch das Zoltán-Kodály-Institut für Musikpädagogik untergebracht. Schließlich hat man im Süden der Stadt ein ambitioniertes Restaurant hergerichtet – in einer der alten Windmühlen (Szélmalom), die die zugige Tiefebene früher zu Hunderten überzogen.

Eine andere typische Agrarstadt der Tiefebene, die kein Mensch auf der Welt kennt und die dennoch ihrer Ausdehnung nach die zweitgrößte Stadt Ungarns ist, heißt Hódmezővásárhely und liegt nördlich von Szeged. Früher gehörten zur Gemarkung der heutigen Stadt achtzehn verschiedene Gemeinden, die jedoch alle in der Türkenzeit vernichtet wurden. Auch Hódmezővásárhely wurde zweimal zerstört, die Einwohner gerieten in Gefangenschaft. Die Buchstabenfolge Vásár-

hely im Namen der Stadt ist die ungarische Bezeichnung für Marktflekken, denn an dieser Stelle kreuzten sich früher die Handelsstraßen und machten den Ort zu einem bedeutenden Warenumschlagplatz. Später wurde Hódmezővásárhely zu einem Zentrum der agrarproletarischen Bewegung, die sich seit dem Ende des 19. Jahrhunderts in Ungarn herausgebildet hatte. Hier war, ähnlich wie in Békéscsaba, die Zahl der besitzlosen Feldarbeiter besonders groß. Ihr bedeutendster politischer Führer hieß János Szántó Kovács, an den heute eine Straße und ein Denkmal erinnern.

Vielleicht spielt dieser Hintergrund dabei mit, daß Hódmezővásárhely vor dem Krieg auch Mittelpunkt einer künstlerischen Strömung war, die ihre Motive und Farben aus den kargen Lebensumständen des Tieflandes nahm. Noch heute unterhält die Stadt eine kleine Künstlersiedlung (Müvésztelep), in der Maler und Bildhauer leben und arbeiten, und in dem Dörfchen Máté an einem toten Arm der Theiß findet regelmäßig ein Künstlerlager statt. Im ehemaligen kirchlichen Getreidespeicher gegenüber der Filiale von Szeged Tourist befindet sich eine Galerie, die zahlreiche Werke der Alföld-Maler und ihres bekanntesten Vertreters János Tornyai enthält. Spätestens hier holt einen die Welt der Pußta wieder ein, wenn in den Bildern die braungelben Farben der Tiefebene aufscheinen und von der Armut und Zurückgebliebenheit dieses kargen Landstriches zeugen: Jenes abgemagerte Pferd zum Beispiel, das einsam unter einem wolkenverhangenen, endlosen Himmel seinen Kopf zur Seite beugt und mit dem Titel «Trauriges ungarisches Schicksal» überschrie-

Nagykőrös – Prunk in der Agrarstadt

ben ist, oder jener müde Prolet, der mit Tausenden von anderen Erdarbeitern im vergangenen Jahrhundert zum Eisenbahnbau und zur Flußregulierung herangezogen wurde, und, weil er pro Kubikmeter bewegter Erde bezahlt wurde, die nüchterne Berufsbezeichnung «kubikus» trug.

Hódemezővásárhely war, wie viele andere Städte des Tieflandes, auch ein Ort der bäuerlichen Volkskunst, die zum Teil immer noch gepflegt oder von Fabriken und Handwerksgenossenschaften wieder aufgenommen wird. Hier waren besonders Möbelmaler, Stickkünstler und Töpfermeister zu Hause, jeder Stadtteil verwandte für seine Keramik seine eigene Farbe. Zwischen Neubauten versteckt werden diese Produkte nun in zwei verbliebenen Bauernhäusern in der Árpád utca 21 ausgestellt. Für andere Orte der

Tiefebene sind jeweils andere Fertigkeiten charakteristisch: In Kiskunhalas sind es die Spitzenklöpplerinnen, deren zarte Arbeiten im örtlichen «Spitzenhaus» ausgestellt werden. Makó, zugleich eines der größten Zwiebelanbaugebiete des Landes, ist vor allem für seine Strickerei bekannt, während im Bistumssitz Kalocsa die «Schreibenden Frauen», wie sie sich selber nennen, Wände und Stickarbeiten mit farbigen Blumenornamenten und Mustern verzierten (Museum: István király út 25). Den Hauptbahnhof bemalten sie schon Ende der zwanziger Jahre, und die weißen Wände der kleinen Häuschen versahen sie vielerorts mit einem blumigen Außenfries.

In Kalocsa (20 000 Einwohner), das zu den ältesten ungarischen Städten zählt und schon im 11. Jahrhundert Bistumsstadt wurde, steht der gesamte Hauptplatz, der Szabadság tér, unter Denkmalschutz. Unter den Häusern im neoklassizistischen Stil sticht besonders der Palast des Erzbischofs hervor, dessen Prunksaal vier Maulbertsch-Fresken zieren und dessen Bibliothek eine wertvolle Sammlung von über 120 000 Bänden beherbergt. Das schönste Bauwerk von Kalocsa ist jedoch die barocke Kathedrale in der Mitte des Hauptplatzes, nach den Zerstörungen der tatarischen und türkischen Eroberer der vierte Bau an dieser Stelle. Ein Wahrzeichen der Stadt ist darüber hinaus das Paprikamuseum am Marx tér, das in einer alten Paprikamühle untergebracht ist. Kalocsa ist Zentrum der Paprikaproduktion, denn rund um den Ort liegen jene zwölf «Paprikadörfer», deren Häuser jedes Jahr von Ende September bis Mitte November ein purpurrotes Gewand anlegen, wenn die Bauern den Gewürzpaprika draußen zum Trocknen aufhängen.

Stille Flußniederungen, künstliche Wasser

Entlang der großen Flüsse Donau, Theiß und Kőrös hat die ausgedörrte Tiefebene ein zweites Gesicht, das die wenigsten Besucher hier erwarten: stille Flußniederungen, schattige Auwälder, tote Nebenarme der Ströme, aus denen Angler ihre Fische ziehen. Von Ráckeve auf der Insel Csepel im Süden der Hauptstadt ist es nicht weit zum Anglerzentrum am Donauarm von Saroksár – der Ort selber ist vor allem bekannt durch das Barockschloß des Prinzen Eugen von Savoyen, der die türkischen Heere aus der Tiefebene vertrieb. Zwischen Solt und Kalocsa entwickelt sich das Erholungsgebiet

am Szelidi-See bei Dunapataj. Dieser Ort hat in den achtziger Jahren für Schlagzeilen gesorgt, denn aufgeklärte Budapester suchten sich den See fürs hüllenlose Baden aus, das in dem prüden Agrarstaat bis dahin unbekannt war. Andere folgten ihrem Beispiel, und der See wurde zu einem Ort permanenter Gesetzesverletzung. Um die «nudisták» entbrannten heftige Diskussionen, das Radio schaltete sich ein und sendete Debatten über das Für und Wider. Die öffentliche Meinung zeigte größtenteils Verständnis, aber die sozialistische Staatsmacht zögerte, dem Druck der Straße nachzugeben. Der See, an dem man auch Surfbretter, Paddel- und Tretboote entleihen kann, wurde inzwischen zum Erholungsgebiet ausgebaut, dem Tourismus der Tiefebene zuliebe. Weiter südlich an der Donau liegt Baja, eines der wichtigsten Wassersport- und Erholungszentren Ungarns, umgeben von zahlreichen Inseln, Wäldchen und Hainen.

Csongrád, früher Hauptstadt des gleichnamigen Komitates nördlich von Szeged, liegt am Zusammenfluß von Theiß und Kőrös, deren ruhiger Nebenarm zum Naturschutzgebiet erklärt wurde. In der Innenstadt stehen schilfgedeckte Bauernhäuser, das Museum in der Iskola utca gibt einen Einblick in das Leben der Erdarbeiter der Tiefebene. Weiter westlich, im Grenzgebiet zu Rumänien, liegt Békéscsaba an einem früheren Nebenarm der Kőrös, dessen Saum von Trauerweiden der Stadt zuweilen ein romantisches Aussehen verleiht. Békéscsaba ist die größte Stadt in dem wasserreichen Gebiet zwischen Theiß und den Kőrös-Flüssen, welches früher den Namen «Sturmecke» trug, weil hier eine weitere Hochburg der agrarsozialistischen

Bewegung war. Die nahe Grenzstadt Gyula – zu deutsch Julius – liegt in der Nähe der Weißen Kőrös, die jedoch alles andere als weiß aus den Bergen Rumäniens kommt. Hauptattraktion von Gyula ist die rechteckige gotische Burg mit ihren drei Meter dicken Mauern, in der jedes Jahr im Sommer Freilichtvorstellungen, die sogenannten Burgspiele, stattfinden. In dem Ort befindet sich eines der schönstgelegenen Freibäder Ungarns, das mit Thermalwasser gespeist wird. Am Ufer der Alten Kőrös (Öreg Kőrös) liegt ein kleiner Naturpark mit Bädern und Campingplätzen.

Die größte zusammenhängende Wasserfläche nach dem Plattensee verzeichnen Landkarten in Höhe des Wasserspeichers von Kisköre bei Tiszafüred, zwischen Budapest und Debrecen, der 1973 durch den Bau der zweiten Theiß-Staustufe entstanden ist. Mit seinen 127 Quadratkilometern Oberfläche ist dieses künstliche Wasserrückhaltebecken zum zweitgrößten See Ungarns geworden – der Balaton des Tieflandes, wie findige Tourismusmanager gleich texteten. Vegetation und Fremdenverkehr befinden sich noch am Anfang der Entwicklung, die Spuren der von Menschenhand erzeugten Überschwemmung sind noch erkennbar: Rechts und links der Straße, die auf einem Damm durch den Stausee führt, stehen die alten Bäume wie unglückliche Schiffbrüchige bis zum Hals im Wasser.

In Tiszafüred gibt es ein paar kleinere Hotels und Restaurants, für die Tiefebene wirkt der Ort ungewöhnlich belebt. Männer und Frauen mit faltigen, gegerbten Gesichtern laufen über die Straße, tragen blankgeputzte Milchkannen, bräunliche, geblümte Einkaufstaschen oder riesige Laibe Weißbrot in der Hand. Maultierfuhrwerke sind hier immer noch ein wichtiges Verkehrsmittel.

Mittelpunkt des beginnenden Ferienbetriebes ist Abádszalók, mit Campingplatz, Freilichtkino, Tennisplatz und der Möglichkeit zu reiten und zu angeln. Zwei Wohnschiffe auf der Theiß und das Jagdschloß von Tiszafüred, das mit Stilmöbeln, Gobelinbezügen und alten Gemälden eingerichtet wurde, bieten ungewöhnliche Übernachtungsmöglichkeiten. Das Reisebüro Tiszatours organisiert auch eine viertägige Kajaktour, die von Szolnok nach Abádszalók, Tiszaderzs und Tiszafüred führt und mit Übernachtungen auf Campingplätzen verbunden ist. Ganz in der Nähe liegt das Arboretum von Tiszaigar, ein künstlicher Park und Pflanzengarten nach einem aus dem 18. Jahrhundert stammenden Vorbild in Szarvas westlich von Békéscsaba, in dem es rund 30000 Pflanzenarten und einen stillen Nebenarm der Kőrös zu besehen gibt.

SZEGED

Goldgelb schimmern die klassizistischen Bürgerhäuser im grellen Sonnenlicht der Tiefebene, die mächtigen Platanen auf dem Széchenyi-Platz spenden angenehm kühlen Schatten. Hier, wo früher der Markt von Szeged abgehalten wurde und die Bauern aus dem Umland ihr Gemüse feilboten, hat die Stadtverwaltung hölzerne Stühle aufgestellt, auf denen die langen heißen Tage des südungarischen Sommers freundlich gedämpft wirken gegenüber der stechenden Glut draußen in der Pußta.

Auch vor dem Krieg suchten die Bürger von Szeged auf diesem Platz vor der Hitze der Mittagsstunden Zuflucht und beobachteten das Leben auf der schon damals für den Verkehr gesperrten breiten Allee. «Die Stühle waren damals bequemer», erzählt ein Herr in altertümlich geschneiderten Beinkleidern, «aber ein Mann stand herum, der für die Benutzung Geld kassierte. Dort hinten stand die Kaiserin Elisabeth, aber die hat man nach dem Krieg irgendwann abtransportiert. Es ist ein wunderschönes Denkmal, das jetzt bei der Burgruine steht und darauf wartet, endlich wieder einen würdigen Platz in der Stadt zu finden.»

Szeged hat das Flair einer Bürger- und Universitätsstadt: klar geformte Plätze, Ringstraßen und strahlenförmige Boulevards, die von hochaufragenden, herrschaftlichen Gebäuden gesäumt werden. Mit seinen 185 000 Einwohnern, mit seinen Schulen, Hochschulen und Universitäten, mit seinem Theater, seiner Oper und der prächtigen Synagoge an der Hajnócz utca ragt es heraus aus der kulturellen Ödnis der Tiefebene. Kaufleute, Fabrikanten und Bildungsbürger, darunter viele Juden, haben mit ihrem Lebensstil und Geschmack die Architektur dieser Stadt geprägt. Nach Budapest ist Szeged vielleicht die schönste Stadt des Landes – vor allem dann, wenn laue Sommernächte die Menschen auf die Straße treiben, wenn Theaterbesucher, mit Kissen bewaffnet, bei den allsommerlich veranstalte-

Ein Hauch von Budapest –

ten Freilichtspielen auf dem zur
Bühne umgebauten Dóm tér kau-
ern, wenn während der Jugendtage
Ende Juli das Ufer der Theiß übersät
ist mit Schlafsackreisenden und Ver-
liebten.

Den Mittelpunkt der Stadt bildet
der Széchenyi tér mit dem Rathaus
im eklektizistisch-barocken Stil. Von
hier aus führt ein Korso, die Kárász
utca, in südlicher Richtung zum klassizistischen Klauzál tér und weiter
zum Dugonics tér mit dem Hauptgebäude der Universität. Vom Balkon
des Kárász-Hauses hielt Lajos Kossuth, der Führer der Revolution von
1848/49, seine letzte Rede in Ungarn, bevor er vor den heranrücken-
den Österreichern emigrierte. Der
innerstädtische Kern wird vom inneren Ring, der Lenin körút, umgrenzt, die den Dugonics tér und
dann den Aradi vértanúk tere (Platz
der Arader Blutzeugen) berührt.

Durch ein von Säulen getragenes
Ehrentor gelangt man auf den Dóm
tér. Von dort aus ist es nur einige
Schritte bis zum Ufer der Theiß, auf
deren gegenüberliegenden Seite
Újszeged (Neu-Szeged) mit dem
Volkswäldchen, dem Botanischen
Garten und dem großen Thermal-
bad liegt.

Die Macht des Stromes

Die mächtige Theiß (Tisza) wird vor
der Stadt von der aus Rumänien
kommenden Maros verstärkt. An ihren Ufern ziehen sich die Innenstadt, die Oberstadt (Felsőváros)
und die Unterstadt (Alsóváros) entlang, in denen früher, sauber voneinander getrennt, die Bürger, die
Handwerker und die vom Papri-
kaanbau lebenden Bauern wohnten.
Vom ländlichen Charakter der Unterstadt zeugen heute noch am Má-

Jugendstil in Szeged

tyás Király tér eine Handvoll charakteristischer Bauernhäuser. Das Wasser der Theiß bedeutete, wie ein Brunnen auf dem Széchenyi-Platz versinnbildlicht, für die Stadt sowohl Lebenskraft als auch Zerstörung.

Mit ihren Schlammablagerungen in den riesigen Überschwemmungszonen dieser Region, aus denen die Stadt zuweilen nur noch wie eine brüchige Insel herausragte, hat die Theiß das Umland von Szeged zu einem der fruchtbarsten Gebiete Ungarns gemacht. Und der Fluß war eine wichtige Handelsader. Im ersten Viertel dieses Jahrtausends kamen über die Maros Flöße aus Siebenbürgen an, die mit Salz aus den großen Minen im Südosten beladen waren und damit das ganze Königreich versorgten. In der Theiß lagen auf Bootskörpern befestigte Wassermühlen, die das Getreide mahlten. Fischerboote, die nach unten hin offen waren, versorgten Szeged mit frischem Fisch. Daraus machte man die mit Paprika geschärfte Karpfensuppe (halászlé), die bis heute in dampfenden Kesseln, zum Beispiel in der «Halászcsárda» (Fischerkneipe) am Roosevelt tér, serviert wird. Sie wird aus dem passierten Kopf und Schwanz des Karpfens hergestellt, denen frische Filets und jede Menge scharfer Paprika beigegeben werden.

Der Fluß kann aber auch zum grauen, feindlichen Strom werden, der mit einemmal über die Ufer steigt und die Stadt mit seinen riesigen Wassermengen zu ersticken droht – wie 1879 und 1970. Fotografien in der heimatkundlichen Ausstellung in der Burgruine berichten von der verheerenden Katastrophe im letzten Jahrhundert, als das Hochwasser fast alle aus Lehmziegeln erbauten Häuser fortschwemmte. Und ein gigantisches Gemälde im Ferenc-Múra-Museum zeigt die bibbernden Kinder in schwerbeladenen Kähnen, wie sie mit großen Augen auf den aus Wien angereisten Kaiser am Ufer starren, der bei diesem Anblick versprochen haben soll, Szeged schöner als je zuvor wieder aufbauen zu lassen.

Tatsächlich beauftragte die Regierung den Grafen Lajos Tisza mit einer umfassenden Rekonstruktion der Stadt, und aus ganz Europa trafen damals Spenden ein. Der äußere Ring, dem man ansieht, daß er mit dem Zirkel entworfen wurde, trägt zum Dank die Namen der europäischen Hauptstädte. In wenigen Jahren erstand in Szeged eine fast komplett neue Innenstadt, das Baumaterial stammte aus der zum Abriß freigegebenen königlichen Burg. Kaufleute und Kleinindustrielle errichteten sich in diesen Jahren eine repräsentative Bürgerstadt mit städtischen Palästen und einem prunkvollen Theater – eine Miniaturausgabe von Paris, Wien oder Budapest. Aus Dank für die Rettung der Stadt hatten die Stadtväter das Gelöbnis abgegeben, eine prächtige Kirche zu bauen. Doch erst 1913 begannen die Bauarbeiten an der neugotischen Votiv-Kirche am heutigen Dóm tér der Innenstadt, und erst 1930 konnte sie eingeweiht werden.

Die geächtete Stadt

Schwieriger zu entschlüsseln sind die Verwüstungen, die der Stadt von der vier Jahrzehnte regierenden kommunistischen Partei zugefügt wurden – in den Jahren der Diskriminierung nach dem Zweiten Weltkrieg. Damals wurde Szeged seiner Vergangenheit und seiner grenznahen Lage wegen zur politisch suspekten

Stadt erklärt. In der Sicht der neuen Machthaber hatte sie ein langes Sündenregister: Hier hatte der reaktionäre Flottenadmiral Miklós Horthy sich unter dem Schutz der französischen Besatzungstruppen mit gleichgesinnten Offizieren und Soldaten versammelt, um die ungarische Räterepublik zu stürzen; hier hatte der Führer der Nachkriegskommunisten, Mátyás Rákosi, in den dreißiger Jahren mehr als ein Jahrzehnt lang im Csillag-Gefängnis am heutigen Marx Károly tér zugebracht; außerdem war Szeged ein Zentrum des Katholizismus gewesen, des konservativen Bürgertums und der nationalen Erweckungsbewegung der Horthy-Zeit, die sich im Nationalen Pantheon am Domplatz und im martialischen Heldentor auch architektonisch verewigte; und der größte Sohn und Förderer der Stadt, der die Universität von Klausenburg (Cluj-Napoca) nach Szeged holte, als Siebenbürgen in rumänischen Besitz gelangte, war ausgerechnet der Unterrichtsminister von Horthy, Graf Kuno von Klebelsberg.

Besonders mißtrauisch waren die Kommunisten wegen der Nähe der Stadt zu Jugoslawien, das seit dem Bruch mit Stalin 1948 mit einer schrankenlosen Haßpropaganda und offen kriegerischen Drohungen überschüttet wurde. Tito, der jugoslawische Staatspräsident und Führer der dortigen Bundes der Kommunisten, firmierte in dieser Zeit in den ungarischen Zeitungen nur noch als «Kettenhund des Imperialismus». Viele Szegediner hatten jedoch ihre Verwandten auf der anderen Seite wohnen, die seit 1920 zu Jugoslawien gehörte, und gerieten deshalb auf schwarze Listen. Die Grenzübergänge waren hermetisch abgeschlossen, und die Eisenbahnverbindung über den Fluß, die die Deutschen ebenso wie die vom Büro Eiffel konstruierte Autobrücke in die Luft gesprengt hatten, wurde nicht mehr aufgebaut. Bis heute ragt sie wie ein abgebrochener Zahn ins Leere, aber inzwischen kann jeder Szegediner wieder ungestört ins Nachbarland fahren.

«Wir durften nicht schreiben und nicht telefonieren», erzählt eine alte Frau mit grauweißem Haar, die ihre Mutter fünfzehn Jahre lang nicht sehen konnte. «Taten wir es doch, wurden wir zur Polizei vorgeladen. In wenigen Monaten bin ich damals um zehn Jahre gealtert.»

Der Makel der Stadt führte noch im Dezember 1944 dazu, daß die im Nationaltheater von Szeged unter dem Schutz der Roten Armee gegründete antifaschistische Nationale Unabhängigkeitsfront nach wenigen Tagen ihren Sitz in das später eroberte Debrecen verlegte. In der Nachkriegszeit wurde Szeged von den großen Investitionen ausgenommen, so daß bis 1955, als Chruschtschow und Tito sich versöhnten, ganze zwei Neubauten errichtet worden waren und die Zahl der Einwohner auf 80 000 gesunken war. Die Reste des Bürgertums, die nicht der Judenverfolgung zum Opfer gefallen oder gleich nach 1945 geflohen waren, wurden im Stalinismus in gut bewachten Höfen im Tiefland interniert und zur Zwangsarbeit herangezogen. Zur Polizeidienststelle funktionierten die neuen Machthaber das ehrwürdige Hotel Tisza mit seinem Versailles nachempfundenen Spiegelsaal um, ein anderes, das den unsozialistischen Namen Hotel Royal trug (und heute wieder trägt), benannten sie in Szeged Szálló (Hotel Szeged) um. Die neue Brücke über die Theiß und der Park am Flußufer trugen Stalins Namen, eine Statue des sowjetischen Diktators reckte sich zwischen den Grünanlagen in die Höhe.

Szegeds Lage besserte sich erst, als die Sowjetunion vorläufig Frieden schloß mit Jugoslawien und auch Ungarn einen «Neuen Kurs» verordnete. Die Gefangenen kehrten zurück, in Szeged wurde wieder gebaut. Der Volksaufstand von 1956 verlief hier weniger dramatisch als in Budapest, obwohl es Studenten dieser Stadt waren, die mit der Gründung eines unabhängigen Studentenverbandes das erste Signal gaben. Am 26. Oktober demonstrierten Arbeiter auf dem Széchenyi-Platz, als eine Militäreinheit das Feuer auf sie eröffnete und einen von ihnen erschoß. Ein revolutionäres Nationalkomitee übernahm die Macht, bis sowjetische Truppen zehn Tage später die Stadt besetzten. Der Vorsitzende des Komitees, ein Universitätsprofessor, wurde verhaftet, der Chef der von den Aufständischen gebildeten Nationalgarde hingerichtet. In Szeged war die «Ordnung» wieder hergestellt.

Nach dem Volksaufstand hatten die Diskriminierungen der Nachkriegsjahre endgültig ein Ende. Stadtplaner entwarfen auf dem Reißbrett riesige Neubaugebiete, die Zahl der Einwohner sollte auf 300 000 klettern. Außerhalb des Großen Ringes und in Újszeged jenseits der Theiß entstanden Hunderte von Wohnblocks, in denen die Arbeiter aus der Textil- und Lebensmittelindustrie, vor allem aber von den Ölfeldern, die man vor der Stadt entdeckt hatte, einquartiert wurden. Zahlreiche alte Häuser wurden abgerissen, eine sozialistische Stadt der Zukunft sollte entstehen mit Schulen, Kindergärten, Läden und Jugendzentren. Doch

von dem bomba stischen Planungs-
modell, das heute im Burgmuseum
verstaubt, wurde aus Geldmangel
dann doch nur das Allernötigste ver-
wirklicht – Wohnungen, Wohnungen, Wohnungen.

«Wir sind inzwischen zu der Überzeugung gelangt», erklärt ein Vertreter der Stadtverwaltung, «daß
Ungarn für die Schaffung von großen Subzentren einfach zu klein ist.
Früher haben wir die Leute vom
Lande in die Stadt gerufen und nicht
bedacht, welche Kosten und Probleme das hervorruft. Jetzt sagen wir:
Die Welt der Tanya, das ungarische
Einzelgehöft, soll bestehen bleiben.
Die Leute sollen da leben, wo sie
herkommen.» Ein Grund dafür sind
auch die knapp gewordenen Finanzmittel. Seit Ende der siebziger Jahre
ist das Tempo der Stadtentwicklung
aufgrund der leeren Kassen spürbar
zurückgegangen. Für große Presti-
geobjekte wie das total rekonstru-
ierte Theater oder den Neubau der
Bibliothek reicht das Geld soeben,
aber der großflächige Verfall der
Häuser, die fast alle zur selben Zeit
gebaut worden sind, läßt sich damit
nicht aufhalten. Für das alte Hotel
Hungária, das vor dem Krieg Veranstaltungsort glänzender Bälle war
und nun seit Jahren vor sich hin gam-
melt, sucht die Stadt händeringend
nach einem Investor.

Das Pol-Pot-Komitat

Die im Rokoko-Stil eingerichtete
Konditorei Virág (Blume) am Klauzál tér hatte jahrelang einen prominenten Stammgast: Mihály Komócsin, Parteisekretär des Komitats
(Bezirk) Csongrád, Altkommunist
und wichtigster Mann in Szeged und
Umgebung.

Mihály Komócsin war aufgestie-
gen im Stalinismus und nach 1956 in
Szeged erster Parteisekretär geworden. Er war in Ungarn wie kaum ein
zweiter verrufen als korrupt, bor-
niert, dogmatisch und skrupellos.
Während seiner Regentschaft erhielt das Komitat den Beinamen
«Pol-Pot-Komitat», und in Budapest
erzählte man sich, er wollte es Rumänien anschließen, weil dort der
Sozialismus noch nicht in die Hände
von Reformern und Revisionisten
gefallen sei. Dreißig Jahre lang behauptete er sich auf seinem Posten,
und niemand wagte es, dem Patriar-
chen zu widersprechen. Er fand dabei auch Gleichgesinnte in der Stadt,
zum Beispiel den ehemaligen Innenminister des Jahres 1956, László Pi-
ros, der nach seiner Rückkehr aus
dem Moskauer Exil auf den Posten
des Direktors der Szegeder Salami-
fabrik abgeschoben worden war.
Komócsin ließ die unabhängige Friedensgruppe «Diálogus» auflösen
und erteilte völlig Unbelehrbaren
ein absolutes Berufsverbot, so daß
sie nicht einmal mehr Zeitungen aus-
tragen konnten und die Stadt verlassen mußten. Seine Familienangehörigen versorgte er dagegen mit angemessenen Stellungen.

1985, beim XIII. Parteikongreß,
wurde der Alleinherrscher selbst der
Budapester Parteispitze zuviel und
verlor kurz vor der Pensionierung
sein Amt als Erster Sekretär. Um
ihm den Abschied zu erleichtern,
sollte er einen Abgeordnetenposten
im Parlament bekommen, doch da
regte sich mit einemmal Protest gegen den entmachteten Diktator. Ein
junger Fernsehredakteur namens
Zoltán Király meldete seine Gegen-
kandidatur an und erhielt prompt
die meisten Stimmen. Király machte
sich bald einen Namen als furcht-
losester Abgeordneter des ungari-

Ferenc-Móra-Museum in Szeged

schen Parlamentes, der 1989 sogar dessen Präsidenten zu Fall brachte.

Doch die Ära von Korruption und Vetternwirtschaft war damit in Szeged noch keineswegs zu Ende. Im Sommer 1988 deckten kritische Juristen und Pädagogen einen Skandal auf, der monatelang die Schlagzeilen der ungarischen Presse beherrschte und schließlich zum Sturz der gesamten Szegeder Führung führte. Zunächst stellte sich heraus, daß eine Reihe von lokalen Größen, darunter der neu bestellte Parteichef und der Komitatsratsvorsitzende, beim Bau ihrer Eigenheime Ziegelsteine zum halben Preis geordert hatten, als sogenannte «Probeerzeugnisse». Der Parteichef wurde auf einen Direktorenposten bei der Sparkasse abgeschoben, die anderen Beteiligten traten erst später unter dem Druck der öffentlichen Empörung von ihren Ämtern zurück. Die nächste

Enthüllung betraf den langjährigen Bürgermeister von Szeged, Gyula Papp, der ein Stück Ackerland der Familie zu zwei Millionen Forint versilberte, indem er es zu Bauland erklären ließ. Papp, ein ausgefuchster Machtpolitiker, bat erst nach langem Tauziehen um seine vorzeitige Pensionierung. Die Parteibasis war empört und wählte den reformorientierten Juristen Pál Vastagh an die Spitze des Komitates, der wenig später auch ins Politbüro einzog.

Studentisches Leben

Dienstag abend im Studentenclub der medizinischen Universität am Dóm tér: Der Budapester Barde János Brody steht am Mikrophon, zupft die Gitarre und singt mit seiner weichen, eindringlichen Stimme von Karrieristen, Heuchlern und Einsamen im ungarischen Sozialismus.

Ende der sechziger Jahre galt er in Ungarn als Symbol der Auflehnung, später war er mit seiner verhaltenen Kritik längst in den staatlichen Kulturbetrieb eingebaut. Die Studenten hören ihm dennoch gebannt zu und klatschen begeistert Beifall.

Szeged ist Universitätsstadt, es gibt die Medizinische Universität (SZOTE) und die Attila-József-Universität, die der gleichnamige Dichter in den zwanziger Jahren wegen eines revolutionären Gedichtes verlassen mußte. Die rund 6000 Studenten, die hier Medizin, Fremdsprachen oder Jura studieren, verleihen zusammen mit Dozenten und Fachhochschülern der Stadt eine wache intellektuelle Basis, die sich immer wieder mit der politischen Obrigkeit reibt. In keiner anderen Stadt außer Budapest haben so viele Menschen ein Diplom oder einen Hochschulabschluß. Und seit einigen Jahren lernen hier sogar westliche Studenten, die für rund 300 Dollar Schulgeld im Monat Medizin studieren können.

Die Studenten von Szeged sind Kinder des Kadarismus, der ihr Leben und ihre Meinungen geformt hat. Sie sind realistisch, und es fehlt ihnen die Dankbarkeit der älteren Generation gegenüber den kleinen Freiräumen, die der ungarische Sozialismus seinen Bürgern gewährte. Die Aussicht auf ein Lehreranfangsgehalt von nicht einmal 5000 Forint und Wohnungsmieten, die oft das Doppelte betragen, lassen sie nicht sehr optimistisch in die Zukunft schauen. Schon während des Studiums müssen die meisten Studenten Geld dazuverdienen, wenn die Eltern sie nicht unterstützen können, und gehen putzen, waschen oder helfen zweimal im Jahr bei der Paprika-Ernte in Desk.

Während des Semesters, meinen die Studenten, habe Szeged für die freien Abende nicht übermäßig viel zu bieten. Meist sitzen sie im Wohnheim, wo hin und wieder ein guter Film gezeigt, ein Literaturabend oder eine interessante Diskussion veranstaltet werden. Im Zentralgebäude der Uni am Dugonics tér gibt es den JATE-Klub, beim Hotel Hungária ein Jugendhaus, gegenüber vom Warenhaus Napsugár (Sonnenstrahl) und in einem Hausboot auf der Theiß zwei Diskotheken. Sonst bleiben nur noch ein paar Kneipen wie das Bisztró an der Bajcsy Zsilinszki utca, die Fasor Vendéglő an der Bértkert utca oder die österreichische Sör Patika am Lenin-Ring. Jeden Montagabend findet ein Literaturabend im Hotel Royal in der Kölcsey utca statt, das vor dem Krieg ein gut laufendes Kaffeehaus gewesen ist.

Das ungarische Studentenleben hat nur entfernt Ähnlichkeit mit dem ihrer westdeutschen Kommilitonen. Fast alle leben in Wohnheimen, sogenannten Kollegien, eingezwängt in Vierbettzimmer auf wenigen Quadratmetern. Sie schlafen kollektiv, sie essen kollektiv, sie waschen kollektiv, das alles natürlich brav nach Geschlechtern getrennt. Das ganze Studium ist jahrgangsweise organisiert wie eine Schulklasse mit jährlichen Prüfungen. Für Individualisten ist im wahrsten Sinne des Wortes kein Platz. Dieser Kollektivismus ist aber zugleich eine Wurzel für Gemeinschaftssinn und verschworene Freundschaften, die sich über das ganze Studium hinweg erstrecken und manchmal auch zur Keimzelle politischer Opposition werden.

In Szeged entstand eine solche Gruppe Anfang der achtziger Jahre, als aus Budapest Nachrichten eindrangen über «Fliegende Universitäten» und Untergrundzeitschriften. Studenten, die sich ernüchtert von der politischen Arbeit im kommunistischen Jugendverband KISZ abgewandt hatten, luden bekannte Oppositionelle zu Vorträgen in Privatwohnungen ein. «Dorthin kamen Leute», erinnert sich einer der damals Aktiven, «die sich vertrauten und die nicht mehr die Hoffnung hatten, das System von innen verändern zu können. Und es gab damals eine große Reformstimmung, denn Ungarn stand vor dem wirtschaftlichen Zusammenbruch, und irgend etwas mußte dagegen unternommen werden. Für uns war es ein atemberaubendes Erlebnis, zum erstenmal die Wahrheit zu hören – über die Vorgänge in der Sowjetunion, über die ungarische Geschichte, über 1956.»

Der aktive Kern der Opposition zerstreute sich, als diese Studentengeneration die Universität verließ. Jüngere Leute, zum größeren Teil Schüler, traten auf den Plan und gründeten 1982 nach dem Budapester Vorbild die unabhängige Friedensgruppe Diálogus. Die Obrigkeit reagierte mit Verwarnungen und dem Verbot, die Plakette mit dem Peace-Zeichen in der Schule zu tragen. Nach einer Periode der Unsicherheit wurde im Sommer 1983 eines der Mitglieder vorübergehend festgenommen. Als die Gruppe kurze Zeit später auf eigene Faust einen Friedensaufruf druckte, um ihn während der Szegediner Jugendtage zu verteilen, erschienen «Zollbeamte» pünktlich zur Fertigstellung in der Wohnung und beschlagnahmten alles, was ihnen in die Hände fiel. Die Friedensgruppe löste sich auf, nachdem ihre Mitglieder verhört und mit Rauswurf aus Schule oder Universität bedroht worden waren. Die Führungsfigur von Diálogus bekam eine Geldstrafe und wurde kurzerhand zur Armee einberufen.

Seit diesem Zeitpunkt ist es stiller geworden in Szeged, aber der kritische Geist wirkt weiter, auch in offiziellen Organisationen. Samisdat-Zeitschriften aus Budapest gingen in der Kádár-Ära von Hand zu Hand und wurden sogar in der Uni gesammelt. Als der Chefredakteur der kritischen Zeitschrift «Mozgó Világ» abgesetzt wurde, gab es Proteste, Hunderte unterschrieben einen Aufruf gegen das geplante Staustufensystem an der Donau. Kritische Studenten gründeten hier ein Netzwerk von Umweltgruppen, in Kollegien oder Studentenklubs finden Filmvorführungen oder Diskussionen über «heiße» Themen wie Aids oder die Budapester Drogen-Mafia statt. Der bekannteste dieser Treffs ist der Botrány-Klub (Skandal-Klub), der sich dadurch einen Namen machte, daß er die Beteiligten großer ungarischer Skandale zu Diskussionsveranstaltungen zusammenrief, in einem Fall sogar geradewegs nach ihrer Entlassung aus dem Gefängnis. Auch die Szegeder Studentenzeitungen sind bekannt für ihre kritische Schreibe, was früher mitunter zur Absetzung der gesamten Redaktion führte.

Der Fall «Tiszatáj»

Der Mann ist klein, kränklich und ein wenig nervös. Mißtrauisch mustert er seinen Besucher. Elf Jahre redigierte er als Chefredakteur eine der bekanntesten Kulturzeitschriften der ungarischen Provinz, bis das in Szeged erscheinende Blatt mit dem Namen «Tiszatáj» (Land der

Theiß), das als Organ der Populisten gilt, 1986 beschlagnahmt und er selber gefeuert wurde. «Über diese Vorgänge möchte ich nicht sprechen», sagt László Vörös, Literaturwissenschaftler und Parteimitglied, ein Jahr später, «aber wenn Sie wollen, erzähle ich Ihnen, was die Schriftsteller in Ungarn augenblicklich so beunruhigt.»

Der Fall «Tiszatáj» hat vor einigen Jahren das ungarische Kulturleben nachhaltig aufgewühlt. Anlaß war ein Gedicht des Schriftstellers Gáspár Nagy, das zum dreißigsten Jahrestag des Volksaufstandes erschien und unter anderem die verfängliche Zeile enthielt: «Der Baum des Judas wird dreißig Jahre alt.» Der Baum, so meinten engstirnige Kulturfunktionäre zu erkennen, könne nur Ungarn sein, der Judas aber der damalige Generalsekretär der Ungarischen Sozialistischen Arbeiterpartei, der sich vor dreißig Jahren den sowjetischen Truppen als neuer Regierungschef zur Vergügung gestellt hatte. Das Heft wurde eingestampft, eine neue Nummer, von einem anderen Chefredakteur herausgegeben, erschien erst ein halbes Jahr später.

Das Ereignis wäre keineswegs so außergewöhnlich gewesen im ungarischen Kulturleben, wenn nicht wenige Wochen später der Verband der Ungarischen Schriftsteller zu seiner alle fünf Jahre stattfindenden Vollversammlung zusammengetreten wäre und die Literaten ihrem Ärger über das Verbot ausgiebig Luft hätten machen können. «Lassen Sie solche Spiele wie mit Tiszatáj», rief dort der Schriftsteller Ferenc Sánta als einer von vielen in einer flammenden Rede, «und glauben Sie ja nicht, daß Sie klüger sind als wir, die wir die Stimme erheben für die

Interessen der Nation. Mir steht es bis zum Erbrechen.»

Was die Literaten so in Unruhe versetzt, versucht der ehemalige Chefredakteur László Vörös so zu erklären: «Wir sind nicht oppositionell, wie die Parteiführung behauptet, aber wir unterscheiden uns darin von ihr, daß wir Ungarns Lage weit weniger optimistisch sehen als sie. Die Bevölkerungszahl geht zurück, Alkoholismus, Scheidungs- und Selbstmordrate nehmen zu. Die einseitige Orientierung auf den Westen, der Materialismus, die fehlende Demokratie haben zu einem Zerfall der Werte und der Traditionen in Ungarn geführt. In unerträglicher Weise verschlechtert sich die Lage der Ungarn in Rumänien. Wir, die Volksschriftsteller, wollen, daß sich die Partei mehr als bisher um die existentiellen Anliegen der Nation kümmert.»

1987 schlossen sich die national orientierten Kräfte im «Ungarischen Demokratischen Forum» zusammen, eine rasch anwachsende Bewegung, die inzwischen, mit József Antall, den Ministerpräsidenten stellt. Die kommunistische Partei suchte den Konsens mit den Populisten zu entschärfen und nahm die Maßnahmen gegen «Tiszatáj» offiziell zurück. Heute ist sie selber in der Opposition – und der Fall «Tiszatáj» nur noch eine Erinnerung an die Anfänge des Umbruchs.

Nationale Gefühle

Die Erbitterung über das sechzig Straßenkilometer entfernte Rumänien und dessen Nationalitätenpolitik gegenüber der ungarischen Minderheit in Szeged nicht nur unter Schriftstellern groß. Während das Verhältnis zu Jugoslawien bis zum

Gepflegter Nationalismus – Folklorefestival im Südosten

Ausbruch des Bürgerkrieges als unproblematisch galt, regierte in Rumänien mit dem Diktator Nicolae Ceauşescu nach Ansicht der meisten Ungarn ein gefährlicher Wahnsinniger. Unter seiner Herrschaft flohen mehr als 20000 Menschen – oft unter Lebensgefahr – aus Rumänien nach Ungarn, nach jahrelanger Zurückhaltung kritisierte auch die Budapester Regierung das Ceauşescu-Regime, als es daran ging, 7000 Dörfer niederzubaggern. Seit dem Sturz des roten Monarchen hat sich das Verhältnis zwischen den beiden Staaten zwar entspannt, doch der Konflikt um die zwei Millionen zählende ungarische Minderheit in Rumänien kann jederzeit wieder aufbrechen.

Die Renaissance der nationalen Gefühle hat Szeged voll erfaßt. Studenten organisieren Lebensmittelspenden für die ungarischen Dörfer im Nachbarland Rumänien. Im Nationaltheater werden die Stücke des in Siebenbürgen lebenden und von den rumänischen Behörden lange Zeit drangsalierten Schriftstellers András Sütő gespielt. Vor ein paar Jahren hat der Stadtrat von Szeged ein prächtiges Eingangsportal für den «Nationalen Erinnerungspark» bei Ópusztaszer, auf halber Strecke nach Csongrád, gestiftet, wo vor mehr als tausend Jahren die Stammesführer der Ungarn ihre ersten Versammlungen abgehalten haben sollen. An dieser Stelle hatte die Regierung zur bombastischen, nationalen Milleniumsfeier (1896) ein Denkmal errichtet, das noch unter Kádár wieder als Requisite für die Feierlichkeiten am Tag der Verfassung, dem 20. August, herangezogen wurde, nachdem es in den fünfziger Jahren fast vollständig von Wald und Gestrüpp überwuchert worden war. Auch ein Freilicht-Museum mit alten ungarischen Bauernhäusern ist bereits fertiggestellt. Nebenan steht neuerdings eine Halle, in der ein gigantisches patriotisches Gemälde aus der Horthy-Zeit wieder ausgestellt wird.

DER OSTEN UNGARNS

Der Schmied von Berettyóújfalu, südlich von Debrecen und nahe der rumänischen Grenze, hatte seine Esse irgendwo hinter der Synagoge, deren eingeschlagene Fenster seit der Deportation der Juden nur noch schwarze, tote Löcher im zerbrochenen Mauerwerk sind. Er war groß, stark und breitschultrig, und als im Jahre 1919 in Budapest die Räterepublik ausgerufen wurde, machte man ihn zum Vorsitzenden des Stadtsowjet. Doch der Kommunismus währte in Berettyóújfalu nur einen Monat, dann kamen die Rumänen und dann die Truppen der Weißen, die den Schmied gefangennahmen und verurteilten. Ein Vierteljahrhundert später, der Schmied konnte längst wieder seiner gewohnten Arbeit nachgehen, sollte in Berettyóújfalu erneut der Kommunismus einziehen, denn die Rote Armee befand sich im Anmarsch, und die Vertreter des alten Regimes hatten sich davongemacht. Wieder übernahm der Schmied den Vorsitz des revolutionären Ortskomitees, doch diesmal waren es die Emissäre der neuen Macht, die ihm bedeuteten, daß der Takt und die Methoden der Umwälzung von Budapest aus bestimmt würden. Erbost trat der Schmied zurück, und erst als weitere elf Jahre vergangen waren, griff er noch einmal in die politischen Geschicke ein: Er führte die Demonstration an, die sich in den letzten Oktobertagen des Jahres 1956 durch den Ort bewegte, und wurde abermals Vorsitzender des Revolutionsausschusses. Doch diesmal vergingen nur fünf Tage, bis sich das neue Regime erholt hatte. Geheimpolizisten holten den Schmied ab, mißhandelten ihn und sperrten ihn in ein Lager, das er als kranker Mann wieder verließ, um sich einige Jahre später in den Tod davonzumachen. Das ist die Geschichte des Schmiedes von Berettyóújfalu, wie sie der Romancier György Konrád dem Deutschen Hans Magnus Enzensberger in seinem Buch «Ach Europa» erzählt hat.

Die Politik im fernen Budapest hat den östlichsten Zipfel Ungarns

Ungarns zweiter Strom – die Theiß

immer nur mit zeitlicher Verzögerung und gebremster Kraft erreicht. Der Osten lebt gleichsam hinter einer unsichtbaren Mauer, hinter der die Uhren anders gehen als im pulsierenden Zentrum des Landes. Diese Abgeschiedenheit hat manche Freiheit zur Folge gehabt, sie hat diesen Landstrich aber auch mehr als jede andere Region abgekoppelt vom Tempo der allgemeinen Entwicklung: Die östlichen Komitate bilden das Armenhaus der Nation, mit dem höchsten Bevölkerungsanteil der Zigeuner, mit Arbeitslosigkeit und herumstreifenden Saisonarbeitern, mit einer unterentwickelten Infrastruktur und einem geringen Industrialisierungsgrad. Sie sind zugleich die Hochburg der Protestanten, weil der Arm der katholischen Gegenreformation nicht bis hierhin reichte. Und sie haben viel von dem alten Ungarn bewahrt, das anderswo durch Krieg und Fortschritt zerstört worden ist.

Heiduckenland

Die beiden großen Landschaften des Ostens heißen Hajdúság und Nyírség, deren Namen in den Vorsilben vieler Ortschaften dieser Region wiederkehren. Die Hajdú-Städte gehen auf die Heiducken zurück, Nachkommen verschiedener sozial entwurzelter Gruppen, die eine Gemeinschaft von draufgängerischen freien Streitern bildeten. Weil sie dem Fürsten von Siebenbürgen, István Bocskai, zu Anfang des 17. Jahrhunderts zu einem entscheidenden Sieg gegen die Habsburger verhalfen, gab er ihnen Land auf seinen Gütern in Nánás, Dorog, Böszörmény, Szoboszló und Hadház. Diese zum Teil durch die Türkenkriege verwüsteten und entvölkerten Ortschaften führten fortan die Vorsilbe «Hajdú» in ihren Namen und waren durch Palisadenzäune geschützt. Später wurden die Heiducken nach und nach in den Adelsstand erhoben und bildeten bis 1876 eine besondere Verwaltungseinheit, den Heiducken-Bezirk.

Die Geschichte der Heiducken zeigen das Hajdú-Museum in Hajdúböszörmény und das Bocskai-Museum in Hajdúszoboszló, der dank ihres ausgedehnten Thermalbades mit stark salzhaltigem Wasser bekanntesten unter den Hajdú-Städten. Das Wasser, auf das man 1925 bei Ölbohrungen stieß, wird Jahr für Jahr von mehr als anderthalb Millionen Badegästen wegen seiner heilenden Wirkungen aufgesucht. Aus dem 15. Jahrhundert sind in dem Ort außerdem Reste der Festungsmauer und eine reformierte Kirche zu sehen, die von den Heiducken umgebaut wurde.

Inmitten der Hajdúság liegt Debrecen, mit 212000 Einwohnern im Wettkampf mit Miskolc zweitgrößte Stadt nach Budapest. Verloren inmitten der wüsten Pußta und fernab vom westlichen Europa, galt es schon im Mittèlalter als «Vorposten abendländischer Zivilisation». Debrecen ist eine der wenigen Ortschaften, die von der 150jährigen türkischen Besetzung zumindest indirekt profitiert hat. Unerreichbar für die katholische Kirche, traten 1540 die Bewohner geschlossen zum Protestantismus über. Und das reformierte Kollegium, später eine berühmte höhere Lehranstalt, machte die Stadt zum geistigen Zentrum des Calvinismus. 1552 hörte die katholische Kirche hier zu existieren auf, und fortan war es nur noch Calvinisten gestattet, sich in Debrecen niederzulassen. Selbst als die Türken

1555 die Stadt besetzten, erhielt sie sich – unmittelbar dem Sultan unterstellt – durch hohe Steuerabgaben ihre relative Freiheit und blieb das «calvinistische Rom».

Erst als die Türken vertrieben waren und die Truppen des österreichischen Kaisers die Stadt mehrmals ausgeraubt und niedergebrannt hatten, begann Debrecens Niedergang zur provinziellen Bauernstadt. Als zur Jahrhundertwende das romantisch-eklektizistische Gebäude des Csokonai-Theaters eingeweiht wurde, so erzählen die zugezogenen Intellektuellen, hätten die Bauern jeweils zwei Eintrittskarten erstanden; eine für sich und eine für den Gulaschkessel, um die zweistündige Vorstellung auch überdauern zu können. Bis heute wirkt der Ort wie ein großes Dorf: Eine einzige Straße, die Vörös Hadsereg útja (Straße der Roten Armee), bildet das Zentrum, auf ihr pendelt gemächlich die einzige Straßenbahn schnurgerade zwischen Bahnhof und dem Stadtpark Nagyerdő (Großer Wald); die Gleise der ungarischen Staatseisenbahnen sind nicht einmal überdacht.

«Bist du, Freund, jemals in Debrecen gewesen?» schrieb der Dichter Sándor Petőfi 1847 über die Stadt. «Hast du diese Pußtastadt oder diese städtische Pußta gesehen? Willst du in Staub und Dreck untergehen, komm nur hierher, hier kannst du dein Ziel am leichtesten erreichen. Nur halte dir die Nase fest zu, sonst trifft dich, bevor du noch ertrinkst, der Schlag von dem Speckgeruch. Wieviel Speck, wieviel fette Schweine gibt es hier, und wie mager ist doch der Geist, ihm scheppern die Rippen. Genau wie den hiesigen Karrenpferden. Wer hier ein Buch kauft, tut es wahrscheinlich nur, um den Speck damit zuzudecken.»

Trotzdem wurde in Debrecen mindestens zweimal Geschichte gemacht: Am 14. April 1849 proklamierte Lajos Kossuth im Oratoriumssaal des klassizistischen Kollegiums am Kálvin tér die Entthronung der Habsburger. Aufgrund der Kämpfe hatte seine Regierung kurz zuvor ihren Sitz hierher verlegt. In Anknüpfung an dieses Ereignis riefen die sowjetischen Truppen im Dezember 1944 im selben Gebäude die Provisorische Nationalversammlung zusammen, die die ersten Gesetze verabschiedete, während in Budapest noch die Faschisten regierten. Die neue Provisorische Regierung Ungarns erklärte Deutschland von Debrecen aus den Krieg.

Ganz und gar nicht provinziell wirkt auch die ehrwürdige, in den zwanziger Jahren erbaute Universität, deren helle, glasgedeckte Aula an jene in München erinnert, in der Hans und Sophie Scholl Flugblätter gegen die Nazis herunterwarfen. Hier findet Jahr für Jahr die Debrecener Sommeruniversität (Nyári Egyetem) statt, zu der zwischen Ende Juli und Ende August mehrere hundert Studenten aus allen Teilen der Welt angereist kommen, um Ungarisch zu lernen. Der vierwöchige Sprachkurs, der mit Vorträgen über Wirtschaft, Politik und Kultur in Ungarn verbunden ist, kostet nicht viel. Mit ein bißchen Geschick findet man im Studentenwohnheim rechts neben der Uni auch als Ortsfremder rasch Kontakt, im besten Fall sogar Kost und Logis.

An die Uni grenzt der Nagyerdő (Großer Wald), ein ausgedehnter Park mit einem großen Thermalbad, mit einem Zoo, schattigen Gartenkneipen und einem Bootsverleih. Das kleine Café Pálma, das im Sommer von den ausländischen Studenten belagert wird, verwandelt sich abends in eine Disko. Von hier fährt die Straßenbahn zur Vörös Hadsereg útja ab, an deren Kopf sich die fünftausend Personen fassende Großkirche – das größte Gotteshaus der Reformierten in Ungarn – und das Déri-Museum befinden. An der Hauptstraße liegen neben Buch- und Schallplattenläden auch die barocke Kleine Kirche, das Rathaus, das Gartenrestaurant Szabadság (Freiheit) sowie die im schönsten ungarischen Sezessionsstil errichteten Gebäude des früheren Komitatshauses und des Hotels Arany Bika (Goldener Stier). Während der traditionelle Blumenkarneval am 20. August nur in den Jahren mit gerader Endzahl veranstaltet wird, ist der Flohmarkt unweit der Zigarettenfabrik jeden Mittwoch und Samstag geöffnet.

Deiche und Störche

Nordöstlich von Debrecen beginnt die Nyírség, letzter vernachlässigter Zipfel der ungarischen Volksrepublik. Der stille Landstrich wird beherrscht von der breiten, lehmgrauen Theiß, auf deren grasbewachsenen Deichen man wie in Norddeutschland endlose Fahrradtouren machen kann. Im Norden liegt die Grenze zur Sowjetunion, im Süden wachen die Grenzsoldaten Rumäniens darüber, daß keiner der Siebenbürger Ungarn illegal ins Mutterland flüchtet. Weil Nordostwinde im Laufe der Jahrtausende riesige Mengen Sand von den Überschwemmungsgebieten der Theiß hierhin getragen haben, sind dazwischen langgestreckte Höhenzüge entstanden, zwischen denen früher viele kleine von Birkenwäldchen

umsäumte Gewässer standen. Auch heute ist das Gebiet noch das Land der Flüsse, der Sümpfe und Moraste, doch sind die meisten von ihnen inzwischen trockengelegt und in Akkerflächen verwandelt worden. Die großen ungarischen Genossenschaften ziehen auf ausgedehnten Feldern Sonnenblumen und Weizen, Mais und Tabak, dazwischen liegen endlose Obstbaumplantagen – die Nyírség ist der Apfelgarten Ungarns. Totenköpfe entlang der Straße geben einen Hinweis auf die Anbaumethoden, denn die Chemieindustrie ist auch in Ungarn längst zur wichtigsten Produktivkraft der Landwirtschaft geworden.

Mit dem Rhythmus der landwirtschaftlichen Produktion wandelt sich auch das Aussehen der Landschaft. Die Sonnenblumen, erst zierlich und schwach, werden, auf riesigen Feldern in Reih und Glied aufgestellt, im Frühsommer groß und stark und leuchten wie Gesichter auf einer Großkundgebung. Mitte August sind die gelben Blütenkränze um ihre tellergroßen Köpfe bereits braun und trocken, jetzt sehen sie aus wie in Schlamm getaucht, aus dem sie sich nur mühsam wieder erheben. Die Weizenfelder dagegen überziehen das Land mit einem goldenen Schein, der auch dann noch bleibt, wenn die schweren Mähdrescher vom VEB «Fortschritt» kolonnenweise über sie hinweggebrummt sind. Später wird das Stroh in mannshohe, faßförmige Ballen geschnürt, die zu Tausenden auf den gelben Stoppelfeldern stehen und aussehen wie Strandkörbe an der Ostsee. Im August schließlich werden die Felder abgebrannt und tragen große schwarze Wunden, bis das braune Erdreich von einem Pflug endgültig nach oben gekehrt wird.

Die Karte des ungarischen Fremdenverkehramtes verzeichnet in dieser Gegend nur einen einzigen Zeltplatz. Er liegt in Vásárosnamény, wo sich in einer Flußbiegung der Theiß ein natürlicher Sandstrand gebildet hat. Der Platz ist laut und im Sommer hoffnungslos überfüllt. Etwas weiter südwestlich, dort, wo die Landstraße zwischen Kisar und Tivadar die Theiß überquert, gibt es noch einen zweiten, inoffiziellen Campingplatz, der vor allem von Kanuten genutzt wird, die auf dem Strom lange Paddeltouren unternehmen. Im beginnenden Naturschutzgebiet sind hier unter Bäumen rund fünfzig Zelte aufgeschlagen, in deren Mitte unter Wellblech eine Art Gaststätte arbeitet. Überall steigt auf dem Platz Rauch auf, denn die meisten Leute braten und kochen über offenen Feuerstellen. Auf dem dunklen Sandstrand am Theiß-Ufer ist es tagsüber ziemlich voll, doch man kann sich in der starken Strömung des Wassers herrlich treiben lassen.

Abends in der Zeltgaststätte setzt Ungarn sein finsteres Gesicht auf: dreckige Tische, trübes Licht, eine Rum-Tat-Ta-Band und Alkohol in Hülle und Fülle. Die Anwesenden haben gerötete Augen und wanken alle halbe Stunde zur stinkigen Latrine. Zu essen gibt es nichts mehr, aber der Kellner in schmuddeliger Livree organisiert noch einen Teller voll Schmalzbroten. Hin und wieder jagt er ein paar Zigeuner davon, die ruhelos um die Tische streichen. Ihre Hosen und Pullover sind zerlumpt, aus dem Schuh guckt ein Zeh heraus, die Gesichter sind mit einer dunklen Dreckkruste überzogen. Sie warten, daß die Kapelle wieder einsetzt, um dann mit plötzlicher Leichtigkeit und natürlicher Eleganz zu ihren schiefen Tönen zu tanzen.

Selbst die Kleinsten wiegen sich im Takt, und wenn sie sich bei ihren Vätern einhaken, sehen sie aus wie Rasmus und der Landstreicher.

Die Dörfer der Nyírség sind trotz Armut und Unterentwicklung bunter und vielfältiger als die wenigen Orte in der großen heißen Tiefebene. Auf dem Streifen zwischen Straße und Gartenzaun, wo bis vor ein paar Jahren noch die Abwässer durch offene Gräben flossen, wachsen Blumen in lehmiger Erde, bunt und ungeordnet, anders als in deutschen Vorgärten. Am Straßenrand stehen Pflaumenbäume, dicht behangen mit blauen Früchten, die Häuser sind häufig von Arkaden umgeben und von üppigem Wein umrankt. Auf den Masten der Stromleitungen haben Störche ihre breiten Nester angelegt, in denen sie ihre Jungen aufziehen, bis sie sich irgendwann Ende August zum Abflug nach Afrika sammeln und mit großem Getöse vormachen, warum der Klapperstorch Klapperstorch heißt.

Die Hauptstadt der Nyírség ist Nyíregyháza, eine trostlose Provinzstadt mit dem Charme eines bebauten Feldweges. Hier ist auch die Endstation des «Fekete vonat», des «Schwarzen Zuges», der am Wochenende die Pendelarbeiter aus Budapest in ihre Behausungen zurückbringt. Lediglich das sechs Kilometer entfernte Erholungsgebiet Sóstó (Salzsee) mit einem Thermalbad und einem Wildpark lockt die Besucher. Interessanter ist Nyírbátor, wo Graf István Báthori, nach dessen Geschlecht der Ort benannt ist, im 15. Jahrhundert eine prächtige spätgotische Saalkirche bauen ließ. Neben der Kirche steht ein Glokkenturm, etwas weiter liegt die im Barockstil umgebaute Minoritenkirche. Im ehemaligen Ordenshaus des stillen Ortes befindet sich das István-Báthori-Museum mit einer Ausstellung über das fünfundzwanzig Kilometer entfernte Urmoor von Bátorliget.

Reise ins alte Ungarn

Wir fahren auf einer Landstraße, irgendwo zwischen Mátészalka und der Grenze zur endlosen Sowjetunion: Verblichen sind die Markierungen auf dem schmalen Asphaltband, über das Traktoren und Viehherden unzählige Male ihre Lehmspur gezogen haben. Akazien, Maulbeerbäume und Platanen tauchen die Fahrbahn in ein Wechselspiel von Licht und Schatten. Auf einem Feld starren Tausende von Sonnenblumen in dieselbe Richtung und drehen ihre Köpfe unmerklich mit dem Lauf der Sonne. Am Rande der Straße weidet eine Kuh das saftige Gras ab, ein Stückchen weiter liegt ein dunkelhaariger Alter neben seinem Fahrrad und schläft.

Hier, im entlegensten Komitat Ungarns mit dem unmelodischen Namen Szabolcs-Szatmár, scheint die Welt vor der ukrainischen Grenze zu Ende zu gehen. Die Fahrt führt den Reisenden in eine verloren geglaubte Vergangenheit: Auf Wiesen und Abhängen schneiden Männer mit großen Sensen das Gras, neben ihnen liegen ein verbeulter Drahtesel und eine korbumwobene Flasche, aus der sie zwischendurch ihren Durst stillen. Frauen mit Kopftuch, Schürze und kurzer Weidenrute treiben die Kühe ins Dorf, die gemächlich, aber zielsicher nach Hause trotten, wo ihr Besitzer sie bereits am Eingang des Hauses erwartet. Anderswo lenken Männer mit sonnengegerbten Gesichtern vom Kutschbock aus altertümliche Fuhrwerke, die über und über mit duftendem, goldgelbem Heu beladen sind, aus dem ganz oben eine hölzerne Forke ragt. Am Rande sitzen Alte auf schmalen Holzbänken in der Abendsonne und sehen versunken dem Treiben auf der Straße zu. Nirgends sonst strahlt ein zu Ende gehender Tag so viel Ruhe aus wie in dieser Region Ungarns.

Auf den Touristenkarten des Ungarischen Fremdenverkehrsamtes erscheint das Komitat Szabolcs-Szatmár als weißer Fleck – für den Urlauber uninteressant. Doch gerade hier kann man das alte Ungarn kennenlernen, die düstere, archaische Welt der Bauern und Zigeuner, in die die Zivilisation nur im Schneckentempo einzudringen vermag. «Die alten Lebensformen der Ungarn», meint Lacci, «haben sich heute nur noch in den entferntesten Winkeln des Landes erhalten: Im äußersten Osten – und in Siebenbürgen im heutigen Rumänien. Die Offenheit der Menschen, die natürliche Gastfreundschaft, der Zusammenhalt der Nachbarn und Familien sterben in den Städten mit galoppierender Geschwindigkeit aus.»

Lacci ist Chemiker in Debrecen. Er arbeitet in der dortigen Umweltbehörde und ist ein Mensch mit feinen Sinnen für Landschaften, Pflanzen und Menschen, der im ungarischen Materialismus schon wie ein Fremdkörper wirkt. Mit seinem farblosen Plastikbomber aus der DDR töffeln wir in Richtung Osten über Fehérgyarmat nach Túristvándi, zu einer uralten Wassermühle, die irgendwann zum Museum gemacht worden ist. Da sich kaum einer hierhin verirrt, ist der Schlüssel für den dunklen, hölzernen Bau bei einem alten Mann hinterlegt, der auf der anderen Straßenseite wohnt und

Unmerkliches Drehen der Köpfe

für ein paar Forint die riesigen Mühlräder in Gang setzt, bis es knattert und knackt wie in der Geschichte von Max und Moritz. Hinter der Mühle, die an dem etwas angestauten Flüßchen Túr liegt, beginnt ein ausgedehntes Naturschutzgebiet.

Einige Kilometer weiter liegt das Dörfchen Szatmárcseke. Auf seinem Friedhof stehen statt der traditionellen Grabsteine über den Toten verwitterte, mannshohe Holzpflöcke, die ein geschnitztes Gesicht tragen und alle in dieselbe Richtung schauen. Dieser Grabschmuck geht auf den alten Brauch zurück, dem Toten sein zu Lebzeiten benutztes Boot mitzugeben, das aufrecht in den morastigen Boden versenkt wurde. Bis heute gibt es einen Mann im Dorf, der die seltsamen Holzstämme anfertigt und jeden mit einem anderen Gesicht versieht. Erst in letzter Zeit haben sich wohlhabendere Dorfbewohner auch Marmorsteine aufstellen lassen. Und mitten zwischen den dunklen, rissigen Holzpflöcken wurde ein bombastisches Grabmal für den Dichter Ferenc Kölcsey gebaut, der den Text der ungarischen Nationalhymne schrieb.

Kölcsey stammte aus einer uralten ungarischen Adelsfanilie, deren Namen in einem anderen Dorf in der Nähe festgehalten ist – Kölcse. Hier steht noch eine jener reformierten Kirchen, die bei ihrer Errichtung keinen Turm tragen durften, weil die Gegenreformation den Einfluß der in dieser Gegend besonders starken Calvinisten mit den verschiedensten Auflagen zurückzudrängen suchte. Erst als sich beide Glaubensrichtungen aussöhnten, entstanden neben den Kirchen hohe Holztürme, von denen nur wenige die Kriege und Brände der Jahrhunderte überlebt haben.

Im Innern der Kirche ist der Pfarrer gerade dabei, die Vorbereitungen für den Gottesdienst am nächsten Tag zu treffen. Er spricht etwas deutsch und erzählt von der leidvollen Geschichte dieser Region – von den Tataren-Einfällen, den Epidemien, den Überschwemmungen, die zuletzt im Jahre 1969 zahlreiche der alten, aus Lehmziegeln errichteten Bauernhäuser weggerissen haben. Er berichtet von dem Mangel an Ärzten und Lehrern, weil niemand in den abgelegenen Landstrich ziehen wolle, und erwähnt das abschätzige Urteil des großen Dichters Kölcsey über den Geisteszustand der Bevölkerung in seiner Heimat.

Doch die rauhen Lebensumstände haben auch die Ursprünglichkeit und Eigenart dieser Region bewahrt. Ein riesiger Sumpf im Süden des Komitats hielt die Türken von einer Eroberung ab, so daß Kirchen, Häuser und öffentliche Gebäude von den schlimmen Verwüstungen verschont blieben, denen die alte ungarische Bauernkultur anderswo fast überall zum Opfer gefallen ist. Und während in der Tiefebene riesige Gebiete bis heute völlig entvölkert sind, verzeichnet die Landkarte hier ein dichtes Geflecht winziger Dörfer. Auf diese Weise hat sich eine Art gigantisches Freiluftmuseum gebildet, in dem noch die weißgekalkten Häuschen mit ihren strohgedeckten Dächern stehen, die uralten hölzernen Ziehbrunnen, die nach wie vor in Betrieb sind, die mittelalterlichen Dorfkirchen mit ihren schiefen Bänken, den tief heruntergezogenen Decken und den wunderschönen Holztürmen, die auf der Spitze Streitaxt und Morgenstern, das Zeichen der Kalvinisten, tragen.

Von Szatmárcseke fahren wir Richtung Tiszakóród und Tiszabecs.

Hier, im letzten Winkel Ungarns, sammeln sich Ende August die Störche auf einem großen Feld zum Abflug nach Afrika. Am Dorfrand von Tiszakóród führt ein schmaler Weg den Deich hinauf und dann hinab zur Theiß, auf deren gegenüberliegendem Ufer die Ukraine beginnt. Nur ein vereinzelter grün-weiß-roter Grenzstein weist darauf hin, daß Ungarn hier zu Ende geht, doch auf der anderen Seite, die Stalin 1945 der Tschechoslowakei abnahm, wohnen ebenfalls Ungarn. Während sich in der Zwischenkriegszeit die Leute über den Fluß hinweg verständigt haben, war dort mehr als vierzig Jahre lang außer dem Gebell der Grenzhunde keine menschliche Lebensäußerung mehr zu hören. Erst neuerdings können sich die Ungarn auf beiden Seiten des Flusses mit seinen zahlreichen sandigen und menschenleeren Ufervorsprüngen wieder regelmäßig besuchen.

Einige Kilometer weiter mündet die kleine künstliche Túr in den breiten Strom und bildet einen rauschenden Wasserfall, an dem einige Einheimische unter mächtigen Walnußbäumen ihre Zelte aufgeschlagen haben. Ein Stauwerk aus den dreißiger Jahren reguliert den Wasserabfluß und erzeugt ein tiefes Becken, in das Jugendliche mit gewagten Verrenkungen hineinspringen. Das sattgrüne Wasser ist klar und weich, die Zelter benutzen es auch zum Waschen und Zähneputzen. Nur Fotografieren darf man nicht, denn der idyllische Flecken ist Grenzgebiet.

Was es damit auf sich hat, erfahren wir am ersten Abend: Knatternd kommt ein Grenzposten auf einem Moped angefahren, einen Karabiner auf dem Rücken. Doch statt die westlichen Touristen zu kontrollieren, setzt er sich ans Flußufer auf sei-

An der Grenze zur Sowjetunion

nen grünen Gummimantel, steckt sich eine Zigarette an und lauscht einer humoristischen Sendung, die aus dem Autoradio eines Campers schallt. Irgendwann, es mögen zwei Stunden vergangen sein, erhebt er sich und macht einen kurzen Rundgang durchs Gelände. Als der Soldat in unsere Nähe kommt, rufen wir ihn heran, und nach kurzem Wortwechsel leeren wir zusammen die erste Flasche Bier. Nach der zweiten Flasche muß er zurück in die Kaserne und besteigt ein wenig unsicher das olivgrüne Moped – Grenzschutz auf ungarisch.

Nebenan in einem Hauszelt campt ein junger, hochgewachsener Familienvater mit seiner Frau und seinen beiden Kindern. Er ist einer von denen, die vom Apfelgeschäft leben, das eine der Haupteinnahmequellen der Region ist. Im ersten Beruf arbeitet er in einem Unternehmen, das

Äpfel exportiert, doch hinter seinem Haus hat er noch einen ausgedehnten Obstgarten, der ihm jährlich einen Zusatzverdienst von rund 20 000 Forint einbringt. Daneben zieht er fünf Kühe auf, einige Kälber sowie Schweine und Hühner, was alles erst möglich ist seit den Reformen in der Landwirtschaft in den sechziger Jahren. «Mein Großvater», erzählt er, «kommt aus einem kleinen Dorf, dort auf der anderen Seite des Flusses. Es gehört heute zur Ukraine. Mein Vater galt als ‹Kulak›, weil er einige Joch Land besaß, und wurde nach '56 verhaftet, weil er für den Aufstand gewesen war. Dann wurden die Bauern gezwungen, in die TSz (Landwirtschaftliche Produktionsgenossenschaft) zu gehen, und durften nur noch ihren Garten und ein paar Tiere behalten. Sie können mir glauben, wir haben schlechte Zeiten hin-

Zigeunerkapelle zur Hochzeit auf dem Lande

ter uns. Aber besser, man spricht nicht darüber. Und uns geht es immerhin besser als denen da drüben.»

Hochzeit auf dem Lande

Irgendwann an einem Sonnabend treffen wir in Tiszakóród, unweit der russischen Grenze, auf eine für dieses Gebiet ungewöhnliche Ansammlung von Fahrzeugen. Sie sind mit Blumen und Papier geschmückt, ein weißes Handtuch baumelt von jedem Außenspiegel herab. Im Hof eines der ockerfarbenen Häuschen ist ein Zelt aufgebaut, unter dem in langen Reihen Bänke und blumengeschmückte Tische stehen: Lakodalom – Hochzeit auf dem Lande.

Unweit des Hauses drängen sich die Menschen vor der Kirche, in der die Trauung gerade ihrem Ende zugeht. Ein paar dunkelhäutige Zigeu-

ner mit verschmitzten Gesichtern treten aus dem schweren hölzernen Portal, streichen sich das strähnige Haar aus dem Gesicht und stimmen ihre Instrumente. Sie spielen Zoltán Kodálys Hochzeitsmarsch, etwas schmierend zwar, aber um so ausgelassener, weil nun mehr und mehr Menschen auf die Straße drängen und tanzen. Schnapsflaschen mit «Pálinka» gehen herum, und während wir ein wenig unschlüssig herumstehen und fotografieren, beginnt der Countdown zu jenem faszinierenden Phänomen, das die Ungarn «vendégszerető», Gastliebe, nennen. Auch wir sollen den Schnaps probieren, einer fragt, woher wir kommen und was wir machen. Die Verständigung funktioniert, Sándor schenkt uns die erste Flasche, József eine weitere. Wir sollen mitfahren nach Csaholc, einem Ort in der Nähe, wo weitergefeiert würde, denn dort wohnt der Bräutigam, und der Brauch will es, daß dessen Eltern die Abendfeier ausrichten.

Die Handtücher an den Fahrzeugen, erfahren wir, werden am Ende der Ehefrau vermacht, der Mann dagegen erhält von jedem Gast eines der Taschentücher, die jetzt an bunt geschmückte Stöcke gebunden sind und ausgelassen hin und her geschwenkt werden. Vor dem Haus der Braut schauen ein paar weißhaarige Frauen in buntgemusterten Kitteln mit weichen, freundlich-faltigen Gesichtern dem Treiben zu und laden uns in den Hof des alten Hauses ein, um bei ihnen zu essen und zu trinken. Aus der Kirche holen sie rasch den reformierten Pfarrer heran, denn dieser spricht als einziger im Dorf genügend deutsch und soll, weil wir zögern, die Einladung übersetzen. Er ist ein kleiner dicklicher Mann mit lichtem grauem Haar und einer dunklen Hornbrille, der uns mit leiser Stimme erzählt, wie er vor 47 Jahren in Österreich deutsch gelernt habe. «Ich bin schon seit zwei Jahren pensioniert», sagt er, während Schnitzel, Frikadellen, gefülltes Kraut und Gurkensalat auf den Tisch gestellt werden, «aber ich arbeite immer noch als Pfarrer in diesem Dorf. Die meisten hier sind Mitglied meiner Gemeinde, doch zum Gottesdienst kommen nur wenige.»

Irgendwann am Abend landen wir in Csaholc, wo die Hochzeit weitergeht. Männer mit hellen Tüchern vor dem Bauch bringen das Essen heran, andere füllen unsere Gläser bis zum Rand mit Pálinka, den abzulehnen schon eine Kunst ist. Was wir von Hitler hielten, fragen uns Sándor und József, die mit uns schon vor der Kirche geplaudert hatten, und ob wir wüßten, daß Ungarn zwei Drittel seines Gebietes verloren hätte. Wir erzählen im Gegenzug von den «Grünen», von denen man in diesem ungarischen Dorf noch nie etwas gehört hat.

Hinten im Zelt hat die Zigeunerkapelle zu spielen begonnen. Ein hochgewachsener Mafioso, dem eine Zigarette im Mundwinkel klebt, streicht lässig über den zerkratzten Baß, ein Graulockiger mit Fliege quetscht das Akkordeon. Ein Kleiner im viel zu großen hellen Anzug geigt schwulstige Melodien, und ein Alter mit grauen Bartstoppeln schlägt das traditionelle Zimbalon, das aussieht wie eine zu groß geratene bayrische Zitter. Sie spielen jene volkstümlichen ungarischen Tänze, die irgendwann in der Mitte des vergangenen Jahrhunderts komponiert wurden und seitdem für die echte ungarische Volksmusik oder gar die der Zigeuner gehalten werden. Um Mitternacht bricht die Kapelle mit einemmal ab, und ein Tanz von Braut und Bräutigam beginnt, der den Auftakt zu einem seltsamen Zeremoniell bildet: Der Vater des jungen Burschen bringt eine weiße Emailleschüssel heran, während sich die Männer vor ihm aufstellen, um ein paar Takte mit der Braut zu tanzen, was sie jedoch erst dann dürfen, wenn sie einige Scheine in den Topf gelegt haben. Alte hutzelige Männer, dickgewordene Mitvierziger, junge Familienväter – alle tanzen strahlend mit der Braut, bis die Schüssel voller Forint ist.

DONAUKNIE UND NÖRDLICHES BERGLAND

Der freundliche Pfarrer von Dunabogdány hatte sich für seine deutschen Gäste etwas Besonderes einfallen lassen: Als sie die auf einem Hügel stehende Dorfkirche betraten, um scheu zwischen Holzbänken und Wandgemälden herumzugehen, setzte er von der Empore aus mit einemmal die mächtigen Orgelpfeifen in Bewegung. Den Kopf nach vorne gebeugt, die Finger zögernd den Noten auf der Spur, spielte er aus einem schmalen Heft jene Melodie, von der er meinte, daß sie seine Besucher am meisten erfreuen müßte – das Deutschlandlied. Die Gäste aus dem links angehauchten Bremen zeigten betretene Gesichter, die auch dann nicht verschwinden wollten, als er ein anderes bekanntes Lied aus dem deutschen Musikgut intonierte – «Ich hatte einen Kameraden, einen besseren gibt es nicht.»

Szene einer landeskundlichen Reise in ein «schwäbisches» Dorf nördlich von Budapest. Die Mißverständnisse zwischen den Deutschen aus der Bundesrepublik und ihren Gastgebern in der ungarischen Diaspora könnten kaum größer sein. Der Wandel der Nationalkultur im amerikanisierten, industrialisierten Deutschland hat sich offensichtlich noch nicht bis hierhin herumgesprochen.

Deutsches Erbe

Dunabogdány ist eine jener zahlreichen ungarischen Siedlungen, die im 18. Jahrhundert von deutschen Auswanderern gegründet wurden und, obwohl inzwischen beinahe vollständig assimiliert, den westdeutschen Touristen neuerdings mit Vorliebe vorgeführt werden. Neben der Region Pécs gibt es rund um Budapest die größte Zahl solcher Dörfer, die früher von wohlhabenden Bauern deutscher Sprache bewohnt wurden. «Schwaben» nennen die Ungarn bis heute diese Deutschstämmigen, obwohl die meisten von ihnen aus dem bayrisch-österreichischen oder fränkischen Raum in den durch die Tür-

Erdwärmekraftwerk in Visonta

kenkriege entvölkerten Donaustaat kamen.

Deutsche und Ungarn lebten lange Zeit weitgehend konfliktfrei zusammen. Erst in diesem Jahrhundert führte der wachsende ungarische Nationalismus dazu – eine Reaktion auf die österreichische Unterdrükkung –, daß die Deutschen ihre Schulen schließen und ihre Namen madjarisieren lassen mußten. Im Zweiten Weltkrieg verkehrte sich das Verhältnis, weil das mit Hitler verbündete Ungarn sich nicht mehr getraute, den «Schwaben» und ihrem nationalsozialistischen Volksbund Vorschriften zu machen. Als die Rote Armee das Land besetzte, waren es dann die Ungarndeutschen, die kollektiv für den Faschismus verantwortlich gemacht und vom ungarischen Staat enteignet, vertrieben oder interniert wurden. Erst seit Mitte der fünfziger Jahre besserte sich die Lage der rund 200 000 verbliebenen Schwaben in Ungarn, und die Regierung bemüht sich inzwischen aus außenpolitischen Gründen beinahe krampfhaft um die Pflege ihrer größten nationalen Minderheit.

Die Zeit, in der es schon gefährlich sein konnte, auf der Straße deutsch zu sprechen, hat auch in Dunabogdány Wunden hinterlassen. Als sowjetische Truppen im Dezember 1944 den Ort besetzten, wurde der Bürgermeister abgesetzt und das Vermögen von rund 150 geflüchteten Familien beschlagnahmt, das sie auch dann nicht zurückerhielten, als sie später zurückkehrten. Soldaten, die gerade auf Wehrmachtsurlaub zu Hause waren, wurden zur Zwangsarbeit verschleppt. Im Sommer 1945 sperrte man die Dorfbewohner beim Gottesdienst in die Kirche ein, um die meisten von ihnen in Arbeitslager zu verschleppen.

Wehrte sich jemand gegen die Enteignung, wurde er verprügelt. An die endgültige Vertreibung erinnerte sich später ein Augenzeuge: «Am 23. August 1947 erschienen ungefähr 175 Polizisten, umstellten den Ort, regelten die Verladung der Betroffenen auf die Lastautos und begannen, jedes Haus zu durchsuchen. Die Vertriebenen wurden hierauf nach dem Verladebahnhof Budafok transportiert. Es ging jedoch nur der erste Vertriebenentransport aus Dunabogdány nach Deutschland in Stärke von ungefähr tausend Personen. Die übrigen Deutschen wurden dann nicht mehr ausgewiesen.»

Ähnlich verlief die erzwungene Aussiedlung der Donauschwaben auch in den anderen deutschsprachigen Ortschaften nördlich von Budapest. Ob Nagymaros, ob Pomáz, ob Solymár – überall mußten die Bauern, die bei einer Volkszählung im Jahre 1941 nicht Ungarisch als ihre Muttersprache angegeben hatten, ihre Höfe entschädigungslos räumen und, zusammengepfercht in Viehwaggons, das Land verlassen. Dabei ging es gar nicht in erster Linie um die Sühne deutscher Verbrechen. Die antideutschen Ressentiments dienten vielmehr dem Zweck, auf rasche Weise eine soziale Umwälzung herbeizuführen. Der ungarische Staat brauchte Land, das er an die aus der Slowakei ausgesiedelten oder an mittellose Ungarn verteilen und mit dem er die Diener des neuen Systems belohnen konnte. Die deutschsprachigen Bergarbeiter von Dunabogdány, die dem Volksbund angehört hatten, aber nichts besaßen, blieben folgerichtig unbehelligt.

Heute lebt in Dunabogdány, das 1724 von deutschen Siedlern gegründet wurde, von den ehemals dreitausend Menschen mit deutschen Vorfahren noch rund die Hälfte. Doch viele beherrschen schon nicht mehr die Sprache ihrer Väter. Lediglich im kleinen Heimatmuseum an der Hauptstraße sowie in der privaten Sammlung von Gemälden und alten Schriften, die ein Dorfbewohner angelegt hat, sind Reste der deutschen Kultur bewahrt.

Das Donauknie, in dem Dunabogdány und eine Reihe weiterer schwäbischer Dörfer liegen, gehört neben dem Balaton zu den malerischsten und deshalb meistbesuchten Landschaften Ungarns. Es ist ein zwanzig Kilometer langer, eigenartig gewundener Abschnitt der Donau, die sich in einem riesigen Bogen einen Weg durch das nördliche ungarische Bergland bahnt und dann nach Süden weiterfließt – geteilt in zwei Arme, die sich um die Insel von Szentendre legen. Am rechten Ufer des Flusses erheben sich die Visegráder Berge und das Pilis-Gebirge, am linken Ufer erstrecken sich die Ausläufer des Börzsöny-Gebirges. Die Berge sind bedeckt mit schattigen Laubwäldern, hin und wieder gluckst eine klare Quelle; schmale Wanderwege durchziehen das Gelände, dazwischen Rastplätze und Feuerstellen. Wie das gesamte nördliche Bergland will die Landschaft so gar nicht zu dem Klischee von Pußta, Paprika und Salami passen. In diesem Teil Ungarns befinden sich auch die meisten historischen Baudenkmäler, denn in grauer Vorzeit lag hier die Wiege der madjarischen Nation.

Dalmatinischer Barock

Die meisten Budapest-Besucher wählen das Donauknie als Ausflugsziel, wenn sie der Steinwüste der Hauptstadt entkommen wollen. Vom Engels tér fahren Busse hier herauf, vom Vigadó tér weiße Dampfer, und in einer halben Stunde ist die Vorortbahn HÉV in Szentendre. In diesem Ort siedelten sich im Mittelalter serbische, dalmatinische und griechische Familien an, die vor den Türken geflüchtet waren und ihre Baukunst und Religion mit nach Ungarn brachten. Sie errichteten griechisch-orthodoxe Kirchen im barocken Stil, was in Europa ohne Beispiel ist, und prägten auch das geschlossene Stadtbild, das für Ungarn alles andere als typisch ist. Der Kern der früheren Handelsstadt hat sich das Äußere eines dalmatinischen Barockstädtchens bewahrt: die verwinkelten Sträßchen und Treppen, das kühle Donauufer mit der schattigen Uferpromenade, der alte Hauptplatz, im Sozialismus Marx tér, der von serbischen Kaufmannshäusern aus dem 18. Jahrhundert und der prawoslawischen Blagovestenska-Kirche umbaut ist.

Seit den zwanziger Jahren haben sich ungarische Künstler den romantischen Ort, der wie überall von einer weniger romantischen Neubaustadt umgeben ist, zu ihrem bevorzugten Domizil gewählt. Die 1928 gegründete Künstlerkolonie von Szentendre liegt an der Kreuzung der Ady Endre út mit der Vörös Hadsereg útja, die unter der Nummer 51 auch eine kleine Galerie beherbergt. Die Arbeiten der ortsansässigen Maler werden unter anderem in der Gemäldegalerie am Marx tér ausgestellt, am selben Platz steht auch das Ferenczy-Museum, in dem die Werke des ungarischen Impressionisten Károly Ferenczy zu sehen sind. Beim Gang durch das Städtchen stößt man förmlich an jeder Ecke auf Gemälde, Grafiken, Skulpturen und Drucke. Vor der Stadt befindet sich das größte und schönste ungarische Freilichtmuseum für Volkskunde, in dem rund zweihundert altertümliche Gebäude aus der bäuerlichen Vergangenheit im östlichen Ungarn aufgebaut worden sind. Da ist ein Zweizimmerhaus aus der Gemeinde Kispalád, in dem noch drei Generationen zusammen unter einem Dach wohnten; da ist ein kunstvoll geschnitzter Glokkenstuhl aus Nemesborzava; da sind Wohnhäuser aus Uszka und Botpalád mit Höfen, Ställen, Speicher, Schober und Backhaus, die vom Wohlstand ihrer früheren Besitzer zeugen; da sind eine reformierte Kirche aus Mánd, ein Friedhof mit den gespenstischen bootsförmigen Grabpfählen der Theiß-Gegend sowie eine Kreismühle aus Vámosoroszi – Schätze aus der Lebenskultur des alten Ungarn, die selbst in den hintersten Winkeln des Landes von der Zivilisation zerfressen wird und hier ein letztes Reservat gefunden hat.

Ruhe und Rummel

Gegenüber von Szentendre erstreckt sich die große Donauinsel, an deren nördlichster Spitze das verschlafene Örtchen Kisoroszi und ein inoffizieller Campingplatz liegen, zu denen tagsüber eine kleine Fähre übersetzt. In Kisoroszi hält ein winziger Laden seine Pforten offen, daneben ein Gemüsegeschäft und eine verkommene Kneipe, ein weiteres Gasthaus versteckt sich in einer Seitenstraße, wo der Wirt den Wein noch aus bauchigen Blechfässern in die Gläser schöpft. Das Ufer der gut dreißig Kilometer langen Insel säumen weit über das Wasser reichende Weiden, die den beiden Donauarmen das Aussehen einer romantischen Aulandschaft verleihen und unter denen Unerschrockene

manchmal ein Bad nehmen. Trotz der im Sommer überfüllten Thermalbäder und einer wachsenden Zahl von Restaurants am rechten Donauufer zwischen Szentendre und Dunabogdány herrscht auf der Insel der alte Stillstand der ungarischen Provinz – als hätten die Touristen zu bemerken versäumt, daß längst auch eine Brücke zu ihr hinüberführt.

Auch das linke Donauufer zwischen Budapest und Szob ist weitgehend unentdeckt, obwohl dort das ehemalige Schloß der Grafen Károlyi in Fót und der Botanische Garten von Vácrátót, die Bischofsstadt Vác und das klassizistische Sommerpalais an der Kismaroser Landstraße, das Künstlerlager in Zebegény sowie die malerisch gelegene Ortschaft Nagymaros zu sehen sind.

Statt dessen drängen sich die Touristen auf den kümmerlichen Resten des ehemaligen Renaissancepalastes von König Mátyás in Visegrád. Hier, hoch über dem Donauknie, stand bis zum Beginn der türkischen Besetzung eines der schönsten Schlösser Europas, das von italienischen Steinmetzen und Bildhauern geschaffen worden war. Es hatte 350 Räume, und bei großen Festen floß aus einem Springbrunnen in seinem Ziergarten roter und weißer Wein. Nach seiner Zerstörung durch die türkischen Eroberer verwendete die Bevölkerung die Steine zum Hausbau. Bergrutsche verschütteten den Palast vollends, so daß Historiker bis zum Beginn der Freilegung im Jahre 1934 nicht glauben wollten, daß es hier einen 600 Meter langen und 300 Meter breiten Königsbau gegeben hat. Dann erst begann die mühevolle Rekonstruktion der zerstörten Pracht, deren Überreste heute im Wohnturm der unteren Burg und in

Szentendre – Künstlerstadt und Touristenattraktion

den Ruinen der Hochburg ausgestellt werden.

Visegrád, der slawische Name für hohe Burg, ist zugleich Zentrum des Piliser Parkwaldes. In dem Erholungsgebiet wurden Spazierwege und Schutzhütten angelegt, im Gizella-major am Donauufer besteht die Möglichkeit zu reiten. Am Lepence-Bach befindet sich ein Thermal-Waldfreibad, und südlich von Dömös führt ein zwei bis drei Kilometer langer Spazierweg am Ufer des Malom-Baches zu den Vadálló-Felsen und der Rámszakadék-Schlucht. Hier erhebt sich auch der 641 Meter hohe Prédikálószék, der als UNO-Biosphärenreservat unter strengem Naturschutz steht. Allerdings ist diese Idylle von ehrgeizigen

Plänen der ungarischen Energiewirtschaft bedroht: In dem Naturschutzgebiet soll ein Turbinenkraftwerk errichtet werden, das das Wasser aus der Donau in die Höhe pumpt, um es in Spitzenverbrauchszeiten zur Stromgewinnung wieder abzulassen. Und im malerischen Knie des Stromes zwischen Visegrád und Nagymaros sieht man die Anfänge einer Staumauer, die Teil des gigantischen Staustufensystems werden sollte, das die tschechoslowakische und die ungarische Regierung gegen die ökologischen Bedenken von Fachleuten und den Widerstand der Bevölkerung durchgepeitscht haben. Jetzt, nach der Wende, soll die Mauer wieder abgerissen werden.

Die Stadt des Primas

Folgt man dem Donaulauf weiter nach Westen, gelangt man zur einstigen Landeshauptstadt Esztergom (Gran), in der im Jahre 1000 der ungarische Herrscher István I. gekrönt wurde. Mitte des 13. Jahrhunderts verlegte König Béla IV. die Residenz nach Buda, und das Oberhaupt der katholischen Kirche zog in den königlichen Palast am heutigen Szent István tér ein. Esztergom ist Zentrum des ungarischen Katholizismus geblieben und Amtssitz des Primas von Ungarn. Auch architektonisch wird die Stadt von der pompösen, 110 Meter hohen Basilika dominiert, die zwischen 1822 und 1856 auf einem Hügel im klassizistischen Stil errichtet und mit einer Messe des Komponisten Ferenc Liszt eingeweiht wurde. Das einschüchternde Kirchengebäude mit der monströsen Kuppel macht besser als tausend Worte augenfällig, welche Macht die Kirche in Ungarn einmal besessen hat. Wie von einer Festung aus hat man hier oben einen weiten Blick über das Land und in die benachbarte Slowakei, die noch bis zum Ersten Weltkrieg größtenteils zu Ungarn gehörte. Das Verhältnis zwischen den beiden sozialistischen Bruderstaaten, die zweimal in diesem Jahrhundert Kriegsgegner waren, wird indes von einem anderen Bauwerk symbolisiert – von der zerstörten Brückenverbindung am Donauufer, deren Reste an der Táncsics Mihály utca ins Wasser ragen.

Esztergom ist dicht bestückt mit historischen Sehenswürdigkeiten: den Überresten der Burgmauern, den Befestigungs-Rondellen, der Mattyaovszky-Bastei am Donauufer, der Pfarrkirche der Wasserstadt, dem Rathaus und dem Primatialpalast, in dem sich das Christliche Museum befindet. Umweltschützer hatten die Befürchtung, daß ein Teil dieser Gebäude von dem geplanten Staustufensystem bedroht würde, weil die Donau dadurch in Zukunft einen höheren Wasserstand hätte. Mit seinen staubigen Straßen, den unscheinbaren, ockerfarbenen Barockpalästen und den kleinen, unverhofften Plätzen, auf denen trockene Bäume etwas Schatten spenden, erinnert Esztergom jedoch keineswegs an eine ungarische Ausgabe des Vatikan, sondern besitzt eher das Flair einer pittoresquen Kleinstadt. Jedes Jahr im Juli wird auf dem historischen Széchenyi tér der «Esztergomer Sonntagsmarkt» organisiert, ein Folkloremarkt mit Ständen, Kunstgewerbe, Tanz und mittelalterlichen Komödianten. Schon von weitem sind dann die langgezogenen Schreie der Schalmeien zu hören – Musikstudenten spielen in alter Tracht ungarische Volksmusik.

Symbol kirchlicher Macht – Basilika in Esztergom

Waldidylle mit Schwerindustrie

Vom Donauknie ostwärts erstreckt
sich das nördliche Bergland der
Volksrepublik. Die geschwungene
Mittelgebirgslandschaft vom Bör-
zsöny- bis zum Zempléni-hegység
mit ihren bewaldeten Bergrücken
und wildromantischen Tälern, mit
mächtigen Laubbäumen und feuchten Wiesen ist das eigentliche Gegenstück zur trockenen Tiefebene. Hier
sind die Dörfer sauber und aufgeräumt, der bescheidene Wohlstand
ist unübersehbar, am Staßenrand
wachsen farbenprächtige Dalien,
Studentenblumen und Phlox. Die
Häuser sind geweißt und von Arkaden und bepflanzten Höfen umgeben. In den Vorgärten steht ein höl-
zernes Brunnenhäuschen mit einem
geschwungenen Eisenrad, das das
Wasser in einem Eimer quietschend
hinaufbefördert. Auf bunten, unre-
gelmäßigen Feldern wirtschaften
Bauern auf private Rechnung und
beladen ihre abenteuerlichen Fahrzeuge mit Obst oder Gemüse. Am
Abend treiben sie ihre Kühe mit
einem Stöckchen in der Hand von
den Weiden nach Hause in die privaten Ställe.

Das waldreiche Bergland des Nordens ist seit Jahrhunderten auch
wichtigster Lieferant der Holzwirt-
schaft. Während früher die Waldarbeiter das Holz auf primitiven Karren oder Schlitten und später mit
winzigen Dampfloks auf verschlun-
genen Schmalspurstrecken beför-

derten, sind mittlerweile längst große Maschinen für den Holzeinschlag im Einsatz. Auch die Umweltverschmutzung hat inzwischen in der grünen Idylle ihre Spur hinterlassen: Ein Viertel der ungarischen Eichenbestände gilt als geschädigt. An die alte Welt der Holzfäller, die dieses Gebiet einmal geprägt hat, erinnern nur noch das Waldmuseum in Szilvásvárad sowie die zahlreichen Kleinbahnen, die in diesem Teil Ungarns erhalten geblieben sind.

Neben der Forstwirtschaft sind für das nördliche Bergland vor allem die Rohstoffe von Bedeutung, die man bereits im Mittelalter im Gestein entdeckt hat. Im Börzsöny-Gebirge wurden damals Eisen, Kupfer und Gold gefördert, in den Wäldern des Bükk stand die Wiege der ungarischen Hüttenindustrie. In der Tiefe der bewaldeten Höhenzüge gibt es Steinkohle, Eisen und andere Erze, die den Norden frühzeitig zu einem industriell entwickelten Teil Ungarns machten. An diese Anfänge der Industrialisierung erinnert in Salgótarján ein Grubenmuseum.

Miskolc, Salgótarján, Leninváros und andere Orte des Nordens sind häßliche, stinkende Industriezentren. Kazincbarcika ist, wie Dunaújváros, eine sozialistische Industriestadt der Nachkriegszeit mit kalten Neubauten, einem riesigen Wärmekraftwerk und der Dreckschleuder Borsoder Chemisches Kombinat. In Gyöngyös sieht man schon aus großer Ferne die gelbbraune Schwefelfahne des dortigen Kohlekraftwerkes, und in Dorog, wo eine Arzneimittelfabrik ihr Gift in die Umwelt abläßt, fand eine Kinderärztin heraus, daß die Zahl der unter chronischen Atemwegserkrankungen leidenden Kinder dort noch zweimal so hoch ist wie in Miskolc, dessen Luft

als die am stärksten verschmutzte in Ungarn gilt. In Miskolc mußten in den Schulen bereits spezielle Asthma-Klassen für jene Kinder eingerichtet werden, die in der Umgebung der örtlichen Chemiewerke leben.

Die uralten Hochöfen im Miskolcer «Eisenwerkviertel» und in Ózd, die Eisen und Stahl erzeugen, sind aber nicht nur extrem umweltfeindlich, sondern auch längst unrentabel. Die Regierung, die für die Verluste dieser Betriebe aufkommen muß, möchte deshalb den Personalbestand verringern – Tausende von Arbeitsplätzen sind bedroht. Entlassungen und soziale Unsicherheit, so berichtete die Wirtschaftszeitung «HVG» vor einiger Zeit über die Industriestadt Ózd, haben dazu geführt, daß sich die Kriminalität dort innerhalb eines Jahres verdoppelte.

Die miserablen Umweltbedingungen in den nördlichen Industriequartieren führten schon im Sozialismus zu vereinzelter Gegenwehr. Bevölkerungsproteste und dramatische Fernsehberichte bewirkten 1982, daß das Eisenwerk von Diósgyör mit neuen Filtern ausgestattet wurde. Und aus dem Freundeskreis des Nationalparkes im Bükk-Gebirge ging 1981 der Naturschutzverein des Komitates Borsod-Abaúj-Zemplén hervor. Nach einem langwierigen Kampf um die behördliche Anerkennung begann der Verein 1984 seine Aktivitäten mit einem bescheidenen Aktionsprogramm, das den Schutz der Bäche Garadna und Szinva, den Kampf um die Erhaltung des einzigen Grüngebietes von Miskolc, des Avas, und die Schaffung eines Schutzzentrums für Wildvögel umfaßte. Der Verein, dem eine Reihe von Studenten der Technischen Universität für Schwerindustrie angehören, erklärte, seine Arbeit erfolge im

Geiste des Clubs of Rome und in Übereinstimmung mit allen Naturschützern der Welt – im Sozialismus ein ungewöhnliches Bekenntnis.

«Die tragische Seite der Umweltfrage», hieß es in einer Selbstdarstellung, «ist die unaufgeklärte Masse und die unaufklärbare Führungsschicht. Von beiden ist letztere das Gefährlichere.»

In der Vergangenheit waren die nördlichen Industriegebiete Zentren revolutionärer Gesinnung. Ózd war in der Schlußphase des Zweiten Weltkrieges eine Hochburg der kleinen ungarischen Partisanenbewegung, im undurchdringlichen Maquis in der Nähe von Miskolc richtete der spätere Polizeipräsident von Budapest, Sándor Kopácsi, 1944 mit ein paar anderen sozialdemokratischen Arbeitern ein Widerstandsnest ein. Auch der Volksaufstand von 1956 fand hier entschlossene Unterstützer; Arbeiter und Studenten besetzten damals das Funkhaus von Miskolc, um einen Aufruf mit der Forderung zu senden: «Die sowjetischen Truppen müssen nach Hause geschickt und in Budapest darf kein ungarisches Blut mehr vergossen werden. Imre Nagy soll den Mut aufbringen, sich von jenen Politikern zu trennen, die sich nur der Waffengewalt zur Unterdrückung des Volkes bedienen können. Freiheit, Ordnung und Unabhängigkeit für unser Land!» Noch über einen Monat nach der Absetzung von Nagy durch sowjetische Truppen fand in Miskolc eine Frauendemonstration statt, und das bewaffnete Vorgehen der Polizei gegen eine Arbeiterkundgebung in Salgótarján führte dazu, daß der Arbeiterrat von Groß-Budapest für den 11. und 12. Dezember zu einem letzten landesweiten Streik aufrief.

Trachten und Burgen

In paradoxem Kontrast zu Industrie und Arbeiterbewegung steht die große Bedeutung folkloristischer Überlieferungen im nördlichen Bergland, die in den unzugänglichen Dörfern besser gedeihen konnten als in der Ebene. Die Palozen, wie die Bauern des Cserhát-Gebirges heißen, sind eine der interessantesten Volksgruppen des Landes und konnten in den größtenteils geschlossenen Siedlungen lange Zeit ihre traditionelle Lebensform und ihre Bauweise, ihre Bräuche und ihre Mundart bewahren. Auch heute begegnet man noch den farbenprächtigen Trachten der Frauen, besonders an Festtagen und hauptsächlich bei den Älteren. Die Trachten, vor allem aber die reiche Verzierung der Hauben und die bunten, goldenen und silbernen Spitzen, ließen früher auf das Alter und die Vermögenslage der Trägerin schließen. Zu den prächtigsten Gemeinden zählen Buják, Kazár, Bánk und Hollókő. Auch die Dörfer des Galga-Tals nordöstlich von Gödöllő, wie Galgagyörk, Galgahévíz oder Zsámbok, sind berühmt für ihre Folklore. Die reiche Volkskunst der Landschaft wird im Palozen-Museum von Balassagyarmat gezeigt, das sich stolz als «Hauptstadt der Palozen» bezeichnet. Volkstrachten und Stickereien des Bükk-Gebirges sind hingegen im Museum von Mezőkövesd ausgestellt, das als Zentrum des Matyó-Gebietes und seiner farbenreichen Volkskunst gilt.

In dem geschwungenen Hügelland des Nordens hat sich auch der ungarische Adel mit Vorliebe angesiedelt und auf erhöhten Standorten Burgen und Schlösser errichtet. Der Schutz, den das Mittelgebirge bot, machte das Gebiet andererseits im

Mittelalter zum Schauplatz vieler Kämpfe gegen die Türken und die Habsburger. Eine der ältesten Burgen ist die von Hollókő (Rabenstein), die im 13. und 14. Jahrhundert errichtet wurde und von deren sechs gotischen Sälen Überreste erhalten geblieben sind. Die romantisch gelegene Burg von Miskolc-Diósgyör mit ihren vier Türmen gehört zu den schönsten Schöpfungen der mittelalterlichen ungarischen Baukunst und war ein beliebter Aufenthaltsort von König Ludwig dem Großen. Von der einstigen Burg in Szécsény östlich von Balassagyarmat sind nur noch zwei Eckbasteien geblieben, dafür befindet sich im selben Ort das ehemalige Schloß Forgách. Eine herrliche Aussicht hat man von den Ruinen der Burg Boldogkő bei Szerencs, deren dicke Mauern, Basteien und Türme gut erhalten sind.

Das bekannteste Schloß Nordungarns ist jedoch das Barockpalais Grassalkovich in Gödöllő, das von 1867 bis 1918 den Habsburgern und danach dem Reichsverweser Miklós Horthy als Sommerresidenz diente. Der Name geht auf den Großgrundbesitzer Antal Grassalkovich zurück, der Mitte des 18. Jahrhunderts als Vertrauter von Kaiserin Maria-Theresia riesige Güter in Ungarn erwarb und mehrere prunkvolle Schlösser bauen ließ. Im Kadarismus herrschte in dem ehemaligen Palais eher Untergangsstimmung: Von den Fassaden lösten sich Anstrich und Putz, am Eingang wachte ein zahnloser Pförtner über sein verwahrlostes Reich, das seit seiner Konfiszierung durch sowjetische Truppen am Ende des Krieges nicht mehr instand gesetzt wurde. Der ehemals prächtige Park verwilderte, die schmiedeeisernen Gitter verrosteten, die Flure des Schlosses wurden mit rohen Holzbalken «umgebaut». Die Schlaf- und Wohngemächer waren vollgestellt mit Doppelbetten, im ehemaligen Schloßsaal in der ersten Etage waren die Spiegel blind geworden, und Schwalben nisteten unter der ramponierten Stuckdecke. An der Wand lehnte ein auf der Seite liegender Flügel, auf dem früher die österreichische Kaiserin gespielt haben soll. Auf wertvollen Rokoko-Möbeln saßen ein paar Alte, die den Eindruck weitgehender Geistesabwesenheit machten, denn Gödöllő wurde in den fünfziger Jahren ein Altersheim. Erst jetzt hat man die Renovierung in Angriff genommen.

Von den sechs Mittelgebirgszügen nordöstlich der Donau ist das Börzsöny-Gebirge das am weitesten westlich gelegene. Einer der Ausgangspunkte für Wanderungen ist Kismaros, denn von hier aus führt eine Schmalspurbahn durch das Tal des Morgó-Baches nach Királyrét (Königswiese), einem von hohen Bergen umschlossenen Becken. Sein Name bewahrt die Erinnerung an das Mittelalter, als hier Könige jagten und im See neben dem Burgberg die Gemahlin des Königs Mátyás, Beatrix von Aragonien, badete. Ganz in der Nähe, unweit der Spitze des 865 Meter hohen Nagy-Hideghegy, steht ebenso wie auf dem Magas-Tax ein Touristenhaus, denn diese Gegend zählt zu den wenigen schneesicheren Gebieten Ungarns.

Ungarns schönstes Dorf

Das Cserhát-Gebirge ist eher ein sanft geschwungenes Hügelland. Zwischen seinen flachen Hängen, die häufig landwirtschaftlich genutzt werden, erhebt sich nur hie und da

Kultur der Palozen – geschütztes Dorf Hollokő

ein Berg. An den Straßenrändern stehen Pappeln, Birken und Akazien, in deren Blättern sich die Strahlen der Sonne brechen.

Eine der typischen veschlafenen Ortschaften für den einheimischen Tourismus ist Bánk, nördlich von Vác, wo in einem Talkessel ein winziger, kreisrunder, grüner See aus einem Bach gespeist wird. In dem unscheinbaren Strandbad liegen ein paar verstreute Badegäste aus der Umgebung herum, ein Mann in Badehose vermietet nebenan Ruderboote. Den Mülleimer im Strandbad leert eine Frau in der bunten Tracht dieser Region, die wenig zu ihren Gummihandschuhen passen will. Auch einen unscheinbaren Campingplatz gibt es in Bánk und ein Hotel, das sich stolz «Motel» nennt.

Vorbei an Feldern und Wiesen und durch eine große Waldlandschaft fahren wir von Bánk nach

Hollókő, dem wahrscheinlich schönsten Dorf in Ungarn. Hinter Felső-told müssen wir in eine schmale unbefestigte Asphaltstraße biegen, an deren Ende die ersten rotbraun und gelb gestrichenen Gebäude des Ortes auftauchen – eintönig wie in jedem ungarischen Dorf. Doch plötzlich wandelt sich das Bild, und weißgekalkte Häuschen stehen am Straßenrand. Sie tragen hölzerne Giebel, in die Kreuze, Herzen und Jahreszahlen eingeschnitzt sind, darunter ist ein von schweren Holzbohlen gestützter ziegelgedeckter Dachvorsprung, der mit einer geschnitzten Zopfleiste verziert ist. Unter dem Vorsprung befindet sich ein regengeschützter Gang, der mit einem Geländer versehen ist und aussieht wie eine schmale Veranda. Auch die Grundstücke sind mit geschnitzten Holzzäunen voneinander abgetrennt, deren Pfähle vielfach verziert sind. Die Straßen sind schmale Schotterwege. In den Gärten lagert gesägtes und zerkleinertes Feuerholz. Maiskolben und andere Früchte sind zum Trocknen aufgehängt, in kleinen, halb verfallenen Hütten sind Hühner oder Kaninchen untergebracht, die jeden Grashalm auf ihrem abgezäunten Terrain verspeist haben. Vor den Häusern sitzen betagte Menschen, schwarz gekleidet oder in der bunten Tracht der Palozen, anderswo holen alte Frauen mit einer Kanne Wasser aus den blauen Metallpumpen am Straßenrand. Eine tiefe Stille herrscht in Hollókő, die nur vom Schnattern der Gänse oder vom Gackern der Hühner unterbrochen wird.

Seitdem das Dorf 1962 unter Denkmalschutz gestellt wurde, durften an dem alten, einheitlichen Baustil der Palozen keine Änderungen mehr vorgenommen werden. Umgebaute Häuser bekamen wieder ihr ursprüngliches Aussehen, und auch die Funktionsgebäude wurden in alten Bauernhäusern untergebracht: ein Postamt, eine Bibliothek, ein Kindergarten und ein kleines Restaurant. In einem der Häuschen befindet sich auch das winzige Fremdenverkehrsbüro, das einen Teil der alten Häuser von Hollókő an Touristen vermietet. Für vierzig Forint pro Bett bekommen wir eine wunderschöne Bauernkate zugewiesen – Kategorie: «nem komfortos» (nicht komfortabel). Hinter der schweren Eingangstür öffnet sich ein geräumiger Vorraum, in dem eine geschnitzte, bemalte Bauerntruhe, ein Tischchen mit Gläsern, eine silberne Wasserkanne und ein sonderbarer Ständer mit einer uralten Emailleschüssel stehen. In einem Nebenraum sind vier kurze Betten aufgestellt, an den Wänden hängen kit-

schige religiöse Bilder. Unter dem großen Walnußbaum im Garten warten ein hölzerner Tisch und zwei Bänke aus Baumstämmen, daneben eine Feuerstelle, weiter hinten ein weißes Häuschen mit zwei sauberen Plumpsklos.

Hollókő ist wie die gesamte Region ein tief katholisches Gebiet. An den Wegen stehen Kreuze und steinerne Jesus-Standbilder. Am Sonntagvormittag drängen sich die Bewohner in der weißgekalkten Kirche, an deren Seite eine Holztreppe zum Glockenturm hinaufführt. Die Männer tragen schwarze, verbeulte Hosen und saubere, weiße Hemden, darüber schwarze Westen und auf dem Kopf einen ebenso schwarzen Hut. Nach dem Gottesdienst treten die Frauen, die ihre Tracht angelegt haben, mit Rosenkranz und Gesangbuch aus der Kirche, stimmen kirchliche Lieder an und küssen immer wieder dem hölzernen Jesus die Füße. Irgendwann kommt auch der Priester in seinem weißen, verzierten Meßgewand heraus, wirft sich einen Überrock über und setzt sich ans Steuer seines Skoda, um im Nachbardorf den nächsten Gottesdienst abzuhalten.

In den Wäldern vor Eger

Der touristisch am meisten entwikkelte Gebirgszug des nördlichen Berglandes ist das Mátra-Gebirge, im Winter wie im Sommer ein beliebtes Urlaubsgebiet. Es weist die beiden höchsten Gipfel des Landes auf, den Kékesteő mit 1015 Metern und den Galyateő mit 966 Metern. Dichte Eichen- und Buchenwälder, zahlreiche Quellen und Bäche, Luftkurorte, Touristenhäuser, Restaurants und ausgeschilderte Wanderwege machen die Mátra zum bedeutendsten Anziehungspunkt des Fremdenverkehrs nach Plattensee und Donauknie. Die bekanntesten Erholungsorte heißen Mátrafüred (von Gyöngyös mit der Schmalspurbahn zu erreichen), Mátraháza, Parádfüred und Bükkszék. Gewerkschaften, Betriebe und Ministerien unterhalten hier ihre Erholungsheime, in die man im Sozialismus nur per Zuweisung gelangte – dann aber extrem billig. Parádfüred und Bükkszék sind alte Badeorte mit heilendem Thermalwasser, in Mátrafüred gibt es neben einem Freibad einen kleinen See, den Sás-tó, mit Campingplatz, Holzhäusern und Motel.

Die kurvenreiche Landstraße, die all diese angenehmen Örtlichkeiten passiert, die vorbeiführt an «büfés», Gaststätten und zurückgesetzten Villen und sich durch kühle, einsame Laubwälder schlängelt – ausgerechnet diese Straße führt in eines der düstersten Kapitel der ungarischen Nachkriegsgeschichte, zu einem Zeugnis jener aberwitzigen Diktatur der Nachkriegszeit, die die stalinistische Sowjetunion selbst in ihren gemeinsten Zügen noch einzuholen trachtete: das Zwangsarbeitslager von Recsk. Unter Kádár hat es diesen ungarischen Gulag offiziell nie gegeben, und seine Opfer wurden weder rehabilitiert noch entschädigt. Aber lange schon gibt es im Ausland erschienene Gefangenenberichte, und der Regisseur Géza Böszörményi hat das Lager 1988 zum Gegenstand eines erschütternden Dokumentarfilmes gemacht, in dem Täter und Opfer erstmals zu Wort kamen.

Vom Bahnhof in Recsk weist eine Straße schnurgerade nach Süden, ihr Asphalt macht bald einer schlechten Pflasterung Platz. Sie wurde im Herbst 1950 von Strafgefangenen unter unmenschlichen Bedingungen angelegt. Am Ende dieser Straße liegt der Csákány-Fels, ein Vulkanrest, dessen Gestein im ersten Fünf-Jahres-Plan abgebaut und mit einer Seilbahn zum Bahnhof befördert werden sollte – doch es fehlte an Arbeitskräften. Auf einer ehemaligen Wiese zu Füßen des Steinbruchs, rechter Hand jener Stelle, wo die Steinpiste eine scharfe Linkskurve macht, wurde deshalb ein Arbeitslager für politische Strafgefangene eingerichtet, in dem mindestens 120 Menschen an Folter, Unterernährung und ständiger Kälte starben.

Gespenstische Zäune markieren bis heute die nördliche Begrenzung des Lagers, auf dem Hügel verrottet das ockerfarbene Gebäude der früheren Lagerkommandantur. Zwischen Gräsern und Büschen zeichnen sich deutlich die stufenförmigen Fundamente des Strafbunkers, der Wohnhäuser des Lagerpersonals und der ehemaligen Baracken ab, in denen bis zu 400 Personen gleichzeitig untergebracht wurden. Stacheldraht und Wachtürme wurden klammheimlich beseitigt, auf den Fundamenten Kiefern gepflanzt, doch Kanalisation, Eingangsstufen und die von den Gefangenen angelegten Fischteiche sind bis heute noch zu sehen.

Von Sonnenaufgang bis Sonnenuntergang mußten die Gefangenen im Steinbruch von Recsk arbeiten. Die Verantwortlichen trieben sie mit halber Kost und nächtlichem Kerker zu größeren Leistungen an, Aufseher und aus Mitgefangenen rekrutierte Kalfaktoren drangsalierten sie und gaben ihnen als «Werkzeuge» Pritschen aus Zweigen zum Transport der Felsbrocken. Nahrungsmittel wurden nur abends und morgens ausgegeben, in geringen Mengen und von minderer Qualität. Körperpflege und Hygiene waren so gut wie ausgeschlossen. Viele Gefangene hatten nach drei Jahren Lagerhaft ihre Zähne verloren, andere waren mit Furunkeln übersät, die zu «behandeln» dem Kommandanten des Lager-Krankenhauses besondere Freude bereitete. Kaum einer der Überlebenden, der nach seiner Freilassung unter Imre Nagy nicht bleibende Schäden zurückbehalten hätte.

An der Grenze zwischen Mátra- und Bükk-Gebirge liegt Eger (Erlau, 67 000 Einwohner), die schönste Stadt des Nordens, die wegen ihres trockenen, dunklen Rotweins manchmal auch als das ungarische Bordeaux bezeichnet wird. Auf ausgedehnten Weinfeldern an südlichen Berghängen reifen die blauen und weißen Trauben heran, die später zu dem berühmten «Erlauer Stierblut» (Egri bikavér), zum schweren «Médoc Noir» oder zum honigfarbigen «Leányka» verarbeitet werden. Im Tal der Schönen Frauen (Szépasszony-völgy) reihen sich die in den Berg gehauenen Weinkeller aneinander, in Eger selbst gibt es eine Reihe von Weinstuben am Szabadság tér und Dobó István tér, außerdem riesige unterirdische Weinkeller, in denen man in feuchtem Dämmerlicht sitzt, zum Beispiel unweit der pompösen, klassizistischen Basilika, dem zweitgrößten kirchlichen Bauwerk in Ungarn.

Im 16. Jahrhundert hat sich die Stadt verbissen gegen die türkischen Eroberer zur Wehr gesetzt und damit den Hintergrund für Géza Gárdonyis nationalistischen Abenteuerroman «Die Sterne von Eger» geliefert. Der Burghauptmann István Dobó verteidigte 1552 mit zweitausend Mann, unterstützt von den kämpfenden Frauen von Eger, die Stadt erfolgreich gegen eine fast

sechzigfache türkische Übermacht. Der Glaube an die Unbesiegbarkeit der Türken, die sich damals anschickten, Europa zu unterwerfen, wurde erstmals erschüttert, und die weitere Ausbreitung des Osmanischen Reiches kam für Jahrzehnte zum Stehen. Erst 44 Jahre später konnte Sultan Mohammed III. Eger einnehmen. Zwar war die Besatzung nun dreimal stärker, doch bestand sie vorwiegend aus fremden Söldnern, die nach kaum einwöchigem Kampf die Festung gegen die Zusicherung freien Geleits übergaben – und dennoch niedergemetzelt oder verschleppt wurden.

Während der knapp hundertjährigen türkischen Besetzung bestand die Mehrheit der Bevölkerung aus Mohammedanern, die das Gesicht der Stadt nachhaltig veränderten: Zahlreiche Moscheen entstanden, Bäder wurden gebaut, erhalten geblieben sind davon jedoch nur eine ehemalige Moschee (Kórház-templom) sowie ein Minarett, das als das nördlichste osmanische Bauwerk gilt. Die habsburgischen «Befreier» gelangten 1687 in den Besitz der Festung, indem sie die türkische Besatzung aushungerten. Zwanzig Jahre später ließ der österreichische Kaiser die Außenmauern der Burg sprengen, um den für ihre Unabhängigkeit kämpfenden Ungarn keinen Unterschlupf zu bieten – vergeblich allerdings, denn der Führer des Freiheitskrieges, Fürst Rákóczi, schlug in Eger wiederholt sein Hauptquartier auf. Mitte des 18. Jahrhunderts setzte dann die eigentliche Blütezeit der Stadt ein, in der die meisten der barocken Gebäude und Kirchen gebaut wurden, die heute das Stadtbild bestimmen.

Eine steile Gasse mit abgetretenem Kopfsteinpflaster führt hinauf

Nördlichstes Bauwerk der Türken – Minarett in Eger

zum Südtor der im 13. Jahrhundert angelegten Burg. Unter der Ruine befinden sich ausgedehnte Kasematten, die einen großen Teil von Eger untertunneln – endlose Gänge, Munitionslager, Sichtschlitze. Am Dózsa György tér und in der Kossuth Lajos utca stehen barocke Wohnhäuser mit prächtigen schmiedeeisernen Innentoren, dahinter erstreckt sich bis zur Széchenyi utca die Innenstadt von Eger mit ihren krummen Gassen und engen Durchgängen. Das ehemalige erzbischöfliche Lyzeum auf dem Szabadság tér wurde unter Kádár zur Pädagogischen Hochschule

«Ho chi Minh» (!), in der auch eine Sternwarte untergebracht ist, daneben befindet sich das U-förmige Erzbischöfliche Palais aus dem 18. Jahrhundert. Vom Dobó István tér, der schon im Mittelalter als Marktplatz diente, ist es nicht weit zum vierzehneckigen Minarett aus der Türkenzeit.

Zum Nationalpark des Bükk

In Félnémet, kurz hinter Eger, geht es rechts ab in das Bükk-Gebirge nach Répáshuta auf einer vielfach gewundenen, waldreichen Landstraße. In Hollóstető gibt es einen gepflegten, zwischen Bäumen versteckten Campingplatz und ein «turistaház» (Touristenhaus). Ein wenig weiter liegt Lillafüred, ein alter gepflegter Luftkurort. Zwischen den bewaldeten Hängen der Berge ist das Flüßchen Garadna zum blaugrün schimmernden Hámori-See gestaut, auf dem man für fünfzig Pfenning mit einem Holzkahn herumpaddeln kann. In der Nähe befinden sich die István-Tropfsteinhöhle und die nach Sándor Petőfi benannte Tuffkalkhöhle.

Lillafüred gehört zu den malerischsten Erholungsorten Ungarns. Neben dem See steht ein idyllisches Schloß, das mittlerweile als Hotel und Gewerkschaftserholungsheim genutzt wird. Sein uralter Mátyás-Keller ist heute ein Restaurant. Dahinter liegt die winzige Bahnstation von Lillafüred, die mit Fahrkartenschalter, Abfahrtszeitentafel und Signalanlagen an den Bahnhof einer mit allem Drum und Dran ausgestatteten Modelleisenbahn erinnert. Hier hält die schnaufende Kleinbahn aus Miskolc, die in die Täler des Bükk-Gebirges weiterfährt und neben den Touristen auch Baumstämme und Gestein aus einem Stein-

bruch befördert. Ihre Gleise verschwinden in einem kleinen Tunnel, der durch den Fels führt. Die Strecke durchquert eine der schönsten Landschaften Ungarns.

Von Lillafüred führt eine Gebirgsstraße durch den geschützten Nationalpark des Bükk, die in Szilvásvárad endet. Am Jávor-Brunnen (Jávorkút) hat ein kleines Restaurant geöffnet, dann steigt die Straße allmählich an, vorbei an Wiesen und dunklen Buchenwäldern – Bükk ist das ungarische Wort für Buche. In vielen Kurven windet sich das Asphaltband den Berg hinauf, am Rande hin und wieder ein Parkplatz, von dem aus man eine herrliche Aussicht hat. Im Bükk leben Edelhirsch, Wildschwein, Mufflon, aber auch seltene Vogelarten wie Haselhuhn, Rabe und Gierfalke. In den Bächen halten sich Feuersalamander und Forellen. Am Abhang des Virágossárhegy erstreckt sich ein 24 Hektar großer Urwald mit bis zu zweihundert Jahre alten Baumriesen. Einige Pflanzenarten sind nur in dieser Region anzutreffen, charakteristisch sind die Bergpflanzen und die aus der Eiszeit erhalten gebliebene Alpenzwiebel. Man hat in diesem Gebirge auch mehr als vierhundert Höhlen gefunden, von denen einige vor Urzeiten von Menschen bewohnt wurden.

Der Zeltplatz von Szilvásvárad ist, wie so oft in den Bergen, still und komfortabel, vom sauberen Klo bis zur Küche für die Camper ist alles vorhanden. Vom Zeltplatz ist es nicht weit zur Kleinbahn, deren teils offene, teils geschlossene Hänger aus Holz von einer Miniaturlok gezogen und von uniformierten Männern mit sonnengegerbten Gesichtern bedient werden. Die Bahn fährt in das unter Naturschutz stehende

Szalajka-Tal, an dessen Eingang die Ungarn demonstrieren, wie sie am liebsten ihre Freizeit verbringen: Dutzende von Ständen und Holzbuden verkaufen alles mögliche, von der amerikanischen Jeansjacke über Spielzeugpistolen bis zum Mokka. Und während oben im Wald, nur wenige hundert Meter von der Endstation des Zuges entfernt, keine Menschenseele mehr zu treffen ist, tummeln sich hier die Massen.

Dort, wo sich Szalajka- und Horotna-Tal schneiden, in der Nähe des Schleierwasserfalles, befindet sich das Waldmuseum von Szilvásvárad, in dem winzige Hütten, Hand- und Pferdewagen sowie weitere Gerätschaften vom kargen Leben der Holzfäller berichten. Von der Quelle der Szalajka am Ende der Bahnlinie kann man den Berg hinauf kraxeln zur Höhle von Istállóskő, in der Archäologen Funde aus der Urzeit gemacht haben. Viele Ungarn nehmen sich Proviant, Getränke und Instrumente mit in das Tal, um auf einer großen Wiese zu grillen oder zu picknicken. Szilvásvárad selber ist in Ungarn vor allem wegen seiner Lipizzaner-Zucht und seines Reitmuseums bekannt.

Tristesse und Tokajer

Miskolc, die große qualmende Industriestadt am Rande des Bükk-Gebirges, ist für Touristen weitgehend uninteressant. Irgendwo am Ortseingang treffen wir auf die Schienen der Kleinbahn, an denen eine beleibte Frau mit grauer Dienstmütze gerade die Schranke hochleiert, um dann im winzigen Schrankenwärterhäuschen zu verschwinden. Endlos zieht sich die Vorstadt mit den bienenwabenähnlichen Wohnblocks, bis sich rechts und links der Hauptstraße die zwei- oder dreistöckigen,

klassizistischen Wohnhäuser der Innenstadt erheben, deren Stuckfassaden von einer dunklen Dreckschicht überzogen oder gänzlich verwittert sind. Eine altertümliche Straßenbahn rumpelt über die aufgesprungenen Schienen, Hinweisschilder warnen die Autofahrer vor den schlimmsten Löchern – das ist billiger, als sie zu reparieren. Die Menschen, so scheint es, haben sich abgefunden mit Verfall und Häßlichkeit. Für Besucher von Interesse ist ein Aussichtsturm auf dem Avas-Berg mit einem weiten Ausblick, bei günstigem Wetter bis zu den Karpaten. Im Vorort Tapolca ist ein berühmtes Thermalbad in einem Höhlensystem im Berg untergebracht – schlauchartige, unterirdische Bekken im Dämmerlicht mit zahlreichen Abzweigungen und Erweiterungen, in deren Mitte eine Art Wasserfall eine natürliche Dusche bildet.

Den östlichen Teil des nördlichen Berglandes bilden die Gebirgszüge von Aggtelek, von Cserehát und von Zemplén. Der Aggteleki-karst ist für seine ausgedehnten Höhlen bekannt, die teilweise besichtigt werden können. Zu den größten und schönsten Tropfsteinhöhlen Europas zählt die Baradla-Höhle, deren westliches beziehungsweise östliches Ende die Erholungsorte Aggtelek und Jósvafő bilden. Die Gesamtlänge ihrer Gänge beträgt über zwanzig Kilometer, in einem der zahlreichen «Säle» finden im Sommer regelmäßig Konzerte statt. Auf einem fünfhundert Meter langen Teich kann man sogar Kahn fahren.

Im Cserehát-Gebirge, einem welligen Hügelland, befindet sich der größte Wasserspeicher Ungarns, ein elf Meter tiefer Stausee. Im Zempléner Gebirge, in Szerencs und in Sárospatak, liegen die ehemaligen

Am Rande von Miskolc – Burg Diógyör

Burgschlösser des Fürsten Rákóczi, der die Unabhängigkeitskriege gegen Österreich angeführt hat. Sárospatak ist mit seiner gotischen Hallenkirche, dem reformierten Kollegium, dem lehmfarbenen Fluß (Bodrog) sowie dem in einem ehemaligen Kloster untergebrachten

Hotel Borostyan ein bevorzugtes Reiseziel in dieser Gegend. Das gleiche gilt für Füzér sowie für Telkibánya, wo es am Ortsrand eine merkwürdige, eiskalte Felsenschlucht zu besichtigen gibt.

Die berühmteste Ortschaft des nördlichen Berglandes, vielleicht sogar ganz Ungarns, ist jedoch ein Dorf von kaum 5000 Einwohnern: Tokaj im Anbaugebiet des gleichnamigen Weines. Hier wird die breite, träge Theiß durch den Zufluß der Bodrog zum Strom, und der äußerste Zipfel der Hegyalja-Berge ragt weit hinein in die heiße Ebene. Die Karpaten schützen die Gegend vor den kalten Nordwestwinden, und die Sonne scheint fast ununterbrochen bis zum Ende des langen, warmen Herbstes – ideale Bedingungen für den Weinbau. Die Ernte zieht sich oft bis in die ersten Dezembertage hin, wenn die Trauben zusammengeschrumpft sind und über einen hohen Zuckergehalt verfügen. Auf dem Boden aus Löß und vulkanischem Gestein werden die Rebsorten Furmint, Lindenblättriger (hárslevelű) und Muskateller (muskotály) angepflanzt, Rotwein gibt es hier nicht. Die Reifezeit des Tokajer beträgt wegen des hohen Zuckergehaltes und der kühlen Kellerluft vier bis acht Jahre, dann jedoch hält er sich jahrhundertelang.

Der Tokajer hat in den vergangenen Jahrhunderten vor allem die Mächtigen entzückt – vom katholischen Papst über den russischen Zaren bis hin zum französischen Sonnenkönig waren sie alle begeisterte Anhänger des schweren Weißweins aus Ungarn. Manche maßen ihm sogar eine medizinische Heilkraft zu, so daß das erkrankte Lieblingspferd des Schwedenkönigs Johann III. 1585 mehr Tokajer zu trinken erhielt als der gesamte Hof. Man probiert den goldgelben Rebensaft am besten in einem privaten Weinkeller am Hang in Tokaj oder den Weinbaugemeinden Tállya, Mád, Tarcal und Tolcsva. Dort wird der Wein noch von den Besitzern, die ihn pflanzen, pflegen und verarbeiten, mit einer überdimensionalen Pipette aus dem Faß herausgesogen und dann schwungvoll in ein Glas gespritzt.

Die Stimmung in diesem weltweit berühmten Anbaugebiet hat nur wenig mit jener gemein, die in den ordentlichen Weindörfern der Bundesrepublik herrscht: Tokaj wirkt ziemlich verfallen, und man muß schon genauer hinsehen, um seine Reize – die schmiedeeisernen Balkone, die geschnitzten Eingangspforten, die ausgetretenen Treppenstufen – wahrzunehmen. Der Reichtum schlägt sich nicht in frisch getünchten Fassaden oder werbewirksamen Reklametafeln nieder, sondern bestenfalls in jenem nagelneuen Supermarkt, den die Gemeinde kürzlich bauen ließ. Die griechisch-orthodoxe Kirche in der Bethlen Gábor utca, im 18. Jahrhundert von griechischen Kaufleuten, die vor den Türken flüchteten, errichtet, ist heute ein Museum und Konzertsaal. Im Hof des Hauses Kossuth Lajos tér 13 befindet sich der Eingang zu den labyrinthartigen Gängen des Rákóczi-Weinkellers.

Vis-á-vis der Brücke, die zum Campingplatz führt, geht ein schmaler Pfad den Hang hinauf, der eine herrliche Aussicht über das Tiefland bietet. Jenseits der Bodrog, über die man mit einem niedrigen Ruderboot übersetzen kann, erstreckt sich ein ausgedehntes, unberührtes Schilf- und Sumpfgebiet, in dem die Silberreiher durch die Luft jagen und Störche klappernd zu ihren Nestern auf den Hausdächern von Tokaj losfliegen. Irgendwo in einer Seitenstraße unweit des Flusses steht eine gespenstische Ruine, in der die Störche nisten: die ehemalige Synagoge, die, wie so oft in Ungarn, die Erinnerung an den Mordzug der Deutschen gegen die Juden Mitteleuropas aufzwingt.

SERVICETEIL

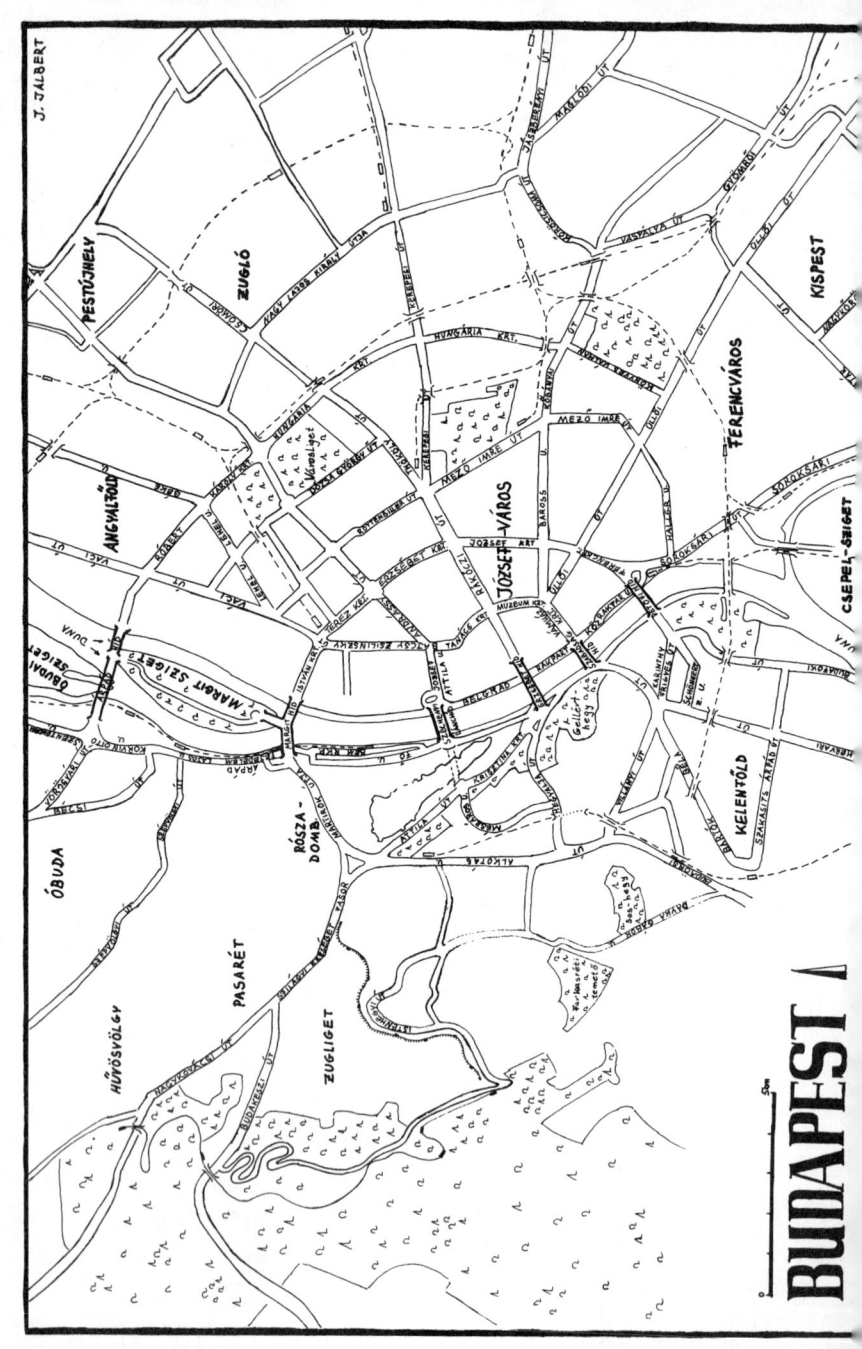

BUDAPEST

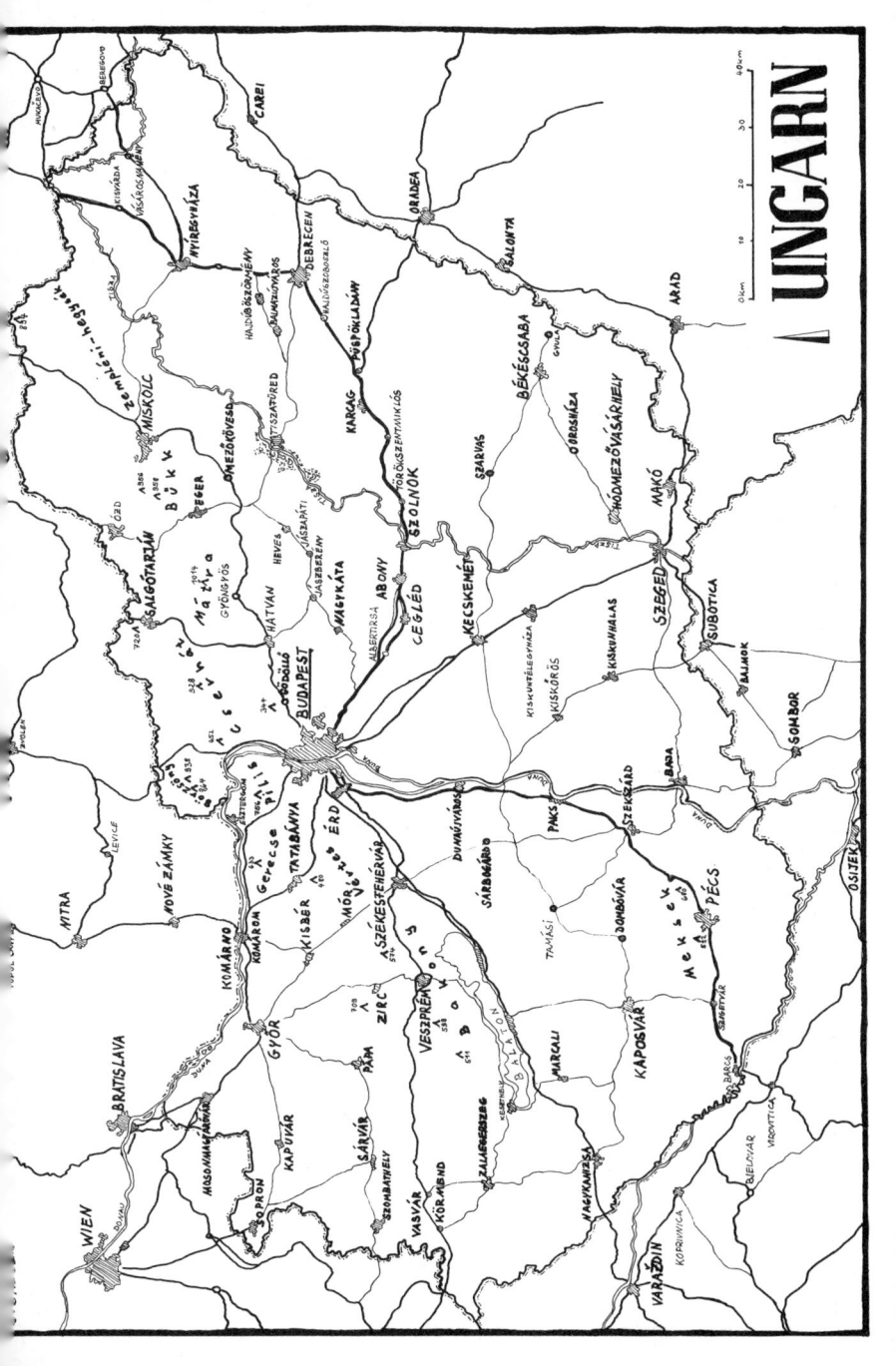

UNGARN

PRAKTISCHES FÜR UNTERWEGS

VORBEREITEN

Informationen

Ungarn ist für den deutschen Tourismus kein weißer Fleck. Deshalb ist die leichteste Form der ersten Informationsbeschaffung der Gang zum Reisebüro, wo es verschiedene Prospekte gibt. Pauschalreisen werden meist von hiesigen Touristikunternehmen in Zusammenarbeit mit ungarischen Reisebüros organisiert und sind in der Regel recht preisgünstig. Bestimmte Reisebüros haben sich auch auf Osteuropa spezialisiert, zum Beispiel:
Helios-Reisen
Uhlandstraße 73
1000 Berlin 31
Tel. 0 30/8 60 00 50
Ungarn- und Osteuropareisen
Altheimer Eck 1
8000 München 2
Tel. 0 89/26 50 20

Spezielle Auskünfte, Angebote und Prospekte vom Fahrradurlaub bis zu Reiterferien erhält man bei:
IBUSZ (Ungarisches Reisebüro)
Mauritiussteinweg 114
5000 Köln 1
Tel. 02 21/2 19 102
IBUSZ
Baseler Straße 46
6000 Frankfurt/M.
Tel. 0 69/25 20 18
IBUSZ
Großer Burstah 53
2000 Hamburg
Tel. 0 40/36 42 27
IBUSZ
Kärntner Straße 26
1010 Wien

Tel. 00 43 22/51 55 50
IBUSZ
Ferenciek tere 5
H-1051 Budapest V
Tel. 00 3 61/1 18 68 66
Ungarisches Fremdenverkehrsamt
Berliner Straße 72
6000 Frankfurt/M.
Tel. 0 69/2 09 29
*Országos Idegenforgalmi Hivatal
(Nationales Fremdenverkehrsamt)*
Dorottya utca 4
H-1051 Budapest V
Tel. 00 3 61/1 18 19 97

Unterkünfte und Programme von der Villa am Balaton bis zur Stadtrundfahrt in Budapest vermitteln – manchmal etwas günstiger – auch andere ungarische Reisebüros wie:
Cooptourist
Derék utca 2
H-1000 Budapest I
Tel. 00 3 61/1 15 08 07
Budapest Tourist
Roosevelt tér 5
H-1000 Budapest V
Tel. 00 3 61/1 17 35 55
Volántourist
Október 6. utca 11 – 13
H-1000 Budapest V
Tel. 00 3 61/1 12 34 10

Speziell für Jugendliche ist das folgende Reisebüro zuständig, das billig Unterkunft, Besuche bei Institutionen, Unterhaltungs- und Besichtigungsprogramme vermittelt:
Express
Postfach 567
H-1359 Budapest
Büro: Szabadság tér 16

351

H-1000 Budapest V
Tel. 003 61/131 77 77

Workcamps für Teilnehmer ab
18 Jahren, die aus verschiedenen
Ländern kommen und täglich sechs
Stunden in der Landwirtschaft oder
im Sozialbereich arbeiten, um an-
schließend an einem politisch-sozia-
len Programm teilzunehmen, wer-
den von folgenden Organisationen
veranstaltet (Broschüre bei SCI an-
fordern):
Service Civil International (SCI)
Blücherstraße 14
5300 Bonn 1
Tel. 02 28/21 20 86
*Christlicher Friedensdienst –
Deutscher Zweig e. V.*
Allee 8
6370 Oberwesel
*Deutsche Gesellschaft für
Auslandsreisen GmbH*
Luisenstraße 15–17
5880 Lüdenscheid
Tel. 023 51/34 51-2

Studienreisen werden durchgeführt
von:
*Rheinisch-Westfälische Auslands-
gesellschaft e. V.*
Arnoldstraße 30 a
4600 Dortmund
Tel. 02 31/83 80 00
Studiosus Reisen
Luisenstraße 43
8000 München
Tel. 089/50 06 00
*Jugendwerk für internationale Zu-
sammenarbeit e. V.*
Postfach 765
5100 Aachen

In der Urlaubszeit werden in Ungarn
an verschiedenen Orten jedes Jahr

«Sommeruniversitäten» veranstaltet, die in der Regel in den dann verwaisten Unis stattfinden. Sie behandeln entweder ein spezielles Thema
oder – wie in Debrecen – allgemein
ungarische Kultur und Sprache und
sind außerordentlich preisgünstig.
Die Vorträge sind meist in deutsch
oder englisch oder werden über-
setzt, als Unterkunft dienen Studen-
tenwohnheime. Ein spezieller Pro-
spekt erteilt darüber Auskunft (bei
IBUSZ anfordern). Die interessan-
testen Sommeruniversitäten sind:
*Sommeruniversität für Natur- und
Umweltschutz (Sopron)*
Természet és Környezetvédelmi
Nyári Egyetem Titkársága
Új utca 18
H-9400 Sopron
Sommeruniversität Nyíregyháza
Nyári Egyetem Titkársága
Lenin tér 10/a
H-4400 Nyíregyháza
*Sommeruniversität für Völker-
freundschaft*
Népek Barátsága Nyári Egyetem
Titkársága
Janus Pannonius utca 11
H-7621 Pécs
Sommeruniversität für Ökonomie
Közgazdasági Nyári Egyetem Tit-
kársága
c/o Express
Postfach 567
H-1359 Budapest
Sommeruniversität für Filmkunst
Filmmüvészeti Nyári Egyetem Tit-
kársága
Knézich utca 8
H-3301 Eger
Sommeruniversität Balaton
Balatoni Nyári Egyetem Titkársága
Postfach 28
H-8201 Veszprém

Sommeruniversität Debrecen
(Sprachkurs, Vorträge zu Literatur)
Debreceni Nyári Egyetem Titkár-
sága
Postfach 35
H-4010 Debrecen

Für die Debrecener Sommeruniver-
sität werden auch Stipendien verge-
ben, und zwar von:
*Deutscher Akademischer Austausch-
dienst*
Kennedyallee 50
5300 Bonn 2
Tel. 02 28/8 82-1
Weltverband der Ungarn
Benczúr utca 15
H-1068 Budapest
Tel. 00 3 61/1 22 54 05

Reisezeit

Der Massentourismus konzentriert
sich zu bestimmten Zeitpunkten auf
bestimmte Orte: Juli/August am Balaton und verlängerte Wochenenden
wie Ostern und Pfingsten in Budapest. Außerhalb dieser Zeiten ist es
in der Regel ausgesprochen ruhig in
Ungarn, jedenfalls außerhalb der
Hauptstadt.

Klimatisch sind die Monate des
Vor- und Nachsommers die schönsten. Ab April erwärmt sich die
Luft, und es bleibt dann bis Oktober,
manchmal bis November warm und
sonnig. Die heißen Monate Juli und
August sind im Stau in Budapest
oder ohne Schatten in der Pußta
manchmal schwer zu ertragen. Für
Städte-Reisen bietet sich eine Abstimmung mit den Terminen der Festivals an *(siehe Feste und Festivals)*.

Reisekasse

Ungarn ist für West-Touristen ein
billiges Land, wahrscheinlich sogar
das billigste in ganz Europa. Die
Landeswährung – 1 Forint =
100 Fillér – ist in den letzten Jahren
zur Ankurbelung des Tourismus und
der Exporte beständig abgewertet
worden. Kurs im November 1991:
100 DM = 4400 Forint. Der Kurs
wird von der Ungarischen Nationalbank wöchentlich neu festgelegt. Bei
Euroschecks, die in Forint ausgestellt werden müssen (Höchstbetrag
15 000 Forint pro Scheck), liegt er
noch einmal um rund drei Prozent
günstiger als beim Umtausch von
Banknoten.

Zur Orientierung: Ein durch-
schnittliches Mittagessen im Restau-
rant kostet zwischen 200 und 350 Fo-
rint, das heißt zwischen vier und acht
Mark. Verrechnete man früher die
Forint-Summe mit dem offiziellen
Umtauschkurs zur DDR-Mark, er-
gab sich ein Verhältnis zwischen D-
Mark und DDR-Mark von über eins
zu fünf; das bedeutet, der ungarische
Bankenkurs ist fast so hoch wie in der
DDR der Schwarzmarktkurs war.

Der ungarische Schwarzmarktkurs liegt noch einmal etwa 25 Prozent über dem jeweils geltenden
Bankkurs. Er speist sich nicht aus
einer offiziellen Unterbewertung
der D-Mark, sondern allein aus der
übergroßen Nachfrage, denn seit
1988 können die Ungarn jederzeit in
den Westen reisen, wozu sie jedoch
Devisen benötigen. Da der Forint
nicht voll konvertibel ist und man
nur eine beschränkte Summe in Devisen eintauschen kann, müssen sich
Reisende die harte Währung auf

andere Weise beschaffen – für viele eine echte Notlage.

Der Umtausch bei nichtautorisierten Stellen war lange Zeit verboten. Trotzdem gab es besonders in Budapest im Burgviertel und in der Pester Innenstadt schon im Sozialismus eine regelrechte Schwarztauscher-Mafia, die sich darauf spezialisiert hat, Touristen durch Taschenspielertricks um ihr Geld zu erleichtern. Diese Leute bieten sehr hohe Kurse, zählen das Geld auf die Hand vor, und wenn man später das Bündel genauer inspiziert, ist es kaum etwas wert. Also Vorsicht! Wer trotz des hohen Bankenkurses schwarz tauschen will, sollte dies mit Freunden tun oder selber die Initiative ergreifen und jemanden ansprechen.

Die Einfuhr von Forint, deren Kurs bei westlichen Banken nur wenig über dem offiziellen gehandelt wird, ist – bis auf 500 Forint pro Person – genehmigungspflichtig. Dasselbe gilt für die Ausfuhr. Ohne offizielle Umtauschquittung können Gegenstände im Wert bis zu 3000 Forint ausgeführt werden. Liegt ihr Wert höher, muß ein offizieller Geldwechsel in Höhe ihres Wertes nachgewiesen werden (deshalb Umtauschquittungen aufbewahren). Bis zu 50 Prozent der offiziell getauschten Summe können wieder zurückgetauscht werden, wenn man die mit der Paßnummer versehene Quittung vorweisen kann.

Offizielle Umtauschstellen gibt es in Hülle und Fülle, die erste an der Grenze. Umtauschen kann man in den größeren Hotels (Tag und Nacht), bei den Reisebüros, bei vielen Postämtern, bei einigen Geschäften und bei der Ungarischen Nationalbank (Szabadság tér 8/9, Budapest V). Bei über 1000 Postämtern kann auch vom westdeutschen und österreichischen Postsparbuch abgehoben werden, bis zu 1000 DM am Tag (Höchstgrenze 2000 DM in 30 Tagen). Überall erfolgt die Auszahlung jedoch nur in Forint. Euroschecks und Kreditkarten werden als Zahlungsmittel auch in vielen Hotels, Restaurants, Reisebüros und anderen entsprechend gekennzeichneten Geschäften akzeptiert.

Reisepapiere

Die meisten Ausländer benötigen für die Einreise nach Ungarn einen gültigen Reisepaß. Für Bürger der Bundesrepublik Deutschland genügt der Personalausweis. Ein Visum ist nicht erforderlich – außer für Besucher aus Albanien, Portugal, Türkei und den meisten außer-europäischen Ländern (US-Bürger ausgenommen).

Das Visum, das sechs Monate Gültigkeit hat, ist bei den ungarischen Botschaften beziehungsweise Konsulaten normalerweise innerhalb von 24 Stunden erhältlich (zwei Paßbilder sind dazu erforderlich). Das Visum berechtigt zur ein- oder mehrmaligen Einreise und zum Aufenthalt von höchstens 90 Tagen – so lange dürfen auch die visafrei Einreisenden offiziell nur bleiben. Die Verlängerung des Visums kann beim zuständigen Polizeirevier beantragt werden.

Das Transitvisum berechtigt zu einem Aufenthalt von 48 Stunden.

Adressen der ungarischen Auslandsvertretungen:

Ungarische Botschaft
Konsularabteilung
Turmstraße 30
5300 Bonn 2
Tel. 0228/376797 oder 94
Außenstelle Berlin
Konsularabteilung
O-1080 Berlin
Unter den Linden 76
Ungarische Botschaft
Konsularabteilung
Bankgasse 4–6
1010 Wien I.
Tel. 0222/632631
Ungarische Botschaft
Muri Straße 31
3006 Bern
Tel. 031/448572
Ungarisches Konsulat
Visaerteilung
Eigerplatz 5
3007 Bern
Tel. 031/451355 oder 56

Die Visagebühren (Stand November 1991) betragen für die einmalige Einreise und den Transit 35 DM, für Kinder (unter 14 Jahren im Familienpaß frei) 35 DM, für die zweimalige Einreise 60 DM und für die mehrmalige Einreise 132 DM. Die Reisebüros haben höhere Sätze. Wird jedoch eine Übernachtung gebucht, beträgt dort der Visumspreis nur 27 DM.

Das Visum berechtigt zu einem Aufenthalt von höchstens 30 Tagen, beim Transit-Visum maximal 48 Stunden. 48 Stunden vor Ablauf kann das Visum gegen Kauf einer Dienstmarke mit einem entsprechenden Formular verlängert werden: bei der zuständigen örtlichen Polizeidienststelle um höchstens 30 Tage, bei der Ausländerpolizei KEOKH insgesamt dreimal 30 Tage

(Andrássy út 12, Budapest VI, Tel. 1115-889, Öffnungszeiten: Mo. 8–12 und 14–18 Uhr, Di., Mi. und Fr. 8–12 Uhr, Do. 14–18 Uhr). Bedingung ist der Nachweis, daß 300 DM offiziell umgetauscht wurden.

HINKOMMEN

Mit dem Auto

Die bequemste und am häufigsten gefahrene Strecke nach Ungarn führt über Wien und die Autobahn A 21 (Süd-Umgehung); der Weg durch die Wiener Innenstadt ist dagegen kompliziert, Orientierungspunkt ist hier der Flughafen Schwechat. Eine Autobahnverbindung Wien–Budapest ist geplant, bislang wurde jedoch erst die Strecke zwischen Győr und Budapest fertiggestellt. Die übrigen etwa 120 Kilometer sind gut ausgebaute Landstraße. Der Grenzübergang befindet sich zwischen Nickelsdorf und He-

355

gyeshalom. Etwas südlicher führen der Grenzübergang Klingenbach nach Sopron und der Übergang Ratersdorf nach Kőszeg. Auch über Slowenien und Kroatien oder die ČSFR ist die Einreise möglich, diese Länder wollen nur den Personalausweis sehen.

Die Wartezeit an der Grenze beträgt normalerweise nicht mehr als eine halbe Stunde. Ist der Grenzübergang – wie in Kőszeg – weniger frequentiert, kann die Kontrolle auch nur zehn Minuten dauern. Durch den Einkaufstourismus haben jedoch die Wartezeiten an der österreichisch-ungarischen Grenze teilweise stark zugenommen, besonders an Wochenenden. Die «Grüne Karte» ist für Touristen aus allen deutschsprachigen Ländern nicht erforderlich. Die Zollkontrollen erfolgen in der Regel höflich und beschränken sich auf wenige Stichproben.

Die Benzinpreise sind im Vergleich zur Bundesrepublik in Österreich höher, in Ungarn (durch den Umtauschsatz) niedriger.

Mit dem Zug

Die meisten Bahnlinien nach Ungarn führen über Wien. Von dort aus fahren mehrmals täglich Züge nach Budapest, in deren Speisewagen man erstmals Bekanntschaft mit der ungarischen Gastronomie machen kann. Der *Lehár-Express* fährt als Eurocity-Zug (bei Kauf einer Rückfahrkarte ermäßigt). Von Süddeutschland aus fährt der *Orient-Express* ohne Umsteigen nach Budapest, von Westdeutschland der *Ostende-Wien-Express* (Kurswagen),

von Basel der *Wiener Walzer*; auch von Berlin aus fahren mehrere Züge am Tag (Reisezeit 1½ Tage). In der Sommersaison fährt der Zug *Kálmán Imre* von Wien nach Siófok am Balaton (Kurswagen Dortmund und Hamburg). Interrail-Tickets gelten auch in Ungarn, lohnen aber nicht, da das Land klein ist und die Bahntarife niedrig sind. Es empfiehlt sich, die Rückfahrkarte gleich in der Bundesrepublik zu lösen, um sich langes Warten zu ersparen; allerdings bringt man sich damit um den Vorteil, das ungarische Teilstück auch in Forint lösen zu können.

Mit dem Bus

Es gibt eine Reihe von regelmäßigen Busverbindungen, zumeist vom süddeutschen Raum, nach Budapest. Das ganze Jahr über fährt ein Bus zwischen Heilbronn und Budapest (Hinfahrt: Dienstag, Rückfahrt: Mittwoch, Vorbestellung bei *Deutsche Touring*, Am Römerhof 17, 6000 Frankfurt 90, Tel. 069/7 90 30). In den Sommermonaten fahren Busse nach Budapest, an den Balaton und in einige ungarische Heilbäder. Das ungarische Busunternehmen VOLÁN unterhält regelmäßige Busverbindungen nach Graz, Klagenfurt, Salzburg, Semmering, Wien und München. Von Wien aus gibt es zweimal am Tag eine regelmäßige Busverbindung nach Budapest. Anfragen an: *Blaguss Reisen*, Wiener Hauptstraße 15, A-1040 Wien, Tel. 02 22/65 16 81 und *Volánbusz*, Engels tér, H-1050 Budapest, Tel. 00 36 1/1 17 25 62.

Mit dem Flugzeug

Ein normaler Linienflug von
Deutschland nach Ungarn ist ziemlich teuer: Berlin–Budapest kostet
im Normal-Tarif 1078 DM (November 1991). Linienmaschinen verkehren außerdem von München,
Frankfurt und Düsseldorf. Im Su-
per-Spar-Tarif mit der ungarischen
Fluggesellschaft Malév kostet der
Linienflug Berlin–Budapest allerdings bedeutend weniger – 424 DM
ab Berlin-Schönefeld. Wer in die
umgekehrte Richtung, also von Budapest nach Berlin oder anderswo-
hin fliegen will, sollte sich das
Ticket lieber in der Bundesrepublik
kaufen und von der Fluggesellschaft
per Telex bestätigen lassen – in Budapest ist es teurer. Charterflüge gehen in den Sommermonaten ab
Köln/Bonn sowie ab Hamburg nach
Budapest.

Malév (Ungarische Fluggesellschaft)
Baseler Straße 46–48
6000 Frankfurt
Tel. 069/234043
Malév
Salvatorstraße 2
8000 München 2
Tel. 089/293434
Malév
Budapester Straße 10
1000 Berlin 30
Tel. 030/2614867
Malév
Dorottya utca 2
H-1051 Budapest V
Tel. 00361/1184333
Flughafeninformation Budapest:
00361/1572122

Lufthansa
Váci utca 19–21
H-1052 Budapest
Tel. 00361/1184511
Flughafen: 1570290

Swissair
Kristóf tér 7–8
H-1052 Budapest
Tel. 00361/1172500
Flughafen: 1574374

Austrian Airlines
Régiposta utca 5
H-1052 Budapest
Tel. 00361/1171550
Flughafen: 1574374

Mit dem Schiff

Zwischen Budapest und Wien gibt
es eine Tragflügelbootverbindung,
Fahrzeit: rund fünf Stunden. Die
Schiffe verkehren von April bis September täglich, von Juni bis August
sogar mehrmals täglich. Kinder bis
vier Jahren, die keinen eigenen Sitzplatz beanspruchen, reisen frei.
Darüber hinaus fahren auch österreichische Luftkissenfahrzeuge, die
etwas teurer sind. Die Schiffe
durchqueren einen der schönsten
Donauabschnitte, sind aber nicht
sonderlich romantisch. Fahrkarten
können über die Reisebüros bezogen werden oder an den Schiffstat-
ionen (Wien: DDSG Reichsbrücke,
Budapest: Belgrád rakpart 2, Tel.
1181704) außerdem bei den
IBUSZ-Vertretungen *(siehe Vorbereiten: Informationen)*.

357

Man kann auch mit dem eigenen Boot auf der Donau einreisen, Grenzabfertigung bei Komárom und bei Mohács. Tankmöglichkeit in Esztergom. Weitere Informationen gibt der ADAC.

Mit dem Fahrrad

Das Fahrrad kann mit dem Auto oder mit der Bahn transportiert werden, aber auch die Einreise mit dem Fahrrad ist problemlos (eine spezielle Broschüre «Mit dem Fahrrad durch Ungarn» ist bei IBUSZ erhältlich).

Zollvorschriften

Bei der Einreise können Gegenstände des persönlichen Gebrauchs problemlos eingeführt werden, einschließlich Fotoapparat, Filme, Kassettenrecorder, Tonbänder, Fahrrad, Surfbrett, Boot, Schreibmaschine, Kamera, leere Videokassetten etc. Für hochwertige technische Geräte (Computer, Videogeräte) sowie für bespielte Video-Kassetten muß gemeinhin eine Kaution beim Zoll hinterlegt werden, die man bei der Ausfuhr zurückerhält. Zollfrei eingeführt werden können pro Person Geschenkartikel im Wert von 5000 Forint (der ausländische Verkaufspreis wird dabei zum offiziellen Tageskurs in Forint umgerechnet), 250 Zigaretten, 50 Zigarren, 250 Gramm Tabak, 2 Liter Wein und 1 Liter Spirituosen. Auf Geschenke, die dieses Maximum übersteigen, werden Zoll, Zollabfertigungsgebühr und 25 Prozent Mehrwertsteuer erhoben. Für höhere Devisenbeträge kann man eine

Einfuhrbestätigung verlangen, damit diese problemlos wieder ausgeführt werden können.

Nicht eingeführt werden dürfen pornographische Artikel in Handelsmengen, Rauschmittel, Geldbeträge über 100 Forint sowie Waffen und Munition ohne spezielle Genehmigung.

ANKOMMEN

Autofahrer

Für Autofahrer, die nach Budapest wollen, folgender Hinweis: Ab Autobahnende wird in Budapest nach den Brücken ausgeschildert. Deshalb vorher auf dem Stadtplan raussuchen, welche die günstigste ist. Außerdem Vorsicht auf der Strecke Wien–Budapest vor Radarfallen.

Bahnfahrer

Die meisten Ungarn-Reisenden fahren zunächst nach Budapest. Da es dort mehrere Bahnhöfe gibt, sollte man immer darauf achten, auf welchem man ankommt. Alle Züge aus Richtung Wien (außer dem *Lehár-Express*) halten auf dem Budapester Ostbahnhof *(Keleti pályaudvar)*, von wo sie auch wieder losfahren. Der Ostbahnhof liegt in Pest, unmittelbar an der roten Metro-Linie, die ins Zentrum und weiter bis nach Buda führt. Oftmals bestürmen Taxifahrer und Zimmervermittler die Ankommenden schon auf dem Bahnsteig mit ihren Angeboten, viele versuchen auch, die hilflosen Westtouristen ein wenig übers Ohr zu hauen. Eine Taxifahrt zum nahen Westbahnhof darf zum Beispiel kaum mehr als 80 Forint kosten. Deshalb ist es besser, sich das Taxi selbst auszusuchen und gegebenenfalls vorher nach dem Preis zu fragen («Mennyibe kerül XY-ig?»). Im Bahnhof befinden sich auch Schließfächer, ein Informationsschalter und eine internationale Wechselstube, die man aber wegen Überfüllung meiden sollte.

Flugreisende

In Budapest gibt es die nebeneinander liegenden Flughäfen Ferihegy I und Ferihegy II. Letzterer ist nur für Malév-Flüge offen. In beiden Flughafen-Gebäuden befinden sich eine Zimmervermittlung, eine Wechselstube und ein Autoverleih. Vom und zum Flughafen verkehren halbstündlich ein Bus, der in der Innenstadt am Engels tér hält, sowie der Linienbus 93 zur Metro-Endstation Kőbánya-Kispest (blaue Linie, führt zum Westbahnhof alias *Nyugati pályaudvar*). Eine Taxifahrt in die Innenstadt sollte nicht mehr als 600 Forint kosten (Kilometerpreis zwischen 30 und 35 Forint), auch hier empfiehlt sich, vorher zu fragen. Ein alter Trick der Taxifahrer ist, den Ankommenden weiszumachen, man könne nur in Devisen bezahlen.

Informationen

In Budapest und allen anderen Städten gibt es Informationsbüros für Touristen. Diese firmieren jedoch nicht alle unter dem selben Namen, so daß die Orientierung manchmal schwierig ist. Außerhalb der Hauptstadt tragen die Büros meist den Namen der Landschaft, der Stadt oder des Komitats (Bezirk) mit dem Anhängsel «Tourist» (zum Beispiel Puszta-Tourist); hinzu kommen die Filialen der großen Reisebüros wie IBUSZ, die ebenfalls Informationen geben. Für Budapest gilt im Prinzip dasselbe, doch hier gibt es noch eine spezielle Informationsstelle für Touristen, die mit vielen Prospekten und Programmen weiterhelfen kann:
Tourinform
Sütő utca 2
H-1052 Budapest V
Tel. 1 17 98 00
Meist spricht wenigstens einer der Angestellten dieser Büros deutsch oder englisch. Man muß sich jedoch, vor allem in Budapest, auf die «sozialistische Verantwortungslosigkeit», also Unfreundlichkeit,

359

Schlangestehen und Schlendrian gefaßt machen. Die Touristenbüros geben kostenlos kleine Stadtpläne aus.

Erstes Zurechtfinden

Wer bei der Ankunft in Budapest noch keinen Stadtplan hat, kann ihn sehr preiswert an jedem Zeitschriftenkiosk (trafik) erstehen. (Dasselbe gilt auch für andere Städte.) Es gibt ihn als Plan oder als Buch *(siehe Minibibliothek: Karten)*. Bei den Straßen unbedingt auf den in römischen Zahlen angegebenen Bezirk achten, weil viele Straßennamen in Budapest mehrfach vorkommen. Die Abkürzung «u.» bedeutet utca (Straße, Gasse); «út» heißt Weg und wird oft für größere Straßen verwandt, zum Teil auch in genitivischer Form (zum Beispiel «Népköztársaság útja» = Straße der Volksrepublik); «tér» meint Platz (genitivisch: tere) und «fasor» Allee (wörtlich: Baumreihe). Die Abkürzung «em.» bedeutet Stockwerk, und «fsz» meint Erdgeschoß. Den Mittelpunkt vieler Städte (außer Budapest) bildet der Széchenyi tér.

Zimmersuche

Eine preiswerte Unterkunftsmöglichkeit in Ungarn ist das Privatzimmer (Zweibettzimmer ab 22 DM). Es ist meist ein geräumtes Schlaf- oder Wohnzimmer und kann sich sowohl im 10. Stock eines Hochhauses als auch in einer Budaer Villa befinden.

Auf dem Lande sind auch Hotels oder Touristenhotels nicht teuer (Zweibettzimmer mit Bad ab 21 DM, in Budapest ab 23 DM), nur die großen Luxushotels verlangen, vor allem in Budapest, umgerechnet zwischen 120 und 490 DM pro Nacht (das gilt nicht, wenn sie von der Bundesrepublik aus im Rahmen einer Pauschalreise gebucht wurden). Die Luxushotels bevorzugen Devisen, man kann aber auch in Forint bezahlen.

Jugendherbergen wie in der Bundesrepublik gibt es nicht, aber in den Universitätsstädten werden häufig in den Sommermonaten die Studentenwohnheime an Touristen günstig vermietet (Vier-Bett-Zimmer pro Bett rund fünf Mark, offiziell ist ein Studentenausweis oder Internationaler Jugendherbergsausweis erforderlich).

Am Balaton und in einigen anderen Feriengebieten besteht auch die Möglichkeit, Ferienhäuser zu mieten (in der Saison Vorbestellung nötig). Hütten für Bergwanderer vermittelt *IBUSZ*, für sogenannte Schlüsselhäuser, die für Wanderer als Unterkunft zur Verfügung stehen, wende man sich an den Ungarischen Naturfreundeverband:
Magyar Természetbarát Szövetség
Bajcsy Zsilinszky út 31, II. em. 3
H-1065 Budapest VI
Tel. 003 61 / 1 11 24 67
Informationsdienst:
Váci utca 62/64
H-1051 Budapest V
Tel. 003 61 / 1 18 39 33

Eine Adressenliste vieler Hotels und Zeltplätze enthält der Prospekt «Hotel-Camping», den man bei Tourinform oder IBUSZ bekommen kann. Zimmer werden von allen Reisebüros und von den meisten Touristeninformationsbüros vermittelt (Privatzimmernachweis heißt ungarisch: Fizetővendég szolgálat). In Budapest sollte man darauf achten, ein Zimmer in einem zentralen Stadtbezirk oder in den herrschaftlichen Budaer Villenbezirken II und XII zu bekommen. Für Nachtankömmlinge: Die Zimmervermittlung am Március 15. tér, am Pester Brückenkopf der Erzsébet-Brücke, hat Tag und Nacht geöffnet. Am Balaton ist es inzwischen auch üblich, Privatunterkünfte mit dem Schild «Zimmer» oder «szoba» zu kennzeichnen. Auch Taxifahrer oder Kellner helfen einem mitunter, günstig privat unterzukommen. In allen Fällen, in denen kein offizielles Büro zur Zimmervermittlung eingeschaltet wurde, ist jedoch eine Anmeldung bei der Polizei erforderlich. Bei Privatzimmern ist kein Frühstück im Preis inbegriffen, oftmals auch nicht üblich.

Überall in Ungarn findet man meist auch ohne Vorbestellung eine Unterkunft. Schwierig kann es jedoch in der Hochsaison in den stark frequentierten Orten sowie in touristisch unerschlossenen Gebieten werden. Auch Budapest ist zu bestimmten Anlässen (Frühlingsfestival, Pfingsten, Ostern, Silvester) fast ausgebucht. Die großen Hotels sind häufig durch Reisegruppen voll belegt. Am meisten Chancen bietet in solchen Fällen immer der Zimmernachweis. Manchmal hilft es auch, bei «belegten» Häusern einen Fünfzig-Mark-Schein auf den Tisch zu legen. In jedem Fall gilt (außer bei Pauschalreisen), daß die Unterkunft billiger ist, wenn man sie vor Ort organisiert. Weitere Adressen unter: *Regionale Tips*.

Camping

In Ungarn gibt es etwa 90 Zeltplätze (Kosten pro Person und Tag: etwa fünf Mark). Sie sind aufgeführt in einer kostenlosen Ungarn-Karte und einem Verzeichnis, die vom ungarischen Fremdenverkehrsamt herausgegeben wurden (anfordern bei IBUSZ oder Tourinform). Häufig vermieten die Campingplätze auch kleine Holzhütten oder Bungalows, die in der Saison jedoch in der Regel ausgebucht sind. Kinder unter sechs Jahren zahlen keine Platzgebühr, Kinder unter vierzehn erhalten eine Ermäßigung von 50 Prozent. 20 Prozent weniger zahlen auch die Besitzer der Campingcarnets der FICC-AIT-FIA. Häufig lassen Sauberkeit und Ausstattung der Plätze sehr zu wünschen übrig, deswegen empfiehlt es sich, eine gute Kategorie (drei Sterne) zu wählen oder im gepflegteren Bergland abzusteigen. In der Saison sind die Zeltplätze in Budapest und am Balaton, aber auch in der Provinz häufig überfüllt. Direktbuchung aus der Bunderepublik ist möglich bei:
Ungarischer Camping und Caravaning Club (UCCC)
Üllői út 6
H-1085 Budapest
Tel. 00361/1336536
oder Múzeum utca 11
H-1088 Budapest
Tel. 00361/1141880
Weitere Adressen unter: *Regionale Tips*.

Anmeldung

Ungarn-Besucher müssen sich nur dann beim zuständigen Polizeirevier anmelden, wenn sie länger als 30 Tage bei Privatpersonen (Freunden, Bekannten, Verwandten) wohnen. Hotels, Campingplätze und Zimmernachweis sorgen automatisch für die Anmeldung ihrer Gäste. Reisende, die sich selber anmelden (oder vom Gastgeber anmelden lassen) müssen, können dies in Budapest bei dem für die Wohnanschrift zuständigen Bezirkspolizeiamt tun (diese sind aufgelistet im öffentlichen Budapester Telefonbuch «Budapesti Közületi telefonkönyv», 1986, S. 403, Spalte oben), außerhalb von Budapest bei den zuständigen Kreis- oder Stadtpolizeiämtern. Für die Anmeldung ist ein Anmeldeformular (bejelentő lap) erforderlich, das man bei den Postämtern, oft auch bei den Kiosken (trafik) erhält. Es muß neben den persönlichen Daten des Reisenden und der Wohnanschrift auch die Personenkennziffer des Vermieters/Gastgebers und dessen Unterschrift tragen. Die Anmeldung ist täglich bis 20 Uhr möglich.

Bei Versäumnis der Anmeldung drohen die ungarischen Behörden Geldstrafen an. Ob diese aber tatsächlich erhoben werden, steht auf einem anderen Blatt.

RUMKOMMEN

Wie in jedem «normalen» Land kann sich der Reisende in Ungarn prinzipiell im ganzen Land frei bewegen und übernachten, wo und wie lange er will. Ausgenommen davon sind höchstens eigens gekennzeichnete militärische Sperrgebiete sowie einige Naturschutzgebiete, die nur mit einer speziellen Genehmigung durchfahren beziehungsweise betreten werden dürfen.

Mit dem Auto

Für osteuropäische Verhältnisse ist der Zustand der Straßen in Ungarn überdurchschnittlich gut. Ausnahme: Budapest und entlegene Landstraßen.

Verkehrsregeln: Die erlaubte Höchstgeschwindigkeit beträgt 60 km/h in Ortschaften (Motorräder, Autobusse, LKW und PKW mit Wohnwagen nur 50 km/h), 80 km/h auf kleinen Überlandstraßen, 100 km/h auf Fernverkehrsstraßen (Busse, LKW und Wohnwagen nur 70 km/h) und 120 km/h auf Autobahnen (Busse, LKW und Wohnwagen nur 80 km/h). Autobahngebühren gibt es keine. Vor allem auf der Strecke Wien–Budapest werden Radar-Messungen vorgenommen und die Autofahrer bei Übertretungen zur Kasse gebeten. Es besteht ein absolutes Alkoholverbot und auf den Vordersitzen Anschnallpflicht. Erfahrungsgemäß werden Fahrzeuge mit westlichem Kennzeichen jedoch nur selten kontrolliert. Motorradfahrer haben auch tagsüber Abblendlicht einzuschalten und Sturzhelme zu tragen. Kinder unter 12 Jahren dürfen nicht auf dem Vordersitz reisen. In jüngster Zeit werden in Budapest die Falschparker stärker verfolgt. Wichtigste Regel dabei ist: sich nicht persönlich am Wagen erwischen lassen; «Knöllchen» können ignoriert werden.

Staus: Zu Staus kommt es in Budapest inzwischen fast den ganzen Tag über (außer am Wochenende), im Wochenendverkehr zwischen Budapest und Balaton sowie in der Hochsaison am Balaton selber. Über den Straßenzustand informiert:
ÚTINFORM
Fényes E. utca 7/13
H-1024 Budapest II
Tel. 1 22 76 43 oder 1 22 70 52

Unfälle: Die Unfallgefahr ist durch schlechte Straßenbeleuchtung, Pferdefuhrwerke, fehlende Fußgänger- und Radwege sowie unbeschrankte Bahnübergänge (wenn ein Zug kommt, brennt nur eine trübe rote Lampe) erheblich größer als in der Bundesrepublik. Deshalb: Vorsicht besonders bei Bahnübergängen, in

der Dunkelheit und auf Landstraßen. Bei Verkehrsunfällen mit Personenschäden muß die Polizei verständigt werden. Die westlichen Versicherungen verlangen aber auch bei Blechschäden für die Schadensregulierung gemeinhin ein polizeiliches Unfallprotokoll. Die Polizei kann unter der Rufnummer 07 (in manchen großen Städten 007), der Rettungsdienst unter 04, die Feuerwehr unter 05 alarmiert werden (die Chance, daß man dort verstanden wird, ist allerdings gering). Ist der ungarische Fahrer schadensersatzpflichtig, muß dessen Versicherung spätestens am folgenden Arbeitstag schriftlich benachrichtigt werden. Da die Deckungssumme jedoch erheblich geringer ist als in der Bundesrepublik, empfiehlt sich für jene, die ganz auf Nummer Sicher gehen wollen, eine Vollkasko- oder eine Rechtsschutzversicherung. Die westlichen Versicherungen haben jeweils unterschiedliche Partnerversicherungsgesellschaften in Ungarn, die der «Grünen Karte» zu entnehmen sind. Zuständig für Schadensbewertung und andere Versicherungsfragen sind in Budapest: *Állami Biztosító* (Staatliche Versicherung), Nemzetközi Gépjárműbiztosítási Osztály, Hamzsabégi út 60, Budapest XI, oder *Hungária Biztosító* (Hungaria Versicherung), Gvadányi út 69, Budapest XIV, Tel. 2 52 63 33 oder 1 83 65 27.

Benzin: Neben dem Zweitaktergemisch gibt es an den meisten Tankstellen Zapfsäulen für Normal (86 Oktan), Super (92 Oktan), Extra (98 Oktan) und Diesel. Die Preise liegen etwa zwischen 1,25 DM und 1,40 DM je Liter. Es empfiehlt sich, für Normal 92er und für Super 98er zu tanken. In Ungarn gibt es Tankstellen von Shell, BP (beide haben rund um die Uhr geöffnet), Agip und AFOR, die zum Teil auch ausländische Öle verkaufen. Selbstbedienung ist nicht möglich. Es ist üblich, dem Tankwart ein Trinkgeld von etwa 20 Forint zu geben.

Bleifrei gibt es bislang nur an bestimmten Tankstellen. Ein aktuelles Verzeichnis gibt es bei den großen Automobilclubs.

Pannenhilfe: «Autómentés» leisten in Ungarn die «gelben Engel» (sárga angyal) des Ungarischen Autoklubs. Ihre Standorte sind mit dem internationalen Schild für Werkstatt gekennzeichnet; weitere Informationen dazu auf den an den Grenzübergangsstellen erhältlichen Notrufkarten. Einen Autobahnnotruf gibt es auf der M 7 zwischen km 6 und km 108 alle zwei Kilometer, auf der M 1 bei km 36, 63 und 75, auf der M 3 bei km 27, 51 und 75. Rufnummer der Budapester Pannenhilfe (rund um die Uhr in Betrieb): 25 28 00 0. Notrufstation für Mitglieder des ADAC oder ÖAMTC in Budapest: Tel. 1 35 23 36 oder 1 35 23 17. Tankstellen verfügen über keine Reparaturwerkstätten und reagieren entsprechend unwillig auf Hilfesuchende. Adressen Budapester Pannenhilfsdienste:
Magyar Autóklub
(Ungarischer Autoklub)
Francia út 38/a
Budapest XIV
Tel. 1 69 18 31 und 1 69 37 14
Volán
Ifjú gárda utca 117
Budapest XV

Tel. 1 40 93 26
Geöffnet Tag und Nacht
Volántourist
Vaskapu utca 16
Budapest IX
Tel. 1 33 47 83
Geöffnet 7 – 21 Uhr
AFIT
Váci út 82/84
Budapest XIII
Tel. 1 49 91 70

Autoreparaturen: ungarisch «Autójavitás». Sie sind gemeinhin erheblich billiger als in der Bundesrepublik, werden allerdings häufig erst nach langem Warten, schlampig oder wegen fehlender Ersatzteile gar nicht ausgeführt. Die Qualität der Reparatur hängt auch von der Höhe des Schmiergeldes ab, Vor- und Nachteile muß unter diesen Umständen jeder für sich selber abwägen. Es gibt in Ungarn staatliche Werkstätten und kleinere private Reparaturbetriebe (javító); letztere sind im Prinzip vorzuziehen, versuchen aber unter Umständen, den Westtouristen kräftiger zur Kasse zu bitten. Budapester (Vertrags-) Werkstätten für westliche Autotypen:
Opel, Ford, Alfa Romeo, Daihatsu: *Hungaroszerviz*, Mexikói út 15/19, Budapest XIV, Tel. 18 35 9 75
FIAT: *AFIT*, Boldizsár utca 1, Budapest XI, Tel. 1 45 29 08
BMW: Bécsi út 277, Budapest III, Tel. 1 88 23 46
Audi, Lada, VW: *AFIT*, Mozaik utca 1–3, Budapest III, Tel. 1 68 74 80
Mercedes, Volvo: Miskolci út 157, Budapest XIV, Tel. 1 63 78 66
Renault, Peugeot: *AFIT*, Bicskei utca 3–5, Budapest XI, Tel. 1 66 46 00

Nissan, Datsun: Pasaréti út 2–4, Budapest II, Tel. 1 16 20 19

Rent a car: Entsprechende Angebote werden am Flughafen, in den größeren Hotels und in den Reisebüros gemacht. Während Ausländer in Devisen zu zahlen haben, können Ungarn den Wagen mit Forint mieten. Die Preise liegen je nach Autotyp und Verleihfirma zwischen 15 US-Dollar zuzüglich 15 Cent pro gefahrenen Kilometer und 80 Dollar/80 Cent pro Tag. Manchmal ist es billiger, ein Taxi für einen vorher ausgehandelten Pauschalpreis einen Tag lang zu mieten. Adressen von Auto-Vermietungen:
IBUSZ-AVIS
Martinelli tér 8
1052 Budapest V
Tel. 1 18 62 22 oder
1 47 57 54 (Flughafenbüro)
Fötaxi-HERTZ
Kertész utca 24
1073 Budapest VII
Tel. 1 11 61 16 oder
1 57 91 23 (Flughafenbüro)
Volántourist-EUROPCAR
Vaskapu utca 16
1097 Budapest IX
Tel. 1 33 47 83 oder
1 34 25 40 (Flughafenbüro)
Coopcar-BUDGET
Ferenc Krt. 43
1055 Budapest V
Tel. 1 13 14 66 oder
1 47 73 28 (Flughafenbüro)

Taxi: Seit der Zulassung von Privattaxen gibt es davon in Budapest jede Menge, der Fahrpreis ist für Westtouristen niedrig. Die Preise betragen zwischen 30 und 35 Forint pro Kilometer (November 1991). Für

Wartezeiten werden 10 Forint pro Minute in Rechnung gestellt. In der Regel gibt man dem Fahrer 20 bis 40 Forint Trinkgeld. Taxen kann man in Budapest unter den Nummern 1 22 22 22 (Fötaxi), 1 66 66 66 (Voclántaxi), 1 22 88 55 (City-Taxi) oder 1 29 40 00 (Budataxi) bestellen, Vorbestellungen werden unter 1 18 88 88 entgegengenommen.

Mit der Bahn

Ungarn verfügt über ein dichtes Eisenbahnnetz, doch Zustand und Zuverlässigkeit der Züge lassen oft sehr zu wünschen übrig. Wer die Eisenbahn nicht nur als Fortbewegungsmittel versteht, sondern auch ein wenig von der eigenartigen Welt des Stillstands und des Schlendrians in Ostmitteleuropa mitbekommen will, der fahre mit den Ungarischen Staatsbahnen *MÁV (Magyar Állami Vasútok)*. Das Netz der Bahn ist sternförmig auf die Hauptstadt ausgerichtet, in der es vier Fernbahnhöfe gibt: den Ostbahnhof *(Keleti pályaudvar)* am Baross tér, den Westbahnhof *(Nyugati pályaudvar)* am Marx tér, den Südbahnhof *(Déli pályaudvar)* am Magyar jakobinusok tere und den *Kelenföldi pályaudvar* am Etele tér.

Fahrtzeiten: Die Abfahrtszeiten geben die Fahrpläne unter «Indulás» (gelbes Papier), die Ankunftszeiten unter «Erkezés» (weißes Papier) an. Fahrplanauskunft in fremder Sprache (6–21 Uhr) in Budapest: Tel. 1 31 53 46 und 1 22 40 52. Auf den größeren Bahnhöfen gibt es auch einen Informationsschalter (Información). Das Kursbuch der ungarischen

Eisenbahnen, das man an den größeren Bahnhöfen erhält, enthält auch Benutzerhinweise in deutscher Sprache.

Fahrkarten: Die ungarische Eisenbahn ist für Westreisende billig: Hundert Kilometer im Schnellzug kosten weniger als zehn DM. Kinder unter vier Jahren reisen kostenlos, Kinder bis zu zehn Jahren und Studenten erhalten 50 Prozent Ermäßigung, Gruppen je nach Anzahl der Personen, zwischen 20 und 50 Prozent. Darüber hinaus bietet MÁV ermäßigte Touristen-Carnets an, die im ganzen Land Gültigkeit haben (bei Kauf in der Bundesrepublik erheblich teurer). Für das Nord- und das Südufer des Balatons werden ebenfalls Wochenkarten angeboten (Balaton bérlet), für 7 Tage und für 10 Tage (übertragbar). Von den internationalen Ermäßigungen werden in Ungarn anerkannt: Inter Rail, Eurotrain-Ausweis, RES-Seniorenausweis und Transalpino (unterhält kein Büro in Ungarn). Fahrkarten zu erstehen, ist oft kompliziert und zeitaufwendig. Für viele Züge sind Platzkarten erforderlich, die an den Bahnhöfen meist anderswo verkauft werden als die Fahrkarte. Um sich langes und doppeltes Schlangestehen zu ersparen, ist es empfehlenswert, die Fahrkarten im voraus bei einem IBUSZ-Reisebüro oder direkt im Kundendienstbüro von MÁV zu lösen (Andrássy út 35, Budapest VI, Tel. 1 22 80 49 und 1 22 80 56, geöffnet: Montag bis Freitag 9 bis 18 Uhr, Donnerstag bis 19, Samstag bis 13 Uhr).

Vorortbahn: Von Budapest verkehren auch die grün-weißen Züge der *HÉV*, die schnell und preiswert in die Budapester Umgebung fahren: nach Szentendre (Abfahrt: Batthyány tér), nach Gödöllő (Abfahrt: Örsvezér tere), nach Ráckeve (Abfahrt: Vágóhíd) und nach Csepel (Abfahrt: Boráros tér).

Mit dem Bus

Alle Siedlungen mit mehr als 200 Einwohnern, die über keine Eisenbahnverbindung verfügen, werden durch die Autobuslinien des staatlichen Unternehmens *Volán* verbunden. Die Fahrkarte kostet pro Kilometer etwa 5 Forint, für größere Gepäckstücke wird manchmal eine gesonderte Gebühr verlangt. Kinder unter vier Jahren fahren kostenlos, Kinder unter zehn Jahren erhalten 50 Prozent Ermäßigung. Bei den IBUSZ-Reisebüros gibt es Dauerkarten für 1, 3 und 10 Tage zu kaufen, die eine Ermäßigung von etwa 20 Prozent gewähren. Auf den planmäßigen Buslinien kann auch im voraus ein Taxi bestellt werden. Volán-Busse fahren regelmäßig nach Wien und (in den Sommermonaten) nach München und Venedig. Reiseinformationen werden in Budapest auf dem *Internationalen Autobusbahnhof* erteilt (Engels tér, Budapest V, Tel. 1 18 21 22 oder 1 17 29 66, geöffnet von 5.30 bis 21 Uhr), von wo aus die meisten Linien und der Flughafenbus abfahren. Eine Reihe von Buslinien fährt auch am *Busbahnhof Népstadion* oder kleineren Busbahnhöfen ab. Informationen gibt in Budapest auch *Tourinform* (Tel. 1 17 98 00).

Zum Budapester Nahverkehrssystem siehe *Regionale Tips*.

Mit dem Fahrrad

Ungarn steht in dem Ruf, ein ideales Fahrradland zu sein. Das stimmt zwar zum Teil für seine Geographie, nicht aber für sein faktisch nicht vorhandenes Radwegenetz. In Budapest Fahrrad zu fahren, grenzt an Selbstmord. Es empfiehlt sich daher, das Fahrrad am Bahnhof in der Gepäckaufbewahrung sicherzustellen. Fahrräder werden auch durch die Ungarischen Staatsbahnen als Reisegepäck befördert. Außerhalb der Hauptstadt sollte man die Fernverkehrsstraßen mit zweistelligen Ziffern meiden, da diese keinen Fahrradweg haben. Auch der Touristenverkehr am Balaton macht dort das Fahrradfahren im Sommer meist zum Mißvergnügen. Alle Straßen mit einstelligen Ziffern sind für Radfahrer nicht zugelassen.

Die kleinen und kleinsten Straßen in Ungarn (mit dreistelligen Ziffern) eignen sich dagegen ideal fürs Fahrradfahren, ebenso die Deiche an den großen Flüssen Theiß und Donau. Hilfreich ist gutes Kartenmaterial wie ein Autoatlas von Ungarn, Wanderkarten (turistatérképe) oder die Flußkarten von Theiß und Donau *(siehe Minibibliothek: Karten)*. Am unbefahrensten ist der Osten des Landes, aber auch die anderen Landstriche sind oft einsam und verlassen. In der baumlosen Tiefebene sollte man sich jedoch in den Sommermonaten auf große Hitze gefaßt machen. Im Rahmen eines Entwicklungsprogramms soll neuerdings eine Fahrradverbindung von Budapest ins Donauknie gebaut werden. Auf dem Lande besteht häufig keinerlei touristische Infrastruktur, so daß es dort Schwierigkeiten mit Übernachtungen, Restaurants oder späten Einkäufen geben kann, die man bei der Routenplanung einkalkulieren sollte.

Reparaturen: Ersatzteile zu bekommen und Reparaturen durchführen zu lassen, ist in Ungarn mit Schwierigkeiten verbunden. Auf dem Lande muß man improvisieren und zum Beispiel die Maschinisten der TSz (LPG) um Hilfe bitten; in Budapest stehen einige Werkstätten und (schlecht ausgestattete) Fahrradgeschäfte zur Verfügung.
Werkstätten: *Antal Szalai*, Wesselényi utca 56, Budapest VII, Tel. 121 58 26
József Fülöp, Erzsébeth királyné útja 14, Budapest XIV, Tel. 163 56 19
Zoltán Karaki, Dózsa György út 6, Budapest VII, Tel. 141 11 83
Fahrradgeschäfte: *Ramovill*, Rajk László utca 18, Budapest II, Tel. 112 86 38
Keravill, József körút 41, Budapest VII, Tel. 113 92 38
Mobil, Bajcsy Zsilinszky út 59, Budapest VI, Tel. 131 81 0

Infos: Nützliche Informationen und Routenvorschläge enthalten die Broschüre «Mit dem Fahrrad durch Ungarn» (bei IBUSZ anfordern) sowie ein neu erschienener Fahrradführer mit vielen Karten, aber ungarischem Text (bei Tourinform anfordern, *siehe Ankommen: Informationen*).
Weitere Informationen bei: Ungarischer Radsportverband (*Magyar Kerékpár Szövetség*, Szabó J.

utca 3, H-1146 Budapest XIV,
Tel. 18369 65). In manchen Touri-
stenzentren, auf der Budapester
Margareten-Insel sowie für Bahn-
fahrer an manchen Bahnstationen
(in Balatonaliga, Siófok, Zamárdi,
Szántód-Kőröshegy, Balatonföldvár,
Balatonszemes, Balatonleke, Balatonmáriafürdő, Zánka-Köveskál,
Csákanydoroszló, Jánosháza, Diós-
jenő, Szécsény, Balassagyarmat und
Ipolytarnós) besteht auch die Möglichkeit, Fahrräder auszuleihen (kerékpár kölcsönző = Fahrradverleih).

Organisierte Touren: Sehr empfehlenswert sind die zweiwöchigen
Fahrradtouren durch Ungarn, die
ein in Berlin lebender Ungar durch-
führt. Die Übernachtung erfolgt im
Sommer in Zelten, im Herbst in Hotels; Besichtigungen von Fabriken
und LPGs, Kinobesuche, Gespräche
und ein Ungarisch-Schnellkurs sind
im Preis von 585 DM (einschließlich
Flug) inbegriffen. Infos bei:
*Berliner Informations- und Studien-
Service e. V. (biss),* Kalckreuthstra-
ße 4, 1000 Berlin 30, Tel. 030/
2 13 51 49.

Mit dem Schiff

Donau: In Budapest verkehren die
Wasserbusse der Budapester Verkehrsbetriebe (BKV), die mit einer
normalen Straßenbahnfahrkarte zu
benutzen sind. Ihre Haltestellen sind
im Stadtplan eingezeichnet. Ein sogenanntes Wassertaxi kann in der
Zeit vom 15. April bis 15 Oktober an
jeder Hotel-Rezeption bestellt werden (Tel. 1 18 46 91), Abfahrt (ab
9 Uhr) von der BKV-Bootsstation
am Petőfi tér (am Hotel Duna Inter-

Continental). Darüber hinaus gibt es
die Möglichkeit, täglich um 11 Uhr,
um 15 Uhr und von Ende Mai bis Anfang September auch um 20 Uhr eine
anderthalbstündige Dampferrund-
fahrt zu machen, bei der die Sehenswürdigkeiten von Budapest gezeigt
werden. Ausflugsdampfer der
Schiffsgesellschaft Mahart fahren im
selben Zeitraum mehrmals am Tag
über Szentendre nach Visegrad ins
Donauknie (Fahrtzeit: 2½ Stunden)
oder nach Esztergom (Fahrtzeit:
5 Stunden). Nach Esztergom verkehrt in den Sommermonaten auch
ein Tragflügelboot, das erheblich
schneller ist. Kartenverkauf und
Auskunftsstelle bei der Anlegestelle
Vigadó tér (Tel. 1 18 12 23). Spezielle
Dampferfahrten für Touristen (zum
Beispiel «Budapest by night») bieten
auch die Reisebüros an *(siehe Vorbereiten: Informationen).* Über die Donau führen schließlich auch außerhalb von Budapest eine Reihe von
Fährverbindungen, die in den Karten
eingezeichnet sind.

Theiß: Auch auf der Theiß verkehren Ausflugsdampfer, Abfahrtsorte
sind Szolnok (am Hotel Tisza, Marx
park 2) und Szeged. Außer den
Fährverbindungen über den Strom
gibt es auch organisierte Kanufahr-
ten von Szolnok nach Tiszafüred
(Veranstalter: *Tiszatours,* Kossuth
Lajos utca 6–8, H-5000 Szolnok, Tel.
56/ 1 32 80).

Balaton: Im Sommer fahren zwischen den großen Ortschaften fahr-
planmäßige Dampfer. Zwischen Tihany und Szántód besteht eine Au-
to-Fährverbindung, die von Juni bis
September alle 40 Minuten, sonst

stündlich verkehrt. Von Fonyód nach Badacsony braucht man mit dem Schiff 25 Minuten. In Keszthely, Siófok und Balatonfüred laufen von Juni bis August abends «Disco-Schiffe» aus (Fahrtzeit: 2 Stunden). In den größeren Ortschaften kann man auch Segel- und Tretboote ausleihen *(siehe Regionale Tips)*.

Paddeltouren: Außer den beiden großen Flüssen Donau und Theiß kommen auch eine Reihe von kleineren Flüßchen und Seen in Frage. Nach Angaben des Landesumweltamtes zählen zu den Flüssen, deren Wasser am saubersten ist, im Westen der westliche Abschnitt der Rába und die Kerka, im Osten die Theiß und die Túr, im Norden die Bódva und in der Tiefebene die Sebes Körös sowie der Kanal Keleti fôcsatorna. Grenzabschnitte aller Gewässer dürfen jedoch nur mit Genehmigung befahren werden. Gute Flußkarten der Donau und Theiß sind in Ungarn erhältlich *(siehe Minibibliothek: Karten)*. Weitere Informationen gibt der Ungarische Naturfreundeverband *(siehe Ankommen: Zimmersuche)* sowie der Ungarische Segelverband (Magyar Vitorlás Szövetség, H-1146 Budapest XIV, Dózsa György út 1/3, Tel. 003 61/1 13 68 37).

Verleih von Booten: Boote und Wassersportgeräte kann man, außer am Balaton und am Velence-See, nur an einigen Touristenorten leihen. Allerdings besteht prinzipiell die Möglichkeit, diese Dinge beim Unternehmen für Industrieartikel-Verleih *(Iparcikk-Kölcsönzô Vállalat*, Zentrale: Közraktár utca 30, H-1093 Budapest IX, Tel. 1 17 01 33) zu bekommen, das

außerhalb der Hochsaison auch erhebliche Ermäßigungen gewährt. Da die Verleih-Prozedur, zumal für Ausländer, jedoch überaus kompliziert ist, empfiehlt es sich, einen Ungarn um Hilfe zu bitten oder sich direkt an den Direktor des Unternehmens zu wenden (Tel. 1 17 02 18). Weiterhelfen könnte auch die Unterabteilung Verleihdienst für Jugendtourismus *(Ifjusági Turisztikai Kölcsönzô Szolgálat*, Dohány utca 27, H-1075 Budapest VII, Tel. 1 22 64 23). Hinweise über Bootsurlaub in Ungarn gibt auch die Broschüre «Sport» (bei IBUSZ anfordern).

Trampen

Viele Ungarn, besonders Soldaten und Studenten, benutzen regelmäßig die billigste Art der Fortbewegung: das Trampen. Es gibt in Ungarn keinerlei Vorschriften oder sonstige Restriktionen, die das Mitfahren bei Ausländern oder von Ausländern bei Ungarn einschränken. Das Jugendreisebüro Express hat sogar einen Ausweis ausgegeben, der den Tramper bei einem Unfall automatisch versichert (gültig bislang allerdings nur für Ungarn bis 36 Jahre). Meist muß man nicht allzu lange an der Straße warten, so daß das Trampen eine gute Möglichkeit ist, mit Ungarn ins Gespräch zu kommen. Da das Land klein ist, kann man ohne Schwierigkeiten per Autostopp einen Tagesausflug in eine interessante Stadt unternehmen, ohne Gepäck mitnehmen zu müssen. Auf den (wenigen) Autobahnen darf, wie anderswo auch, nicht gehalten werden.

Mit dem Pferd

Ungarn mit seinen großen Ebenen und seiner traditionell bedeutenden Pferdezucht gilt nicht umsonst als attraktives und zudem sehr preiswertes Ziel für Reiterferien. Das Angebot reicht von Ritten an der Longe über kürzere Ausritte bis hin zu mehrwöchigen Aufenthalten auf einem Gestüt. Reiterhöfe, die teils privat, teils genossenschaftlich, teils staatlich betrieben werden, befinden sich vor allem in der Tiefebene und am Balaton, aber auch an weniger frequentierten Orten und sogar in Budapest. Die Kosten für Ausritte oder Reitstunden sind gemeinhin erheblich geringer als in Deutschland. Darüber hinaus veranstalten auch die Reisebüros *(siehe Vorbereiten: Informationen)* spezielle Reiterprogramme wie die «Hungária Reittour» (Veranstalter: IBUSZ), eine Zehn-Tages-Tour vom Balaton in die Tiefebene, an der auch Individualtouristen teilnehmen können.

Weitere Informationen bieten die Broschüre «Hoch zu Roß» vom Ungarischen Fremdenverkehrsamt (enthält eine Liste der wichtigsten Reiterhöfe, bei IBUSZ anfordern), sowie der spezielle Veranstalter von Reiterferien (auch Planwagen-Urlaub):
Pegazus Tours
Károlyi Mihály utca 5
H-1053 Budapest V
Tel. 003 61/1 17 16 44.

Weiterfahren

Ungarn ist auch ein günstiger Standort, um sich in der Welt der untergegangenen Habsburg-Monarchie umzusehen. Nach Siebenbürgen in Rumänien, einst Kernland der ungarischen Kultur, bekommt man das Visum normalerweise an der Grenze, für die Sowjetunion muß man es vorher beantragen. Nach Jugoslawien und Österreich sowie in die Tschechoslowakei brauchen Bundesdeutsche kein Visum. Sehr preisgünstig (für rund 300 DM) kann man von Budapest auch über Moskau mit der Transsibirischen Eisenbahn nach Peking fahren, in deutscher Sprache informiert das Budapester MÁV-Büro *(siehe Rumkommen: Mit der Bahn)*. Man braucht dazu allerdings ein gültiges China-Visum und kann in Budapest die Platzkarte nur bis Moskau lösen.

Zurückfahren

Für die Ausreise sind keine besonderen Formalitäten außer den Zollvorschriften zu beachten.

Ohne Genehmigung dürfen aus dem Land alle persönlichen Gebrauchsgegenstände ausgeführt werden, die bei der Einreise eingeführt wurden. Ebenfalls keine Ausfuhrgenehmigung ist für die in den Intertourist-Devisenläden gekauften Waren erforderlich, nur ist in diesem Fall die Quittung vorzuweisen. Andere ungarische Waren dürfen im Wert bis zu 3000 Forint (Inlandspreise) ausgeführt werden. Mengenbeschränkungen sind: bei Schnaps 1 Liter pro Person, bei Wein keine, bei Zigaretten 400, bei Zigarren 50 Stück, bei Tabak 200 Gramm; Lebensmittel dürfen nur im Wert von 500 Forint ausgeführt werden. Offiziell besteht ferner ein Ausfuhrverbot, dessen Einhaltung jedoch auf einem anderen Blatt steht, für folgende Waren: Salami sowie Fleisch- und Wurstwaren, Babypflegeartikel, Südfrüchte, Schokolade, Importgetränke, Speiseöl, Margarine, Butter, Käse, geschälter Reis, Tomatenmarkkonserven, Medikamente, Wasch- und Abwaschmittel, Kohle und sonstige Haushaltsheizmittel, Kakao, Tee, Kaffee, Zucker, Futter und Tiernahrung, Gold, Silber und Platin sowie für Briefmarken, Antiquitäten und Kunstgegenstände, die älter sind als fünfzig Jahre.

Zur Ausfuhr von Gegenständen mit künstlerischem Wert ist eine Sondergenehmigung erforderlich, für die das Kunstgewerbemuseum oder die Ungarische Nationalgalerie *(siehe Regionale Tips: Budapest)* zuständig sind und eine Bearbeitungsgebühr von cirka 4 Prozent des Wertes erheben. Es können höchstens drei solcher Kunstgegenstände mit einem Wert von jeweils rund 50 DM ausgeführt werden. Zu allen weitergehenden Fragen erteilen die Zollämter Auskunft, in Budapest auch *Tourinform* (Tel. 1 17 98 00) und die Informationsstelle des Zolls: *Vám és Pénzgyörség Információs Szolgálata*, Szt. István körút 11/b, Budapest V, Tel. 132 69 43.

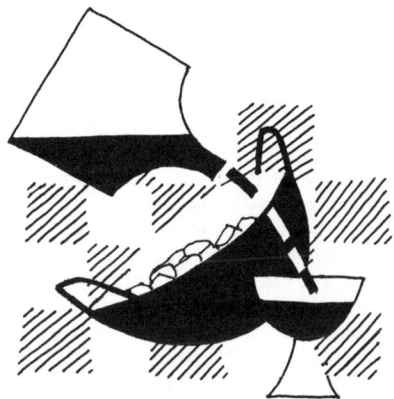

ESSEN UND TRINKEN

Die ungarische Küche ist, um es auf den Begriff zu bringen, das genaue Gegenteil der Nouvelle Cuisine: Sie verwendet Unmengen tierischer Fette (Schweineschmalz) und große Mengen Fleisch, sie würzt mit Bergen von süßem oder scharfem Paprika und zieht Teigwaren (Nockerln) oder Pommes frites den leichteren Salzkartoffeln oder dem Reis vor; sie verwendet kaum Gemüse, und sie reicht selten Salat (höchstens eingelegten, der in der Speisekarte bezeichnenderweise unter der Rubrik Savanyúság = Saures auftaucht), obwohl sich die Grundstoffe für beides auf den Marktständen türmen. Dazu wird, wie in allen südlichen Ländern, Weißbrot gegessen, das nicht zuletzt die Funktion hat, die Zunge vom Biß des scharfen Paprika zu befreien.

Trotzdem lieben die meisten Westtouristen die ungarische Küche, nicht zuletzt wegen der niedrigen Preise, die sie für ein opulentes

371

Mahl zu zahlen haben. Die Preise sind in Budapest höher als auf dem Lande, richten sich sonst aber nach der Qualitätsstufe (die 1. Klasse ist die schlechteste, es folgen 2., 3. und «ohne Klasse»). Restaurants der Stufe 2 sollten in der Regel nicht mehr als umgerechnet 6 bis 12 Mark für ein Hauptgericht verlangen. Ein Restaurant ist in Ungarn übrigens im seltensten Falle mit diesem Namen kenntlich gemacht, sondern mit den ungarischen Begriffen étterem (Restaurant), vendéglő (Gaststätte), csárda (Bauernschenke) oder fogadó (Gasthof). In Budapest haben die meisten dieser Etablissements inzwischen auch (abenteuerlich übersetzte) deutsche Speisekarten, was für die Provinz keineswegs vorausgesetzt werden kann. In vielen Restaurants spielen abends Zigeunerkapellen, in den besseren Lokalen der Hauptstadt bekommt man ohne vorherige Reservierung häufig keinen Platz.

Eine klassische Mahlzeit beginnt mit einem Aprikosen- oder Birnenschnaps (barackpálinka) oder körtepálinka. Als Vorspeise nimmt man einen fleischgefüllten Crêpe (hortobágyi palacsinta) oder eine scharfe Fischsuppe (halászlé), eine kräftige Gulaschsuppe (gulyásleves) oder eine sättigende Bohnensuppe (bableves). Die Hauptspeisen reichen von gefüllten Paprika (töltött paprika), Krautwickeln (töltött káposzta) und dem eigentlichen Gulasch (pörkölt) über alle möglichen Formen des gegrillten Fleisches bis hin zu Wild- und Fischgerichten. Als Nachspeise empfehlenswert sind die Schomlauer Nockerln (Somlói galuska), aber auch Strudel (rétes) oder Crêpes mit süßen Füllungen (palacsinta).

Erst in den letzten Jahren werden, vornehmlich in Budapest und in einigen Luxus-Hotels, vermehrt auch Gerichte der internationalen Küche serviert; daneben sind in Budapest einige Feinschmecker- und ausländische Spezialitätenrestaurants entstanden. In der Provinz dagegen befindet sich die Kochkultur häufig auf einem archaischen Niveau.

Die Nebenmahlzeiten haben für westliche Besucher häufig etwas beinahe befremdlich Bäuerliches an sich. So ist es keineswegs eine Unhöflichkeit, wenn Ungarn einem Besucher zum Frühstück ein paar Scheiben Weißbrot mit Paprikastreifen und Speck und danach einen winzigen, bitteren Kaffee servieren.

Auch in den einfachen Hotels geht das Frühstück häufig in diese Richtung. Wenn vorhanden, sollte man einen Expresso (kávé oder fekete oder dupla) und eine Tasse Milch bestellen, statt sich die unter der Rubrik Milchkaffee (tejes kávé) servierte Mischung zuzumuten. Die Gastronomie der Wiener Kaffeehauskultur mit vielen feinen Patisserien findet man fast nur in Budapest und einigen größeren Städten, und auch dort in sehr unterschiedlicher Qualität.

Das traditionelle Getränk in Ungarn ist der Wein (bor), der dort seit gut zweitausend Jahren angebaut wird. Zahlreiche Weinstuben (borozó) in dunklen Kellern zeugen von dieser Tradition. Wein mit Sodawasser, das klassische Getränk der Normalbevölkerung, heißt «fröccs». In letzter Zeit hat jedoch Bier (sör) an Bedeutung gewonnen, da es billiger geworden ist als Wein. Bierstuben werden auf ungarisch mit einer der bequemen Nominalisierungen als «söröző» bezeichnet. Darüber hinaus konsumiert man in Ungarn jede Menge Kaffee, den die Türken ins Land gebracht haben und der mit dem gleichnamigen deutschen Getränk nur das Ausgangsprodukt gemein hat: Er ist ein starker, ungefilterter Expresso, der meist in seltsamen Saftgläsern serviert wird.

Die ungarischen Kellner und Kellnerinnen haben schon manchen Touristen zur Verzweiflung gebracht. Sie sind oft unwirsch, unhöflich und arbeitsunlustig, was vor allem an ihrer schlechten Bezahlung liegt. In den teureren Restaurants sind sie häufig steif und blasiert, ohne unbedingt besser zu arbeiten. Natürlich gibt es immer Ausnahmen von solchen Erfahrungen. Meist gilt die Grundregel, daß in Restaurants, die privat oder in Pacht betrieben werden, die Bedienung besser funktioniert.

Um einen Kellner heranzurufen, bedienen sich die Ungarn der Floskel «legyen szíves» (Seien Sie so freundlich); um zu bezahlen, sagen sie «fizetni szeretnék» (Ich möchte zahlen). Ein Trinkgeld in Höhe von 10 Prozent ist üblich in Ungarn. Die Angewohnheit mancher Westtouristen, einen Kaffee zu 30 Forint mit einem 500-Forint-Schein zu bezahlen und zu sagen «stimmt so», zeugt jedoch eher von Nichtachtung gegenüber dem ungarischen Geld. Vorsicht bei manchen Fischgerichten: Diese werden in Dekagramm-Preisen auf der Speisekarte verzeichnet und erscheinen auf den ersten Blick erstaunlich billig. Wenn die Rechnung kommt und der Fisch ein Kilogramm gewogen hat (oder haben soll), kann das leicht betretene Gesichter hervorrufen.

FESTE UND FESTIVALS

Jedes Jahr finden zahlreiche größere Veranstaltungen statt, deren Termine man für die Reiseplanung kennen sollte:

Februar

Karneval wird außer in einigen Budapester Restaurants nur am Faschingssonntag in *Mohács* gefeiert, wo am Nachmittag ein Umzug (busójárás) mit schauerlichen Holzmasken veranstaltet wird.

Um den 15. Februar herum finden in Budapest die hochinteressanten *Ungarischen Spielfilmtage* statt, bei denen die neuen Produktionen des Vorjahres (mit Simultan-Übersetzung) gezeigt werden. Informationen bei: *Hungarofilm*, Magyar Játékfilmszemle, Báthori utca 10, H-1054 Budapest V, Tel. 0036 1/1 11 00 20.

März

Zur Mitte des Monats beginnt das zehntägige *Budapester Frühlings-*

festival mit zahlreichen Musik-, Ballett- und anderen Kulturveranstaltungen, auch in *Sopron*, *Kecskemét* und *Szentendre*. Nähere Auskünfte und das Programm erhält man bei IBUSZ oder dem Fremdenverkehrsamt (*siehe Vorbereitung: Informationen*). Der 15. März ist Tag eines großen historischen Schauspiels vor dem Nationalmuseum in Budapest und wurde in den achtziger Jahren mit einer von Jahr zu Jahr anwachsenden unabhängigen Demonstration zur Erinnerung an die 48er Revolution begangen.

April

In dem alten Dorf *Hollókő* werden die ungarischen *Osterbräuche* gezeigt.

Ende April / Anfang Mai veranstaltet IBUSZ in *Budapest* einen *Marathonlauf*.

Mai

Am *1. Mai* finden in Budapest neben verschiedenen gewerkschaftlichen Zusammenkünften im Stadtwäldchen (Városliget) und am Südhang der Budaer Burg volksfestähnliche Veranstaltungen statt.

Mitte Mai beginnt die *Budapester Internationale Messe* in der Dóbi István út 10, Budapest X.

In der Nähe von Kecskemét werden die dreitägigen *Reitertage von Borbáspuszta* veranstaltet.

Juni

In *Pécs* findet zu Pfingsten das Internationale *Pfingstfestival der Ungarndeutschen* statt. Auch in einigen Luxushotels in *Budapest* werden zu diesem Anlaß *Schwabenbälle* veranstaltet.

In *Sopron* finden von Mitte Juni bis Mitte Juli die musikalischen *Festwochen* statt.

Ende Juni werden in der *Hortobágy Puszta* die *Internationalen Reittage* veranstaltet, in *Szántódpuszta* die *Kirmes zum Jakobstag* und in *Visegrád* die historischen *Ritterspiele*.

In *Decs* findet der folkloristische *Sárközer Hochzeitstanz* statt.

Juli

Sommertheater unter freiem Himmel werden in *Eger*, *Gyula* und *Kőszeg* in den historischen Burgruinen veranstaltet.

In *Budapest* finden *Freilichtvorführungen und -konzerte* in der Freilichtbühne auf der Margaretheninsel, im Dominikanerhof des Hilton-Hotels, auf der Fischerbastei (Samstagabend und Sonntag vormittag) und im Budaer Parktheater am Kosztolányi Dezső tér statt. Auch am *Balaton* gibt es in den meisten größeren Orten Freiluftprogramme ebenso wie in *Agárd* am *Velence-See*.

In *Szeged* beginnen Mitte Juli die *Freilichtspiele* auf dem Dom-Platz. In *Szentendre* an den Wochenenden tagsüber *Folklore- und Theaterprogramm* sowie Jahrmarkt. In *Zsámbék* finden samstags *Theateraufführungen* und *Konzerte* statt. In *Győr* beginnt Anfang Juli der *Musikalische Sommer*. In *Baja*, *Kalocsa* und *Szekszárd*: internationales *Folklorefest* der Donauländer. In *Apajpuszta*: *Kiskunságer Hirten- und Reitertage*. In *Martonvásár*: *Beethoven-Konzerte* im Schloßpark, in *Fertőd* im Schloß Esterházy: *Haydn- und Mozart-Konzerte*. In *Pécs* ab Anfang des Monats: Ballett und Pantomime (*Sommertheater*). Im *Fertőrákoser*

Steinbruch (bei Sopron): *Opernaufführungen.* In der *Aggteleker Tropfsteinhöhle*: *Orchesterkonzerte.* Im *Schloß Festetics* in *Keszthely*: *Kammerkonzerte.*

Vom 25. Juli bis 2. August: *Reiterspiele in Nagyvászony* am Balaton.

August

20. August (Tag der Verfassung): *Volksfeststimmung in Budapest* und nächtliches Feuerwerk. *Blumenkarneval in Debrecen* mit einem Umzug am Vormittag und *dreitägiger Brükkenmarkt in Hortobágy.* Auch in der Provinz Veranstaltungen, zum Beispiel in *Hollókő* oder *Ópusztaszer.*

Mitte August in *Buzsák*: *Folklorekirmes.* Anfang des Monats *Töpfermarkt in Veszprém.* Viele der unter Juli genannten *Musikveranstaltungen* werden fortgesetzt.

September

In *Badacsony* und *Sopron* werden die Tage *der Weinlese* veranstaltet, in *Budapest* findet die *Internationale Herbstmesse* statt (siehe Mai). Ende September beginnen in der Hauptstadt die *Kunstwochen* mit Konzerten, Ballett und Pantomime. Am zweiten Septembersonntag *Obstkarneval* in *Nyíregyháza.*

Oktober

Monat der Museen in Ungarn mit vielen interessanten Ausstellungen. In den Weingegenden *Weinernte*, die man privat oder mit einem ungarischen Reisebüro besuchen kann. In *Pécsvárad* Vorführung alter Volksbräuche unter dem irreführenden Titel *Mädchenmarkt.*

November

Keine besonderen Veranstaltungen, aber Kino, Theater und Konzerte in Budapest.

Dezember

In *Budapest Weihnachtsmarkt* neben der Sporthalle (sportcsarnok), *Krippenspiel* und *Christmette* in der Matthiaskirche. *Silvesterbälle* in den großen Hotels und Restaurants von Budapest, Straßenfeiern in den Unterführungen, kein Feuerwerk.

SPRACHE

Aussprache

Ohne sich mit einigen Ausspracheregeln der ungarischen Sprache vertraut zu machen, kann es vorkommen, daß Ungarn nicht einmal den Ort verstehen, wenn man nach dem Weg fragt. Deshalb ein paar Hinweise.

Im Ungarischen gilt eine praktische Grundregel: Die Schreibweise aller Wörter richtet sich, bis auf ganz wenige Fremdwörter, immer nach der Aussprache, so daß zum Beispiel Jazz im Ungarischen so aussieht: dzsessz. Deshalb kann es einem umgekehrt – bei Beherzigung der Regeln – auch nie passieren, daß man ein Wort falsch ausspricht.

Darüber hinaus gibt es viele Übereinstimmungen mit der Aussprache im Deutschen. Abweichungen bestehen in der Unterscheidung zwischen kurzen Vokalen (ü, ö, a, e, u, o, i) und langen Vokalen (ű, ő, á, é, ú, ó, í), die durch Akzent kenntlich gemacht werden. Wirklich wichtig ist diese Unterscheidung vor allem bei a und e. Das kurze a wird wie in Sport oder dem englischen what ausgesprochen, das lange á wie in Gabel; das kurze e wie in Berg oder Ärger, das lange é wie in See.

Bei den Konsonanten sind die wichtigsten Abweichungen: c (wie in Zaun), cs (wie in deutsch), dzs (wie in Jazz), ly (wie j oder wie in Jahr), gy (ähnlich wie dj oder wie in Adieu), ny (wie signore), s (wie in Schule), sz (wie in küssen), ty (wie in Etienne), v (wie in Vase), z (wie in Rose), zs (wie in Journal), sowie ein rollendes r; Doppelkonsonanten werden nicht doppelt ausgesprochen, aber etwa doppelt so lang gehalten.

Berlitz und Langenscheidt haben übrigens zu ihren Reise-Sprachführern auch Begleit-Kassetten herausgebracht.

Mini-Wörterbuch

Die Mitnahme eines kleinen Sprachführers oder eines Wörterbuchs empfiehlt sich dringend. Sonst kann es einem passieren, daß man nicht einmal ein Restaurant als solches identifizieren kann. Wörterbücher sind im übrigen in Ungarn erheblich billiger, aber nicht immer und überall erhältlich. Das ungarische Alphabet weicht geringfügig vom deutschen ab (ü, ö, gy, ny, sz etc. werden als eigene Buchstaben behandelt), die Verben werden nicht im Infinitiv, sondern in der 3. Person singular aufgeführt.

Zum Überleben sind folgende Wörter und Wendungen nützlich:

Sprechen Sie deutsch?	
	Beszél németül?
Ich verstehe nicht	*Nem értem*
Wo geht es nach XY?	
	Merre kell menni XY-hoz?
Guten Morgen	*Jó reggelt*
Guten Tag	*Jó napot*
Guten Abend	*Jó estét*
Gute Nacht	*Jó éjszakát*
Küß die Hand	*Kezét csókolom*
Auf Wiedersehen	*Viszontlátásra*
Hallo, Ciao	*Szia, Szervusz*
Bitte	*Kérem*
Danke	*Köszönöm*
Auf dein Wohl	*Egészségedre*
Auf Ihr Wohl	*Egészségére*
Guten Appetit	*Jó étvágyat*
Verzeihung	*Bocsánat*
Wie geht's?	*Hogy vagy?*
gut	*jó(l)*
schlecht	*rossz(ul)*
ja	*igen*
nein, nicht	*nem*
Wo?	*hol?*
Wo ist . . .?	*Hol van . . .?*
Wann?	*mikor?*
Wohin?	*hová?*
wieviel?	*hány / mennyi?*
Wie teuer ist das?	*Ez mennyibe kerül?*
hier	*itt*
dort	*ott*
rechts	*jobbra*
links	*balra*
geradeaus	*egyenesen*
zurück	*vissza*
nah	*közel*

fern	*messze*	Zahlen, bitte!	*kérem, fizetni*
geöffnet	*nyitva*	Hotel	*szálló(da)*
geschlossen	*zárva*	Frühstück	*reggeli*
besetzt	*foglalt*	Konditorei	*cukrászda*
Zimmer	*szoba*	Ungarn	*Magyarország*
Eingang	*bejárat*	ungarisch	*magyar(ul)*
Ausgang	*kijárat*	deutsch	*német*
billig	*olcsó*	Ansichtskarte	*képeslap*
teuer	*drága*	Briefmarke	*bélyeg*
Kasse	*pénztár*	Warenhaus	*áruház*
Geschäft	*üzlet, bolt*	Kiosk	*trafik*
Information	*információ*	Schallplattengeschäft	*hanglemezbolt*
Post	*posta*	Lebensmittelladen	*élelmiszer bolt*
Polizei	*rendörség*		
Tankstelle	*benzinkút*		
Paß	*útlevél*		
Fahrkarte	*jegy*		
Abfahrt	*indulás*		
Ankunft	*érkezés*		
Bahnhof	*pályaudvar*		
Bahnstation	*vasútállomás*		
Buchladen	*könyvesbolt*		
Apotheke	*gyógyszertár*		
Krankenhaus	*kórház*		
Arzt	*orvos*		
Geldwechsel	*pénzváltás*		
Geld wechseln	*pénzt váltoni*		
Abschleppdienst	*autómentő*		
Krankenwagen	*mentőkocsi*		
Gaststätte	*vendéglő*		
Restaurant	*étterem*		
Gemüse	*zöldség*		
Obst	*gyümölcs*		
Bier	*sör*		
Wein	*bor*		
Weißwein	*fehér bor*		
Rotwein	*vörös bor*		
trocken	*száraz*		
süß	*édes*		
Brot	*kenyér*		
Butter	*vaj*		
essen	*enni*		
trinken	*inni*		
Bedienung!	*Legyen szíves*		
Speisekarte	*étlap(ot)*		

(ABC, Közért) $1 = egy$, $2 = kett\H{o}/$ *két*, $3 = három$, $4 = négy$, $5 = öt$, $6 =$ *hat*, $7 = hét$, $8 = nyolc$, $9 = kilenc$, $10 = tíz$, $11 = tizenegy$, $20 = húsz$, $21 = huszonegy$, $30 = harminc$, $31 = harmincegy$, $40 = negyven$, $50 = ötven$, $60 = hatvan$, $70 = hetven$, $80 = nyolcvan$, $90 = kilencven$, $100 = száz$, $200 = kétszász$, $300 = háromszáz$, $1000 = ezer$.

MINI-BIBLIOTHEK

Karten

Wer in der Bundesrepublik eine Ungarn-Karte kaufen will, ist mit der *ADAC-Reisekarte* im Maßstab 1 : 600 000 nicht schlecht bedient. Besser ist jedoch die *RV-Länderkarte* (1 : 300 000) oder die *Ravenstein-Karte* (1 : 525 000), die auch einen hilfreichen Index besitzt. Erheblich billiger kommt man, wenn man in Ungarn eine Karte kauft. Empfehlenswert ist die Autokarte von *Cartographia* (1 : 500 000) oder noch besser der Autoatlas vom selben Verlag (1 : 360 000), in dessen Anhang sich

auch Stadtpläne der wichtigsten Orte und ein Index befinden. Das Problem ist nur, eine Verkaufsstelle für diese Karten zu finden, denn an den Tankstellen sind sie nicht zu erstehen. Man muß schon einen Buchladen, einen gut bestückten Bücher-Kiosk oder einen Budapester Landkarten-Laden (térképbolt) aufsuchen, um fündig zu werden. Letztere befinden sich:
Bajcsy-Zsilinszky út 37, Budapest VI, Tel. 1 12 60 01; Dohány utca 29, Budapest VII, Tel. 1 22 56 31; Nyár utca 1, Budapest VII, Tel. 1 22 04 38.

Viele ungarische Informationsstellen geben auch kostenlos eine Ungarn-Karte ab, auf deren Rückseite ein kleiner Budapest-Stadtplan, einige Informationen über das Land und seine Verkehrsregeln sowie Adressen und zahlreiche Programmtips abgedruckt sind. Diese Karte ist recht übersichtlich, aber erheblich ungenauer als die eingangs genannten. Für Camper gibt es kostenlos auch eine grobe *Karte* mit Informationen über Lage und Ausstattung der Zeltplätze. Polyglott/ADAC vertreiben einen *Camping-Reiseführer Ungarn*. Darüber hinaus bieten die Landkarten-Läden (neben preisgünstigen Globen) spezielle Wanderkarten (turista térképe) an im Maßstab 1 : 60 000 oder sogar 1 : 40 000 sowie Regionalkarten (megyetérkép), einen Regionalatlas Balaton/Westungarn (mit Index) und hervorragende Flußwanderkarten (vízisport-térképe) für Donau und Theiß (1 : 20 000).

Stadtpläne gibt es in der Regel in allen größeren Städten an den Kiosken (trafik). Für Budapest kann man, wenn man nicht bereits zu Hause den teuren *Falk-Plan* kaufen will, wählen zwischen einem preisgünstigen Stadtplan zum Auffalten, einem stabileren Buch (schwarzer Umschlag) und einem Buch mit touristischen Hinweisen (gelber Umschlag).

Reiseführer

In dem Maße, wie Ungarn in den letzten Jahren als Reiseland entdeckt wurde, sind auch zahlreiche Reiseführer auf den Markt gekommen. Aufgrund der Sprachbarriere, der schwierigen Informationsbeschaffung und der politischen Voreingenommenheit oder Blauäugigkeit der Autoren fallen die meisten von ihnen jedoch überaus armselig aus.

Die an ein «alternatives» Publikum gerichteten Reiseführer sind alle ziemlich unbrauchbar: Klaus Schameitat beschreibt in seinem Buch *Ungarn, ein Reiseführer* (Syro-Verlag, 1981), seine erste Reise nach Ungarn und ist entsprechend «gut» informiert. Vivien und Wolfgang Weise, die *Preiswert Reisen: Ungarn* (Hayit Verlag, 1988) schrieben, präsentieren eine hoffnungslos veraltete («Telefonieren mit 1-Forint-Stücken»), zuweilen sachlich falsche («Trampen ist verboten») Mischung aus Billigtourismus und traditionellem Angebot. Dünn und inhaltlich schwach ist auch der Ungarn-Führer der Reihe Cyklos (Verlag Wolfgang Kettler, 1987), dem später der Band *Ungarn per Rad* nachfolgte.

Die traditionellen Reiseführer leiden häufig darunter, daß sie politisch vollkommen hilflos auf das Phänomen «real existierender Sozialismus» reagieren und deshalb ihre historisch-politischen Bemerkungen meist im Jahre 1945 oder spätestens beim Volksaufstand von 1956 enden lassen. Um so mehr sind sie geprägt von Ungarn-Klischees, eigentümlichen Reminiszenzen («die Julischka aus Budapest») und Uraltlegenden («der ungarische Edelmann»), die zu Beginn dieses Jahrhunderts Hochkonjunktur hatten. Die billigeren unter ihnen (Polyglott, Touropa, Grieben, Kümmerly & Frey) sind zudem so kurz und oberflächlich, daß sie nicht sehr viel mehr Informationen enthalten als die kostenlosen Prospekte des Ungarischen Fremdenverkehrsamtes. Bei dem Tempo der politischen Veränderungen in Ungarn sollte man in jedem Fall auch auf das Erscheinungsdatum der im Handel befindlichen Reiseführer achten.

Einen recht ausführlichen Reiseteil hat Jakub Forst-Battaglia in seinem im Walther-Verlag (1984) erschiene-nen Ungarn-Führer vorgelegt. Dasselbe gilt für den angenehm lesbar geschriebenen Ungarn-Band des Prestel-Verlages (1985) von Wolfgang Libal, welcher jedoch noch der Kriegsgeneration entstammt und deshalb jüngeren Lesern weniger zusagen wird. Abgeraten werden muß dagegen von Kohlhammers *Kunst- und Reiseführer Ungarn* (1982), dessen Autorin Ingrid Parigi nicht nur den Volksaufstand von 1956 unterschlägt, sondern bei Erscheinen Parteichef Kádár zum Ministerpräsidenten (!) erklärte, «der von allen Kreisen des ungarischen Volkes als vertrauenswürdiger Vertreter seiner Anliegen angesehen wird».

Der bei DuMont (1983) erschiene Führer *Richtig Reisen: Budapest* von Erika Bollweg ist nicht nur zuweilen peinlich geschrieben, schlecht gegliedert und veraltet, sondern besitzt – nicht als einziges Reisebuch – die Unverfrorenheit, den «geschichtlichen Überblick» mit dem Satz enden zu lassen: «Seit 1945 ist Ungarn Volksrepublik.» *Baedekers Allianz Taschenbuch: Budapest* (1987) erwähnt zwar die Einweihung des Népstadions von 1953, nicht aber so entscheidende Ereignisse wie die Hinrichtung des Ministerpräsidenten Imre Nagy. Der gut gegliederte *dtv Merian Reiseführer: Budapest* (1985) versorgt eine anspruchsvollere Klientel mit «Dreisterne-Empfehlungen» und einer Fülle praktischer Tips.

Mit Vorbehalt zu empfehlen sind die Reiseführer des ungarischen Corvina-Verlages über Ungarn, den Balaton und Budapest sowie der Kunstführer desselben Verlages und der Band *Rund um Städte in Südwestungarn* (alle in deutscher Sprache). Die Bücher sind preiswert und beschreiben detailliert alle Sehenswürdigkeiten, sind aber – bis zur Kádár-Absetzung jedenfalls – politisch unter der Gürtellinie.

Den aktuellsten und informativsten (wenn auch knappen) Überblick über Politik, Wirtschaft, Gesellschaft und Reisen in Ungarn bietet András Rigó in *Ungarn. Ein Reisehandbuch* (Express Edition, 1987). Allerdings war auch dieses Buch bei Erscheinen mitunter befremdlich unkritisch und fiel immer dann in Schweigen, wenn es um ein für die sozialistische ungarische Regierung unangenehmes Thema ging. So unterschlug Rigó ebenso die Hinrichtung von Imre Nagy und vielen anderen Menschen nach dem Volksaufstand von 1956 wie die Tatsache, daß es in Budapest eine oppositionelle und alternative «zweite Kultur» gab – um nur einige Beispiele herauszugreifen.

Die Ungarn-Reportage von Hans-Magnus Enzensberger in seinem Buch *Ach Europa* (Suhrkamp, 1987) sei dagegen allen Reisenden besonders ans Herz gelegt – es ist vielleicht die beste deutschsprachige Veröffentlichung über Ungarn aus der Endzeit des Sozialismus.

Wer etwas übrig hat für altertümliche Reisebeschreibungen, dem seien die folgenden, nur über gute Bibliotheken erhältlichen Raritäten empfohlen: Beschreibung einer Reise durch Deutschland und die Schweiz im Jahre 1781 *Kleine Nebenreise nach Ungarn* von Friedrich Nicolai (Berlin und Stettin 1785) und *Reisen durch Deutschland und Ungarn* (Mühlhausen, bei Friedrich Danner, 1796).

Amüsant und aufschlußreich sind auch die Reisebriefe des ungarischen Dichters Sándor Petőfi aus dem Jahre 1847, die abgedruckt sind in dem DDR-Buch: Sándor Petőfi: *Doch währt nur einen Tag mein Leuchten. Ausgewählte Prosa* (Reclam 1977).

Sachbücher

Auch die Sachbuchliteratur über Ungarn ist knapp und leidet oftmals unter inhaltlichen Mängeln.

Die ausführlichste und aktuellste (wissenschaftliche) Gesamtdarstellung des Landes gibt das *Südosteuropa-Handbuch Band V: Ungarn*, herausgegeben von Klaus-Detlev Grothusen im Verlag Vandenhoeck & Ruprecht (1987); gegen- und subkulturelle Bestrebungen werden jedoch weitgehend ignoriert, und der Preis ist mit über 200 DM prohibitiv.

Preiswert, informativ, aber mit demselben inhaltlichen Mangel behaftet ist das Buch von Paul Lendvai: *Das eigenwillige Ungarn. Innenansichten eines Grenzgängers*, erschienen im Verlag A. Fromm (1987); für «Multiplikatoren» ist es bei der Bundeszentrale für Politische Bildung (Postfach, 5300 Bonn 1) sogar kostenlos zu bekommen. Eine Reihe von informativen Aufsätzen aus oppositioneller und offizieller Feder enthält auch das Buch von István Futaky (Hg.): *Ungarn – ein kommunistisches Wunderland?*, als SPIEGEL-Buch 1983 bei Rowohlt veröffentlicht.

Gut und fundiert ist *Die Geschichte Ungarns. Von den Anfängen bis zur Gegenwart*, herausgegeben von Peter Hanak (Hobbing, 1988).

Eine *Geschichte Ungarns 1867–1983* von Jörg Hoensch ist 1984 bei Kohlhammer erschienen. Interessante Bücher über die ungarische Nachkriegsgeschichte sind: *Der ungarische Volksaufstand in Augenzeugenberichten* (dtv, 1981); Ferenc Fehér/Ágnes Heller: *Ungarn '56. Geschichte einer antistalinistischen Revolution* (USA, 1981); Emilio Vasari: *Die ungarische Revolution 1956. Ursachen, Verlauf, Folgen* (Seewald, 1981).

Oftmals atemberaubend sind die folgenden autobiographischen Beschreibungen:
Julius Hay: *Geboren 1900. Aufzeichnungen eines Revolutionärs* (Heyne-Taschenbuchverlag, 1982)
András Hegedüs: *Im Schatten einer Idee* (Ammann Verlag, 1986)
Sándor Kopácsi: *Die ungarische Tragödie. Wie der Aufstand von 1956 liquidiert wurde* (Ullstein Kontinent, 1981)
Béla Szász: *Freiwillige für den Galgen. Die Geschichte eines Schauprozesses* (Franz Greno Verlag, 1986).

Eine gelungene Darstellung des politischen Systems gibt es leider nicht. Auch zum Wirtschaftssystem liegen nur einige sehr spezielle Untersuchungen vor. Am ehesten den Charakter einer – wohlwollenden – Einführung trägt Egon F. Kasper: *Ungarn. Lebenskünstler auf der Suche nach der kleinen Freiheit* (printul-Verlag, 1986).

Über Kunst und Literatur berichtet das Jahrbuch für Kunst und Literatur der DVA in seiner Ausgabe *Jahresring 85/86*.

Zum Komplex Kritik und Opposition sind sehr zu empfehlen: Hans-Henning Paetzke: *Andersdenkende in Ungarn* (Suhrkamp, 1986), György Dalos: *Archipel Gulasch. Die Entstehung der demokratischen Opposition in Ungarn* (Donat & Temmen Verlag, 1986) sowie die älteren Ausgaben der inzwischen eingestellten kritischen Zeitschriften *Osteuropa Forum Aktuell* und *Osteuropa-Info*. Bei der Bundeszentrale für politische Bildung in Bonn gibt es kostenlos den Aufsatz von Mojmir Krizan/Eberhard Kiesche: *Diktatur über die Bedürfnisse. Die Kritik der «Budapester Schule» an osteuropäischen Gesellschaftssystemen* (B31/85). Über den Konflikt um das Staustufensystem an der Donau informiert: *Nagymaros*, herausgegeben von Michael Köcher, Verlag der österreichischen Hochschülerschaft, Wien 1987.

Literatur

Obwohl immer wieder die Klage laut wird, es würden zuwenig literarische Werke aus Ungarn ins Deutsche übersetzt, läßt sich vor allem dank der Bemühungen der ungarischen und DDR-Verlage doch eine ganze Liste von übersetzten Autoren zusammenstellen. Hier eine subjektive Auswahl – genauere Hinweise zu den Autoren finden sich im Kulturkapitel:
Mihály Babits: *Der Storchkalif* (Suhrkamp, 1983)
István Csurka: *Wer setzt schon auf Fortuna. Erzählungen* (Eulenspiegel Verlag/DDR, 1982)

György Dalos: *Meine Lage in der Lage. Gedichte* (Rotbuch, 1979); *Neunzehnhundertfünfundachtzig* (Rotbuch, 1982); *Kurzer Lehrgang, Langer Marsch* (Rotbuch, 1985)
Tibor Déry: *Lieber Schwiegervater* (Fischer, 1984)
Péter Esterházy: *Die Hilfsverben des Herzens* (Residenz, 1985); *Wer haftet für die Sicherheit der Lady?* (Residenz, 1986)
Miklós Haraszti: *Stücklohn* (Rotbuch, 1976); *Der Staatskünstler* (Rotbuch, 1984)
Gyula Illyés: *Die Puszta* (Verlag Franz Greno, 1985); *Feuer ist mein Wesen. Ein Petőfi-Bildnis* (Corvina Verlag, Budapest 1980)
Ferenc Juhász: *Gedichte* (Suhrkamp, 1966)
György Konrád: *Der Besucher* (Suhrkamp, 1978); *Der Komplize* (Suhrkamp, 1985); *Geisterfest* (Suhrkamp, 1986); *Stimmungsbericht* (Suhrkamp, 1988)
Dezső Kosztolányi: *Schachmatt* (Corvina Verlag, 1986)
Menyhért Lakatos: *Csandras Karren. Zigeunergeschichten* (Verlag Volk und Welt/DDR), 1984)
Iván Mándy: *Erzählungen* (Suhrkamp, 1966)
Miklós Mészöly: *Saulus* (Hanser, 1970)
Ferenc Molnár: *Die grüne Fliege. Erzählungen* (Eulenspiegel Verlag/DDR, 1985)
Péter Nádas: *In Gottes Hand* (Literarisches Colloquium, 1983)
László Németh: *Maske der Trauer* (Rowohlt, 1973); *Abscheu* (Aufbau Verlag/DDR, 1981)
Sándor Petőfi: *Gedichte* (Corvina Verlag, 1970)

Miklós Radnóti: *Gewaltmarsch. Gedichte* (Corvina Verlag, 1984)
Ferenc Sánta: *Zwanzig Stunden* (Bogen Verlag, 1970)
Magda Szabó: *Eszter und Angelika* (Ullstein, 1984)
Anthologien:
Moderne ungarische Dramen (Reclam/DDR 1977)
Schwarze Sterne (St. Benno-Verlag, Leipzig 1983)
Moderne Lyrik aus Ungarn (Reclam/DDR, 1982)
Wo die Katzen leben. Ungarisches Lesebuch (Klartext, 1986)
Der Ort, an dem wir uns befinden. Ungarische Erzähler der Gegenwart (Österreichischer Bundesverlag, 1985)

WISSENSWERTES VON A-Z

AIDS

Nachdem das Problem AIDS jahrelang in Ungarn ziemlich totgeschwiegen wurde, hat seit einiger Zeit eine rege Berichterstattung und Öffentlichkeitsarbeit eingesetzt. Nach einem Bericht der Zeitung «Magyarország» starb im Februar 1987 der erste AIDS-Infizierte in Ungarn. Die Zahl der Infizierten wird auf 6000 geschätzt, von denen jedoch erst 107 namentlich bekannt sind (1987). Ein HIV-Test ist obligatorisch für Geschlechtskranke, Sexualpartner und Freunde von AIDS-Infizierten, Prostituierte, Straffällige, Jugendliche in Erziehungsheimen sowie Drogenabhängige, die sich intravenös spritzen.

Alkohol

Wie in allen osteuropäischen Ländern werden in Ungarn große Mengen Alkohol konsumiert, doch die Steigerungsrate ist größer als in anderen vergleichbaren Ländern. 500000 Alkoholkranke wurden 1984 registriert, demnach wäre jeder zwanzigste Ungar Alkoholiker. Über achtzig Prozent der in Behandlung befindlichen Alkoholiker sind Männer, aber der Anteil der Frauen steigt. Die meisten Alkoholiker stammen aus der Gruppe der Dreißig- bis Fünfzigjährigen, der Anteil der Lebertoten ist bei den Genossenschaftsbauern am größten. Seit 1986 sind die Auflagen im Zuge einer sowjetisch inspirierten Anti-Alkohol-Kampagne verschärft worden, so daß auf dem Arbeitsplatz kein Alkohol mehr konsumiert und vor neun Uhr in den Geschäften auch nicht verkauft werden darf.

Angeln

Für viele Ungarn gehört die Angelrute (und das Kochen auf offenem Feuer) zum Zelten dazu wie der Schlafsack oder das Zelt. Wer nicht schwarz angeln will, kann sich entweder in der jeweils nächsten Ortschaft eine lokale *Angellizenz* holen (beim Gemeinderat, ungarisch tanácsháza oder városháza, bei der Wasserbehörde oder beim Touristenbüro) oder sich an die – teureren – Zentralstellen wenden: *MOHOSZ* Landesverband der Ungarischen Angler, Oktober utca 6 und 20, H-1051 Budapest II, Tel. 1325315 (Montag bis Donnerstag 8 bis 16.30 Uhr, Freitag bis 16 Uhr)

MAVAD Ungarisches Genossenschaftsunternehmen für Wildhandel, Úri utca 39, H-1525 Budapest I, Tel. 1556715 (nur gegen Devisen). Am Balaton erhält man die Angellizenzen auch bei Reisebüro, Hotel-Rezeptionen und Campingplätzen.

Auch die IBUSZ-Reisebüros in der Bundesrepublik helfen weiter (*siehe Vorbereiten: Informationen*).

Die Genehmigungen können für einen Tag, ein bis vier Wochen oder für ein ganzes Jahr sowie für ein bestimmtes Gebiet oder für alle ungarischen Gewässer ausgestellt werden. Eine Tageskarte für Erwachsene kostet vor Ort etwa 6, eine Wochenkarte rund 25 DM. Jugendliche unter 18 Jahren erhalten bei MOHOSZ eine Ermäßigung von 50 Prozent.

Für das Angeln gelten Vorschriften über Schonzeiten, Abmessungen usw., über die der Anglerverband oder Tourinform (*siehe Ankommen: Informationen*) informieren.

Das Reisebüro Zalatour unterhält vom 1. Mai bis 30. September in Vonyarcvashegy ein Anglerlager, IBUSZ bietet Angelplätze an der Donau an, und im August organisiert Express am Velence-See ein Anglerlager (*siehe Vorbereiten: Informationen*).

Banken

Anders als in den meisten anderen Ländern tauscht man das Geld in der Regel nicht bei Banken oder Sparkassen, sondern in Hotels und Reisebüros zum staatlichen Einheitskurs (*siehe Vorbereiten: Reisekasse*).

Behinderte

Die Infrastruktur für Behinderte ist in Ungarn erheblich schlechter als in der Bundesrepublik. Busse, Gebäude und andere Einrichtungen sind auf Behinderte in den seltensten Fällen eingerichtet, eine Verbesserung der Situation tritt erst langsam ein. Über weitergehende Fragen informiert das Ungarische Fremdenverkehrsamt (*siehe Vorbereiten: Informationen*).

Delegationsreisen

Wie in die meisten sozialistischen Länder boten in der Vergangenheit eine Reihe von Organisationen politische Gruppenreisen nach Ungarn an, in deren Verlauf man von einer ungarischen Partnerorganisation betreut wurde. Die Gespräche verliefen in Ungarn allerdings sehr viel offener als etwa in der DDR. Aufgrund der politischen Veränderungen sind jedoch die bisherigen Organisationsstrukturen für solche Reisen weitgehend zusammengebrochen. Nachfragen sollten gerichtet werden an die örtlichen *Stadt- oder Landesjugendringe*, an den *Deutschen Gewerkschaftsbund*, an die *Landeszentralen für politische Bildung*, an *Volkshochschulen* oder an linksorientierte Jugendorganisationen wie *Jungsozialisten*, *Deutsche Jungdemokraten*, *Sozialistische*

Jugend Deutschlands / Die Falken, *Naturfreundejugend Deutschlands* (Stuttgart), *Bund Deutscher Pfadfinder* (Frankfurt), *Service Civil International*. Wenn diese kein örtliches Büro unterhalten, teilt die Auskunft die Rufnummer ihrer Zentralen in Bonn mit. Eine spezielle «Broschüre für Ungarn-Fahrer» kann beim *SCI*, Blücherstraße 14, D-5300 Bonn 1, Tel. 02 28/21 20 86 angefordert werden.

Die kommunistischen Organisationen DKP (in Österreich KPÖ), MSB Spartakus, SDAJ und (in Ostdeutschland) PDS dürften dagegen kaum noch Ungarn-Delegationsreisen veranstalten.

Deutschsprachige Medien

Für deutschsprachige Touristen gibt es in Ungarn eine ganze Reihe von Medien. Vom ungarischen Staat wurden bisher die inhaltlich eher dünne zweisprachige Tageszeitung «Neueste Nachrichten/Daily News» (Redaktion: Fém utca 5/7, Budapest I, Tel. 1 75 07 64), die interessantere Wochenzeitung «Budapester Rundschau» (Redaktion: Lumumba utca 207, Budapest XIV, Tel. 1 63 74 82) und die ziemlich langweilige Wochenzeitung des ungarndeutschen Nationalitätenverbandes «Neue Zeitung» (Redaktion: Nagymező utca 49, Budapest

VI, Tel. 1 32 63 34) herausgegeben. Über aktuelle Veranstaltungen, vor allem in Budapest, informieren die beiden erstgenannten Zeitungen und die kostenlose Monatszeitschrift «Programme in Ungarn», die man in Hotels und Reisebüros erhält.

Von Anfang Mai bis Ende September sendet der erfolgreiche deutschsprachige Touristensender Radio Danubius auf UKW 110,5 MHz und 103,3 MHz, der mit seinen aus Werbeeinnahmen erzielten Gewinnen das Defizit des Ungarischen Rundfunks abdecken hilft. Radio Petőfi sendet täglich um 12 Uhr fremdsprachige Nachrichten, in Südungarn strahlt auch der dortige Nationalitätensender Programme in deutscher Sprache aus. Auf Kurzwelle ist darüber hinaus die Deutsche Welle mit stündlichen Nachrichten zu empfangen, auf Mittelwelle Radio Österreich international und manchmal der Bayrische Rundfunk.

In Budapest waren früher an den größeren Zeitungsständen zahlreiche DDR-Zeitungen und -Zeitschriften zu kaufen. Diese wurden jedoch, besonders in den größeren Hotels, mehr und mehr von Presseerzeugnissen aus der Bundesrepublik verdrängt, nach denen trotz des höheren Preises eine größere Nachfrage bestand. Westdeutsche

385

Tageszeitungen («Frankfurter Allgemeine Zeitung», «Süddeutsche Zeitung») gibt es mit einigen Tagen Verspätung an den Kiosken in der Váci utca 10, in der Telefonzentrale in der Petőfi Sándor utca und in den Unterführungen am Blaha Lujza tér und am Baross tér. Zeitschriften und Illustrierte («Spiegel», «Bunte», «Stern») wurden dagegen ursprünglich nur in den Hotels vertrieben. Über den Verkauf der «taz» wird noch verhandelt. Außerhalb von Budapest und dem Balaton-Gebiet funktioniert die Versorgung mit westlichen Medien nur schlecht.

Feiertage

Arbeitsfreie Feiertage sind in Ungarn: der 1. Januar (Neujahr), der 15. März (Nationaltag), der Ostermontag, der 1. Mai (Tag der Arbeit), der 20. August (Tag der Verfassung), der 23. Oktober (Tag des Volksaufstandes) sowie der 25. und 26. Dezember (Weihnachten). Spontane Straßenfeiern gibt es (in Budapest) in der Silvesternacht, Kundgebungen und volksfestähnliche Veranstaltungen am 15. März, am 1. Mai und am 20. August (Feuerwerk und Militärparade).

Samstag und Sonntag sind in der Regel arbeitsfrei. Fällt allerdings ein Feiertag auf einen Dienstag oder Donnerstag, so wird das arbeitsfreie Wochenende auf den zwischen den freien Tagen liegenden Arbeitstag verlegt; dadurch kann die Situation entstehen, daß an einem Sonntag normal gearbeitet wird, während an einem Freitag oder Montag die Arbeit ruht, obwohl im Kalender kein Feiertag verzeichnet ist.

Ferien auf dem Lande

Seit einiger Zeit bietet der ungarische Fremdenverkehr auch Ferien auf dem Lande beziehungsweise auf dem Bauernhof an. Dieser Dorftourismus ist erheblich billiger als Programme in großen Hotels und führt in der Regel in landschaftlich besonders reizvolle Gegenden (Bákony-Gebirge, Mecsek-Gebirge, Balaton-Umgebung, Őrség und Kőszeg, Kiskunság, Theiß-Landschaft). Die Infrastruktur (Läden, Zeitungen) ist allerdings häufig nicht gut, dafür werden zum Teil besondere Programme angeboten wie Weben, Holzschnitzen, Ausflüge oder Reiten. Nähere Informationen enthält die Broschüre «Erholung auf dem Lande», die man bei IBUSZ (*siehe Vorbereiten: Informationen*) anfordern kann. Wer die niedrigeren Preise für Ungarn in Anspruch nehmen will, muß sich die (ungarischsprachige) Broschüre «Falusi üdülés» (Dorferholung) vom Nationalen Fremdenverkehrsamt (*siehe Vorbereiten: Informationen*) schicken lassen. Dieser zufolge kostet zum Beispiel ein Doppelzimmer in der Nähe des Balatons rund 200 Forint pro Nacht. Eine Vorab-Reservierung ist in der Regel erforderlich.

FKK

Die Freikörperkultur gilt in Ungarn aufgrund der traditionellen Sexualmoral als anstößig und ist bislang kaum verbreitet. Ausnahmen sind nur die gleichgeschlechtlichen Dampfbäder und Sonnenterrassen in den großen Thermalbädern. Seit 1984 verfügt der Verband der Ungarischen Naturisten *Magyar Naturisták Egyesülete*, Kárpát utca 8, H-1156 Budapest XIII) jedoch über ein 20 000 Quadratmeter großes Badegelände mit Zeltplatz und Surfbrett-Verleih am Baggersee 5 in Délegyháza (auf der Landstraße 51 rund dreißig Kilometer südlich von Budapest).

In den Budapester Bädern Gellért und Palatinus sowie am Balaton ist das «Oben-ohne-Baden» erlaubt, wird aber von den Männern häufig als aufreizend empfunden. Am Balaton bei Balatonszentgyörgy-Balatonberény sowie an der Donau bei Mohács sind Zeltplätze und Strände für Nacktbader eingerichtet worden. Inoffiziell kann man bei Velence am Velence-See und bei Budakalász unweit von Budapest textilfrei baden; weitere offizielle FKK-Bäder sind in Fonyód (Balaton) und in Dorozsma bei Szeged geplant.

Flucht

Obwohl westliche Touristen bei der Ausreise meist nur oberflächlich kontrolliert wurden, gehörten in der Vergangenheit der Blick in den Kofferraum und die Überprüfung, ob der Ausreisende auch eingereist ist, in jedem Fall dazu. Illegale Grenzübertritte wurden ebenso bestraft wie die Beihilfe dazu. Im Frühjahr 1989 hat Ungarn jedoch damit begonnen, die technischen Grenzsperranlagen nach Österreich zu demontieren. Im Sommer kam es deshalb zu einer dramatischen Massenflucht von DDR-Bürgern. Für kommerzielle Fluchthilfe-Organisationen, die in der Regel mit gefälschten Pässen arbeiteten, war Ungarn eine häufig benutzte Ausreiseschiene. Andersherum versuchten immer mehr Rumänen ungarischer Herkunft illegal die Grenze nach Ungarn zu überschreiten. Zur Unterstützung der rumänischen Flüchtlinge hat sich das «Flüchtlingskomitee» gebildet (Attila utca 71, 1013 Budapest, Tel. 1750730), eine andere Anlaufstelle ist die reformierte Kirche im Budape-

ster Stadtteil Rákosszentmihály (Budapesti út 82–84, Budapest XVI).

Fotografieren

Früher war es verboten, militärische Anlagen, Kasernen, Kolonnen, Industrie- und Bahnanlagen (außer Bahnhofshallen und dort wartende Züge) zu fotografieren. Häufig wiesen auch besondere Schilder darauf hin, die praktische Einhaltung dieser Vorschrift stand – wie so oft in Ungarn – allerdings auf einem anderen Blatt.

Frauen

Die ungarische Gesellschaft ist sehr patriarchalisch geprägt. Das erschwert besonders Frauen, die darauf nicht eingestellt sind, manchmal den Aufenthalt. Auf der Straße, in den Schwimmbädern, in den Taxis und in den Cafés werden sie häufig von Männern angesprochen. Wer solche Kontakte nicht will, muß sich energisch zur Wehr setzen. Emanzipatorisches Gedankengut der westlichen Frauenbewegung ist selbst in kritische Kreise kaum vorgedrungen, unabhängige Frauengruppen sind bislang nicht in Erscheinung getreten. Lesbische Frauen(gruppen) treffen sich nur im verborgenen (*siehe Homosexualität*). Offizieller Interessenverband der Frauen war im Sozialismus

der Landesrat der Ungarischen Frauen (*Magyar Nők Országos Tanácsa*, Andrássy út 124, Budapest VI, Tel. 1125071), der inzwischen «Ungarischer Frauenverband» heißt, aber kaum noch eine Rolle spielt. Speziell an Frauen wenden sich die Zeitschrift «Nők Lapja» (Frauenblatt) und eine ungarische Ausgabe von «Burda».

Frieden

Nach der Zerschlagung der unabhängigen Friedensgruppe Diálogus beschäftigten sich nur noch wenige Einzelpersonen aus kritischer Sicht mit der Friedensproblematik.

Offizielle Friedensorganisation war unter Kádár der Landesfriedensrat (*Országos Béketanács*, Belgrad rakpart 24, Budapest V, Tel. 315930), der jedoch nach der Wende rasch zerfiel. Kurz davor zeigte er sich noch für Ost-Verhältnisse ungewöhnlich offen für westliche Friedensinitiativen, die sich kritisch mit Osteuropa auseinandersetzten: Seine Delegation beim Kongreß der englischen Friedensbewegung END unterschrieb dort 1987 erstmals deren programmatische Grundsatzerklärung. Der Friedensrat entsandte im November 1987 auch einen Vertreter zu einer privat organisierten Konferenz in Budapest des «Netzwerkes für den Ost-West-

387

Dialog» (Kontakt: Dieter Esche, Mindenerstraße 6, 1000 Berlin 10). Diese Organisation, die sich für eine «Entspannung von unten» starkmachte, hatte in Budapest eine Untergruppe. Kontakt: Gabriella Cseh, Ménesi út 12, Budapest XI, Tel. 1 66 99 02.

Geheimdienst

Der als autonome Behörde organisierte ungarische Staatssicherheitsdienst ÁVO (Államvédelmi Osztály = Staatsschutz-Abteilung), später ÁVH (Államvédelmi Hatóság = Staatsschutz-Behörde) wurde nach dem Aufstand von 1956 abgeschafft. Die Überwachung der Bürger übernahm die Abteilung III/III des Innenministeriums (Belügyminisztérium), deren geheime Mitarbeiter im Volksmund «belügyesek» genannt wurden. Sie hörte Telefone ab, kontrollierte Oppositionelle und Ausländer, Kirchen und Künstler und versuchte, die Untergrundliteratur und andere unliebsame politische Aktivitäten zu unterbinden. Dem Top-Terroristen Carlos gewährte sie jahrelang Unterschlupf in Budapest. Gleichwohl hatte der ungarische Geheimdienst niemals solche Ausmaße wie der DDR-Staatssicherheitsdienst. Aus den Wohnungen der Oppositionellen wurden inzwischen die Abhöranlagen offiziell entfernt, de-

ren Benutzung bis kurz vor den ersten demokratischen Wahlen zu einem politischen Skandal und zur Auflösung des Dienstes führte. Die demokratisch gewählte Regierung Antall, beauftragte den Minister ohne Portefeuille, András Gálszécsy, mit der Neuorganisation eines Nationalen Sicherheits- und Informationsdienstes. Dieser übernahm keine Offiziere aus dem Innenministerium oberhalb vom Majorsrang; der «Verband ehemaliger politischer Gefangener» stellte dafür aus seinen Reihen «Berater» zur Verfügung. Bis heute sind allerdings die Akten über Spitzel und Überwachte, wenn sie nicht schon vernichtet wurden, unter Verschluß, und die neuen Parteien beeilen sich nicht, diesen Zustand zu ändern, weil unter Umständen auch prominente Politiker über das geheime Wissen stolpern könnten.

Gewerkschaften

Der Landesrat der ungarischen Gewerkschaften (*MSZOSZ*, Dózsa György út 84/6, Budapest VI, Tel. 1 53 29 00) besteht aus 19 Branchengewerkschaften, in denen 1988 rund 4,5 Millionen, also die meisten Arbeitnehmer, Mitglied waren. Jahrzehntelang dienten die Gewerkschaften vorrangig nur als «Transmissionsriemen der Partei»

und als Verteiler von sozialen Leistungen (Ferienplätze, Arbeitslosengeld etc.). Wissenschaftler und Pädagogen haben deshalb als erste unabhängige Gewerkschaften gegründet: Die Gewerkschaftliche Vereinigung der Intelligenz (ÉSZT) ist zu erreichen in der Gorkij fasor 10, Budapest VI, Tel. 1 22 84 56. Die Demokratische Liga der unabhängigen Gewerkschaften befindet sich gleich in der Nähe: Gorkij fasor 45, Budapest VII, Tel. 1 42 69 57.

Heilkuren

In Ungarn mit seinen zahlreichen Thermalbädern bieten bekannte Kurorte die Möglichkeit zu umfassenden Heilkuren, die von einigen deutschen Krankenkassen auch bezuschußt werden. Nähere Auskünfte und eine spezielle Broschüre bei IBUSZ (*siehe Vorbereiten: Informationen*).

Homosexualität

Gleichgeschlechtliche Liebe ist in Ungarn ein großes Tabu. Lediglich Károly Makk hat es einmal in dem Film «Aus anderer Sicht» aufgegriffen. Der Paragraph 199 im ungarischen Strafgesetzbuch setzt das Mindestalter für homosexuelle Handlungen beiderlei Geschlechts, die bis 1961 generell verboten waren, auf 18 Jahre fest. Verstöße werden mit

Freiheitsstrafen bis zu drei Jahren geahndet. Treffpunkte der Schwulen sind in Budapest die gleichgeschlechtlichen Dampfbäder (gyógyfürdő), im *Lukács-Bad* (Frankel Leó utca 25/29, Budapest II) deckt im Winter ein dichter Dampfnebel das Geschehen zu. Das Café Egyetem (Felszabadulás tér 1) wird ab 22 Uhr zur Schwulenbar. Weitere Treffpunkte: Das *Diófa* in der Dohány utca und das *Café Emke* am Blaha Lujza tér.

Weitere Informationen bei: *HOSI Wien / Auslandsgruppe*, Novaragasse 40, A-1020 Wien, die auch das Buch «Rosa Liebe unterm roten Stern» herausgebracht hat.

Juden

Schätzungen zufolge leben in Ungarn 80000 bis 100000 Menschen jüdischer Abstammung, der überwiegende Teil von ihnen wohnt in Budapest. Sie bilden damit die größte jüdische Bevölkerungsgruppe im ehemaligen deutschen Einflußgebiet, die den Holocaust überlebt hat. Mit dem Gesetzesartikel Nr. 33 erhielt das ungarische Judentum 1947 die völlige rechtliche Gleichstellung zugesprochen, jede Form des Antisemitismus wurde unter Strafe gestellt. Obwohl die damalige Führung der kommunistischen Partei fast ausschließlich aus Juden bestand, wurde 1952

getreu dem sowjetischen Vorbild ein Anti-Zionisten-Prozeß vorbereitet, der sich jedoch durch den Tod Stalins erledigte. In der nichtjüdischen Bevölkerung ist der traditionelle Antisemitismus bis heute stark verankert.

Nur ein kleiner Teil der Juden ist Mitglied der jüdischen Gemeinde (Síp utca 12, Budapest VII, Tel. 122 6478). Der Gemeinde sind in Budapest ein Krankenhaus, ein Altersheim, ein Gymnasium, eine eigene Zeitung («Új Elet»), ein kosheres Restaurant und die einzige Rabbinerschule im sozialistischen Block angeschlossen. Die Budapester Synagoge gehört zu den größten ihrer Art und beherbergt auch das Landesmuseum der Jüdischen Religion und Geschichte (Dohány utca 2, Budapest VII, Tel. 142 8949). Im oppositionellen Spektrum erschien eine Zeit lang die nichtreligiöse Zeitschrift «A Magyar Zsidó» (Der Ungarische Jude, Kontakt: György Gadó, Budapest, Tel. 125 3507), die sich gegen die staatsloyale Haltung der jüdischen Gemeinde wandte und für die Entwicklung einer eigenständigen Identität der Juden in Ungarn eintrat. Inzwischen hat sich auch eine Organisation der säkularisierten ungarischen Juden gebildet, der Ungarische Jüdische Kulturverein (Postfach 216, 1440 Budapest), eine Ungarisch-Israeli-

sche Freundschaftsgesellschaft ist im Aufbau. Über Antisemitismus forscht: Ferenc Erös, MTA Pszichológiai Intézet, Münnich Ferenc utca 7, Budapest V, Tel. 183 5617.

Jugend

Die ungarische Jugend war – wie in allen sozialistischen Staaten – jahrzehntelang in einem einheitlichen Verband organisiert, dem Kommunistischen Jugendverband (*Kommunista Ifjúsági Szövetség*, abgekürzt: *KISZ*). Dieser unterhielt in allen Komitaten und Städten Komitees (bizottság) sowie in Budapest ein Zentralkomitee, dessen zahlreiche Funktionäre in einem repräsentativen Neubau am Donauufer in Budapest residierten. Der KISZ erklärte sich 1989 zum «Demokratischen Ungarischen Jugendverband» (*DEMISZ*) und wollte nur noch ein lockeres Bündnis linker Jugendgruppen sein (Könyves Kálmán Krt. 76, Budapest VIII, Tel. 134 3595). Für ausländische Kontakte ist der Landesrat Ungarischer Jugendverbände (*Magyar Ifjusági Szövetségek Országos Tanácsa*, abgekürzt: *MISZOT*, Hold utca 1, Budapest V, Tel. 131 8518) zuständig. Seit 1988 hat sich eine Reihe von neuen unabhängigen Jugendverbänden, darunter auch kirchlichen, gebildet, die alle im MIS-

ZOT vertreten sind. Eine kritische Jugendpartei mit Abgeordneten im Parlament ist der «Verband Junger Demokraten» (*FIDESZ*), dessen Büro in der Lendray utca 28, Budapest VI, liegt (Tel. 1121095). Auch der Ungarische Pfadfinder-Verband (*Magyar Cserkész Szövetség*, Nagy Jenő utca 3–5, Budapest XII, Tel. 1750333) hat sich inzwischen wieder gegründet. Darüber hinaus gibt es Jugendverbände der Parteien wie das «Demokratische Jugendforum» (JDF, Ó utca 8–10, Budapest VI, Tel. 1310176), den Jugendverband des SZDSZ (JDE, Mérleg utca 6, Budapest V, Tel. 1176911) oder den der Ungarischen Sozialdemokratischen Partei (Dohány utca 76, Budapest VII, Tel. 1215400).

Krankheit

Ausländische Besucher haben in Ungarn das Recht auf kostenlose Erste Hilfe. Diese gewähren alle Krankenhäuser oder Ambulanzen (ügyeleti szolgálat). Der ärztliche Rettungsdienst hat die Rufnummer 04. Apotheken (gyógyszertár) unterhalten ebenfalls einen Notdienst. Medikamente kosten sehr wenig (empfehlenswert das vietnamesische Tigerbalsam), westliche Arzneimittel sind in der Regel jedoch nicht erhältlich. Längere Krankenhausaufenthalte müssen bar bezahlt und später der Krankenkasse zur Rückerstattung vorgelegt werden. Da die Ärzte sehr schlecht bezahlt werden, ist es in Ungarn (leider) üblich, sie mit hohen «Trinkgeldern» für die Behandlung zu entschädigen.

Kriminalität

In Ungarn liegt die Zahl krimineller Delikte deutlich niedriger als in den meisten anderen Reiseländern. Überfälle und (Auto-)Einbrüche haben nach wie vor Seltenheitswert. Als 1987 auf den kolumbianischen Botschafter in Budapest von der Drogen-Mafia ein Attentat verübt wurde, registrierte die kolumbianische Öffentlichkeit ungläubig, daß in Ungarn pro Jahr ebenso viele Morde verübt werden wie in Bogotá an einem einzigen Tag. Allerdings häufen sich in letzter Zeit die Klagen über Taschendiebstähle in den Budapester U-Bahnen und Bussen. Auch am Balaton haben Ladendiebstähle und PKW-Aufbrüche zugenommen.

Der Statistik ist zu entnehmen, daß die Zahl der Delikte seit 1976 ständig zugenommen hat, doch kam sie nur bei Morden und Mordversuchen an die Werte der BRD heran. Die Zahl der schweren Körperverletzungen liegt um die Hälfte niedriger, die der Raubtaten um zwei Drittel. Der größte Teil der Täter waren junge männliche Erwachsene, meist aus sozial benachteiligten Familien. Die häufig für die Kriminalität verantwortlich gemachten Zigeuner begingen 1980 6,1 Prozent der Straftaten (bei einem Anteil an der Bevölkerung von 3 bis 4 Prozent), bei bestimmten Straftaten (zum Beispiel Einbruch) liegt ihr Anteil allerdings bei 20 bis 60 Prozent. Insgesamt betrug die Zahl der Straftaten 1987 188000, davon wurden 54000 in Budapest verübt.

Kultur

Der Ungarische Schriftstellerverband, *Magyar Irók Szövetsége*, ist in der Bajza utca 18, Budapest VI, Tel. 1228840, untergebracht, der Ungarische PEN-Klub liegt am Vörösmarty tér 1, Budapest V, Tel. 1176222. Der Künstlerklub *Fészek* liegt in der Kertész utca 36, Budapest VII, Tel. 1426549, und ist offiziell Gästen nur in Begleitung eines Mitglieds offen. Der Klub Junger Künstler, *Fiatal Müvészek Klubja*, hat sein Haus in der Andrássy út 112, Budapest VI, Tel. 1318858, das Studio Junger Bildender Künstler, *Fiatal Képzömüvészek Studiója*, befindet sich in der Rottenbiller utca 35, Budapest VII, Tel. 1224698. Das Filmwissenschaftliche Institut hat die Anschrift: Népstadion út 97, Budapest XIV, Tel. 1429599, der Verband der Film- und Fernsehkünstler sowie der Tänzer: Gorkij fasor 38, Budapest VI, Tel. 1424760.

Medien

In Ungarn gibt es zwei Fernsehkanäle, ein dritter – privater – nahm 1989 seinen Probebetrieb auf. Hinzu kommen die beiden Rundfunksender Kossuth und Petőfi sowie neuerdings zwei private (Radio Calypso und Radio Bridge, der in englischer Sprache sendet) und zahlreiche Zeitungen und Zeitschriften. Früher war die wichtigste Tageszeitung das Parteiorgan «Népszabadság» (Volksfreiheit, Blaha Lujza tér 3, Budapest VIII), die interessanteste die der Volksfront, «Magyar Nemzet» (Ungarische Nation, Erzsébet körút 9–11, Budapest VII). Unter den Wochenzeitungen ragte das reformorientierte Wirtschaftsblatt «Heti Világgazdaság» (HVG, deutsch: Woche der Weltwirtschaft, Vág utca 13, Budapest XIII) heraus. Eine wichtige intellektuelle Zeitschrift ist die monatlich erscheinende «Valóság» (Wirklichkeit, Erzsébet körút 5, Budapest VII), das kritische jüngere Publikum sollte dagegen «Mozgó Világ» (Welt in Bewegung, Münnich F. utca 26, Budapest V) erreichen, deren Chefredakteur un-

ter Kádár zweimal ausgewechselt wurde. Kritisch berichtet auch die Budapester Studentenzeitung «Egyetemi Lapok» (Egyetem tér 1/3, Budapest V). Da Journalisten häufig die am besten informierten Zeitgenossen sind, lohnt sich manchmal ein spontaner Besuch, der in der Regel zumindest bei einer Tasse Kaffee endet.

Neben den staatlich gelenkten Medien hat sich seit Ende der siebziger Jahre auch eine bescheidene Untergrund-Literatur, der sogenannte Samisdat (russisch: Selbstverlag), entwickelt, mit Auflagen zwischen 500 und 3000 Exemplaren. Führende intellektuelle Zeitschrift war hier «Beszélő», die inzwischen regulär am Kiosk verkauft wird (Kontakt: Ferenc Kőszeg, Felszabadulás tér 4, Budapest V, Tel. 1178183 oder Miklós Haraszti, Fejér György utca 8, Budapest V, Tel. 1177816). Seit dem Einzug der Demokratie unterliegt die Medienlandschaft einem raschen Wandel, vor allem ausländische Geldgeber wie Springer investieren zunehmend in Ungarn. Zu den politisch wichtigen Zeitschriften zählt noch «Hitel» (Kredit, Corvin tér 8, 1011 Budapest I), die dem «Ungarischen Demokratischen Forum» nahesteht (*siehe Parteien*). Auf privatwirtschaftlicher Basis arbeiten die

Zeitungen «Reform» und «Mai Nap» (Heutiger Tag).

Namen

Im Ungarischen werden Vor- und Nachnamen grundsätzlich in umgekehrter Reihenfolge gebraucht wie im Deutschen. Der Komponist Béla Bartók heißt ungarisch also: Bártók Béla. Frauen haben früher traditionell den Namen ihres Mannes übernommen, der mit einer weiblichen Endung (né) versehen wurde. Heute führen Frauen ihren Mädchennamen oftmals auch nach der Hochzeit weiter oder wählen einen Doppelnamen.

Naturschutzgebiete

Fünf Prozent des Landes stehen unter Naturschutz. Dazu zählen 600 geschützte Gebiete von lokaler Bedeutung, mehr als hundert Naturschutzgebiete von überregionaler Bedeutung, 28 Naturschutzregionen sowie die drei Nationalparks Bükk, Hortobágy und Kiskunság. Ein großer Teil der Gebiete steht dem Tourismus offen. Nähere Informationen enthält die Broschüre «Begegnung mit der Natur» (bei IBUSZ anfordern).

Öffnungszeiten

Die Geschäfte haben gemeinhin werktags von 10–18 Uhr und samstags von 9–13 Uhr geöffnet. Die Lebensmittelgeschäfte öffnen bereits um 6 oder 7 Uhr (vor 9 Uhr kein Alkoholverkauf) und schließen um 19 oder 20 Uhr. Die Budapester Warenhäuser sind von 9 bis 19 Uhr geöffnet, die wichtigen auch am Wochenende, größere Lebensmittelgeschäfte schließen in der Hauptstadt am Samstag erst um 17 Uhr. Auf dem Lande und bei kleinen Geschäften gelten oftmals andere (kürzere) Öffnungszeiten. Donnerstags haben viele Geschäfte bis 20 Uhr geöffnet.

In Budapest haben am Sonntag u. a. folgende Lebensmittelläden von 7–13 Uhr geöffnet: ABC-Supermarkt, Batthyány tér; ABC-Supermarkt, Blaha Lujza tér/Ecke Rákóczi út; Supermarkt im Warenhaus Sugár, Örs vezér tér.

Opposition

Im Sozialismus gab es bekanntlich keine parlamentarische Opposition wie in westlichen Ländern. Als Opposition (ungarisch: ellenzék) wurden damals jene Gruppen und Einzelpersonen bezeichnet, die außerhalb der offiziellen Institutionen öffentlich politische Ziele vertraten, die nicht mit denen des Staates übereinstimmten. Im Verlauf des Umbruchs wurde der Begriff auch auf alle anderen neuen politischen Gruppierungen angewandt, die das Machtmonopol der KP brechen wollten. Inzwischen engagieren sich viele der Oppositionellen in einer der neuen politischen Organisationen, die meisten im Verband Freier Demokraten (*siehe Medien* sowie *Parteien*). Bei den Wahlen im Frühjahr 1990 gingen über 90 Prozent der Abgeordneten aus den Reihen der Opposition hervor.

Parteien

Alleinregierende Partei war bis zu den ersten freien Wahlen die Ungarische Sozialistische Arbeiterpartei (USAP), die auf ungarisch *Magyar Szocialista Munkáspárt (MSZMP)* hieß und sich auf Drängen der Reformer 1989 in Ungarische Sozialistische Partei (USP oder ungarisch: MSZP) umbenannte; den alten Namen führt eine Partei von Altkommunisten fort, die mit 3,86 Prozent der Stimmen jedoch nicht ins Parlament gelangte. Der riesige Funktionärsapparat der MSZMP reichte bis in die kleinste Gemeinde. Ihre Zentrale, das Gebäude des Zentralkomitees, ist heute Sitz der Abgeordnetenbüros und hat folgende Anschrift: Széchenyi rakpart 19, Budapest V., Tel. 111 14 00. Der neue Anschrift der USP lautet: Köztársaság tér 26, Budapest VIII, Tel. 113 48 46.

Im Zuge der Demokratisierung haben sich inzwischen zahlreiche Parteien neu- oder wieder gegründet. Stärkste Partei ist das national orientierte Ungarische Demokratische Forum (*Magyar Demokrata Fórum*, Bem tér 3, Budapest II, Tel. 115 96 90). Eine Art Gegenpol bildet der von namhaften Intellektuellen geführte radikaldemokratische Verband Freier Demokraten (*Szabad Demokraták Szövetsége*, Mérleg utca 6, Budapest V, Tel. 118 47 88), der zum Teil neoliberale, zum Teil radikaldemokratische, zum Teil sozialliberale Positionen vertritt. Politisch nahe steht diesem der Verband Junger Demokraten (*siehe Jugend*), der ebenfalls im Parlament vertreten ist. Regierungsparteien sind neben dem MDF die Christdemokratische Volkspartei (Kereszténydemokrata Néppárt, Nagy Jenő utca 5, Budapest XII, Tel. 175 03 33) sowie die Unabhängige Partei der Kleinen Landwirte (*Független Kisgazdapárt*, Szoboszlai utca 2–4, Budapest XII, Tel. 155 53 33). Nicht im Parlament vertreten sind die Ungarische Sozialdemokratische Partei (*Magyarországi Szociáldemokrata párt*, Dohány utca 76, Budapest VII, Tel. 142 23 85) sowie die Ungarische Grüne Partei (*Magyarországi Zöld Párt*, Kiskorona utca 3, Budapest III, Tel. 168 88 00).

Post

Die Postämter haben normalerweise von 8 bis 18 Uhr geöffnet. Ein Verzeichnis der Budapester Postämter enthält das Stadtplan-Buch mit schwarzem Umschlag *(siehe Mini-Bibliothek: Karten)*. Die wichtigsten Postämter der Innenstadt liegen im Südbahnhof (Déli pu.), am Dísz tér 15, in der Bajcsy-Zsilinszky út 16, in der Dorottya utca 9, am Engels tér (Volán pu.), an der Múzeum körút 31, in der Petőfi Sándor utca 17 (nebenan: Telefonzentrale), am Westbahnhof (Erzsébet körút 105), in der Andrássy út 53, am Ostbahnhof (Baross tér 11/c) und am Moszkva tér (Krisztina körút 6–8). Rund um die Uhr geöffnet haben die Postämter am Westbahnhof, am Ostbahnhof und am Kelenföldi pu. Das Porto beträgt ins europäische Ausland für einen Brief (bis 20 g) 30 Forint, für eine Postkarte 20 Forint; innerhalb Ungarns kostet es für einen Brief 10 Forint (November 1991). Die Briefkästen haben einen roten Anstrich. Ansichtskarten und Briefmarken werden auch von den Tabakläden (dohánybolt, trafik) und von den Garderobieren der großen Hotels vertrieben.

Selbstmord

Zu den Rätseln dieses Landes gehört seine enorm hohe Selbstmordrate – die höchste der Welt. Während sich Ungarn bis in die Nachkriegszeit bereits unter den Ländern mit der höchsten Quote befand, hat es seitdem die anderen Staaten durch die beständige Zunahme der Suicide weit hinter sich gelassen. 1983 waren es 4911, das sind 46 Selbstmorde auf 100000 Einwohner, gegenüber 25 in Finnland, das – bis die Zahlen aus der ehemaligen DDR bekannt wurden – an zweiter Stelle der Statistik stand.

Mehr als zwei Drittel der Selbstmörder waren männlich. 38 Prozent waren 60 Jahre und älter, 36 Prozent waren zwischen 40 und 59 Jahre alt, 26 Prozent zwischen 15 und 39. Die meisten Suicide wurden in den südöstlichen Komitaten Csongrád und Bács-Kiskun registriert, von wo aus sie mit der Entfernung stetig abnehmen. In absoluten Zahlen stammten die meisten Selbstmörder aus der Arbeiterschaft, im Verhältnis zur Gesamtgröße der sozialen Schichten verübten die Genossenschaftsbauern die meisten Selbstmorde. In Budapest arbeitet seit einigen Jahren eine Krisenzentrale mit 48 Betten für potentielle Selbstmörder, die rund um die Uhr besetzt ist.

Sport

Für Touristen besteht die Möglichkeit, die verschiedensten Sportarten von Reiten über Tennis bis hin zu Golf und Kanufahren auszuüben. Ausführliche Informationen enthält die Broschüre «Sport» (bei IBUSZ anfordern).

Strom

220 Volt / 50 Watt

Studieren

Für westliche Ausländer besteht die Möglichkeit, in Ungarn zu studieren. Gegen Zahlung einer Studiengebühr in Dollar kann in Budapest oder Szeged ein Medizinstudium absolviert werden, Auskünfte erteilen die ungarischen Botschaften *(siehe Vorbereitung: Reisepapiere)*. Stipendien für Studien- und Forschungsaufenthalte und begründete Studienzeiten in Ungarn vergibt der DAAD *(siehe Vorbereiten: Informationen)*, der auch einen «Studienführer Ungarn» herausgebracht hat.

Ungarische Studenten verfügen bislang über keinen zentralen Studentenverband, kleinere Gruppen sind jedoch an verschiedenen Universitäten entstanden. Kontakte vermitteln die verschiedenen Jugendverbände *(siehe Jugend)* und der Landesrat ungarischer Studenten und Fachhochschüler (Postfach 72, H-1388 Budapest, Tel. 1 40 39 72). An den Universitäten gibt es darüber hinaus verschiedene Klubs und Zirkel, und in Budapest hat sich vor einigen Jahren der unabhängige Interdisziplinäre Studentenkreis *ITDK* gebildet (Kontakt: György Maurer, Susugó utca 8, II. em. 9, Budapest XII). Kontakte zu Studenten findet man während des Semesters am besten in den Universitäten selber oder in den Studentenwohnheimen *(siehe Regionale Tips: Unterkunft)*. Die Adressen der wichtigsten Budapester Universitäten und Hochschulen: *Technische Universität* (Műszaki Egyetem), Műegyetem rakpart 3/9, Budapest XI *Loránd-Eötvös-Universität* (ELTE): Juristische Fakultät, Egyetem tér 1/3, Budapest V; Philologische Fakultät, Pesti B. utca 1, Budapest V.; Naturwissenschaftliche Fakultät, Rákóczi út 5, Budapest VIII *Gartenbau-Universität*, (Kertészeti Egyetem), Ménesi út 44, Budapest XI *Wirtschaftswissenschaftliche Universität* Közgazdasàgtudomànyi Egyetem), Főván tér 8, Budapest IX *Medizinische Semmelweis-Universität* (SOTE), Üllői út 26, Budapest VIII *Ferenc-Liszt-Musikhochschule*, (Liszt Ferenc Zenefőiskola), Liszt F. tér 8, Budapest VI *Theater- und Filmhochschule*, (Színház és Filmfőiskola), Vas utca 2/c, Budapest VIII *Ungarische Hochschule*

der Bildenden Künste (Magyar Képzőmüvészeti Főiskola), Andrássy út 71, Budapest VI.

Telefonieren

Budapest hat die zweifelhafte Ehre, über eines der veraltetsten Telefonnetze in ganz Europa zu verfügen. Auf 100 Einwohner kommen in Ungarn nur 17 Anschlüsse statt 35 wie im europäischen Durchschnitt. Die Wartezeit für einen Anschluß beträgt 20 bis 25 Jahre, neuerdings geht es auch schneller, wenn man für mehrere tausend Forint eine Art Anteilsschein erwirbt. In der Provinz ist das Telefonnetz außerhalb der größeren Städte und der Balatonregion ebenfalls hoffnungslos unterentwickelt, so daß man selbst innerhalb des Landes oft nur handvermittelt telefonieren kann (Vermittlung: 01).

Ferngespräche, auch internationale, kann man nur von roten Telefonapparaten aus und mit 10- oder 20-Forint-Münzen führen, die gelben und grauen sind für Ortsgespräche da und mit 5-Forint-Münzen zu bedienen. Letztere haben die Angewohnheit, nach Ablauf einer Einheit (tagsüber Drei-Minuten-Takt, nach 18 Uhr Sechs-Minuten-Takt) das Gespräch ohne Vorwarnung zu beenden, so daß man erneut wählen muß. Bei Ferngesprächen muß man nach dem

Münzeinwurf zunächst eine 06 (innerhalb Ungarns) oder eine 00 (außerhalb Ungarns) wählen und auf einen Pfeifton warten; dann kann man die Vorwahl des Landes und/oder der Stadt wählen. In Budapest funktionieren die roten Telefone am häufigsten in den großen Hotels oder in der Telefonzentrale in der Petőfi Sándor utca, wo man sich auch zurückrufen lassen, R-Gespräche abwickeln oder Telexe senden kann.

Wichtige Vorwahl-Nummern:
Bundesrepublik: 49
Österreich: 43
Schweiz: 41
Ostdeutschland: 37
Ungarn (von der Bundesrepublik aus): 0036
Budapest: 1
Die Rufnummer des fremdsprachigen Auskunftsdienstes in Budapest: 1172200.

Toiletten

Damit keine Irrtümer unterlaufen: Männer haben die Tür mit der Aufschrift «férfiak», Frauen die mit der Aufschrift «nők», seltener «hölgyek» zu benutzen. In der Regel kostet die Toilettenbenutzung 1 bis 2 Forint, die man auf ein Tellerchen zu legen hat. Papier und Seife sind selten vorzufinden, der Zustand vieler Toiletten ist geradezu widerlich. Deshalb lohnt es sich, sich auf solche in Luxus-Restaurants oder guten Hotels zu spezialisieren.

Trinkgeld

In dieser Beziehung ist Ungarn beinahe schon Balkan: Trinkgelder werden fast überall gegeben und häufig auch erwartet. Nicht nur im Restaurant (etwa 10 Prozent der Summe), sondern auch beim Tanken, beim Friseur, im Taxi (10 bis 20 Forint), in der Autowerkstatt, beim Arzt und was es sonst noch an Dienstleistungen gibt.

Umwelt

Zuständig sind das *Landesamt für Umwelt und Naturschutz* (OKTH, Arany J. utca 25, Budapest V, Tel. 32 77 39) sowie das *Ministerium für Umweltschutz und Wasserwirtschaft* (Fő utca 44/50, Budapest I, Tel. 15 48 40). Für die wissenschaftliche Seite sorgt das *Umweltschutz-Institut* (Aga utca 4, Budapest XI, Tel. 45 13 50). Mit Umwelt- und Naturschutz beschäftigt sich darüber hinaus die Zeitschrift «Buvár» (Taucher, Redaktion: Garay utca 5, Budapest VII, Tel. 12 15 4 40). Der Budapester Bioladen *Natura* liegt in der Krisztina körút 77, Budapest I.

In den achtziger Jahren konnte sich in Ungarn auf legalem Wege eine Reihe von Umweltklubs und -vereinen gründen. Die schlagkräftigste dieser Gruppen ist in Budapest der *Természetvédelmi*

Klub (Naturschutzklub) an der Eötvös-Loránd-Universität (Kontakt: András Csanády, Városmajor utca 28/c, Budapest XII, Tel. 155 47 53), der die Zeitschrift «Természetvédelem» (Naturschutz) herausgibt und sich jeden Dienstag ab 18 Uhr im Universitätsgebäude am Egyetem tér trifft. Eine seiner Arbeitsgruppen gibt den englischsprachigen Rundbrief für osteuropäische Umweltgruppen «Greenway» heraus (Kontakt: Erzsébet Pásztor, ELTE TTK, Múzeum körút 4/a, II. em, Budapest V, Tel. 1 18 98 33, App. 347). Am Studentenwohnheim «Martos Flóra» (Sztoczek utca 5/7, Budapest XI, Tel. 1 45 35 00) hat sich der *Zöld klub* (Grüne Klub) gebildet, und im Stadtteil Ferencváros arbeitet der *Franzensstädter Umweltverein*. Mit alternativer Lebensweise und einem Kommune-Projekt beschäftigt sich der Studentenkreis *ITDK (siehe Studieren)*, mit biologischer Ernährung befassen sich die Klubs *Natura* (Postfach 368, H-1536 Budapest, Tel. 1 45 01 60) und *Biokultura* (Belvárosi Művelődési és Ifjusági Ház, Molnár utca 9, Budapest V, Tel. 1 18 67 69, oder: Ferenc Frühwald, Búza utca 14, Budapest III). Biologischen Anbau treibt Károly Domoszló, Lenin út 23, 3263 Domoszló).

Weitere Adressen von

ökologischen Gruppen: Umweltschutzklub «Dániel Berzsenyi», Szabadság tér 4, H-9701 Szombathely, Tel. 13 89 2; Ökoklub «Károly Kaán», Ady E. utca 5, H-9400 Sopron; Umwelt- und Naturschutzkreis «István Fekete», c/o Gábor Koltai, Gazdász utca 10, H-9200 Mosonmagyaróvár; Landesverein für Tier- und Naturschutz «Ottó Herman», Vigyázó Ferenc utca 4, Budapest V, Tel. 1 31 95 07; Regionalgruppen: László Kletz, Középszer utca 90 F/2, Miskolc, Tel. 46/61 89 3, Gyözö Karlóczy, Alkotmány utca 5, Pécs, Tel. 77/21 45 6; Ungarischer Vogelkundlicher Verein, Sektion Naturschutz, Költő utca 21, Budapest XII, Tel. 1 56 21 33; Internationale Umweltschutzgesellschaft der Esperantisten, c/o Márta Bakos Nagy, Verseny utca 20. III. 14, Budapest VII.

Darüber hinaus haben sich in Ungarn schon vor der Wende unabhängige Umweltschutzgruppen gebildet, häufig im Zusammenhang mit dem Kampf gegen das Donau-Staustufensystem. Die wichtigsten sind: «Donau-Kreis» (Kontakt: János Vargha, József Attila utca 4, H-2097 Pilisborosjenő, nördlich von Budapest, Tel. Budapest 16 61 5 83); «Donau-Stiftung» (Ágoston Péterffy, Bécsi út 8, Budapest II); «Nagymaros-Komitee»

(Lászlo Szekeres, Apály utca 2/6, Budapest XIII, Tel. 1408480); Initiative für einen Umweltschutzverein «Donau» (Kontakt: László Solyóm, ELTE, Egyetem tér 1/3, Budapest V., Tel. 1180820 oder 1757327, sowie: Tamás Tóth, Lógodi utca 35, Budapest I). Aus diesen Gruppen ist auch das Unabhängige Ökologische Zentrum in Budapest hervorgegangen (Kontakt: Judith Vásárhely, Lövőház u. 28, Budapest II, Tel. 1158268). In Vágotpuszta, in der Nähe von Pécs, gibt es eine alternative Land-WG, die sich mit Joga und Tierzucht beschäftigt (Kontakt: Johanna Felcser, Rákóczi utca 77, 7626 Pécs, Tel. 77/22221). Die ungarischen Grünen erreicht man über folgende Kontaktadresse: András Szekfű, Erkel utca 20, II. 12., Budapest IX, Tel.

137 69 46 (*siehe auch Parteien*).

Urlauber-Austausch

Eine besonders preisgünstige und interessante Form, Urlaub zu machen, ist der Ferien-Austausch, bei dem man einige Wochen bei Leuten zu Gast ist, die man dann im Gegenzug bei sich aufnimmt. So etwas organisieren: *Intercultur*, Postfach 1257, 4806 Werther, Tel. 05203/5109; Falk Zimmermann, Reinhardtstr. 47, O-1040 Berlin, Tel. 00372/2815300; István Gonda, Zöldfa utca 16, VI. em. 21, H-6723 Szeged, Tel. 62/22691.

Zeit

Es gibt keine Zeitverschiebung zwischen der Bundesrepublik und Ungarn, Beginn und Ende der Sommerzeit wie hierzulande.

Zigeuner

Der nationale Zigeunerrat *(Országos Cigány Tanácsa)* hat seinen Sitz im Gemeindeverwaltungsamt des Budapester Stadtteils Kőbánya (Pataky I. tér 29, Budapest X, Tel. 1573333). Mit Zigeunerforschung beschäftigt sich: Ferenc Erös, MTA Pszichológiai Intézet, Münnich Ferenc utca 7, Budapest V., Tel. 1835617. Praktische Hilfe in Zigeunerslums leistet der inoffizielle «Fonds zur Unterstützung der Armen» (Kontakt: Ottiliá Solt, Komjádi utca 3, fsz., Budapest III, Tel. 1351086). Für den Schutz von benachteiligten Minderheiten setzt sich auch der von Oppositionellen gegründete «Raoul-Wallenberg-Verein» ein (Hórvath utca 1–7, 1027 Budapest II, Tel. 1163414).

REGIONALE TIPS

REGIONALE TIPS

Budapest

Die ungarische Hauptstadt erstreckt sich auf 525 Quadratkilometer, ist in 22 Verwaltungsbezirke (kerület) unterteilt und hat 2 064 000 Einwohner. Sie besteht aus den ehemals selbständigen Orten Pest, Buda und Óbuda rechts und links der Donau, die 1872/73 zu Budapest vereinigt wurden. Der Budapester Donauabschnitt ist 28 Kilometer lang, 300 bis 600 Meter breit und im Durchschnitt 3 bis 4 Meter tief. Das rechte Ufer, Buda, ist waldig und bergig, das linke Ufer, Pest, ist flach. Höchster Punkt ist mit 529 Metern der Jánoshegy (Johannesberg). Das Klima der Stadt ist gemäßigt. Die mittlere Jahrestemperatur beträgt 11 Grad Celsius, die wärmste durchschnittliche Monatstemperatur (im Juli) etwa 22 Grad, die kälteste (im Januar) etwa −1,1 Grad. Budapest ist reich an Thermal- und Heilquellen.

Orientieren

Die wichtigste Orientierung in der Stadt bilden die sechs Autobrücken: Árpád híd, Margit híd, Széchenyi lánchíd, Erzsébet híd, Szabadság híd und Petőfi híd (von Nord nach Süd). Petőfi híd und Margit híd werden auf der Pester Seite mit dem Großen Ring (Nagy körút), auf der Budaer Seite von den Straßen Mártírok útja, Alkotás utca und Villányi út verbunden. Auf der Pester Seite führt außerdem der Kleine Ring von der Szabadság híd zur Széchenyi lánchíd bzw. auf den Großen Ring, Nähe Westbahnhof (Nyugati pu.). Weitere Hinweise unter *Ankommen*.

Information

Ausführliches deutschsprachiges Informationsmaterial erhält man bei: *Tourinform*, Sütő utca 2, Budapest V, Tel. 1 17 98 00 (auch telefonische Auskünfte in deutscher Sprache), Öffnungszeiten: täglich von 8–20 Uhr. Hilfreich sind der dort ausgegebene Stadtplan, das deutschsprachige Heft «Budapest Wegweiser», die Broschüre «Verkehr in Budapest» sowie ein Hotel- und Camping-Führer.

Auskünfte erteilen außerdem die staatlichen Reisebüros *(siehe Vorbereiten: Informationen)*. *IBUSZ*, das größte unter ihnen, unterhält Filialen in der Innenstadt unter anderem auf dem Vörösmarty tér (Endstation der gelben U-Bahn), am Ferenciek tere 5 und in den großen Hotels.

Über Veranstaltungen und Ausstellungen informieren in deutscher Sprache die kostenlose Zeitschrift «Programme in Ungarn», die Wochenzeitung «Budapester Rundschau» und die Tageszeitung «Neueste Nachrichten» *(siehe A–Z: Deutschsprachige Medien)*. Eine Reihe von Veranstaltungen sind jedoch nur in der wöchentlich erscheinenden ungarischen Zeitschrift «Pesti Műsor» (Pester Programm) aufgeführt, die an Zeitungskiosken verkauft wird.

Dieses für Ausländer schwer zu entschlüsselnde Heft gliedert sich nicht in Tage, sondern in Rubriken wie Theater *(Színház)*, Konzerte *(Hangversény)*, Kino *(mozi)*, Ausstellungen *(kiállítás)*, Pop-Konzerte *(koncertmenü)*. Dort wiederum wird nach Veranstaltungsorten unterschieden, unter denen dann der Titel, der Wochentag, das Datum und die Uhrzeit der Veranstaltung angegeben werden. Vorsicht: Die Ungarn haben eine seltsame Art, Uhrzeiten anzugeben – n4 bedeutet zum Beispiel Viertel vier, also 15.15 Uhr, f4 bedeutet halb vier, h4 bedeutet Dreiviertel vier, also 15.45; délelőtt (de) heißt Vormittag, délután (du)

ist Nachmittag, este (e) bedeutet Abend. Am Ende der zusätzlichen alphabetischen Film-Auflistung befindet sich in der Regel eine Rubrik «nyelvgyakarlóknak ajánlott» (Sprachübenden empfohlen), unter der (auf ungarisch) die nichtsynchronisierten Filme aufgeführt sind. Der Hinweis NSZK zeigt an, daß der Film aus der Bundesrepublik kommt, NDK bedeutet DDR und Ausztria Österreich, während Anglia für England und Egyesült Államok für USA stehen. Németül bedeutet deutsch, angolul englisch. Den Titel des so gefundenen Films muß man nun in der alphabetischen Liste suchen, unter welchem ganz am Ende das Kino angegeben ist. Unter dem Namen des Kinos sind dann wiederum die Öffnungszeiten eingetragen – verstanden? Ein Ungar wird sicherlich Hilfestellung leisten.

Eine Reihe von Veranstaltungen, vor allem Jazz- und kleinere Pop- oder Rock-Konzerte, wird ausschließlich auf Plakaten und kleinen Aushängen an Bauzäunen, Laternen und Ampelmasten angekündigt. Auch im Treppenaufgang der Eötvös-Loránd-Universität an der Pesti Barnabás utca finden sich viele solcher Veranstaltungsankündigungen. Man muß die Augen offenhalten und immer wieder zum Wörterbuch greifen, denn oftmals findet man so die interessantesten Veranstaltungen.

Hilfreich ist auch das umfangreiche Verzeichnis im schwarzen Stadtplan-Buch *(siehe Minibibliothek: Karten)*, in dem Baudenkmäler, Museen, Hotels, Zeltplätze, Touristenherbergen, Restaurants, Bierstuben, Konditoreien, Nachtlokale, Kinos, Theater, Bibliotheken, Schwimmbäder, Krankenhäuser, Reisebüros, Postämter, Warenhäuser und anderes mehr alphabetisch aufgelistet sind.

Verkehrsmittel

Budapest besitzt ein dichtes Netz an Nahverkehrsmitteln, so daß von nahezu allen bewohnten Punkten der Stadt keine Station weiter als 500 Meter entfernt ist. Es verkehren Metro, Untergrundbahn (földalatti vasút), Straßenbahn (villamos), Autobus, Trolley-Bus, Zahnradbahn (fogaskerekú vasút), Vorortbahn (HÉV), Donau-Busse (kishajó), ein Aufzug zum Burgviertel (sikló) sowie – für Ausflügler – ein Sessellift (libegő) und eine von Kindern betriebene Pioniereisenbahn (úttörővasút). Insgesamt 1,6 Milliarden Verkehrsteilnehmer befördert das Budapester Verkehrsunternehmen BKV jedes Jahr auf diese Weise, der genaue Verlauf der Linien ist in den Stadtplänen eingezeichnet.

Metro: Die altertümliche gelbe U-Bahn-Linie 1 pendelt in Pest zwischen Vörösmarty tér und Stadtwäldchen (bis Mexikói út), die rote Metro-Linie 2 fährt zwischen Buda und Pest in Ost-West-Richtung, die blaue Metro-Linie 3 auf Pester Seite in Nord-Süd-Richtung. Die beiden letztgenannten sind sowjetischer Bauart und das schnellste Verkehrsmittel in Budapest. Alle U-Bahn-Linien sind mit den gelben Straßenbahnfahrkarten (ungarisch: villamos jegy, Preis: 12 Forint) zu benutzen, Busse und O-Busse mit den blauen Busfahrscheinen (autóbusz jegy, Preis: 15 Forint, Stand November 1991). Fahrscheine sind nicht beim Fahrer oder Schaffner, sondern in Tabakgeschäften (dohánybolt), auf Bahnhöfen, an den Endstationen und größeren U-Bahnhöfen erhältlich. Die Fahrscheine müssen selber entwertet werden – in Bussen und Bahnen müssen sie gelocht, in der Metro gestempelt werden. Nach jedem Umsteigen muß ein neuer Fahrschein entwertet werden. Schwarzfahren wird mit 500 Forint bestraft. Tageskarten kosten umgerechnet etwa 2,50 DM, Zwei-Wochen-Karten (Foto erforderlich) sind an den größeren U-Bahnhöfen erhältlich und kosten rund 7 Mark. Kinder fahren bis zum 6. Lebensjahr frei.

Busse, Straßenbahnen: Busse verkehren im allgemeinen von 4.30 bis 23 Uhr, Straßenbahnen von 5 bis 23 Uhr, U-Bahnen von 4.30 bis 23 Uhr. Nachts verkehrende Straßenbahnlinien: 6, 12, 28, 31, 49, 50; nachts verkehrende Autobuslinien: 3, 42, 78, 111, 144, 179, 182. An den Haltestellen ist angegeben, welche Linien dort halten, wann das erste und das letzte Verkehrsmittel eingesetzt werden und in welchem zeitlichen Abstand diese aufeinander folgen. Auf einer Karte ist der Streckenverlauf in voller Länge abzulesen, ein Pfeil markiert die Haltestelle, an der man sich gerade befindet. Die Busse mit roten Nummern sind Expreß-Busse, das heißt, sie sind erheblich schneller, halten aber nur an wenigen Haltestellen. Im Berufsverkehr sind die öffentlichen Verkehrsmittel meist überfüllt, Busse kommen nur langsam voran.

Außerhalb des Berufsverkehrs eignen sich besonders *Taxis* zur Fortbewegung *(siehe Rumkommen: Mit dem Auto)*.

Unterkunft

Preiswerte Privatzimmer vermitteln alle Reisebüros *(siehe Vorbereiten: Informationen)*. Tag und Nacht geöffnet hat die IBUSZ-Zimmervermittlung am Március 15. tér, am Pester Brückenkopf der Erzsébet híd.

Hotels: Zu den billigeren Hotels in Budapest mit Doppelzimmerpreisen zwischen 50 und 150 DM gehören die folgenden, von denen besonders das Ifjúság, das Vöros Csillag und das Citadelle wegen ihrer schönen Lage zu empfehlen sind:
Emke, Akácfa utca 1–3, Budapest VII, Tel. 1229814
Expo, Dobi István út 10, Budapest X, Tel. 1842130
Express, Beethoven utca 7–9, Budapest XII, Tel. 1158891
Ifjúság, Zivatar utca 1–3, Budapest II, Tel. 1353331
Metropol, Rákóczi út 58, Budapest VII, Tel. 1421175
Nemzeti, József körút 4, Budapest VIII, Tel. 1339160
Palace, Rákóczi út 43, Budapest VIII, Tel. 1136000
Vénusz, Dósa utca 2–4, Budapest III, Tel. 1687254
Villa Pax Corporis, Hársmajor utca 1, Budapest XI, Tel. 1260190
Vörös Csillag, Rege utca 21, Budapest XII, Tel. 1166404
Wien, Budaörsi út 88–90, Budapest XI, Tel. 1665400
Saturnus, Pillangó út 10, Budapest XIV, Tel. 1634353
Citadelle, Gellértberg, Budapest IX, Tel. 1665794
Strand Hotel (Ferienhäuser), Pusztakúti út 3, Budapest III, Tel. 889111

Alten Budapester Luxus kann man im Jugendstil-Hotel *Gellért* (Szt. Gellért tér 1, Budapest XI, Tel. 1460700) für rund 200 DM pro Einzelzimmer genießen; ein Fahrstuhl führt hinab ins prachtvolle Thermalbad, das im selben Gebäude liegt. Neuen Luxus feinster Art bietet das *Atrium Hyatt* (Roosevelt tér 2, Budapest V, Tel. 1383000), das vor allem für seinen gläsernen Aufzug in der imposanten Innenhalle berühmt ist. Angenehm wegen seines Heilbades ist das Luxushotel *Thermál* (Margitsziget, Budapest XIII, Tel.: 1111000), das auf der stillen Margareteninsel liegt. Sehr schön renoviert ist das im Jugendstil erbaute Hotel und Café *Astoria* (Kossuth L. utca 19, Budapest V, Tel. 1173411), mit Preisen um 150 DM für Einzelzimmer.

Studentenwohnheime: Diese Unterkunft ist besonders preisgünstig (*siehe Ankommen: Zimmersuche*). Die Wohnheime stehen nur im Sommer für Übernachtungen zur Verfügung und bestehen aus Vier-Bett-Zimmern, die nach Geschlechtern getrennt vermietet werden. Man wende sich jeweils an den Pförtner:
Vásárhelyi Pál kollégium, Kruspér utca 2–4, Budapest XI, Tel. 1852217 –

vom 5. Juli bis 30. August
Martos Flóra kollégium, Sztoczek utca 5–7, Budapest XI, Tel. 1453500 und 1453504 – vom 5. Juli bis 30. August
Schönherz Zoltán kollégium, Irinyi József utca 42, Budapest XI, Tel. 1665460
Rózsa Ferenc kollégium, Bercsényi utca 38, Budapest XI, Tel. 1665460 – vom 1. bis 22. August
Kandó Kálmán kollégium, Bécsi út 104–108, Budapest III, Tel. 1682036 – vom 1. Juli bis 31. August
Varga Jenő kollégium, Kinizsi utca 2–6, Budapest IX, Tel. 1173033 – vom 1. Juli bis 31. August
Somogyi Imre kollégium, Szüret utca 2–18, Budapest XI, Tel. 1852369 – vom 10. Juli bis 10. August
Lengyel Gyula kollégium, Laufenauer utca 1–7, Budapest XI, Tel. 1664855 – vom 16. Juli bis 21. August
Kiss Ápád kollégium, Doberdó út 6, Budapest III, Tel. 1688676 – vom 1. Juli bis 23. August
Lőwy Sándor kollégium, Lumumba 177–179, Budapest XIV, Tel. 1633693 – vom 22. Juni bis 20. August
MSZP Politikai Föiskola kollégiuma, Ajtósi Dürer sor 19–21, Budapest XIV, Tel. 1534722 – vom 10. Juli bis 9. August

Camping: In Budapest stehen zwei Campingplätze zur Verfügung, die im Sommer oft überfüllt sind:

Hárs-hegy, Hárshegyi út 5–7, Budapest II, Tel. 115 1482
Római fürdő, Szentendrei út 189, Budapest III, Tel. 168 6260
Reservierungen: Ungarischer Camping Club *(siehe Ankommen: Camping)*.

Notfälle

Der ärztliche Rettungsdienst hat die Telefonnummer 04, Polizei 07, Feuerwehr 05 *(siehe A–Z: Krankheit* und *Rumkommen: Mit dem Auto)*.
Einige Krankenhäuser für ambulante Behandlungen:
János Korház, Diós árok út 1, Budapest XII, Tel. 156 1591
Jáhn Ferenc Korház, Köves út 2–4, Budapest XX, Tel. 157 2722

Bei Verlust des Passes oder Ausweises wende man sich an die Botschaften beziehungsweise Konsulate, die auch in anderen Notfällen zur Verfügung stehen. Ihre Anschriften:
Botschaft der Bundesrepublik Deutschland, Izsó utca 5, H-1146 Budapest XIV, Tel. 122 4204, 122 5277, 122 5895 und 142 0381;
Konsularabteilung (Paßangelegenheiten):
Nógrádi utca 8, H-1125 Budapest XII, Tel. 155 9366
Österreichische Botschaft: Benczúr utca 16, H-1068 Budapest VI,

Tel. 122 9467 und 122 9266
Schweizer Botschaft: Népstadion út 107, H-1143 Budapest XIV, Tel. 122 9491 und 142 6721

Kontakte

Da sich alle für Ungarn we-sentlichen Institutionen, Verbände, Gruppen und Personen in Budapest befinden, werden Kontaktmöglichkeiten nicht an dieser Stelle, sondern nach Themenschwerpunkten unter *Wissenswertes von A–Z* aufgeführt.

Bäder

Budapest ist berühmt für seine Bäder und ihren – teilweise verblaßten – Glanz. Im allgemeinen haben sie von 6 Uhr morgens bis 19 Uhr abends geöffnet. Das schönste von allen, ganz im Jugendstil und Historismus, ist das *Gellért* im gleichnamigen Luxushotel (Kelenhegyi út 4, Budapest XI), gefolgt vom *Széchenyi* (Állatkerti körút 11, Budapest XIV) und vom *Lukács* (Frankel Leó utca 25/29, Budapest II).
Alte türkische Bäder sind das *Király* (Fő utca 84, Budapest II), das auch für den Umschlag dieses Buches herhält, das *Rudas* (Döbrentei tér 9, Budapest I) und das *Császár* (Frankel Leó utca 31–33, Budapest II).
Weitere Heil- und Thermalbäder: das *Rác*

(Hadnagy utca 8–10, Budapest I), das *Újpesti* (Árpád út 114–120, Budapest IV) und das *Dandár* (Dandár utca 5, Budapest IX).
Ständig geöffnete Schwimmbäder sind das *Szabadság* (Népfürdő utca 30, Budapest XIII), das geräumige Sportbad *Komjádi Béla uszoda* (Frankel Leó utca 35, Budapest II) und das *Csillaghegyi* (Pusztakúti utca 3, Budapest III).
Von Mai bis September haben die Strandbäder geöffnet, das größte ist das *Palatinus* auf der Margit-Insel. Ein anderes liegt direkt neben den römischen Ruinen von Aquincum und heißt deshalb *Római fürdő* (Rozgonyi Piroska utca, Budapest III, an der HÉV-Strecke nach Szentendre). Weitere Strandbäder: das *Csepeli* (Hollandi út, Budapest XXI), das *Pünkösdfürdő* (Királyok útja 180, Budapest III), das *Pestlörinc* (Vörös Hadsereg útja 180, Budapest XVIII), das *Kispesti* (Ady Endre út 99, Budapest XIV), das *Cinkotai* (Állomás tér 1, Budapest XVI), das *Rákoscsabai* (Kelecsényi út, Budapest XVII), das *Albertfalvi* (Szabadság út 84, Budapest XI) und das an einem Nebenarm der Donau gelegene *Pesterzsébet* (Csepeli átjáró 1, Budapest XX).
Mehr über einige der alten Bäder und die Prozedur des Badens steht im Leseteil über Budapest.

Cafés

Von der Budapester Kaffeehauskultur, einst der Wiens ebenbürtig, ist leider wenig geblieben – siehe dazu den Leseteil über Budapest. Die schönsten Cafés sind das Astoria, das Gerbeau, das Hungària, das Művész und das Ruszwurm. Hier einige Anschriften:
Angelika, Batthyány tér 7, Budapest I – liegt an der roten Metro-Linie; von Oktober bis Mai jeden Dienstag literarisches Programm der Radnóti-Miklós-Bühne
Anna, Váci utca 7, Budapest V, geöffnet 7–22.30 Uhr – Café im Stil der sechziger Jahre
Astoria, Kossuth L. utca 19, Budapest V, geöffnet 7–23 Uhr – aufs feinste renoviertes Jugendstil-Café
Atrium, Roosevelt tér 2, Budapest V, geöffnet 6–22 Uhr – Terrassencafé
Bajkál, Semmelweis utca 1–3, Budapest V, geöffnet 10–22 Uhr – Teehaus
Bécsi Kávézó (Wiener Café), im Hotel Forum, Apáczai Csere J. utca 12–14, Budapest V, geöffnet 10–21 Uhr
Dubary, am Pester Donau-Korso neben dem Hotel Forum, keine Autos und schöne Aussicht auf den Burghügel
Dunapark, Pozsonyi út 38, Budapest XIII, geöffnet 10–22 Uhr
Gerbeau, Vörösmarty tér 7, Budapest V, geöffnet 9–21 Uhr – renoviertes

Schmuckstück in der Budapester Renommier-Zone
Gyöngyszem, Vámház körút 15, Budapest IX, geöffnet 8–23 Uhr – Espresso mit Gartenlokal, abends Klaviermusik
Hauer, Rákóczi út 49, Budapest VII, geöffnet 9–21 Uhr – Kaffeehaus im Biedermeierstil, vorzügliche Kuchen, Freitagabend von 20.30–24 Uhr Kabarett
Hungária, Erzsébet körút 9–11, Budapest VII, geöffnet 7–22 Uhr – mit der unveränderten Inneneinrichtung des einst berühmten literarischen Cafés New York
Korona, Dísz tér 6, Budapest I, geöffnet 10–21 Uhr – Konditorei, regelmäßig literarische Veranstaltungen, auch in deutscher Sprache
Különlegességi, Andrássy út 70, Budapest VI, geöffnet 8–21 Uhr – stilles, geräumiges Café im alten Stil
Művész, Andrássy út 29, Budapest VI, geöffnet 8–21 Uhr – bewahrt einen Hauch der alten Kaffeehausatmosphäre
Rózsa, József körút 31/b, Budapest VIII, geöffnet 7–22 Uhr – im Teesalon Samowar Teespezialitäten, russische Kaltspeisen und jede Woche ein Abend der sowjetischen Literatur
Ruszwurm, Szentháromság utca 7, Budapest I, geöffnet 10–22 Uhr – kleines, klassizistisches Café auf dem Burgberg

Zsolnay, im Hotel Béke, Erzsébet körút 97, Budapest VI, geöffnet 9–21 Uhr – vorzügliche Schokolade und feine Patisserien Exzellent ist auch das Privatcafé im Szépművészeti Múzeum (Hősök tere).

Essen und Trinken

Die ungarische Hauptstadt ist glücklicherweise mit zahllosen Restaurants ausgestattet, so daß Wartezeiten mit knurrendem Magen wie in anderen osteuropäischen Ländern die Ausnahme bleiben. Allerdings genügt das Angebot für den gehobenen Bedarf immer noch nicht der Nachfrage, so daß in bestimmten Restaurants eine telefonische Vorbestellung nötig ist. Ansonsten reicht das Spektrum von Kantinen, Studentenrestaurants und Volksküchen über einfache ungarische Restaurants mit mäßigen Preisen und großen Portionen bis hin zu ausgesprochenen Touristenrestaurants, Hotelgaststätten, Spezialitätenlokalen und einigen Einrichtungen mit deutscher oder österreichischer Gastronomie. Die Preise bewegen sich zwischen 30 Forint (Kantine) und 1000 Forint (Luxusrestaurant), ein Gericht in einem durchschnittlichen Restaurant sollte jedoch nicht mehr als 150 Forint kosten.

Billigküchen: Typische ungarische Kantinen, in

denen man zuweilen interessante Gesprächspartner kennenlernen kann, befinden sich im zweiten Stock des Hochhauses des staatlichen Musikbetriebes am Vörösmarty tér und im obersten Stock des Soziologischen Institutes in der Úri utca 49 im Burgviertel. Volksküchen, in denen die Armen essen, befinden sich am Oktogon, im *Savoy*, oder an der Szt. István körút, kurz hinter dem Marx tér auf der rechten Seite. Studentenrestaurants gibt es an der Ecke Váci utca/Szabad sajtó út und am Anfang der Üllői út auf der linken Seite, beim Kino Vörösmarty. Sogenannte Snackbar-Restaurants im Stil der sechziger Jahre sind das *Izek utcája* in der Erzsébet körút 47–49 oder das *Torkos*, Mester utca 12, Budapest IX, während das Unió in der József körút 6–8 oder das *Zenit* in der Ferenc körút 2–4 zur Klasse der Selbstbedienungsrestaurants gezählt wird. Seit einiger Zeit gibt es mit der Kette *City-Grill*, zum Beispiel in der Váci utca oder der Bajcsy-Zsilinszky út 70, auch eine ungarische Ausgabe von MacDonald's – das amerikanische Original befindet sich in der Pester Innenstadt in der Régi posta utca, eine Seitenstraße der Váci utca.

Preiswerte ungarische Restaurants: Einheimische Eßlokale, in denen teilweise auch Studenten verkehren, sind zum Beispiel das *Alföld* am Egyetem tér oder die kleine Gaststätte am Mikszáth Kálmán tér, Budapest VIII; auch in der Rosenberg házaspár utca liegt eines jener «normalen» Restaurants, in denen die Ungarn unter sich sind, ähnliches gilt für das *Szerb* in der Nagy Ignác utca, Budapest V. In dem winzigen Restaurant an der Tanács körút, unweit des Madách tér, essen viele Juden zu Mittag – dahinter beginnt das jüdische Viertel. In Buda liegen einige Restaurants an der Ausfallstraße ins Hűvös völgy, zum Beispiel die Gartenlokale am Moszkva tér und an der Szilágyi Erzsébet fasor, hinter dem Hotel Budapest auf der rechten Seite, das *Szép Ilona* am untersten Ende der Budakeszi út oder das Wildrestaurant *Hársfa* in der Nagykovácsi út 132. Eigentlich ein ganz schlichtes Restaurant im «Kiez», aber durch seinen früheren Pianisten Rezső Seress berühmt und in der Folge teurer geworden, ist das *Kis Pipa* (Kleine Pfeife) in der Akácfa utca 38 (Tel. 1 42 25 87).

Touristenrestaurants: Zu den teuren Schuppen, die sich ein normaler Ungar niemals leisten könnte, gehören das *Százéves* in der Pesti Barnabás utca 2 oder die Gaststätten in den Luxushotels *Atrium, Forum, Duna Intercontinental*, alle drei am Pester Donaukorso zwischen Erzsébet híd und Széchenyi lánc híd, im *Duna-Penta* am Südbahnhof (Déli pu.) oder im *Hilton*, das im Burgviertel neben der Matthias-Kirche liegt. Das berühmteste und vielleicht teuerste Restaurant ist das *Gundel* in der Állatkerti út 2 (Reservierung Tel. 1 22 10 02), aber auch das kleine Gartenrestaurant *Margitkert* in der Margitkert utca 15 (Tel. 1 35 47 91) steht ihm preislich kaum nach. Auch die Restaurants im Burgviertel wie das *Régi Országház* in der Országház utca 17 oder das *Fortuna* auf dem Hess András tér 4 gehören zu den Nobellokalen. Touristenattraktion Nummer 1 ist nach wie vor der *Mátyás Pince* (Matthiaskeller) am Március 15. tér 7 (Tel. 1 18 16 93), obwohl man dort beinahe nie einen Tisch bekommt.

Ausländische Küche: Wer sich nach einer Weile von der ungarischen Kost meint erholen zu müssen, wird froh sein, daß es auch ein paar ausländische Restaurants in Budapest gibt. Empfehlenswert ist das fernöstliche *Vörös Sárkány* in der Andrássy út 80 (Tel. 1 31 87 57), ein anderer Chinese liegt direkt am Roosevelt tér, ein Japaner hat in der Luther utca 4–6, Budapest VIII, eröffnet. Ein französisches Restaurant gibt es in der Pozsonyi út 5, Budapest XIII, ein italienisches am Petőfi tér 3, ferner im *Hotel Buda-Penta* in der Krisztina körút 41–43, im Hotel *Novotel* in der Alkotás utca 63–76 und an der Múzeum körút/Ecke Kálvin tér. Deutsche beziehungsweise österreichische Küche bietet die *Taverna* in der Váci utca oder die *Kaltenberg-Bierstube* in der Kinizsi utca/Ecke Üllöi út, auf ostdeutsche Weise wird im *Berlin* in der Szt. István körút 13 serviert. Natürlich sollte man, wenn man schon in Osteuropa weilt, auch die dortigen Spezialitäten einmal ausprobieren, zum Beispiel in dem slowakischen Restaurant *Arany fácán*, Szilágyi Erzsébet fasor 33, Budapest XII, dem sowjetischen *Bajkál*, Semmelweis utca 1–3, Budapest V, dem rumänischen *Bukarest*, Bartók Béla út 48, Budapest XI, dem serbischen *Kislugas*, Szilágyi Erzsébet fasor 77, Budapest II, dem polnischen *Karczma Polska*, Márvány utca 19, Budapest XII, oder dem bulgarischen *Szófia*, Kossuth Lajos tér 13–15, Budapest V – so lange es diese noch gibt.

Wild und Fisch: Bleiben schließlich noch einige Wildgaststätten wie das *Vadászkert*, Erzsébet királyné útja 5, Budapest XIV, das *Arany szarvas*, Szarvas tér 1, Budapest I, oder das obenerwähnte *Hársfa* sowie die Fisch-Gaststätten *Matróz csárda*, Alsórakpart, Budapest IX (früher Prostituiertenmilieu),

das *Megyeri*, Váci út 102, Budapest IV, das *Öreghalász*, Árpád utca 20, Budapest IV, das *Potyka*, Népszínház utca 23, Budapest VIII, das *Sipos*, Lajos utca 46, Budapest III, und das *Szeged*, Bartók B. út 1, Budapest XI.

Bierstuben und Weinkeller: Sie sind typisch für Budapest, die Bierstuben (sörözö) und Weinkeller (borozó), in denen man manchmal auch etwas zu essen bekommt – vom Schmalzbrot bis zum kompletten Gericht. In den feuchten Kellern des Burgviertels zum Beispiel ist der urwüchsige Weinkeller des *Régi Országház* (Országház utca 17) untergebracht, eine andere jener dunklen, urgemütlichen Weinstuben liegt am Széna tér, Budapest I, in einer kleinen Seitenstraße hinter den Häusern; auch im jüdischen Viertel, beispielsweise in der Síp utca, Budapest VII, finden sich derbe Weinkeller, in denen arme Leute ihren Alkoholbedarf befriedigen. Feiner sind die Weinstuben *Taverna* in der Szabad sajtó út 5, Budapest V, *Rondella* in der Régiposta utca 4, Budapest V, und *Háry* in der Bródy Sándor utca 30/a, Budapest VIII.

Die Bierstuben sind meist neueren Ursprungs und spiegeln deutschen oder österreichischen Einfluß wider. Da ist das bayerische *Pepita Oroszlán* in der Váci utca 40, Budapest VIII, oder die ostdeutsche

Wernesgrüner Bierstube am Bem rakpart 49, Budapest II, da ist der geräumige ungarische Bierkeller *A két Medvéhez* in der Üllöi út 45, Budapest XIII, oder der *Berliner Schusterlehrling* in der József körút 31/a, Budapest VIII, da gibt es die österreichischen Bierstuben *Wiener City* in der Sallai Imre utca 18, das *Bécsi* in der Eötvös utca 8, Budapest V, oder das *Kaltenberg* in der Kinizsi utca/Ecke Üllöi út, das tschechoslowakische Bierlokal *Tüköry* mit Pilsener Faßbier, Rosenberg házaspár utca 15, Budapest V, sowie das schummrige *Krisztina* in Buda, Krisztina körút 25. Natürlich verfügen auch die meisten Edelherbergen über eine Bierstube für die zahlungskräftigen Westtouristen. Eine *Dreher-Bierstube* im alten ungarischen Stil wurde in der Wesselényi utca 18, Budapest VII, eröffnet.

Kultur

Für ausländische Besucher ist die Sprachbarriere das größte Hindernis, welches das Spektrum kultureller Veranstaltungen auf solche beschränkt, für die man nicht unbedingt die ungarische Sprache beherrschen muß: Kinos, Konzerte, Oper und Varieté.

Kinos: Einige der zahlreichen hauptstädtischen Kinos zeigen auch nichtsynchronisierte Filme in deutscher, englischer oder französischer Sprache *(siehe auch Budapest: Information)*. Die Adressen der Kinos sind dem Programmheft «Pesti Műsor» oder dem schwarzen Stadtplan-Buch *(siehe Minibibliothek: Karten)* zu entnehmen. Fremdsprachige Filme zeigt regelmäßig das *Vörösmarty* in der Üllői út 4, Budapest VIII; französische Filme laufen hin und wieder im *Honvéd* in der Rákóczi út 82, Budapest VII, deutsche im *Rege* in der Rege út 15, Budapest XII, das mit dem Auto sehr schlecht, mit der Zahnradbahn dagegen gut zu erreichen ist. Auch das *Toldy* in der Bajcsy-Zsilinszky út, Budapest V, zeigt manchmal ausländische Streifen. Die meistbesuchten ungarischen Kinos befinden sich am Großen Ring, einige Gartenkinos (ungarisch: kertmozi) sind im Kinoregister des Stadtplan-Buches am Ende verzeichnet.

Konzerte: Die Aufführungen in den prächtigen Budapester Konzertsälen sind ein besonderes Erlebnis und überdies (für Westbesucher) gemeinhin sehr billig. Zahlreiche Aufführungen finden in der *Ferenc-Liszt-Musikakademie* (Liszt Ferenc Zeneakadèmia) am Liszt Ferenc tér 8, Budapest VI, im *Kongreß-Zentrum* (Kongresszusi Központ) in der Jagelló út, Budapest XI, oder im *Vigadó* am Vigadó tér 1 statt. An Freitagabenden (18 Uhr)

ist meist auch im *Bartók-Gedenkhaus (Bartók Béla Emlékháza)* in der Csalán utca 29, Budapest II, ein Programm. Programminformationen und Karten gibt es im Kultur-Hochhaus am Vörösmarty tér oder direkt an den Veranstaltungsorten. Die Firma *Boy-Dienst* (Tel. 121 40 95) wirbt damit, Karten für alle möglichen Veranstaltungen organisieren zu können. Staatliche Büros für Kartenbesorgung: Andrássy út 18 (Tel. 112 00 00), Moszkva tér 3 (Tel. 135 91 36) und Fürst Sándor utca 10, (Tel. 111 42 83). Bei spontanen Konzertbesuchen sollte man sich grundsätzlich darauf einstellen, keine Karten mehr zu bekommen; um so größer ist die Freude, wenn es doch noch welche gibt oder wenn einem an der Kasse jemand welche anbietet – selbst zum doppelten Preis.

Musiktheater: Die *Staatsoper* (Állami Operahàz) befindet sich an der Andrássy út 22, Budapest VI, etwas leichtere Kost bietet das *Erkel-Opernhaus* (Erkel Színház) am Köztársaság tér 30, Budapest VIII. Operetten zeigt das Operettszínház in der Nagymező utca 17. Ohne viel Worte kommt auch das *Staatliche Puppentheater* (Állami Bábszínház) aus, das sich in der Andrássy út 69 beziehungsweise am Jókai tér 10 befindet. Musikalische Programme

bieten zumeist auch die Budapester Freilichtbühnen *Városmajor*, Városmajor, Budapest XII, das *Zichy-Palais* am Fő tér 1, Budapest III, die Budai Parkszínpad (Parkbühne) am Kosztolányi tér, Budapest XI, und der Dominikanerhof im Hotel Hilton, Hess András tér 1–3, Budapest I.

Varietés und Zirkus: Erheblich profaner geht es in den Varietés der Hauptstadt zu, wo knapp bekleidete Damen und andere Programmnummern vorgeführt werden: im *Maxim* (Akácfa utca 3), im *Moulin Rouge* (Nagymező utca 17), im *Éden* (Széna tér 7) oder in den Nachtbars *Savoy* (Oktogon), *Pipacs* (Arany kéz utca 5), *Fekete Macska* (Knézits utca 1) und *Casanova* (Batthány tér 4). Eine Multi-Media-Show zeigt das *Lasertheater* (Lézerszínház) im *Planetarium* (Planetàrium, Népliget, Budapest X, mit der blauen Metro), und wirklich empfehlenswert ist der *Hauptstädtische Großzirkus* (Fővàrosi Nagycirkusz, Állatkerti körút 7, Budapest XIV, am Stadtwäldchen).

Ausländische Kulturinstitute: Nach jahrelangen Verhandlungen gibt es seit 1988 in Budapest V, in der Kecskeméti utca 7, Tel. 117 74 00 ein *Goethe-Institut*, das regelmäßig Veranstaltungen in deutcher Sprache organisiert.

Ein Umzug in ein größeres Gebäude ist geplant. Das frühere *DDR-Kulturzentrum* mit Buchladen am Deák tér, Budapest V, beherbergt jetzt einen Porsche-Autosalon. Das *Österreichische Kulturinstitut* liegt im selben Gebäude wie die Botschaft, Benczúr utca 16, Budapest VI (Tel. 1 42 41 04), während das *Istituto Italiano* in der Bródy S. utca 8, Budapest VIII (Tel. 1 33 05 12), untergebracht ist. Sehr hübsch und inhaltlich anspruchsvoll ist auch das *Institut français* in der Szegfű utca 6, Budapest VI (Tel. 1 42 71 42). In allen ausländischen Kulturinstituten finden regelmäßig Filmvorführungen, Vorträge und Lesungen in den jeweiligen Landessprachen statt.

Museen und Galerien

Die Budapester Museen sind im allgemeinen von 10–18 Uhr geöffnet (montags Ruhetag, samstags kostenloser Eintritt). Einige von ihnen sind im Budapest-Leseteil genauer beschrieben. Hier die Anschriften der wichtigsten:
Aquincum, Keled utca, Budapest III, Haltestelle der HÉV – Museum und Freilichtausstellung zur Römerzeit
Helikon-Galerie, Eötvös Loránd utca 8, Budapest V – Vorwiegend Grafik
Béla-Bartók-Gedenkhaus (Bartók Béla Emlékháza), Csalán utca 29, Buda-

pest II – Die letzte Budapester Wohnung des großen Tonsetzers in einer schönen Villa auf dem Rosenhügel
Studio-Galerie, Bajcsy-Zsilinszky út 52, Budapest V – moderne ungarische Kunst
Varga Imre állandó kiállitása, Laktanyi utca 7, Budapest III – Ständige Ausstellung und Atelier des berühmtesten zeitgenössischen Bildhauers von Ungarn, Imre Varga, in Óbuda
Vigadó-Galéria, Vigadó tér 2, Budapest V – wechselnde Ausstellungen ungarischer Künstler der Gegenwart
Museum der Bildenden Künste (Szépmüvészeti Múzeum), Hősök tere (am Heldenplatz), Budapest XIV – kleines Repertoir der bekanntesten europäischen Großmeister. Im Erdgeschoß ein gutes Café und wechselnde Ausstellungen moderner Kunst.
Schauspieler-Museum (Bajor Gizi Szinész Múzeum), Stromfeld Aurél út 16, Budapest XII, geöffnet: Di, Do, Sa 15–19 Uhr, So 10–18 Uhr – Sehenswerter als die Theaterreliquien der großen Schauspielerin Hilda Gobbi ist ihre ehemalige Villa, in der das Museum untergebracht ist.
Ungarische Nationalgalerie (Magyar Nemzeti Galéria), Burgpalast, Flügel B, C, D – ein Überblick über die bedeutendsten Werke der ungarischen

Kunst von den Anfängen bis in die Nachkriegszeit; interessant: die ungarischen Maler der Jahrhundertwende.
Ungarisches Nationalmuseum (Magyar Nemzeti Múzeum), Múzeum körút 14–16, Budapest VIII – Einblicke in die Geschichte Ungarns und seiner Hauptstadt bis 1849. Glanzstück: die Krone.
Budapester Historisches Museum (Budapesti Történeti Múzeum), Burgpalast, Flügel E – interessante Stadtgeschichte mit Bildern, Figuren und Dokumenten von der frühesten Besiedlung bis zum jüdischen Getto; leider nur ungarische Beschriftung.
Contra Aquincum Március 15, tér, Budapest V, kleine Freiluftausstellung römischer Siedlungsreste.
Kunsthalle (Múcsarnok), Dózsa György út 37, Budapest XIV – Größte Ausstellungshalle Ungarns im neoklassizistischen Stil auf dem Heldenplatz. Abtrennbare Räume, die mehrere Ausstellungen gleichzeitig erlauben.
Kunstgewerbemuseum (Iparmüvészeti Múzeum), Üllői út 33–37, Budapest IX – Ungarische Möbel, Geräte und Textilien in einem Gebäude, das um die Jahrhundertwende in einem ambitionierten «ungarischen Stil» errichtet wurde.
Óbuda-Galéria, Fő tér 1, Budapest III – Ungarische

und ausländische Avantgarde in den schönen Räumen des Zichy-Palais. *Budapest-Galerie*, Szabad sajtó út 5, Budapest V – wechselnde aktuelle Ausstellungen; 1987 wurde hier erstmals eine westdeutsche Buchausstellung gezeigt.

Musik, Tanz, Treffs

Tanzhäuser: Am schwersten sind in Budapest die Veranstaltungen herauszufinden, hinter denen kein besonderes kommerzielles Interesse steht und die gerade deshalb von vielen jüngeren Einheimischen besucht werden. Ein ganz besonderer Anziehungspunkt ist zum Beispiel das «Tanzhaus» (táncház), zu dem sich fünfzig oder hundert junge Leute in irgendeinem versteckten Kulturzentrum treffen, um in einem riesigen Kreis oder in vielen kleinen unter Anleitung eines Tanzmeisters zu den Klängen ungarischer Volksmusik zu tanzen. Solche Veranstaltungen und das enorme Interesse an ihnen sind Ausdruck einer neuen Sehnsucht nach den verlorengegangenen Traditionen des ungarischen Volkes, von denen in der Stadt sonst nur noch wenig zu spüren ist. Die Termine der Tanzhäuser sind im Programmheft «Pesti Músor» (*siehe Budapest: Informationen*) unter den Veranstaltungen der Kulturhäuser (*Művelődési Há-*

zok Programja) abgedruckt oder bei diesen selbst in Erfahrung zu bringen. In jedem Fall ist im Kulturhaus am Marczibányi tér 5/a, Budapest VII (Tel. 1 35 57 59), und im Freizeitzentrum am Almássy tér 6, Budapest VII (Tel. 1 42 03 87), regelmäßig «táncház», am Sonntag meist irgendeine Art von Familienprogramm. Mittwochs und freitags ist in der *Petőfi Csarnok* in der Zichy M. út, Budapest XIV (Tel. 1 22 44 34), Tanzhaus. Im *Arany János-Theater* in der Paulay E. utca 35, Budapest VI, ist von Juni bis Ende September jeden Tag um 20.45 Uhr eine Folklore-Show mit Zigeunermusik zu sehen.

Kulturhäuser: Kulturhäuser mit unterschiedlichem Programm gibt es übrigens in jedem Stadtbezirk (im Telefonbuch unter «Művelődési létesítmények» aufgelistet), die wichtigsten von ihnen liegen in der Csőrsz utca 18, Budapest XII (Rocktheater, Tel. 1 15 06 86), in der Fehérvári út 47, Budapest XI (Folklore-Programm um 20.45 Uhr, Tel. 1 45 13 60), in der Molnár utca 9, Budapest V (Tel. 1 17 59 28), und in der Déri M. utca 3, Budapest VIII (Tel. 1 33 83 53). Die ganze Woche über finden darüber hinaus zahlreiche Veranstaltungen von Rock bis Flohmarkt (Samstag/Sonntag) sowie ein fremd-

sprachiger Club (Freitag/Samstag) in der *Petőfi Csarnok* in der Zichy M. út im Stadtwäldchen statt.

Jazz-Klubs: Jazz-Konzerte finden meist ebenso versteckt statt. Da ist der *Közgaz Jazz-Klub* im Studentenwohnheim in der Kiniszi utca 2–6, wo samstagabends meist Programm ist, da ist ein anderer Jazz-Klub in der Pilvax köz 7 (Eingang Váci utca), da gibt es Konzerte im *Lágymányosi közösségi ház* in der Körösy József utca 17, Budapest XI (Tel. 1 66 46 27) oder in den Klubs der Universitäten *SOTE* am Nagyvárad tér, Budapest VIII, *Kertészeti Egyetem* in der Villányi út 35, Budapest XI oder *BME Vásárhelyi Kollégium* in der Kruspér utca 2–4, Budapest XI. Diese Veranstaltungen wie die weiterer (Jazz-)Klubs sind meist nur auf Anschlägen angekündigt oder im «Koncert menü» des Programmheftes «PestiMúsor».

Diskotheken: Davon gibt es eine ganze Menge in Budapest. Zum Beispiel wird das Studentenrestaurant an der Ecke Váci utca Szabad sajtó út jeden Abend zu einer solchen umfunktioniert. Eine andere befindet sich in einer verwunschenen Villa an der Nagykovácsi út, Budapest II, in der Nähe der Kuruc utca. Freitags ist Tanz in der *Corvinus* Exclusiv-Disco im Restaurant *Citadella* auf dem *Gellértberg*, donnerstags im Hotel *Novotel* in der *Alkotás utca*, samstags in der *Petöfi Csarnok* im Stadtwäldchen, im Wohnheim der Technischen Universität in der Irinyi József utca 7–9, Budapest XI, und im *Vár Klub* am Szentháromság tér, Budapest I. Donnerstags ist im *Eötvös-Klub* an der *Károly M. utca / Ecke Irányi utca*, Budapest V, «Nosztálgia»-Abend.

Treffpunkte: Wirklicher Mangel herrscht an Treffs junger interessanter Leute, mit denen man über Ungarn und ihre eigene Situation ins Gespräch kommen kann. Ein bißchen wie eine westliche Szene-Kneipe ist die *Fregatte* in der Molnár utca, Budapest V, wo sich ein buntgemischtes, etwas extravagantes Publikum trifft. Ein kleiner Umschlagplatz für Informationen und Kontakte ist auch das alternative Teehaus des ITDK (*siehe A–Z: Studieren*) jeden Freitag ab 18 Uhr im Freizeitzentrum am Almássy tér. Eine neue Szene-Kneipe, das *Rigoletto*, hat rund um die Uhr geöffnet. Veranstaltungen und Kontakte bieten schließlich vor allem die Budapester Klubs: der unter Kádár eine Zeitlang geschlossene *Rakpart-Klub*, Szentháromság tér 1 (Kontakt: Gabriella Béki, Tel. 18 37 8 77); der Künstlerklub *Fészek*, Kertész

utca 36, Budapest VII, Tel. 1 42 65 49; der *Klub Junger Künstler*, Andrássy út 112, Tel. 13 18 85 58; der *Kossuth Klub*, Múzeum utca 7, Budapest VIII, Tel. 1 34 13 60.

Shopping

Einkaufsbummel in Osteuropa? Für die Touristen aus den benachbarten sozialistischen Staaten war Budapest über Jahre das Einkaufsparadies schlechthin. Sie klapperten die Boutiquen in den dunklen Höfen am Großen Ring (Szt. István-, Lenin- und József körút) und an der Rákóczi út ab, belagerten die schmuddeligen staatlichen Kaufhäuser, standen staunend vor den Auslagen in der aufgemotzten Váci út oder kauften Quarz-Uhren bei den Straßenhändlern in den Metro-Unterführungen und am Ostbahnhof (Keleti pu.).

Die West-Touristen decken sich dagegen, je nach Geschmack, vorzugsweise mit kitschiger Folklore oder mit Bergen von (deutschsprachigen) Büchern ein, deren – bislang noch – unverschämt niedrige Preise einen wahren Kaufrausch auslösen. Andere meinen, in Antiquariaten oder bei den Antiquitätenhändlern auf dem Flohmarkt ein Schnäppchen machen zu können, wieder andere spezialisieren sich auf die ungarischen Billigprodukte (durch den Umtausch-

kurs): Schreibwaren und Spielzeug, Sekt und Wein, Schinken und Käse, Paprika und Obst, Haushaltswaren und Gläser, Keramik und Korbwaren, Noten und Schallplatten.

Eine eigene Faszination hat es, durch die heruntergekommene frühere Haupteinkaufsstraße Király utca zu pirschen, die skurrilen Läden und versteckten Handwerksbetriebe aufzuspüren, die im jüdischen Viertel (VII. Bezirk), nördlich der Szt. István körút oder südlich des Ferenciek tere ihre verstaubten Auslagen zur Schau stellen, um vielleicht bei einem grauhaarigen Handschuhmacher ein Paar filigrane Handschuhe zu erstehen oder sich von einem Schildermacher ein emailliertes Namensschild anfertigen zu lassen.

Märkte: Ein besonderes Fest für die Sinne bereiten die Lebensmittelmärkte: Lövőház utca, Budapest II; Hunyadi tér, Budapest VII; Bosnyák tér, Budapest XIV und eine riesige Markthalle aus der Gründerzeit am Tolbuhin körút 1–3, Budapest IX. Öffnungszeiten: außer Montag und Freitag 6–18 Uhr, montags 6–17, freitags 6–19 Uhr. Sonntags haben die Märkte in der Fehérvári út 14, Budapest XI (6–13 Uhr), und am Élmunkás tér, Budapest XIII (6–14 Uhr), geöffnet. Ein Flohmarkt findet täglich außer sonntags in der Nagykőrösi út, Budapest XIX (Bus 54), statt.

Warenhäuser: Bis vor kurzem galt, daß hier nur derjenige richtig ist, der entschlossen in die Warenwelt des real existierenden Sozialismus eintauchen möchte – inzwischen hält jedoch auch in den Kaufhäusern die Marktwirtschaft Einzug:
Corvin, Blaha L. tér 1–2, Budapest VIII
Csillag, Rákóczi út 20–22, Budapest VII
Divatcsarnok, Andrássy út 39, Budapest VI
Kálvin téri, Kálvin tér 7, Budapest IX
Skála, Schönherz Z. út 6–10, Budapest XI
Skála-Metro, Marx tér, Budapest V
Sugár (Einkaufszentrum), Örs vezér tér, Budapest XIV
Úttörö, Kossuth L. utca 9, Budapest V

Lebensmittel: Überdurchschnittlich gut ausgestattete Lebensmittelgeschäfte sind:
ABC-Markt, Batthány tér, Budapest I
Csemege, Ferenciek tere, Budapest V
Skála-Csarnok, Akácfa utca, Budapest VII
Skála-Sprint, Lajos utca 93–103, Budapest III
Skála und *Skála-Metro* (siehe Warenhäuser)

Spezialgeschäfte: Wer Dinge für den täglichen Bedarf oder bestimmte Mitbringsel sucht, wird

vielleicht hier fündig:
Antiquariate: Múzeum körút 15, Budapest V; Váci utca 28, Budapest V; Andrássy út/Ecke Bajcsy-Zsilinszky út, Budapest V
Fremdsprachige Bücher: Hess András tér 3, Budapest I; Martinelli tér 5, Budapest V; Petőfi Sándor utca 2, Budapest V; Váci utca 32, Budapest V; Váci utca 33, Budapest V;
Angel- und Tennisbedarf: Bocskai út 21, Budapest XI
Folklore: Váci utca 45, Budapest V
Foto-Fachgeschäft: Váci utca 2, Budapest V
Glas und Porzellan: Bajcsy-Zsilinszky út 23, Budapest VI; Amfora, Kossuth L. utca 4, Budapest V; Ferenciek tere 4, Budapest V; Erzsébet körút 17, Budapest VI; Király utca 1/d, Budapest VII
Gravierungen: István Bitzó, Váci utca 75, Budapest V
Handwerksbedarf: Prizma, Örs vezér tere, Budapest XIV
Heimwerker-Laden, Nagy Sándor utca 1, Budapest V
Heilpflanzen: Herbária, Bajcsy-Zsilinszky út 3 und 58, Vámház körút 4, Budapest V
Juwelier: Gusztáv Koós, József körút 9, Budapest VIII
Kunstdrucke und Postkarten: Képesbolt, Deák tér, Budapest V
Kunstgewerbe: Úri utca 26–28, Budapest I, Kossuth Lajos utca 14 und 17, Budapest V

Uhren und Schmuck: Váci utca 2 und 73, Tanács körút 28, Budapest V
Antiquitäten, für die man keine Ausfuhrgenehmigung braucht, werden in den Devisenläden BÁV verkauft: Andrássy út 27, Budapest VI, Hess András tér 3, Budapest I.

Raus aus der Stadt

Grüne Oasen: Wer der Steinwüste entfliehen will, ohne Budapest zu verlassen, hat mehrere Möglichkeiten zur Auswahl: Entweder er geht ins Stadtwäldchen (*Városliget*) oder ins Volkswäldchen (*Népliget*), er besteigt den *Gellért-Berg* oder er geht auf der für den Autoverkehr gesperrten *Margit-Insel* spazieren; ein paar kleinere Parks befinden sich auch in Buda – die Blutwiese (*Vérmező*) und die ehemalige Stadtmeierei (*Városmajor*). Spaziergang und Schauen lassen sich gut vereinbaren bei einem Besuch des Hauptstädtischen Tier- und Pflanzengartens (*Fővárosi Állat-és Növénykert*, Állatkerti körút 6–12, Budapest XIV), der von 9 Uhr bis zum Einbruch der Dunkelheit geöffnet ist (von Mai bis September jeden Mittwoch geschlossen); gleich daneben liegt auch der Lustpark (*Vidámpark*), eine Art osteuropäischer Tivoli. Im Stadtwäldchen ist darüber hinaus im Winter eine Kunsteisbahn (*Műjégpálya*) geöffnet.

Friedhöfe: Erheblich weniger Trubel herrscht auf den großen ehrwürdigen Friedhöfen von Budapest: Da ist der Prominentenfriedhof *Kerepesi temető* (Mező Imre út, Budapest VIII), auf dem neben den jeweils Mächtigen auch Georg Lukács, László Rajk, Lajos Kossuth und viele ungarische Schriftsteller begraben liegen; da ist der *Farkasréti temető* (Németvölgyi út, Budapest XII), der – im noblen XII. Bezirk gelegen – letzte Ruhestätte vieler Schauspieler und Künstler ist; oder man sucht die Gräber der Aufständischen von 1956 in der Gemarkung 301 des riesigen *Új köztemető* (Kozma utca, Budapest X) auf, wo auch Imre Nagy begraben liegt.

Hügel und Wälder: Klassisches Budapester Ausflugsziel für sonnige Wochenenden sind die Budaer Berge, in deren ausgedehnten Laubwäldern man wunderschöne Spaziergänge machen kann. Der Bus 11 fährt vom Batthány tér bis an den Waldrand (Endstation), ein bißchen weiter nördlich endet die Bus-Linie 65 (Abfahrt: Kolosy tér, Budapest III, an der HÉV-Station), der auch die Tropfsteinhöhle «Pálvölgyi cseppkőbarlang» passiert. Eine ganz spezielle Route geht so: Vom Moszkva tér mit dem Bus 158 bis zum Sessellift Libegő (Endstation), dort mit dem schnurrenden Lift den Berg hinauf, oben spazierengehen, den Erzsébet-Aussichtsturm besteigen und dann mit der Pioniereisenbahn nach Süden bis zur Endstation Széchenyihegy, von wo aus wiederum die Zahnradbahn den Berg hinunter bis zur Szilágyi E. fasor führt.

Längere Ausflüge: Meist führen sie ins Donauknie oder (seltener) mit der HÉV nach Gödöllő oder nach Ráckeve, wo jeweils ein Schloß steht (*siehe Rumkommen: Mit der Bahn*). In Richtung Donauknie kommt man am schnellsten mit der HÉV vom Batthány tér nach Szentendre, von dort weiter mit dem Bus. Eine andere Möglichkeit sind die Ausflugsdampfer, die vom Vigadó tér in Budapest nach Visegrád oder sogar Esztergom fahren (*siehe Rumkommen: mit dem Schiff*). Eine weitere Variante ist es, mit dem Auto ins nahe nördliche Pilis-Gebirge, zum Beispiel auf den Dobogó kő zu fahren; dort steht neben einer Ski-Piste das Hotel Nimród (mit Schwimmbad) zur Verfügung, in dem man übernachten und gut zu Mittag essen kann.

Der Westen und Süden

Das Gebiet westlich der Donau heißt Transdanubien (ungarisch: Dunántúl), in seiner Mitte liegt der Plattensee (Balaton). Landschaftlich besonders reizvoll sind die Ausläufer der Alpen bei Kőszeg und Szent-Gotthard mit subalpinen Dörfchen, einigen Zeltplätzen, kleineren Gasthöfen, Hotels und Touristenherbergen (beispielsweise in Velem, Kőszeg, Körmend). Ein anderer landschaftlicher Anziehungspunkt ist das südliche Mecsek-Gebirge bei Fünfkirchen (Pécs), in dessen Umgebung es zahlreiche schwäbische Dörfer gibt und ein sonniges, mediterranes Klima herrscht. Auf eine waldige Mittelgebirgslandschaft mit gekennzeichneten Wanderwegen und einigen versteckten Touristenherbergen (zum Beispiel in Farkasgyepű oder Gézaháza) stößt man auch im Bákony-, im Vértes- und im Gerecse-Gebirge. Schöne Flußlandschaften sind – noch – am zerklüfteten Lauf der Donau an der Grenze zur Tschechoslowakei und an der Raab (Rába) zu sehen, die sich auch gut für Paddeltouren eignet. Für kürzere Ausflüge von Budapest aus bietet sich besonders das nördliche Donauknie mit den Wäldern des Pilis-Gebirges und den Barock-Städten Esztergom und Szentendre an.

Die touristische Infrastruktur des Gebietes ist im Vergleich zum übrigen Ungarn gut, im Vergleich zu anderen Reiseländern jedoch eher schwach. Das gilt nicht für den Balaton, der in der Saison ganz auf den Massentourismus eingestellt ist, und es gilt nur beschränkt für das Donauknie, das viele Budapest-Besucher aufsuchen. Hotels gibt es in den meisten größeren Ortschaften, ebenso Tankstellen, Werkstätten, Bahnhöfe und Lebensmittelgeschäfte. An Zeltplätzen steht – außerhalb der Balaton-Region – etwa ein Dutzend zur Verfügung, die der Landkarte oder einem Campingführer zu entnehmen sind. Touristische Anziehungspunkte sind außer den landschaftlichen Schönheiten auch die Thermalbäder und die Burgen beziehungsweise Burgruinen der Region.

Sopron

Ankommen

Mit dem Zug: Vom Bahnhof führt die Mátyás Király utca auf die Lenin körút, die das eigentliche mittelalterliche Zentrum umschließt.

Mit dem Auto: Auf der Landstraße 16 sind es 70 Kilometer von Wien, auf der Autobahn M 1 und der Landstraße 85 sind es 210 Kilometer von Budapest aus. Die Grenzübergangsstelle Deutschkreuz/ Kóphaza ist weniger frequentiert als Klingenbach/Sopron. Den Beschilderungen ins Zentrum (belváros) oder zum Hotel Pannónia folgen.

Orientierungspunkt für die Altstadt mit den Resten der Stadtmauer ist der Stadt- oder Feuerturm, der in unmittelbarer Nähe des Hauptplatzes (Fő tér) und der mittelalterlichen Kolostor utca liegt.

Information

Das Touristenbüro *Cikla-men Tourist*, Ogabona tér 8, Tel. 1 2040, befindet sich dort, wo die Fernstraße aus Wien auf die alte Stadtmauer trifft.

Unterkunft

Im Touristenbüro, beim Reisebüro *Lokomotiv*, Lenin körút 90, oder bei *IBUSZ*, Lenin körút 41, werden Zimmer vermittelt. Ansonsten sind die Hotels *Lokomotiv*, Szabadság körút 1, Tel. 1 4180, und *Pannónia*, Lenin körút 73–75, Tel. 1 2180, recht preisgünstig oder die Touristenhotels an der Ferenci utca 4, Tel. 1 2228 und an der Új utca 8, Tel. 1 2185. Sehr kostengünstige Unterkunft auch im Studentenwohnheim *Fekete Zoltán Kollégium*, Ady Endre utca 5. Campingplatz und Ferienhäuser im Erholungsgebiet Lövér, an der Köszegi út Richtung Magyarfalva (Tel. 1 1715), Reservierungen über das Touristenbüro. Bestes Hotel am Platz ist das *Pa-*

latinus in der Új utca 23, Tel. 1 1395.

Essen und Trinken

Restaurants befinden sich in den größeren Hotels *Pannónia*, *Lövér*, Várisi utca 4, oder *Palatinus*. Außerdem: Restaurant *Deák*, Köztársaság utca 20, *Gambrinus*, Új utca 2, *Kaszinó*, Liszt Ferenc utca 1 sowie die Gaststätten *Alpesi*, Hársfa sor 48, und *Szélmalom*, Fraknói utca 1. Bistros: Lenin körút 79, 104 und 23; Weinkeller: *Cézár*, Hátsó kapu utca 2, *Gyógygödör*, Templom utca 2, und *Haladás*, Szent György utca 12.

Kultur

Lokalgeschichtliche Sammlung im *Liszt-Ferenc-Museum*, Május 1. tér 1; das *Fabricius-Haus*, Fő tér 6, ist ein Bürgerhaus aus dem 17. Jahrhundert, eine jüdische, religiöse Sammlung befindet sich in der Synagoge in der Új utca 22 (dienstags geschlossen). Das Atelier von József Horváth ist in

411

der Hátsó kapu utca 3 zu sehen. Lohnend sind die Aufführungen im Rahmen der Soproner Festivalwochen (*siehe Feste und Festivals*) sowie die Konzerte im Schloß von Fertőd.

Baden und Sport

Nach Balf zum Schwefelheilbad fährt ein Autobus, ebenso zum Mühlenteich-Strandbad (Tómalom) und zum Lövér-Sportbad in der Szabadság körút; auch in der Ösvény utca 7 liegt ein Sportschwimmbad. Tennisplätze befinden sich an der Ady Endre utca 10 und an der Szabadság körút 1. Im Winter: Skipiste am Dalos hegy und eine Rodelbahn an der Károly magaslat.

Ausflüge

Südlich der Stadt liegt das Erholungsgebiet Lövér. Ausflüge kann man in das Naturschutzgebiet an der österreichischen Grenze, an den Neusiedler See oder nach Fertőrákos an den aus der Römerzeit stammenden Steinbruch machen. 27 Kilometer südostwärts von Sopron steht das prächtige ehemalige Schloß Esterházy in Fertőd, 13,5 Kilometer südwestwärts das Schloß der Familie Széchenyi in Nagycenk, wo auch eine historische Schmalspurbahn startet.

Szombathely

Ankommen

Mit dem Zug: Aus Richtung Győr oder Székesfehérvár. Vom Bahnhof führt die Savaria utca in Richtung Innenstadt, an der Kőszegi utca links und die Széchenyi utca wieder rechts bis zum zentralen Berzsenyi tér.

Durch die Innenstadt fließt das Flüßchen Perint. Verkehrszentrum ist der Köztársaság tér, kunsthistorischer Mittelpunkt ist der Berzsenyi tér, wo der zweitürmige Dom eine gute Orientierung gibt.

Information

Auskünfte erteilt das Touristenbüro *Savaria-Tourist* auf dem Mártírok tere 3. Informationsbüros befinden sich auch in der Nähe des Köztársaság térs in der Bejczy I. utca beziehungsweise in der II. Rákóczi Ferenc utca.

Unterkunft

Privatzimmervermittlung im Touristenbüro auf dem Mártírok tere sowie bei *IBUSZ*, Savaria utca 3, und bei *Cooptourist*, Savaria utca 1. Zu den preiswerteren Hotels zählen das *Isis*, Rákóczi utca 1, das *Savaria*, Mártírok tere 4, und das *Tourist*, Jókai park. Die beste Übernachtungsmöglichkeit bietet das Hotel *Claudius*,

Bartók Béla Körút 39, Tel. 13760. In der Magyar utca 1 steht im Sommer das Studentenwohnheim *Pável Agoston Kollégium* für Touristen zur Verfügung. Zeltplatz und Ferienhäuser in der Kondics utca.

Essen und Trinken

Ein Luxusrestaurant befindet sich im Hotel *Claudius*; weitere Restaurants sind das *Pannónia* auf dem Köztársaság tér 20, die Kleingaststätten *Gyöngyös* in der Savaria utca 12 und *Pelikán* in der Vörös Hadsereg útja 6 sowie das am See gelegene *Tó* in der Kondics utca. In der Rumi út 18 befindet sich eine Fischertscharda.

Kultur

Auf die römische Vergangenheit von Szombathely verweisen der Ruinengarten in der Alkotmány utca 1, das Iseum in der Rákóczi utca 2 sowie das Savaria-Museum in der Kisfaludy Sándor utca 9. In der Alkotmány utca 2 ist – bislang noch – ein Revolutionsmuseum, künstlerische Arbeiten sind im Derkovits-Dési-Huber-Gedenkmuseum (Vorosilov utca 4) zu sehen.

Baden und Sport

In der Gagarin utca befindet sich im Thermalbad, neben dem Ruderteich in der Kondics utca ist ein Freibad. Reitschule und Eisbahn neben dem Campingplatz.

Ausflüge

Am Nordwestrand von Szombathely liegt die Freizeitanlage an der Kondics utca, wo neben einem Ruderteich auch ein altes ungarisches Bauernhaus (Skansen) zu sehen ist. In der Vörös Zászló utca im nordwestlichen Stadtteil Kámon ist ein botanischer Park. Von Szombathely werden auch organisierte Ausflüge nach Ják (Benediktiner-Abteikirche) und Kőszeg (dort Unterkunft im Studentenwohnheim in der Löwy S. utca 8) durchgeführt. Eines der wasserreichsten Thermalbäder Mitteleuropas befindet sich in Bükfürdő, im dortigen Barockschloß ist heute ein Hotel. In Sárvár findet man eine Burg und ein weiteres Arboretum (botanischer Garten).

Győr

Ankommen

Mit dem Zug: Von Budapest oder von Wien aus. Der Bahnhof befindet sich am Südrand des Zentrums, über die Lenin út gelangt man bis zur Kazinczky utca, von der aus man links zum Egység- und Köztársaság tér oder rechts zum Széchenyi tér kommt.
Mit dem Auto: Der Verkehr Wien–Budapest wird über die befahrene Hauptstraße Tanácsköz-

társaság útja geleitet. Von Wien kommend muß man links, von Budapest kommend rechts in die Innenstadt abbiegen.

Győr ist eine Flußstadt, das Zentrum befindet sich in einem Winkel, den die Rába und die Mosoni-Duna bilden. Am Mündungspunkt liegt der Martinovics tér mit dem historischen Káptalan-Hügel, etwas weiter zurückgesetzt der zentrale Széchenyi tér. Am Donauarm dehnt sich der Duna-Kapu tér aus, von wo aus die Kossuth-Brücke auf die andere Flußseite führt.

Information

Parallel zur Durchgangsstraße Wien–Budapest verläuft die Árpád út, die von der erwähnten Lenin út gekreuzt wird. Unter der Hausnummer 32 befindet sich das Touristenbüro *Ciklámen Tourist*, das weitere Zweigstellen in der Jókai utca 12 und in der Aradi vértanúk útja 22 unterhält.

Unterkunft

Zimmervermittlung beim Touristenbüro sowie bei *IBUSZ*, Tanácsköztársaság útja 29–31, *Volántourist*, Árpád utca 51/B, und *Cooptourist*, Jedlik A. utca 8. Studentenwohnheime in der Ságvári utca 25 und in der Damjanich utca geben preiswerte Unterkunft. An Hotels gibt es neben dem edlen *Rába* in der Árpád utca 34 nur

den Gasthof *Kiskútligeti* am Campingplatz sowie die Pension *Kis Rózsa* in der Tessedik S. utca 27. Der Zeltplatz, 9027 Kiskút-liget, hat jedoch drei Sterne.

Essen und Trinken

Ein gutes Restaurant befindet sich im Hotel *Rába*; mittleres Niveau haben die Restaurants *Hungária*, Lenin utca 23, *Kristály*, Bartók Béla út 9, *Vaskakas*, Köztársaság tér 3, *Park*, Tanácsköztársaság útja 19, und *Nádor*, Corvin utca 36. In der Rózsa utca 4 und in der Árpád utca 75 befindet sich eine Fischertscharda, in der Alkotmány utca 9 liegt die Burgweinstube.

Kultur

Eine Gemäldegalerie ist in der Alkotmány utca 4 untergebracht, eine Ausstellung der Keramikerin Margit Kovács in der Rózsa Ferenc utca 1; temporäre Ausstellungen sind in der Kunsthalle, Lenin út 33, zu sehen. Eine ortsgeschichtliche Sammlung befindet sich im *Xantus-János-Museum* auf dem Széchenyi tér 5. Nebenan liegt das städtische Kulturzentrum *Rába*, das hin und wieder Programme anbietet. Lohnenswert in jedem Fall ein Besuch im Győrer Ballett (*Kisfaludy-Theater*, Csuczor Gergely utca 17), das als das derzeit beste von Ungarn gilt.

Baden und Sport

Von der Tolbuhin sétány und der Ország utca führen Eingänge ins Strandbad von Győr; gleich daneben ist das Thermalbad.

Ausflüge

Von Győr südostwärts auf der Straße 82 liegt 21 Kilometer weiter in Pannonhalma die Erzabtei des Benediktinerordens – im Sozialismus eine Seltenheit in Ungarn – auf einem Hügel mit herrlicher Aussicht über die Umgebung. Im Norden erstreckt sich die landschaftlich reizvolle Kleine Schüttinsel (Szigetköz) mit kleinen versteckten Ortschaften und der zerklüfteten Donau. Nordwestlich davon ist die Baustelle des Staudamms bei Dunakiliti.

Szekesfehervar

Ankommen

Mit dem Zug: Von Budapest sind es rund 67 Kilometer. Vom Bahnhof ist es nicht weit in die kleine historische Innenstadt. *Mit dem Auto:* Auf der Autobahn M 7 von Budapest oder vom Balaton aus; die Abfahrt ist ausgeschildert und mündet auf die zentrale Népköztársaság útja. In Höhe des Hotels Alba Regia parken und links hinüber zum Szabadság tér gehen.

Das Zentrum ist klein und bedarf keiner großen Orientierungshilfen. Im Mittelpunkt liegt der Szabadság tér, von wo sich in ungefährer Nord- und Südrichtung die alte Innenstadt erstreckt.

Information

Gegenüber vom Hotel Alba Regia befindet sich gleich eine Informationsstelle: *Cooptourist*, Rákóczi utca 3. Das Touristenbüro des Komitat Fejér liegt am Szabadság tér 6.

Unterkunft

Privatzimmervermittlung bei den erwähnten Touristenbüros sowie bei *IBUSZ* (Ady E. utca 2). Preiswert das Studentenwohnheim in der Schönherz u. 19 oder die Touristenherberge «*Törökudvar*» in der Jókai utca 2. Neben dem *Alba Regia*, dem führenden Haus am Platze, gibt es noch das Hotel *Velence* in der Március 15. utca 10 und die Pension *Két Góbé* in der Gugásvölgyi utca 4. Ein Zeltplatz ist nicht vorhanden.

Essen und Trinken

Eine gute Küche haben die genannten zwei Hotels. Direkt im Zentrum liegt das Restaurant *Ó šfehérvár*, Szabadság tér 3, daneben gibt es noch das *Szabadság* am Vörösmarty tér und das *Arany Szarvas* (Goldener Hirsch) in der Horváth I. utca 6.

Kultur

Am Gagarin tér 3 befindet sich das *István-Király-Museum* mit ortsgeschichtlichen und römischen Funden aus der Stadt Gorsium sowie einem mittelalterlichen Ruinengarten mit der einstigen ungarischen Krönungskirche. Kunst gibt es in der *Csók-István-Galerie*, Bartók Béla tér 1, zu sehen, Arbeiten des Architekten Miklós Ybl im *Budenz-Haus*, Arany János utca 12. In der Liszt Ferenc utca 1 ist das Kulturzentrum des Komitats untergebracht.

Baden und Sport

Im Sommer hat in der Szabadságharcos út ein Strandbad geöffnet, daneben befinden sich ein Tennis- und ein Handballplatz.

Ausflüge

In der Mészöly Géza utca 1 liegt ein kleiner Luna-Park mit einer Freilichtbühne. Interessant sind die Ausgrabungen der römischen Stadt Gorsium, südlich von Székesfehérvár, mit einem Freilichtmuseum (im Frühjahr: Floralia-Feste, im Sommer: Theateraufführungen), in der Nähe ein «römisches» Restaurant. Hauptausflugsgebiet ist der Velence-See mit den Orten Agárd und Velence, wo es weitere Hotels und auch Campingplätze sowie Ferienhäuser gibt. Im Norden, etwa 27 Kilometer entfernt, liegt das Weinstädtchen Mór mit zwei historischen Schlössern und einem Weinmuseum (gegenüber: Touristenhotel Vértes). Die Industriestadt Várpalota im Osten weist ein Chemie-Museum und eine Burg aus der Türkenzeit auf.

Balaton

Der Balaton erstreckt sich in Südwest/Nordost-Richtung in der Mitte Westungarns (Transdanubiens). Er ist 77 Kilometer lang, durchschnittlich 8 Kilometer breit und hat eine Ausdehnung von 596 Quadratkilometer. Sein flaches Wasser erwärmt sich rasch, besonders am Südufer, das im Gegensatz zum Nordufer nahezu eben ist und über feinen Sand verfügt. Die größten Ortschaften sind Siófok und Boglárlelle am Südufer, Balatonfüred am Nordufer und Keszthely im westlichsten Zipfel des Sees. Die Uferstraße (Landstraßen 7, 76 und 71) umschließt den See ringförmig, es wird dort nach den genannten größeren Städten ausgeschildert. Am Nordufer führt eine Abfahrt nach Tihany – eine Halbinsel, von deren Spitze eine Fähre nach Szántód zum Südufer übersetzt (und umgekehrt).

Ankommen

Mit dem Zug: Nord- und Südufer sind vom Budapester Südbahnhof (Déli pu.) mit jeweils einer Eisenbahnlinie zu erreichen. Die Nordstrecke führt nach Tapolca, die Südstrecke nach Nagykanizsa. Außerdem gibt es eine Zugverbindung aus Richtung Westen (*siehe Hinkommen: Mit der Bahn*). Die kleinen Bahnhöfe liegen in allen Ortschaften recht zentral, so daß man nicht weit zu laufen hat bis zum Ufer oder zum nächsten Touristenbüro.
Mit dem Auto: Von Budapest aus führt die Autobahn M 7 zum Balaton. Kurz vor Erreichen des Sees muß man sich entscheiden, ob man abfährt zum Nordufer (Balatonfüred) oder weiterfährt nach Siófok am Südufer. In beiden Fällen reihen sich die Ortschaften an der Uferstraße wie an einer Kette auf. Zentrum, Hotels und Parkmöglichkeiten sind meist ausgeschildert.

Information

In allen größeren Ortschaften gibt es Touristenbüros – im Süden *Siótour*, im Norden «*Balatontourist*». Einige Anschriften am Nordufer: Balatonalmádi, Lenin út 36; Balatonfüred, Blaha Lujza utca 5 und direkt an der Bahnstation; Tihany, Kossuth Lajos utca 20; Badacsony, Park utca 10; Keszthely, Fő tér 1. Am

Südufer: Siófok, Szabadság tér 6; Zamardi-Szántód, Petőfi utca 1; Balatonföldvár, Spur István utca 1; Balatonszemes, neben der Bahnstation; Boglárlelle, Szent István utca 1 und Dózsa György utca 13; Fonyód, Ady Endre utca. In den Touristenbüros gibt es Prospekte, Informationen über Unterkunfts- und Sportmöglichkeiten sowie einen deutschsprachigen Balaton-Reiseführer.

Unterkunft

Das Angebot an Unterkunftsmöglichkeiten am Balaton ist groß und reicht vom Hotel über Ferienhäuser und Privatzimmer bis hin zu Villen. Privatzimmer- und Ferienhäuservermittlung in den Touristenbüros; mehr und mehr sind auch an den Häusern Schilder wie «szoba» (Zimmer) angebracht. Studentenwohnheime bieten eine Unterkunft in Balatonfüred (Hősök tere 1), Boglárlelle (Kun Béla Kollégium), Fonyód (Karikás Frigyes Kollégium) und in Veszprém im Bákony-Gebirge (Eötvös Károly utca 3). In den größeren Ortschaften gibt es zahlreiche Hotels, die entsprechend ausgeschildert, in der Saison jedoch oftmals ausgebucht sind. Besonders empfehlenswert ist das Schloßhotel in Nagyvàszony (Reservierungen über Balatontourist, Burg Kinizsi, H-8291 Nagyvàszony,

415

Tel. 31015). Auch Zeltplätze sind rund um den Balaton geöffnet, am Südufer allerdings meist nahe der Straße oder der Eisenbahn. Die besseren Zeltplätze (drei Sterne) liegen in Tihany, Zamárdi, Szántód, Balatonalmádi (Motel Kemping), Balatongyörök und Keszthely (Castrum). In der Saison (Juli/August) sind die meisten Zeltplätze überfüllt. Ferienhäuser zu mieten ist vor Ort erheblich billiger als von der Bundesrepublik aus. Wer Angst hat, kein Quartier zu finden, kann auch in Budapest oder sogar von zu Hause aus bei den Reisebüros (*siehe Vorbereiten: Informationen*) eine Reservierung vornehmen.

Essen und Trinken

Durch die ausgebaute touristische Infrastruktur gibt es am Balaton jede Menge Restaurants. Außerhalb der Saison haben aber viele von ihnen geschlossen, die verbleibenden sind dann jedoch besonders bemüht. Zu den meisten Hotels gehören große Speisesäle, in denen man recht gut, wenn auch etwas teurer essen kann. Charmanter sind die kleineren Privat-Gasthöfe, die am Balaton in den letzten Jahren zunehmend aufgemacht haben. Am Nordufer gibt es im aufsteigenden Bergland einige Restaurants mit schöner Aussicht auf den See, die im allgemeinen an der Uferstraße ausgeschildert sind. In den Strandbädern und am Ufer haben im Sommer auch zahlreiche Imbißstuben und Fischbratereien (sült hal = Bratfisch) geöffnet, wo man schnell und billig essen kann. Empfehlenswert ist, am Balaton die zahlreichen regionalen Fischgerichte zu probieren; als besonders schmackhaft gelten Zander (fogas) und Wels (harcsa). Die Speisekarten sind fast immer auch auf deutsch zu bekommen.

Kultur

Das Kulturleben am Balaton ist ziemlich an den Bedürfnissen des Massentourismus ausgerichtet; außerhalb der Saison kommt es fast völlig zum Erliegen. In Badacsony sind das Gedenkmuseum des Balaton-Malers József Egry sowie ein kleines Literaturmuseum (Haus der Róza Szegedy) zu sehen. In Boglárlelle stehen auf dem Friedhofshügel (temető-domb) zwei Kapellen, die zu Galerien umfunktioniert worden sind und früher offiziell ungeliebte Werke ausgestellt haben. Im 20 Kilometer südlich liegenden Buzsák ist eine Volkskunstausstellung. In Balatonfüred haben das Jókai-Museum und die Balaton-Galerie am Parkplatz vor dem Hafen geöffnet, in Balatonszárszó gibt es ein Gedenkmuseum für den großen revolutionären Dichter Attila József.

In jedem Fall sollte man das Festetics-Schloß in Keszthely mit seiner wunderbaren Bibliothek besuchen, in dem im Sommer auch Konzerte veranstaltet werden. In der Múzeum utca 2 werden darüber hinaus römische Funde von der nahen Siedlung in Fenékpuszta gezeigt. In Siófok gibt es ein Wasserbewirtschaftungsmuseum (Sió utca 2) und ein Gedenkmuseum für den Komponisten der «Csárdásfürstin», Imre Kálmán (Kálmán Imre sétány 5). In den größeren Ortschaften wird abends meist ein Unterhaltungsprogramm geboten: in Siófok auf der Freilichtbühne im Dimitrov-Park oder im Kulturzentrum am Fő tér 4; außerdem haben in dieser Stadt eine Reihe von Nachtbars (Éden Bar, Pipacs Bar, Maxim Varieté, Delta Bar) mit Vorführungen geöffnet. Weitere Hinweise unter *Feste und Festivals*.

Baden und Sport

Für sportliche Ertüchtigung stehen am Balaton viele Möglichkeiten zur Verfügung: Wer keine Lust hat zu baden, dem seien vor allem Segel- und Reittouren empfohlen. In Siófok ist neben dem Hotel Europa ein preiswerter Segelbootverleih (theoretisch Segelschein erforderlich), außerdem ein Minigolf-Platz. Am Nordufer, zum Beispiel am Jachthafen von Balatonalmádi (dort sind auch Segelboote mit Übernachtungsmöglichkeiten zu bekommen), ist es teurer. In Balatonföldvár ist ein weiterer Minigolf-Platz, in Balatonfüred befinden sich ein Segelklub hinter dem Hafen und ein Bootsverleih im Hotel Annabella. In den meisten größeren Bädern auch Verleih von Tretbooten. Reitschulen gibt es am Nordufer, unter anderem in Tihany und Nagyvászony, weitere sind an der Uferstraße ausgeschildert.

Weg vom See

Vor allem in der überfüllten Hochsaison sind Ausflüge in die weniger überlaufene Umgebung anzuraten. Besonders reizvoll ist der heiße See von Hévíz, in dem man sogar im Winter baden kann, der jedoch ebenfalls viel besucht wird. Im Sommer empfiehlt es sich deshalb, in die waldigen Höhen des Bákony-Gebirges zu fahren. Von Bákonybél aus kann man in zwei Stunden den Kőris-Berg (709 Meter) besteigen, auch in Zirc und Farkasgyepű gibt es gute Wandermöglichkeiten (und einen Campingplatz mit Motel). Burgruinen können in Csesznek, in Szigliget und Tihany besichtigt werden, in Sümeg, Nagyvászony

und Várpalota sind die Festungen noch gut erhalten. In Nagyvászony finden alle zwei Jahre Reiterspiele statt, eine herrliche Übernachtungsmöglichkeit bietet das ehemalige Zichy-Schloß. Empfehlenswert ist es auch, in den Bergen ein paar alte ungarische Dörfer (z. B. Öskú, Mencshely, Szentantalfa, Kapolcs, Berhida usw.) aufzusuchen. In jedem Fall sollte man einen Ausflug in die Barock-Stadt Veszprém machen. Im Oktober findet in Badacsony und anderswo die Weinernte statt.

Pécs

Ankommen

Mit dem Zug: Von Budapest aus erreicht man die Bahnstation im Süden der Stadt. Dort führt die Szabadság út auf die Ringstraße Rákóczi út, hinter der das eigentliche Zentrum beginnt.
Mit dem Auto: Die Landstraße 6 aus Budapest mündet ebenfalls auf die Rákóczi út, von wo man rechts die Bem utca hineinfahren sollte. Dort entweder gleich rechts auf dem Kossuth tér oder etwas weiter auf dem zentralen Széchenyi tér parken.

Das Zurechtfinden in der von einer Ringstraße und den Resten der Stadtmauer umgebenen historischen Innenstadt ist

nicht sonderlich schwierig. Den Mittelpunkt bildet der Széchenyi tér, im nordwestlichen Winkel des rechteckigen Platzes liegt der mächtige, mit vier Ecktürmen verzierte Dom.

Information

Das Fremdenverkehrsamt *Mecsek Tourist* liegt ganz zentral am Széchenyi tér 9 und 1; dort spricht man auch deutsch und hilft mit Prospekten und einer kleinen Karte weiter. Es gibt hier auch ein ausführliches Buch über Pécs in deutscher Sprache. Veranstaltungshinweise enthält das Programmheft «Pécsi Műsor».

Unterkunft

Privatzimmervermittlung durch das Touristenbüro sowie bei *IBUSZ* am Széchenyi tér 8. Unterkunft außerdem in den Studentenwohnheimen auf dem 48-as tér 2 und 4, in der Boszorkány utca 1, in der Rákóczi út 52, in der Heim Pál utca 4 und in der Hunyadi utca 9. Das Drei-Sterne-Hotel *Pannónia*, Rákóczi utca 3, ist ein Neubau und verfügt über kein eigenes Restaurant. Ehrwürdig und etwas altbacken ist das Hotel *Nádor*, Széchenyi tér 15; von gleicher Kategorie (aber neu und nicht so verblichen elegant) ist das *Hunyor*, Jurisics M. utca 16. Einfacher sind das am

Waldrandgelegene *Fenyves* in der Szőlő utca 64 oder das *Minaret*, Sallai utca 35. Etwas außerhalb liegen das Touristenhotel *Dömörkapu*, Gyükésdűlő 2, und ein Gasthof auf dem Gelände des Campingplatzes *Mecseki Mandulás Kemping* (auch Ferienhäuser). Der Gasthof *Kastély*, in einem total restaurierten kleinen Barockschloß untergebracht, steht an der Fernverkehrsstraße 57 von Pécs nach Mohács (auch Holzhäuser zu vermieten).

Essen und Trinken

Am edelsten, aber steif, speist man im Hotel *Pannónia* oder im Restaurant *Elefant* am Jókai tér (auch Bierstube). Eine vergangenheitsschwangere Atmosphäre herrscht im großen Speisesaal des *Nádor* (auch Bierstube vorhanden), in dessen Kaffeehaus man angenehm frühstücken kann. In allen drei Restaurants gibt es Musikbegleitung. Draußen sitzen und sogar selber Speck braten kann man im *Minaret*. Weitere Restaurants sind das neue *Eszék* in der Bajcsy-Zsilinszky utca, das *Hullám* in der Szendrey utca 9 und das *Kazinczy* in der gleichnamigen Straße unter der Nummer 6. Wildspezialitäten werden in der Gaststätte *Vadásztanya*, Ecke Ürögi und Jakob hegyi út, angeboten, Fischspezialitäten in der Fischgaststätte Ecke Sza-

badság utca und József Attila út. Etwas außerhalb liegen das Restaurant im Hotel *Fenyves* sowie die in den aufsteigenden Hängen des Mecsek-Gebirges errichteten Restaurants *Misina* (neben dem TV-Turm) und *Tettye*, Tettye tér 4. Wein probieren kann man im *István pince* in der Kazinczy utca 2, im *Bórkóstoló* in der Janus Pannonius utca unterhalb vom Rózsakert und in der Weinstube *Barlang* in der Munkácsy Mihály utca. Bleiben schließlich noch die Selbstbedienungsgaststätte *Konzum*, Ecke Kossuth tér / Bem utca, zu erwähnen sowie die Bistros: Kossuth Lajos utca 5, Jókai tér 6 und Hal tér 3.

Kultur

Interessant ist in Pécs ein Besuch der zum Museum umfunktionierten alten Synagoge am Kossuth tér. Lohnenswert auch das *Vasarely-Museum* in der Káptalan utca 3 und das *Csontváry-Museum* in der Janus Pannonius utca 11; eine moderne Galerie befindet sich in der Szabadság útja 2. Von der türkischen Besetzung zeugen die Moscheen auf dem Széchenyi tér und in der Rákóczi út. Das *Janus-Pannonius-Museum* unterhält Ausstellungsräume auf dem Széchenyi tér 12 sowie in der Rákóczi út 15 und 63 (weitere Museen beim Fremdenverkehrsamt erfragen). Möglicher-

weise lohnt auch ein Besuch im neu eröffneten Kulturhaus der Ungarndeutschen in der vor der Synagoge nach links abgehenden Straße. Außerdem in Pécs: das Nationaltheater (mit Ballett und Oper) am Színház tér, ein Kammertheater und der Liszt-Ferenc-Konzertsaal in der Kossuth Lajos utca 83. In der Szőlő utca 65/4 befindet sich ein kleines Planetarium, das samstags und sonntags um 16.30 Uhr Vorführungen veranstaltet.

Baden und Sport

Ein Wellenbad befindet sich in der Jószef Attila utca 10, das Schwimmbad *Balokány* liegt in der Zsolnay utca 46. Tennisplätze und Kunsteisbahn sind in der Veress Endre utca 4 (über Mecsek-Tourist), Reitmöglichkeiten bestehen auf dem nahen Staatsgut in Üszögpuszta (Auskunft: IBUSZ).

Ausflüge

Wer ins Grüne will, kann in Pécs am besten den aufsteigenden Bergrücken des Mecsek-Gebirges begehen: zum Tettye tér (Botanischer Garten János Pintér), zum Fernsehturm oder zum nahen Luna-Park (am Dömör-Tor, Montag Ruhetag), wo es auch einen Zoo und eine Pioniereisenbahn gibt. Weitere Ausflüge können Richtung Norden nach Albaliget in die Tropfsteinhöhle führen und zum Seensystem von Orfű, wo Kahnfahrten, Baden, Camping und Angeln möglich sind. Nordöstlich lohnt ein Besuch in den deutschen Dörfern Mecseknádasd und Ófalu. Westlich liegt die mittelalterliche Sumpfburg von Szigetvár, während Richtung Süden die Dörfer der Ormánság und die (deutsche) Weingegend von Villány liegen. Übernachten sollte man in der Burg von Siklós, in der ein sehr schönes Hotel untergebracht ist.

Die Tiefebene

Die Große Ungarische Tiefebene (Alföld) umfaßt mehr als die Hälfte der Landesfläche. Früher gab es hier eine üppige Flora und Fauna, dann versteppte das Gebiet nahezu vollständig, heute ist die Pußta dagegen durch umfangreiche Bewässerungssysteme zum Großteil Akkerbaugebiet. Durch die extensive Nutzung der Pußta für die Viehzucht und durch die verheerenden Wirkungen der türkischen Besetzung im 16. und 17. Jahrhundert gibt es im Tiefland nur wenige Dörfer. Typisch ist statt dessen die Aufspaltung in überproportionierte Agrarstädte und Tausende winziger Einzelgehöfte, die bis heute weit verstreut inmitten des flachen Landes liegen. In weiten Teilen macht das baumlose Tiefland einen eintönigen, staubigen Eindruck und löst bei vielen Touristen Enttäuschung aus.

Trotzdem hat das Tiefland einen ganz besonderen Reiz, der jedoch fast nur noch in den großen Naturschutzgebieten Hortobágy und Kiskunság wirklich zu genießen ist: der riesige Himmel, die endlose Ebene, die verstreuten Einzelgehöfte, deren Bewohner oft tagelang kein menschliches Gesicht zu sehen bekommen, dazwischen das einsame Land mit seinen Wanderdünen, den toten sumpfigen Flußarmen, der kargen Flora und der reichhaltigen Vogelwelt. Auch für längere oder kürzere Reitausflüge ist die Pußta die beste Gegend, und selbst eine Kutschfahrt über das menschenleere, sandige Land ist ein besonderes Erlebnis. Freilich karren auch Hunderte von Reisebussen ihre Fracht in diese letzten Überbleibsel der Pußta, um ihnen bei einer Reitvorführung die sorgsam gepflegten Klischees zu bestätigen.

Die landschaftlichen Schönheiten erforscht man am besten auf eigene Faust. In der ungarischen Autokarte (*siehe Mini-Bibliothek: Karten*) sind die Grenzen der Nationalparks eingezeichnet. Ein Teil des Kiskunságer Naturschutzgebietes erstreckt sich südlich von Budapest zwischen Apaj und Kunszentmiklós auf der östlich gelegenen Seite. Ein anderer Teil liegt etwas südlicher zwischen Szabadszállás und Fülöpszállás auf westlicher Seite. Ein dritter und vierter Teil bei Izsák (Kolon-tó) und westlich von Bugac (Szappanos-tó). Das größte zusammenhängende Stück Pußta ist die Hortobágy westlich von Debrecen. Durch die Gebiete führt eine Reihe von kleinen Straßen und Seitenstraßen, manchmal sind es auch nur Sandwege; nützlich ist hier eine Detailkarte (*turista térképe, siehe Minibibliothek: Karten*). Die streng geschützten Teile (Autofahrverbot) sind durch Schilder gekennzeichnet.

Eine typische Agrarstadt der Tiefebene ist Kecskemét; weiter südlich, kurz vor der jugoslawischen und rumänischen Grenze, liegt das schöne Szeged. Im Norden bei Tiszafüred ist vor einigen Jahren ein riesiger Stausee entstanden, der nun zum Urlaubsgebiet ausgebaut wird. Auf dem flachen Land fehlt eine touristische Infrastruktur fast gänzlich. Das muß man für etwaige Fahrradtouren oder ähnliches einkalkulieren. Hotels, Restaurants, Tankstellen und Werkstätten gibt es nur in den Agrarstädten. Eine Reihe von Ortschaften (Szarvas, Szentes, Kiskunfélegyháza, Oroshaza, Békescsaba,

Békes, Jászberény, Kiskörös, Cegléd, Makó) haben teils schöne, teils eher öde Thermalbäder. Bei Délegyháza, Dunapataj und einigen weiteren Orten kann man in kleinen Seen oder toten Flußarmen baden, aber nicht jedes auf der Karte eingezeichnete Gewässer eignet sich zum Schwimmen. Wenn man in der Tiefebene übernachten will, sollte man sich für eines der stillen Einzelgehöfte entscheiden, die zu Reiterhöfen mit kleinen Tschardas umgebaut wurden – zum Beispiel die Magony tanya bei Fülöpháza (Informationen bei *Pusztatourist* in Kecskemét).

Kecskemét

Ankommen

Mit dem Zug: Von Budapest aus sind es 106 Kilometer mit der Eisenbahn. Der Bahnhof liegt unweit des kleinen Zentrums, in das die Hauptstraße Rákóczi út führt.

Mit dem Auto: Von Budapest aus über die Landstraße 5 immer geradeaus bis auf die Jókai utca, die wiederum auf die Rákóczi út und den zentralen Szabadság tér mündet.

Die Innenstadt von Kecskemét erstreckt sich entlang der in Ost-West-Richtung verlaufenden Rákóczi út, die in den Szabadság tér und in den Kossuth tér übergeht. Auf dem Szabadság tér steht die prächtige, einstige Synagoge, in unmittelbarer Nachbarschaft befindet sich der im Jugendstil errichtete Cifra-Palast. Auf dem Kossuth tér ragen drei alte Kirchen auf.

Information

Auf dem Kossuth tér befindet sich im Haus Nummer 1 das Fremdenverkehrsamt des Komitates Bács-Kiskun. Hier erhält man nicht nur Informationen und Prospekte über die Stadt, sondern auch über Besuchs- und Übernachtungsmöglichkeiten in der nahen Pußta. Unbedingt ansteuern sollte man auch das zentrale Gebäude des Nationalparks Kiskunság in der Liszt Ferenc utca 19, wo mit einer Ausstellung, Vorträgen und einem Fachführer über die Landschaft der Pußta und den Nationalpark informiert wird.

Unterkunft

Privatzimmervermittlung im Fremdenverkehrsamt sowie bei *Cooptourist*, Kéttemplom köz 9, und bei *IBUSZ*, Széchenyi tér 1–3. Eine preiswerte Unterkunft bietet das Studentenwohnheim in der Nyíri utca 27. Ein komfortabler Neubau ist das Hotel *Aranyhomok*, Széchenyi tér 2, schöner ist der Gasthof *Szőlőfürt*, István kir. körút 23; für einfache Ansprüche genügen die Herbergen *Szauna*, Sport utca 3, *Andi*, Bacskai utca 13–15, und, etwas außerhalb in Hetényegyháza, *Két Oroszlán*, Kossuth ut-ca 60. Campingplatz und Ferienhäuser stehen an der Sport utca 5 (*Széktói strandfürdő*) zur Verfügung. Am interessantesten ist sicherlich die Unterkunft auf einem Einzelgehöft in der Pußta (beim Fremdenverkehrsamt erfragen).

Essen und Trinken

In Kecskemét selber kann man außer im Hotel *Aranyhomok* und im Gasthof *Szőlőfürt* im Restaurant *Hírös* in der Rákóczi út 3 und im Restaurant *Toronyház* auf dem Schönherz Zoltán tér essen. Eine Fischer-Tscharda befindet sich im Csilléry-telep, eine Museums-Tscharda mit einem alten Gehöft, das besichtigt werden kann, liegt nördlich der Stadt an der Hauptstraße 5. Originell ist auch die in einer ehemaligen Windmühle untergebrachte *Szélmalom csárda* in der Munkácsy utca 10 an der Hauptstraße 5. Zwei Snack-Bars befinden sich in der Petőfi Sándor utca 1 und in der Kéttemplom köz. Wer die Gelegenheit hat, sollte aber mindestens einmal draußen in der Pußta in einem Gehöft speisen.

Kultur

Kultur in der Pußta? Das sind fast diametrale Gegensätze. Dennoch haben die Agrarstädte immer versucht, sich über die Ödnis der Umgebung zu erheben und durch protzige Gebäude, prächtige Theater und große Museen das Tiefland zu «kultivieren». In Kecskemét zeugen davon nicht nur die Jugendstil-Gebäude der Innenstadt, sondern auch das Theater auf dem Katona József tér, das gleichnamige Museum (Bethlenváros 75) mit archäologischen Funden, das Museum der naiven Künstler in der Gáspár András utca 11 und die Bozsó-Sammlung in der Klapka utca 34. Den Fremdenverkehrsmanagern ist es inzwischen sogar gelungen, einige der Konzertveranstaltungen im Rahmen des Budapester Frühlingsfestivals (*siehe Feste und Festivals*) nach Kecskemét zu holen. Die Galerie mit den Pußta-Malern befindet sich jedoch nicht hier, sondern im südlicher gelegenen Hódmezővásárhely (*siehe Szeged: Ausflüge*).

Baden und Sport

Im Ort selber gibt es nur das Freibad neben dem Campingplatz, Sport utca 2/b sowie ein Thermalbad mit Schwimmhalle in der Izsáki utca 1. In der Pußta besteht jedoch die Möglichkeit zu ausgedehnten Reittouren durch die Tiefebene.

Ausflüge

Kecskemét bildet eine gute Ausgangsposition, um hinaus in die Pußta zu fahren. Für Nicht-Motorisierte: Vom Bahnhof startet eine historische Kleinbahn, die durch den südlichsten Teil des Nationalparks fährt; die Strecke nach Kiskunmajcsa führt über die Pußta bei Bugac, die Strecke nach Kiskörös berührt das Gebiet bei Páhi. Beweglicher ist man jedoch per Auto, weil man dann die verschiedenen, verstreuten Teile des Nationalparkes Kiskunság ansteuern kann. Östlich, zwischen Tiszaug und Lakitelek, berührt ein Teil des Nationalparks den Lauf der Theiß; hier, an einem sumpfigen Auwald, gibt es einen kleinen Gasthof (*Pegazus* in Tiszaug), einen Campingplatz (*Töserdő* in Lakitelek) und ein Thermalbad. Ein anderer Zeltplatz befindet sich östlich von Kiskörös an einem kleinen See in Vadkerti tó. Auf dem *Bugac*-Gestüt kann man kleine Holzhäuschen mieten, fährt man indes von Kecskemét auf der Straße 52 westwärts Richtung Solt und biegt hinter einer kleinen Bus-Wartehalle nach rechts, gelangt man auf das Reitergehöft *Magony tanya* mit preiswerten Unterkünften und schnellen Pferden zum Mieten.

Ankommen

Mit dem Zug: Von Budapest aus sind es 191 Kilometer. Der Bahnhof liegt im Süden der Innenstadt am Baross tér, von wo aus die Aprilis 4. útja geradewegs auf den Domplatz zusteuert.
Mit dem Auto: Man kommt von Budapest auf der Hauptstraße 5 nach Szeged hinein und landet automatisch auf der Kossuth Lajos sugár út, die in Höhe des zentralen Széchenyi térs in die Vörösmarty utca übergeht. Auf dem Platz rechterhand parken.

Szeged ist nach der großen Überschwemmung 1879 entlang der Theiß in einer übersichtlichen Struktur wieder aufgebaut worden. In einem Halbkreis gehen vom Ufer weg der innere Ring (Lenin körút) und der äußere Ring, der nach den Städten, die damals für den Wiederaufbau gespendet hatten, benannt ist. In der Mitte der Innenstadt liegt der Széchenyi tér, etwas südlicher und beinahe am Theiß-Ufer der zentrale Dóm tér. Beide Plätze sind durch die Kelemen utca beziehungsweise Zrínyi utca miteinander verbunden.

Information

Vom Széchenyi tér geht man Richtung Dóm tér und biegt die Victor Hugo utca nach links ab. Unter der Hausnummer 1 befindet sich das Fremdenverkehrsamt *Szeged Tourist*, das Prospekte bereithält und auch Zimmer vermittelt.

Unterkunft

Privatzimmer vermitteln neben dem Fremdenverkehrsamt auch *IBUSZ*, Klauzál tér 2, *Volán*, Bajcsy-Zsilinszky utca 28, und *Cooptourist*, Kelemen utca 2. In den Sommermonaten geben drei Studentenwohnheime billig Quartier: das *Vedres István Kollégium*, das *Jancsó Kollégium* und das *Semmelweis Kollégium*. Am Stadtrand neben der Hauptstraße Richtung Budapest befindet sich linkerhand das schmucklose Motel *Napfény*; der verblichene Glanz der Jahrhundertwende ist dagegen im Hotel *Tisza* direkt am Széchenyi tér (Wesselényi utca 1) zu bewundern. Das *Hungária*, Komócsin Zoltán tér 2, ist ein luxuriöser Neubau, während das alte Hotel *Royal*, Kölcsey utca 1, in den sechziger Jahren schrecklich verschandelt wurde. Darüber hinaus gibt es die Gasthöfe *Móra*, Bocskai utca 3/B, *Sárkány*, Indóház tér 1, und *Kemping*, Dorozsmai utca 2. Neben dem Kemping befindet sich eine Anlage aus Ferienhäusern, Campingplatz und Motel.

Essen und Trinken

Die Hotel-Restaurants sind ziemlich steif, im *Hungária* ist es auch nicht gerade billig. Angenehmer sind die kleinen Restaurants der Stadt wie das *Alabárdos*, Oskola utca 13, das *Hági*, Kelemen utca 3, das *Debrecen* oder das *Szeged*, Széchenyi tér 13 beziehungsweise 9. Die berühmte Szegeder Fischsuppe (halászlé) sollte man in der Fischer-Tscharda am Roosevelt tér einnehmen, eine andere Tscharda befindet sich auf dem Campingplatz. Billig und üppig ist das Essen in der *Fasor Vendéglő*, Bérkert utca, wo während des Semesters auch viele Studenten essen. In der Bajcsy-Zsilinszky utca gibt es ein kleines Bistro. Die beste Konditorei ist das *Virág* auf dem Klauzál tér. Auf dem Lenin-Ring, gegenüber der juristischen Fakultät, hat eine österreichische Bierstube mit dem Namen *Sör patika* aufgemacht, eine Weinstube *Egri Borozó* liegt beim Warenhaus Napsugár.

Kultur

Szegeds größte kulturelle Attraktion ist sicherlich die Freilichtbühne auf dem Dóm tér, wo jedes Jahr im Sommer Theaterstücke und Opern gezeigt werden. In den Jahren mit ungerader Endzahl finden in den Sommerwochen auch die Szegeder Jugendtage statt, zu denen Musikgruppen und zahlreiche Jugendliche zur Freilichtbühne in Újszeged kommen. Das Szegeder Nationaltheater in der Vörösmarty utca 2 ist total restauriert worden und zeigt neben Theaterstücken auch Opern. Im großen Spiegelsaal des Hotels Tisza und im Konzertsaal der Musikfachschule in der Lenin körút 79 werden Konzerte gegeben, in der Votivkirche am Dóm tér finden immer wieder Orgelkonzerte statt. An der Theiß (Roosevelt tér 1–3) steht das große Gebäude des *Móra-Ferenc-Múzeum* mit Gemälden und einer ethnografischen Ausstellung. Unweit davon sind die Reste der früheren Burg zu sehen, in denen jetzt ein lokalgeschichtliches Museum untergebracht ist. Eine Bildergalerie befindet sich in der Horváth Mihály utca 5. Im *Móra Ferenc Kollégium* (Rozsa Ferenc utca) finden während des Semesters Diskussions- und Filmveranstaltungen statt, neben dem Hotel Hungária gibt es ein Jugendhaus, und am Dóm tér hat der SOTE-Studentenclub sein Domizil. In der *Filmtéka*, Kigyó utca, werden hin und wieder fremdsprachige Filme gezeigt. Eine Diskothek liegt gegenüber vom Warenhaus Napsugár, eine andere ist auf dem Gaststätten-Schiff *Szőke Tisza* untergebracht.

Baden und Sport

Im Sommer kann man an der Theiß baden, in der Badeanstalt *Szőke Tisza* oder im Freibad am Sandufer in Újszeged. Darüber hinaus gibt es die Badeanstalten *Tisza*, *Béke* und *Szabadság*. Ein Thermalbad befindet sich in Újszeged. Über Angel-, Reit- und Jagdmöglichkeiten in der Umgebung informiert *Szeged Tourist*. Im Volksgarten (Népkert) stehen auch Tennisplätze zur Verfügung.

Ausflüge

Szeged ist eine Stadt mit viel Grün: Nicht nur der Széchenyi tér wird von großen Bäumen überstanden, in Újszeged befindet sich darüber hinaus der große Volksgarten (Népkert), der mit einigen Studentenwohnheimen, dem Thermalbad, der Freilichtbühne und dem Botanischen Garten eine beschauliche Einheit bildet. Touristen machen gerne Ausflüge zu den Fischer-Tschardas am rechten Theißufer, wo der Fisch vor den Augen der Gäste zubereitet wird. Am linken Ufer ist es etwas weiter – dort kommt erst nach drei Kilometern, im malerischen Mündungsgebiet der Maros, eine Fischer-Tscharda.

In Szeged starten auch Ausflugsdampfer zu Fahrten auf der Theiß. Im Norden der Stadt liegt das Naturschutzgebiet Fehér-tó (Weißer See), wo zahlreiche Wasservögel Zuflucht suchen, etwas weiter die Agrarstadt Hódmezővá-sárhely mit einem interessanten Museum, in dem typische Gemälde aus dem Leben der Pußta gezeigt werden (Szántó Kovács utca 16–18). In Mártély befindet sich an einem toten Arm der Theiß eine Erholungssiedlung mit Campingplatz, Tscharda und Bootsausleihstelle. In Ópusztaszer wurde eine nationale Gedenkstätte der Horthy-Zeit erneuert, um an die erste Zusammenkunft der madjarischen Stämme zu erinnern (auch ein interessantes Freilichtmuseum ist hier zu sehen). Mihálytelek bietet ein Paprika-Museum. In Szentes wurde erstmals eine heiße Quelle künstlich zu einem See gestaut, der jetzt Urlaubern zur Verfügung steht.

Der Osten

Die östlichsten Komitate Ungarns, Szablocs-Szatmár und Hajdú-Bihar, bilden den ärmsten und zurückgebliebensten Teil des Landes – abgeschieden und unterentwickelt, aber durch ein fruchtbares Hügelland weniger trist als die Große Ungarische Tiefebene. Durch den entlegenen Standort und früher zusätzlich durch ein unwegsames Sumpfgebiet im Süden abgeschirmt, hat sich – besonders im äußersten Osten – eine größere kulturelle Vielfalt entwickeln können. Anders als die Pußta ist das Gebiet auch dicht besiedelt. Die Mehrheit der Bevölkerung ist reformierten Glaubens, auf den meisten Kirchen ist die Streitaxt der Calvinisten zu sehen. Die alten ungarischen Traditionen, die bäuerliche Lebensweise und überlieferten Bauformen sind hier besser erhalten geblieben als in jeder anderen Region Ungarns. Die Dörfer sind bunter als in der heißen Ebene, stille, grüne Flüßchen sowie die große, graue Theiß befruchten das Gebiet. Pferdefuhrwerke sind weitaus häufiger zu sehen als Kraftfahrzeuge (wichtig für Tramper). Die beiden größten geschlossenen Landschaften im Osten sind die Hajdúság rund um Debrecen, ein früher hauptsächlich von den Heiducken bewohntes Gebiet, und die Nyírség, der Apfelgarten Ungarns; beide Landschaften geben vielen Ortschaften (zum Beispiel Hajdúbö-szörmény oder Nyírbátor) ihren Namen.

Die östlichen Komitate sind zugleich das Armenhaus der Nation. Hier ist der Anteil der Roma am höchsten, manche Dörfer werden zu neunzig oder mehr Prozent von ihnen bewohnt. Die Arbeitslosigkeit ist hoch, die sozialen Probleme besonders drückend. Hotels und Restaurants haben Seltenheitswert, der Campingführer weist nur vier Zeltplätze (Kisvárda, Vásárosnamény, Nyíregyháza und Debrecen) aus. In den Dörfern gibt es manchmal gar keine oder nur mit dem Nötigsten ausstattete Lebensmittelläden (sie öffnen sehr früh am Morgen und schließen spätestens um 18 Uhr). Die Funktion einer Kneipe übernimmt der Getränkeladen (ital bolt), vor dem sich die Genossenschaftsbauern am frühen Abend versammeln. Gemüse oder Obst kann man auch direkt beim Bauern kaufen (im Dorf fragen). Tankstellen gibt es nur in wenigen Kleinstädten, und auch die haben nicht immer geöffnet. Trotz oder gerade wegen all dieser Unzulänglichkeiten kommt man in dieser Region dem «alten Ungarn» vielleicht am nächsten.

Besonders im östlichsten Zipfel ist das Straßennetz erstaunlich dicht, auch kleine und kleinste Straßen lassen sich gut mit dem Auto befahren. Von Debrecen aus führt eine Bahnlinie über Nyíregyháza ins Dreiländereck ČSSR, Sowjetunion, Ungarn; eine andere Zugverbindung geht über Nyíradony und Nyírbátos nach Osten, wo sie sich bald in zwei Linien teilt, die alle vor der Grenze enden; schließlich gibt es noch eine Nord-Süd-Verbindung entlang der Theiß und der Kraszna. Auch Busse starten hin und wieder von den größeren Ortschaften in die einsamen Dörfer. Ideal ist dieses Gebiet für Fahrradtouren, weil es relativ eben, kaum befahren und nicht so heiß ist wie die Tiefebene. Auch die für den Autoverkehr gesperrten Deiche lassen sich für Fahrradtouren benutzen, sind aber meist nicht asphaltiert. Noch schöner ist es, mit einem Paddelboot auf der Túr

oder einem anderen Flüßchen zu fahren (Achtung: die Theiß ist zum Teil Grenzgewässer und war deshalb in der Vergangenheit dort nicht befahrbar). Ende Juli startet in Csenger auf der Szamos eine mehrwöchige Kanuten-Tour, die auf der Theiß fortgesetzt wird und bis nach Szeged führt.

Am unabhängigsten ist man in diesem Landstrich mit einem Zelt, da man neben den ziemlich überfüllten Zeltplätzen an zahlreichen Uferplätzen entlang der Theiß und anderer Flüsse gut wild zelten kann. In Tivadar gibt es am Theiß-Ufer einen Platz für Wildcamper und Kanuten, der mit einer Gaststätte, Klos und Trinkwasser ausgerüstet ist. Zwischen Szatmárcseke und Tiszakoród führt in Höhe der Brücke über die Túr ein kleiner Deichweg an die Theiß und mündet auf einen schattigen Wildcamperplatz unter Walnußbäumen am Rande eines künstlichen Wasserfalls. Einen ähnlichen Ort gibt es in Túristvándi, südlich von Szatmárcseke, an einem kleinen See mit einer historischen Wassermühle. In der Theiß, der Túr und anderen Flüßchen kann man im allgemeinen problemlos baden (im Grenzgebiet der Theiß bislang offiziell verboten). Die meisten Ungarn, die hier Urlaub machen, haben eine Angel dabei und braten ihre Beute am Abend über offenem Feuer.

Sehenswert sind im Osten besonders die entlegenen Dörfer im äußersten Zipfel an der Grenze zur Ukraine. In Vaja, Csenger, Csoroda, Vámosatya, Tiszacsecse und Kölcse sind wertvolle mittelalterliche Dorfkirchen erhalten geblieben, die oftmals noch den typischen separaten Glockenturm aus Holz aufweisen. In Jánkmajtis und Tuzsér sind zwei barocke Schlösser zu sehen, die sich die früheren Großgrundbesitzer errichten ließen. Die Hauptstadt der Region, Nyíregyháza, ist trist; bemerkenswert sind nur ein kleines archäologisches Museum (Benczúr tér 21) sowie das sechs Kilometer entfernte Sóstó fürdő (Salzsee-Bad) mit Thermalwasser, Schwimmbad, Rudersee und Zeltplatz. In Nyírbátor finden im Sommer in der schönen spätgotischen Kirche, die über eine sehr gute Akustik verfügt, Konzerte statt, im István-Báthori-Museum werden Überreste der aus der Eiszeit stammenden Pflanzen und Tiere gezeigt, die im 25 Kilometer entfernten Urmoor von Bátorliget (Naturschutzgebiet) gefunden wurden. In Kisvárda befinden sich eine Burgruine, ein Thermalbad und eine Reitschule, auch in Mátészalka ist ein kleines Thermalbad.

Unterkunftsmöglichkeiten bestehen außer in Debrecen und Nyíregyháza in folgenden Orten: In Kisvárda gibt es ein *Strand Motel* (Városmajor utca 37) sowie Ferienhäuser, die vom örtlichen Fremdenverkehrsamt in der Lenin út 2 vermittelt werden. In Mátészalka stehen das Hotel *Szatmár* (Hősök útja 20) sowie Privatzimmer zur Verfügung (Vermittlung in der Bajcsy-Zsilinszky utca 15 und 30). In Nyírbátor werden ebenfalls Privatzimmer vermittelt (Szabadság tér 14), das gleiche gilt für Rakamz und Tiszavasvári (Vermittlung: *IBUSZ* in Nyíregyháza, Lenin tér). Zwei kleine Gasthöfe existieren in Nyírtelek-Gyulatanya und in Szatmárcseke (Honvéd utca 6), die in ehemaligen Gutsbesitzerhöfen untergebracht sind. Zwei einfache Hotels gibt es in Vásárosnamény (Beregszászi utca 4) und Záhony (Zalka M. utca 1), hier auch Campingplatz beziehungsweise Privatzimmer (Záhony, Szamuely utca 22).

Debrecen

Ankommen

Mit dem Zug: Von Budapest sind es 221 Kilometer, man muß aber rund vier Stunden Fahrtzeit rechnen. Der Bahnhof befindet sich am südlichen Ende der Innenstadt, von wo aus die (einzige) Straßenbahnlinie 1 die Hauptstraße entlang bis in den Stadtpark Nagyerdő fährt.

Mit dem Auto: Die Fahrt von Budapest ist wegen der schlechten Straßen relativ langwierig. Die Landstraße mündet in die Széchenyi utca, die wiederum auf die querliegende Hauptstraße Vörös Hadsereg útja führt. Dort links fahren und dann parken.

Da die Innenstadt quasi nur aus einer einzigen Straße (Vörös Hadsereg útja) besteht, die Bahnhof und Stadtwald in Nord-Süd-Richtung verbindet und von der einige weitere Straßen des Zentrums abbiegen, ist das Zurechtfinden nicht schwer. Die Straße um den Stadtwald herum ist nur in einer Richtung befahrbar, ein praktisches Verkehrsmittel ist die Straßenbahn 1, weil sie auch im Stadtwald hält und bis zur Universität fährt.

Information

Auf der Hauptstraße in Höhe des Hotels Arany Bika liegen das örtliche Fremdenverkehrsamt und ein IBUSZ-Büro einander gegenüber (Vörös Hadsereg útja 20 beziehungsweise 11–13). Hier erhält man alle nötigen touristischen Informationen. Über die Veranstaltungen im Rahmen der internationalen Sommeruniversität (Nyári egyetem) informieren Hinweistafeln im Hauptgebäude der Lajos-Kossuth-Universität und im rechts davon liegenden Studentenwohnheim. Wer damit nicht weiterkommt, soll warten, bis er im Wohnheim vertraute deutsche Klänge hört, und dann die Studenten nach dem Programm der nächsten Tage fragen.

Unterkunft

Privatzimmer vermitteln die genannten Touristenbüros sowie das Reisebüro *Cooptourist* in der Holló J. utca 4. Meist sind diese Zimmer in einem der zahlreichen Hochhäuser von Debrecen. Man kann auch im Studentenwohnheim übernachten, im *Tótfalusi Sándor Kollégium*, Egyetem tér 1, und im *Ybl Miklós Kollégium*. Manchmal findet sich auch ein freies Bett im Rahmen der Sommeruniversität (illegal und kostenlos), dazu muß man einen der Studenten fragen. Debrecen verfügt auch über zwei im Sommer recht volle Zeltplätze, der eine liegt im Stadtwald in der Nagyerdei, körút 102 (auch Ferienbungalows und Touristenherberge), der andere im Süden am Vekeri-tó. Die schönste Unterkunft in Debrecen ist das Jugendstil-Hotel *Arany Bika* in der Vöröshadsereg útja 11–15; darüber hinaus stehen das *Debrecen*, Petőfi tér 9, und das *Fönix*, Barna utca 17, zur Verfügung. Einen Gasthof gibt es in der Nagyerdei körút 9.

Essen und Trinken

Gut speist man im Hotel *Arany Bika* oder im Restaurant *Gambrinus* in der Vörös Hadsereg útja 28/a–b. Einen schönen Biergarten hat das Restaurant *Szabadság*, Vörös Hadsereg útja 29, auch in der Fischer-Tscharda im Nagyerdő kann man draußen sitzen. Weitere Restaurants: *Hungária*, Vörös Hadsereg útja 57, *Sumen*, Tanács utca 7–9, *Bocskai*, Benedek tér 5, *Régi posta*, Széchenyi utca 6, *Park*, Ibolya utca 1, und *Újvigadó*, Lenin Park. Einen schummrigen Weinkeller namens *Obester borozó* gibt es in der Péterfia utca 61, das Café *Pálma* (abends Disko) liegt am

Nagyerdő. Kaffeetrinken und Eisessen kann man sonst am besten im Café beim Hotel Arany Bika.

Kultur

Debrecen gilt in Ungarn als ein großes Dorf; allzuviel Kulturprogramm sollte man deshalb nicht erwarten. Die Stadt verfügt über ein Theater in der Kossuth utca, traditioneller kultureller Mittelpunkt ist das reformierte Kollegium am Kálvin tér mit einer großen Bibliothek. Das *Déri-Múzeum* am Déri tér zeigt ethnografische Ausstellungsstücke, zwei Gedenkmuseen erinnern an den Debrecener Bildhauer Ferenc Medgyessy (Péterfia utca 28) und an den expressionistischen Maler László Holló (Margit utca 20). Zahlreiche interessante Veranstaltungen, von Vorträgen in deutscher oder englischer Sprache «über das System der ungarischen Ortsnamen» bis hin zu Volkstanzaufführungen in der Freilichtbühne im Nagyerdő, werden im Rahmen der Sommeruniversität von Mitte Juli bis Ende August organisiert. Am 20. August wird in Debrecen der traditionelle Blumenkarneval gefeiert.

Baden und Sport

Das große Strandbad im Stadtwald (Nagyerdő 9–11) ist im Sommer ein guter Ort, um sich abzu-

kühlen, zu sonnen oder das ungarische Badeleben zu studieren. Neben dem Studentenwohnheim der Sommeruniversität (siehe oben) liegt ein Tennisplatz. Im Nationalpark Hortobágy besteht die Möglichkeit, zu angeln, zu reiten und (im Herbst) Vögel zu schießen.

Ausflüge

Debrecen verfügt mit seinem Stadtpark Nagyerdő, dem darin befindlichen Botanischen Garten, Freibad, Zoo und Ruderteich sowie dem dahinter liegenden Waldgebiet über viel Grün. Die Stadt ist aber auch idealer Ausgangspunkt für Ausflüge in die Pußta. Im Nationalpark von Hortobágy wird das größte zusammenhängende Stück der alten Steppenlandschaft bewahrt. Hier machen viele Zugvögel Station, haben sich seltene Tiere und Pflanzen erhalten. Die Erhabenheit der Tiefebene läßt sich hier am besten einfangen. Allerdings ist der Ort Hortobágy auch Anziehungspunkt für den Massentourismus und (um den 20. August) überfüllter Veranstaltungsort des dreitägigen Brückenmarktes. Herrlich ist es, per Pferd durch die baum- und zaunlose Ebene zu streifen. Man kann aber auch das Auto einfach irgendwo abstellen und zu Fuß in die einsame Landschaft hineingehen, in der man bei besonderen Wetterlagen Luftspiegelungen wie in der Wüste sehen kann (Fata Morgana). In Hortobágy gibt es einen Gasthof mit Übernachtungsmöglichkeiten, über weitere Gaststätten und Schlafplätze kann man sich vor Ort oder im Touristenbüro in Debrecen informieren. Weitere Ausflugsmöglichkeiten: das Thermalbad von Hajdúszoboszló (Hotel und Campingplatz) sowie der entlegenste östliche Landstrich von Ungarn – die Nyírség.

Der Norden

Das nördliche Bergland ist all das, was man in Ungarn gerade nicht erwartet: hügelig und waldig, sauber und schattig. Landschaftlich besonders reizvoll sind das Bükk- und das Mátra-Gebirge, einsamer dagegen das nördlich von Budapest gelegene Börzsöny-Gebirge und das Zempléner Gebirge ganz im Nordosten. Ein bedeutender Anziehungspunkt ist auch das Weinstädtchen Tokaj, wo der berühmte Tokajer gekeltert wird. Lohnenswert ist eine Fahrt in den höchsten Norden, in den Nationalpark von Aggtelek, dessen riesiges unterirdisches Höhlensystem bis in die Tschechoslowakei hineinragt. Das nördliche Bergland ist für jene zu empfehlen, die Ruhe suchen und wandern wollen. Darüber hinaus gibt es eine Reihe gepflegter Thermalbäder in Parád, Mátraderecske, Bükkszék, Bogács oder Miskolctapolca. Als Wintersportgebiet steht das Mátra-Gebirge an erster Stelle, aber es wird auch im Sommer viel besucht. Stark industrialisiert sind die Städte Miskolc, Kazincbarcika, Ózd und Salgótarján.

Die touristische Infrastruktur ist für ungarische Verhältnisse mittelmäßig entwickelt. Praktisch bedeutet das: Außerhalb der größeren Ortschaften und des touristisch stark frequentierten Mátrafüred gibt es eine Handvoll kleinerer Hotels (zum Beispiel in Aggtelek, Jósvafő, Szilvásvárad, Felsőtárkány, Bánk), einige zumeist einsam gelegene Touristenherbergen oder Gasthöfe (beispielsweise in Hollóstető, in Szarvaskó, Mátraháza) sowie ein knappes Dutzend Zeltplätze, die meist wenig besucht und in der Regel hübsch und gepflegt sind. Im Mátra-Gebirge macht es keine Schwierigkeiten, Restaurants zu finden, weniger zahlreich, aber immer noch ausreichend sind die gastronomischen Einrichtungen in den anderen Teilen des Berglandes. Man sollte jedoch nicht damit rechnen, in jedem Dorf einen Lebensmittelladen, ein Bistro oder ein Restaurant anzutreffen. Tankstellen und Werkstätten gibt es meist nur in den größeren Städten. Die mit Abstand schönste Stadt des Nordens ist Eger.

Eger

Ankommen

Mit dem Zug: Von Budapest aus beläuft sich die Strecke auf 142 Kilometer. Der Bahnhof befindet sich am südlichen Rand des Zentrums, von dort führt die Lenin utca auf den Szabadság tér mit der mächtigen Basilika. Rechts geht die Kossuth Lajos utca zur alten Burg. *Mit dem Auto:* Von Budapest aus zunächst auf der Autobahn M3, dann auf der bei Kerecsend abzweigenden Straße 25, die in die erwähnte Lenin utca mündet.

Eger ist auf hügeligem Gelände errichtet und deshalb weniger leicht überschaubar. Das Zentrum wird vom Eger-Bach in Nord-Süd-Richtung durchschnitten, quer dazu

427

verläuft die Hauptstraße Kossuth Lajos utca. Diese verbindet den zentralen Bereich am Szabadság tér und am Felszabadulás tér (Autobusse) mit der Burg. Von der Kossuth Lajos utca führt die Jókai utca auf den im Mittelpunkt der Altstadt gelegenen Dobó István tér, von dort geht es über eine kleine Brücke zum türkischen Minarett in der Knézich Károly utca.

Information

Von der Lenin utca kommend, biegt man hinter der Kossuth Lajos utca in die Bajcsy-Zsilinszky utca ab, in der sich (Hausnummer 9) das Fremdenverkehrsamt *Egertourist* befindet. Hier kann man einen kleinen Stadtplan, Prospekte und andere Tips bekommen.

Unterkunft

Privatzimmervermittlung im erwähnten Fremdenverkehrsamt sowie bei *IBUSZ*, Bajcsy-tömb, und bei *Cooptourist*, Hibay utca 22. Billige Studentenwohnheime gibt es in der Kossuth utca 8, in der Rákóczi utca 2 und in der Úttörő utca 1. Preiswerte Unterkünfte sind das Hotel *Unicornis*, dr. Hibay K. utca 2, die Gasthöfe *Kemping*, Rákóczi utca 79, und *Egri csillagok*, Münnich Ferenc utca 8, die Pensionen *Márka*, Gárdonyi utca 43, *Kőkút*, Kőkút utca 11, sowie die

Touristenherbergen *Buttler Ház*, Kossuth Lajos utca 26, und *Szarvas*, Szarvas tér 1. Bestes Hotel am Ort ist das *Eger* in der Szálloda utca 1–2. In der Rákóczi utca 79 steht darüber hinaus ein Campingplatz mit Ferienhäusern zur Verfügung.

Essen und Trinken

Neben den Hotel-Restaurants gibt es in der Innenstadt die Restaurants *Széchenyi* und *Vadászkürt*, Marx Károly utca 8 beziehungsweise 4, *Belvárosi*, Bajcsy-Zsilinszky utca 8, *Mecset*, Knézich Károly utca 8, und *Három farkas*, Lenin utca 16. Im Szépasszony-Völgy (Liebfrauental) mit seinen zahlreichen Weinkellern (Weinprobe) kann man in der *Ködmön csárda* essen. Weinstuben, in denen man die berühmten Erlauer Weine kosten kann, findet man in der Innenstadt am Szabadság tér, am Dobó István tér und in der *Agria Taverna*, Trinitárius utca 1.

Kultur

Zum Besichtigungsprogramm gehört an erster Stelle die historische Burg mit ihren Kasematten und Gängen, einer historischen Sammlung im Bischofspalast und der Bildergalerie des Dobó-István-Burgmuseums. In der Gárdony utca 28 befindet sich ein kleines Gedenkmuseum für den

Schriftsteller Géza Gárdony («Die Sterne von Eger»), am Szabadság tér die Bibliothek des Kirchendistriktes und ein Astronomisches Museum. Am Lenin tér 11 liegt das Gárdonyi-Géza-Theater, in der Knézich Károly utca 8 das Kulturzentrum des Komitats.

Baden und Sport

Am Petőfi tér 1 befindet sich ein Freibad, gleich daneben (Nummer 13) ein Sportschwimmbad; in der Fürdő utca außerdem ein Hallenschwimmbad. Tennisplätze und Kegelbahnen sind im Volksgarten (Népkert) zu finden.

Ausflüge

Ein großer Park, der Volksgarten (Népkert), liegt am Südrand der Innenstadt. Darüber hinaus ist Eger ein guter Ausgangspunkt für Auto- und Wandertouren in das nahe Bükk- oder Mátra-Gebirge. Im Norden der Stadt führt eine verschlungene Landstraße nach Répáshuta und Miskolc durch den wunderschönen Nationalpark Bükk. Die schönste Strecke verläuft zwischen Lillafüred und Szilvásvárad beziehungsweise Mályinka. Im Bükk-Gebirge, inmitten dunkler Wälder, gibt es auch eine Reihe von gepflegten Zeltplätzen (Hollóstető, Szilvásvárad, Bükkszentkereszt) und versteckten Touristenherbergen (Hollóstető, Szilvásvárad, Lillafüred, Bánkút). Lillafüred selber ist einer der schönsten ungarischen Erholungsorte, einige Kilometer weiter, in Miskolc-Tapolca, lädt ein originelles Höhlenbad zum Entspannen ein.

BILDNACHWEIS

Budapester Historisches Museum 95, 156, 159
Zoltán Halász 250/251
Harald Hauswald 17, 20, 21, 68, 69, 77, 223
Hungarofilm 35, 51, 85, 87, 89, 131, 135, 137, 142/143, 186/187, 197, 277, 288, 289
IPV (Publishing and Promotion Company for Tourism) 253, 255, 257, 263, 265, 267, 268/269, 273, 281, 283, 284/285, 292, 293, 299, 303, 305, 309, 313, 331, 333, 341, 345
Jean Jalbert 348, 349
Inge Kaliszke 350, 355, 358, 362, 371, 373, 375, 378, 383, 397
KFS Foto 116/117, 125
Hubertus Knabe 2/3, 193, 321, 323, 324, 337
Endre Lábass 153, 232, 233
Barbara Metselaar-Berthold 22, 23, 44/45, 65, 78, 91, 93, 104, 106/107, 145, 157, 167, 169, 175, 179, 189, 198, 210/211, 218, 219, 226, 227, 229, 230/231, 234, 346/347
MTI Foto 43, 49, 67, 82/83, 101, 200/201
Tamás Retek 147
András Surányi 4, 8/9, 11, 24/25, 27, 53, 55, 61, 73, 103, 109, 128/129, 150/151, 162, 165, 171, 173, 182, 195, 196, 203, 207, 213, 215, 216/217, 225, 228, 237, 238, 242/243, 246/247, 291
Zsolt Szabóky 121
Károly Szelény 259, 290, 304, 315, 327

REGISTER

Kursive Ziffern verweisen auf den Serviceteil

431

Personen

A·N·D·E·R·S·R·E·I·S·E·N

Herausgegeben
von
Ludwig Moos

C 2400/1 a

A·N·D·E·R·S·R·E·I·S·E·N

Herausgegeben
von
Ludwig Moos

rororo
SACHBUCH

C 2400/1 b

A · N · D · E · R · S · R · E · I · S · E · N

STÄDTE

Herausgegeben
von
Ludwig Moos

C 2400/1

C 2400/1 c

C 2199/6

SPRACHEN
ro
ro
ro

C 2199/7 a

spiel + freizeit

Eine Auswahl

Hajo Bücken/Dirk Hanneforth
Klassische Spiele ganz neu
Varianten und Verschärfungen von
Dame bis Domino (8901)

Dirk Hanneforth/Andreas Mutschke
Ärger-Spiele
Varianten und Verschärfungen von
Mensch-ärgere-dich-nicht bis Malefiz
(8905)

H.P. Karr
Mord!
Kriminalstories zum Selberlösen
(8908)

Uta Knigge
**Packwahn oder
Die Kunst des Einwickelns**
(8903)

Uschi Neidhardt
Spiele, Bluffs und Knobeleien
Spaß mit Bierdeckeln, Streichhölzern
und anderem Kleinkram (8900)

Bernhard Schön
Rallyes mit Köpfchen
Unterwegs auf rätselhaften Spuren
(8906)

Horst Speichert
Kopfspiele
Das unterhaltsame Gedächtnis-
training (8902)

Sylvia Winnewisser
Schneiden, falten, fertig!
Mit Papier und Schere durch Himmel
und Hölle (8904)

C 2399/3

Rockmusik und populäre Kultur

Joachim-Ernst Berendt (Herausgeber)
Die Story des Jazz
Von New Orleans zum Rock Jazz (7121)

Albert Goldmann
John Lennon
Ein Leben
Deutsch von Jürgen Abel, Jürgen Frey,
Alfred Haus u.a.
968 Seiten mit Tafelteil. Gebunden
(Wunderlich)

Barry Graves/
Siegfried Schmidt-Joos
Rock-Lexikon
Band 1: 6320
Band 2: 6321

Tibor Kneif/Carl-Ludwig Reichert
Rockmusik
Ein Handbuch zum kritischen Verständnis
(6279)

Martin Kunzler
Jazz-Lexikon
Band 1: 6316
Band 2: 6317

Kaarel Siniveer
Folk Lexikon
(6275)

C 2176/7

Noch einmal mit Gefühl

M. Bolte/C. Corves/B. Maiwurm
Total verknallt
Ein Liebeslesebuch
rotfuchs 356

Jan Hans (Hg.)
Aber besoffen bin ich von dir
Liebesgedichte
rororo 4456
Seit du weg bist
Liebesgedichte danach
rororo 5002

Svende Merian/Norbert Ney (Hg.)
Nicht mit dir . . . und nicht ohne dich
rororo 5283

Svende Merian
Der Tod des Märchenprinzen
rororo 5149

Marilyn French
Das blutende Herz
rororo 5279

Gudula Lorez (Hg.)
Wo die Nacht den Tag umarmt
Erotische Phantasien und Gedichte
von Frauen
rororo 5113

Das Rowohlt Lesebuch der neuen frau
rororo 5205

C 2141/4

Bertolt Brecht

Ferner erschien

rororo MANN

Theodor Kallifatides
Sehnen nach Sehnsucht
Roman (8204)

Ralf König
Der bewegte Mann
Comic (Großformat) (8228)
«Lysistrata»
Comic (Großformat) (8229)
Pretty Baby
Comic (Großformat) (8237)
Beach Boys
Comic (Großformat) (8258)

Anke Kuckuck/Heide Wohlers
(Herausgeber)
Vaters Tochter
Von der Notwendigkeit, den Frosch
an die Wand zu werfen (8235)

Lust
Die Lust der Frauen. Die Lust der
Männer. Unsere geheimen Lüste
(8224)

Bernd Nitzschke
Sexualität und Männlichkeit
Zwischen Symbiosewunsch und
Gewalt (8230)

Tor Nørretranders (Herausgeber)
Hingabe
Über den Orgasmus des Mannes
(8216)

C 2120/8 b